U0154532

繼承案例式

第十五版

郭欽銘 著

五南圖書出版公司 印行

霍　序

　　自民國75年間，個人早與郭君在部隊中結識，其能運用公暇之餘，自我進修，勤勉用功，於民國88年間考上國立政治大學法律學系民法組博士班，在攻讀博士學位期間，孜孜不倦，努力用功，除榮獲行政院國科會獎助學金外，去年7月間以優異之畢業成績取得該校法學博士學位，而且榮獲本部部頒一等績學獎章，這可說是軍旅生涯中之治學成就殊榮。

　　郭君因有志於教學研究，故現於國防大學國防管理學院法律研究所擔任助理教授，並在該系所教授民法學之課程，又以其在碩、博士期間，努力攻讀民法，及鑑於郭君長期在民間大學和軍事院校擔任民商法之講授，故應瞭解學生心中希望採用何種教科書之教學經驗。余觀郭君撰寫本書之內容，係羅列法律條文及採用淺顯易懂之文字說明，並舉出日常生活中，較常發生之案例解說分析，且附上法院實務見解，此對於非法律人有心吸收法律知識而言，實為一大福音，得以藉由本書，在最短時間內，瞭解我國民法親屬編與繼承編之內涵，故可以說是一本增進日常生活法律常識的好書。

　　郭君除平時致力於教學外，不忘以著作推動法治教育，此舉當受肯定，個人以曾任郭君之長官為榮，在拜讀本書之餘，除予嘉勉外，並樂為作序。

國防部副部長

霍守業　謹識

2005年4月

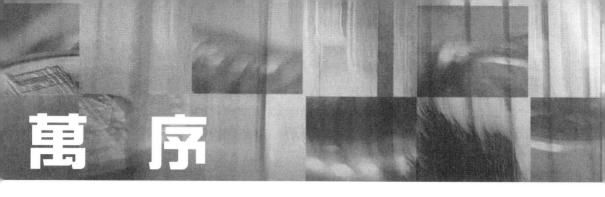

萬 序

　　國防大學國防管理學院法律系、法律研究所之教學任務，係培養國軍法律專精人員為主要目標。且在兼顧社會多元化發展與個人學習志向之意願下，亦培養民事法律專業人才。

　　現任本院法律研究所助理教授郭欽銘，自民國83年8月1日至85年7月27日間，在本院就讀法律研究所時，認真鑽研民事法律並撰寫碩士論文，以第一名佳績畢業，而且榮獲國防部部頒二等績學獎章，是時已肯定其學習成果。郭老師於研究所畢業後，先後服務於憲兵學校、憲兵司令部，擔任教官、主任軍事審判官等職務，仍能一本初衷，自我進修不懈，於民國88年間順利考上國立政治大學法律學系民法組博士班，及取得國防部全時進修之資格後，終在去年7月間，順利取得博士學位，由於成績優異亦榮獲國防部部頒一等績學獎章，這可說是送訓單位和郭老師他個人努力所獲得之殊榮。

　　郭老師在教學與公務繁忙之餘，仍能潛心「立言」之工作，現以淺顯易懂之文字著述本書，為我國民法親屬編及繼承編之法律條文，一一詳細解說，使一般讀者及初學者能輕易瞭解複雜之法律條文規定，對本院法律系、所之教學貢獻卓著，個人除表示欽佩外，也期許郭老師能秉持這般精神為本院樹立優良的教育典範，特此為序。

國防大學國防管理學院院長

萬英裳 謹識

2005年4月

林　序

　　民事身分法制之學術研究，在我國日漸蓬勃發展，學說與實務見解不斷推陳出新。然不論見解如何高超，法仍須落實於人民日常生活中，蓋法律若與日常生活距離過於遙遠，勢將脫節而流於不切實際，其規範功能亦不免受限。

　　現任職於國防大學國防管理學院法律研究所助理教授郭欽銘博士，係本人指導之第一位博士生，其在學期間品學兼優，勤奮研究，除於知名法學期刊發表多篇法學著作外，並以撰寫「我國通常法定夫妻財產制之變革與展望」之博士論文，榮獲本校法學博士學位，其所提之理論見解精闢湛深，誠為不可多得之研究人才。難能可貴者，是郭助理教授不因具有學術理論背景，在著作本書時，流於空談高論，而能以平易近人之文字及案例著成本書，協助法律初學者瞭解我國親屬法及繼承法之法律規定與實務見解，對法律教育之普及和法治社會之建造，應有一定助益。

　　本書付梓前夕，一睹著作，爰提筆為之作序，並期許郭博士在爾後的作品上，能貢獻所長，百尺竿頭，更進一步。

國立政治大學法學院院長

林秀雄　謹識

2005年4月

十五版序

　　本次改版由於司法院釋字七四八號施行法，於中華民國112年5月23日修正第3、9、16、20、27條，且自同年1月1日施行，以及民法繼承編之司法實務見解與行政函示，不斷推陳出新，故增列在本書之中，以利讀者查閱。

　　本次改版修正，得以順利完成付梓，感謝莊惟元研究生打字、校對等事宜，本書如有謬誤之處，懇請各方先進不吝指教賜正，以為爾後改版之依據與檢討，非常感謝。

郭欽銘　謹識

陽明山中國文化大學
2023年11月9日

自　序

　　本書承蒙國防部副部長　霍守業上將、本院院長　萬英豪將軍及恩師　林秀雄教授，肯賜敝人初出第一本法律書籍，而作序嘉勉，此對個人在爾後撰寫學術著作與論文，有莫大之激勵，在此深表由衷感激之至。

　　憶起民國88年僥倖考取國立政治大學法律學系民法組博士班後，即追隨恩師　林秀雄先生作民法親屬、繼承之法學研究，尤其在順利取得國防部核定全時進修期間四年中，使個人在攻讀學位時，在學習研究上無後顧之憂，有充足的時間修畢學分，發表文章，加強語文閱讀能力及思考寫作方向，並能與恩師及其他教授們，深入探討民法親屬、繼承領域方面之爭點研究方法與思考方向，故可謂在我一生追求法學領域之學問裡，係受益最多之期間。

　　民國90年5月間，恩師將敝人在學習期間所提出之研究報告「民法親屬編施行法第6條之1溯及效力之理論與實務」一文，收錄至其所主編「民法親屬繼承實例問題分析」書中，而該書係由五南圖書出版有限公司負責印製，故在此因緣際會下，結識前總編李純聆小姐（現任考用出版社總經理），李總編希望敝人完成博士畢業論文時，能夠贈送予她，這是我個人之榮幸，所以就當場允諾。去年7月間，順利取得學位後，同年9月23日親赴五南圖書公司，一履先前對李總編之承諾，李總編則在當時詢及是否能將在學期間所學，作一番整理，試寫一般人與初學者能夠容易看得懂的民法親屬、繼承之著作，余則欣然答應，並自我期許，能將所學有所回饋。

　　撰寫本書期間，感謝苗栗地方法院法官伍偉華之賜教和景文技術學院財務金融系夜二技學生周惠玲、蔡曉萍、吳書嫻、董欣、葉麗秋、陳亭如、蔡燕如、李雅芬及非法律人柯佩瑄等人就本書閱讀後，提供讀後心得之寶貴意見以及完稿後本院法律系學生鍾昀庭熱心協助校稿；又本書有一半以上內容完成，

係敝人任職國防部軍法司軍法官期間中所撰寫，故感謝司長　許和平中將、副司長　謝添富將軍、處長　江一龍將軍、副處長　張裕國上校與同仁們之照顧與栽培，深表謝意。今年2月16日調任國防大學國防管理學院法律研究所擔任助理教授並兼任法律研究所助理，承蒙院長　萬英豪將軍、副院長　楊承亮將軍、教育長　朱豔芳上校、教學部部主任　傅敬群上校、系主任兼法研所所長李維宗學長、助教　張家玉小姐在教學行政與生活上之指導與關懷，始能在撰寫本書之後半階段，得以順利完成，於此亦表謝忱。

　　寫作期間謝謝敬愛的師丈海基會董事長　劉德勳先生、老師涂春金女士、本系系主任兼法研所所長　李維宗學長，摯友吳應平、唐祥雲、林宗鈞、曾秋玉、何淑峰、伍偉華、陳旭昇、鄭先良、謝奇晃、沈世偉、劉興浚、何政憲、劉遵萱、邱貞慧、楊仕瑜、陳泳羚、李昀和姊姊翁數惠、姊夫蔡銘賦等人，經常幫我加油鼓勵。本書能夠順利付梓，感謝五南圖書出版有限公司前總編李純聆小姐、現任副總編王俐文小姐之熱誠幫忙及本書出版等事宜。

　　撰寫本書期間，加上工作繁忙之關係，雖然每個禮拜例假日一如往常返回臺中探視家人，然因付稿期限迫在眉睫，故只得一股作氣將其完稿，甚少陪同家人出外踏青及談心，於此深表歉意。謹以此書，敬呈父親大人並告慰先母在天之靈，以表追思之情。最後，感恩上蒼對我的眷顧與厚愛！並謝謝永遠支持我的師長、親戚、朋友與家人。

郭欽銘　謹識

天籟葁觀
民國94年5月1日

目 錄 CONTENTS

第一章　遺產繼承人

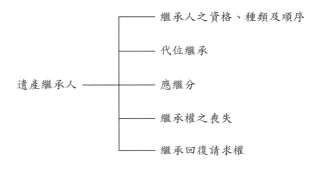

遺產繼承人
- 繼承人之資格、種類及順序
- 代位繼承
- 應繼分
- 繼承權之喪失
- 繼承回復請求權

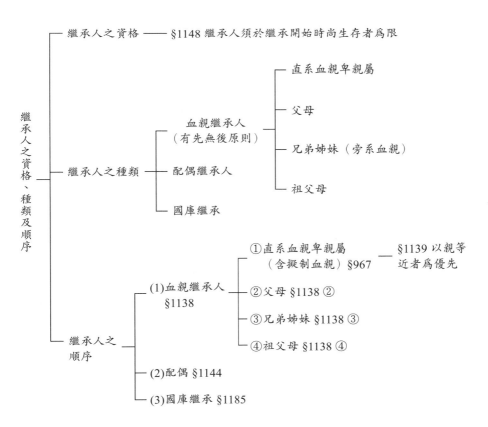

繼承人之資格、種類及順序
- 繼承人之資格 —— §1148 繼承人須於繼承開始時尚生存者為限
- 繼承人之種類
  - 血親繼承人（有先無後原則）
    - 直系血親卑親屬
    - 父母
    - 兄弟姊妹（旁系血親）
    - 祖父母
  - 配偶繼承人
  - 國庫繼承
- 繼承人之順序
  - (1)血親繼承人 §1138
    - ①直系血親卑親屬（含擬制血親）§967 —— §1139 以親等近者為優先
    - ②父母 §1138 ②
    - ③兄弟姊妹 §1138 ③
    - ④祖父母 §1138 ④
  - (2)配偶 §1144
  - (3)國庫繼承 §1185

❖ 民法第1138條

遺產繼承人，除配偶外，依左列順序定之：

一、直系血親卑親屬。

二、父母。

三、兄弟姊妹。

四、祖父母。

案 例

> 甲男出車禍突然過世，身後除了留下太太以外，還留下一個兩歲的小孩。甲的父、母親，可不可以繼承甲的遺產？

一、思考焦點

一個人過世之後，有誰可以來繼承他（她）的財產？

二、問題論述

家事事件法於2012年6月施行，第1條：「爲妥適、迅速、統合處理家事事件，維護人格尊嚴、保障性別地位平等、謀求未成年子女最佳利益，並健全社會共同生活，特制定本法。」家事事件法乃統合民法（總則、親屬、繼承）、兒童及少年福利與權益保障法、民事訴訟法、非訟事件法等法之規定，故同學於研讀繼承編時，必須將其一併研讀。

我國是民主自由的國家，保障人民的私有財產權，一個人只要在法律的限制以內，就可以自由決定該怎麼樣來處分自己的財產，這就是所謂「私法自治原則」。而一個人如果過世了，法律也規定，所留下來的財產（遺產），應該要先按照死者的意思去分配（遺囑），如果沒有遺囑，像前面的案例中，像甲這種突然過世，連甲自己都不知道自己會過世的情形，就沒有遺囑，法律就揣測死者的意思，把遺產優先分給他（她）的親人，如果實在是找不到有什麼親人，才會收歸國有，不會一下子就把人民的財產收去交給國家，這種處理遺產的方法，其實就是私法自治原則的延長或貫徹。死者的親人可能有很多，要先分給誰呢？民法第1138條規定，一個人的配偶，是要跟他一起永遠生活的，是跟這個死者最親近的人，所以不管死者有多少親人，他的配偶一定可以得到至少一部分的遺產。其次，就要依照民法第1138條四款規定的順序來分遺產，前面一個順序都沒有人了，才會輪到後面一個順序，這

些親人就可以繼承，就有繼承權。這四款的順序分別是：

(一) 直系血親卑親屬（第1款）

　　就是死者所直接、間接生出來的人，例如：死者的兒子、女兒、孫子、外孫，或是死者的養子、女等等。如果子孫被人家收養去了，就沒有繼承權。

(二) 父母（第2款）

　　死者的父、母親，就是把死者生出來的人，或是死者的養父、母。如果死者是被人家收養去了，親生的父母對其被收養之子女，就沒有繼承權。

(三) 兄弟姊妹（第3款）

　　不論是死者同父異母或同母異父的兄弟姊妹都算。被人家收養去的人，如果過世了，養父、母的子女、養子女就有第三順位的繼承權。

(四) 祖父母（第4款）

　　不論是父系的祖父母，或母系的外祖父母都算。

　　養子女則以收養一方的父母、兄弟姊妹及祖父母，為民法第1138條第2款至第4款的法定繼承人。

三、案例結論

　　甲的直系血親卑親屬，也就是他的小孩還在，所以第二順位的父、母親就沒有繼承權。所以甲死亡後所留下的遺產，由他的太太及2歲小孩來繼承。

四、相關實例

　　乙過世的時候，沒有結婚，也沒有小孩，但是有父、母親及兩個妹妹，請問乙的妹妹對於乙的遺產，有沒有繼承權？

五、重要判解

(一) 司法院21年院字第735號解釋

　　2.民法第1138條第1項第3款所稱兄弟姊妹者，凡同父異母或同母異父之兄弟姊妹均為該款同一順序之繼承人。

(二) 最高法院26年渝上字第608號判決（例）

　　1.父所娶之後妻，舊時雖稱為繼母，而在民法上則不認有母與子女之關係，民法第1138條第2款所稱之母，自不包含父所娶之後妻在內。

(三) 最高法院29年度決議（二）

　　出繼子或養子女對於本生父母之遺產，無繼承權。

(四) 最高法院29年上字第454號判決（例）

　　遺產繼承人資格之有無，應以繼承開始時為決定之標準，依民法第1147條之規定，繼承因被繼承人死亡而開始，故被繼承人之子女於被繼承人死亡時尚生存者，雖於被繼承人死亡後即行夭亡，仍不失為民法第1138條所定第一順序之遺產繼承人，自不得謂之無遺產繼承權。

(五) 最高法院31年上字第2940號判決（例）

　　某甲既死於民法繼承編施行之後，其遺產繼承，自應適用該編之規定，縱令某甲之妻於該編施行之後，仍沿舊例為其夫擇立上訴人為嗣子，該上訴人對於某甲之遺產仍非有繼承之權。

(六) 司法院32年院字第2560號解釋

　　養子女為被繼承人時，以其養方之父母兄弟姊妹祖父母為民法第1138條所定第二至第四順序之遺產繼承人。

(七) 最高法院32年上字第1067號判決（例）

　　父死亡而母再婚者，與母死亡而父再婚者無異，子女之死亡如在民法繼承編施行之後，依民法第1138條第2款之規定，母對於子女之遺產繼承權，並不因其已經再婚而受影響。

(八) 最高法院32年上字第3409號判決（例）

　　民法親屬編施行前所立之嗣之女，與其所後父母之關係與婚生子女同，既為民法親屬編施行法第9條所明定，則多數嗣子相互間當然發生兄弟之關係，而互為民法第1138條所定第三順序之繼承人。

(九) 司法院36年院解字第3334號解釋

　　男子入贅與其直系血親尊親屬及其兄弟姊妹之親屬關係並無影響，其直系血親尊親屬或兄弟姊妹死亡時，自係民法第1138條所定第一或第三順序之遺產繼承人，入贅之男子死亡時，其父母或祖父母亦為同條所定第二或第四順序之遺產繼承人，至依民法繼承編施行前之法規，為他人之嗣子或依民法為他人之養子者，與其本生之直系或旁系血親相互間，並無遺產繼承權。

(十) 司法院36年院解字第3762號解釋

　　3.甲在中國之婚姻如係無效，其相婚者固非繼承人，惟所生子女經甲認領或經甲撫育而視為認領者，依法視為甲之婚生子女，仍不失為甲之繼承人，其應繼分與其他繼承人均等。

　　5.兄弟、異母兄弟姊妹、異母姊妹，均為民法第1138條所定第三順序之繼承人，於被繼承人無直系血親卑親屬及父母時，方為繼承人，其應繼分為均等，惟被繼承人有配偶者，其遺產除由配偶繼承二分之一外，方由該順序之繼承人按人數平

均繼承。

(十一) 最高法院58年台上字第2845號判決（例）

臺灣省光復前日據時期，習慣上嫡母與庶子間，有所謂法定血親，即擬制血親之關係，但庶子對於嫡母之遺產，究無繼承權可言。

(十二) 司法院大法官釋字第668號解釋

爭點：繼承開始於繼承編施行前，而得選定繼承人者，僅限施行前選定？

解釋文：

民法繼承編施行法第8條規定：「繼承開始在民法繼承編施行前，被繼承人無直系血親卑親屬，依當時之法律亦無其他繼承人者，自施行之日起，依民法繼承編之規定定其繼承人。」其所定「依當時之法律亦無其他繼承人者」，應包含依當時之法律不能產生選定繼承人之情形，故繼承開始於民法繼承編施行前，依當時之法規或習慣得選定繼承人者，不以在民法繼承編施行前選定為限。惟民法繼承編施行於臺灣已逾六十四年，為避免民法繼承編施行前開始之繼承關係久懸不決，有礙民法繼承法秩序之安定，凡繼承開始於民法繼承編施行前，而至本解釋公布之日止，尚未合法選定繼承人者，自本解釋公布之日起，應適用現行繼承法制，辦理繼承事宜（解釋日期：98年12月11日）。

(十三) 法務部103年4月16日法律字第10303504490號函

涉外民事法律適用法第58條、民法第1138條、第1140條規定參照，倘被繼承人死亡時為我國人，其繼承應適用我國民法，其子若於繼承開始前死亡或喪失繼承權時，則由其直系血親卑親屬代位繼承其應繼分；另我國民法繼承編並未限制外國人繼承我國人民遺產，故如為法定繼承人，自得繼承被繼承人遺產，其繼承權不因是否喪失我國國籍而有不同。

(十四) 臺北地方法院106年度簡字第27號民事判決

遺族申領亡故軍官、士官之餘額退伍金或半俸係遺族依法取得之公法上權利，與溢領半俸而負有公法上不當得利返還債務者不同，前者以遺族身分申領半俸之權利為一身專屬權，不得讓與或繼承，後者負返還公法上不當得利之債務並非一身專屬權，非不得讓與或繼承。因此，遺族之繼承人雖不得繼承遺族之申領退伍金或半俸等公法上權利，惟對於遺族溢領半俸而生之公法上不當得利返還債務，仍需負清償責任。

(十五) 最高法院109年度台上字第1942號民事判決

祭祀公業係由設立人捐助財產，以祭祀祖先或其他享祀人為目的之團體，均係於民法制定前所設立，乃民法施行前在臺灣依習慣法設立、活動。其規約係設立人及其子孫所為私法上結社及財產處分行為，基於私法自治，原則上固應予尊重，以

維護法秩序之安定。倘祭祀公業於設立時無原始規約，而於臺灣光復後始訂定者，則該規約有關財產之處分，自不能違背當時民法或其特別法之規定，以維全體派下員之財產權，否則所為財產處分行為，即屬無效。

(十六) 臺灣高等法院暨所屬法院110年法律座談會民執類提案第14號

法律問題：債務人甲於請領勞工退休金前死亡，其子女乙（未聲明拋棄繼承）以遺屬之身分，依勞工退休金條例第26條第1項規定，領得一次退休金新臺幣8萬元，甲之債權人丙主張乙所領取之一次退休金為甲之遺產，持對於甲之金錢請求執行名義，聲請於8萬元範圍內對乙個人財產為強制執行，執行法院應否准許？

討論意見：

　　甲說：肯定說。

　　雇主為適用勞工退休金條例之勞工，按月提繳退休金，儲存於勞工保險局設立之勞工退休金個人專戶，該專戶內之本金及累積收益，雖勞工於未符合同條例第24條第1項所定請領要件前不得領取，惟其性質屬於後付之工資，所有權仍屬勞工。勞工於請領退休金前死亡者，已無同條例第29條保障退休生活之考量，勞工退休金自為其遺產，並為債權人債權之總擔保。乙未拋棄繼承，對於甲之債務以所得遺產為限，負清償責任，乙以遺屬身分取得甲之退休金，甲之債權人得於乙領得範圍內對乙個人財產為強制執行。

　　乙說：否定說。

　　（一）勞工退休金請求權具一身專屬性，不得讓與或繼承，針對勞工於請領退休金前死亡之情形，勞工退休金條例第26條第1項立法理由考量：勞工退休金有強制儲蓄之性質，故於請領前死亡者，其專戶累積之本金及收益應由其遺屬或指定請領人領取。而觀之同條例第26條第1項所定遺屬順位不同於民法第1138條所定遺產繼承人順序，可見，具遺屬身分而得領取債務人之退休金，應係基於勞工退休金條例特別規定，並非繼承關係而來。

　　（二）繼承人對於被繼承人之債務，以因繼承所得遺產為限，負清償責任，一次退休金既非屬因繼承取得之遺產，縱領得一次退休金之遺屬同時兼有法定繼承人身分，亦無庸以一次退休金負清償責任，故被繼承人之債權人丙，主張於一次退休金數額範圍內強制執行遺屬即繼承人乙個人財產，不應准許。

初步研討結果：採甲說。

審查意見：

　　採甲說，理由倒數第3行「乙以遺屬身分取得甲之退休金，」以後文字修正為「且該退休金為金錢，具可代替性，業與乙之固有財產混合，執行法院在該退休金

金額範圍內，得對乙之固有財產強制執行（臺灣高等法院暨所屬法院108年法律座談會民執類提案第7號研討結果（一）參照）。」

研討結果：照審查意見通過。

❖ 民法第1139條

前條所定第一順序之繼承人，以親等近者爲先。

案 例

　　甲死亡的時候，在這個世界上，只有一個兒子，一個孫子（即該生存兒子之子），請問：甲的遺產，是由兒子繼承，還是他的兒子及孫子一起來繼承？

一、思考焦點

民法第1138條第1款規定的直系血親卑親屬法定繼承人，如果有好幾代，應該要由誰優先來繼承，還是大家一起來繼承？

二、問題論述

民法第1139條的規定，充分實現了「長幼有序」的原則，民法第1138條第1款規定的直系血親卑親屬法定繼承人，如果有好幾代，應該要由親等比較接近死者（被繼承人）的先來繼承，而不是被繼承人的所有直系血親卑親屬大家一起來繼承，例如：被繼承人的兒子比孫子、外孫優先，而孫子、外孫又比曾孫、外曾孫優先。

三、案例結論

依照民法第1139條的規定，應該要以親等比較接近被繼承人的直系血親卑親屬，優先繼承，所以甲的兒子應該要優先來繼承。

四、相關實例

乙死亡的時候，在這個世界上，有一個養子丙，還有一個親生兒子丁所生的乙的孫子戊，請問：乙的遺產，是由丙、丁繼承還是戊來繼承？

五、重要判解
最高法院77年度台上字第1924號民事判決
「繼承因被繼承人死亡而開始」，民法第1147條定有明文。被上訴人之亡父張○耿既先於其亡祖父張○紳，於66年12月11日死亡，則於張○紳在76年3月5日死亡而開始繼承時，因張○耿已死亡，故無繼承權。而張○耿爲張○紳之獨子，張○紳已別無其他一親等直系血親卑親屬，依民法第1138條、第1139條規定，應由被繼承人張○紳之二親等直系血親卑親屬之被上訴人，本於第一順序繼承人之身分，直接繼承，而與上訴人共同爲被繼承人張○紳之遺產繼承人。

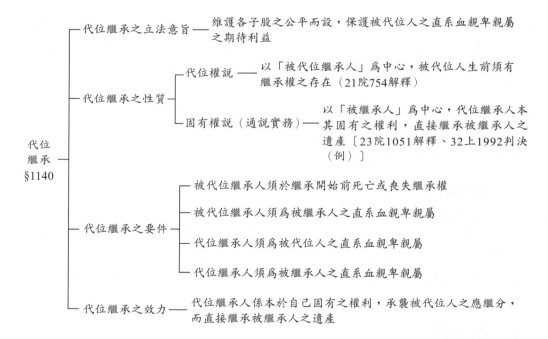

❖ 民法第1140條
第1138條所定第一順序之繼承人，有於繼承開始前死亡或喪失繼承權者，由其直系血親卑親屬代位繼承其應繼分。

案 例

　　甲男的太太過世了，有三個兒子、一個女兒，其中女兒過世了，那個女兒留有一個兒子乙，但是父親不知道是誰。後來甲也過世了，沒有留下遺囑，乙可不可以繼承甲的財產？

一、思考焦點

　　民法第1138條第1款的直系血親卑親屬的法定繼承人，因死亡或是失去了繼承權，那麼他（她）本來要繼承的部分，應該要怎麼處理？

二、問題論述

(一) 代位繼承的情形

　　我國傳統的分家觀念，就是兄弟分家，各自娶妻生子，就好像枝葉一樣越來越茂盛，每一個兄弟還有他的後代，就叫做一房，大哥叫「大房」，二哥叫「二房」，以此類推。在分祖宗留下來的財產的時候，是按照每一房為單位來分的，如果這一房的兒子過世了，就由他的兒子，也就是被繼承人的孫子，本於他是被繼承人孫子的地位，來繼承被繼承人的財產（代位繼承），每一房的子孫，可能有多有少，但是不管子孫多少，都只能分到那一房的分量，不會因為那一房的人比較多，就會多分一些，這就是「代位繼承」的由來。到了民國的時代，女兒也可以繼承財產，所以女兒也算是一房，民法第1140條的規定，就是這樣來的，也就是說，每一房裡面，輩分比較大的，比被繼承人先過世，或者在被繼承人死亡以前，就已經失去了繼承權（民法第1145條）的話，就由這個先死亡，或先失去繼承權的直系血親卑親屬，來代位繼承這一房應該要繼承的部分。

(二) 不適用代位繼承的情形

　　比較特殊的情形，是如果被繼承人依照民法第1138條第1款規定的直系血親卑親屬，親等比較接近被繼承人的人，全部都過世了，只有次一親等的人直系血親卑親屬還在，那麼就要以所有的直系血親卑親屬的人數為分母，來分配繼承的財產。例如：丙有三個兒子A、B、C，丙之配偶已亡，A生了二位兒女A1、A2，B生了一位兒女B1，而C生了三位兒女C1、C2、C3，如果在丙死亡的時候，A、B、C都早已經過世了，並不是由A1、A2共同分配丙的財產三分之一、B1分丙的財產三分之一、C1、C2、C3共同分配丙的遺產三分之一，而是A1、A2、B1、C1、C2、C3六位，都是依照民法第1141條規定的同一順位的繼承人，每個人分配丙的遺產六分之一。

(三) 代位權說

前一順位繼承人有繼承權者，後一順位繼承人始有繼承權。若前一順位繼承人無繼承權，則後一順位繼承人亦無繼承權（司法院21年院字第754號解釋；胡長青，中國民法繼承論，1971年，第279頁）。

(四) 固有權說

每一個順位均有繼承權，固不因前一順位繼承人無繼承權，而導致後一順位無繼承權（通說及實務採之）。

三、案例結論

如前面的案例中，被繼承人的女兒，在被繼承人死亡而發生繼承以前，就已經過世了，後來被繼承人死亡的時候，女兒這一房的財產，就應該要由女兒的直系血親卑親屬，也就是這個女兒的兒子來代位繼承，所以甲的財產，應該要由三位兒子以及外孫乙，每一個人各繼承四分之一。

四、相關實例

丁的太太過世了，丁有三個兒子A、B、C，A沒有結婚生小孩，就過世了，B生了B1以後就過世了，而C生了三位兒女C1、C2、C3之後也過世了，丁最後過世，請問：丁的財產應該要由誰來繼承？要怎麼樣來分配？

五、重要判解

(一) 司法院20年院字第405號解釋

財產繼承權男女既應平等，已嫁女子如依法有繼承財產權，而於繼承開始前已亡故者，該女子所應繼承之財產，自應歸其直系血親卑親屬繼承，又女子不論已嫁、未嫁，既有財產繼承權，則其父母所負之債務，於其遺產不足抵償而未為限定之承繼時，自應與其兄弟負連帶責任，若其父母別無其他子女時，即應由其個人獨任償還之責，又現行法女子並無宗祧繼承權，則對於其父母家族之祭祀公產，自不能主張輪管或分割或分息。

(二) 司法院20年院字第416號解釋

1.承繼人之遺產，應由子女平均繼承，如其子於繼承開始前死亡而已生有子女或應為立嗣者，則該子所應繼承之分，應由其直系卑屬繼承。2.承繼人之遺產，應依其子女之數均分，孫對於祖之遺產，僅能平均繼承其父所應繼承之部分，不能主張長孫應較優於諸孫。3.嫡庶子女，均應平等繼承遺產。4.諸孫應平等繼承伊父之財產。……7.女子不問已嫁，既均有財產繼承權，苟該已嫁女子於繼承未開始前亡

故者，其所應繼承之部分，自得由其所生子女繼承。

(三) 司法院21年院字第754號解釋

已嫁女子死亡時。依法尚無繼承財產權。則繼承開始時之法律。雖許女子有繼承權。而已死亡之女子。究無從享受此權利。其直系卑屬。自不得主張代位繼承。

(四) 司法院22年院字第851號解釋

妻依民法第1144條繼承夫之遺產，即屬妻之所有，帶產出嫁，並無何種限制，至無嗣之寡媳及其收養之子女，關於其翁姑之遺產，依民法第1140條並無為其夫或為其養父母代位繼承之權，但得依民法第1149條酌給遺產。又女子之於父母，依法固應負扶養義務，惟其扶養應以其私人之經濟能力為限。

(五) 司法院24年院字第1382號解釋

民法第1140條所謂代位繼承其應繼分者，以被繼承人之直系血親為限，養子女之子女，對於養子女之養父母，既非直系血親卑親屬，當然不得適用該條之規定（參照院字第851號解釋）。

(六) 最高法院26年渝上字第608號判決（例）

2.民法第1138條所定第一順序之繼承人，有於繼承開始前死亡者，依同法第1140條之規定，僅其直系血親卑親屬得代位繼承其應繼分，其母並無代位繼承之權。

(七) 最高法院32年上字第1992號判決（例）

2.民法第1140條之規定，雖不適用於民法繼承編施行前開始之繼承，而其規定之趣旨則為同編施行前之法例所同認，父先於祖死亡者，祖之繼承開始雖在同編施行之前，不得謂孫無代位繼承權，同編施行法第2條所謂直系血親尊親屬，非專指父而言，祖父母以上亦在其內，祖之繼承開始如在同條所列日期之後，孫女亦有代位繼承權，代位繼承，係以自己固有之繼承權直接繼承其祖之遺產，並非繼承其父之權利，孫女對於其祖之遺產有無代位繼承之資格，自應以祖之繼承開始時為標準而決定之，祖之繼承開始苟在同條所列日期之後，雖父死亡在同條所列日期之前，孫女之有代位繼承權亦不因此而受影響。3.被上訴人於某甲繼承開始後，縱未即為代位繼承之主張，亦不得因此謂其代位繼承權已合法拋棄。

(八) 最高法院32年度決議

民法第1140條之規定，雖不適用於民法繼承編施行前開始之繼承，而其規定之趣旨，則為同編施行前法例之所同認，父先於祖死亡者，祖之繼承開始，雖在同編施行之前，不得謂孫無代位繼承權，同編施行法第2條（舊法）所謂直系血親尊親屬，非專指父母而言，稱父母以上，亦在其內，祖之繼承開始，如在同條所列日期之後，孫女亦有代位繼承權。代位繼承係以自己固有之繼承權直接繼承其祖之遺

產，並非繼承其父之權利，孫女對於其祖之遺產，有無代位繼承之資格，自應以祖之繼承開始為標準，而決定之。祖之繼承開始，苟在同條所列日期之後，雖父死亡在同條例所列日期之前，孫女之有代位繼承權，亦不因此而受影響。

(九) 司法院33年院字第2659號解釋

因前婚姻關係消滅而再婚者，依民法第1144條雖有繼承其後配偶遺產之權，然於後配偶之繼承開始前死亡或喪失繼承權者，民法既無由其與前配偶所生子女代位繼承其應繼分之規定，民法第1140條所定被繼承人直系血親卑親屬之代位繼承，又無同一或類似之法律理由，可以類推適用，其與前配偶所生子女，自不得代位繼承其應繼分。至其與前配偶所生子女，如由後配收養為子女者，固應依民法第1142條規定辦理，但是否為後配偶之養子女，應以有無收養行為為斷，不得謂其與前配偶所生子女，當然為後配偶之養子女，認其有繼承權。

(十) 最高法院41年台上字第546號判決（例）

婚生女先於其母而死亡，對於其母之遺產，該婚生女之配偶既不在民法第1140條所謂代位繼承人之列，自無代位繼承權之可言。

(十一) 司法院大法官釋字第57號解釋

民法第1140條所謂代位繼承，係以繼承人於繼承開始前死亡或喪失繼承權者為限。來文所稱某甲之養女乙拋棄繼承，並不發生代位繼承問題。惟該養女乙及其出嫁之女如合法拋棄其繼承權時，其子既為民法第1138條第1款之同一順序繼承人，依同法第1176條第1項前段規定，自得繼承某甲之遺產（解釋日期：45年1月6日）。

(十二) 司法院大法官釋字第70號解釋

養子女與養父母之關係為擬制血親，本院釋字第28號解釋已予說明。關於繼承人在繼承開始前死亡時之繼承問題，與釋字第57號解釋繼承人拋棄繼承之情形有別。來文所稱養子女之婚生子女、養子女之養子女、以及婚生子女之養子女，均得代位繼承。至民法第1077條所謂法律另有規定者，係指法律對於擬制血親定有例外之情形而言，例如同法第1142條第2項之規定是（解釋日期：45年12月17日）。

(十三) 最高法院57年度台上字第2937號民事判決

司法院21年6月7日院字第754號解釋，雖謂：「已嫁女子死亡時，依法尚無繼承財產權，則繼承開始時之法律，雖許女子有繼承權，而已死亡之女子，究無從享受此項權利，其直系卑親屬，自不得主張代位繼承」，然同院23年4月2日院字第1051號解釋曰：「凡繼承開始在民法繼承編施行後，如民法第1138條所定第一順序之繼承人，有於繼承開始前死亡者，不問其死亡在於何時，其直系血親卑親屬，均得依同法第1140條代位繼承其應繼分」，業將前一解釋變更（參閱本院32年5月19

日民刑庭會議決議）。

(十四) 最高法院57年度台再字第18號民事判決

　　民法第1138條第一順位繼承人之直系血親卑親屬有無代位繼承權，以該第一順位繼承人有無繼承權而定，不以該第一順位繼承人死亡在繼承開始之前後而定，該第一順位繼承人之直系血親卑親屬爲女子者，其有無代位繼承之資格以祖之繼承開始爲標準，不以父之死亡時爲標準，本院32年5月19日民刑庭總會決議錄，即闡述斯旨。故民法第1138條第一順位繼承人於繼承開始前死亡，其直系血親卑親屬，依同法第1140條得代位繼承者，以該第一順位繼承人，於死亡時有繼承權爲前提。

(十五) 最高法院82年度台上字第374號民事判決

　　按臺灣在日據時期本省人間之親屬及繼承事項不適用日本民法第四編（親屬）、第五編（繼承）之規定，而依當地之習慣決之。本院57年台上字第3410號著有判例。查原判決附表所載，王○玉之繼承人蔡王氏參係於30年10月30日死亡，尚在日據時期。依上開判例之旨，應依當地之習慣決其繼承事項。原審並未調查審認蔡王氏參死亡當時地有關繼承事項之習慣，逕行適用民法代位繼承之法則，爲上訴人敗訴判決，即有未合。

(十六) 最高法院84年度台上字第2091號民事判決

　　民法第1138條所定第一順序之繼承人，有於繼承開始前死亡或喪失繼承權者，由其直系血親卑親屬代位繼承其應繼分，同法第1140條定有明文。是得依前開規定代位繼承者，以第一順序繼承人之直系血親卑親屬爲限，第一順序繼承人之配偶並無代位繼承權可言。

(十七) 最高法院85年度台上字第1426號民事判決

　　民法第1138條所定第一順序之繼承人，有於繼承開始前死亡或喪失繼承權者，由其直系血親卑親屬代位繼承其應繼分，民法第1140條定有明文。又遺產繼承人，除配偶外，依下列順序定之：一、直系血親卑親屬。二、父母。三、兄弟姐妹。四、祖父母，亦爲民法第1138條所明定。是於繼承開始前死亡或喪失繼承權而得由其直系血親卑親屬代位繼承其應繼分之繼承人，僅限於民法第1138條所定第一順序之繼承人即被繼承人之直系血親卑親屬。

(十八) 最高法院85年度台上字第2569號民事判決

　　按繼承人對於被繼承中有重大之虐待或侮辱情事，經被繼承人表示其不得繼承者，喪失其繼承權；又民法第1138條所定第一順序之繼承人，於繼承開始前喪失其繼承權者，由其直系血親卑親屬代位繼承其應繼分，同法第1145條第1項第5款、第1140條固分別定有明文，惟民法第1138條所定第一順序之繼承人，如與其直系血親卑親屬，共同對被繼承人有重大之虐待或侮辱情事，經被繼承人表示其不得繼承

者,該直系血親卑親屬亦應一併喪失其代位繼承之權利,此為當然之法理。

(十九) 最高法院87年度台上字第1556號民事判決

代位繼承係以自己固有之繼承權直接繼承祖之遺產,並非繼承父或母之權利,孫對於祖之遺產,有無代位繼承之資格,自應以祖之繼承開始為標準而決定之,故對父或母之遺產拋棄繼承,不能即謂對祖之遺產拋棄代位繼承。

(二十) 臺灣高等法院暨所屬法院93年法律座談會民事類提案第8號

法律問題:甲男乙女為夫妻,有子女丙、丁二人,丙有一子A,丁有子女B、C、D三人。丙先於甲而死亡,丁於丙死亡後偽造甲之遺囑,指定應繼分為乙六分之一、A六分之一、丁三分之二,惟被甲發現而喪失繼承權。甲死亡後,其遺產應如何繼承?

討論意見:

甲說:

被繼承人之親等較近之直系血親卑親屬全部於開始繼承前死亡或喪失繼承權,而由其直系血親卑親屬繼承時,不可稱之為代位繼承。蓋在此情形,由被繼承人(祖父母)親等較遠者(孫、孫女)繼承時,繼承人以其固有順序,並以其固有應繼分繼承被繼承人,非代位其直系血親尊親屬(父母)而繼承,因此在上述情形開始之繼承,各繼承人之應繼分於繼承開始時始能確定。蓋我國民法第一順序之繼承人不限於被繼承人之子女,凡是被繼承人之直系血親卑親屬均屬之。故第一順序親等較近之子女全部於繼承開始前死亡或喪失繼承權者,與同一順序之繼承人全部拋棄繼承權相同,應由次親等或次順序之繼承人當然遞進為繼承人。且我國民法第1140條所用「第一順序之繼承人,有於……者」字句,應係指被代位人中一人或數人而言。由該條反面解釋,第一順序之繼承人全部於繼承開始前死亡或喪失繼承權者,不符代位繼承之要件。又我國民法第1141條規定,同一順序繼承人有數人者,按人數平均繼承為原則。故諸孫共同繼承時,按人數平均繼承。且代位制度本在調節不同親等間繼承順位之制度。在我國民法第1138條、第1139條明文規定,已無子女繼承人時,孫子女以固有之順序繼承祖父母之遺產。再者,應繼分之分配額,在繼承開始以前本來就浮動不定,於繼承開始時始能確定。換言之,繼承之有無、應繼分之多寡,均應在開始繼承時決定為原則。故本件自應由甲之未亡人乙與其孫子女A、B、C、D平均繼承。

乙說:

如以第一順序繼承人親等近者全部於繼承開始前死亡或喪失繼承權為本位繼承時,即由次親等之第一順序繼承人與被繼承人之配偶平均繼承,若然,則被繼承人之已死亡或喪失繼承權子女之子女較少者,其應繼分即因之減少,子女較多者,其

應繼分即隨之增加，又因孫子女人數常較子女爲多，被繼承人配偶之應繼分亦可能減少，此殊非保護配偶之道。因此，爲期能維持繼承人間之公平又可保障生存配偶之生活，解釋上應認爲第一順序之繼承人無論全部或一部於繼承開始前死亡或喪失繼承權，均應解爲由其直系血親卑親屬代位繼承較爲妥適。且就實質而言，子輩繼承人中若有一人尚生存者，則其他孫輩繼承人爲代位繼承，但該子輩繼承人一死亡時立即轉換爲本位繼承，論理上顯得極不自然。亦即，是否爲代位繼承或本位繼承，取決於子輩繼承人最後一人之生死，實屬不妥。就形式而言，本位繼承說認爲民法第1140條規定「第一千一百三十八條所定第一順序之繼承人，有於……者」，顯示被代位人中之一人或數人而言，惟在民法第1173條亦規定「繼承人中有在繼承開始前因結婚、分居或營業，已從被繼承人受有財產之贈與者」，應負歸扣之義務，而該條所謂受有特種贈與之繼承人亦不限於部分繼承人，亦即，繼承人全部均從被繼承人受有特種贈與時，亦全部負歸扣之義務。「有於」與「有在」意義應屬相同，何以民法第1140條之情形卻僅指一人或數人而言，並未包括全部，而民法第1173條之「有在」卻包括全部繼承人在內，解釋上亦難認一致。再者，民法第1140條並未明定部分繼承人於繼承開始前死亡或喪失繼承權始爲代位繼承，本位繼承說擅加民法所未限制之要件，解釋論上亦屬不妥。此外，就民法第1138條、第1139條及第1140條之條文順序觀之，亦可導出我國民法繼承編係以維持各子股間之公平繼承爲原則，在本案中，如因丁之僞造遺囑行爲反使其子女受較多之繼承利益，實有失繼承人子股間之公平性。

初步研討結果：多數採乙說。

審查意見：採甲說。

研討結果：

1. 討論意見乙說最後加上「且違反繼承人不得因其被繼承人之不法行爲而享有利益之原理」。
2. 經付表決結果：實到64人，採甲說26票，採乙說36票。

※註：代位權說，以代位繼承人之代位繼承權係承受被代位繼承人之繼承權，亦即代替被代位繼承人之地位而爲繼承。故代位權說認爲，代位繼承係以「被代位繼承人」爲中心之繼承型態。司法院21年院字第754號解釋：「已嫁女子死亡時，依法尚無繼承財產權，則繼承開始時之法律，雖許女子有繼承權，而已死亡之女子，究無從享受此權利，其直系卑親屬，自不得主張代位繼承」，亦採代位權說之見解。（參照陳棋炎、黃宗樂、郭振恭著，民法繼承新論，1993年8月3版，第66-67頁）

(二十一) 內政部104年9月17日台內地字第1040432844號函

被繼承人第一順序親等較近之部分繼承人,如於繼承發生前死亡或喪失繼承權,而其他同屬親等較近之繼承人均拋棄繼承者,其所拋棄之應繼分應歸屬代位繼承人繼承。(原內政部85.07.02 (85)台內地字第8506814號函停止適用)

(二十二) 內政部105年7月1日台內地字第1050047741號函

要旨:

有關被繼承人親等較近之直系血親卑親屬,全部於繼承開始前死亡,次親等直系血親卑親屬之應繼分相關疑義。

說明:

1.依據臺中市政府105年6月22日府授地籍二字第0129145號函及盧○○地政士事務所105年6月20日函副本辦理,並檢送前揭臺中市政府函影本一份。

2.按「遺產繼承人,除配偶外,依左列順序定之:一、直系血親卑親屬」「前條所定第一順序之繼承人,以親等近者為先」、「第1138條所定第一順序之繼承人,有於繼承開始前死亡或喪失繼承權者,而其直系血親卑親屬代位繼承其應繼分」「同一順序之繼承人有數人時,按人數平均繼承。但法律另有規定者,不在此限。」分為民法第1138條、第1139條、第1140條及第1141條所明定。次按有關被繼承人親等較近之直系血親卑親屬(子輩繼承人),全部於繼承開始前死亡,其親等較遠之直系血親卑親屬(孫輩繼承人)其應繼分如何分配,上開條文中並未明定,惟學說見解有二種,一為本位繼承說,即認為由被繼承人(祖父母)親等較遠者(孫、孫女)繼承時,繼承人以其固有順序,並以其固有應繼分繼承被繼承人,而非代位其直系血親尊親屬(父母)而繼承(參照戴炎輝、戴東雄、戴瑀如合著,繼承法,2010年2月最新修訂版,第55-56頁)。二為代位繼承說,即民法第1140條之規定,並未明文規定須子輩繼承人部分死亡或喪失繼承權時,孫輩繼承人始得代位繼承;就文義解釋觀之,無論子輩繼承人全部死亡或喪失繼承權,或部分死亡或喪失繼承權,均依代位繼承之規定處理。(參照林秀雄,繼承法講義,修訂6版,第28頁;陳棋炎、黃宗樂、郭振恭著,民法繼承新論,1993年8月3版,第55-58頁)

3.另查行政院院會於105年3月31日第3493次院會通過「民法繼承編」部分條文修正草案,其中第1140條修正說明二略以:「繼承開始前,第一順序繼承人親等近者全部死亡或喪失繼承權者,次親等之繼承人乃本於自己為繼承人之地位,依第1138條規定繼承,並非代位繼承。準此,代位繼承僅於『部分』繼承人死亡時,始有適用……」似採本位繼承說,合先併予敘明。

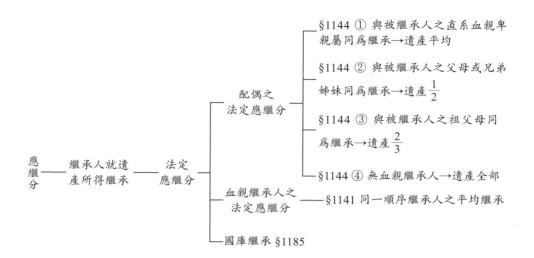

❖ 民法第1141條

同一順序之繼承人有數人時，按人數平均繼承。但法律另有規定者，不在此限。

案例

> 丁和太太戊，生有三個兒子A、B、C，A沒有結婚生小孩，就過世了，B生了B1以後就過世了，而C生了三位兒女C1、C2、C3之後也過世了，丁最後過世，請問：丁的財產應該要由誰來繼承？要怎麼樣來分配？

一、思考焦點

如果民法第1138條第1款規定的直系血親卑親屬法定繼承人，親等比較接近被繼承人的，全部都過世了，應該要怎麼樣來繼承？

二、問題論述

被繼承人的民法第1138條第1款規定的直系血親卑親屬法定繼承人，如果親等比較接近被繼承人的，其中有一部分，在被繼承人死亡之前，就已經過世了，或已經失去繼承權，那麼就由這位比被繼承人更早過世，或在繼承開始之前就已經失去繼承權的人的後代（直系血親卑親屬），依照民法第1140條的規定，來代位繼承。但是如果親等比較接近被繼承人的一代，全部都已經過世，而有次一代的子孫

的話，那麼全體次一代的子孫，都算是民法第1138條第1款的直系血親卑親屬的法定繼承人，這個時候，就不是按照被繼承人的第一代子女的數目，也就是所謂的各房的數目，來分配遺產，也就是算次一代子孫的人頭有幾位，依照民法第1144條第1款的規定，大家來和被繼承人的配偶，按人數平均分配被繼承人的遺產。

三、案例結論

應該要由戊、B1、C1、C2、C3，來平均分配丁的遺產，每個人分配五分之一。

四、重要判解

(一) 最高法院22年上字第1595號判決（例）

父在生前以其所有財產分給諸子，係屬贈與性質，諸子間受贈財產之多寡，父得自由定之。此與繼承開始後，諸子按其應繼分繼承遺產者不同，故贈與諸子財產之數量，縱有不均，受贈較少之子亦不得請求其父均分。

(二) 最高法院72年度台上字第4516號民事判決

所謂應繼分，係指各繼承人對於遺產上之一切權利義務，所得繼承之比例，並非對於個別遺產之權利比例。

(三) 最高法院91年度台上字第2329號民事判決

繼承人有數人時，在分割遺產前，各繼承人對於遺產全部為公同共有，固為民法第1151條所明定，惟各繼承人對於遺產所屬之各個權利義務，在分割之前仍有潛在的物權的應有部分，繼承人相互間，其權利之享受與義務之分擔，應以應繼分之比例為計算之標準。

(四) 最高法院107年度台上字第92號民事判決

各繼承人對於繼承之公同共有不動產之分割請求權，性質上為具有財產價值之權利，債權人自得代位行使，不因債權人得聲請強制執行債務人之公同共有權利而受影響。

❖ 民法第1142條（刪除）

❖ 民法第1143條（刪除）

❖ 民法第1144條

配偶有相互繼承遺產之權，其應繼分，依左列各款定之：

一、與第1138條所定第一順序之繼承人同為繼承時，其應繼分與他繼承人平均。

二、與第1138條所定第二順序或第三順序之繼承人同為繼承時，其應繼分為遺產二分之一。

三、與第1138條所定第四順序之繼承人同為繼承時，其應繼分為遺產三分之二。

四、無第1138條所定第一順序至第四順序之繼承人時，其應繼分為遺產全部。

案例1

> 甲男與乙女是夫妻，沒有生小孩，甲男過世之後，在這個世界上，除了乙之外，只剩下兩位弟弟。而甲的遺產有新臺幣（以下同）80萬元，應該要怎麼樣來繼承？

一、思考焦點

被繼承人的配偶，應該要怎麼樣來和民法第1138條所規定的法定繼承人，一起繼承遺產？

二、問題論述

如果被繼承人沒有用遺囑來分配遺產，依照民法第1138條的規定，配偶可以和被繼承人的直系血親卑親屬、父母、兄弟姊妹、祖父母一起來繼承財產，但是怎麼一起來繼承呢？民法第1144條就規定，如果是和民法第1138條第1款的第一順序法定繼承人共同來繼承遺產，就要按照人數平均分配遺產，例如：被繼承人有三位子女，配偶和這三位子女，每個人就平均分配遺產的四分之一（第1144條第1款）。如果配偶是和民法第1138條第2款、第3款所規定的第二順序或第三順序的法定繼承人，也就是和被繼承人的父母親、兄弟姊妹一起繼承的時候，配偶要先分配其中遺產的二分之一，其餘二分之一，由剩下的其他一起繼承的人來分配（第1144條第2款），如果配偶是和被繼承人民法第1138條第4款規定的第四順序的法定繼承人，一起繼承的時候，配偶可以分配到的遺產（應繼分），就是被繼承人整個為遺產的三分之二，其他的三分之一的部分，就由被繼承人的祖父母去平分（第1144條第3款）。如果都沒有民法第1138條第1款到第4款，所規定的被繼承人的第一順序到第四順序的繼承人，這個時候，配偶就可以繼承全部被繼承人的遺產（第1144條第4款）。

三、案例結論

　　乙要和甲的兩位弟弟，一起來繼承甲的80萬元遺產，而乙依照民法第1144條第2款的規定，先繼承其中的一半，有就是40萬元，其他的40萬元，由甲的兩位弟弟平分，每位弟弟可以分到20萬元。

四、相關實例

　　丙男與丁女是夫妻，沒有生小孩，丙男過世之後，在這個世界上，除了丁之外，就沒有其他親屬了。而丙的遺產有30萬元，應該要由誰來繼承？

五、重要判解

(一) 最高法院30年上字第2014號判決（例）

　　配偶有相互繼承遺產之權，被上訴人於其妻某氏死亡時即已繼承其遺產，其後雖與人再婚，而其遺產之繼承仍不因此而受影響。

(二) 最高法院75年度台上字第1249號民事判決

　　所謂應繼分，係指各繼承人對於遺產上之一切權利義務，所得繼承之成數，並非對個別遺產之權利比例。且應繼分為繼承權之重要內容，而繼承權為身分權，專屬於繼承人，不得為處分之標的物，故應繼分亦不得脫離繼承權單獨存在而予以處分。本件依前揭權利移轉證書之記載，上訴人就「系爭房屋之應繼分四分之一」，雖由被上訴人簡女向板橋分院拍定，然上開說明是否發生「應繼分」移轉之效力，非無疑義。

(三) 最高法院100年度台上字第1747號民事判決

　　按遺贈為立遺囑人依遺囑對於他人無償的給予財產上利益之行為。又通常僅以一兩特定財產給予特定繼承人之遺囑，可認為遺贈。除此之外，遺贈與應繼分指定之差異，於遺產有債務時，在應繼分指定，債務於繼承人之相互間按指定之應繼分而負擔。在遺贈，則除遺贈違反特留分規定應予扣減外，繼承人相互間仍應按其應繼分比例負擔。若繼承人等非無償取得被繼承人之遺產，被繼承人及配偶之債務似亦係按被繼承人指定繼承人等之應繼分比例分擔。

案例2

　　A男與B女結婚後，生了兒子C、兒子D，C男後與E女結婚後，因E女不孕，故C男及E女共同收養G為養女，G養女成年後嫁與I男後，生了K子；D男

與F女結婚後，生了H男，H男成年後娶J女，後來生了L女。試引用法律條文申論下列問題：

（一）設G養女成年後嫁與I男，H男成年後娶J女，但J女已死亡，G女與H男能否結婚？

答：G養女成年後嫁與I男，G女與I男婚姻尚在存續之中，又民法第985條第1項規定：「有配偶者，不得重婚」。同法第988條第3款前段規定，違反第985條規定無效。故G女與H男不能結婚，縱然結婚，亦是無效。

（二）設G養女死亡，B女與I男能否結婚？

答：B女與I男係直系姻親二親等（參照民法第969條、第970條第1款），今I男之配偶G女死亡，參照民法第971條規定及最高法院22年上字第2083號判例，B女與I男之姻親關係依然存在，故依民法第983條第1項第1款規定，直系姻親，不得結婚。同法第988條第2款規定，違反第983條規定無效。故B女與I男不能結婚，縱然結婚，亦是無效。

（三）設A男死亡後，留有遺產450萬元，試問得為繼承人均在生存下，有哪些人對A男之遺產可繼承多少錢？

答：依照民法第1138條規定，A男死亡後，配偶B女及第1順序繼承人兒子C及D，對於A男死亡後，留有遺產450萬元，有法定繼承權。並依照民法第1144條第1款規定，B、C、D，各平均繼承150萬元。

（四）設C及D，均在A男死亡前死亡，A男死亡後，留有遺產450萬元，由何人繼承？

答：設C及D，均在A男死亡前死亡，依照民法第1139條、第1141條規定，C及D，與A男之關係是直系血親卑親屬一親等，但均在A男死亡前死亡，故應由直系血親卑親屬二親等之G養女及H男，來平均繼承A男之遺產，並依照民法第1144條第1款規定，B、G、H，各平均繼承150萬元（民法第1077條第1項：養子女與養父母及其親屬間之關係，除法律另有規定外，與婚生子女同）。

若採代位繼承權說，C、D死於A前，故為代位繼承，所以G代位C，

H代位D之應繼分（民法第1140條）；故B、G、H依民法第1138條第1款、同法第1144條第1款分別繼承A之150萬元。

（五）設D，在A男死亡前死亡，A男死亡後，留有遺產450萬元，由何人繼承？

答：設D在A男死亡前死亡，依照民法第1140條規定，第1138條所定第一順序之繼承人，有於繼承開始前死亡，由其直系血親卑親屬代位繼承其應繼分。今D與A男之關係是直系血親卑親屬一親等，在A男死亡前死亡，故應由直系血親卑親屬二親等之H男，依照民法第1140條規定，來代位繼承D之繼承權繼承A之遺產，並依照民法第1144條第1款規定，B、C、H，各平均繼承150萬元。

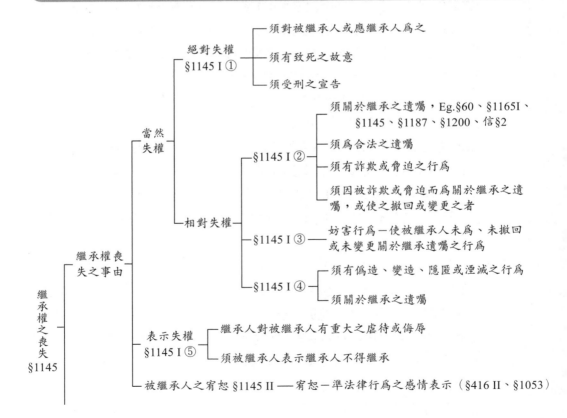

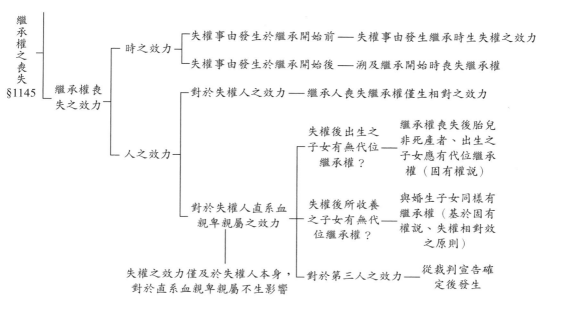

❖ 民法第1145條

　　有左列各款情事之一者，喪失其繼承權：

一、故意致被繼承人或應繼承人於死或雖未致死因而受刑之宣告者。

二、以詐欺或脅迫使被繼承人為關於繼承之遺囑，或使其撤回或變更之者。

三、以詐欺或脅迫妨害被繼承人為關於繼承之遺囑，或妨害其撤回或變更之者。

四、偽造、變造、隱匿或湮滅被繼承人關於繼承之遺囑者。

五、對於被繼承人有重大之虐待或侮辱情事，經被繼承人表示其不得繼承者。

前項第2款至第4款之規定，如經被繼承人宥恕者，其繼承權不喪失。

案例

　　甲男的太太早就過世了，甲有三個兒子乙、丙、丁，老大乙喜歡賭博，向高利貸地下錢莊借了很多錢後，都賭輸了，地下錢莊派黑道來討債，乙被逼急了，就想到老爸甲名下還有很多田地，於是就向甲要求把田地賣掉，好來償還他的賭債，甲不同意，乙就在甲的飯裡面下毒，一天下一點點，到最後甲就被乙給毒死了，後來乙被法院判處無期徒刑。請問：乙可不可以繼承甲的田地，然後把田地賣掉去償還賭債？

一、思考焦點

在什麼情況之下，繼承人不可以繼承遺產？

二、問題論述

原則上，在被繼承人沒有遺囑的情形下，被繼承人的配偶，可以和民法第1138條所規定的法定繼承人，一起來繼承遺產，但是在某些情形之下，繼承人之行為應該受到法律制裁，依照民法第1145條的規定，已經沒有資格去繼承被繼承人的遺產，這幾種繼承人失去繼承權的情形，是規定在民法第1145條第1項：

(一) 故意致被繼承人或應繼承人於死或雖未致死因而受刑之宣告者（第1款）

繼承人故意把被繼承人殺死，或把其他即將要繼承的人殺死，或是雖未致死，因而受到法院判刑確定的人，就不可以繼承遺產。

(二) 以詐欺或脅迫使被繼承人為關於繼承之遺囑，或使其撤回或變更之者（第2款）

用欺騙的方法，讓被繼承人產生錯誤（詐欺），而立下遺囑，或把已經立好的遺囑撤回來，或把已經立好的遺囑的內容改變。或讓被繼承人心裡面產生恐懼（脅迫），而不得不去立下遺囑，或把已經立好的遺囑撤回來，或把已經立好的遺囑的內容改變，這個時候，這個詐欺或脅迫的人，就失去了繼承權（喪失繼承權），而不可以去繼承遺產。例如：兒子欺騙父親說，在外面生意失敗，被黑道追殺討債，讓父親信以為真，就立下遺囑，把大部分的財產留給這個兒子，或是兒子拿著刀抵住自己或父親的喉嚨，說如果你不把大部分的財產留給我，我就殺你或自殺，讓父親心裡面因為恐懼，所以只好把原先立好的遺囑改變或撤回來，重新立新的遺囑，而把更多的財產留給這個兒子。

(三) 以詐欺或脅迫妨害被繼承人為關於繼承之遺囑，或妨害其撤回或變更之者（第3款）

用詐欺的方法，讓本來正要立下遺囑的被繼承人，不再去立遺囑，或把已經立好的遺囑撤回來，或把已經立好的遺囑的內容改變。或讓被繼承人心裡面產生恐懼（脅迫），讓本來正要立下遺囑的被繼承人，不再去立遺囑，或把已經立好的遺囑撤回來，或把已經立好的遺囑的內容改變，這個時候，這個詐欺或脅迫的人，就失去了繼承權（喪失繼承權），而不可以去繼承遺產。例如：女兒欺騙父親說，自己被詐騙集團騙了幾百萬元，讓父親信以為真，本來是要立下遺囑，把所有的遺產留給兒子的，就沒有再去立遺囑，或把已經立好的遺囑撤回來，或把已經立好的遺囑的內容改變。

(四) 偽造、變造、隱匿或湮滅被繼承人關於繼承之遺囑者（第4款）

　　家事事件法第3條第3項（丙類事件）第6款：因確認遺囑真偽所生請求事件，應一併研讀。

　　就是製造一個假的被繼承人的遺囑（偽造），或是把被繼承人已經立好的遺囑，更改裡面的內容（變造），或是把被繼承人已經立好的遺囑藏起來（隱匿），或是把被繼承人已經立好的遺囑毀滅掉（湮滅），好讓自己多得到一些遺產，這個偽造、變造、隱匿、湮滅遺囑的人，就喪失繼承權。

(五) 對於被繼承人有重大之虐待或侮辱情事，經被繼承人表示其不得繼承者（第5款）

　　如果在被繼承人生前，對於被繼承人非常不好，使得被繼承人非常難過，達到一般人都很難忍受的程度（重大虐待），或者是對於被繼承人的人格，有非常負面的評語，刻意去貶低被繼承人的人格（重大侮辱），而被繼承人因此表示這個對他（她）重大虐待、侮辱的人，不能繼承財產的話，這個人就喪失繼承權。

　　但是，前面所講的第2款到第4款的事情，如果被繼承人對行為人表示原諒（宥恕），那麼這個被原諒的人，還是可以保有繼承權（民法第1145條第2項）。

三、案例結論

　　乙把父親甲給殺死，並且被法院判刑確定，依照民法第1145條第1項第1款的規定，乙就喪失了繼承權，所以乙不可以繼承甲的田地。

四、相關實例

　　丙女欺騙父親丁說，自己被詐騙集團騙了幾百萬元，讓丁信以為真，本來是要立下遺囑，把所有的遺產留給兒子戊的，就沒有再去立遺囑。後來，丁知道真相之後，也對丙表示原諒的意思。請問：丙是不是仍然可以繼承丁的財產？

五、重要判解

(一) 最高法院22年上字第1250號判決（例）

　　民法第1145條第1項第5款所稱被繼承人之表示，不必以遺囑為之。

(二) 最高法院45年度台上字第363號民事判決

　　對於被繼承人有重大之虐待或侮辱情事，經被繼承人表示不得繼承者，該繼承人固喪失其繼承權。惟所謂表示，不以遺囑表示為限，如有明確事實，足以證明被繼承人生前有為不得繼承之表示者，繼承人之繼承權即因之而喪失。

(三) 最高法院72年度台上字第4710號民事判決

對於被繼承人有重大之虐待或侮辱情事，經被繼承人表示其不得繼承者，喪失其繼承權。民法第1145條第1項第5款定有明文。所謂虐待，謂予被繼承人以身體上或精神上痛苦之行為，且不以積極行為為限，更包括消極行為在內。又此表示，除以遺囑為之者外，為不要式行為，亦無須對於特定人為表示。

(四) 最高法院74年台上字第1870號判決（例）

民法第1145條第1項第5款所謂對於被繼承人有重大之虐待情事，係指以身體上或精神上之痛苦加諸於被繼承人而言，凡對於被繼承人施加毆打，或對之負有扶養義務而惡意不予扶養者，固均屬之，即被繼承人（父母）終年臥病在床，繼承人無不能探視之正當理由，而至被繼承人死亡為止，始終不予探視者，衡諸我國重視孝道固有倫理，足致被繼承人感受精神上莫大痛苦之情節，亦應認有重大虐待之行為。

(五) 司法院（83）廳民一字第22562號

法律問題：甲乙二人為親兄弟，同為被繼承人A之應繼承人。因細故口角互毆，甲竟持竹棍毆擊乙致顱骨骨折腦出血死亡，經法院以刑法第277條第2項傷害人之身體因而致人於死罪，判處有期徒刑七年確定。甲是否因而喪失其繼承權？

討論意見：

甲說：

按民法第1145條第1項第1款「故意致被繼承人或應繼承人於死或雖未致死因而受刑之宣告者，喪失其繼承權」，係指故意之殺害行為而言，不包括過失殺害或傷害致死，若僅有傷害行為，而無致人於死之殺人犯意者，縱因傷害而致死，或誤殺，並不當然喪失繼承權。

乙說：

刑法傷害致人於死之罪，乃指傷害行為與死亡之發生有因果關係之聯絡者而言，以其因犯罪致發生一定結果而為加重其刑之規定，即以不法侵害人身體之故意，行為人所施之傷害行為致生被害人死亡之結果，使其就死亡結果負其刑責，與因過失致人於死罪，其死亡結果係出於行為人之過失者迥異。甲既因傷害致同為應繼承人乙於死而受刑之宣告，自與民法第1145條第1項第1款之規定相當，應喪失其繼承權。

審查意見：擬採甲說。

研討結果：改採乙說。

司法院民事廳研究意見：

　　按民法第1145條第1項第1款所定繼承權絕對喪失之事由，以繼承人有致被繼承人或應繼承人於死之故意始足當之，此觀該款規定甚明。題示事例，甲持棍擊傷乙頭部出血死亡，係刑法上之一種加重結果犯，亦即甲之行為僅在主觀上有「傷害」之故意，並對可能致乙於死之加重結果有客觀之預見而已（刑法第17條及最高法院47年台上字第920號判例參照），尚無致乙於死之故意，故甲對乙傷害致死之犯行，與首揭喪失繼承權之事由即有未合，研討結論改採乙說，尚非妥適。

(六) 最高法院97年度台上字第2217號民事判決

　　民法第1145條第1項第4款規定，偽造、變造、隱匿或湮滅被繼承人關於繼承之遺囑者，喪失繼承權；其中所指之隱匿遺囑，應以繼承人使遺囑不能執行之意，而如若僅對其他繼承人隱瞞有遺囑存在之事實，但卻未妨礙遺囑執行者，因被繼承人之真正意思仍得以實現，即非屬隱匿遺囑之行為。

(七) 最高法院100年度台上字第1844號民事判決

　　依照民法第1145條第1項第5款規定，對於被繼承人有重大之虐待或侮辱情事，經被繼承人表示其不得繼承者，繼承人喪失其繼承權，而其中所指之虐待，應以身體或精神上痛苦之行為為限；至於侮辱者，則為毀損他方人格價值之行為，而欲判斷是否達重大程度，須以客觀社會觀念衡量當事人間之教育程度、社會地位及其他情事後，再為具體之決定，非可僅就被繼承人之主觀認定而為判斷。

(八) 臺灣高等法院暨所屬法院106年法律座談會民事類提案第6號

法律問題：民法第416條第1項第1款所定「故意侵害之行為」，是否僅限於人格權
　　　　　之侵害？

討論意見：

　　甲說：僅限人格權之侵害。

　　民法第416條第1項第1款規定之對象非寡，若受贈人對贈與人、其配偶、直系血親、三親等內旁系血親或二親等內姻親，有故意侵害之行為，即便非人格權之侵害，動輒可撤銷贈與契約，則影響層面及範圍過廣，影響交易安全甚鉅，恐非當初立法之本意。且稽諸民法第1145條關於喪失繼承權之規定，亦係以侵害被繼承人之人格權為規範行為，故應對本款規定為目的性限縮解釋，限於受贈人對贈與人之人格權有故意加害之行為，方得允許贈與人依本款規定撤銷贈與契約。

　　乙說：包含人格權及財產權之侵害。

　　民法第416條之立法理由明揭：「謹按贈與因受贈人之利益而為之，其行為本為加惠行為，受贈人若有加害或忘惠之行為，應使贈與人有撤銷贈與之權。惟此項撤銷權，應自贈與人知有撤銷原因之時起，一年內不行使而消滅，蓋以權利之狀

態，不應永久而不確定。至贈與人對於受贈人已爲宥恕之表示者，其撤銷權消滅，則又當然又結果也。故設本條以明示其旨」。顯然此項撤銷權係爲懲罰受贈人之加害及忘惠行爲而設。而人格權與財產權均屬贈與人之重要法益，不論受贈人係對贈與人之人格權或財產權爲加害行爲，依刑法有可處罰之明文，二者之可非難性實不分軒輊，而無高下之別，若謂僅於贈與人之人格權遭受贈人故意加害時始得行使前述撤銷權，顯與立法意旨相悖；是若贈與人之人格權或財產權，遭受贈人故意侵害，均應有民法第416條第1項第1款之適用，方爲公允。

丙說：區分贈與人與受贈人間是否爲直系血親關係。

民法第416條第1項第1款所定之撤銷贈與事由，若受贈人對贈與人有合乎該款規定，自應准予贈與人即得據以行使撤銷權；惟行使撤銷權當應合乎誠信原則，避免權利濫用，贈與契約存在直系血親間者，因受贈人爲直系血親卑親屬，對於贈與人即直系血親尊親屬有侵害行爲時，或有參酌民法第1145條喪失繼承權規定之必要，蓋因兩者之當事人均係直系血親關係，標的均爲直系血親尊親屬之財產，取得財產方式係繼承人或受贈人無償依法或依約取得，兩者法律關係相類，依最高法院91年度台上字第1928號、73年度台上字第3737號民事判決意旨，或有目的限縮解釋之餘地，以資衡平。但若贈與人與受贈人並非被繼承人與繼承人之關係，既不涉及民法第1145條規定，當無目的性限縮解釋之必要，即應回歸民法第416條第1項第1款之文義範圍，故意侵害行爲不限對贈與人之人格權或財產權侵害，只需刑法或特別刑法設有處罰規定即屬之。

初步研討結果：採乙說。

審查意見：採乙說，並補充理由如下：

依民法第416條立法理由觀之，此款規定係爲懲罰受贈人之加害及忘惠行爲而設，而受贈人對於贈與人等之加害或忘惠行爲，並不僅限於對其等人格權之侵害行爲一端，法條文亦無明文排除受贈人對於贈與人等之財產權上故意之加害行爲。且人格權與財產權均屬贈與人等之重要法益，受贈人對於贈與人等財產權故意加害行爲之可非難性，如趁贈與人外出時放火燒毀贈與人之住家，或騙光贈與人僅存之積蓄，非必低於受贈人對於贈與人等人格權故意加害行爲之可非難性，應無限制贈與人僅得於受贈人爲人格權之故意加害行爲時，始得撤銷贈與之必要。惟不問係就人格權或財產權之侵害，受贈人之故意侵害行爲之強度與可非難性，均有高低之別，可否撤銷贈與，宜由法院依個案具體情形，審酌誠信原則、禁止權利濫用原則等爲判斷。

(九) 最高法院108年度台上字第2030號民事判決

按繼承人依照民法第1145條第1項第5款規定，除對被繼承人有重大之虐待或侮

辱之情事外，尚須經被繼承人表示該繼承人不得繼承，始喪失繼承權。又代位繼承係以自己固有之繼承權直接繼承遺產，並非繼承被代位人之權利，代位繼承人是否喪失繼承權，自應以該繼承人本身之事由為斷。

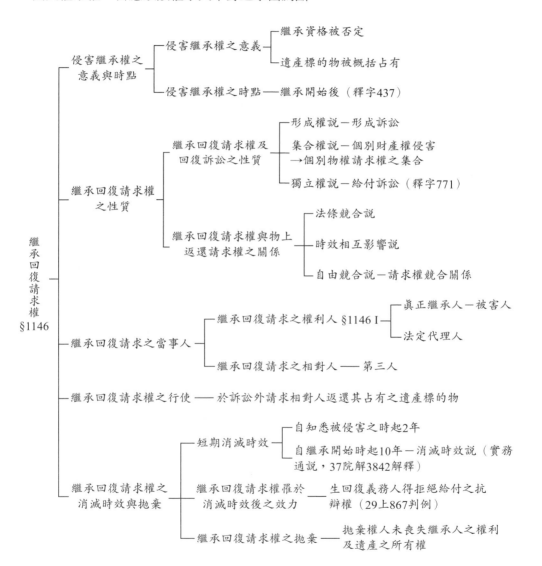

❖ 民法第1146條

繼承權被侵害者，被害人或其法定代理人得請求回復之。

前項回復請求權，自知悉被侵害之時起，二年間不行使而消滅；自繼承開始時起逾十年者亦同。

案 例

> 甲男及乙女的母親丙，已經守寡很多年了，想到自己在世界上的日子也不多了，就把自己的兩棟房子、兩輛車子，先給甲、乙兩個人住及使用，甲、乙二人各住一棟房子，各開一部車子，兩棟房子及兩棟車子的名字，都還沒有來得及過戶給甲、乙的時候，甲、乙的母親就過世了。乙後來發現，母親根本就是被甲在爭吵之中殺死的，所以就去報警，甲也被法院以殺死直系血親尊親屬的罪名，判處無期徒刑確定，但是甲還是堅持自己可以繼承母親的財產，拒絕把房子及車子交給乙。請問：乙是不是可以用她的繼承權被甲侵害作為理由，要求甲把甲住的那棟房子，以及所開的那部車子還給乙？

一、思考焦點

繼承權被人家侵害的時候，是不是可以向侵害的人要求歸還自己所繼承的財產？

二、問題論述

家事事件法第3條第3項（丙類事件）第6款：因繼承回復所生請求事件，應一併研讀。

就如前面所說的，一個人過世的話，他（她）就是被繼承人，可以去繼承被繼承人的財產的人，就是繼承人。被繼承人的財產，應該要由誰來繼承呢？首先要看被繼承人有沒有遺囑，如果有，原則上要按照遺囑來分配財產，除非按照遺囑來分配遺產，被繼承人依照民法第1223條的規定的特留分不夠，才例外的不按照遺囑來分配遺產。如果沒有遺囑，就由民法第1138條所規定的法定繼承人來分配遺產。假如依照遺囑及法律，可以去繼承遺產的繼承人，因為有不是繼承人的人，自稱是繼承人，並且占用（占有）了應該要由繼承人來繼承的財產，使得真正的繼承人，沒有辦法得到本來應該要得到的財產，真正的繼承人，就可以向那個侵害他（她）

繼承財產的人，要求回復應該要得到的財產，這就是民法第1146條規定的「繼承回復請求權」，繼承回復請求權的內容，包括兩個，第一個是確認自己是真正有資格來繼承財產的人，第二個是要求現在占有真正繼承人應該要繼承的遺產的人，把所侵占的財產，還給真正應該要來繼承遺產的自己。但是，真正繼承人知道自己應該要繼承的財產，被人家占用侵害了，從知道的時候開始兩年，或是被繼承人已經過世十年了，就不可以再提出繼承回復請求權了，這樣可以把繼承權還有繼承財產的紛爭，早日確定下來，以免大家一天到晚為著繼承權的事情吵來吵去，親人之間也一直不和諧、不和睦。

三、案例結論

甲的母親丙被甲殺死，而且甲也被判刑確定了，所以依照民法第1145條第1項第1款的規定，甲是沒有繼承權的。而甲、乙的父親早就過世了，所以母親丙過世之後，乙應該是唯一的繼承人，可以去繼承母親所有的財產，包括兩棟房子及兩部車子。但是甲居然一直說自己是繼承人，而且占著房子及車子不還，乙就可以依照民法第1146條的規定，向甲提出繼承回復請求權，一方面確認自己是母親唯一的繼承人，可以去繼承母親所有的財產，另一方面，是要求甲把應該要由乙繼承的那棟房子以及那輛車子交還給乙。

四、相關實例

丙男及丁女、戊女、己女的母親庚，已經守寡很多年了，丙自認為是家裡面的長子，也是家裡面唯一的男生，將來母親的財產，一定是由他一個人來繼承，就趁母親生病躺在床上的時候，把三個妹妹通通趕出家門，自己一個人住在母親的豪華房子裡面，還翻箱倒櫃，把母親的遺囑給找出來，發現母親在遺囑裡面交代說，房子是要給丁、戊、己，丙一氣之下就把母親的遺囑給燒掉了，母親聽到這件事情之後，一時情緒激動，就在84年1月1日休克過世了，丙還是繼續住在那間大房子裡面，說自己是唯一的繼承人。請問：丁、戊、己是不是可以在94年2月1日向丙提出繼承回復請求權，要求丙把所住的那棟房子還給丁、戊及己？

五、重要判解
(一) 最高法院29年上字第174號判決（例）

未結婚之未成年人之繼承權被侵害，為其法定代理人所知悉者，繼承回復請求權之二年消滅時效，應自法定代理人知悉時進行。

(二) 最高法院29年上字第867號判決（例）

民法第144條第1項之規定，於民法第1146條第2項所定，繼承回復請求權之消滅時效，亦有適用，故此項消滅時效完成後，非經回復，義務人以此為抗辯，法院不得據以裁判。

(三) 最高法院29年上字第1340號判決（例）

上訴人之父死亡後，上訴人如已置其姊妹之繼承權於勿顧，而以兄弟二人繼承全部遺產之狀態，實際上行使其權利，則雖未分割遺產，亦不得謂未侵害其姊妹之繼承權，上訴人既主張伊父所遺八處產業，歷來由伊兄弟二人每人一半分配利益，援用某字據為證，並以被上訴人之繼承回復請求權已因時效而消滅為抗辯，自應就其主張是否屬實予以審認。

(四) 最高法院32年上字第3143號判決（例）

民法第1146條第2項後段之規定，惟繼承權被侵害人，於繼承開始後十年內，不知悉被侵害，或雖知悉，而同項前段所定二年之時效期間，於繼承開始後十年內未屆滿者，乃適用之，上訴人於其繼承權被侵害時，即已知悉，且於繼承開始後十年內，其二年之時效期間，業已屆滿，自應適用同項前段之規定，不在同項後段規定之列。

(五) 司法院37年院解字第3856號解釋

父死無子，母因不知其女有繼承權，將其未成年之女應繼承之遺產立約贈與他人，實係以此項遺產應由自己繼承而為處分，其女之繼承權即因之而被侵害，其女得向受贈人請求回復，惟繼承人以因繼承而取得所有權為理由，向由自命為繼承人者轉得財產之人請求返還，為民法第1146條所稱繼承回復請求，故其女於同條第二項所定之消滅時效完成後請求回復者，受贈人得以此為抗辯。

(六) 最高法院40年台上字第730號判決（例）

繼承回復請求權，原係包括請求確認繼承人資格，及回復繼承標的之一切權利，此項請求權如因時效完成而消滅，其原有繼承權即已全部喪失，自應由表見繼承人取得其繼承權。

(七) 最高法院40年度台上字第1820號民事判決

依民法第1146條第2項規定，繼承回復請求權之消滅時效含有下列各條件：1.須有侵害事實之發生；2.須其事實為被害人所知悉；3.須自知悉時起算已逾二年，或雖未逾二年，而自繼承開始時起已逾十年者，時效始得完成。若僅有侵害之意思，而尚未表現於行為，則被害人既屬無從知悉，即不能謂其消滅時效，應自有侵害意思之時起算。

(八) 最高法院41年度民庭庭長會議決議

自命為繼承人之人，於民法第1146條第2項之消滅時效完成後，行使其抗辯權者，其與繼承權被侵害人之關係，即與正當繼承人無異。被繼承人財產上之權利，應認為繼承開始時，已為該自命為繼承人所承受，如因繼承權被侵害人出而爭執，對之提起確認所有權存在之訴，不得謂為無理由。業經司法院院解字第3997號解釋在案。則繼承權被侵害人之損害賠償請求權，顯已失其發生之根據，而自命為繼承人之人，亦不能認為無法律上原因而受利益，自無民法第197條第2項之適用。

(九) 最高法院48年台上字第782號判決（例）

民法第1146條第2項之規定，係指繼承權有被侵害，或知悉其被侵害之事實為其前提而言，倘繼承人有數人，在分割遺產前基於事實需要，互推一人管理公同共有之遺產，並同意用該一人名義登記，則其情形既無所謂繼承權被侵害，即不生該條項所定回復時效適用之問題。

(十) 最高法院48年台上字第873號判決（例）

繼承權之被侵害，不以繼承之遺產已經登記為要件，苟該繼承人獨自行使遺產上之權利，而置其他合法繼承人於不顧，即不得謂未侵害他繼承人之繼承權。

(十一) 最高法院51年台上字第2108號判決（例）

民法第1146條所謂繼承權被侵害，須自命有繼承權之人，獨自行使遺產上之權利，而置其他合法繼承人於不顧者，始足當之。父或母與其未成年之子女共同繼承時，依同法第1088條之規定，對於子女之特有財產既有管理及使用、收益之權，並得為子女之利益而處分之，不得謂有侵害其子女之繼承權。原審既認定上訴人等之母，係因清理維持上訴人等生活所負之債務而處分遺產，又謂係侵害上訴人等之繼承權，顯屬理由矛盾。

(十二) 最高法院53年台上字第592號判決（例）

財產權因繼承而取得者，係基於法律之規定，繼承一經開始，被繼承人財產上之一切權利義務，即為繼承人所承受，而毋須為繼承之意思表示，故自命為繼承人而行使遺產上權利之人，必須於繼承開始時，即已有此事實之存在，方得謂之繼承權被侵害，若於繼承開始後，始發生此事實，則其侵害者，為繼承人已取得之權利，而非侵害繼承權，自無民法第1146條之適用。

(十三) 最高法院53年台上字第1928號判決（例）

繼承回復請求權，係指正當繼承人，請求確認其繼承資格，及回復繼承標的之權利而言。此項請求權，應以與其繼承爭執資格之表見繼承人為對象，向之訴請回復，始有民法第1146條第2項時效之適用。

(十四) 最高法院69年度台上字第476號民事判決

查繼承回復請求權與因繼承已取得之權利受侵害之回復原狀請求權或損害賠償請求權二者之訴標的不同,法律關係亦異,本件上訴人為本件訴求,其真意究為行使前者之請求權,抑為後二者之請求權,原審未命上訴人為完足而明確之陳述,顯未盡審判長闡明之義務。

(十五) 最高法院71年度台上字第1319號民事判決

民法第1146條第2項所定期間,為消滅時效期間,而消滅時效之主張為一種抗辯權,僅於受害人有所請求時,加害人始得據以為請求權罹於時效而消滅之抗辯,性質上不容許加害人在受害人回復請求權未消滅以前,為積極之拒絕,而認其回復請求權已消滅,並據以訴請確認單獨繼承權存在。

(十六) 最高法院72年度台上字第4922號民事判決

所謂繼承權之被侵害,固須自命為繼承人者於繼承開始時,即獨自行使遺產上之權利,而置其他合法繼承人於不顧,始足當之。惟行使遺產上之權利,並不以處分遺產為限,即行使遺產上之權利而使用收益之,亦包括在內。

(十七) 最高法院74年度台上字第200號民事判決

被上訴人於王某死亡繼承開始時,並未自命為繼承人獨自行使遺產上之權利,而置其他合法繼承人於不顧。縱上訴人係真正繼承人,被上訴人並無繼承權,竟為繼承登記,被侵害者,亦係上訴人因繼承而取得之權利,而非上訴人之繼承權(本院53年台上字第592號判例參照),茲上訴人主張其繼承權被侵害而依民法第1146條規定,請求被上訴人塗銷繼承登記,自難准許。

(十八) 最高法院76年度台上字第598號民事判決

如上訴人提起本件訴訟,係主張其繼承權為被上訴人所侵害,而依民法第1146條第1項之規定,請求被上訴人塗銷繼承登記,回復其繼承標的,此項繼承回復請求權之行使,僅由主張繼承權被侵害之人(上訴人)為原告,而以爭執其繼承資格之僭稱繼承人(被上訴人)為被告為已足,並不生當事人不適格之問題。此與公同共有人本於其公同共有權,提起請求返還共有物或除去妨害之訴,依民法第828條第2項規定,須得其他公同共有人全體之同意,其當事人適格無欠缺之情形有別。

(十九) 最高法院81年度台上字第6號民事判決

按繼承權被侵害者,被害人或其法定代理人得請求回復之,民法第1146條第1項定有明文。蔡○風於75年12月13日死亡,其繼承人除上訴人(代位繼承蔡○風之女蔡○葉之應繼分)外,尚有被上訴人,上訴人於76年3月31日向嘉義縣大林地政事務所申請辦理繼承登記,將如附表所示土地(房屋因未辦保存登記,不包括在內)登記為上訴人所有,已於76年4月7日辦妥,且於76年2月9日向嘉義縣稅捐稽

徵處就如附表所示土地及房屋辦理遺產稅申報，經函嘉義縣稅捐稽徵處查明屬實，其侵害被上訴人之繼承權至為明確。

(二十) 最高法院81年度台上字第113號民事判決

繼承開始時，未自命為繼承人而在辦理繼承登記時，以不法手段，排除其他繼承人之登記名義者，係侵害因繼承所取得之財產權利，而非侵害繼承權。

(二十一) 最高法院85年度台上字第2350號民事判決

按財產權因繼承而取得者，係基於法律之規定，繼承一經開始，被繼承人財產上之一切權利義務，即為繼承人所承受，而毋須為繼承之意思表示，故自命為繼承人而行使遺產上權利之人，必須於繼承開始時，即已有此事實之存在，方得謂之繼承權被侵害，若於繼承開始後，始發生此事實，則其侵害者，為繼承人已取得之權利，而非侵害繼承權，自無民法第1146條之適用。查原審既認定被上訴人於其被繼承人謝○淮死亡後，係因其他繼承人均拋棄繼承，始單獨繼承系爭遺產。果爾，被上訴人於繼承開始時，顯未自命為繼承人而行使遺產上之權利，自無民法第1146條規定之適用。

(二十二) 司法院大法官釋字第437號解釋

繼承因被繼承人死亡而開始。繼承人自繼承開始時，除民法另有規定及專屬於被繼承人本身之權利義務外，承受被繼承人財產上之一切權利義務，無待繼承人為繼承之意思表示。繼承權是否被侵害，應以繼承人繼承原因發生後，有無被他人否認其繼承資格並排除其對繼承財產之占有、管理或處分為斷。凡無繼承權而於繼承開始時或繼承開始後僭稱為真正繼承人或真正繼承人否認其他共同繼承人之繼承權，並排除其占有、管理或處分者，均屬繼承權之侵害，被害人或其法定代理人得依民法第1146條規定請求回復之，初不限於繼承開始時自命為繼承人而行使遺產上權利者，始為繼承權之侵害。最高法院53年台上字第592號判例之本旨，係認自命為繼承人而行使遺產上權利之人，必須於被繼承人死亡時即已有侵害繼承地位事實之存在，方得謂為繼承權被侵害態樣之一；若於被繼承人死亡時，其繼承人間對於彼此為繼承人之身分並無爭議，迨事後始發生侵害遺產之事實，則其侵害者，為繼承人已取得之權利，而非侵害繼承權，自無民法第1146條繼承回復請求權之適用。在此範圍內，該判例並未增加法律所無之限制，與憲法尚無牴觸（解釋日期：86年10月17日）。

(二十三) 最高法院89年度台上字第595號民事判決

繼承人拋棄其繼承權，應於知悉其得繼承之時起二個月內，以書面向法院、親屬會議或其他繼承人為之，此觀修正前民法第1174條規定自明。是以繼承權之拋棄，係指繼承開始後，繼承人依法定方式於法定期間內否認自己開始繼承效力之意

思表示。從而，繼承開始前預為繼承權之拋棄、法定期間過後所為繼承權之拋棄，暨非書面之拋棄繼承意思表示，均不能認為有效。又繼承因被繼承人死亡而開始，繼承開始後，繼承人即取得被繼承人之財產。雖繼承人得拋棄繼承權，且繼承之拋棄，溯及於繼承開始時發生效力，與未曾繼承同，但繼承人之拋棄繼承如為無效時，其原由繼承取得之財產，仍屬其所有，並不以辦理繼承登記為必要，若受侵害，係侵害繼承人已取得之權利，而非侵害繼承權，應無民法第1146條繼承回復請求權之適用。

(二十四) 最高法院90年度台上字第1202號民事判決

按繼承，因被繼承人死亡而開始，且繼承人自繼承開始時，除本法另有規定外，承受被繼承人財產上之一切權利、義務，民法第1147條、第1148條定有明文。所謂繼承權被侵害，必須於繼承開始時，自命為繼承人之人，有行使遺產上權利之事實存在。若於繼承開始後，始發生此事實，則其所侵害者，為繼承人已取得之權利，而非侵害繼承權，自無民法第1146條之適用。又按民法第1151條規定，繼承人有數人時，在分割遺產前，各繼承人對於遺產全部為公同共有。而公同共有人就公同共有物無所謂應有部分，至於土地之繼承登記，依照土地法第73條規定，得由任何繼承人為全體繼承人聲請之，原毋庸為裁判上之請求。又依土地登記規則第31條第1項規定，繼承之土地原則上應申請為公同共有之登記，其經繼承人全體同意者，始得申請為分別共有之登記。是以共有人中之一人或數人不得請求協同按應有部分辦理繼承登記。

(二十五) 最高法院90年度台上字第464號民事判決

被上訴人得依民法第767條行使物上請求權其時效期間應為十五年，於請求權時效為未消滅前，基於係爭土地所有權人之地位，請求上訴人得將如附表所示之系爭土地，所為之繼承登記予以塗銷，藉以除去所有權之侵害。

(二十六) 最高法院97年度台上字第792號民事判決

民法第1146條規定繼承權被侵害者，被害人或其法定代理人得請求回復之。前項回復請求權，自知悉被侵害之時起，二年間不行使而消滅；自繼承開始時起逾十年者亦同。按繼承權是否被侵害，應以繼承人繼承原因發生後，有無被他人否認其繼承資格並排除其對繼承財產之占有、管理或處分為斷（司法院大法官釋字第437號解釋參照）。

(二十七) 最高法院100年度台上字第1536號民事判決

繼承權是否被侵害之判斷，應以繼承人繼承原因發生後，有無被他人否認其繼承資格並排除其對繼承財產之占有、管理或處分為準。凡無繼承權而於繼承開始時或繼承開始後僭稱為真正繼承人或真正繼承人否認其他共同繼承人之繼承權，並排

除其占有、管理或處分者，被害人或其法定代理人得依民法第1146條規定請求回復之，初不限於繼承開始時自命為繼承人而行使遺產上權利者，始為繼承權之侵害。又該條第2項所謂之自繼承開始後十年，係自侵害繼承權之行為發生時，亦即於繼承開始時或繼承開始後，僭稱為真正繼承人之人或真正繼承人否認其他共同繼承人之繼承權，並排除其占有、管理或處分時起算。

(二十八) 最高法院100年度台上字第452號民事判決

按非婚生子女認領之效力，溯及於出生時，但第三人已得之權利，不因此而受影響，民法第1069條定有明文。所謂「第三人已得之權利，不因此而受影響」，就繼承財產部分，係指繼承開始，與被認領之子女之同一順位之其他繼承人已繼承取得之財產不因此而受影響，該被認領之子女不能對之提起民法第1146條之繼承回復請求權者而言。然若同一順位之其他繼承人不知為遺產，而被他人無權占有之繼承財產，嗣後始被發現時，該被認領之子女對之仍有繼承權。易言之，被認領之子女對生父之繼承權係受有限制，而非全然喪失。

(二十九) 最高法院103年度台上字第880號民事判決

遺產分割方法之指定，得就遺產全部或一部為之，縱令違反特留分之規定，其指定亦非無效，僅特留分被侵害之人得行使扣減權而已。此項特留分扣減權性質上為物權之形成權，民法就此雖未設消滅期間，惟特留分權利人行使扣減權，與正當繼承人行使繼承回復請求權之法律效果相類似，涉及親屬關係暨繼承權益，為早日確定法律關係，以保護交易安全，應類推適用民法第1146條第2項規定，即自扣減權人知其特留分被侵害之時起二年間不行使而消滅，自繼承開始起逾十年者亦同。

(三十) 臺灣高等法院臺中分院103年度重家上字第20號民事判決

被繼承人之配偶先於其死亡，而被繼承人於生前預立代筆遺囑，表示遺產之部分土地及建物由繼承人之一單獨繼承取得，按分割方法之指定如侵害它繼承人之特留分者，他繼承人得行使扣減權，惟為盡早確定扣減之法律關係，以保護交易安全，該特留分扣減權之消滅時效應類推適用民法第1146條第2項規定，他繼承人應於知悉後二年內提起回復特留分之訴訟。又被繼承人指定之繼承經計算若侵害他繼承人之特留分，因特留分係概括存在於全部遺產上，非具體存在於各個標的物，故於他繼承人行使特留分扣減權時，其回復之特留分乃概括存在於全部遺產，亦即由所有繼承人公同共有被繼承人之遺產，他繼承人對已辦理繼承登記之不動產請求塗銷登記，即屬有據。

(三十一) 最高法院103年度台上字第1671號民事判決

按繼承權之侵害不限於繼承開始時，自命為繼承人而行使遺產上權利者，如繼承人否認其他共同繼承人之繼承權，並排除其占有、管理或處分者亦屬之，又繼承

回復請求權乃請求確認繼承人資格，及回復繼承標的之一切權利，如原繼承人已逾請求權時效，致原有繼承權喪失，而不得對其他繼承人主張物上請求權，應由表見繼承人取得其繼承權。

(三十二) 最高法院104年度台上字第1436號民事判決

繼承權是否被侵害，應以繼承人繼承原因發生後，有無被他人否認其繼承人資格並排除其對繼承財產之占有、管理或處分為斷。又繼承回復請求權，原係包括請求確認繼承人資格，及回復繼承標的之一切權利，此項請求權如因時效完成而消滅，其原有繼承權即已全部喪失，自應由表見繼承人取得其繼承權。

(三十三) 最高法院106年度台上字第1162號民事判決

按消滅時效，自請求權可行使時起算，民法第128條前段定有明文。又無權處分他人之土地而受有處分土地之價金利益，係違反權益歸屬內容，致土地之所有權人受損害，並無法律上之原因，應成立不當得利（侵害所有權之不當得利類型），其不當得利返還請求權之消滅時效，應自不當得利成立要件具備即財貨發生損益變動（一方受利益致他方受損害），而無法律上原因時起算。至於辦理繼承登記所取得者僅係登記之利益，與無權處分該登記之不動產所取得之價金或價金請求權之利益，並不相同。

(三十四) 司法院大法官釋字第771號解釋

爭點：

1.最高法院40年台上字第730號民事判例及司法院37年院解字第3997號解釋認繼承回復請求權於時效完成後，真正繼承人喪失其原有繼承權，並由表見繼承人取得其繼承權，是否違憲？

2.司法院院字及院解字解釋，如涉及審判上之法律見解，法官於審判案件時，是否受其拘束？

解釋文：

繼承回復請求權與個別物上請求權係屬真正繼承人分別獨立而併存之權利。繼承回復請求權於時效完成後，真正繼承人不因此喪失其已合法取得之繼承權；其繼承財產如受侵害，真正繼承人仍得依民法相關規定排除侵害並請求返還。然為兼顧法安定性，真正繼承人依民法第767條規定行使物上請求權時，仍應有民法第125條等有關時效規定之適用。於此範圍內，本院釋字第107號及第164號解釋，應予補充。

最高法院40年台上字第730號民事判例：「繼承回復請求權，……如因時效完成而消滅，其原有繼承權即已全部喪失，自應由表見繼承人取得其繼承權。」有關真正繼承人之「原有繼承權即已全部喪失，自應由表見繼承人取得其繼承權」

部分，及本院37年院解字第3997號解釋：「自命爲繼承人之人於民法第1146條第2項之消滅時效完成後行使其抗辯權者，其與繼承權被侵害人之關係即與正當繼承人無異，被繼承人財產上之權利，應認爲繼承開始時已爲該自命爲繼承人之人所承受。……」關於被繼承人財產上之權利由自命爲繼承人之人承受部分，均與憲法第15條保障人民財產權之意旨有違，於此範圍內，應自本解釋公布之日起，不再援用。

　　本院院字及院解字解釋，係本院依當時法令，以最高司法機關地位，就相關法令之統一解釋，所發布之命令，並非由大法官依憲法所作成。於現行憲政體制下，法官於審判案件時，固可予以引用，但仍得依據法律，表示適當之不同見解，並不受其拘束。本院釋字第108號及第174號解釋，於此範圍內，應予變更（解釋日期：107年12月14日）。

(三十五) 最高法院107年度台簡上字第54號民事判決

　　繼承回復請求權於時效完成後，眞正繼承人不因此喪失其已合法取得之繼承權，仍得排除侵害並請求返還，惟眞正繼承人行使物上請求權時，仍有時效規定之適用。

(三十六) 最高法院110年度台上字第1880號民事判決

　　一人以被繼承人之子女、單獨繼承人之身分繼承其遺產後，另有人依民法第7條、第1065條第1項之規定，被認定爲已經被繼承人認領，溯及於該人受胎時起即與被繼承人發生法律上之親子關係，故該人主張其亦爲繼承人，原由前者單獨繼承之財產，應平分予己。然依同法第1069條規定，非婚生子女認領之效力，溯及於出生時，但第三人已得之權利，不因此而受影響，所謂「第三人已得之權利，不因此而受影響」，就繼承財產部分，係指繼承開始，與被認領之子女之同一順位之其他繼承人，依正當信賴繼承已取得之財產不因此受影響，該被認領之子女不能對之提起同法第1146條之繼承回復請求權者而言。故法院需就上情是否有同法第1069條但書之適用或類推適用，以避免既得繼承權被侵害並兼顧交易安全。

第二章　遺產之繼承

第一節　效　力

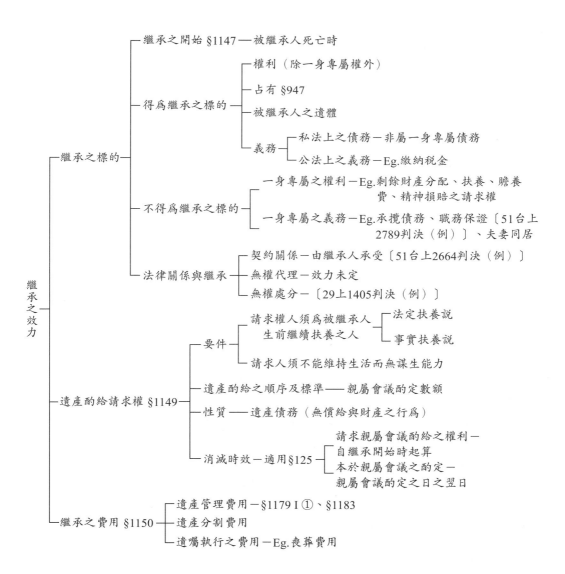

繼承之效力

├─ 繼承之標的
│
│　├─ 繼承之開始 §1147 ── 被繼承人死亡時
│
│　├─ 得爲繼承之標的
│　│　├─ 權利（除一身專屬權外）
│　│　├─ 占有 §947
│　│　├─ 被繼承人之遺體
│　│　└─ 義務
│　│　　├─ 私法上之債務 ── 非屬一身專屬債務
│　│　　└─ 公法上之義務 ── Eg.繳納稅金
│
│　├─ 不得爲繼承之標的
│　│　├─ 一身專屬之權利 ── Eg.剩餘財產分配、扶養、贍養費、精神損賠之請求權
│　│　└─ 一身專屬之義務 ── Eg.承攬債務、職務保證〔51台上2789判決（例）〕、夫妻同居
│
│　└─ 法律關係與繼承
│　　├─ 契約關係 ── 由繼承人承受〔51台上2664判決（例）〕
│　　├─ 無權代理 ── 效力未定
│　　└─ 無權處分 ──〔29上1405判決（例）〕

├─ 遺產酌給請求權 §1149
│　├─ 要件
│　│　├─ 請求權人須爲被繼承人生前繼續扶養之人
│　│　│　├─ 法定扶養說
│　│　│　└─ 事實扶養說
│　│　└─ 請求人須不能維持生活而無謀生能力
│　├─ 遺產酌給之順序及標準 ── 親屬會議酌定數額
│　├─ 性質 ── 遺產債務（無償給與財產之行爲）
│　└─ 消滅時效 ── 適用§125
│　　├─ 請求親屬會議酌給之權利 ── 自繼承開始時起算
│　　└─ 本於親屬會議之酌定 ── 親屬會議酌定之日之翌日

└─ 繼承之費用 §1150
　├─ 遺產管理費用 ── §1179 I ①、§1183
　├─ 遺產分割費用
　└─ 遺囑執行之費用 ── Eg.喪葬費用

❖ 民法第1147條

繼承，因被繼承人死亡而開始。

案例

甲的父親乙得了老年癡呆症，有一天出門去散步，從此以後，就沒有再回家來，已經失蹤十年了。甲覺得父親乙應該已經過世了，也沒有其他法定繼承人，所以就想要繼承父親的財產，甲可不可以把父親乙的房屋過戶登記到自己的名字？

一、思考焦點

繼承是從什麼時候開始發生的？

二、問題論述

(一) 繼承發生的時點

繼承的意思，就是一個人如果過世的話，他（她）的財產就由一定的親屬來承接，所以繼承一定是一個人去世之後，才會發生的。我國法律是採用「當然繼承主義」，意思就是被繼承人過世之後，繼承人當然就可以去繼承被繼承人的財產，除非繼承人有拋棄繼承、喪失繼承權的情形，不然的話，繼承人不用說什麼話，不用有什麼動作，就當然可以繼承被繼承人的財產，所以民法第1147條規定，繼承是在被繼承人死亡的那一瞬間開始的。

(二) 死亡的意義

所謂的「死亡」，有自然死亡與死亡宣告兩種。自然死亡，就是腦波消失、呼吸及心跳停止，而死亡宣告的意思，就是依照民法第8條的規定，一個人失蹤了一定的時間之後，利害關係人和檢察官可以聲請法院用判決宣告這個失蹤的人已經死亡了，而這個失蹤的人死亡的時間，是以判決書裡面，依照民法第9條規定所推定的時間為準。無論如何，一個人失蹤再久，如果沒有由法院用判決來宣告這個失蹤的人已經死亡了，是不會發生繼承的。一旦法院的判決確定了，就以判決裡面所認定的時間，作為失蹤人死亡的時間，而從那個時間開始，發生繼承的關係。

三、案例結論

甲的父親即使已經失蹤很久了，但是沒有受到法院判決宣告死亡，所以還不算死亡，因此甲還不可以繼承他父親的財產。

四、相關實例

乙男和父親丙男一起開車出去，不幸發生車禍，都過世了，沒有辦法判斷誰先死、誰後死，乙的太太丁是不是可以去繼承丙的財產？

五、重要判解

(一) 最高法院18年上字第1062號判決（例）

未能證明被承繼人確已死亡或經宣告死亡程序，而被承繼人尚在生死不明之狀態中，不能率謂其承繼已經開始。

(二) 最高法院21年上字第55號判決（例）

繼承因被繼承人死亡而開始，民法第1147條定有明文，繼承開始之時期不因繼承權之被侵害而受影響，觀民法第1146條第2項後段之規定亦無疑義，故被繼承人死亡後，繼承權被侵害者，儘可請求回復，不得因此即謂繼承尚未開始。

(三) 最高法院28年上字第1572號判決（例）

失蹤人受死亡之宣告者，依民法第9條第1項之規定，以判決內確定死亡之時推定其為死亡，其繼承固因之而開始，若失蹤人未受死亡之宣告，即無從認其繼承為已開始。

(四) 最高法院32年上字第442號判決（例）

依民法第1147條、第1148條之規定，繼承人於被繼承人死亡時，當然承受被繼承人財產上之一切權利義務，並無待於繼承人之主張。

(五) 最高法院40年度台上字第402號民事判決

房屋既經指定為被上訴人夫婦生存時所使用收益，須伊夫婦死後，始由上訴人與訴外人張某均分。則在被上訴人尚未死亡亦即應由該被上訴人使用收益之時，即不得由上訴人主張有繼承權而霸住。

(六) 最高法院57年度台上字第959號民事判決

民法第140條，係於繼承開始時，繼承人不能確定，始有其適用。被繼承人死亡時，其繼承人縱有被日政府徵召海外作戰之情形，並非不能確定，殊無該條之適用。

(七) 最高法院71年度台上字第4945號民事判決

繼承因被繼承人死亡而開始，繼承開始後，繼承人即取得被繼承人之財產。雖繼承權繼承人得拋棄之，且繼承之拋棄，溯及於繼承開始時發生效力，與未曾繼承同。但繼承人之拋棄繼承，如為無效，其原由繼承取得之財產，仍屬其所有。

(八) 最高法院80年度台再字第121號民事判決

再審被告之被繼承人李○文於73年3月28日在臺灣因車禍死亡，依民法第1147

條、第1148條規定，再審被告於李○文死亡時，當然取得系爭遺產之所有權。再審被告本於所有權，請求再審原告交付該遺產，自屬私法上之爭執。普通法院有審判權。再審被告循民事訴訟程序，依民法規定請求再審原告返還李○文之遺產，核無不合，應予准許。

(九) 最高法院80年度台上字第527號民事判決

繼承因被繼承人死亡而開始，茲李萬根既於日據時期亡故，有關其遺產之繼承，自應適用當時有效之臺灣習慣，而不適用民法繼承編有關之規定。

(十) 最高法院83年度台上字第355號民事判決

大陸地區人民繼承臺灣地區人民之遺產，應於繼承開始起二年內以書面向被繼承人住所地之法院為繼承之表示，逾期視為拋棄其繼承權，繼承在本條例施行前開始者，前項期間自本條例施行之日起算。再繼承，因被繼承人死亡而開始。繼承人自繼承開始時，除民法另有規定外承受被繼承人財產上之一切權利義務。臺灣地區與大陸地區人民關係條例第66條第1項、第2項、民法第1147條、第1148條前段分別定有明文。準此，繼承人於被繼承人死亡時，當然承受被繼承人財產上之一切權利義務，並無待於繼承人之承認。倘繼承人為大陸地區人民而欲繼承臺灣地區人民之遺產，則應於上揭時間內，以書面向被繼承人住所地之法院為繼承之表示，逾期未表示，始視為拋棄其繼承權。

(十一) 最高法院84年度台上字第983號民事判決

繼承因被繼承人死亡而開始，繼承人自繼承開始時，除民法另有規定外承受被繼承人財產上之一切權利義務，臺灣地區與大陸地區人民關係條例第66條第1項、第2項、民法第1147條、第1148條前段分別定有明文，即繼承人於被繼承人死亡時，當然承受被繼承人財產上之一切權利義務，並無待於他繼承人之承認，被上訴人雖係大陸地區人民，亦係於嚴○萍死亡時即因繼承而取得遺產上之權利。其等於81年9月18日臺灣地區與大陸地區人民關係條例施行之日起算二年內為繼承之表示，僅係解免被視為拋棄繼承之情勢，並非於為繼承表示時始取得繼承遺產之權利。

(十二) 最高法院85年度台上字第713號民事判決

我國民法採當然繼承主義，繼承效力之發生，與繼承人之意思無關，是所謂繼承之承認，係繼承人確認繼承效力之單獨行為，即確定其為繼承標的之主體之意思表示。與民事訴訟法上之承受訴訟，係有資格續行訴訟之人，以終了當然停止之訴訟程序為目的，而聲明由其續行訴訟之訴訟法律行為有別。

(十三) 司法院大法官釋字第608號解釋

遺產稅之課徵，其遺產價值之計算，以被繼承人死亡時之時價為準，遺產及

贈與稅法第10條第1項前段定有明文；依84年1月27日修正公布之所得稅法第4條第17款前段規定，因繼承而取得之財產，免納所得稅；86年12月30日修正公布之所得稅法第14條第1項第1類規定，公司股東所獲分配之股利總額屬於個人之營利所得，應合併計入個人之綜合所得總額，課徵綜合所得稅。財政部67年10月5日台財稅字第36761號函：「繼承人於繼承事實發生後所領取之股利，係屬繼承人之所得，應課徵繼承人之綜合所得稅，而不視爲被繼承人之遺產」，係主管機關基於法定職權，爲釐清繼承人於繼承事實發生後所領取之股利，究屬遺產稅或綜合所得稅之課徵範圍而爲之釋示，符合前述遺產及贈與稅法、所得稅法規定之意旨，不生重複課稅問題，與憲法第19條之租稅法律主義及第15條保障人民財產權之規定，均無牴觸（解釋日期：95年1月13日）。

(十四) 新北地方法院106年度家簡字第21號民事判決

　　按扶養請求權爲專屬一身之權利，性質上屬分期給付，隨請求權人及義務人之生存而陸續到期，在扶養權利人死亡後，其扶養請求權當然消滅，是在扶養權利人生前已行使之扶養請求權，並經成立訴訟上和解，則該扶養請求權已因扶養權利人之行使扶養請求權而得以具體特定，而屬一般債權無異，當得作爲繼承之標的。

(十五) 最高法院109年度台上字第479號民事判決

　　日治時期臺灣之童養媳與養女不同，通常係以長大作收養人兒媳爲目的。作兒媳前後，與收養人間係準姻親或姻親關係，不生附有解除收養關係條件之問題，對本生父母之遺產繼承權不受影響。

(十六) 最高法院110年度台上字第2283號民事判決

　　無權代理之情形，其效力既完全取決於本人承認與否，則代理制度本身即爲使代理人作成之法律效果歸屬於本人，而本人之承認權既屬得繼承之標的，就法律關係之繼承而言，無權代理關係之承認權亦應移轉於繼承人，是以，繼承人如於繼承開始前，曾以被繼承人爲本人而爲無權代理行爲，因繼承開始，其代理行爲被視爲繼承人本人之行爲，而不許該繼承人一方面爲無權代理人而免其責任，他方面則爲本人而對該行爲得予以拒絕承認。

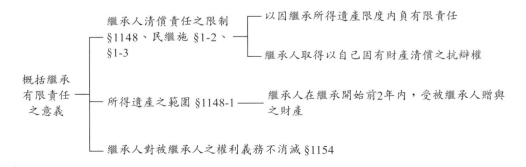

❖ 民法第1148條

　　繼承人自繼承開始時,除本法另有規定外,承受被繼承人財產上之一切權利、義務。但權利、義務專屬於被繼承人本身者,不在此限。

　　繼承人對於被繼承人之債務,以因繼承所得遺產為限,負清償責任。

　　(98年6月10日修正公布)

舊民法第1148條

　　繼承人自繼承開始時,除本法另有規定外,承受被繼承人財產上之一切權利、義務。但權利、義務專屬於被繼承人本身者,不在此限。

　　繼承人對於繼承開始後,始發生代負履行責任之保證契約債務,以因繼承所得之遺產為限,負清償責任。

　　(97年1月2日之舊法)

案 例

　　甲男的父親乙,在甲的母親丙過世之後,又娶了一個太太丁,丁的年紀比甲還要小。不久,甲的父親也過世了,甲跟丁說,民法第1001條規定,夫妻有同居的義務,所以我爸爸可以要求妳住在一起,並且發生性關係,而我爸爸過世以後,他可以要求妳住在一起的權利,由我來繼承,所以妳也要和我住在一起等等的話,請問:甲講的是不是有理由?

一、思考焦點

　　什麼權利、義務可以被繼承,什麼權利、義務不可以繼承?

二、問題論述

(一) 權利義務包括繼承的原則

　　一個人過世之後,繼承人可以繼承這個被繼承人的財產,所謂的財產,不見得都是不動產,只要有財產上價值的權利,原則上都可以繼承,所以,不動產如房屋、土地,動產如車子、現金、存款、股票、家電用品、金銀珠寶等等,權利如債權、著作權、商標權、專利權等等,都可以被繼承,而權利及義務,是相對的,繼承人可以享受被繼承人的權利,當然也要承受被繼承人的債務、義務,所以民法第

1148條第1項前段就規定，除非法律另外有規定，不然的話，繼承人要繼承被繼承人所有的權利及義務。所謂「另外有規定」，是法律特別規定不可以繼承的權利、義務，例如：民法第195條第2項規定，被人家不法侵害身體、健康、名譽等等的人格權，對加害人的精神上的損害賠償請求權，原則上是不可以繼承的，也就是說，原則上只能由被害人本人向加害人請求賠償。

(二) 一身專屬性的權利義務不可以繼承的例外

　　除了法律有特別規定不可以繼承的權利、義務以外，專門屬於一個人本身所有、別人不適合來行使的權利（一身專屬權），也不能繼承。例如：扶養請求權、親權，以及前面案例中所講的，夫妻之間的同居請求權，都是只能由被繼承人本人來行使，不適合由繼承人來行使，依照民法第1148條第1項但書的規定，也不可以繼承。

　　97年1月2日公布增訂民法第1148條第2項規定：「繼承人對於繼承開始後，始發生代負履行責任之保證契約債務，以因繼承所得之遺產為限，負清償責任」。此項規定係限定繼承之一種特殊類型，亦即繼承人對於繼承開始後，始發生代負履行責任之保證契約債務，以因繼承所得之遺產為限，負清償責任。本項所指的保證契約債務，在文義上解釋，應包括民法第739條以下之保證責任，及民法第756條之1人事保證責任。

　　現行民法繼承編係以概括繼承為原則，並另設限定繼承及拋棄繼承制度。97年1月2日修正公布之民法第1153條第2項，增訂法定限定責任之規定，僅適用於繼承人為無行為能力人或限制行為能力人之情形，因此繼承人如為完全行為能力人，如果不清楚被繼承人生前之債權、債務情形或不想要繼承時，必須於知悉得繼承之時起三個月內向法院辦理限定繼承或拋棄繼承（參照民法第1156條、第1174條），否則將概括承受被繼承人之財產上一切權利及義務。鑑於繼承人常不知法律，而未於法定期間內辦理限定繼承或拋棄繼承，以致背負被繼承人之債務，影響其生計，不甚公平，為解決此之不合理現象，故此次立法院於98年6月10日第二度修正公布第2項規定：「繼承人對於被繼承人之債務，以因繼承所得遺產為限，負清償責任」。明定繼承人原則上依第1項規定承受被繼承人財產上之一切權利及義務，惟對於被繼承人之債務，僅須以因繼承所得遺產為限，負清償責任，故可說是更是縮小概括繼承之範圍。

　　修正條文第2項所定「所得遺產」，係指被繼承人所遺財產之物或權利本身。至於遺產價值之計算，原則係以繼承開始時（被繼承人死亡時）之時價為基準，惟如該財產已變賣，得以實際售價計算其價額。另現行條文第2項有關繼承人對於繼承開始後，始發生代負履行責任之保證契約債務，僅負有限責任之規定，已為修正

條文第2項繼承人均僅負有限責任之規定所涵括，故予以刪除。繼承人依本條規定仍為概括繼承，僅係繼承人對於繼承債務以所得遺產為限，負清償責任，故繼承債務仍然存在且為繼承之標的，是以繼承人如仍以其固有財產清償繼承債務時，該債權人於其債權範圍內受清償，並非無法律上之原因，故無不當得利可言，繼承人自不得再向債權人請求返還，併予敘明，學者應予特別注意。

三、案例結論

甲的父親對丁的同居請求權，是一身專屬權，不可以由甲來繼承，所以甲所講的話，並沒有理由。

四、相關實例

丙男走在路上，無緣無故被一個醉鬼丁男撞倒了，過失都在於丁，而丙因此受重傷，就去法院告丁，要求丁賠償丙精神受到痛苦的慰撫金（非財產上的損害賠償），法院還在審理當中，丙就傷重過世了，丙的繼承人可不可以繼承丙對丁的非財產上損害賠償請求權？

繼承人甲於98年6月10日被繼承人乙死亡後，未留下遺產，而只留下遺債新臺幣（以下同）100萬元，未依法辦理拋棄繼承，繼承人甲於同年7月10日，以自己所有之財產償還乙之生前債權人丙，後經詢問丁律師得知民法第1148條第2項規定，依自己上述繼承情形，可以不須替被繼承人乙清償債務。試問：甲是否得依法向丙請求返還前揭其所給付之新臺幣100萬元？

五、重要判解

(一) 最高法院22年上字第799號判決（例）

繼承人自繼承開始時，始承受被繼承人財產上之一切權利義務，在繼承開始前對於被繼承人財產上之權利，不過有因繼承開始而取得之期待權，並無所謂既得權，對於被繼承人財產上之義務，亦屬無須負擔。

(二) 最高法院23年上字第381號判決（例）

婚生子固為民法第1138條所定第一順序之遺產繼承人，惟依民法第1147條、第1148條之規定，繼承因被繼承人死亡而開始，繼承開始時被繼承人財產上之權利始由繼承人承受，故父生存時，子之債權人，不得對於子將來可取得之繼承財產，為強制執行。

(三) 最高法院51年台上字第1134號判決（例）

被繼承人生前承租他人土地之耕作權，為財產權之一種，如繼承人有數人時，

除不能自任耕作者外，均可承受被繼承人所遺之耕作權，不以與被繼承人同戶生活者爲限。

(四) 最高法院51年台上字第2664號判決（例）

被繼承人生前固有將其所有財產爲贈與之權，第以非經登記不得移轉之不動產爲贈與者，如被繼承人與受贈人成立契約後，尚未爲移轉登記，而被繼承人即已死亡，則被繼承人就該不動產仍有所有之權利，並負爲移轉登記使受贈人取得所有權，俾贈與發生效力之義務，而被繼承人此項財產上之權利義務，於繼承開始時應由繼承人承受。

(五) 最高法院51年台上字第2789號判決（例）

職務保證原有專屬性，除有特約或特殊情形外，保證人之責任因其死亡而消滅。蓋此種保證於保證契約成立時，被保人尚有具體的賠償之債務，必待被保人發生虧損情事後，其賠償之責任始能具體確定。而遺產繼承，應以繼承開始時被繼承人之權利義務狀態爲準，倘繼承開始時，被保人尚未發生具體而確定之賠償義務，則此種保證契約自不在其繼承人繼承範圍之內。

(六) 最高法院52年台上字第451號判決（例）

上訴人等既已承受被繼承人之遺產取得權利在前，乃復表示拋棄繼承免除義務於後，自與我民法所定繼承原則，爲包括的承受被繼承人財產上之一切權利義務本質不合，倘許繼承人於繼承開始時承認繼承，已爲權利之行使，嗣後又准其拋棄繼承，爲義務之免除，則不特有礙被繼承人之債權人之利益，且使權利狀態有不確定之虞，自非法所許可。

(七) 最高法院53年度台上字第1065號民事判決

1.支票上背書人應負之義務並無專屬性，背書人死亡後其繼承人仍應承受其義務；2.繼承人對被繼承人之債務負連帶責任，被上訴人未對全體繼承人起訴，難謂於當事人之適格有所欠缺。

(八) 最高法院54年度台上字第2510號民事判決

承租權係可繼承之權利，某甲等爲某乙之繼承人，某乙死亡後，系爭土地之承租權既應由某甲等繼承，該芋甲等對系爭土地自仍有承租權存在。

(九) 最高法院55年度台上字第729號判決（例）

繼承人爲被繼承人財產上權利義務地位之承受人，包括繼承其權利及義務在內，故被繼承人生前將不動產贈與他人尚未履行其登記義務，而繼承即告開始時，其繼承人亦應繼承被繼承人之上開登記義務，對於受贈人應辦理所有權移轉登記之手續。

(十) 最高法院56年度台上字第1722號民事判決

無權利人就權利標的物爲處分後，因繼承或其他原因取得其權利者其處分爲有效，民法第118條第2項定有明文。無權利人就權利標的物爲處分後權利人繼承無權利人者，其處分是否有效，雖無明文規定，然在繼承人就被繼承人之債務負無限責任時，實具有同一之法律理由，自應由此類推解釋認其處分爲有效。

(十一) 最高法院59年度台上字第1739號民事判決

系爭土地係被上訴人之父生前所贈與，縱令被上訴人未全在場，而由其生母代蓋印章，亦屬授權之一，應認已有一般贈與契約之效力，上訴人爲包括繼承人，自應受其拘束，有使贈與契約實現之義務，不因贈與人死亡而失效。

(十二) 最高法院59年度台上字第4401號民事判決

被繼承人一面以自己之立場，將其財產以死亡爲原因，贈與被上訴人，一面又以被上訴人之法定代理人身分，代被上訴人允受贈與，此種雙重行爲並無對價關係，於未成年之被上訴人並無不利，依照當時有效之日本民法及適用臺灣之習慣，與現行民法第77條、第106條但書之規定，自屬有效成立。

(十三) 最高法院69年度台上字第332號民事判決

陳讚標生前表示贈與被上訴人50萬元，係屬普通贈與性質，已因被上訴人允受而成立贈與契約，陳讚標自應受契約之拘束，迄陳讚標死亡後，上開金額應由其遺產中撥付，不發生給付不能問題。

(十四) 最高法院70年度第22次民事庭會議決議

法律問題：祭祀公業之派下權是否爲單純之財產權，得依一般繼承之規定，由其繼承人繼承？

決議：祭祀公業之繼承，依從習慣，係以享有派下權之男系子孫或奉祀本家祖先之女子及從母姓之子孫爲限，一般女子或不從母姓之子孫（例如招贅婚之子女係從母姓），向無派下權，即不得繼承祭祀公業財產（參照司法院院字第647號解釋），故民法所定一般遺產之繼承，於祭祀公業財產之繼承，不能爲全部之適用。

(十五) 最高法院70年度台上字第1607號民事判決

被上訴人既係林炳西之繼承人，林炳西之權利義務本應由被上訴人包括的繼承。林炳西生前果有允許上訴人使用系爭樓房之事，則雙方顯已成立使用借貸契約。因此契約所生之權利義務，既應由被上訴人繼承，在此契約未經合法終止或因其他事由而失其效力前，上訴人即有使用系爭樓房之合法權源，殊難遽指爲無權占有。

(十六) 最高法院70年度台上字第1807號民事判決

系爭二筆土地經判決確定上訴人應將所有權移轉登記並交付與李火財後，李火財未為所有權移轉登記前死亡，則此項所有權移轉登記請求權應由被上訴人及其子女李美鳳等人繼承，而此項請求權為債權之一種，並無專屬性，縱繼承人中有於繼承開始時，無自耕能力，仍得依繼承法規定繼承之。

(十七) 最高法院72年度台上字第4516號民事判決

所謂應繼分，係指各繼承人對於遺產上之一切權利義務，所得繼承之比例，並非對於個別遺產之權利比例。

(十八) 最高法院74年度台上字第2314號民事判決

神明會可分財團性質的神明會與社團性質的神明會。財團性質的神明會會員對於神明會之財產並無處分權；至於社團性質的神明會會員享有之股份則得為繼承之標的。

(十九) 最高法院79年度台上字第290號民事判決

被繼承人死亡時，遺產當然由繼承人全體繼承，耕地三七五減租條例第6條第1項規定：本條例施行後，耕地租約應一律以書面為之，租約之訂立、變更、終止，或換訂，應由出租人會同承租人申請登記，係為保護佃農及謀舉證之便利而設，非謂凡租約之訂立、變更、終止或換訂須經登記始生效力。

(二十) 最高法院81年度台上字第2808號民事判決

繼承權係得為他人繼承人而繼承其遺產之權利，繼承人於繼承開始時，除民法別有規定外，應承受被繼承人財產上之一切權利義務（見民法第1148條前段），其繼承人有數人時，在分割遺產前，各繼承人對於遺產全部為公同共有（見民法第1151條）。本件兩造均為已故黃榮東之法定繼承人，既為原審確定之事實，則於繼承開始時，對於黃榮東之遺產，自有繼承權，應包括承受該遺產上之一切權利義務，於遺產分割前，不容繼承人就其特定部分為主張。

(二十一) 最高法院81年度台上字第364號民事判決

所謂信託係信託人為自己或第三人之利益，以一定財產為信託財產，移轉於受託人管理或處分，以達成一定之經濟上或社會上之目的之行為。信託目的祇須不違背善良風俗或公共秩序即可由當事人任意定之。被上訴人主張俞謙係預見系爭房地未來必將增值，乃投資購買，冀望長期投資獲利，又慮年歲已高，無法事事躬親，為財產管理之方便，投資安全及節稅等諸多因素，直接或輾轉將系爭房地信託登記於上訴人，且有積極意義之信託目的，顯非單純為逃避債務而假借他人名義登記甚明。信託契約之成立以當事人相互間之信用為基礎。故信託關係因當事人一方死亡而消滅。此時信託人之繼承人得依繼承之法律關係，對受託人請求返還受託之財

產。

(二十二) 最高法院83年度台上字第366號民事判決

　　系爭土地係由上訴人之被繼承人楊建坤出售予蘇熱並將該特定部分交付，嗣再由蘇熱出售並交付予被上訴人謝博志及黃英豪等事實，為原審合法確定之事實。上訴人既係繼承楊建坤之權利義務，則此項義務亦在繼承範圍內，而應容忍被上訴人之占有。

(二十三) 最高法院84年度台上字第2467號民事判決

　　繼承人自繼承開始時，除另有規定，或專屬於被繼承人者外，承受被繼承人財產上之一切權利義務，為民法第1148條所明定。本件上訴人施高亮因無處可住，被上訴人之父及分割前系爭土地其餘共有人寄予同情，由其在該土地上建造房屋使用，而成立使用借貸關係，嗣被上訴人繼承其父之應有部分，又因分割而取得系爭土地，為原審認定之事實。果爾，依上開規定，被上訴人似應繼承該使用借貸關係之權利義務。原判決未說明依何法律規定或法理，遽謂被上訴人「依法」不繼受此使用借貸關係，而為上訴人不利之判斷，亦有判決不備理由之違法。

(二十四) 最高法院85年度台上字第713號民事判決

　　我國民法採當然繼承主義，繼承效力之發生，與繼承人之意思無關，是所謂繼承之承認，係繼承人確認繼承效力之單獨行為，即確定其為繼承標的之主體之意思表示。與民事訴訟法上之承受訴訟，係有資格續行訴訟之人，以終了當然停止之訴訟程序為目的，而聲明由其續行訴訟之訴訟法律行為有別。

(二十五) 最高法院86年度台上字第1630號民事判決

　　臺灣之家產，自清代即屬父祖子孫所構成家屬之公同共有，日本據臺後，仍然維持家產制度，戶主所有之財產，除有特別情事外，均屬此種財產；家產未經鬮分以前，係家屬全體之公同共有。是系爭土地在日據時期雖以訴外人俞石生個人名義辦理登記，並不影響其實際為家產之性質。末按家屬對於戶主之家產分析請求權，係因身分關係所生之財產上請求權，在家產尚未分析前，自有財產上之利益，此一財產上之利益，可作為繼承之標的。

(二十六) 最高法院86年度台上字第3765號民事判決

　　一般保證債務並非專屬於保證人本身之債務，除有特殊情形，即以保證人具有一定資格為前提而成立之保證債務，例如以保證人為具有公司之董事身分為前提而成立之保證；或保證人應負保證責任之限度不明確而無法預測者，例如為將來債務所負之保證，其將來債務發生之次數及數額不確定，使得附隨之保證責任亦不確定；或以保證人與第三人之特別信任關係為前提而成立之保證契約，例如職務保證、信用保證者外，縱保證人死亡，其繼承人仍得繼承其保證債務。

(二十七) 最高法院88年度台上字第2082號民事判決

繼承權係繼承人包括的承受被繼承人財產上之一切權利、義務之地位，對於特定遺產，並無繼承權存否之問題，不得為確認之訴之標的。

(二十八) 最高法院101年度台上字第1447號民事判決

查98年6月10日修正公布之民法第1148條第2項雖規定：繼承人對於被繼承人之債務，以因繼承所得遺產為限，負清償責任，惟繼承人自繼承開始時，除民法另有規定外，承受被繼承人財產上之一切權利、義務，為同條第1項前段所明定。故繼承人於繼承開始時，仍應繼承被繼承人之一切債務，僅係就超過繼承所得遺產部分之債務得拒絕清償，而非謂繼承人就其繼承之債務於超過繼承所得遺產部分當然消滅，債權人對之無請求權存在。

(二十九) 最高法院101年度台上字第1773號民事判決

按繼承在民法繼承編98年5月22日修正施行前開始，繼承人對於繼承開始以前已發生代負履行責任之保證契約債務，由其繼續履行債務顯失公平者，以所得遺產為限，負清償責任，民法繼承編施行法第1條之3第2項定有明文。此乃保證人基於保證契約，僅負擔代債務人履行之責任，並未自債權人取得任何利益，爰規定在上述情形，倘由保證人繼續履行債務，影響保證人之財產權及其生計者，即應以所得遺產為限，負清償責任。

(三十) 最高法院102年度台上字第197號民事判決

民法第6條規定，人之權利能力終於死亡，惟88年4月21日公佈刪除同法第407條規定之前，土地之贈與人負交付土地於受贈人，並使其取得該土地所有權之義務，是申請該土地所有權移轉登記行為，應係贈與人專履行義務之行為，依同法第106條但書規定，不在禁止自己代理之範疇內。又依民法第550條但書規定，委任關係因委任事務之性質，並不因當事人一方死亡而消滅。而受任辦理土地登記之申請，受任人係基於委任人生前之授權，代為辦理登記，則其登記既與現實之真實狀態相符，且未違背委任人之本意，委任關係不因委任人於辦妥登記前死亡而消滅，受任人以委任人名義所為之行為，即非當然無效。是以，贈與人生前已繳清贈與稅，並提出產權移轉登記所需文件，經地政機關依法審核受贈人所提資料准其單獨申請，將土地所有權移轉登記於受贈人名下，移轉登記亦非無效，自不違背民法第6條之規定，亦無違反民法第1147條、第1148條、第759條規定。

(三十一) 臺灣高等法院暨所屬法院105年法律座談會民執類提案第16號

法律問題：債務人甲於100年間死亡，留有土地一筆，其繼承人乙繼承土地一筆（下稱系爭土地）後，於101年間將該土地出賣並移轉所有權予他人。甲之債權人丙現提出甲之遺產清冊（財產僅載有系爭土地）、不動產異

　　動索引，聲請對乙之存款（消費寄託）債權爲強制執行，並主張該存款
　　爲乙處分土地之變價所得，執行法院應如何處理？

討論意見：

　　甲說：執行法院應駁回債權人就存款債權之執行聲請。

　　1.爲限定繼承者，對於被繼承人債務之清償，以因繼承所得遺產爲限，負清償
責任。亦即，限定繼承人所負爲物的有限責任，被繼承人之債權人僅得對繼承所
得遺產之特定物請求執行，不得對固有財產爲執行，此爲97年1月2日修正前民法
限定繼承物之性質（最高法院75年度第4次民事庭會議決議（二）、77年台抗字第
143號判例意旨參照）。而98年6月10日修正民法第1148條第2項規定爲「以所得遺
產爲限，負清償責任」，爲解決繼承人因不知法律而未於法定期間內辦理限定繼承
或拋棄繼承，以致背負繼承債務，影響其生計，此種不合理之現象，及民法繼承編
施行法第1條之1、第1條之2、第1條之3有關規定均爲「以所得遺產爲限，負清償
責任」爲保障此等繼承人之權益，避免突來債務影響生存權或人格發展之立法意旨
並無不同，故就有限責任之性質仍與97年1月2日修正前民法第1154條規定「以因繼
承所得之遺產，償還被繼承人之債務」相同，彼等間似無區分之必要，不宜改採人
的有限責任使繼承人之總體財產因有繼承發生及陷於不安、隨時有遭強制執行之風
險，反悖於歷次修法保護繼承人之美意。是繼承人就被繼承人債務之清償係負「物
的有限責任」（甲說下稱「繼承人」均指此負物的有限責任之限定繼承人），就被
繼承人之債務爲執行時，繼承人自僅就遺產之執行居於債務人之地位；如就繼承人
之固有財產聲請執行，應認該繼承人爲強制執行法第15條規定所稱之第三人。

　　2.98年6月10日修正之民法第1148條第2項、第1153條第1項規定具有法定免責
之性質，繼承人負有限責任爲原則，故縱然繼承人未爲有限責任之抗辯，執行法院
仍應爲執行標的是否爲責任財產（即遺產）之調查。而執行法院就上訴人提出之證
明文件，僅有形式上之審查權，而無實體上之審理權（最高法院75年度台上字第
589號裁判意旨參照）。債權人聲請執行之存款債權，自遺產清冊形式上調查既非
甲之遺產，形式上即屬乙之固有財產，即有強制執行法第17條之適用，如債權人仍
執意執行該固有財產則應駁回債權人就該固有財產執行之聲請。至遺產是否已爲其
他替代物或變賣所得，需待實體法院審查，並非執行法院形式審查得以認定（許澍
林法官著，論繼承所得遺產，司法週刊第1619期）。

　　3.如繼承人乙係隱匿遺產情節重大、在遺產清冊爲虛僞之記載情節重大或意圖
詐害被繼承人之債權人之權利而爲遺產之處分之情形，則應負民法第1163條法定單
純承認之責任，不得主張同法第1148條第2項限定責任之利益；或其餘如繼承人處
分遺產，有違民法第1158條至第1160條有關遺產清算程序之規定，其責任依民法第

1161條第1項：「繼承人違反第一千一百五十八條至第一千一百六十條之規定，致被繼承人之債權受有損害者，應負賠償責任。」之規定辦理，屬繼承人對被繼承人之債權人應負損害賠償之問題亦即另由債權人依民法第1161條規定向法院起訴。惟此等情形尚須待債權人對繼承人另取得執行名義，始得對固有財產為強制執行，原執行名義效力並未及於繼承人之固有財產，執行法院不得准許執行固有財產之聲請。

乙說：執行法院應准予執行存款債權。

1.繼承人所負之有限責任，為遺產之「金額」或「價值」的有限責任，繼承之財產並無區分為其固有財產或遺產之必要，即「人的有限責任」，繼承人就被繼承人之債務仍為債務人，自債權人所提資料既可知繼承人乙確曾繼承遺產，則於該遺產之價值限度內即為債務人。

2.縱採對修正民法第1148條第2項繼承人為「物的有限責任」，惟於遺產經處分之場合，因多屬變價為金錢或類似之物而易有混同之情形，因不易區別為變賣遺產所得或係繼承人固有，此時為保護被繼承人之債權人，宜參酌民法第1148條之1規定之意旨，例外改採人的有限責任，以遺產之價額限定繼承人之責任，准許債權人遺產價額範圍內，執行繼承人之全部財產（即不另區分固有財產）。如繼承人抗辯遺產之價值數額、變賣所得已不存在等如何與債權人間有爭議時，繼承人得依強制執行法第14條規定，提起債務人異議之訴以為救濟。

丙說：執行法院應形式上調查存款債權為遺產之變賣所得者，始准予執行。

1.民法繼承編於98年6月10日修正後，繼承人仍承受被繼承人財產上之一切權利義務，但對於被繼承人之債務僅需以繼承所得遺產為限負清償責任，即繼承財產與繼承人固有財產應予嚴格分離，被繼承人之遺產仍存在，債權人固然應對遺產追償，惟若遺產不存在，更替之替代物或變賣所得，仍屬遺產之一部，亦應負責清償（最高法院100年度台抗字第778號裁定意旨參照）。繼承人之薪資債權顯非遺產之替代物或變賣所得固不得執行，惟如執行法院依遺產清冊、存摺明細、不動產買賣契約等已可認該遺產變賣價金曾存入該繼承人帳戶，縱變賣價金與繼承人固有存款發生混同之情形，為保護被繼承人之債權人，即時保障其權益，仍應准許於遺產價額內為執行。

2.執行法院如發現債權人查報之財產確非債務人所有者，應命債權人另行查報，於強制執行程序開始後始發現者，應由執行法院撤銷其處分，強制執行法第17條固有明文。惟上開規定應由執行法院撤銷其執行處分，係指查報之財產確非債務人所有者而言。若該財產是否債務人所有尚待審認方能確定，即是否為遺產之替代物或變價所得而屬遺產之一部不明時，執行法院既無逕行審判之權限，尤非聲明同法第12條所定之異議所能救濟，自應依同法第16條之規定，指示主張有排除強制

執行權利之第三人，提起執行異議之訴，以資解決。

初步研討結果：採甲說。

審查意見：採修正丙說，理由如下：

1.按民法第1148條規定：「繼承人自繼承開始時，除本法另有規定外，承受被繼承人財產上之一切權利、義務。但權利、義務專屬於被繼承人本身者，不在此限。繼承人對於被繼承人之債務，以因繼承所得遺產爲限，負清償責任。」由民法第1148條規定內容可知，第1項爲概括繼承之原則，第2項爲有限責任之規定，由此第2項規定而形成以「概括繼承有限責任」爲原則之繼承制度。依此規定，繼承人雖繼承被繼承人之「全部」債務，但其對債務之清償，原則上負以遺產爲限度之物的「有限」責任，因此被繼承人之債權人固得對繼承人請求償還全部之債務，但繼承人得拒絕以自己之固有財產爲清償，亦即，繼承人依法取得拒絕以自己之固有財產爲償還被繼承人債務之抗辯權，繼承人如以其固有財產清償繼承債務時，並非無法律上之原因，繼承人不得再向債權人請求返還（參照林秀雄，繼承法講義，2014年10月6版，第148-149頁）。另最高法院101年度台上字第1447號民事判決亦認：依民法第1148條規定，繼承人於繼承開始時，仍應繼承被繼承人之一切債務，僅係就超過繼承所得遺產部分之債務得拒絕清償，而非謂繼承人就其繼承之債務於超過繼承所得遺產部分當然消滅，債權人對之無請求權存在。

2.按強制執行法第19條規定：「執行法院對於強制執行事件，認有調查之必要時，得命債權人查報，或依職權調查之。執行法院得向稅捐及其他有關機關、團體或知悉債務人財產之人調查債務人財產狀況，受調查者不得拒絕。但受調查者爲個人時，如有正當理由，不在此限」，故執行法院依上開規定本得爲形式調查。本件若依債權人丙所提出之證明資料，及執行法院依上開規定所爲形式調查結果，由執行法院形式審查，若認系爭土地（即遺產）變賣所得之價金確已存入乙之存款帳戶，雖與乙之固有財產發生混同，仍應准許丙就乙之存款帳戶於遺產變賣價額內爲強制執行，如乙主張該價額內之存款並非遺產之替代物，而係乙之固有財產，則應由乙提起異議之訴，以資救濟。（採此見解13票、採甲說3票、採乙說5票）

研討結果：多數採審查意見（實到61人，採甲說6票，採乙說13票，採審查意見28票）。

(三十二) 最高法院108年度台上字第361號民事判決

按繼承人依現行繼承法之規定，仍爲概括繼承，僅係對於繼承債務以所得遺產爲限，負清償責任，此觀民法第1148條規定自明。繼承人雖依法取得拒絕以自己之固有財產償還被繼承人債務之抗辯權及異議權，但如仍以固有財產清償繼承債務時，該債權人於其債權範圍內受清償，並非無法律上之原因。是繼承人因債權人聲

請強制執行其固有財產，固得提起第三人異議之訴，惟債權人抗辯繼承人不得主張限定繼承之利益而有理由時，繼承人即無從排除其強制執行。職是，受訴法院自應就債權人抗辯之事由存否為實質審認。

(三十三) 臺灣高等法院暨所屬法院110年法律座談會民執類提案第12號
法律問題：
　　問題（一）：債務人之遺屬依勞工退休金條例第26條規定得請領之退休金，是否屬債務人之遺產？
　　問題（二）：承上，如肯認上開退休金為債務人之遺產，遇民法第1138條第3款規定之當順位之繼承人兄弟姐妹（同為工退休金條例第27條第1項第5款規定之請領順位），前面尚有依勞工退休金條例第27條第1項第3款請領順位在前之祖父母（同為民法第1138條第4款規定之繼承順位）而無其他繼承人時，執行法院得否逕對祖父母為強制執行？
討論意見：
　　問題（一）：
　　甲說：肯定說。
　　（一）按雇主應為適用勞工退休金條例之勞工，按月提繳退休金，儲存於勞保局設立之勞工退休金個人專戶，勞工退休金條例第6條第1項定有明文。依該條之立法理由為：一、雇主應依規定之提繳率，按月為勞工提繳個人退休金，專戶存儲。再參見勞工退休金條例第26條之立法理由提及勞工退休金有強制儲蓄之性質等內容。另參照司法院釋字第781號解釋理由三，勞退新制之勞工「個人退休金專戶」，係由雇主於受僱人任職期間，依月提繳工資分級表，按受僱人之薪資分級，提繳至少以6%計算之金額至受僱人個人退休金專戶，受僱人符合退休條件，始得支領以該提繳金額本金及累積收益總額為限之退休金，性質上或可解為遞延工資之給付。綜上，該專戶之金額為勞工之財產權。至勞工退休金條例第26條規定，勞工於尚未符合請領退休金之規定前死亡者，仍得由其遺屬或指定請領人請領一次退休金，僅係對其得請領之時間、方法及金額，另為特別規定，並非否定專戶內之金額為勞工之財產權。
　　（二）另雇主於勞工因遭遇職業災害而致殘廢，未實際提供勞務，須依勞動基準法第59條規定予以補償，係為保障勞工，加強勞、雇關係，促進社會經濟發展之法定補償責任，其性質非屬「因工作而獲得之報酬」。故，勞工退休金條例第27條第1項係參考勞工基準法第59條規定，明定遺屬請領勞工退休金之順序，惟勞退專戶之金額，係勞工之財產權，兩者性質不同，尚不得以立法參考法條據解為係遺屬依法取得之權利。再者，依勞工退休金條例第26條第1項、第27條第1項第5款、第

2項規定，有拋棄或法定事由喪失繼承權之情事，不得請領勞工退休金，亦足認勞工退休金為遺產之一部分。

（三）勞工退休金條例第27條第3項第1款雖規定勞工死亡後，如無第1項之遺屬或指定請領人者，其退休金專戶之本金及累積收益應歸入勞工退休基金。然依其立法理由在為避免因死亡後無繼承人，造成呆帳管理困難，並健全勞工退休基金財務，才以立法方式將勞工死亡後無人請領之勞工退休金歸入勞工退休基金，並非以此而否定勞工退休金係屬勞工之遺產。

乙說：否定說。

（一）勞工於請領退休金前死亡者，應由其遺屬或指定請領人請領一次退休金。依前條規定請領退休金遺屬之順位如下：一、配偶及子女。二、父母。三、祖父母。四、孫子女。五、兄弟、姊妹。前項遺屬同一順位有數人時，應共同具領，有未具名之遺屬者，由具領之遺屬負責分配之；有死亡、拋棄或因法定事由喪失繼承權時，由其餘遺屬請領之。但生前預立遺囑指定請領人者，從其遺囑。勞工死亡後無第1項之遺屬或指定請領人者，其退休金專戶之本金及累積收益應歸入勞工退休基金。勞工之退休金及請領勞工退休金之權利，不得讓與、扣押、抵銷或供擔保。勞工退休金條例第26條第1項、第27條第1項、第2項、第3項第1款、第29條第1項並有明文。可知勞工退休金不得扣押而成為強制執行之標的，且勞工於請領退休金前死亡者，其勞工退休金請領權人係遺屬或指定請領人，若無遺屬（含遺屬均拋棄繼承、死亡）或指定請領人，應歸入勞工退休基金處理。是勞工退休金不論在得否強制執行、請領權人及無人領取之最終歸屬等項，均與被繼承人死亡後之遺產性質顯有差異，是遺屬請領勞工退休金乃係遺屬依法取得之權利，並非依據民法之繼承關係而取得，該勞工退休金自難認係屬遺產。

（二）雖有以遺屬領取勞工退休金應併入遺產總額課徵遺產稅（財政部94年9月30日台財稅第09404571910號函釋），而認勞工退休金屬遺產之見解；惟某財產應否一併課徵遺產稅，關係稅務公平及政府財政等多種考量，並非以是否遺產為唯一依據，如被繼承人依遺產及贈與稅法第15條於死亡前2年贈與之財產，亦應徵收遺產稅，卻非民法繼承篇所謂之遺產。

（三）又有見解以勞工退休金條例第27條第2項後段規定，於勞工退休金有遺屬無繼承權或被繼承人已立遺囑指定領取人等情形時，法律效果與遺產類似，而認應屬遺產；惟若立法者有意將勞工退休金歸為遺產，大可仿保險法第113條之立法例，明訂勞工於請領退休金前死亡者，勞工退休金作為該勞工之遺產，僅於勞工退休金條例或相關行政法規有特別規定時從其規定即可，是依勞工退休金條例第27條第2項後段之立法方式，更可認勞工退休金並非遺產，僅於遺屬無繼承權或被繼承

人已立遺囑指定領取人之情形，始例外適用類似遺產之處理方式。

問題（二）：

甲說：肯定說。

（一）民法第1148條規定，繼承人自繼承開始時，除本法另有規定外，承受被繼承人財產上之一切權利、義務。但權利、義務專屬於被繼承人本身者，不在此限。繼承人對於被繼承人之債務，以因繼承所得遺產爲限，負清償責任。祖父母依勞工退休金條例規定請領勞工退休金之權利，核屬被繼承人之遺產，其就繼承所得遺產，負有清償責任。

（二）勞工退休金條例第27條第1項第3款、第5款固規定祖父母之請領順序優先於兄弟姐妹，而與民法第1138條第3款、第4款所列繼承順序不同。惟勞工退休金條例第27條規定乃民法第1138條規定之特別法，依特別法優於普通法自應適用特別法；且適用法律應一體適用，不容割裂，亦爲法律適用原則，就勞工生前得領取之退休金之遺屬請領順位既應適用勞工退休金條例，如被繼承人之債權人依法得對遺產聲請執行，自仍應適用勞工退休金條例，殊無疑義。

乙說：否定說。

（一）勞工退休金條例第27條第1項僅係爲便利受請領機關辦理請領作業規定，就請領退休金遺屬之資格及順序所爲之規定，並非爲遺產繼承人之繼承順序所爲之特別規定。此可由該條第2項後段規定有未具名之遺屬者，由具名之遺屬負責分配之，即可推知受請領機關並不介入遺產之歸屬判斷及分配。

（二）倘祖父母前尚存有規定在前之繼承人時，其自非民法第1138條規定當順位繼承人，並非適格之債務人，此時執行法院宜曉諭債權人變更執行標的爲當順位繼承人兄弟姐妹對祖父母得請求返還退休金之債權，對之核發執行命令。

初步研討結果：

問題（一）：採甲說。

問題（二）：採甲說。

審查意見：

（一）本題與第13號提案合併討論。

（二）問題（一）：採甲說，補充理由如下：參酌勞工退休金條例第27條第2項但書：「生前預立遺囑指定請領人者，從其遺囑」之規定；及改制前行政院勞工委員會民國95年2月9日勞動4字第0950006111號函釋：「勞工得以遺囑指定遺屬以外之指定請領人請領退休金，……，惟如有民法第1223條規定特留分之情形，致得請領退休金者有數人時，應與其他請領人共同具領」之意旨，可知遺屬請領退休金之權利，勞工生前得以遺囑處分之，並有特留分規定之適用，則其性質應屬勞工

之遺產，至為明確。

問題（二）：採甲說結論，理由如下：

（一）勞工退休金條例為保障勞工退休後生活，雖於第29條第1項規定勞工之退休金及請領勞工退休金之權利，不得讓與、扣押、抵銷或供擔保，此觀該條立法理由甚明。然勞工死亡後，保障勞工退休後生活之立法目的已不存在，若仍認遺屬請領勞工退休金之權利依上開規定不得強制執行，將致生勞工之債權人無法就勞工之遺產受償對於勞工之債權，勞工之遺屬則可完全享有勞工遺產之不公平結果，亦不符合權利與義務應一體繼承之基本原則。另參酌勞動基準法第61條、船員法第50條、農民退休儲金條例第20條、學校法人及其所屬私立學校教職員退休撫卹離職資遣條例第6條、公立學校教職員退休資遣撫卹條例第69條、政務人員退職撫卹條例第11條、公務人員退休資遣撫卹法第69條、陸海空軍軍官士官服役條例第51條等規定，均於條文明訂遺屬請領給與之權利不得扣押之文義，可知凡採遺屬優先保障之立法，皆於條文明示遺屬請領給與之權利不得扣押之意旨。則勞工退休金條例第29條既未將遺屬請領退休金之權利列入不得扣押之範圍，且其立法、修法理由僅強調保障勞工退休生活，對遺屬之保障則未置一詞，更見遺屬請領勞工退休金之權利，應無勞工退休金條例第29條第1項禁止扣押規定之適用。從而，遺屬請領勞工退休金之權利，應認得為強制執行之客體。

（二）勞工退休金條例第26條規定之退休金，既屬勞工之遺產，同條例第27條至第29條關於遺屬請領該退休金之規定，性質即屬繼承該項遺產之特別規定。其有別於民法繼承編規定者，應依特別法優於普通法原則，優先適用；未有特別規定部分，則仍應適用民法繼承編。故勞工退休金條例第27條第1項所定請領退休金之繼承人範圍及順位，應優先於民法第1138條規定而適用。又勞工退休金條例並無關於勞工債務繼承之規定，則同條例第27條所定請領退休金之繼承人，仍應依民法第1148條第1項規定，承受勞工生前非一身專屬性之債務，並以其所繼承之退休金為限，負清償之責任。準此，若勞工死亡時，其兄弟姐妹與祖父母同時存在，而無其他繼承人，即應優先適用勞工退休金條例第27條規定，以勞工之祖父母為請領退休金之繼承人，並由其依民法第1148條第1項規定，承受勞工之債務。故執行法院得以勞工之祖父母為執行債務人，對其強制執行。

研討結果：

（一）本題與第13號提案合併討論。

（二）問題（一）：照審查意見通過。

問題（二）：

增列丙說：修正否定說。勞工退休金條例（下稱勞退條例）第27條第1、2項規

定：「依前條規定請領退休金遺屬之順位如下：一、配偶及子女。二、父母。三、祖父母。四、孫子女。五、兄弟、姊妹。」「前項遺屬同一順位有數人時，應共同具領，有未具名之遺屬者，由具領之遺屬負責分配之；有死亡、拋棄或因法定事由喪失繼承權時，由其餘遺屬請領之。但生前預立遺囑指定請領人者，從其遺囑。」其請領順序，係以遺囑指定之人（下稱指定領取人）優先，未經遺囑指定者，始適用法定之順序認定得請領之遺屬（下稱法定領取人）。勞退條例第27條第2項但書規定之勞工退休金（下稱勞退金）指定領取人，性質上為該勞工對其所為遺贈（遺贈勞退金債權），乃指定領取人對遺產之債權。依民法第1148條第1項、第1159條、第1160條之規定，勞工死亡後，非當然由受遺贈人取得遺贈標的之權利，仍應由其繼承人自繼承開始時當然承受該退休金債權，以之清償被繼承人之債務後，如有剩餘，始由受遺贈人（指定領取人）依遺囑內容就勞退金受償，完成遺贈物之交付。法定領取人雖非經遺囑指定之受遺贈人，然與受遺贈人同係因被繼承人死亡而無償取得對遺產權利之人，且其受償地位亦不應優於請領順位在前之受遺贈人（指定領取人），故宜類推適用民法第1160條規定，於繼承人以勞退金清償被繼承人之債務後，始得將勞退金餘額給付法定領取人。題示情形，如繼承人為債務人之兄弟姊妹，法定領取人為債務人之祖父母，應以債務人之兄弟姊妹為債務人，扣押其等繼承自債務人之勞退金債權，必待清償後猶有餘額，始得由債務人之祖父母領取，非得逕對債務人之祖父母為強制執行。

　　（二）多數採甲說（實到76人，採甲說48票，採丙說19票）。

(三十四) 臺灣高等法院暨所屬法院111年法律座談會民事類提案第9號

法律問題：被繼承人留有之遺產不足以支付喪葬費用，繼承人拋棄繼承，是否就無
　　　　　須負擔被繼承人的喪葬費用？

討論意見：

　　甲說：肯定說（不用負擔喪葬費用）。

　　拋棄繼承為具有財產性質之身分行為，即使認為因公序良俗而不得拋棄遺體的所有權，但既然拋棄繼承是出於不願處理被繼承人身後財產事務之用意，若再令其承擔喪葬費用的支出，即無從達到拋棄繼承之目的，故不應由其負擔喪葬費用。

　　乙說：否定說（應負擔喪葬費用）。

　　被繼承人之遺體殘存著死者人格而屬於「具有人格性之物」，基於對人性尊嚴之尊重及慎終追遠之傳統禮俗，應認繼承人拋棄繼承之效力僅及於被繼承人之財產，不及於遺體。繼承人仍負有支出喪葬費用之義務，若僅因會有祭祀、埋葬、管理等費用支出，就認為拋棄繼承的範圍包括遺體，不僅有違倫常，且可能發生無人處理遺體之窘境。

初步研討結果：採乙說。

審查意見：採乙說，補充理由如下：

（一）按被繼承人之屍體為物，為繼承人所公同共有，僅其所有權內涵與其他財產不同，限以屍體之埋葬、管理、祭祀等為目的，不得自由使用、收益或處分。屍體因殘存著死者人格而屬於「具有人格性之物」，基於對人性尊嚴之尊重，其處分不得違背公序良俗，故繼承人取得其所有權後，因慎終追遠之傳統禮俗而不得拋棄。是繼承人拋棄繼承之效力，不及於被繼承人之屍體（遺骨）（最高法院109年度台上字第2627號判決意旨參照）。

（二）民法第1148條第1項規定：「繼承人自繼承開始時，除本法另有規定外，承受被繼承人財產上之一切權利、義務，但權利、義務專屬於被繼承人本身者，不在此限。」同法第1175條規定：「繼承之拋棄，溯及於繼承開始時發生效力。」繼承人依上開規定為繼承及拋棄繼承者，為被繼承人「財產上」之一切權利義務。至被繼承人之屍體，因殘存死者人格，係具有人格性之物，非屬被繼承人「財產上」之權利義務，惟依法律當然解釋及我國風俗習慣，於被繼承人死亡後當然由其繼承人繼承。屍體之繼承既非屬民法第1148條第1項規定之繼承標的，自亦非屬拋棄繼承之標的。

研討結果：

（一）增列丙說：

拋棄繼承人為被繼承人生前之扶養義務人者，應負擔喪葬費用；非為被繼承人生前之扶養義務人者，無庸負擔喪葬費用。

1.遺骨、骨灰已不具有人格性，固然該當民法第67條所指之物（即動產），但本案是繼承開始後之殯葬問題，殯葬之對象應是被繼承人之遺體（即大體），而遺體（即大體）為死者完整個體，具有人格性，性質無從解為「物」、「特殊之物」或「動產」。

2.民法第1148條第1項明定繼承標的為被繼承人「財產」上之權利義務，遺體（即大體）具人格性，非「物」、「特殊之物」或「動產」，自無從因繼承而取得被繼承人之遺體所有權。

3.參考大理院4年上字第116號判例，其要旨表示依我國民法扶養制度所設之社會及倫理精神價值而觀，扶養內容之範圍包括死亡者之殯葬費用（資料），及老人福利法第24條規定，老人死亡時，如無扶養義務之人，或其扶養義務之人無扶養能力者，當地主管機關或其入住機構應為其辦理喪葬；所需費用，由其遺產負擔之，無遺產者，由當地主管機關負擔之立法旨趣。應從扶養義務之內涵解釋，由民法第1115條、第1116條之1所定之扶養義務人負擔殯葬被繼承人之義務。從而，就本

問題得出兩種結論：（1）拋棄繼承者如為負有殯葬義務之人，不因拋棄繼承而免除其義務，仍應負擔不足之殯葬費用。（2）繼承人非應負殯葬義務之人者，該繼承人僅負有以遺產支付殯葬費用之義務，則該繼承人拋棄繼承後，既本不負殯葬義務，自不生負擔題示殯葬費用的問題。

　　（二）多數採審查意見（實到78人，採審查意見60票，丙說13票；決議不就甲說表決）。

❖ 民法第1148條之1

　　繼承人在繼承開始前二年內，從被繼承人受有財產之贈與者，該財產視為其所得遺產。

　　前項財產如已移轉或滅失，其價額，依贈與時之價值計算。

　　（98年6月10日公布）

案 例

　　甲向乙借款新臺幣（以下同）20萬元後，甲因病旋即死亡，其妻早已過世，甲未留遺產，然查甲之子丙在甲死亡前一年，從甲受贈20萬元，試問：乙依法得對丙主張應負之民事責任？

一、思考焦點

　　繼承人從被繼承人生前所得之贈與，於被繼承人死亡後，若被繼承人負有債務，該被繼承人之債權人得向繼承人主張，應將從被繼承人生前所得之贈與，視為所得遺產，而清償被繼承人之債務？

二、問題論述

　　繼承人在繼承開始前兩年內，從被繼承人受有財產贈與者，不適用民法第406條（一般贈與）之規定。

　　本次修正（98年6月10日公布）民法第1148條第2項明定，繼承人對於被繼承人之債務，僅以所得遺產為限，負清償責任。為避免被繼承人於生前將遺產贈與繼承人，以減少繼承開始時之繼承人所得遺產，致影響被繼承人債權人之權益，爰明定該等財產視同所得遺產。惟若被繼承人生前將所有贈與繼承人之財產均視為所得遺產，恐亦與民眾情感相違，且對繼承人亦有失公允。故為兼顧繼承人與債權人之權

益，爰參考現行遺產及贈與稅法第15條規定，繼承人於繼承開始前二年內，從被繼承人受有財產之贈與者，該財產始視爲所得遺產，爰增訂於本條第1項規定。

依本條文第1項規定，視爲所得遺產之財產，如已移轉或滅失，則如何計算遺產價額，宜予明定，以避免糾紛。爰參考民法第1173條第3項規定，增訂於本條文第2項，明定依贈與時之價值計算。

本條文雖被視爲所得遺產之規定，但並不影響繼承人間應繼遺產之計算，因此，繼承人之應繼遺產總額仍依民法第1173條規定計算；本條第1項所定贈與財產，除屬於第1173條所定之特種贈與（因結婚、分居或營業而從被繼承人受有財產之贈與），且被繼承人未有反對歸扣之意思表示，而依該條規定應予歸扣者外，不計入第1173條應繼遺產總額，併予敘明。

三、案例結論

乙得依民法第1148條之1第1項規定，主張丙繼承人應負繼承民事責任，故丙應將在甲死亡前一年，從甲受贈之20萬元，拿出償還甲對予乙之債務。

四、相關實例

甲向乙借款新臺幣（以下同）20萬元後，甲因病旋即死亡，其妻早已過世，甲未留遺產，然查甲之子丙在甲死亡三年前，從甲受贈20萬元，試問：乙依法得對丙主張應負之民事責任？

民法第1148條之1與同法第1173條之法律關係爲何？

五、重要判解

(一) 最高法院102年度台上字第588號民事判決

按民法第1147條規定，繼承因被繼承人死亡而開始。是繼承人因被繼承人死亡而取得之遺產，須於繼承開始時仍屬被繼承人之財產。是以，被繼承人死亡前即已將房地贈與受贈人，並辦理登記完畢，則自斯時起，房地即屬受贈人所有，不屬被繼承人之遺產。又受贈人非因分居或營業等因受贈而取得房地，自無該法第1173條關於歸扣規定之適用。至於同法第1148條之1規定僅在避免被繼承人於生前將遺產贈與繼承人，以減少繼承開始時之繼承人所得遺產，影響被繼承人之債權人權益而設，並不影響繼承人間應繼遺產之計算，除該財產屬特種贈與應予歸扣外，並不計入應繼遺產中。是以，受贈人固在繼承開始前二年受贈房地，惟在繼承人彼此間不能將之視爲遺產。

(二) 臺灣高等法院暨所屬法院104年法律座談會民執類提案第18號

法律問題：債權人甲持對乙（102年死亡）之執行名義，聲請對乙之配偶丙（未拋棄繼承）名下之不動產A地強制執行，並提出A地登記謄本及A地異動索引，主張A地登記原因記載為贈與、登記日期係在繼承開始前二年內，且係受贈自乙，依民法第1148條之1規定，視為所得遺產。執行法院應否准許甲對丙名下A地強制執行？

討論意見：

甲說：否定說。

1.按不動產物權，依法律行為而取得、設定、喪失及變更者，非經登記，不生效力，民法第758條定有明文。依土地法所為之登記，有絕對效力，土地法第43條定有明文。不動產所有權之認定，就執行法院而言，以登記名義人為準。本件A地登記謄本既然記載所有權人為丙，形式上判斷應認為係丙所有。

2.不動產登記謄本就登記原因雖記載為贈與，惟其原因多端，可能係普通贈與、特種贈與、為省稅目的或隱藏他項法律行為而為贈與等，其行為是否係侵害被繼承人之債權人之債權，執行法院無從得知，自不應視為所得遺產。

乙說：肯定說。

1.執行法院依形式審查原則判斷之結果，倘得認為A地應視為所得遺產，即應准許債權人對之強制執行。本件債權人甲提出A地登記謄本及A地異動索引，並主張A地係繼承人丙在繼承開始前二年內，從被繼承人乙受有財產之贈與，而執行法院就上開資料觀之，登記原因記載為贈與，登記日期為繼承開始前二年內，且係受贈自乙等情，形式上足堪認定係民法第1148條之1所指視為所得遺產。況民法第1148條之1之增訂，係為避免被繼承人於生前將遺產贈與繼承人，以減少繼承開始時之繼承人所得遺產，致影響被繼承人債權人之權益，始明定該等財產視同所得遺產，此觀諸修法理由自明。因此，應准許甲對之強制執行。

2.承上，執行法院既已將A地視為所得遺產，即應准許甲對之強制執行。至A地實際上究係贈與或存有其他法律關係，執行法院無從審酌，丙如果有所爭執，應由丙另循實體訴訟以謀救濟。

初步研討結果：採乙說。

審查意見：採乙說。

研討結果：照審查意見通過。

(三) 臺灣高等法院暨所屬法院105年法律座談會民事類提案第6號

法律問題：甲積欠A銀行信用卡消費款新臺幣50萬元，而無資力清償，嗣後因甲之被繼承人丁死亡，甲與其他繼承人乙、丙共同繼承丁在B銀行帳戶之存

款新臺幣300萬元（沒有其他遺產債務），甲、乙、丙之應繼分各三分之一，今甲、乙、丙協議分割遺產，上開帳戶之遺產分歸乙、丙二人共同取得，甲分文未取，A銀行得否以甲與乙、丙間之遺產分割協議，為甲之無償行為，害及A銀行對甲之債權，而依民法第244條第1項之規定，以訴主張撤銷甲、乙、丙間之分割遺產行為？

討論意見：

甲說：肯定說。

繼承人甲既未拋棄繼承，則自繼承開始時依法即取得被繼承人丁之遺產，至於甲與其餘繼承人即乙、丙協議分割遺產之行為，係屬對於繼承財產之分配，甲之遺產分割協議之行為，係以財產為標的之行為，屬民法第244條所規定得為撤銷之財產行為。又甲於繼承開始既已取得繼承之遺產，則其與其他繼承人協議分割遺產時，協議將系爭遺產全部歸由乙、丙取得，甲未取得分文，甲上開行為屬無償行為，於有害及A之債權時，A得訴請撤銷甲之無償行為（即前述遺產分割協議之行為）。

乙說：否定說。

參酌最高法院73年度第2次民事庭會議決議（一）之見解，依舉重以明輕之原則，認為繼承人甲、乙、丙間就繼承取得之公同共有遺產所為之遺產分割協議行為，本質上為繼承人間基於繼承人身分，就繼承之遺產如何分配所為之協議，應屬以人格法益為基礎之財產上行為，不許債權人訴請撤銷之。

初步研討結果：採肯定說。

審查意見：提案第6號、第7號之法律問題均為：

債權人得否依民法第244條第1項規定，訴請撤銷債務人與其他繼承人間之遺產分割協議行為？建請併同討論。採甲說（肯定說）。理由如下：

按繼承權固為具有人格法益之一身專屬權利，惟於繼承人未拋棄繼承，而本於繼承與其他繼承人對於遺產全部為公同共有時，該公同共有權已失其人格法益性質，而為財產上之權利。從而，繼承人間之遺產分割協議，係公同共有人間就公同共有物所為之處分行為，倘全部遺產協議分割歸由其他繼承人取得，對未分割取得遺產之該繼承人而言，形式上係無償行為，若害及債權人之債權實現，債權人應得提起民法第244條第1項之撤銷訴訟（最高法院91年度台上字第2312號判決參照）。

研討結果：照審查意見通過。

(四) 臺灣高等法院暨所屬法院105年法律座談會民執類提案第16號

法律問題：債務人甲於民國100年間死亡，留有土地一筆，其繼承人乙繼承土地

一筆（下稱系爭土地）後，於101年間將該土地出賣並移轉所有權予他人。甲之債權人丙現提出甲之遺產清冊（財產僅載有系爭土地）、不動產異動索引，聲請對乙之存款（消費寄託）債權為強制執行，並主張該存款為乙處分土地之變價所得，執行法院應如何處理？

討論意見：

甲說：執行法院應駁回債權人就存款債權之執行聲請。

1.為限定繼承者，對於被繼承人債務之清償，以因繼承所得遺產為限，負清償責任。亦即，限定繼承人所負為物的有限責任，被繼承人之債權人僅得對繼承所得遺產之特定物請求執行，不得對固有財產為執行，此為97年1月2日修正前民法限定繼承物之性質（最高法院75年度第4次民事庭會議決議（二）、77年台抗字第143號判例意旨參照）。而98年6月10日修正民法第1148條第2項規定為「以所得遺產為限，負清償責任」，為解決繼承人因不知法律而未於法定期間內辦理限定繼承或拋棄繼承，以致背負繼承債務，影響其生計，此種不合理之現象，及民法繼承編施行法第1條之1、第1條之2、第1條之3有關規定均為「以所得遺產為限，負清償責任」為保障此等繼承人之權益，避免突來債務影響生存權或人格發展之立法意旨並無不同，故就有限責任之性質仍與97年1月2日修正前民法第1154條規定「以因繼承所得之遺產，償還被繼承人之債務」相同，彼等間似無區分之必要，不宜改採人的有限責任使繼承人之總體財產因有繼承發生及陷於不安、隨時有遭強制執行之風險，反悖於歷次修法保護繼承人之美意。是繼承人就被繼承人債務之清償係負「物的有限責任」（甲說下稱「繼承人」均指此負物的有限責任之限定繼承人），就被繼承人之債務為執行時，繼承人自僅就遺產之執行居於債務人之地位；如就繼承人之固有財產聲請執行，應認該繼承人為強制執行法第15條規定所稱之第三人。

2.98年6月10日修正之民法第1148條第2項、第1153條第1項規定具有法定免責之性質，繼承人負有限責任為原則，故縱然繼承人未為有限責任之抗辯，執行法院仍應為執行標的是否為責任財產（即遺產）之調查。而執行法院就上訴人提出之證明文件，僅有形式上之審查權，而無實體上之審理權（最高法院75年度台上字第589號裁判意旨參照）。債權人聲請執行之存款債權，自遺產清冊形式上調查既非甲之遺產，形式上即屬乙之固有財產，即有強制執行法第17條之適用，如債權人仍執意執行該固有財產則應駁回債權人就該固有財產執行之聲請。至遺產是否已為其他替代物或變賣所得，需待實體法院審查，並非執行法院形式審查得以認定（許澍林法官著，論繼承所得遺產，司法週刊第1619期）。

3.如繼承人乙係隱匿遺產情節重大、在遺產清冊為虛偽之記載情節重大或意圖詐害被繼承人之債權人之權利而為遺產之處分之情形，則應負民法第1163條法定單

純承認之責任，不得主張同法第1148條第2項限定責任之利益；或其餘如繼承人處分遺產，有違民法第1158條至第1160條有關遺產清算程序之規定，其責任依民法第1161條第1項：「繼承人違反第1158條至第1160條之規定，致被繼承人之債權受有損害者，應負賠償責任。」之規定辦理，屬繼承人對被繼承人之債權人應負損害賠償之問題亦即另由債權人依民法第1161條規定向法院起訴。惟此等情形尚須待債權人對繼承人另取得執行名義，始得對固有財產為強制執行，原執行名義效力並未及於繼承人之固有財產，執行法院不得准許執行固有財產之聲請。

乙說：執行法院應准予執行存款債權。

1.繼承人所負之有限責任，為遺產之「金額」或「價值」的有限責任，繼承之財產並無區分為其固有財產或遺產之必要，即「人的有限責任」，繼承人就被繼承人之債務仍為債務人，自債權人所提資料既可知繼承人乙確曾繼承遺產，則於該遺產之價值限度內即為債務人。

2.縱採對修正民法第1148條第2項繼承人為「物的有限責任」，惟於遺產經處分之場合，因多屬變價為金錢或類似之物而易有混同之情形，因不易區別為變賣遺產所得或係繼承人固有，此時為保護被繼承人之債權人，宜參酌民法第1148條之1規定之意旨，例外改採人的有限責任，以遺產之價額限定繼承人之責任，准許債權人遺產價額範圍內，執行繼承人之全部財產（即不另區分固有財產）。如繼承人抗辯遺產之價值數額、變賣所得已不存在等如何與債權人間有爭議時，繼承人得依強制執行法第14條規定，提起債務人異議之訴以為救濟。

丙說：執行法院應形式上調查存款債權為遺產之變賣所得者，始准予執行。

1.民法繼承編於98年6月10日修正後，繼承人仍承受被繼承人財產上之一切權利義務，但對於被繼承人之債務僅需以繼承所得遺產為限負清償責任，即繼承財產與繼承人固有財產應予嚴格分離，被繼承人之遺產仍存在，債權人固然應對遺產追償，惟若遺產不存在，更替之替代物或變賣所得，仍屬遺產之一部，亦應負責清償（最高法院100年度台抗字第778號裁定意旨參照）。繼承人之薪資債權顯非遺產之替代物或變賣所得固不得執行，惟如執行法院依遺產清冊、存摺明細、不動產買賣契約等已可認該遺產變賣價金曾存入該繼承人帳戶，縱變賣價金與繼承人固有存款發生混同之情形，為保護被繼承人之債權人，即時保障其權益，仍應准許於遺產價額內為執行。

2.執行法院如發見債權人查報之財產確非債務人所有者，應命債權人另行查報，於強制執行程序開始後始發見者，應由執行法院撤銷其處分，強制執行法第17條固有明文。惟上開規定應由執行法院撤銷其執行處分，係指查報之財產確非債務人所有者而言。若該財產是否債務人所有尚待審認方能確定，即是否為遺產之替代

物或變價所得而屬遺產之一部不明時，執行法院既無逕行審判之權限，尤非聲明同法第12條所定之異議所能救濟，自應依同法第16條之規定，指示主張有排除強制執行權利之第三人，提起執行異議之訴，以資解決。

初步研討結果：採甲說。

審查意見：採修正丙說，理由如下：

　　1.按民法第1148條規定：「繼承人自繼承開始時，除本法另有規定外，承受被繼承人財產上之一切權利、義務。但權利、義務專屬於被繼承人本身者，不在此限。繼承人對於被繼承人之債務，以因繼承所得遺產為限，負清償責任。」由民法第1148條規定內容可知，第1項為概括繼承之原則，第2項為有限責任之規定，由此第2項規定而形成以「概括繼承有限責任」為原則之繼承制度。依此規定，繼承人雖繼承被繼承人之「全部」債務，但其對債務之清償，原則上負以遺產為限度之物的「有限」責任，因此被繼承人之債權人固得對繼承人請求償還全部之債務，但繼承人得拒絕以自己之固有財產為清償，亦即，繼承人依法取得拒絕以自己之固有財產為償還被繼承人債務之抗辯權，繼承人如以其固有財產清償繼承債務時，並非無法律上之原因，繼承人不得再向債權人請求返還（參照林秀雄，繼承法講義，2014年10月6版，第148-149頁）。另最高法院101年度台上字第1447號判決亦認：依民法第1148條規定，繼承人於繼承開始時，仍應繼承被繼承人之一切債務，僅係就超過繼承所得遺產部分之債務得拒絕清償，而非謂繼承人就其繼承之債務於超過繼承所得遺產部分當然消滅，債權人對之無請求權存在。

　　2.按強制執行法第19條規定：「執行法院對於強制執行事件，認有調查之必要時，得命債權人查報，或依職權調查之。執行法院得向稅捐及其他有關機關、團體或知悉債務人財產之人調查債務人財產狀況，受調查者不得拒絕。但受調查者為個人時，如有正當理由，不在此限」，故執行法院依上開規定本得為形式調查。本件若依債權人丙所提出之證明資料，及執行法院依上開規定所為形式調查結果，由執行法院形式審查，若認系爭土地（即遺產）變賣所得之價金確已存入乙之存款帳戶，雖與乙之固有財產發生混同，仍應准許丙就乙之存款帳戶於遺產變賣價額內為強制執行，如乙主張該價額內之存款並非遺產之替代物，而係乙之固有財產，則應由乙提起異議之訴，以資救濟。（採此見解13票、採甲說3票、採乙說5票）

研討結果：多數採審查意見（實到61人，採甲說6票，採乙說13票，採審查意見28票）。

(五) 臺灣高等法院暨所屬法院106年法律座談會民事類提案第24號

法律問題：甲持有丙於民國103年10月30日所簽發、票面金額新臺幣（下同）150
　　　　　萬元、並免除作成拒絕證書之未載到期日之本票乙紙（下稱系爭本

票），嗣丙於104年3月31日死亡，甲持該本票向丙之繼承人乙為付款之提示遭拒後，乃依票據及繼承之法律關係起訴請求乙應於繼承被繼承人丙所得遺產範圍內為限，給付甲150萬元，經法院認有理由，判決主文為：「被告（指乙）應於繼承被繼承人丙遺產範圍內，給付原告（指甲）150萬元」確定在案（下稱前案）。甲獲前案勝訴判決確定後，另依系爭本票及繼承之法律關係起訴主張乙有民法第1163條第1款所定隱匿遺產情節重大情事，不得主張民法第1148條第2項所定限定繼承之利益，應就丙積欠甲之系爭本票債務負完全清償之責，訴請乙應給付150萬元（下稱後案），聲明求為判決：被告（指乙）應給付原告（指甲）150萬元，則：

問題（一）：後案之起訴有無違反一事不再理原則？

問題（二）：若甲於提起後案前，未依民法第1163條向家事法院（或家事庭，下稱家事法院）聲請裁定，民事法院得否逕行審查乙有無民法第1163條第1款之情事？

問題（三）：甲於取得前案勝訴確定判決後，可否持前案確定判決及家事法院諭知乙不得主張限定責任之確定裁定，向執行法院聲請強制執行乙之固有財產？

討論意見：

問題（一）：

甲說：肯定說。

（一）前案及後案之當事人相同，且均係依票據及繼承之法律關係請求給付，亦即基於同一原因事實所生同一給付，其請求給付之金錢相同，應認屬同一事件。

（二）本件前案既經判決確定，即生裁判之確定力，則甲於後案之起訴即違反一事不再理原則，應依民事訴訟法第249條第1項第7款之規定裁定駁回甲之訴。

乙說：否定說。

（一）按當事人不得就已起訴之事件，於訴訟繫屬中，更行起訴；除別有規定外，確定之終局判決就經裁判之訴訟標的有既判力，民事訴訟法第253條、第400條第1項分別定有明文，為訴訟法上一事不再理之原則，或稱為二重起訴之禁止。則關於前後起訴之案件是否為同一案件，應依「當事人」、「訴之聲明」及「訴訟標的」三個訴之要素定之。

（二）本件甲於前案之請求係依票據及繼承之法律關係，請求乙於繼承被繼承人丙遺產範圍內給付票款，於後案係主張乙有民法第1163條第1款所定隱匿遺產情節重大而不得享有限定繼承之利益，依票據、繼承之法律關係請求乙應給付甲150萬元，甲於前案及後案所為訴之聲明不同，非屬同一事件，無一事不再理原則之

適用。

　　丙說：區分說。

　　（一）按民事訴訟法第400條第1項規定確定判決之既判力，惟於判決主文所判斷之訴訟標的，始可發生。前案之判決主文既係判決「被告（指乙）應於繼承被繼承人丙遺產範圍內，給付原告（指甲）150萬元」，則既判力範圍僅限於該部分，後案有關該部分之起訴即違反一事不再理原則。

　　（二）至於甲於後案請求乙以繼承被繼承人丙遺產範圍以外之財產為給付，未經前案判決，此部分無一事不再理原則之適用。

　　問題（二）：

　　甲說：否定說。

　　家事法院為乙不得享有限定繼承利益之裁定前，乙未喪失限定繼承之利益，民事法院不審查乙有無民法第1163條第1款之情事（臺灣高等法院91年度重上字第203號及96年度重上更字第22號判決理由意旨參照）。

　　乙說：肯定說。

　　按不得享有限定繼承利益之裁定，乃依非訟事件法審理，實務上向來認為非訟事件無確定實體法律關係之效力，如繼承人與被繼承人之債權人就此發生爭執，應由民事法院於具體之案件中為認定，而非另由被繼承人之債權人聲請法院裁定該限定繼承人不得享有限定繼承之利益（參照郭振恭著，繼承人之不正行為與繼承之限定或拋棄，收錄於林秀雄主編，民法親屬繼承實例問題分析，97年10月2版，第327頁）。

　　問題（三）：

　　甲說：肯定說。

　　（一）現行繼承法對於繼承人之責任雖改採有限責任，惟對於繼承人有民法第1163條所列事由之一者，仍准許債權人聲請限定繼承人不得享有限定繼承之利益。該裁定既係家事法院依現行有效之程序，於調查審認後而為之裁判，自得為執行名義。蓋實務上既准許債權人得聲請排除繼承人之限定繼承利益，卻又認該裁定不得作為執行名義，將使民法第1163條之規定形成具文。

　　（二）該裁定如不得作為執行名義，債權人需另行起訴，重複繳納訴訟費用，亦因訴訟程序而拖延權利之實現，徒增勞費，自非妥適。

　　乙說：否定說。

　　（一）不得享有限定繼承利益之裁定，非屬強制執行法第4條第1項所列各款之執行名義，自不得持以執行乙之固有財產。

　　（二）上開裁定，形式上雖係排除繼承人乙享有限定繼承之利益，實質上隱含

乙對於其被繼承人之債務負無限清償責任，與現行繼承法採限定責任之立法意旨不符，對於繼承人乙之權利義務影響甚鉅，應以訴訟程序為之，上開裁定係適用非訟程序，自非妥適。

初步研討結果：

問題（一）：採丙說。

問題（二）：採乙說。

問題（三）：採乙說。

審查意見：

問題（一）：採修正甲說：肯定說。

（一）按訴訟標的於確定之終局判決中經裁判者，除法律別有規定外，有既判力，當事人不得就該法律關係更行起訴，此觀民事訴訟法第249條第1項第7款及第400條第1項之規定自明。而所謂訴訟標的，係指為確定私權所主張或不認之法律關係，欲法院對之加以裁判者。至法律關係，乃法律所定為權利主體之人，對於人或物所生之權利義務關係（最高法院61年台再字第186號判例參照）。89年2月9日修正之民事訴訟法第244條第1項第2款，將原規定之「訴訟標的」修正為「訴訟標的及其原因事實」，乃因訴訟標的之涵義，必須與原因事實相結合，以使訴狀所表明請求法院審判之範圍更加明確。則於判斷既判力之客觀範圍時，自應依原告起訴主張之原因事實所特定之訴訟標的法律關係為據，凡屬確定判決同一原因事實所涵攝之法律關係，均應受其既判力之拘束。

（二）按繼承人自繼承開始時，除本法另有規定外，承受被繼承人財產上之一切權利、義務。但權利、義務專屬於被繼承人本身者，不在此限。繼承人對於被繼承人之債務，以因繼承所得遺產為限，負清償責任。98年6月10日修正公布之民法第1148條定有明文。故新法以限定繼承為原則，亦即，繼承人就被繼承人之債務，係以遺產為限度負有限責任，繼承人無須以其固有財產清償繼承債務，惟依上開民法第1148條第1項規定，繼承標的之權利義務，包括為一體而移轉於繼承人，故有稱之為「概括繼承有限責任」。新法既以限定繼承為原則，自不得待繼承人為表示，當然發生有限責任之效力，除另有其拋棄繼承或強制單純承認之爭執，法院無庸為審查或判斷其是否為限定責任繼承人，於法即發生其僅以遺產為限對繼承債權人負清償責任之效力，其固有財產當然非繼承債務之責任財產。又繼承人仍為概括繼承，故繼承債務仍然存在且為繼承之標的，僅係繼承人對於繼承債務僅以所得遺產為限負清償責任，故繼承人如仍以其固有財產清償繼承債務時，該債權人於其債權範圍內受清償，並非無法律上之原因，故無不當得利可言，繼承人自不得再向債權人請求返還（參見民法第1148條立法理由第4點）。繼承人既繼承被繼承人之權

利義務，即其非無債務，僅其責任有限而已。是以被繼承人之債權人得就債權為裁判上及裁判外一切之請求，惟債權人起訴請求時，繼承人如提出有限責任之抗辯，法院應為保留給付之判決（於所得遺產限度內為給付），此利益僅在於繼承人之有限責任，不因其未於訴訟中提出此抗辯而有異。被繼承人之債權人訴請清償債務時，繼承人未為有限責任之抗辯者，法院乃應為保留給付之判決。故民法第1148條第2項規定，僅賦予繼承人有拒絕以自己固有財產償還被繼承人債務之抗辯權，並非法定之債務免除。

（三）題示情形，繼承人乙因繼承而概括繼受系爭本票債務，惟依民法第1148條第2項規定負有限責任，甲對乙就票款給付請求權及繼承之法律關係，既業經前案為保留給付之判決確定，乙對甲負有給付系爭150萬元本票票款之義務，已生既判力。至於乙對票款義務負有限責任，僅屬清償責任之範圍，並非逾清償責任部分即免除其債務，甲另提起後案仍以系爭本票之法律關係為據，乃屬前案確定判決同一原因事實所涵攝之法律關係，應受前案確定判決既判力之拘束。故甲係就同一事件再行提起後案，依民事訴訟法第249條第1項第7款之規定，應認原告甲之訴為不合法，應予駁回。至被告乙如確有違反民法第1163條各款情事，核屬為債權人之原告甲得另向法院聲請裁定被告乙不得主張限定責任之利益，以執行其固有財產之另一問題，附此敘明。

問題（二）：因問題（一）結論採甲說（肯定說），故本小題無需討論。

問題（三）：採甲說：肯定說。理由補充如下：

（一）按給付判決一經確定，即為有執行力之債務名義，除經再審法院廢棄，或經債務人提起異議之訴，得有該執行名義不適於執行之判決，執行法院自應依法照判執行（最高法院22年抗字第598號判例參照）。若繼承人有民法第1163條各款規定情事，在利害關係人未聲請法院裁定該繼承人不得享有限定責任利益前，尚不得謂繼承人已因而喪失限定責任之利益。甲就被繼承人丙之債務為執行時，乙為負有限責任之繼承人，僅就遺產之執行始居於債務人之地位，逾此範圍，甲尚不得逕對其請求強制執行。且前案給付確定判決未經再審法院廢棄，或經債務人提起異議之訴，得有該執行名義不適於執行之判決，執行法院自應依法照判執行。

（二）繼承人有民法第1163條各款情事時，依司法院27年院字第1719號解釋：「繼承人為限定之繼承。雖於法定期限內。開具遺產清冊呈報法院。且經公示催告。但被繼承人之債權人。主張有民法第1163條第1款隱匿遺產情事。經查訊屬實。自可依債權人之聲請。而為繼承人不得享有限定繼承利益之裁定。」蓋其性質與非訟事件無殊，是法院僅就是否符合民法第1163條各款要件為審酌（此一繼承人不得主張限定責任之聲請事件，於家事事件法公布施行後，應屬該法第3條第4項第

9款之丁類事件,附此敘明)。故債權人聲請法院爲繼承人不得主張限定責任利益之裁定,乃依非訟程序審理,法院所爲之不得主張限定責任之裁定,爲非訟裁定。繼承人依上開規定,不得主張同法第1148條第2項所定之利益時,應視爲單純承認繼承,自繼承開始時,承受被繼承人財產上之一切權利義務;對於被繼承人之債務,不以因繼承所得遺產爲限負清償之責。

(三)題示情形,甲聲請家事法院裁定乙不得主張限定責任,並經家事法院裁定認有理由,執行法院依形式上審查,應認乙對於甲之債務,不以繼承所得遺產爲限負清償責任,得對其固有財產爲強制執行。

研討結果:本題保留。

(六)臺灣高等法院暨所屬法院108年法律座談會民執類提案第7號

法律問題:債權人對被繼承人甲有新臺幣(下同)50萬元債權,今持得爲假執行之民事判決(「主文記載:被告乙應於繼承被繼承人甲之遺產範圍內,向原告清償新臺幣50萬元。本件得假執行。被告以新臺幣50萬元爲原告供擔保後得免爲假執行」,下稱系爭民事判決),列乙爲債務人,聲請執行法院就乙所繼承被繼承人甲之遺產A地(別無其他遺產)查封拍賣,執行法院查封後,債務人乙依照判決主文以現金供擔保50萬元(下稱系爭擔保金)免爲假執行,執行法院啓封後,債務人乙遂將A地轉賣予善意第三人。待系爭民事判決勝訴確定後,因A地已非債務人所有,債權人即向執行法院改聲請扣押系爭擔保金50萬元。試問:執行法院得否扣押系爭擔保金?

討論意見:

甲說:否定說。

(一)繼承人對於被繼承人之債務,以因繼承所得遺產爲限,負清償責任,98年6月10日修正公布之民法第1148條第2項定有明文,可知新法以限定繼承爲原則,亦即,繼承人就被繼承人之債務,係以遺產爲限度負有限責任,繼承人無須以其固有財產清償繼承債務。

(二)本題示債務人乙依系爭民事判決主文,以50萬元提供擔保免爲假執行,係以自己之固有財產爲債權人提供擔保,系爭擔保金並非遺產範圍,A地變賣所得之價金,始得認爲係遺產範圍,故系爭擔保金既非遺產範圍,債權人自不得逕對其請求強制執行。至於債務人乙處分A地是否有構成民法第1163條情形,須透過家事法院實體認定,使債權人另對繼承人取得執行名義,始得執行乙之固有財產。

(三)題意所示乙雖於提供擔保後將A地賣予善意第三人,然此應爲該宣告假執行之訴訟取得勝訴確定判決後,對於因乙提供擔保免爲假執行所造成債權人之損

害，依照民事訴訟法第106條準用第103條第1項之結果，對系爭擔保金取得與質權人同一權利。是乙將A地變賣導致債權人債權無法滿足之損害，將來應由債權人另行提起損害賠償訴訟後始得就系爭擔保金求償，執行法院尚不得逕憑該勝訴確定之民事判決，即扣押系爭擔保金。

乙說：肯定說。

民法第1163條第1項第3款規定，繼承人中有下列各款情事之一者，不得主張第1148條第2項所定之利益：三、意圖詐害被繼承人之債權人之權利而為遺產之處分。本題債權人原本就遺產A地聲請查封，經債務人乙為債權人供擔保後，免為假執行而得以處分A地，嗣後債權人之債權經判決勝訴確定，如認為債權人不得執行系爭擔保金而滿足債權，對債權人顯失公平，故依照民法第1163條第1項第3款規定，應認為乙不得主張民法第1148條第2項所定之利益，而可對於系爭擔保金強制執行。雖對修正民法第1148條第2項繼承人多採「物的有限責任」，惟於遺產經處分之場合，因多屬變價為金錢或類似之物而易有混同之情形，本題如須債權人舉證系爭擔保金係變賣遺產所得或係繼承人固有，實屬不易。此時為保護被繼承人之債權人，宜參酌民法第1148條之1第2項規定之意旨，例外改採人的有限責任，以遺產之價額限定繼承人之責任，准許債權人在遺產價額範圍內，執行繼承人之全部財產（即不另區分固有財產）。如繼承人抗辯遺產之價值數額、變賣所得已不存在等與債權人間有爭議時，繼承人得提起第三人異議之訴以為救濟。綜上，乙變賣A地所得之價金，與免為假執行之50萬元擔保金，均屬金錢可替代之物，故於A地變賣所得之價金範圍內，應准由債權人聲請扣押。

初步研討結果：多數採甲說。

審查意見：採乙說結論，理由如下：

按民法繼承編於民國98年6月10日修正施行後，繼承人仍承受被繼承人財產上之一切權利、義務，但對於被繼承人之債務，僅須以繼承所得遺產為限，負清償責任；如被繼承人之遺產仍存在，債權人固然應對遺產追償，若遺產不存在，更換之替代物或變賣所得仍屬遺產之一部，亦應負責清償，此為繼承新制之精神（最高法院100年度台抗字第778號裁定參酌）。依題示情形，被繼承人甲之遺產A地已因乙將之轉賣予他人而不存在，乙轉賣A地所得價金，係屬遺產之替代物，仍為遺產之一部，而乙所有之系爭擔保金與A地買賣價金均因金錢屬可代替性而混同，故執行法院得對乙提存之擔保金在繼承財產即A地價值限度內實施扣押。

研討結果：

（一）審查意見第8行以下至末句「依題示情形……實施扣押。」修正為「依題示情形被繼承人甲之遺產A地雖因乙將之轉賣予他人而不存在，惟乙變賣A地所

得價金，係屬遺產之替代物，仍為遺產之一部，且屬金錢而具可代替性，業與繼承人乙之固有財產混合，故依前開裁判意旨，執行法院在該變賣所得財產範圍內得對繼承人乙之固有財產強制執行。而系爭擔保金為繼承人乙所提供，屬其固有財產，從而執行法院即得對繼承人乙提存之擔保金在繼承財產即A地價值限度內實施扣押。」

　　（二）多數採修正後之審查意見（實到76人，採甲說5票，採修正後之審查意見61票）。

(七)最高法院109年度台上字第2118號民事判決

　　按共有物分管契約係共有人就共有物管理方法所成立之協議，依修正前民法第820條第1項規定，應由共有人全體共同協議訂定之。又分管協議雖不以訂立書面為要件，明示或默示均無不可，然默示之意思表示，係指共有人之舉動或其他情事，足以間接推知其效果意思者而言，倘係單純之沈默，則除有特別情事，依社會觀念可認為一定意思表示者外，不得謂為默示之意思表示。

(八)臺灣高等法院暨所屬法院109年法律座談會民執類提案第1號

法律問題：

　　債務人乙於民國（下同）109年1月1日死亡，其債權人甲於109年1月15日持對乙之支付命令及確定證明書所換發之債權憑證正本為執行名義（下稱系爭執行名義），聲請對乙之唯一法定繼承人丙強制執行乙於死亡前2年內贈與並已辦妥所有權移轉登記予丙之A土地及 B建物（下合稱系爭不動產）。惟丙於109年 2月15日向法院聲明拋棄繼承，經法院准予備查。執行法院應否續行強制執行系爭不動產？

討論意見：

　　甲說：肯定說。

　　按繼承人自繼承開始時，除本法另有規定外，承受被繼承人財產上之一切權利、義務。但權利、義務專屬於被繼承人本身者，不在此限。繼承人對於被繼承人之債務，以因繼承所得遺產為限，負清償責任。繼承人在繼承開始前2年內，從被繼承人受有財產之贈與者，該財產視為其所得遺產。前項財產如已移轉或滅失，其價額依贈與時之價值計算。民法第1148條、第1148條之1分別定有明文。依民法第1148條之1立法理由謂：「本次修正之第1148條第2項已明定繼承人對於被繼承人之債務，僅以所得遺產為限，負清償責任。為避免被繼承人於生前將遺產贈與繼承人，以減少繼承開始時之繼承人所得遺產，致影響被繼承人債權人之權益，宜明定該等財產視同所得遺產。惟若被繼承人生前所有贈與繼承人之財產均視為所得遺產，恐亦與民眾情感相違，且對繼承人亦有失公允。故為兼顧繼承人與債權人之權益，爰參考現行遺產及贈與稅法第15條規定，明定繼承人於繼承開始前2年內，從

被繼承人受有財產之贈與者，該財產始視爲其所得遺產，爰增訂第1項規定。本條視爲所得遺產之規定，係爲避免被繼承人於生前將遺產贈與繼承人，以減少繼承開始時之繼承人所得遺產，致影響被繼承人之債權人權益而設，並不影響繼承人間應繼財產之計算。」由上開立法理由可知，民法第1148條之1視爲所得遺產之規定，係爲避免被繼承人於生前將遺產贈與繼承人，以減少繼承開始時之繼承人所得遺產，致影響被繼承人之債權人權益而設。另繼承人向法院爲拋棄繼承之意思表示，係屬非訟事件性質，故法院僅須爲形式上之審查爲已足，毋庸爲實體上之審究，當無確定實體法律關係之效力。換言之，原法院僅係形式審查丙拋棄繼承是否合法，並不能因原法院形式審查其拋棄繼承之聲明而准予備查，即可推翻系爭不動產依法視爲所得遺產之規定，否則，繼承人或被繼承人明知被繼承人積欠債權人債務，而由被繼承人於死亡前2年內，將其財產贈與繼承人，繼承人復於被繼承人死亡後聲明拋棄繼承，無異以此規避債權人之追償，顯非事理之平，亦非法律承認拋棄繼承所欲保護法益之本旨。

　　乙說：否定說。

　　按不動產物權，依法律行爲而變更者，非經登記不生效力，民法第758條定有明文。次按土地法第43條規定，依土地法所爲之登記，有絕對效力。再按民法第1175條規定，繼承之拋棄，溯及於繼承開始時發生效力，則聲明拋棄繼承之人自繼承開始時起，脫離繼承關係，未取得被繼承人財產上之權利亦不負擔其債務，僅於執行名義係確定終局判決者，依強制執行法第4條之2第1項第1款規定，其效力始及於受判決被告之繼承人或占有請求標的物之人。執行法院依形式審查原則判斷，系爭不動產既登記於丙名下，其復因拋棄繼承而已非債務人乙之繼承人，即無再適用民法第1148條之1、第1153條規定，將系爭不動產視爲丙所得遺產之理。依上開民法第758條及土地法第43條規定，系爭不動產所有權歸屬於丙，其既非系爭執行名義所載之債務人，債權人甲聲請就系爭不動產爲強制執行，自屬無理由，應予駁回。

初步研討結果：採甲說。

審查意見：

　　採甲說結論，理由如下：

　　（一）按繼承人對於被繼承人之債務，以因繼承所得遺產爲限，負清償責任。繼承人在繼承開始前2年內，從被繼承人受有財產之贈與者，該財產視爲其所得遺產。繼承之拋棄，溯及於繼承開始時發生效力。民法第1148條第2項、第1148條之1第1項、第1175條分別定有明文。次按民法第1148條之1第1項立法理由謂：「本次修正之第1148條第2項已明定繼承人對於被繼承人之債務，僅以所得遺產爲限，負

清償責任。爲避免被繼承人於生前將遺產贈與繼承人，以減少繼承開始時之繼承人所得遺產，致影響被繼承人債權人之權益，宜明定該等財產視同所得遺產。惟若被繼承人生前所有贈與繼承人之財產均視爲所得遺產，恐亦與民眾情感相違，且對繼承人亦有失公允。故爲兼顧繼承人與債權人之權益，爰參考現行遺產及贈與稅法第15條規定，明定繼承人於繼承開始前2年內，從被繼承人受有財產之贈與者，該財產始視爲其所得遺產，爰增訂第1項規定。」

（二）題旨乙於死亡前2年內以贈與爲原因，移轉系爭不動產所有權予丙，於乙死亡時，依民法第1148條之1第1項規定，即擬制發生系爭不動產視爲係丙所得乙遺產之效力，丙嗣後雖 棄繼承而溯及於乙死亡時生效，惟參酌該項規定立法旨趣，應認爲不影響該擬制效力，故系爭不動產仍屬於擔保乙所負總債務之責任財產，執行法院應續行執行程序。

（三）系爭不動產依上開規定雖視爲乙之遺產，而應受其債權人甲之強制執行，惟此不影響丙爲系爭不動產所有權人之地位，故關於系爭不動產之強制執行程序應以丙爲執行債務人，執行所得清償甲之債權後如有餘額，應返還予丙，附此敘明。

研討結果：

（一）增列丙說：丙受贈與之財產應視爲乙之遺產，不歸屬於丙所有，丙拋棄繼承而無人繼承時，應另選任遺產管理人處理。

（二）多數採審查意見（實到79人，採審查意見60票，採丙說5票）。

❖ 民法第1149條

被繼承人生前繼續扶養之人，應由親屬會議依其所受扶養之程度及其他關係，酌給遺產。

案 例

甲的曾祖父乙，在清朝的時候，娶了一個妾丙，一直住在甲的家裡面，雖然甲的曾祖父過世了，但是甲的祖父丁、父親戊也一直把丙當作是家人來扶養，而甲的父親戊過世的時候，丙已經一百多歲了，沒有什麼財產，年紀大又裹了小腳，也沒有出去工作謀生的能力，丙是不是可以要求把甲的父親戊的一部分遺產給她，好渡過晚年？

一、思考焦點

被繼承人在生前，有在持續照顧、扶養的人，雖然沒有繼承權，但是可不可以請求一部分的遺產？

二、問題論述

(一) 遺產酌給請求權

被繼承人如果在死亡以前，一直在扶養某個人，而那個人也確實有接受別人扶養的需求，不管被繼承人的扶養，是不是根據民法第1116條以下的規定，也就是說，被繼承人的扶養，不論是不是出自於法律規定的扶養義務，在被繼承人死亡之後，在被繼承人生前繼續受到被繼承人扶養的人，可以依照民法第1149條的規定，要求取得被繼承人的遺產的一部分，來維持生活，這是法律基於道義及處理社會問題的考慮，因為被繼承人既然會在生前繼續扶養某一個人，表示這個人和被繼承人有相當感情關係，而且很可能對被繼承人的家庭有所貢獻，例如：同居的男女之間、被繼承人的遠房親戚、被繼承人還沒有認領的非婚生子女等等，把被繼承人的遺產給一部分給這個人，也是合乎被繼承人在天之靈的意思，而且如果不從被繼承人的遺產中，扣除一部分給這個人，這個人又沒有法定繼承權，很容易會因為被繼承人的死亡，突然之間無依無靠，變成社會的負擔，造成社會的問題。這就是可以請求斟酌給予一部分遺產的「遺產酌給請求權」。

(二) 酌給多少

至於到底要給這個人多少遺產，就要由被繼承人的親屬會議來決定，親屬會議要看這個人和被繼承人之間是什麼關係？被繼承人之前是怎麼去扶養他（她）的？根據種種情況來判斷應該要給多少。如果酌給請求權人覺得太少，可以依照民法第1137條的規定，請求法院裁判。

三、案例結論

被繼承人也就是甲的父親戊，既然在生前有繼續扶養丙，那麼甲的父親過世之後，丙就可以依照民法第1149條的規定，要求取得一部分的甲的遺產，來維持晚年的生活。

四、相關實例

丙的父親丁過世之前，偶爾會寄一些錢，接濟一位貧苦的遠房親戚戊，請問：丙的父親丁過世之後，戊可不可以要求從遺產裡面撥一部分給他維持生活？

五、重要判解

(一) 最高法院23年上字第2053號判決（例）

民法第1149條規定，被繼承人生前繼續扶養之人，應由親屬會議依其所受扶養之程度及其他關係酌給遺產，是被繼承人生前繼續扶養之人，如欲受遺產之酌給，應依民法第1129條之規定，召集親屬會議請求決議，對於親屬會議之決議有不服時，始得依民法第1137條之規定向法院聲訴，不得逕行請求法院以裁判酌給。

(二) 最高法院26年渝上字第59號判決（例）

被繼承人已以遺囑，依其生前繼續扶養之人所受扶養之程度及其他關係，遺贈相當財產者，毋庸再由親屬會議酌給遺產。

(三) 最高法院37年上字第7137號判決（例）

關於民法第1149條所定之酌給遺產，應依同法第1129條，召集親屬會議決議為之，對於親屬會議之決議有不服時，始得依同法第1137條之規定，向法院聲訴，不得逕行請求法院以裁判酌給。

(四) 最高法院39年度台上字第948號民事判決

被上訴人張黃氏為張菊○之妾，又與張菊○為共同生活之人。張菊○死後既無合法繼承之人，則被上訴人張黃氏對於張菊○死後所遺留之財產，無論是否應受酌給，應認有承領管理之權。

(五) 最高法院39年台上字第1571號判決（例）

被上訴人雖為某甲之侍妾，其以某甲生前繼續扶養之人之地位，依親屬會議所為酌給遺產之決議，請求按輪均分，自不得謂非正當。

(六) 最高法院40年台上字第937號判決（例）

被繼承人生前繼續扶養之人，基於民法第1149條之規定，依同法第1129條召集親屬會議，所為酌給遺產之決議，原應依其所受扶養之程度及其他關係而定，若親屬會議之決議未允洽時，法院自可斟酌情形予以核定。

(七) 最高法院48年台上字第1532號判決（例）

被繼承人生前繼續扶養之人，基於民法第1149條之規定，依同法第1129條，召集親屬會議所為酌給遺產之決議，原應依其所受扶養之程度及其他關係而定，若親屬會議之決議未允洽時，法院因有召集權人之聲訴，自可斟酌情形逕予核定，所謂決議之不允洽，通常固指「給而過少」或「根本不給」之情形而言，但為貫徹保護被扶養者之利益，及防杜親屬會議會員之不盡職責起見，對於親屬會議已開而未為給否之任何決議時，亦應視為與決議不給之情形同，而賦有召集權人以聲訴不服之機會。

(八) 最高法院91年度台上字第33號民事判決

　　遺產酌給請求權性質上屬遺產債務，與親屬間之扶養義務有別，被繼承人生前繼續扶養之人經親屬會議決議酌給遺產者，應由繼承人或遺囑執行人履行，將酌給物交付或移轉登記予被扶養人。

(九) 臺灣高等法院101年度家上字第88號民事判決

　　民法第1149條規定，被繼承人生前繼續扶養之人，應由親屬會議依其所受扶養之程度及其他關係，酌給遺產。立法目的係在對被繼承人生前繼續扶養之人，恐其因被繼承人死亡，素來之生活將受影響，為安頓此等人，並維持其日後生活。因此，必須為被繼承人生前繼續扶養之人，始可行使該項請求權，如不符合受被繼承人生前繼續扶養之請求資格，自不能請求酌給遺產。

(十) 最高法院106年度台上字第2504號民事判決

　　按民法第1149條酌留遺產性質上屬於遺產債務，雖與親屬間之扶養義務有別，惟倘若酌給遺產請求權人向有依民法第1115條第1項第1款所定對其負扶養義務之直系血親卑親屬，縱該卑親屬因負擔扶養義務而不能維持自己生活，依民法第1118條但書規定，既僅減輕其義務，故酌給遺產請求權人，如有具扶養能力之直系血親卑親屬，於酌給遺產時，仍應予以考量。

(十一) 司法院少年及家事廳廳109年1月16日少家二字第1090001849號函

要旨：關於家事事件法第3條第3項第6款規定事件之範圍。

說明：

　　一、復貴院108年12月20日北院忠家坤108重家繼訴74字第1089376425號函。

　　二、家事事件法第3條第3項第6款所定之事件範圍，依該條立法說明及家事事件審理細則第79條規定，係指繼承回復、遺產分割、特留分、遺贈、確認遺囑真偽事件（如民法第1146條、第1164條、第1125條所定事件），或其他繼承關係所生請求事件（如民法第1149條所定事件）。倘繼承人因繼承取得之權利，屬於全體繼承人公同共有，該公同共有關係之終止，不可能脫離公同共有關係所由生之法律（即繼承）規定，繼承人不依民法第1164條規定請求分割遺產，無由終止公同共有關係，尚不得僅以原告形式引用之條文排除家事事件法規定（臺灣高等法院暨所屬法院107年法律座談會民事類提案第3號及研討結果參照）。

❖ 民法第1150條

　　關於遺產管理、分割及執行遺囑之費用，由遺產中支付之。但因繼承人之過失而支付者，不在此限。

案 例

　　甲男是乙男的遺產管理人，幫忙管理乙所遺留下來的一棟房屋。大颱風經過之後，房子漏水，修理費用需要新臺幣（以下同）20萬元。請問：誰應該要來付這筆錢？

一、思考焦點

　　與遺產的繼承相關的費用，應該要由誰來負擔？

二、問題論述

　　與繼承有關的費用，原則上應該要由被繼承人的遺產來負擔，因為如果遺產不由繼承人來繼承，這些費用根本不會產生。民法第1150條規定這些費用包括：

(一) 遺產管理的費用

　　就是為了保管遺產，所必須要支出的開銷，例如：遺產是房子的話，需要有保管、修理房子的費用，房子還有房屋稅的費用等等。

(二) 遺產分割的費用

　　遺產在由繼承人分割以前，是全體繼承人公同共有（民法第1151條），意思就是遺產的全部是全部繼承人所共有的，而這個共有，沒有辦法去區分那一部分的遺產是屬於誰的，也沒有辦法去區分誰有幾分之幾，只有在分割遺產之後，每個繼承人才可以確定他（她）對於那一個遺產有幾分之幾的權利（應有部分）。遺產分割的費用，就是向法院起訴請求分割遺產，所繳納的裁判費用，總之，就是為了要使繼承人把遺產分割、分配出來，所必須要有的費用。

(三) 執行遺囑的費用

　　如果被繼承人有留下遺囑，交代遺產要怎麼樣去分配，那麼去把這個遺囑的意思，加以落實，也就是執行遺囑的費用，例如：把密封的遺囑打開來之後，通知各個繼承人的費用。

　　以上這些費用，都是為了要繼承遺產，而不得已的費用，所以必須要由遺產來負擔。但是如果是繼承人自己不小心多花了錢，例如：維修房子，維修的地方錯誤，該維修屋頂，來防止遺產的房屋漏水，卻找人來修無關緊要的陽台，白白花掉的錢，就必須要由繼承人自行來負擔（民法第1150條但書）。並應依家事事件法第127條第4項規定，程序費用由遺產負擔之。

三、案例結論

房子漏水，修理費用需要20萬元，應由乙所遺留下來的遺產來負擔。

四、相關實例

丙女是丁男的遺產管理人，幫忙管理丁所遺留下來的一棟房屋。後來房屋被人家無緣無故侵占了，丙為了打官司，花了20萬元。請問：誰應該要來付這筆錢？

五、重要判解

(一) 最高法院74年度台上字第1367號民事判決

因遺產而生之捐稅及費用，應由繼承人按其應繼分負擔之，此為繼承人間之內部關係，從而繼承人之一代他繼承墊支上開捐稅及費用者，該墊支人得依不當得利規定向他繼承人請求返還其應負擔部分。至民法第1150條規定得向遺產中支取，並不阻止墊支人向他繼承人按其應繼分求償，尤其於遺產分割後，更為顯然。

(二) 最高法院101年度台上字第234號民事判決

民法第1150條所稱之遺產管理之費用，具有共益之性質，不僅於共同繼承人間有利，對繼承債權人及其他利害關係人等，胥蒙其利，當以由遺產負擔為公平。是以，凡為遺產保存上所必要不可欠缺之一切費用均屬之，諸如事實上之保管費用、繳納稅捐等是，且該條規定其費用由遺產中支付之，係指以遺產負擔並清償該費用而言，初不因支付者是否為合意或受任之遺產管理人而有所不同。

(三) 臺灣高等法院101年度家上字第221號民事判決

民法第1150條規定，關於遺產管理、分割及執行遺囑之費用，由遺產中支付之。被繼承人之喪葬費用，是否為繼承費用，民法雖未為規定，然此項費用既為完畢被繼承人之後事所不可缺，參酌遺產及贈與稅法第17條第1項第9款規定被繼承人之喪葬費用由繼承財產扣除，應堪認被繼承人之喪葬費用自應由遺產負擔。

※相關條文：

遺產及贈與稅法第17條第1項第9款

左列各款，應自遺產總額中扣除，免徵遺產稅：

九、被繼承人死亡前，未償之債務，具有確實之證明者。

(四) 臺灣高等法院暨所屬法院101年法律座談會民事類提案第11號

法律問題：甲死亡後，其繼承人有A、B、C、D四人，並由A保管甲所遺留之現金新臺幣（下同）250萬元、房屋及其坐落之土地各一筆。今國稅局核課甲之遺產稅為200萬元，且業通知甲之上開繼承人依限繳納，然B、C、D三人均不理會，且不願意分割遺產，A遂以自己之固有財產先行繳納

完畢。A以自己之固有財產繳納遺產稅後，得否依民法第281條第1項規定，逕行訴請B、C、D各應給付A50萬元？

討論意見：

甲說：否定說。

按民法第1150條所稱之「遺產管理之費用」，乃屬繼承開始之費用，該費用具有共益之性質，不僅於共同繼承人間有利，對繼承債權人、受遺贈人、遺產酌給請求權人及其他利害關係人，胥蒙其利，當以由遺產負擔為公平，此乃該條本文之所由設。是A既持有上開遺產，衡情必先以該遺產（即現金250萬元部分）繳納系爭遺產稅，如A以自己之財產墊支，則得否依民法第281條第1項之法律關係請求B、C、D返還其所墊繳之遺產稅，即非無研求之餘地（最高法院99年度台上字第408號裁判；參照陳棋炎等三人合著，民法繼承新論，三民書局，88年4月5版，第154-155頁；史尚寬著，繼承法論，55年6月初版，第186頁）。準此，遺產稅既屬於遺產管理費用，自應由遺產支付，必遺產不足支出遺產稅，始得請求返還墊款，亦即必先行清算遺產，查知遺產是否足以繳納遺產稅後，如有不足，方得訴請其他繼承人按其應繼分負擔之。

乙說：肯定說。

因遺產而生之捐稅及費用，應由繼承人按其應繼分負擔之，此為繼承人間之內部關係，從而繼承人之一代其他繼承人墊支上開捐稅及費用者，該墊支人自得依民法第281條第1項之規定向其他繼承人請求返還按其應繼分所應負擔之部分。至民法第1150條僅係規定得由遺產中支付，並不阻止墊支人向其他繼承人按其應繼分求償，亦無待遺產清算完畢，尤其於遺產分割後，更為顯然（最高法院95年度台上字第824號、74年度台上字第1367號判決參照）。準此，繼承人就遺產稅應納稅額，得以自有財產或遺產繳納，納稅義務人中之一人以自有財產繳納遺產稅應納稅額後，自得向他繼承人請求按其應繼分負擔償還。初步研討意見：多數採乙說。

審查意見：採乙說（甲說5票，乙說15票）。

研討結果：本題保留。

(五) 臺灣高等法院臺中分院104年度家上字第63號民事判決

按民法第1150條規定所謂「遺產管理之費用」，乃屬繼承開始之費用，該費用具有共益之性質，凡為遺產保存上所必要不可欠缺之一切費用均屬之。又被繼承人之喪葬費用，民法固未明定為繼承費用，然此項費用既為完畢被繼承人之後事所不可缺，且遺產及贈與稅法第17條第1項第9款亦規定被繼承人之喪葬費用由繼承財產扣除，解釋上應列為繼承之費用由遺產負擔。次按在公同共有遺產分割自由之原則下，民法第1164條所稱之「得隨時請求分割」，依同法第829條及第830條第1項

規定觀之，應解爲包含請求終止公同共有關係在內，亦即終止遺產之公同共有關係，既應以分割方式爲之，將遺產之公同共有關係終止改爲分別共有關係，性質上亦屬分割遺產方法之一。

(六) 臺灣高等法院106年度上易字第409號民事判決

喪葬費用之性質，雖與民法第1150條所規定關於遺產管理、分割及執行遺囑之費用等有間，惟其性質相當，應屬辦理繼承之費用，而應列爲遺債，由繼承人按應繼分比例負擔之。

(七) 最高法院107年度台上字第1453號民事判決

遺產管理之費用係由遺產中支付；而所謂遺產管理之費用，乃屬繼承開始之費用，該費用具有共益之性質，不僅於共同繼承人間有利，對繼承債權人及其他利害關係人等，胥蒙其利，當以由遺產負擔爲公平。因此，凡爲遺產保存上所必要不可欠缺之一切費用均屬之，且費用由遺產中支付之，係指以遺產負擔並清償該費用而言。

(八) 最高法院108年度台上字第103號民事判決

子女爲父母墊付費用，與子女本於扶養義務人對父母盡其扶養義務，二者不同；爲父母墊付費用於父母有支付該費用之必要，子女爲其先行墊付即足；扶養義務則尚須父母符合民法第1117條規定之受扶養要件，始有受扶養之權利爲要件。此外，遺產管理之費用，因具有共益性質，以由遺產負擔爲公平。

(九) 最高法院108年度台上字第1862號民事判決

喪葬費用屬繼承費用，實際爲埋葬該死亡者有所支出，且依一般倫理價值觀念認屬必要者，由遺產支付。此外，一般墓地或塔位多屬於僅有使用權，倘已經多數後輩子孫同意之地點，尚難指取得該地點之費用不應由遺產支付。

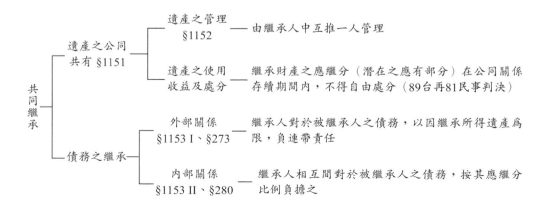

❖ 民法第1151條

繼承人有數人時，在分割遺產前，各繼承人對於遺產全部為公同共有。

案例

　　甲死亡後遺留三千坪建地，由配偶乙及其子丙、丁、戊四人共同繼承此三千坪建地，其中乙逕向地政機關申辦分別共有之登記，地政機關是否應准許？

一、思考焦點

乙未依法分割遺產前，是否得逕向地政機關申辦分別共有之登記？

二、問題論述

依民法第1151條規定：「繼承人有數人時，在分割遺產前，各繼承人對於遺產全部為公同共有。」及同法第827條第1項所稱「依法律規定」而發生之公同共有關係。此項公同共有關係，除依同法第1164條規定得隨時請求分割外，依同法第828條第3項規定，其公同共有物之處分，應得公同共有人全體之同意。將公同共有物之公同共有權利變更為分別共有，雖亦消滅公同共有關係之原因，但並非分割共有物，而係分割以外之處分行為，且此項之處分行為，依同法第759條規定，非經登記不得為之。故部分繼承人於遺產未辦理公同共有之繼承登記前，應不得逕行申辦分別共有之登記。

三、案例結論

乙未依民法第1151條規定分割遺產前，不得逕向地政機關申辦分別共有之登記（參照民法第828條第3項規定）。

四、相關實例

甲死亡後遺留三棟透天房子，由配偶乙及其子丙、丁、戊四人共同繼承，在未依法分割遺產前，法律關係為何？

五、重要判解

(一) 最高法院19年上字第3012號判決（例）

兄弟同居共財時所創之營業商號，若無特別證據證明為兄弟中一人或少數人所獨有，應推定為公同共同。

(二) 最高法院19年上字第3302號判決（例）

1.共同承繼之營業所負債務，對其共同承繼之房屋扣押取償，自為法律所許；2.父母所負債款，子因承繼關係，應負償還義務；3.兄弟雖尚合居，如其營業財產足以證明其為個人私有者，不能認為各房公同共有；4.兩造主張一致者，法院應即以一致之主張為裁判之基礎，毋庸更為何項之調查。

(三) 最高法院30年上字第202號判決（例）

繼承人有數人時，在分割遺產前，各繼承人對於遺產全部為公同共有，民法第1151條定有明文。被上訴人自不得在分割遺產前，主張遺產中之特定部分，由其個人承受。

(四) 最高法院32年上字第300號判決（例）

原審雖以被上訴人四子之分鬮四紙，均未載有訟爭地在內，認定該地經被上訴人與其故夫留作養老財產，然被上訴人之故夫，如無特將該地所有權移轉於被上訴人之行為，則在其故夫生前，該地為其故夫所有，在其故夫死後，亦屬於其故夫繼承人數人之公同共有，仍不能僅以被上訴人故夫曾將該地留為夫婦養老之產，遽認為被上訴人所有。

(五) 最高法院37年上字第7302號判決（例）

共同繼承之遺產在分割以前，應為各繼承人公同共有，如公同共有人中之一人或數人，以其他公同共有人處分公同共有物為無效，對於主張因處分而取得權利之人，雖非不可提起確認該物仍屬公同共有人全體所有之訴，但提起確認自己部分公同共有權存在或交還自己部分之訴，則為法所不許。

(六) 最高法院69年台上字第1166號判決（例）

依民法第1151條規定：繼承人有數人時，在分割遺產前，各繼承人對於遺產全部為公同共有。至於土地之繼承登記，依照土地法第73條規定，得由任何繼承人為全體繼承人聲請之，原毋庸為裁判上之請求。又依最近修正而於69年3月1日生效之土地登記規則第29條規定，繼承之土地原則上應申請為公同共有之登記，其經繼承人全體之同意者，始得申請為分別共有之登記。

(七) 最高法院69年度台上字第3643號民事判決

已故許○智所遺之12筆土地，應由其全體繼承人繼承為公同共有，於徵收前未

為分割辦理繼承登記，則該土地因徵收而發放之補償仍屬於遺產之一部，而由全體繼承人所公同共有。遺產之分割固可由全體繼承人以協議方法為之，此係全體繼承人間所締結之契約，必須全體同意始生效力。

(八) 最高法院70年度台上字第1211號民事判決

查損害賠償債權亦屬遺產之一部分，依照民法第1151條規定，應為被上訴人等五個繼承人所公同共有，僅得由被上訴人全體請求給付，茲竟由洪○祈單獨請求對自己一人為給付，其權利保護要件，顯有欠缺。

(九) 最高法院70年度台上字第3395號民事判決

繼承人有數人時，在分割遺產前，各繼承人對於遺產全部為公同共有，民法第1151條定有明文。而依同法第827條第2項規定，各公同共有人之權利，及於公同共有物之全部，故各共有人無所謂有其應有部分。又應繼分係各繼承人對於遺產上之一切權利義務，所得繼承之比例，並非對於個別遺產之權利比例。本件訟爭土地於李○彬死亡後，既由上訴人及李○等共同繼承，自屬上訴人及李○等公同共有，上訴人就該土地即難謂有應有部分或應繼分。

(十) 最高法院74年台上字第748號判決（例）

繼承人共同出賣公同共有之遺產，其所取得之價金債權，仍為公同共有，並非連帶債權。公同共有人受領公同共有債權之清償，應共同為之，除得全體公同共有人之同意外，無由其中一人或數人單獨受領之權。

(十一) 最高法院80年度台上字第2172號民事判決

繼承人有數人時，在分割遺產前，各繼承人對於遺產全部為公同共有。民法第1151條定有明文。又除依法律或契約另有規定外，公同共有物之處分，及其他權利之行使，應得公同共有人全體之同意，觀之民法第828條之規定甚明。遺產既係公同共有，凡公同共有人就公同共有權利為訴訟者，應得公同共有人全體之同意。

(十二) 最高法院80年度台上字第2533號民事判決

繼承人有數人時，在分割遺產前，各繼承人對於遺產全部為公同共有，民法第1151條定有明文。於分割其遺產前，並無許繼承人之一即上訴人單獨行使權利之餘地。茲上訴人復自認其他繼承人迄未以書面拋棄繼承，依修正前民法第1174條第2項之規定，自不生拋棄繼承之效力。乃上訴人竟以其個人名義，提起本件訴訟，請求被上訴人向其個人為給付，其當事人之適格要件，即有欠缺。

(十三) 最高法院81年度台上字第414號民事判決

繼承人有數人時，在分割遺產前，各繼承人對於遺產全部為公同共有，並無所謂應有部分可言。

(十四) 最高法院81年度台上字第595號民事判決

臺灣省光復後依民法第1151條規定，繼承人有數人時，在分割遺產前，各繼承人對於遺產全部為公同共有。如請求對公同共有之遺產為處分，其訴訟標的，對於繼承人全體，必須合一確定，倘未列繼承人全體為當事人，自屬當事人不適格。

(十五) 最高法院81年度台上字第1512號民事判決

遺產在分割前，各繼承人對於遺產全部為公同共有，上訴人既否認被上訴人就系爭土地之公同共有權存在，致被上訴人私法上地位有受侵害之危險，自有即受確認判決之法律上利益。

(十六) 最高法院81年度台上字第1555號民事判決

繼承人有數人時，在分割遺產前，各繼承人對於遺產全部為公同共有，民法第1151條定有明文。而依同法第827條第2項規定，各公同共有人之權利，及於公同共有物之全部，故各共有人無所謂有其應有部分，不得提起交還自己部分之訴。

(十七) 最高法院81年度台上字第2039號民事判決

被上訴人及上訴人詹○樹、詹○龍既為詹賴○枝之繼承人，則依民法第1151條規定，詹賴○枝所遺分配利益請求權及返還出資請求權應為被上訴人及詹○樹、詹○龍公同共有，縱認賴○松為合夥之清算人，被上訴人及詹○樹、詹○龍應依公同共有之法律關係，由全體向賴○松主張。

(十八) 最高法院82年度台上字第2838號民事判決

繼承人有數人時，在分割遺產前，各繼承人對於遺產全部為公同共有，民法第1151條定有明文。又繼承登記，得由任何繼承人為全體繼承人聲請之；合法繼承人為二人以上，其中部分繼承人因故不能會同其他繼承人共同申請繼承登記時，得由其中一人或數人為全體繼承人之利益，就被繼承人之土地，申請為公同共有之登記，其經繼承人全體同意者，得申請為分別共有之登記，分別為土地法第73條第1項及土地登記規則第29條第1項所明定。依此規定，聲請為分別共有之繼承登記，必須經全體繼承人之同意，始得為之；又各繼承人得為全體繼承人之利益，單獨聲請為公同共有之繼承登記，故在繼承人相互間，似無以訴請求他繼承人協同辦理繼承登記之必要。本件上訴人既不同意辦理分別共有之繼承登記，被上訴人固無從訴求上訴人協同辦理分別共有之繼承登記。縱認上訴人對於公同共有之繼承登記亦拒絕為之，被上訴人既非不得為全體繼承人之利益，單僅向該管地政機關提出聲請，亦難認其對上訴人有訴求協同辦理公同共有之繼承登記之必要。

(十九) 最高法院83年度台上字第639號民事判決

按繼承人有數人時，在分割遺產前，各繼承人對於遺產全部為公同共有。又公同共有人之權利義務，依其公同關係所由規定之法律或契約定之。除前項之法律或

契約另有規定外，公同共有物之處分，及其他之權利行使，應得公同共有人全體之同意。

(二十) 最高法院84年度台上字第918號民事判決

依民法第1151條規定：「繼承人有數人時，在分割遺產前，各繼承人對於遺產全部為公同共有。」至於土地之繼承登記，依照土地法第73條規定，得由任何繼承人為全體繼承人聲請為之，原毋庸為裁判上之請求。

(二十一) 最高法院84年度台上字第1002號民事判決

遺產未分割前，為全體繼承人公同共有，非經全體繼承人同意，繼承人之一不得任意處分。而拆除為處分行為，非經全體公同共有人之同意，不得為之。故訴請拆除尚未經分割之遺產，自應以全體繼承人為被告，其被告當事人方屬適格，不得僅以現占有人為被告。

(二十二) 最高法院85年度台上字第281號民事判決

繼承人請求分割遺產，除經全體繼承人同意，得就其中一部先為分割外，應就遺產之全部為之，此由民法第1151條及土地登記規則第31條第1項規定意旨推之即明。

(二十三) 最高法院85年度台上字第1340號民事判決

繼承人有數人時，在分割遺產前，各繼承人對於遺產全部為公同共有，為民法第1151條所明定。又因繼承，於登記前已取得不動產物權者，非經登記，不得處分其物權，同法第759條亦定有明文。故繼承人以外之第三人，訴請辦理繼承登記時，應以繼承人全體為共同被告，其當事人始為適格。

(二十四) 最高法院86年度台上字第2057號民事判決

繼承人有數人時，在分割遺產前，各繼承人對於遺產全部為公同共有；而繼承人對於被繼承人之債務，負連帶責任，民法第1151條、第1153條第1項，分別定有明文。因此，繼承人共同繼承被繼承人之債權，固屬繼承人公同共有；然繼承人共同繼承被繼承人之債務者，僅係負連帶責任而已，該繼承之債務並非各繼承人公同共有。上訴人之被繼承人陳○望積欠被上訴人之360萬元債務，縱認屬實，亦僅係上訴人與陳○章應負連帶責任而已，而非公同共有之財產。上訴人依連帶債務之法律關係，既對陳○望積欠之360萬元債務負全部清償之責，則其訴請確認被上訴人之借款債權不存在，自無須以全體繼承人為原告起訴。

(二十五) 最高法院87年度台上字第2473號民事判決

按繼承人有數人時，在分割遺產前，各繼承人對於遺產全部為公同共有，為民法第1151條所明定。繼承人因繼承而取得之遺產，於受侵害時，其所生之損害賠償債權，乃公同共有債權。此損害賠償債權既為全體繼承人公同共有，則繼承人即公

同共有人中一人或數人，請求就自己可分得之部分爲給付，仍非法之所許。上訴人自承其請求被上訴人分配該系爭存款遺產，爲被上訴人所拒，聲請調解亦未成立；從而上訴人請求被上訴人就上述債權按其應繼分計算可分得金額對伊賠償，於法自有未合。

(二十六) 最高法院89年度台上字第881號民事判決

繼承人拋棄其繼承權，應於知悉其得繼承之時起二個月內，以書面向法院、親屬會議或其他繼承人爲之，此觀修正前民法第1174條規定自明。是以繼承權之拋棄，係指繼承開始後，繼承人依法定方式於法定期間內否認自己開始繼承效力之意思表示。從而法定期間過後倒填日期所爲繼承權之拋棄，不能認爲有效，其原由繼承取得之財產，仍屬其所有。又按繼承人有數人時，在分割遺產前，各繼承人對於遺產全部爲公同共有。而除法律或契約另有規定外，公同共有物之處分，及其他之權利行使，應得公同共有人全體之同意。民法第1151條、第828條分著明文。

(二十七) 最高法院89年度台上字第1216號民事判決

各共同繼承人就其繼承遺產之全部，固有公同共有之權利，但該權利具有身分法之色彩，在其公同共有關係存續中，各共同繼承人對於個別繼承遺產上之權利，應不得任意處分讓與於共同繼承人以外之第三人，使其與其他共同繼承人維持公同共有關係。倘第三人因之而受讓該權利，即係以不能之給付爲契約標的，依民法第246條第1項前段之規定，其契約自屬無效。

(二十八) 最高法院90年度台上字第1202號民事判決

按繼承，因被繼承人死亡而開始，且繼承人自繼承開始時，除本法另有規定外，承受被繼承人財產上之一切權利、義務，民法第1147條、第1148條定有明文。所謂繼承權被侵害，必須於繼承開始時，自命爲繼承人之人，有行使遺產上權利之事實存在。若於繼承開始後，始發生此事實，則其所侵害者，爲繼承人已取得之權利，而非侵害繼承權，自無民法第1146條之適用。又按民法第1151條規定，繼承人有數人時，在分割遺產前，各繼承人對於遺產全部爲公同共有。而公同共有人就公同共有物無所謂應有部分，至於土地之繼承登記，依照土地法第73條規定，得由任何繼承人爲全體繼承人聲請之，原毋庸爲裁判上之請求。又依土地登記規則第31條第1項規定，繼承之土地原則上應申請爲公同共有之登記，其經繼承人全體同意者，始得申請爲分別共有之登記。是以共有人中之一人或數人不得請求協同按應有部分辦理繼承登記。

(二十九) 最高法院93年度台上字第1236號民事判決

按民法第1148條第1項規定，繼承人自繼承開始時，除本法另有規定外，承受被繼承人財產上之一切權利義務。又繼承人有數人時，在分割遺產前，各繼承人對

於遺產全部為公同共有,同法第1151條定有明文。是被繼承人所遺債務,以及在遺產分割前,因遺產所生之收益、負擔,即均為遺產之一部分,應為繼承人全體公同共有。

(三十) 最高法院96年度台上字第580號民事判決

按繼承人有數人時,在分割遺產前,各繼承人對於遺產全部為公同共有,公同共有物之處分及其他權利之行使,應得公同共有人全體之同意,為民法第1151條、第828條所明定。共有人未經他共有人之同意,擅自就共有物之全部或一部任意使用收益時,即係侵害其他共有人之權利。

(三十一) 臺灣高等法院暨所屬法院98年法律座談會民事類提案第11號

法律問題:某甲死亡後,遺有多筆土地,其子女某乙、某丙、某丁3人為繼承人,在遺產未分割前,某乙未經某丁之同意,將其繼承某甲遺產(即土地)之權利出售與某丙,該買賣契約是否有效?

討論意見:

甲說:肯定說。

按「公同共有物未分割前,公同共有人中1人之債權人,雖不得對於公同共有物聲請強制執行,而對於該公同共有人公同共有之權利,得請求執行」,業經司法院院字第1054號(二)解釋有案,足見公同共有物在未分割前,對於公同共有物共有之權利,非不得請求強制執行。本件某乙出售與某丙之買賣標的,係某乙繼承其父某甲遺產(即土地)之權利(應繼分),此項繼承遺產之權利,依法律規定各繼承人均有一定繼承之比例,係屬可得確定,此與買賣公同共有物之特定部分情形有異,並非以民法第246條第1項規定以不能之給付為契約標的者,此項遺產應繼分之出售,並非無效。王澤鑑先生所著民法物權第1冊第306頁,亦承認關於應繼分之處分,得單獨讓與其他繼承人,其買賣契約,仍為有效,買受人得請求出賣人移轉其因分割所得之財產。

乙說:否定說。

按「繼承人有數人時,在分割遺產前,各繼承人對於遺產全部為公同共有」、「公同共有物之處分及其他之權利行使,除法律另有規定外,應得公同共有人全體之同意」、「以不能之給付為契約標的者,其契約為無效。但其不能情形可以除去,而當事人訂約時並預期於不能之情形除去後為給付者,其契約仍為有效。」民法第1151條、第828條第3項、第246條第1項分別定有明文。又應繼分係各繼承人對於遺產之一切權利義務,所得繼承之比例,並非對於個別遺產之權利比例。在遺產分割前,係屬全體繼承人公同共有,並無應有部分可言,各繼承人尚不得按其應繼分之比例行使權利;共同繼承之遺產在分割之前,為各繼承人公同共有,而民法

第827條第1項基於公同關係而共有一物者，依同條2項之規定，各公同共有人之權利，及於公同共有物之全部，故各該共有人並無應有部分存在，通說亦認為公同共有人之應有部分係屬潛在者，與分別共有人之應有部分為顯在者不同，如繼承人就繼承財產之應繼分，此項潛在之應有部分，在公同關係存續期間內，不得自由處分。公同共有人將其繼承之權利讓與於第三人，乃以此為契約之標的，係以不能之給付為標的，自有民法第246條第1項前段規定之適用，此項「應繼分」之買賣行為，依法應屬無效（最高法院89年度台再字第81號民事判決參照）。

初步研討結果：多數採甲說。

審查意見：採甲說。

研討結果：甲說理由第8行末「（應繼分）」等字刪除，第13行第7至9字「應繼分」修正為「權利」。採修正後甲說。

(三十二) 最高法院99年度台上字第1261號民事判決

　　民法第1151條規定，繼承人有數人時，在分割遺產前，各繼承人對於遺產全部為公同共有。如欲就公同共有關係為訴訟，因該訴訟性質係屬固有必要共同訴訟，參照民事訴訟法第56條第1項各款規定意旨，須就公同共有人全體起訴或被訴，否則即屬欠缺當事人適格。本件訴外人原將土地出租予上訴人之被繼承人耕作，而具有出租人地位，訴外人死亡後，其繼承人共同繼承該租約權利，準此，該租約即屬單一不可分，而應全體起訴或被訴。

(三十三) 最高法院100年度台上字第89號民事判決

　　民法第1151條所規定者，係為分割遺產前，若繼承人有數人時，應屬對該遺產公同共有，亦即在分割遺產使公同共有關係消滅以前，該遺產具有獨立之特別財產性質，亦即屬共同繼承人公同共有，亦即應無所謂的應有部分。

(三十四) 最高法院102年度台上字第382號民事判決

　　按民法第334條規定，抵銷應以權利主體相同之債權為限。又同法第1151條規定，繼承人有數人，在分割遺產前，各繼承人對於遺產全部為公同共有。而繼承人因繼承取得之遺產被侵害所生得請求返還不當得利之公同共有債權，依民法第831條、第1164條規定，各繼承人得隨時請求分割，並準用共有物分割之規定，按各公同共有人應繼分比例予以分割，且於該公同共有之債權分割後，各共有人始得本於其分得之債權請求權向債務人請求為其所分得部分之給付。故繼承人因繼承而取得之遺產，於受侵害時其所生之損害賠償債權，乃公同共有債權，屬全體繼承人公同共有，倘繼承人即公同共有人中一人或數人，於該公同共有之債權分割前，自不得僅就自己可分得之部分請求為給付。又公同共有人即繼承人中之一人或數人如就其公同共有債權為訴訟上之請求時，依98年1月23日修正前同法第828條第2項及同法

第831條規定，自須得其他繼承人全體之同意，始能謂當事人適格無欠缺。如未獲得該其他繼承人全體之同意，而法院誤為適格之當事人者，對之就訴訟標的為實體之裁判，該裁判縱經確定，對於應參與訴訟之共同訴訟人全體均無若何效力可言。

(三十五) 屏東地方法院102年度保險字第8號民事判決

繼承人如有數人，於分割遺產前，各繼承人對該遺產應為公同共有，處分公同共有物或其他之權利行為，除法律或契約另有規定外，應得公同共有人全體之同意，並於債權準用之。故繼承人所繼承之債權，仍應由繼承人全體公同共有，公同共有權利相關訴訟，亦應由公同共有人全體一同起訴或被訴。

(三十六) 最高法院103年度台上字第86號民事判決

按民法上所謂隱名代理，係指代理人雖未以本人名義或明示以本人名義為法律行為，惟實際上有代理本人之意思，且為相對人所明知或可得而知者，自仍應對本人發生代理之效力者。次按繼承人有數人時，在分割遺產前，各繼承人對於遺產全部為公同共有。連帶債務之債權人，得對於債務人中之一人或數人或其全體，同時或先後請求全部或一部之給付；連帶債務未全部履行前，全體債務人仍負連帶責任。是繼承人在尚未分割遺產前，就遺產部分為公同共有關係，若繼承債務的話，連帶債權人對其中之一繼承人聲請執行程序，對其他繼承人亦生效力。

(三十七) 最高法院104年度台上字第15號民事判決

按公司股東死亡繼承人有數人者，在分割遺產前，其股份為繼承人全體公同共有，公同共有人得推定一人行使股東之權利。此項公同共有人中一人行使股東權利之推定，依民法第831條準用第828條第3項規定，固應得公同共有人全體之同意。惟實務上，公同共有人僅存二人，一人所在不明，無法取得其同意，則其餘一人得就公同共有物之全部行使其權利，或公同共有物被一部分公同共有人為移轉物權之處分，事實上無法得該為處分行為之公同共有人之同意，以請求救濟，此時亦得由處分行為人以外之公同共有人全體之同意行使公同共有物之權利。是公司股份之公同共有繼承人間有一人與其他繼承人間利害關係不一致，事實上無法得其同意。且就繼承之股份，業經其他繼承人推定代表行使並出席股東臨時會，則縱利害關係不一致之繼承人未予同意，然依前揭所述，系爭公司將被繼承人之股份數計入系爭股東臨時會之出席股份數，尚難認為違法。

(三十八) 最高法院105年度台上字第1320號民事判決

固有必要共同訴訟人中之一人，對於下級法院之判決聲明不服提起上訴，在上訴審法院未就其內容為審判之前，難謂其提起上訴之行為對於他共同訴訟人不利，其效力應及於共同訴訟人全體，即應視其上訴為共同訴訟人全體所為。此外，遺產於分割前係屬各繼承人公同共有，凡公同共有人就公同共有義務為訴訟者，乃屬固

有必要共同訴訟，應由公同共有人全體共同被訴，否則當事人適格即有欠缺。

(三十九) 最高法院105年度台上字第2134號民事判決

按建物之拆除，為事實上之處分行為，僅所有人或有事實上處分權之人，方有拆除之權限。又建物由數繼承人繼承時，在分割遺產前，各繼承人對於遺產全部為公同共有。則請求拆屋還地時，似應以其全體繼承人為被告，始得拆除該建物，倘請求人僅以部分繼承人為被告請求拆除，法院即命部分被請求之繼承人拆屋還地，於法自有未合。

(四十) 臺灣高等法院暨所屬法院105年法律座談會民事類提案第12號

法律問題：甲、乙、丙因繼承取得被繼承人所遺A地（應繼分各三分之一），尚未辦理遺產分割而為公同共有。丙未經甲、乙同意，擅將A地出租他人，每月收取租金新臺幣（下同）30萬元，問：甲未經乙同意，得否單獨起訴請求丙給付按月以10萬元計算之相當於租金不當得利？

討論意見：

甲說：肯定說。

1.按繼承人有數人時，在分割遺產前，依民法第1151條規定，各繼承人對於遺產全部為公同共有關係，固無應有部分。然共有人（繼承人）就繼承財產權義之享有（行使）、分擔，仍應以應繼分（潛在的應有部分）比例為計算基準，若逾越其應繼分比例享有（行使）權利，就超過部分，應對其他共有人負不當得利返還義務，他共有人自得依其應繼分比例計算其所失利益而為不當得利返還之請求，此項請求權非因繼承所生，自非屬公同共有（最高法院104年度台上字第531號民事判決意旨參照）。

2.司法院院字第1054號解釋：公同共有物未分割前。公同共有人中一人之債權人。雖不得對於公同共有物聲請強制執行。而對於該公同共有人公同共有之權利。得請求執行。學者認該解釋所指即係盈餘分配、孳息分配之請求權得請求強制執行，因此種權利係基於共有關係而發生之獨立財產權，已可由公同共有人獨享（謝在全，民法物權論（上），2014年9月修訂6版，第428-429頁）。據此，益徵公同共有物之孳息（或相當於租金之不當得利債權），於物之公同共有人間並無公同共有關係。

3.題示情形，A地為甲、乙、丙公同共有，丙未經甲、乙同意，擅自出租A地，獲有相當於租金之不當得利，甲受有損害，應得依其繼承之應繼分比例計算，單獨請求丙返還按月以10萬元計算之不當得利。

乙說：否定說。

1.按繼承人有數人時，在分割遺產前，各繼承人對於遺產為公同共有，為民法

第1151條所明定。部分繼承人未經他繼承人同意而占有繼承之公同共有不動產，構成不當得利，其債權仍屬於全體繼承人公同共有。他繼承人請求債務人履行此項債務，係公同共有債權之權利行使，非屬回復公同共有債權之請求，尚無民法第821條規定之準用；而應依同法第831條準用第828條第3項規定，除法律另有規定外，須得其他公同共有人全體之同意，或由公同共有人全體為請求（最高法院104年度台上字第2124號民事判決意旨參照）。

　　2.題示情形，A地為甲、乙、丙公同共有，丙未經甲、乙同意，擅自出租A地，獲有相當於租金之不當得利，此一不當得利債權，仍屬全體繼承人即甲、乙、丙公同共有，揆諸前揭說明，甲未得公同共有人乙之同意，不得單獨起訴請求丙返還按月以10萬元計算之相當於租金不當得利。

初步研討結果：採甲說。

審查意見：採乙說，理由補充如下：

　　1.基於公同共有人全體對於公同共有債權不可分割之支配力，因而具有法律上的不可分性，原則上應由公同共有人全體共同行使公同共有債權（參照政治大學法學院特聘教授王千維，公同共有債權之行使，見月旦法學教室第160期，2016年2月）。

　　2.繼承人之應繼分（潛在應有部分），與分別共有之應有部分，本質上並不相同。縱繼承債權之給付係屬事實上可分，但因繼承人對於遺產之公同共有關係而成為法律上不可分，故繼承人之1人起訴請求債務人履行其依應繼分比例獨自享有之部分債權，在實體上並無理由（參照臺灣大學法律學院助理教授陳瑋佑，論繼承債權之訴訟上請求，見月旦法學雜誌第254期，2016年7月）。

研討結果：照審查意見通過。

(四十一) 最高法院106年度台上字第1832號民事判決

　　繼承人有數人時，在遺產分割前，各繼承人對於遺產全部為公同共有，且公同共有物之處分應得全體共有人同意。請求拆除屋，應以全體繼承人或分割後之特定繼受人為被告，當事人適格始無欠缺。

(四十二) 最高法院107年度台上字第92號民事判決

　　各繼承人對於繼承之公同共有不動產之分割請求權，性質上為具有財產價值之權利，債權人自得代位行使，不因債權人得聲請強制執行債務人之公同共有權利而受影響。

(四十三) 最高法院107年度台上字第2333號民事判決

　　按強制執行法第15條所謂就執行標的物有足以排除強制執行之權利者，係指對於執行標的物有所有權、典權、留置權、質權存在情形之一者而言。又繼承人於被

繼承人死亡時，當然承受被繼承人財產上之一切權利義務，是承受被繼承人原始取得之不動產所有權，無待於登記。次按共同繼承之遺產在分割以前，依民法第1151條規定，爲各繼承人公同共有，倘被他人強制執行而受侵害時，各繼承人依民法第828條第2項之規定準用同法第821條前段規定，均得就共有物之全部爲本於所有權之請求，對於該他人單獨或共同提起第三人異議之訴，以排除對該公同共有物之強制執行。

(四十四) 最高法院108年度台上字第789號民事判決

按繼承人因繼承而取得之遺產，於受侵害時，其所生之損害賠償或不當得利債權，乃公同共有債權。此損害賠償或不當得利債權既爲全體繼承人公同共有，繼承人即公同共有人中一人，請求就自己可分得部分爲給付，非法所許。

(四十五) 最高法院108年度台上字第809號民事判決

倘若未能證明有何正當權源占用土地，當事人訴請拆屋還地，非權利濫用，亦無違誠信原則，故得依民法第767條、第821條及繼承規定，請求拆除建物並返還占用土地。復按同法第1151條規定，繼承人有數人時，在分割遺產前，各繼承人對於遺產全部爲公同共有。再者，訴訟當事人適格爲訴權存在的要件，且屬法院應依職權調查的事項，不論訴訟進行至如何程度，應隨時依職權調查之。

(四十六) 臺灣高等法院暨所屬法院108年法律座談會民事類提案第22號

法律問題：債權人甲代位債務人乙對丙起訴，主張依民法第830條第2項準用第823條第1項規定，請求分割乙、丙因繼承取得之公同共有不動產。甲依民事訴訟法第254條第5項規定，聲請裁定許可爲訴訟繫屬事實之登記，並提出求。其此聲請應否准許？

討論意見：

甲說：否定說。

（一）按訴訟標的基於物權關係，且其權利或標的物之取得、設定、喪失或變，依法應登記者，於事實審言詞辯論終結前，原告得聲請受訴法院以裁定許可爲訴訟繫屬事實之登記，民事訴訟法第254條第5項定有明文。準此，法院裁定許可爲訴訟繫屬事實之登記，以原告之訴訟標的係基於物權關係，且其權利或標的物之取得、設定、喪失或變更，依法應登記者爲限。次按因繼承、強制執行、徵收、法院之判決或其他非因法律行爲，於登記前已取得不動產物權者，應經登記，始得處分其物權，民法第759條亦有明文。前開規定之判決，僅指依其宣告足生物權法上取得某不動產物權效果之力，恆有拘束第三人之必要，而對於當事人以外之一切第三人亦有效力者而言，惟形成判決（例如分割共有物之判決）始足當之，不包含其他判決在內。而共有物之分割，經分割形成判決確定者，即生共有關係終止及各自

取得分得部分所有權之效力（最高法院43年台上字第1016號、51年台上字第2641號判例意旨參照）。又繼承人有數人時，在分割遺產前，各繼承人對於遺產全部為公同共有（民法第1151條）。民法第827條第1項基於公同關係而共有一物者，依同條第3項之規定，各公同共有人之權利，及於公同共有物之全部，故各該公同共有人並無應有部分存在，通說認為公同共有人之應有部分係屬潛在者，與分別共有人之應有部分為潛在者不同，是繼承人就繼承財產之應繼分（即潛在之應有部分），在公同關係存續期間內，不得自由處分，此觀諸同法第819條第1項、第828條第2項之規定自明。而公同關係存續中，各公同共有人，不得請求分割其公同共有物（同法第829條）。是繼承之遺產於分割前，繼承人就繼承財產之應繼分，不得自由處分，其經法院判決分割者，各共有人就其分配取得之不動產應有部分，在未經登記前，亦同。

（二）題設情形，甲起訴主張本件訴訟之訴訟標的為分割共有物之形成權，依上開說明，該事件判決無待登記即發生效力，自與民事訴訟法第254條第5項所定「取得、設定、喪失或變更，依法應登記」之要件不符，且請求分割之不動產為乙、丙公同共有，在經法院判決分割並經登記前，乙就其繼承之應繼分，尚不得自由處分，第三人無從自乙處受讓取得對該不動產之權利，亦不致因不知本件訴訟繫屬之事實而受有不利益之情。是甲聲請發給起訴證明，洵屬無據，應予駁回。

乙說：肯定說。

按訴訟標的基於物權關係，且其權利或標的物之取得、設定、喪失或變更，依法應登記者，於事實審言詞辯論終結前，原告得聲請受訴法院以裁定許可為訴訟繫屬事實之登記，民事訴訟法第254條第5項定有明文。題設情形，甲依民法第830條準用第823條第1項規定起訴請求分割共有物，係基於物權關係，乙、丙因分割判決取得之應有部分，其取得、設定、喪失或變更，依法應登記，且經甲提出證據釋明本案請求，自應裁定准許為訴訟繫屬之登記。

初步研討結果：採甲說。

審查意見：採甲說結論，理由補充如下：

（一）按民事訴訟法第254條第5項規定：訴訟標的基於物權關係，且其權利或標的物之取得、設定、喪失或變更，依法應登記者，於事實審言詞辯論終結前，原告得聲請受訴法院裁定許可為訴訟繫屬事實之登記。是原告基於物權法律關係而為本案請求時，始得聲請法院為許可訴訟繫屬登記之裁定。其修正之立法理由為：「現行條文第5項規定旨在藉由將訴訟繫屬事實予以登記之公示方法，使第三人知悉訟爭情事，俾阻　其因信賴登記而善意取得，及避免確定判決效力所及之第三人受不測之損害」。

　　（二）本件題設甲代位乙訴請分割共有物，係以共有物分割請求權為其訴訟標的，屬物權關係。被告丙於系爭不動產之公同共有權及系爭公同共有不動產，雖符合上開規定所稱「權利或標的物之取得、設定、喪失或變更，依法應登記」之要件，惟乙、丙為系爭不動產之公同共有人，有權處分系爭不動產，既非無權處分，尚無阻　第三人因信賴登記而善意取得可言。

　　（三）又共同繼承之遺產在分割之前，為各繼承人公同共有。而民法第827條第3項規定，各公同共有人之權利，及於公同共有物之全部，故各該共有人並無應有部分存在，通說亦認為公同共有人之應有部分係屬潛在者，與分別共有人之應有部分為顯在者不同，如繼承人就繼承財產之應繼分，此項潛在之應有部分，在公同共有關係存續期間內，不得自由處分。本件甲代位訴訟請求分割之不動產既為乙、丙公同共有，在經法院判決分割並經登記前，乙、丙各就其潛在之應有部分，尚不得自由處分，第三人無從自乙或丙處受讓取得對該不動產之權利，自無避免確定判決效力所及之第三人受不測損害之情事存在。設丙讓與其公同共有權予乙，或第三人自乙、丙受讓系爭不動產之所有權，此時系爭不動產已非公同共有，無從判決予以分割，自無裁定許可為訴訟繫屬登記之必要。

研討結果：

　　（一）審查意見理由（三）倒數第5行以下「設丙讓與其公同共有權予乙……登記之必要。」修改為「設丙讓與其公同共有權予乙，或第三人自乙、丙受讓或乙、丙依土地法第34條之1規定而讓與系爭不動產之所有權予第三人，此時均已無分割共有物之需，自無裁定許可為訴訟繫屬登記之必要。又於該公同共有不動產於設定擔保物權（如抵押權）、用益物權（如地上權、役權）予第三人之情形，乙、丙二人無法各自將其潛在之應繼分設定擔保物權或用益物權予第三人。另乙、丙共同將該公同共有不動產設定擔保物權或用益物權予第三人時，因擔保物權係存在於該公同共有不動產全部（民法第868條參照），而用益物權人亦得使用收益該公同共有不動產之設定部分（民法第857條），上開物權均不因甲所提代位分割訴訟判決結果為乙、丙分別共有該不動產，或由乙、丙分別取得該不動產特定部分之所有權而受影響，自無民事訴訟法第254條第5項立法意旨以避免確定判決效力所及之第三人受不測損害之情事發生，尚無裁定許可為訴訟繫屬登記之必要。」

　　（二）照修正後之審查意見通過。

(四十七) 最高法院109年度台上字第3071號民事判決

　　判斷增建之建物是否為獨立建物或附屬建物，除斟酌構造上及使用上是否具獨立性外，端在該建物與原建築物間是否具有物理上之依附關係以為斷。此外，繼承人因繼承而取得之遺產，於受侵害時，其所生之損害賠償或不當得利債權，乃公同

共有債權。此損害賠償或不當得利債權既為全體繼承人公同共有，繼承人即公同共有人中一人或數人，請求就自己可分得部分為給付，非法所許。

(四十八) 最高法院110年度台上字第724號民事判決

　　公司股份縱有借名登記情事，惟借名登記契約為借名人與出名人內部債之關係，出名人之股份登記並無虛偽或不實，僅借名人有終止借名關係而請求返還股份之債權。倘借名關係因借名人死亡而終止，其請求返還股份之債權即為繼承人公同共有，則繼承人起訴請求出名人返還股份，為公同共有債權之行使，而非回復公同共有債權，尚無準用民法第821條規定，應依同法第831條準用第828條第3項規定，除法律另有規定外，須得其他公同共有人全體之同意，或由公同共有人全體為原告，始無欠缺當事人適格。

(四十九) 最高法院110年度台上字第2365號民事判決

　　所謂股東之權利，乃股東基於其地位對公司享有之權利，依其權利行使目的之不同可分為自益權與共益權，訴請確認股東會決議不成立、無效或撤銷股東會決議之權利為行使共益權範疇，則在股份屬公同共有情形，於未經全體公同共有人同意推派一人行使其股東權利前，公同共有人中之一人或數人倘欲行使股東之共益權而提起訴訟，因屬公同共有財產權其他權利之行使，自應依民法第831條準用第828條第3項規定，得其他公同共有人全體之同意或由公同共有人全體為原告，其當事人適格始無欠缺。

(五十) 最高法院110年度台上字第1346號民事判決

　　繼承人有數人時，在分割遺產前，各繼承人對於遺產全部為公同共有。而公同共有債權之行使，除法律另有規定外，應得公同共有人全體之同意。因此，繼承人因繼承而取得之遺產，於受侵害時，其所生不當得利債權，乃公同共有債權，須得其他公同共有人全體之同意，或由公同共有人全體為原告，其當事人之適格始無欠缺。

❖ 民法第1152條

　　前條公同共有之遺產，得由繼承人中互推一人管理之。

案 例

　　甲死亡後遺留三千坪建地，由配偶乙及其子丙、丁、戊四人共同繼承此三千坪建地，乙、丙、丁、戊均表示不願分割，但又擔心土地無人管理，權利易遭損害，請問：如何找人管理，以維護乙、丙、丁、戊四人權利？

一、思考焦點

　　未經分割之遺產，如何管理之。

二、問題論述

　　甲死亡後遺留三千坪建地，繼承人乙、丙、丁、戊得隨時請求分割該筆遺產建地（民法第1164條），但乙等四人均表示不願分割，則乙、丙、丁、戊對於該三千坪建地為公同共有（民法第1151條），故得由乙、丙、丁、戊四人中互推一人管理。

三、案例結論

　　乙、丙、丁、戊四位繼承人，為維護尚未分割遺產三千坪建地之權利，得互推其中一人管理之。

四、相關實例

　　甲死亡後遺留三千坪建地，由配偶乙及其子丙、丁、戊四人共同繼承此三千坪建地後，尚未分割前，均同意將此建地出租予己（己將之開闢成停車場），且推舉乙來負責管理，乙是否有權向己收取租金？

五、重要判解

(一) 最高法院30年上字第1955號判決（例）

　　未經分割之遺產，經各繼承人互推一人管理者，此項管理權係基於委任契約而發生，依照民法第549條第1項規定，委任人本得隨時予以終止。

(二) 最高法院33年上字第344號判決（例）

　　公同共有之遺產，依民法第1152條規定，由繼承人中互推一人管理時，管理人當然有向承租人請求支付租金及返還租賃物之權，即使未互推一人管理，如得其他公同共有人之同意，亦得單獨行使此項權利。

(三) 最高法院79年度台上字第2464號民事判決

　　公同共有物之處分及其他權利之行使，除其公同關係所由規定之法律或契約另有規定外，應得公同共有人全體之同意，此觀民法第828條之規定自明。本件被上訴人取得已故林樹○遺產管理人身分，係經全體繼承人同意推舉，固經原審查據被上訴人提出之會議紀錄、繼承系統表及戶籍登記簿謄本認定屬實，核與民法第1152條規定相符，惟此項遺產管理權係基於委任契約而發生，依照民法第549條第1項規定，委任人本得隨時予以終止。

(四) 臺北高等行政法院101年度訴字第1220號民事判決

依最高法院30年上字第1955號判例意旨,有關遺產管理人之選任程序業於民法第1152條中明訂,應由全體繼承人共同選任,無同法第828條第2項準用第820條適用之餘地。自民法第1152條遺產管理人所得行使權限範圍之觀點而言,我國民法並未限定遺產管理人之權限,主要理由在於該遺產管理人既已取得全體繼承人之同意,則無論管理行為、處分行為或其他權利之行使,均已符合同法第828條第2項及第3項之要件,自無另行限制其權限之必要。益證民法第1152條遺產管理人應由全體繼承人共同選任,否則,少數繼承人之權利即無從確保。且民法第828條第2項準用第820條之前提為涉及遺產之「管理行為」,倘屬處分行為或涉及其他權利之行使(諸如優先承買權等),則應得全體公同共有人(即繼承人)之同意(最高法院99年度台上字第1469號民事判決參照)。綜上,有關遺產管理人之選任或遺產之處分及其他權利行使,依法均應取得全體繼承人之同意,方生效力,被告竟基於遺產管理人之選定得以多數決方式為之,為原處分認定代表權並無欠缺之法律依據,其法律適用顯有違誤。

(五) 最高法院104年度台上字第2414號民事判決

公同共有股份之股東,為行使股東之共益權而出席股東會,係屬行使權利而非管理行為,自無民法第828條第2項準用第820條第1項規定之適用,亦不得逕由依民法第1152條規定所推選之管理人為之。就此權利之行使,公司法第160條第1項固規定應由公同共有人推定一人為之,惟既係為行使公同共有之股東權所為推選,自應得公同共有人全體之同意,俾符民法第828條第3項之規定,倘未經全體公同共有人同意推選之人,即不得合法行使股東權。

(六) 最高法院110年度台上字第2492號民事判決

繼承人有數人時,在分割遺產前,各繼承人對於遺產全部為公同共有;該公同共有之遺產,得由繼承人中互推一人管理之。因外,於共同繼承,關於遺產之管理,應由共同繼承人全體為之,或由繼承人互推一人單獨管理之。

❖ 民法第1153條

繼承人對於被繼承人之債務,以因繼承所得遺產為限,負連帶責任。

繼承人相互間對於被繼承人之債務,除法律另有規定或另有約定外,按其應繼分比例負擔之。

（98年6月10日修正公布）

舊民法第1153條

繼承人對於被繼承人之債務，負連帶責任。

繼承人爲無行爲能力人或限制行爲能力人對於被繼承人之債務，以所得遺產爲限負清償責任。

繼承人相互間對於被繼承人之債務，除法律另有規定或另有約定外，按其應繼分比例負擔之。

（97年1月2日之舊法）

案　例

　　甲向乙借款新臺幣（以下同）20萬元後，甲因病旋即死亡，其妻早已過世，甲未留遺產，故由甲之子丙、丁二人繼承甲之債務，然丙21歲、丁18歲之人且未婚，依法對乙應負何種民事責任？

一、思考焦點

　　繼承人丙、丁繼承被繼承人甲，財產上一切權利、義務後，對被繼承人甲之債權人乙，在法律上應負何種民事責任？

二、問題論述

　　繼承，因被繼承人死亡而開始（民法第1147條），然繼承人自繼承開始時，承受被繼承人財產上一切權利義務，但一身專屬權除外（如民法第1001條規定夫妻互負同居之義務），故繼承人應負民法第1153條第1項民事連帶責任。

　　此次修法將原條文第1153條第2項規定：「繼承人相互間對於被繼承人之債務，除另有約定外，按其應繼分比例負擔之」調整至新條文第3項。新條文第2項增訂：「繼承人爲無行爲能力人或限制行爲能力人對於被繼承人之債務，以所得遺產爲限負清償責任」。所謂無行爲能力人，依民法第13條第1項規定，未滿7歲之未成年人者；依同法第15條規定，禁治產人。所謂限制行爲能力人，係指民法第13條第2項滿7歲以上但尚未滿20歲之未成年人未婚者。97年1月2日公布之本項規定，係指繼承人爲無行爲能力人或限制行爲能力人對於被繼承人之債務，以所得遺產爲限負清償責任，故爲限定繼承之類型。

　　98年6月10日公布之民法第1148條第2項規定，繼承人對於被繼承人之債務，僅以繼承所得遺產爲限，負清償責任，則本條文第1項繼承人對外連帶責任之範圍，

即應配合修正，限於繼承人因繼承所得遺產之限度內，負連帶責任。故本次修正已將限定繼承對象放寬，無如97年1月2日公布之本項規定，僅限定繼承人為無行為能力人或限制行為能力人對於被繼承人之債務，以所得遺產為限負清償責任。

又本次修正民法第1148條第2項已明定，繼承人對於繼承債務僅負限定責任，且適用於所有繼承人，故現行第2項已無規定之必要，爰予刪除。另現行條文第3項移列為第2項，內容未修正。

三、案例結論

依民法第1148條第2項、第1153條第1項規定，繼承人丙、丁二人，以所得遺產為限負清償責任，然因丙、丁二人並未繼承甲之遺產，故僅負限定繼承之責任，故無須對甲之債務負繼承之責任。

四、相關實例

甲向乙借款新臺幣（以下同）2,000萬元後，甲因病旋即死亡，其妻早已過世，遺產雖由甲之子丙、丁二人繼承，但丙、丁二人預見甲生前負債可能大於他們二人繼承之遺產，如未依法辦理拋棄繼承，請問丙、丁對乙是否仍須負返還債務責任？

五、重要判解

(一) 最高法院26年渝上字第247號判決（例）

繼承人對於被繼承人之債務，雖與他繼承人負連帶責任，但連帶債務人中之一人所受之確定判決，除依民法第275條之規定，其判決非基於該債務人之個人關係者，為他債務人之利益亦生效力外，對於他債務人不生效力。故債權人對於繼承人甲未得有確定判決或其他之執行名義時，不得依其與他繼承人間之確定判決，就該繼承人甲所有或與他繼承人公同共有之財產，為強制執行。

(二) 最高法院27年上字第2587號判決（例）

某甲之繼承人雖不僅被上訴人一人，但依民法第1153條第1項之規定，被上訴人對於某甲之債務既負連帶責任，則上訴人僅對被上訴人一人提起請求履行該項債務之訴，按諸民法第273條第1項之規定自無不可，乃原審認為必須以繼承人全體為共同被告，將上訴人對於被上訴人之訴駁回，實屬違法。

(三) 最高法院28年上字第2339號判決（例）

上訴人之父如在民法繼承編施行前開始繼承，而其繼承人有數人時，上訴人對於其父之債務，僅須與其他繼承人按其應繼分比例分擔之，不負連帶責任。

(四) 最高法院38年台上字第174號判決 (例)

　　系爭房屋既爲被上訴人之父生前向上訴人承租，則在其父死亡開始繼承後，因租賃關係消滅所負返還之義務，自係民法第1153條第1項所謂被繼承人之債務，被上訴人對之本應負連帶責任，縱使如被上訴人所稱，其父所有遺產業經繼承人全體協議分割，此項房屋已移歸其他繼承人承受云云，而依同法第171條第1項之規定，被上訴人如不能就此證明，曾經上訴人之同意，仍難免除連帶責任。

(五) 最高法院50年度台上字第2761號民事判決

　　繼承人爲被繼承人清償債務者，固得按他繼承人之應繼分請求他繼承人負擔，但由於清償人應單獨負責之事由所致之損害，無請求他人分擔之權利，此觀於民法第280條但書及第1170條但書之法理而自明，若根本無此債務之清償，則自更無分擔之可言。

(六) 最高法院51年台上字第2370號判決 (例)

　　債權人繼承債務人財產，適用民法第344條因混同而消滅其債之關係時，雖尙有其他共同繼承人，依民法第1153條發生連帶債務之關係，而就民法第274條，連帶債務中之一人因混同而消滅債務者，他債務人亦同免責任之規定觀之，自不影響於因混同而消滅之繼承債務之關係。惟其債權爲設有抵押權者，則雖依民法第281條第2項，並參照同法第344條但書之規定，在其得向他債務人求償其各自分擔之部分及自免責時起之利息範圍內承受債權人之權利，可認原抵押權關於此部範圍內，仍有其存在，然其抵押權所及之範圍，自亦僅以此爲限，而非仍然存在於原來全部債權之上。

(七) 最高法院80年度台上字第1715號民事判決

　　繼承人對於被繼承人之債務負連帶責任，民法第1153條第1項定有明文。如果上訴人所主張系爭不動產已由蕭榮出售予上訴人屬實，則蕭榮所負出賣人之義務即由其繼承人即被上訴人連帶負責。該不動產既經辦理分割及繼承登記爲被上訴人蕭菊所有。則上訴人直接請求被上訴人蕭菊辦理所有權移轉登記，即可達成目的。殊無提起本件確認之訴及塗銷繼承登記，再辦理移轉登記之必要。上訴人提起本件訴訟，顯然欠缺權利保護要件，自非有理。

(八) 最高法院83年度台上字第982號民事判決

　　委任匯款契約之受任人黃○山已於80年6月13日死亡，則委任關係因黃○山之死亡而消滅。且黃○山欲爲被上訴人匯款而持有之272萬元既因委任關係消滅而無從履行，所持有該款項即爲無法律上之原因而受利益，該利益應由其繼承人繼承，同時造成被上訴人之損害。

(九) 最高法院86年度台上字第2057號民事判決

繼承人有數人時,在分割遺產前,各繼承人對於遺產全部為公同共有;而繼承人對於被繼承人之債務,負連帶責任,民法第1151條、第1153條第1項,分別定有明文。因此,繼承人共同繼承被繼承人之債權,固屬繼承人公同共有;然繼承人共同繼承被繼承人之債務者,僅係負連帶責任而已,該繼承之債務並非各繼承人公同共有。上訴人之被繼承人陳文望積欠被上訴人之360萬元債務,縱認屬實,亦僅係上訴人與陳玉章應負連帶責任而已,而非公同共有之財產。上訴人依連帶債務之法律關係,既對陳文望積欠之360萬元債務負全部清償之責,則其訴請確認被上訴人之借款債權不存在,自無須以全體繼承人為原告起訴。

(十) 最高法院90年度台上字第2138號民事判決

按保證人向債權人為清償後,債權人對於主債務人之債權,於其清償之限度內,移轉與保證人,民法第749條定有明文。故保證人向債權人為清償或其他消滅債務之行為後,當然取代債權人之地位,得於清償之限度內,行使原債權之權利。保證人既得代位行使該原債權,解釋上包括原債權之擔保及其他從屬權利,即應一併移轉於保證人,不因債權人於該受償限度內,對主債務人已喪失其債權之請求權而影響該代位權之存在。

(十一) 最高法院95年度台上字第352號民事判決

保證人向債權人為清償後,於其清償之限度內,承受債權人對於主債務人之債權。但不得有害於債權人之利益,民法第749條定有明文,故保證人向債權人為清償或其他消滅債務之行為後,既承受債權人對於主債務人之債權,即已取代債權人之地位,自得於清償之限度內,行使原債權人之權利。除得向主債務人行使求償權外,尚代位取得債權人對主債務人之債權及該債權之擔保與其他之從屬權利。

(十二) 最高法院96年度台上字第641號民事判決

繼承,因被繼承人死亡而開始。繼承人對於被繼承人之債務,負連帶責任。債權與其債務同歸一人時,債之關係消滅。因連帶債務人中之一人為清償、代物清償、提存、抵銷或混同而債務消滅者,他債務人亦同免其責任。民法第1147條、第1153條第1項、第344條前段、第274條分別定有明文。苟如原審所認定被繼承人死亡時,遺有對被上訴人之借款債務,被上訴人為其繼承人之一。則依前開規定,被上訴人就被繼承人遺留之借款債務即為連帶債務人,該被繼承人之餘欠借款,當然由被上訴人負連帶責任,並與其對被繼承人之債權因混同而消滅,其他繼承人亦同免該借款債務之責任,所餘者唯被上訴人得向其他繼承人求償其各自分擔部分之本息而已(本院51年台上字第2370號、29年上字第1105號判例意旨參照)。原審不察,竟謂被上訴人對於被繼承人之借款債權,僅在其繼承連帶債務之「內部分擔

額」內生混同消滅之效力，依民法第1153條之規定，上訴人仍應負借款連帶債務人之清償責任，而為不利於上訴人之判決，自有可議。

(十三) 最高行政法院102年度判字第86號民事判決

按合夥人死亡，且原合夥契約未訂明其繼承人得繼承者，當然發生退夥之效果，其繼承人與他合夥人間之結算，應以其死亡時合夥財產之狀況為準，且僅須對於其死亡前合夥所負之債務負償還責任，並於合夥財產不足清償合夥之債務時，對於不足之額，連帶負其責任。又合夥如僅有二人，一人因死亡而退夥，僅剩一人者，其存續要件即有欠缺，合夥關係當然歸於消滅；對於已死亡合夥人之繼承人而言，既因原合夥契約未訂明合夥人之繼承人得繼承，而未繼承該合夥關係，自無從基於合夥關係，公同共有原合夥事業之積極或消極財產，而僅能依民法1148條規定，原則上承受被繼承人財產上之一切權利義務；其雖然繼承已死亡合夥人依民法第668條規定對於原合夥積極財產之公同共有權，但對於其所繼承之合夥債務，依98年6月10日修正前民法第1153條第1項規定，係負連帶責任，且僅於原公同共有之合夥財產不足清償合夥之債務時，就不足之額，與唯一尚存之合夥人連帶負其責任，並非公同共有該合夥債務，故自無100年5月11日修正公布前稅捐稽徵法第19條第3項規定，為稽徵稅捐所發之各種文書對公同共有人中之一人為送達者，其效力及於全體之適用。

(十四) 臺灣高等法院102年度上字第290號民事判決

按繼承人對於被繼承人之債務，以因繼承所得遺產為限，負連帶責任。繼承人相互間對於被繼承人之債務，除法律另有規定或另有約定外，按其應繼分比例負擔之，次按連帶債務人相互間，除法律另有規定或契約另有訂定外，應平均分擔義務，此觀民法第1153條、第280條之規定即明。又按保證人向債權人為清償後，於其清償之限度內，承受債權人對於主債務人之債權。但不得有害於債權人之利益，民法第749條定有明文，故保證人向債權人為清償或其他消滅債務之行為後，既承受債權人對於主債務人之債權，即已取代債權人之地位，自得於清償之限度內，行使原債權人之權利（最高法院95年度台上字第352號、90年台上字第2138號判決意旨參照）。

(十五) 最高行政法院102年度判字第404號民事判決

1.對行政處分之執行名義提起之債務人異議訴訟，既係針對「執行名義成立後之消滅或妨礙債權人請求之事由」為之，是此類型之債務人異議訴訟，其認定事實及適用法律之基準時點原則上應為事實審言詞辯論終結時。

2.民法繼承編施行法第1條之1第2項及第1條之3第4項均係使繼承因法律修正而改採之限定繼承有限責任制得溯及適用之規定，即對法律修正前已發生之繼承，就

符合規定之要件者，產生得「以所得遺產為限，負清償責任」之法律效果。故以行政處分為執行名義之行政執行事件，其屬因繼承而生之債務，且該行政處分之執行名義原未附有「以所得遺產為限，負清償責任」之限制者，如債務人主張有合致民法繼承編施行法第1條之1第2項或第1條之3第4項要件之情事，因係使原執行名義產生「以所得遺產為限，負清償責任」之限制，而屬債務人異議訴訟所稱之「執行名義成立後之妨礙債權人請求之事由」。是債務人因行政執行程序，本於民法繼承編施行法第1條之1第2項或第1條之3第4項事由提起之行政訴訟，性質上核屬債務人異議訴訟，而其聲明請求者則應為債務人依原執行名義所負清償責任以「所得遺產為限」之事項。至行政執行程序之個別執行行為是否有涉及執行債務人之固有財產，而有違反債務人依附有限制之執行名義所應負之清償責任以「所得遺產為限」情事，則屬應循行政執行法第9條聲明異議或同法施行細則第18條提起第三人異議訴訟為救濟之範疇。

(十六) 最高法院103年度台上字第1785號民事判決

因遺產所生之稅捐及費用，於繼承人內部間，應由繼承人按其應繼分負擔之，繼承人中之一人，如以自己財產墊支者，該墊支之人得依不當得利之規定，向他繼承人請求返還其應負擔部分。惟該納稅義務，並無由繼承人連帶負擔之規定，其墊付遺產稅及費用之人，固無從依民法第281條第1項規定請求他繼承人返還自免責時起之利息，惟如符合民法第182條第2項規定情形時，仍得請求償還利益並附加利息。

(十七) 最高法院104年度台上字第65號民事判決

按繼承人對於被繼承人之債務，以因繼承所得遺產為限，負連帶責任。又時效完成後，債務人得為拒絕給付之抗辯；而連帶債務人中僅一人主張時效完成者，除該債務人應分擔之部分外，他債務人仍不免其責任。此外，請求權已經時效消滅，債務人縱不知悉，而以契約承認該債務，仍不得再以時效業經完成拒絕給付。

(十八) 最高法院104年度台上字第1346號民事判決

按抵銷之性質為形成權之一種，雖無經法院裁判之必要，惟仍應以意思表示向他方為之。是債務人是否以應負之損害賠償債務與債權人給付之價金為抵銷，尚屬不明者，法院於審判時自應予以推闡明晰。倘法院未令債務人敘明，遽為抵銷之裁判，即有任作主張之違法。

(十九) 最高法院105年度台上字第980號民事裁定

按民法第1151條、第1153條第1項規定，繼承人共同繼承被繼承人之債權，固屬繼承人公同共有；然繼承人共同繼承被繼承人之債務者，僅係負連帶責任而已，該繼承之債務並非各繼承人公同共有。

(二十) 最高法院105年度台上字第1697號民事判決

依臺灣民事習慣，家產係家長與家屬公同共有，應分人於未分析前，不得任意處分家產中之任何財產，又不得讓與其應分額與他人。家產之處分行為應得全體之同意，但父祖之處分不受此限。此外，終止權之行使，應向他方當事人以意思表示為之，契約當事人之一方有數人者，該意思表示，應由其全體或向其全體為之。

(二十一) 最高法院108年度台上字第422號民事判決

按我國繼承編係採概括繼承原則，關於被繼承人之債務由繼承人當然繼承。97年1月2日修正前民法第1153條明定：繼承人對於被繼承人之債務，負連帶責任。繼承人相互間對於被繼承人之債務，除另有約定外，按其應繼分比例負擔之。前者係關於共同繼承人之對外關係之規定，後者則就共同繼承人之對內關係而為規定。至於民法繼承篇修正前之限定繼承，其繼承人仍繼承被繼承人之債務，僅責任有限而已。又連帶債務人中之一人，因清償致他債務人同免責任者，依民法第281條第1項規定，得向他債務人請求償還各自分擔之部分。同條第2項則明定：求償權人於求償範圍內，承受債權人之權利，但不得有害於債權人之利益。可知求償權人同時有求償權及代位權（承受權），並得選擇其一而為行使。該求償權係新生權利，與代位權係行使債權人之原債權者不同。內部求償權既係繼承人中一人因清償而生對內效力之新權利，與繼承人得向被繼承人之債權人主張限定繼承之對外效力者無關，故繼承人中之一因清償被繼承人之債務後，向其他繼承人行使內部求償權時，其他繼承人並無對之主張限定繼承之有限責任可言。

(二十二) 最高法院111年度台上字第1873號民事判決

因遺產所生之公法上債務，就繼承人間之內部關係言，應由繼承人按其應繼分分擔之。而繼承人墊支應由他繼承人分擔之稅捐等公法上債務者，自得請求他繼承人返還，此與遺產是否分割無涉。此外，各繼承人對於各遺產在分割前仍有潛在的應有部分，繼承人相互間，其權利之享受，應以應繼分之比例為計算之標準。

(二十三) 最高法院110年度台上字第3281號民事判決

分割共有物係以消滅共有關係為目的，故法院於裁判分割共有土地時，除因共有人之利益或其他必要情形，得就共有物之一部分仍維持共有外，不應創設新的共有關係。此外，共有人就繼承財產權義之享有、分擔，仍應以應繼分比例為計算基準，若逾越其應繼分比例享有權利，就超過部分，應對其他共有人負不當得利返還義務，他共有人自得依其應繼分比例計算其所失利益而為不當得利返還之請求，此項請求權非因繼承所生，自非屬公同共有。

(二十四) 臺灣高等法院暨所屬法院109年法律座談會民事類提案第6號

法律問題：繼承人因繼承被繼承人無權占用他人土地之地上物，因而經土地所有權

人依民法第179條及繼承法律關係請求連帶給付相當於租金之不當得利時，是否負連帶清償責任？以下情形有無不同：

（一）被繼承人甲所有之地上物於104年1月2日開始無權占用土地所有權人乙之土地，甲於109年1月2日死亡，而乙於109年1月1日起訴請求甲給付自104年1月2日起至109年1月1日止之相當於租金之不當得利，嗣經甲之繼承人丙、丁、戊承受訴訟，乙並請求渠等連帶給付該筆不當得利，則丙、丁、戊就該筆不當得利債務是否負連帶清償責任？

（二）被繼承人甲所有之地上物於103年1月2日開始無權占用土地所有權人乙之土地，甲於104年1月1日死亡，繼承人為丙、丁、戊，均未拋棄繼承，而乙於109年1月1日起訴請求丙、丁、戊連帶給付自104年1月2日起至109年1月1日止之相當於租金之不當得利，則丙、丁、戊就該筆不當得利債務是否負連帶清償責任？

（三）被繼承人甲所有之地上物於104年1月2日開始無權占用土地所有權人乙之土地，甲於107年1月1日死亡，繼承人為丙、丁、戊，均未拋棄繼承，而乙於109年1月1日起訴請求丙、丁、戊連帶給付自104年1月2日起至109年1月1日止之相當於租金之不當得利，則丙、丁、戊就該筆不當得利債務是否負連帶清償責任？

討論意見：

甲說：連帶說。

（一）按繼承人自繼承開始時，除本法另有規定外，承受被繼承人財產上之一切權利、義務。但權利、義務專屬於被繼承人本身者，不在此限。繼承人對於被繼承人之債務，以因繼承所得遺產為限，負清償責任，又繼承人對於被繼承人之債務，以因繼承所得遺產為限，負連帶責任，民法第1148條、第1153條第1項分別定有明文。則繼承人既概括繼承被繼承人之所有債務，故原屬被繼承人所有之地上物無權占用他人土地所應負擔之不當得利債務，應由繼承人負連帶清償責任。

（二）從而以上三種設例，繼承人丙、丁、戊對於被繼承人甲生前已負有之不當得利債務（設例一）、死後原屬其所有物之地上物造成乙之損害所生之不當得利債務（設例二）及兩種混和之情狀（設例三），均應對乙負連帶清償責任。

乙說：區分說。

（一）按數人負同一債務，明示對於債權人各負全部給付之責任者，為連帶債務。無前項之明示時，連帶債務之成立，以法律有規定者為限，又繼承人對於被繼承人之債務，以因繼承所得遺產為限，負連帶責任，民法第272條、第1153條第1項分別定有明文。則連帶債務之成立，既以法律明定或約定為限，故繼承人僅對於被繼承人生前已負之不當得利債務，依民法第1153條第1項規定負連帶清償責任，至於就繼承人繼承後方產生之不當得利債務，倘土地所有權人僅依民法第179條規定

請求，而未依同法第184條規定請求，繼承人應各按其利得數額負責，並非須負連帶返還責任。

　　（二）從而以上三種設例，繼承人丙、丁、戊對於被繼承人甲生前已負有之不當得利債務（設例一）應負連帶清償責任，惟渠等繼承地上物後所生之不當得利債務（設例二），則不負連帶清償責任，至於上開兩種混和之情狀（設例三），即應區分被繼承人死亡前後決定繼承人丙、丁、戊是否負連帶清償責任。

初步研討結果：採甲說（甲說：8票、乙說：0票）。

審查意見：採乙說，補充理由如下：

　　土地上建物為繼承人丙、丁、戊繼承而成為公同共有，於被繼承人死亡後，無權占用土地者為該繼承人數人，與被繼承人甲無關，渠等所負不當得利債務，係因自己侵害土地所有人之歸屬利益而生，並非屬於被繼承人之債務。故本件應區分被繼承人死亡前後決定繼承人丙、丁、戊是否應負連帶清償責任，應採乙說。

(二十五) 臺灣高等法院暨所屬法院110年法律座談會民執類提案第12號

法律問題：

　　問題（一）：債務人之遺屬依勞工退休金條例第26條規定得請領之退休金，是否屬債務人之遺產？

　　問題（二）：承上，如肯認上開退休金為債務人之遺產，遇民法第1138條第3款規定之當順位之繼承人兄弟姐妹（同為勞工退休金條例第27條第1項第5款規定之請領順位），前面尚有依勞工退休金條例第27條第1項第3款請領順位在前之祖父母（同為民法第1138條第4款規定之繼承順位）而無其他繼承人時，執行法院得否逕對祖父母為強制執行？

討論意見：

　　問題（一）：

　　甲說：肯定說。

　　（一）按雇主應為適用勞工退休金條例之勞工，按月提繳退休金，儲存於勞保局設立之勞工退休金個人專戶，勞工退休金條例第6條第1項定有明文。依該條之立法理由為：一、雇主應依規定之提繳率，按月為勞工提繳個人退休金，專戶存儲。再參見勞工退休金條例第26條之立法理由提及勞工退休金有強制儲蓄之性質等內容。另參照司法院釋字第781號解釋理由參、三，勞退新制之勞工「個人退休金專戶」，係由雇主於受僱人任職期間，依月提繳工資分級表，按受僱人之薪資分級，提繳至少以6%計算之金額至受僱人個人退休金專戶，受僱人符合退休條件，始得支領以該提繳金額本金及累積收益總額為限之退休金，性質上或可解為遞延工資之給付。綜上，該專戶之金額為勞工之財產權。至勞工退休金條例第26條規定，勞工

於尚未符合請領退休金之規定前死亡者，仍得由其遺屬或指定請領人請領一次退休金，僅係對其得請領之時間、方法及金額，另為特別規定，並非否定專戶內之金額為勞工之財產權。

（二）另雇主於勞工因遭遇職業災害而致殘廢，未實際提供勞務，須依勞動基準法第59條規定予以補償，係為保障勞工，加強勞、雇關係，促進社會經濟發展之法定補償責任，其性質非屬「因工作而獲得之報酬」。故，勞工退休金條例第27條第1項係參考勞工基準法第59條規定，明定遺屬請領勞工退休金之順序，惟勞退專戶之金額，係勞工之財產權，兩者性質不同，尚不得以立法參考法條據解為係遺屬依法取得之權利。再者，依勞工退休金條例第26條第1項、第27條第1項第5款、第2項規定，有拋棄或法定事由喪失繼承權之情事，不得請領勞工退休金，亦足認勞工退休金為遺產之一部分。

（三）勞工退休金條例第27條第3項第1款雖規定勞工死亡後，如無第1項之遺屬或指定請領人者，其退休金專戶之本金及累積收益應歸入勞工退休基金。然依其立法理由在為避免因死亡後無繼承人，造成呆帳管理困難，並健全勞工退休基金財務，才以立法方式將勞工死亡後無人請領之勞工退休金歸入勞工退休基金，並非以此而否定勞工退休金係屬勞工之遺產。

乙說：否定說。

（一）勞工於請領退休金前死亡者，應由其遺屬或指定請領人請領一次退休金。依前條規定請領退休金遺屬之順位如下：一、配偶及子女。二、父母。三、祖父母。四、孫子女。五、兄弟、姊妹。前項遺屬同一順位有數人時，應共同具領，有未具名之遺屬者，由具領之遺屬負責分配之；有死亡、拋棄或因法定事由喪失繼承權時，由其餘遺屬請領之。但生前預立遺囑指定請領人者，從其遺囑。勞工死亡後無第1項之遺屬或指定請領人者，其退休金專戶之本金及累積收益應歸入勞工退休基金。勞工之退休金及請領勞工退休金之權利，不得讓與、扣押、抵銷或供擔保。勞工退休金條例第26條第1項、第27條第1項、第2項、第3項第1款、第29條第1項並有明文。可知勞工退休金不得扣押而成為強制執行之標的，且勞工於請領退休金前死亡者，其勞工退休金請領權人係遺屬或指定請領人，若無遺屬（含遺屬均拋棄繼承、死亡）或指定請領人，應歸入勞工退休基金處理。是勞工退休金不論在得否強制執行、請領權人及無人領取之最終歸屬等項，均與被繼承人死亡後之遺產性質顯有差異，是遺屬請領勞工退休金乃係遺屬依法取得之權利，並非依據民法之繼承關係而取得，該勞工退休金自難認係屬遺產。

（二）雖有以遺屬領取勞工退休金應併入遺產總額課徵遺產稅（財政部94年9月30日台財稅第09404571910號函釋），而認勞工退休金屬遺產之見解；惟某財產

應否一併課徵遺產稅，關係稅務公平及政府財政等多種考量，並非以是否遺產為唯一依據，如被繼承人依遺產及贈與稅法第15條於死亡前2年贈與之財產，亦應徵收遺產稅，卻非民法繼承篇所謂之遺產。

　　（三）又有見解以勞工退休金條例第27條第2項後段規定，於勞工退休金有遺屬無繼承權或被繼承人已立遺囑指定領取人等情形時，法律效果與遺產類似，而認應屬遺產；惟若立法者有意將勞工退休金歸為遺產，大可仿保險法第113條之立法例，明訂勞工於請領退休金前死亡者，勞工退休金作為該勞工之遺產，僅於勞工退休金條例或相關行政法規有特別規定時從其規定即可，是依勞工退休金條例第27條第2項後段之立法方式，更可認勞工退休金並非遺產，僅於遺屬無繼承權或被繼承人已立遺囑指定領取人之情形，始例外適用類似遺產之處理方式。

　　問題（二）：

　　甲說：肯定說。

　　（一）民法第1148條規定，繼承人自繼承開始時，除本法另有規定外，承受被繼承人財產上之一切權利、義務。但權利、義務專屬於被繼承人本身者，不在此限。繼承人對於被繼承人之債務，以因繼承所得遺產為限，負清償責任。祖父母依勞工退休金條例規定請領勞工退休金之權利，核屬被繼承人之遺產，其就繼承所得遺產，負有清償責任。

　　（二）勞工退休金條例第27條第1項第3款、第5款固規定祖父母之請領順序優先於兄弟姐妹，而與民法第1138條第3款、第4款所列繼承順序不同。惟勞工退休金條例第27條規定乃民法第1138條規定之特別法，依特別法優於普通法自應適用特別法；且適用法律應一體適用，不容割裂，亦為法律適用原則，就勞工生前得領取之退休金之遺屬請領順位既應適用勞工退休金條例，如被繼承人之債權人依法得對遺產聲請執行，自仍應適用勞工退休金條例，殊無疑義。

　　乙說：否定說。

　　（一）勞工退休金條例第27條第1項僅係為便利受請領機關辦理請領作業規定，就請領退休金遺屬之資格及順序所為之規定，並非為遺產繼承人之繼承順序所為之特別規定。此可由該條第2項後段規定有未具名之遺屬者，由具名之遺屬負責分配之，即可推知受請領機關並不介入遺產之歸屬判斷及分配。

　　（二）倘祖父母前尚存有規定在前之繼承人時，其自非民法第1138條規定當順位繼承人，並非適格之債務人，此時執行法院宜曉諭債權人變更執行標的為當順位繼承人兄弟姐妹對祖父母得請求返還退休金之債權，對之核發執行命令。

初步研討結果：

　　問題（一）：採甲說。

　　問題（二）：採甲說。

審查意見：（一）本題與第13號提案合併討論。

　　問題（一）：採甲說，補充理由如下：

　　參酌勞工退休金條例第27條第2項但書：「生前預立遺囑指定請領人者，從其遺囑」之規定；及改制前行政院勞工委員會民國95年2月9日勞動4字第0950006111號函釋：「勞工得以遺囑指定遺屬以外之指定請領人請領退休金，……，惟如有民法第1223條規定特留分之情形，致得請領退休金者有數人時，應與其他請領人共同具領」之意旨，可知遺屬請領退休金之權利，勞工生前得以遺囑處分之，並有特留分規定之適用，則其性質應屬勞工之遺產，至為明確。

　　問題（二）：採甲說結論，理由如下：

　　（一）勞工退休金條例為保障勞工退休後生活，雖於第29條第1項規定勞工之退休金及請領勞工退休金之權利，不得讓與、扣押、抵銷或供擔保，此觀該條立法理由甚明。然勞工死亡後，保障勞工退休後生活之立法目的已不存在，若仍認遺屬請領勞工退休金之權利依上開規定不得強制執行，將致生勞工之債權人無法就勞工之遺產受償對於勞工之債權，勞工之遺屬則可完全享有勞工遺產之不公平結果，亦不符合權利與義務應一體繼承之基本原則。另參酌勞動基準法第61條、船員法第50條、農民退休儲金條例第20條、學校法人及其所屬私立學校教職員退休撫卹離職資遣條例第6條、公立學校教職員退休資遣撫卹條例第69條、政務人員退職撫卹條例第11條、公務人員退休資遣撫卹法第69條、陸海空軍軍官士官服役條例第51條等規定，均於條文明訂遺屬請領給與之權利不得扣押之文義，可知凡採遺屬優先保障之立法，皆於條文明示遺屬請領給與之權利不得扣押之意旨。則勞工退休金條例第29條既未將遺屬請領退休金之權利列入不得扣押之範圍，且其立法、修法理由僅強調保障勞工退休生活，對遺屬之保障則未置一詞，更見遺屬請領勞工退休金之權利，應無勞工退休金條例第29條第1項禁止扣押規定之適用。從而，遺屬請領勞工退休金之權利，應認得為強制執行之客體。

　　（二）勞工退休金條例第26條規定之退休金，既屬勞工之遺產，同條例第27條至第29條關於遺屬請領該退休金之規定，性質即屬繼承該項遺產之特別規定。其有別於民法繼承編規定者，應依特別法優於普通法原則，優先適用；未有特別規定部分，則仍應適用民法繼承編。故勞工退休金條例第27條第1項所定請領退休金之繼承人範圍及順位，應優先於民法第1138條規定而適用。又勞工退休金條例並無關於勞工債務繼承之規定，則同條例第27條所定請領退休金之繼承人，仍應依民法第1148條第1項規定，承受勞工生前非一身專屬性之債務，並以其所繼承之退休金為限，負清償之責任。準此，若勞工死亡時，其兄弟姐妹與祖父母同時存在，而無其

他繼承人，即應優先適用勞工退休金條例第27條規定，以勞工之祖父母為請領退休金之繼承人，並由其依民法第1148條第1項規定，承受勞工之債務。故執行法院得以勞工之祖父母為執行債務人，對其強制執行。

研討結果：

（一）本題與第13號提案合併討論。

（二）問題（一）：照審查意見通過。

問題（二）：

（一）增列丙說：修正否定說。勞工退休金條例（下稱勞退條例）第27條第1、2項規定：「依前條規定請領退休金遺屬之順位如下：一、配偶及子女。二、父母。三、祖父母。四、孫子女。五、兄弟、姊妹。」、「前項遺屬同一順位有數人時，應共同具領，有未具名之遺屬者，由具領之遺屬負責分配之；有死亡、拋棄或因法定事由喪失繼承權時，由其餘遺屬請領之。但生前預立遺囑指定請領人者，從其遺囑。」其請領順序，係以遺囑指定之人（下稱指定領取人）優先，未經遺囑指定者，始適用法定之順序認定得請領之遺屬（下稱法定領取人）。勞退條例第27條第2項但書規定之勞工退休金（下稱勞退金）指定領取人，性質上為該勞工對其所為遺贈（遺贈勞退金債權），乃指定領取人對遺產之債權。依民法第1148條第1項、第1159條、第1160條之規定，勞工死亡後，非當然由受遺贈人取得遺贈標的之權利，仍應由其繼承人自繼承開始時當然承受該退休金債權，以之清償被繼承人之債務後，如有剩餘，始由受遺贈人（指定領取人）依遺囑內容就勞退金受償，完成遺贈物之交付。法定領取人雖非經遺囑指定之受遺贈人，然與受遺贈人同係因被繼承人死亡而無償取得對遺產權利之人，且其受償地位亦不應優於請領順位在前之受遺贈人（指定領取人），故宜類推適用民法第1160條規定，於繼承人以勞退金清償被繼承人之債務後，始得將勞退金餘額給付法定領取人。題示情形，如繼承人為債務人之兄弟姊妹，法定領取人為債務人之祖父母，應以債務人之兄弟姊妹為債務人，扣押其等繼承自債務人之勞退金債權，必待清償後猶有餘額，始得由債務人之祖父母領取，非得逕對債務人之祖父母為強制執行。

（三）多數採甲說（實到76人，採甲說48票，採丙說19票）。

(二十六) 臺灣高等法院暨所屬法院110年法律座談會民執類提案第13號

法律問題：債權人持對被繼承人甲之執行名義，聲請執行甲之配偶乙（乃甲之唯一繼承人）依勞工退休金條例第26條規定，對勞工保險局之退休金請求權（下稱系爭勞工退休金），乙聲明異議主張該退休金請求權係其固有財產，並非遺產，不得強制執行等語，是否有理由？

討論意見：

甲說：肯定說（屬繼承人之固有財產）。

（一）按「勞工於請領退休金前死亡者，應由其遺屬或指定請領人請領一次退休金。」「（第1項）依前條規定請領退休金遺屬之順位如下：一、配偶及子女。二、父母。三、祖父母。四、孫子女。五、兄弟、姊妹。（第2項）前項遺屬同一順位有數人時，應共同具領，如有未具名之遺屬者，由具領之遺屬負責分配之；有死亡、拋棄或因法定事由喪失繼承權時，由其餘遺屬請領之。但生前預立遺囑指定請領人者，從其遺囑。（第3項）勞工死亡後，有下列情形之一者，其退休金專戶之本金及累積收益應歸入勞工退休基金：一、無第1項之遺屬或指定請領人。二、第1項之遺屬或指定請領人之退休金請求權，因時效消滅。」「勞工之退休金及請領勞工退休金之權利，不得讓與、扣押、抵銷或供擔保。」勞工退休金條例第26條第1項、第27條及第29條第1項分別定有明文。可知勞工退休金不得扣押而成為強制執行之標的，且勞工於請領退休金前死亡者，其勞工退休金請領權人係遺屬或指定請領人，若無遺屬（含遺屬均拋棄繼承、死亡）或指定請領人，應歸入勞工退休基金處理，是勞工退休金不論在得否強制執行、請領權人及無人領取之最終歸屬等項，均與被繼承人死亡後之遺產性質顯有差異，是遺屬請領勞工退休金乃係遺屬依法取得之權利，並非係依據民法之繼承關係而取得，該勞工退休金自難認屬遺產（臺灣士林地方法院106年度家聲抗字第13號、臺灣臺北地方法院107年度家聲字第449號、110年度家聲字第5號裁定、臺灣高雄少年及家事法院109年度家聲字第85號裁定意旨參照）。

（二）財政部民國94年9月30日台財稅第09404571910號函釋第5點謂：「依勞工退休金條例規定，勞工個人退休金專戶之退休金，係雇主為勞工及勞工本身歷年提繳之金額及孳息，屬勞工個人所有，於勞工死亡時，應依遺產及贈與稅法第1條規定，併入其遺產總額課徵遺產稅。」等語，雖認遺屬領取勞工退休金應併入遺產總額課徵遺產稅，惟某財產應否一併課徵遺產稅，關係稅務公平及政府財政等多種考量，並非以是否為遺產為唯一依據，如被繼承人依遺產及贈與稅法第15條於死亡前2年贈與之財產，亦應徵收遺產稅，卻非民法繼承編所謂之遺產（臺灣臺北地方法院110年度家聲字第5號裁定意旨參照）。

（三）至於勞工有遺屬但無繼承權，或被繼承人已立遺囑指定領取人等情形時，依勞工退休金條例第27條第2項後段規定，其法律效果與遺產類似。惟若立法者有意將勞工退休金歸為遺產，大可仿保險法第113條之立法例，明訂勞工於請領退休金前死亡者，勞工退休金作為該勞工之遺產，僅於勞工退休金條例或相關行政法規有特別規定時從其規定即可。是依勞工退休金條例第27條第2項後段之立法方

式，更可認勞工退休金並非遺產，僅於遺屬無繼承權或被繼承人已立遺囑指定領取人之情形，始例外適用類似遺產之處理方式（臺灣臺北地方法院110年度家聲字第5號裁定意旨參照）。

（四）綜上，應認系爭勞工退休金非屬被繼承人甲之遺產，乙之主張為有理由。

乙說：否定說（屬被繼承人之遺產）。

（一）按勞工於請領退休金前死亡者，應由其遺屬或指定請領人請領一次退休金，勞工退休金條例第26條第1項定有明文。其立法理由謂：「勞工退休金有強制儲蓄之性質，故於請領前死亡者，其專戶累積之本金及收益應由其遺屬或指定請領人領取。」同條例第23條亦規定：「一次退休金之領取及計算方式為一次領取勞工個人退休金專戶之本金及累積收益。」由此可知，乙所得領取之退休金係被繼承人甲之薪資所得提撥至個人退休金專戶之本金及累積收益，性質上為被繼承人甲勞務之對價，屬於被繼承人甲所有，故政府雖為保障勞工生活照顧及社會安全考量，而有延後給付之制度設計，而於延後給付制度期間，縱有被繼承人甲於得請領前發生死亡之事實，系爭勞工退休金亦不因此而變異性質而成為繼承人乙之固有財產。

（二）其次，勞退新制之勞工個人退休金專戶，係由雇主於受僱人任職期間，依月提繳工資分級表，按受僱人之薪資分級，提繳至少以6%計算之金額至受僱人個人退休金專戶，受僱人符合退休條件，始得支領以該提繳金額本金及累積收益總額為限之退休金，性質上或可解為遞延工資之給付，而屬勞工之財產（臺灣高等法院108年度家上字第336號判決、110年度抗字第417號裁定意旨參照）。且從退休金之經濟性格觀之，工資本質上係勞工提供勞動力之價值，惟勞工所獲得之工資並未充分反映勞動力之價值，此部分未付予勞工之工資持續累積，而於勞工離職時結算並支付之。亦即退休金制度係雇主將應給付勞工之足額工資撙節一部分逐漸累積，而於勞工退休時支付。準此，退休金為「延期後付」之工資性質，為勞工當然享有之既得權利，且不因勞工事後離職而消滅。又行政院勞工委員會擬將退休金改採「個人儲蓄帳戶」，可攜帶式退休金制度，即為避免雇主因財務困難或其他因素致勞工請求給付困難，影響勞工既得權益，尚不得據以認定現行勞動基準法退休金制度非採延期後付之工資性質（臺灣高等法院90年度勞上字第48號判決意旨參照）。準此，應認系爭勞工退休金係屬勞工之財產。

（三）依勞工退休金條例第26條、第27條規定，勞工死亡後其退休金雖明令有請領之順位，但既得由勞工生前預立遺囑指定請領之人請領，可見勞工退休金為遺產之一部分，故有前開關於拋棄或法定事由喪失繼承權而不得請領之各規定。至同條例第27條第3項第1款雖規定勞工死亡後，如無第1項之遺屬或指定請領人者，其退休金專戶之本金及累積收益應歸入勞工退休基金。然揆其立法理由係：「為避

免因死亡後無繼承人，造成呆帳管理困難，並健全勞工退休基金財務，爰於第3項規定死亡後無遺屬或指定請領人時，其勞工退休金專戶之本金及收益，應歸勞工退休基金。」並非否定勞工退休金係屬勞工之遺產（臺灣高等法院108年度家上字第336號判決、110年度抗字第417號裁定意旨參照）。

（四）又依勞工退休金條例規定，關於勞工個人退休金專戶之退休金，係雇主為勞工及勞工本身歷年提繳之金額及孳息，屬勞工個人所有，故於勞工死亡時，應依遺產及贈與稅法第1條規定，併入其遺產總額課徵遺產稅（財政部94年9月30日台財稅字第09404571910號令第5點參照），亦可認系爭勞工退休金之性質係屬被繼承人即勞工之遺產（臺灣臺北地方法院108年度家聲字第33號裁定意旨參照）。

（五）勞工退休金條例第29條第1項雖規定勞工之退休金及請領勞工退休金之權利，不得讓與、扣押、抵銷或供擔保。其目的係為保障勞工退休後生活，有該條項規定之立法理由可參。然勞工已死亡時，保障勞工退休後生活之立法目的已不復存在，若仍認系爭勞工退休金依同條例第29條第1項規定不得為強制執行，將致生債權人之債權無法受償，而被繼承人之繼承人卻可繼承之情形。是以，衡量債權人、債務人及其他利害關係人即繼承人之權益，應認系爭勞工退休金無勞工退休金條例第29條第1項之適用，得為強制執行，以符合強制執行法第1條第2項依公平合理原則及比例原則進行之意旨。

（六）綜上，可認系爭勞工退休金係屬被繼承人甲之遺產，乙之主張為無理由。

初步研討結果：採乙說。

審查意見：本題與第12號提案合併討論。

研討結果：本題與第12號提案合併討論。

第二節 （刪除）

❖ 民法第1154條

繼承人對於被繼承人之權利、義務，不因繼承而消滅。

（98年6月10日修正公布）

舊民法第1154條

繼承人得限定以因繼承所得之遺產，償還被繼承人之債務。

繼承人有數人，其中一人主張為前項限定之繼承時，其他繼承人除有下列情形之一者外，視為同為限定之繼承：

一、於為限定繼承前，已為概括繼承之表示。

二、已逾第1156條所定期間。

為限定之繼承者，其對於被繼承人之權利、義務，不因繼承而消滅。

（97年1月2日之舊法）

案例

> 甲男及乙女的父親丙最近過世了，留下一棟房子及一些存款，繼承人只有甲、乙兩位，而甲、乙一方面想要父親丙的房子及存款，另外一方面，甲、乙知道父親丙生前在外面生意做得不好，可能隨時會有人上門來討債，但是又沒有把握到底父親的遺產比較多，還是債務比較多，所以也不敢辦理拋棄繼承，怕如果父親的遺產比較多的時候，拋棄繼承把遺產和遺債通通拋棄，會划不來，那麼甲、乙可不可在繼承遺產的限度內，對父親的債主負責？

一、思考焦點

繼承人是不是可以在所繼承遺產的限度內，對被繼承人的債權人負責？

二、問題論述

民法第1148條第2項規定，繼承人對於繼承債務僅負限定責任，適用於所有繼承人，且不待繼承人主張，故第1項及第2項已無規定之必要，爰予刪除。原條文第3項規定移列為第1項，並酌作文字修正。

(一) 限定繼承的意義

我國是採取「當然繼承主義」，也就是說，在被繼承人死亡的時候，繼承人不用做什麼動作，也不用說什麼話，當然就繼承被繼承人的遺產以及債務（民法第1147條、第1148條）。被繼承人過世的時候，如果發現被繼承人所留下來的債務（遺債），比被繼承人留給繼承人的財產（遺產）還多的話，繼承人就可以依照民法第1174條以下的規定，辦理拋棄繼承的程序，拋棄繼承之後，遺產和遺債通通都拋棄了，不能繼承任何被繼承人的財產，也不用負擔被繼承人任何的債務。但是如果被繼承人留下來一些遺產，繼承人不能確定被繼承人留下來多少債務，或能夠確定被繼承人的遺產少於遺債，繼承人就可以使用一種程序，讓繼承人不用對所繼承的全部遺債負責清償，而只在所繼承的遺產限度或範圍之內，才負責清償遺債，這樣才不會用繼承人自己本來的財產去清償被繼承人所留下來的債務，因為繼承而吃虧，這種程序就是「限定繼承」。如果辦理好限定繼承的程序，那麼繼承人可以限

定在繼承所得到的遺產範圍以內，償還被繼承人生前所留下的債務（舊民法第1154條第1項）。但此次修正民法第1148條第2項規定，繼承人對於繼承債務僅負限定責任，適用於所有繼承人，且不待繼承人主張。

(二) 其他繼承人視為同為限定繼承

舊民法第1154條第2項規定：「繼承人有數人，其中一人主張為前項限定之繼承時，其他繼承人視為同為限定之繼承」。亦即如果繼承人有好幾位，其中一位辦理限定繼承的手續，法律就把其他的繼承人也當做是限定繼承（視為同為限定繼承）。97年1月2日公布之民法第1154條第2項規定：「繼承人有數人，其中一人主張為前項限定之繼承時，其他繼承人除有下列情形之一者外，視為同為限定之繼承：一、於為限定繼承前，已為概括繼承之表示。二、已逾第一千一百五十六條所定期間。」易而言之，將限定繼承如有上述兩種情形，一、於為限定繼承前，已為概括繼承之表示。二、已逾第1156條所定期間時，則被繼承人對繼承人為概括繼承。而所謂逾第1156條所定期間，係指下列兩種情形，一、為限定之繼承者，應於繼承開始時起，三個月內，未開具遺產清冊呈報法院。二、法院接獲限定繼承遺產清冊呈報後，定一個月以上三個月以下期間，命繼承人開具遺產清冊呈報法院時，繼承人未在期間內呈報法院。如法院因繼承人之聲請延展期間申報，而裁定同意時，則不在此限。

(三) 拋棄繼承與限定繼承的不同

而辦理限定繼承和拋棄繼承最大的不同，是拋棄繼承把遺產以及遺債，通通拋棄掉了，但是辦理限定繼承的繼承人，還是可以繼承被繼承人的遺產，也一樣要負擔被繼承人所留下來的債務（舊民法第1154條第3項），只不過，是不會無限制的負擔債務，而是最多負擔到所繼承的遺產那麼多而已，這樣，才不會因為繼承而吃虧。但在此次修法中，已將限定繼承刪除。

三、案例結論

甲、乙可以依據98年6月10日公布之民法第1148條第2項規定，主張對被繼承人所留下來的債務，最多負責到所繼承的遺產之限定責任。

四、相關實例

試述98年6月10日公布之民法第1148條第2項規定，對交易安全之影響？

五、重要判解

(一) 司法院22年院字第869號解釋

繼承財產是否足以清償被繼承人生前所負之債務，繼承人雖未能明知，亦依法為限定繼承之聲請。

(二) 最高法院68年台上第718號判決（例）

在訴訟繫屬中，當事人死亡而由繼承人承受訴訟者，該繼承人已繼為當事人，固為該判決效力之所及，然其繼承人之地位，並不因此而受影響，從而該繼承人如為限定繼承人時，仍只就所繼承遺產之範圍內對被繼承人之債務負其清償責任，觀民法第1154條第1項規定自明，倘債權人執該判決為執行名義，對其固有財產聲請強制執行時，限定繼承人自得提起第三人異議之訴，以排除強制執行。

(三) 最高法院77年台抗第143號判決（例）

限定繼承之繼承人，就被繼承人之債務，唯負以遺產為限度之物的有限責任。故就被繼承人之債務為執行時，限定繼承人僅就遺產之執行居於債務人之地位，如債權人就限定繼承人之固有財產聲請強制執行，應認限定繼承人為強制執行法第15條之第三人，得提起第三人異議之訴，請求撤銷強制執行程序。

(四) 最高法院92年度台抗第513號民事判決

繼承人依民法第1163條規定，不得主張同法第1154條所定之利益時，應視為單純承認繼承，即除專屬於被繼承人本身外，由繼承人自繼承開始時，承受被繼承人財產上之一切權利義務，故被繼承人之債權人中一人或數人依同法第1163條之規定聲請法院，裁定繼承人不得享有限定繼承利益，此項法律效果自應及於被繼承人之其他債權人。

(五) 最高法院104年度台上字第773號民事判決

按當事人一方死亡，其承受訴訟限於同一造之繼承人；屬對造當事人之繼承人，關於原應承受該死亡當事人之訴訟上地位，應認為無訴訟上對立之關係而不存在，自非得為承受。夫妻剩餘財產差額分配請求權在配偶一方先他方死亡時，屬生存配偶對其以外之繼承人主張之債權，與該生存配偶對於先死亡配偶之繼承權，為各別存在的請求權，兩者迥不相同，生存配偶並不須與其他繼承人分擔該債務，自無使債權、債務混同之問題。又繼承人對被繼承人之權利、義務，不因繼承而消滅。繼承人中如對於被繼承人負有債務者，於遺產分割時，應按其債務數額，由該繼承人之應繼分內扣還。

(六) 最高法院105年度台上字第686號民事判決

繼承人對於被繼承人之權利、義務，不因繼承而消滅，民法第1154條定有明文。故繼承人如對被繼承人有債權者，於遺產分割時，自應列為被繼承人之債務。

(七) 最高法院107年度台上字第1397號民事判決

繼承人對於被繼承人之權利、義務，不因繼承而消滅。故繼承人如對有債權者，於遺產分割時，自應列為被繼承人之債務。若受有損害，得依不當得利之規定，請求償還價額。

❖ 民法第1155條（刪除）

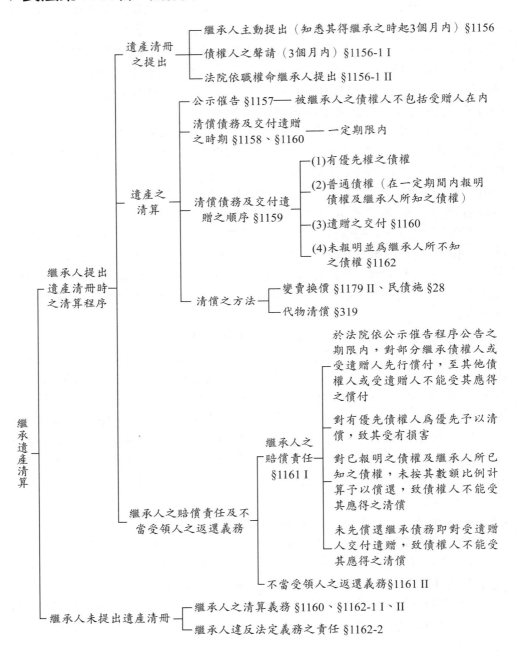

❖ 民法第1156條

繼承人於知悉其得繼承之時起三個月內開具遺產清冊陳報法院。

前項三個月期間，法院因繼承人之聲請，認為必要時，得延展之。

繼承人有數人時，其中一人已依第1項開具遺產清冊陳報法院者，其他繼承人視為已陳報。

（98年6月10日修正公布）

舊民法第1156條

為限定之繼承者，應於繼承人知悉其得繼承之時起三個月內呈報法院。

法院接獲前項呈報後，應定一個月以上三個月以下期間，命繼承人開具遺產清冊呈報法院。必要時，法院得因繼承人之聲請延展之。

（97年1月2日之舊法）

案 例

甲男的父親乙在98年8月1日過世，甲看著乙嚥氣死亡，後來甲聽人家說，如果怕被繼承人遺債太多的話，可以去辦理限定繼承的手續，所以甲在同年12月1日才去法院辦理限定繼承的手續，法院是不是應該要准許？

一、思考焦點

如果在被繼承人死亡之後，超過三個月才向法院聲請辦理限定繼承的手續，法院是不是會准許？

二、問題論述

家事事件法第3條第4項（丁類事件）第9款：其他繼承事件、第127條第1項第1款（關於遺產清冊陳報事件）、第128條（遺產陳報書應記載事項），應一併研讀。

(一) 向法院辦理限定繼承的期限

法律上之所以要規定，辦理限定繼承的手續，必須要在被繼承人死去之後開始起算，三個月之內向法院辦理，是為了要把繼承人有沒有限定繼承這件事情，早一點確定下來。故舊民法第1156條第1項規定被繼承人過世之後三個月內，就要把遺產清冊給開出來，拿去向法院辦理限定繼承的手續，這可以讓被繼承人的繼承人，

到底有沒有限定繼承這件事情，早一點確定下來，被繼承人的債權人，也可以早一點知道自己對被繼承人的債權，可不可以向繼承人追討大於遺產的部分，或到底可以追討多少。97年1月2日公布之民法第1156條第1項規定：「為限定之繼承者，應於繼承人知悉其得繼承之時起三個月內呈報法院。」亦即新法中強調繼承人知悉其得繼承之時起三個月內呈報法院；故有別於舊法為限定之繼承者，應於繼承開始時起，三個月內，開具遺產清冊呈報法院。

　　本次修正後，繼承人對於被繼承人之債務，雖僅須以所得遺產負清償責任，惟為釐清被繼承人之債權債務關係，宜使繼承人於享有限定責任利益之同時，負有清算義務，以免失去事理之平，故在法律上仍維持繼承人知悉其得繼承之時起三個月內，得開具遺產清冊陳報法院，並進行第1157條以下程序之規定。如此，一方面可避免被繼承人生前法律關係因其死亡而陷入不明及不安定之狀態；另一方面繼承人亦可透過一次程序之進行，釐清確定所繼承遺產之法律關係，以免繼承人因未進行清算程序，反致各債權人逐一分別求償，不勝其擾，故此次修法維持現行條文第1項及第2項規定，但酌作立法上之修正，請參照前揭條文對照。

(二) 向法院提出遺產清冊期限的延長

　　但是有時被繼承人的遺產以及遺債又多又雜，有一些遺產及遺債，還要去找找看有沒有，如果要在被繼承人死亡之後三個月以內，把遺產清冊開出來，向法院聲請限定繼承。法律上考慮到對某些繼承人而言，確實有困難性時，在被繼承人死亡之後三個月內，必須要把被繼承人的遺產清冊開出來給法院的期間，可以由法院視情況來延長（延展），如果法院審查，認為真的有必要延展期間，就會予以延展，但是聲請法院准許延長期間，必須要在被繼承人死亡之後三個月之內，說明理由向法院提出聲請（舊民法第1156條第2項）。如果沒有在被繼承人死亡之後三個月內提供被繼承人的遺產清冊，向法院提出限定繼承的聲請，或向法院提出延後提出遺產清冊的聲請，就會被法院駁回限定繼承的聲請，繼承也就確定下來，繼承人因此就必須對被繼承人所有的債務負責。

　　97年1月2日公布之民法第1156條第2項規定：「法院接獲前項呈報後，應定一個月以上三個月以下期間，命繼承人開具遺產清冊呈報法院。必要時，法院得因繼承人之聲請延展之。」係將法院接獲限定繼承者，開具遺產清冊，呈報法院及期間，予以明文化規定。98年6月10日公布之民法第1156條第2項規定修正為：「前項三個月期間，法院因繼承人之聲請，認為必要時，得延展之。」

(三) 繼承人有數人時，如其中一人已陳報者，其他繼承人無須再為陳報

　　設若繼承人有數人時，如其中一人已依本條第1項陳報，其他繼承人原則上自無須再為陳報，故在此次修法，增訂第3項規定：「繼承人有數人時，其中一人已

依第一項開具遺產清冊陳報法院者，其他繼承人視爲已陳報。」

又繼承人如未於本條第1項所定期間開具遺產清冊陳報法院，並不當然喪失限定繼承之利益。法院應依民法第1156條之1規定，因債權人聲請或依職權命繼承人陳報時，繼承人仍有開具遺產清冊陳報法院之機會。惟如繼承人仍不遵命開具遺產清冊，繼承人即必須依民法第1162條之1規定清償債務，若繼承人復未依民法第1162條之1規定清償時，則須依民法第1161條規定，負清償被繼承人債務及損害賠償責任。

三、案例結論

繼承人如未於民法第1156條第1項所定期間開具遺產清冊陳報法院，並不當然喪失限定繼承之利益。法院應依民法第1156條之1規定，因債權人聲請或依職權命繼承人陳報時，繼承人仍有開具遺產清冊陳報法院之機會。

四、相關實例

甲男與乙女結婚，婚後生有丙、丁、戊三子，甲男在98年9月1日過世，乙女於同年10月1日開具遺產清冊並陳報法院，試問：丙、丁、戊是否亦須向法院陳報遺產清冊？

五、重要判解

(一) 司法院23年院字第1054號解釋

繼承人因爲限定之繼承，既於繼承開始時起三個月內開具遺產清冊呈報法院，原不得爲駁回之裁定，繼承人既重開遺產清冊，更爲確切之統計，法院應即爲之公示催告，不受前裁定之拘束。

(二) 臺灣高等法院87年度家抗字第11號民事判決

按爲限定之繼承者，應於繼承開始時起三個月內，開具遺產清冊呈報法院。前項三個月期限，法院因繼承人之聲請，認爲必要時，得延展之。民法第1156條第1項固定有明文。惟繼承人之聲請延展須在繼承開始起三個月以內爲之，逾期自不得准許延展之聲請。

(三) 臺灣高等法院暨所屬法院100年法律座談會民事類提案第11號

法律問題：繼承人於知悉其得繼承之時起逾三個月始開具遺產清冊陳報法院，應否准許？

討論意見：

甲說：否定說。

　　按「繼承人於知悉其得繼承之時起三個月內開具遺產清冊陳報法院。」民法第1156條第1項定有明文，觀98年6月10日民法第1156條之修正理由「一、本次修正後，繼承人對於被繼承人之債務，雖僅須以所得遺產負清償責任，惟為釐清被繼承人之債權債務關係，宜使繼承人於享有限定責任權利之同時，負有清算義務，免失事理之平，爰維持繼承人應開具遺產清冊陳報法院，並進行第1157條以下程序之規定。如此，一方面可避免被繼承人生前法律關係因其死亡而陷入不明及不安定之狀態；另一方面繼承人亦可透過一次程序之進行，釐清確定所繼承之法律關係，以免繼承人因未進行清算程序，反致各債權人逐一分別求償，不勝其擾……」及民法第1162條之2第3項規定：「繼承人違反第一千一百六十二條之一規定，致被繼承人之債權人受有損害者，亦應負賠償之責。」可知若未於法定期間開具遺產清冊陳報法院，雖繼承人不失以所得遺產為限之法定繼承利益，然繼承人未陳報遺產清冊而自行以遺產清償債權人之債權，違反民法第1162條之1規定，若致被繼承人之債權人受有損害時，須依民法第1162條之2第3項負賠償責任，是仍有區分繼承人是否於法定期間內陳報之實益；又依民法第1156條第2項規定，法院認有必要，得依繼承人之聲請延展陳報期間，繼承人仍有緩衝之便；且為避免繼承法律關係長久懸而未決，並促使繼承人儘快向法院陳報遺產清冊、行公示催告等清算程序，故認該三個月期間係法定期間，若繼承人逾三個月之法定期間始陳報遺產清冊，法院應裁定駁回。

　　乙說：肯定說。

　　觀98年06月10日修正前之民法第1156條第1項「為限定之繼承者，應於繼承人知悉其得繼承之時起三個月內呈報法院」，比照修正後之條文「繼承人於知悉其得繼承之時起三個月內開具遺產清冊陳報法院」，新法將「應」字刪除，可知繼承人並無義務開具遺產清冊陳報法院，因此該三個月之期間並不具強制之效力，應係訓示規定。又按「繼承人對於被繼承人之債務，以因繼承所得遺產為限，負清償責任。」民法第1148條第2項定有明文，故現行之新法，不論繼承人有無陳報遺產清冊，皆享以所得遺產為限負清償責任之法定繼承利益，與舊法繼承人須於法定期限內聲明方生限定繼承之效果迥然不同；另除原有由繼承人主動向法院陳報遺產清冊，又增訂民法第1156條之1第1項、第2項依債權人之聲請或法院依職權而命繼承人提出遺產清冊之二種發動方式，然該2項並未設有時間之限制，是主動向法院提出遺產清冊，因逾三個月期間遭駁回之繼承人，與未於三個月期間內陳報而被動經法院命提出遺產清冊之繼承人對照，後者反不受三個月之限制，顯有失衡，故認該三個月期間應解為訓示期間，倘繼承人逾三個月期間而向法院陳報遺產清冊，仍應准許。

初步審查結果：採乙說。

審查意見：採乙說。惟理由第1行至第8行「觀98年……，應係訓示規定。又」等
　　　　　　文字刪除。

研討結果：照審查意見通過。

(四) 最高法院100年度台上字第1622號民事判決

　　陳○勝死亡時（93年7月8日）之修正前民法第1156條規定：「為限定繼承者，
應於繼承開始時起，三個月內，開具遺產清冊呈報法院。前項三個月期間，法院因
繼承人之聲請，認為必要時，得延展之。」準此，民法修正前，繼承人於繼承開始
時起三個月內，開具遺產清冊，向法院呈報限定繼承之旨，經法院受理後，即生
限定繼承之效力。至民法第1157條之公示催告（命被繼承人之債權人於一定期限內
報明其債權），所行者乃遺產之清算程式，該程式是否依法完成，所影響者為繼承
人可否主張修正前民法第1154條規定之限定繼承利益（修正前民法第1163條規定參
照），並不影響限定繼承之合法生效。法院依民法第1157條為命被繼承人之債權人
報明債權之公示催告程式，乃法院依職權所行者，並非限定繼承人所聲請，性質上
自無準用民事訴訟法第542條第3項規定，視為限定繼承人撤回公示催告聲請或其
限定繼承表示之餘地。

(五) 臺灣高等法院暨所屬法院107年法律座談會民事類提案第35號

法律問題：被繼承人死亡時，有配偶甲、一親等直系血親卑親屬乙、丙、丁、二親
　　　　　　等直系血親卑親屬A（乙之子）、B（丙之子）、二親等旁系血親X、
　　　　　　Y（各為被繼承人兄、姊），因被繼承人債務不明，甲、乙、丙、A、
　　　　　　B、X、Y等7人（下稱甲等7人）乃於知悉後3個月內共同具狀向法院聲
　　　　　　明拋棄繼承，並繳費用新臺幣（下同）1,000元。丁則未拋棄繼承，並
　　　　　　已依民法第1156條第1項向法院陳報遺產清冊《即丁承認繼承，則題示
　　　　　　A、B、X、Y所為之拋棄繼承均不合法》。試問：本件應徵收之費用為
　　　　　　何？

討論意見：

　　甲說：按件收費。

　　本件共同拋棄之繼承權僅「一」，徵收之費用應以一件計算，即以「件」收
費，不應依聲明拋棄之繼承「人數」計費，故應徵收1,000元，毋庸命補費。

　　乙說：按聲明人數收費。

　　按因非財產權關係為聲請者，徵收費用1,000元，非訟事件法第14條第1項定有
明文。拋棄繼承乃拋棄具有身分權性質之繼承權，消滅身分權之行為，屬身分行
為，繼承人一經拋棄繼承，即喪失繼承人之地位，是各繼承人所為之拋棄繼承乃各

別所爲之身分行爲。數繼承人固可共同具狀向法院聲明拋棄繼承，惟各該繼承人對於被繼承人之遺產聲明拋棄繼承本係獨立行使且可分，無合一確定之必要，應由法院個別判斷其等之聲明合法與否，其等共同具狀僅是利用同一程序，同時聲明而已，自應分別徵收費用，如共同聲明則各應徵收之費用應於該事件合併計算，並不因其等係個別具狀聲明或共同具狀聲明而形成費用徵收上之差異。題示甲等7人共同具狀聲明拋棄繼承，依上開非訟事件法第14條第1項之規定，各應繳納費用1,000元（合計共7,000元），故本件扣除共同已繳部分，尚應補繳6,000元（如繳費收據載明題示之1,000元僅聲明人中之一人所繳納，則應命其餘聲明人各繳納1,000元），始屬適法。

初步研討結果：採乙說。

審查意見：採甲說，理由如下：

　　按繼承人拋棄其繼承權，應於知悉其得繼承之時起3個月內，以書面向法院爲之。繼承之拋棄，溯及於繼承開始時發生效力。民法第1174條第1、2項、第1175條定有明文。故拋棄繼承乃繼承人脫離繼承關係之意思表示，繼承人僅須於法定期間內以書面向法院爲拋棄繼承之意思表示，即溯及於繼承開始時發生效力，性質上爲單獨行爲，且不具訟爭性，係屬非訟事件。法院就繼承人拋棄繼承之聲明，亦僅爲形式上審查是否符合非訟程序上要件，無需爲實體上之審認，法律規定須以書面向法院爲之，係基於公示之考量及避免舉證困難，使法院有案可查、杜絕倒填日期，或僞造拋棄證明文件等情況，非謂拋棄繼承之意思表示需經法院許可後始生效力。實務上向來對合於程序要件之拋棄繼承聲明，亦僅作「備查」之通知，且法院就繼承人拋棄繼承之聲明，准予備查，亦僅有確認之性質，並無實體認定之效力，繼承人拋棄繼承是否合法，於相關事件仍須實體審查。法院就繼承人拋棄繼承之聲明，既僅爲形式上審查，並未於實體上逐一認定各繼承人拋棄繼承之效力，應認此類事件之費用，應按聲明之件數，而非按聲明之人數計算應徵收之費用。本件甲、乙等人既共同具狀向法院聲明拋棄繼承，即應以一件計算，依家事事件法第97條、家事事件審理細則第41條第2項準用非訟事件法第14條第1項之規定，徵收費用1,000元。

研討結果：多數採審查意見（實到74人，採審查意見58票，採乙說5票）。

❖ 民法第1156條之1

　　債權人得向法院聲請命繼承人於三個月內提出遺產清冊。

　　法院於知悉債權人以訴訟程序或非訟程序向繼承人請求清償繼承債務時，得依職權命繼承人於三個月內提出遺產清冊。

前條第2項及第3項規定，於第1項及第2項情形，準用之。
（98年6月10日增訂）

案 例

甲男的父親乙在98年8月1日過世，甲看著乙嚥氣死亡，因為害怕被繼承人遺債太多且法律知識不足，因此未向法院辦理限定繼承的手續，後來乙之債權人丙在同年12月1日，以民事起訴狀向法院請求繼承人甲應清償被繼承人乙之債務，試問：法院應如何辦理本案？

一、思考焦點

如果在被繼承人死亡之後，已超過三個月未向法院聲請辦理限定繼承的手續，現被繼承人之債權人，以民事起訴狀向法院請求繼承人應清償被繼承人之債務，法院受理本案後應如何辦理？

二、問題論述

家事事件法第3條第4項（丁類事件）第9款：其他繼承事件、第128條（遺產陳報書應記載事項）、第129條（聲請命提出遺產清冊之程式及遺產陳報書），應一併研讀。

本條新增，鑑於繼承人可能因不知繼承債權人之存在，而自己認爲無依前條（民法第1156條）第1項所定期間內，開具遺產清冊向法院陳報之必要。故在立法上，宜使債權人有權向法院聲請，命繼承人開具遺產清冊，一方面可使原不知債權存在之繼承人知悉；另一方面可使債權人及繼承人尚有藉由陳報法院進行清算程序之機會。又爲使繼承法律關係儘速確定，宜參考前條（民法第1156條）第1項規定，明定法院命繼承人於三個月內開具遺產清冊，故本次立法爰增訂於本條第1項規定。

立法上爲求清算遺產程序，一次解決紛爭，並利於當事人主張權利，於法律上除使債權人得依本條第1項規定，向法院請求命繼承人提出遺產清冊外，應讓法院得於知悉債權人以訴訟程序或非訟程序向繼承人請求清償債務時，依職權命繼承人提出遺產清冊並爲清算，故增訂本條第2項規定：「法院於知悉債權人以訴訟程序或非訟程序向繼承人請求清償繼承債務時，得依職權命繼承人於三個月內提出遺產清冊。」

　　法院命繼承人提出遺產清冊之三個月期間，參考前條（即民法第1156條）第2項規定，明定法院因繼承人之聲請，認為必要時得延展之，以保障繼承人之權益。又法院如已命繼承人其中一人開具遺產清冊，其他繼承人亦已無再為陳報之必要，爰增訂第3項規定，明定前條（即民法第1156條）第2項及第3項規定，於本條文第1項及第2項情形，準用之。然遺產清冊之資料，如有誤差時，法院自得依職權命繼承人等更正或補正。

　　繼承人如未依民法第1156條或本條文（即民法第1156條之1）規定，開具遺產清冊陳報法院，並進行清算程序，即必須依民法1162條之1規定清償債務，如繼承人仍未依該條文之規定清償被繼承人債務時，則該繼承人應依民法第1161條規定，對被繼承人之債權人負清償及損害賠償責任。

三、案例結論

　　繼承人如未於民法第1156條第1項所定期間開具遺產清冊陳報法院，並不當然喪失限定繼承之利益。法院應依民法第1156條之1規定，因債權人聲請，命繼承人於三個月內提出遺產清冊，因此繼承人仍有開具遺產清冊，陳報法院之機會。

四、相關實例

　　甲男與乙女結婚，婚後生有丙、丁、戊三子，甲男在98年9月1日過世後，債權人己在同年12月1日，以民事起訴狀向法院請求繼承人乙、丙、丁、戊應清償被繼承人甲之債務，法院並命繼承人乙、丙、丁、戊三個月內須開具遺產清冊並陳報之，但乙、丙、丁、戊故意置之不理亦不願對被繼承人之債權人己清償債務，試問：法院應如何辦理本案？

❖ 民法第1157條

　　繼承人依前二條規定陳報法院時，法院應依公示催告程序公告，命被繼承人之債權人於一定期限內報明其債權。

　　前項一定期限，不得在三個月以下。

　　（98年6月10日修正公布）

舊民法第1157條

　　繼承人依前條第2項規定呈報法院時，法院應依公示催告程序公告，命被繼承人之債權人於一定期限內報明其債權。

　　前項一定期限，不得在三個月以下。

　　（97年1月2日之舊法）

案 例

　　甲男在父親過世之後一個星期以內，就把遺產清冊給開出來，並且向法院提出遺產清冊，聲請限定繼承，接下來法院會怎麼樣處理？

一、思考焦點

　　法院接到繼承人合法的聲請限定繼承，首先應該要做什麼？

二、問題論述

　　家事事件法第130條（法院公示催告），應一併研讀。

　　管見認為，報明期間應優先適用家事事件法第130條第5項：「第一項報明期間，自前項揭示之日起，應有六個月以上。」之規定，而不適用民法第1157條第2項：「前項一定期限，不得在三個月以下」，並認為將來民法第1157條第2項可配合立法修正或予以刪除。

　　聲請限定繼承的繼承人，還是想要去繼承被繼承人的遺產，只不過對於被繼承人的債務，是在所繼承的遺產的範圍內，才要去負責。所以，被繼承人到底留下來多少的債務，就非常的重要，有的時候，繼承人根本不清楚被繼承人生前到底留下來多少債務、有那些債權人，所以法院接到有人要聲請限定繼承，就要先辦理「公示催告」程序，就是要聲請限定繼承的人，按照法院給的例稿去刊登報紙，內容是要被繼承人的債權人，在一定的期間之內，出面說明到底被繼承人積欠他（她）多少錢，希望統計一下，到底被繼承人在外面欠了多少債（舊民法第1157條第1項）。而這個期間，不能少於三個月（舊民法第1157條第2項），理論上，是希望被繼承人的債權人，能夠看到報紙，知道自己的債務人已經過世了，要趕快出面找自己債務人的繼承人討債，不然的話，被繼承人的遺產，就被其他債權人分光了。

　　97年1月2日公布之民法第1157條第2項規定：係明確指出，繼承人依民法第1156條第2項規定陳報限定繼承之遺產清冊於法院時，法院應依公示催告程序公告，而有別於舊法將民法第1156條第1項包括在內。

　　98年6月10日公布之繼承法，配合第民法第1156條及第1156條之1之規定，本條文第1項酌作文字修正為：「繼承人依前二條規定陳報法院時，……」。有別於97年1月2日公布之民法第1157條第1項規定：「繼承人依前條第二項規定呈報法院時，……」。讀者比對前揭民法第1157條文前後修正之文字，自可知悉。

三、案例結論

　　法院接到合法的限定繼承的遺產清冊陳報之後，要先辦理「公示催告」程序，定超過三個月期限，希望被繼承人的債權人在期限以內，趕快出面說明被繼承人到底欠他（她）多少錢。

四、相關實例

　　法院辦理限定繼承的公示催告，催告期間只有二個月，是不是合法？

❖ 民法第1158條

　　繼承人在前條所定之一定期限內，不得對於被繼承人之任何債權人償還債務。

案 例

　　甲男向法院聲請限定繼承父親的遺產，法院裁定公示催告，第二天，乙男就聞風而來，說甲的父親欠他新臺幣（以下同）100萬元沒還，現在已經周轉不靈了，希望甲能夠先還20萬元，讓乙的工廠能夠渡過難關。請問：甲是不是可以先還給乙20萬元？

一、思考焦點

　　法院公示催告要求被繼承人的債權人出面報明債權的期間，繼承人是不是可以先清償已經知道的被繼承人的債權人？

二、問題論述

　　繼承人會聲請限定繼承的原因，通常是因為繼承人預料被繼承人的遺債大於遺產，既然是這樣，如果把所有的遺產，通通都拿去清償被繼承人的債務，很可能會不夠，到最後，每一位被繼承人的債權人，只好按照債權的比例來受清償，但是要先弄清楚，到底有哪些債權人，每一位債權人的債權到底是多少？不然的話，是算不出比例來的，所以法院公示催告的目的，就是要儘量把債權人給找出來，法院公示催告搜尋被繼承人的債權人的期間，還不知道最後有幾位債權人會出現，每一位對被繼承人的債權有多少也不知道，所以不能確定每一位債權人應該要受清償的比例，又怎麼能夠先去清償某一位債權人的債權呢？所以民法第1158條就規定，在法院公示催告的期間內，繼承人不可以先清償某一位債權人的債權。

三、案例結論

甲在法院公示催告債權人的期間，不可以向其中一位債權人乙償還債務。

四、相關實例

丙男向法院聲請限定繼承父親的遺產，法院裁定公示催告，第二天，丁男就說丙的父親欠他100萬元沒還，向法院強制執行丙父親的遺產。請問：法院是不是可以查封拍賣丙父親的遺產？

五、重要判解

(一) 司法院（75）廳民二字第1252號

按民法第1158條規定，繼承人在於同法第1157條所定公示，催告程序之公告期限內，不得對於被繼承人之任何債權人償還債務。揆其注意，係因繼承人為限定繼承後，所遺財產與繼承人之固有財產分離而獨立，為使繼承債權人公平受償，必須為遺產之清算，以公示催告命被繼承人之債權人，於一定期限內報明債權。如許期限屆滿前為清償，務將無法達到公平受償之目的。故此項規定，不僅於繼承人為清償時，受其限制，即強制執行亦同受限制。本題債務人死亡後，其繼承人即向法院呈報限定繼承，除債權人之債權具有優先權，因其執行結果並不影響繼承人之公平受償，得予強制執行外（參照民法第1159條但書規定），執行程序應予停止。

(二) 法務部行政執行署101年度（101年2月15日）署聲議字第9號

按民法第1158條規定：「繼承人在前條所定之一定期限內，不得對於被繼承人之任何債權人償還債務。」揆其法意，係因繼承人為限定繼承後，繼承財產與繼承人自有財產分離而獨立，為使繼承債權人公平受償，必須為遺產之清算程序，以公示催告命被繼承人之債權人於一定期限內報明債權。如於期限屆滿前為清償，則此項目的，勢將無法達到，故此項規定，不僅於繼承人為清償時，受其限制，即強制執行，亦同受限制。惟倘債權人之債權具有優先權，因其執行結果並不影響其他繼承債權人之公平受償，仍得予強制執行（司法院73年3月17日（73）廳民一字第18號、75年4月29日（75）廳民二字第1252號函附司法院民事廳研究意見參照）。再者，「稅捐之徵收，優先於普通債權」為稅捐稽徵法第6條第1項所明定。查本件移送機關尚未受償之義務人滯納之綜合所得稅部分，依前揭稅捐稽徵法第6條第1項規定，優先於普通債權受償，參酌前揭司法院民事廳研究意見，縱該義務人於執行中死亡，異議人向法院聲請限定繼承，並經法院裁定公示催告命義務人之債權人於一定期限內報明其債權，該期限屆滿前，仍非不得就義務人之遺產強制執行。

(三) 臺灣高等法院暨所屬法院102年法律座談會民執類提案第7號

法律問題：債權人甲於民國95年間已取得對被繼承人乙之債權100萬元執行名義。
而被繼承人乙於99年去世後，其繼承人丙已向法院陳報遺產清冊，其上
記載有現金50萬元。嗣後債權人甲查無被繼承人乙名義之存款帳戶，遂
持原執行名義逕向法院聲請向繼承人丙之郵局帳戶扣押，並扣得存款45
萬元，惟繼承人丙聲明異議，主張該存款皆非繼承遺產，請求撤銷執行
命令，然經債權人甲否認，堅持指封執行，執行法院經形式調查開戶及
出入金等資料，仍無法認定上開存款係屬繼承遺產，問執行法院應如何
處理？

討論意見：

甲說：駁回丙之聲明異議，諭知提起異議之訴。

依民法第1148條第2項及第1153條第1項規定及繼承人丙所提出於法院之遺產清
冊，繼承人丙確應於繼承遺產現金50萬元範圍內，對被繼承人之債權人負清償之
責。

又依最高法院75年度第4次民事庭會議決議：「按為限定繼承之繼承人，就被
繼承人之債務，惟負以遺產為限度之物的有限責任。故就被繼承人之債務為執行
時，限定繼承人僅就遺產之執行居於債務人之地位，如債權人就限定繼承人之固有
財產聲請強制執行，應認限定繼承人為強制執行法第15條之第三人，得提起第三人
異議之訴，請求撤銷強制執行程序。」當事人間既對於所扣押之郵局存款是否即為
遺產有爭執，執行法院從形式上調查仍無法確認，此實體事項即非聲明異議所得解
決，則應駁回繼承人丙之聲明異議，諭知提起異議之訴解決。

乙說：駁回債權人甲對該存款之強制執行聲請。

於新法施行後，於第1148條第2項、第1153條第1項規定具有法定免責之性質，
繼承人負有限責任為原則，繼承人預以其固有財產清償之情形為例外，故縱然繼承
人未為有限責任之抗辯，執行法院仍應為執行標的是否為責任財產之調查。

再以民事強制執行原則採當事人進行主義，其開始及執行之標的物均本於債權
人之聲請為之，債權人有查報及證明係責任財產之義務，此觀諸強制執行法第5條
第2項、第19條第1項及第28條之1意旨自明。如債權人無法證明且執行法院形式審
查仍難確認所查報財產為債務人責任財產，即應撤銷查封，命債權人另為查報其他
財產。本件執行標的既不存在繼承遺產外觀，債權人又無法釋明舉證，如採甲說結
論，形式上即等同執行法院採信債權人說詞，認定繼承人丙名義下之郵局存款為繼
承遺產，似不符債權人應負舉證執行標的為債務人責任財產之義務及執行法院應調
查執行標的為債務人之責任財產之形式外觀審查義務。

末以繼承人處分遺產，損害被繼承人之債權人之利益，違反民法第1157條至第1160條有關遺產清算程序之規定，其責任依民法第1161條第1項：「繼承人違反第1157條至第1160條之規定，致被繼承人之債權受有損害者，應負賠償責任。」之規定辦理，亦即另由債權人依民法第1161條規定向法院起訴，請繼承人負賠償責任，確定其應負擔賠償數額。如任由債權人逕持原執行名義對繼承人之固有財產強制執行，似有不妥。故繼承人丙雖曾自被繼承人乙處繼承現金50萬元。惟債權人甲無法證明所聲請扣押繼承人丙名義之郵局帳戶之存款即為遺產，且又經繼承人丙聲明異議否認，即應駁回債權人之聲請。

初步研討結果：採乙說。

審查意見：民法第1148條第2項規定：「繼承人對被繼承人之債務，以因繼承所得遺產為限，負清償責任。」本題繼承人丙繼承被繼承人乙之遺產現金50萬元，則依上開規定，其對於乙之債務，應於50萬元內負清償之責。系爭45萬元存款之名義人雖為丙，惟金錢係代替物，故乙之債權人甲可對系爭45萬元存款聲請強制執行。丙聲明異議為無理由，應予駁回。

研討結果：多數採審查意見（實到63人，採甲說0票，採乙說8票，採審查意見45票）。

(四) 臺灣高等法院暨所屬法院105年法律座談會民執類提案第16號

法律問題：債務人甲於民國100年間死亡，留有土地一筆，其繼承人乙繼承土地一筆（下稱系爭土地）後，於101年間將該土地出賣並移轉所有權予他人。甲之債權人丙現提出甲之遺產清冊（財產僅載有系爭土地）、不動產異動索引，聲請對乙之存款（消費寄託）債權為強制執行，並主張該存款為乙處分土地之變價所得，執行法院應如何處理？

討論意見：

甲說：執行法院應駁回債權人就存款債權之執行聲請。

（一）為限定繼承者，對於被繼承人債務之清償，以因繼承所得遺產為限，負清償責任。亦即，限定繼承人所負為物的有限責任，被繼承人之債權人僅得對繼承所得遺產之特定物請求執行，不得對固有財產為執行，此為97年1月2日修正前民法限定繼承物之性質（最高法院75年度第4次民事庭會議決議（二）、77年台抗字第143號判例意旨參照）。而98年6月10日修正民法第1148條第2項規定為「以所得遺產為限，負清償責任」，為解決繼承人因不知法律而未於法定期間內辦理限定繼承或拋棄繼承，以致背負繼承債務，影響其生計，此種不合理之現象，及民法繼承編施行法第1條之1、第1條之2、第1條之3有關規定均為「以所得遺產為限，負清償責任」為保障此等繼承人之權益，避免突來債務影響生存權或人格發展之立法意

旨並無不同，故就有限責任之性質仍與97年1月2日修正前民法第1154條規定「以因繼承所得之遺產，償還被繼承人之債務」相同，彼等間似無區分之必要，不宜改採人的有限責任使繼承人之總體財產因有繼承發生及陷於不安、隨時有遭強制執行之風險，反悖於歷次修法保護繼承人之美意。是繼承人就被繼承人債務之清償係負「物的有限責任」（甲說下稱「繼承人」均指此負物的有限責任之限定繼承人），就被繼承人之債務爲執行時，繼承人自僅就遺產之執行居於債務人之地位；如就繼承人之固有財產聲請執行，應認該繼承人爲強制執行法第15條規定所稱之第三人。

（二）98年6月10日修正之民法第1148條第2項、第1153條第1項規定具有法定免責之性質，繼承人負有限責任爲原則，故縱然繼承人未爲有限責任之抗辯，執行法院仍應爲執行標的是否爲責任財產（即遺產）之調查。而執行法院就上訴人提出之證明文件，僅有形式上之審查權，而無實體上之審理權（最高法院75年度台上字第589號裁判意旨參照）。債權人聲請執行之存款債權，自遺產清冊形式上調查既非甲之遺產，形式上即屬乙之固有財產，即有強制執行法第17條之適用，如債權人仍執意執行該固有財產則應駁回債權人就該固有財產執行之聲請。至遺產是否已爲其他替代物或變賣所得，需待實體法院審查，並非執行法院形式審查得以認定（許澍林法官著，論繼承所得遺產，司法週刊第1619期）。

（三）如繼承人乙係隱匿遺產情節重大、在遺產清冊爲虛僞之記載情節重大或意圖詐害被繼承人之債權人之權利而爲遺產之處分之情形，則應負民法第1163條法定單純承認之責任，不得主張同法第1148條第2項限定責任之利益；或其餘如繼承人處分遺產，有違民法第1158條至第1160條有關遺產清算程序之規定，其責任依民法第1161條第1項：「繼承人違反第1158條至第1160條之規定，致被繼承人之債權受有損害者，應負賠償責任。」之規定辦理，屬繼承人對被繼承人之債權人應負損害賠償之問題亦即另由債權人依民法第1161條規定向法院起訴。惟此等情形尚須待債權人對繼承人另取得執行名義，始得對固有財產爲強制執行，原執行名義效力並未及於繼承人之固有財產，執行法院不得准許執行固有財產之聲請。

乙說：執行法院應准予執行存款債權。

（一）繼承人所負之有限責任，爲遺產之「金額」或「價值」的有限責任，繼承之財產並無區分爲其固有財產或遺產之必要，即「人的有限責任」，繼承人就被繼承人之債務仍爲債務人，自債權人所提資料既可知繼承人乙確曾繼承遺產，則於該遺產之價值限度內即爲債務人。

（二）縱採對修正民法第1148條第2項繼承人爲「物的有限責任」，惟於遺產經處分之場合，因多屬變價爲金錢或類似之物而易有混同之情形，因不易區別爲變賣遺產所得或係繼承人固有，此時爲保護被繼承人之債權人，宜參酌民法第1148條

之1規定之意旨，例外改採人的有限責任，以遺產之價額限定繼承人之責任，准許債權人遺產價額範圍內，執行繼承人之全部財產（即不另區分固有財產）。如繼承人抗辯遺產之價值數額、變賣所得已不存在等如何與債權人間有爭議時，繼承人得依強制執行法第14條規定，提起債務人異議之訴以為救濟。

　　丙說：執行法院應形式上調查存款債權為遺產之變賣所得者，始准予執行。

　　（一）民法繼承編於98年6月10日修正後，繼承人仍承受被繼承人財產上之一切權利義務，但對於被繼承人之債務僅需以繼承所得遺產為限負清償責任，即繼承財產與繼承人固有財產應予嚴格分離，被繼承人之遺產仍存在，債權人固然應對遺產追償，惟若遺產不存在，更替之替代物或變賣所得，仍屬遺產之一部，亦應負責清償（最高法院100年度台抗字第778號裁定意旨參照）。繼承人之薪資債權顯非遺產之替代物或變賣所得固不得執行，惟如執行法院依遺產清冊、存摺明細、不動產買賣契約等已可認該遺產變賣價金曾存入該繼承人帳戶，縱變賣價金與繼承人固有存款發生混同之情形，為保護被繼承人之債權人，即時保障其權益，仍應准許於遺產價額內為執行。

　　（二）執行法院如發見債權人查報之財產確非債務人所有者，應命債權人另行查報，於強制執行程序開始後始發見者，應由執行法院撤銷其處分，強制執行法第17條固有明文。惟上開規定應由執行法院撤銷其執行處分，係指查報之財產確非債務人所有者而言。若該財產是否債務人所有尚待審認方能確定，即是否為遺產之替代物或變價所得而屬遺產之一部不明時，執行法院既無逕行審判之權限，尤非聲明同法第12條所定之異議所能救濟，自應依同法第16條之規定，指示主張有排除強制執行權利之第三人，提起執行異議之訴，以資解決。

初步研討結果：採甲說。

審查意見：採修正丙說，理由如下：

　　（一）按民法第1148條規定：「繼承人自繼承開始時，除本法另有規定外，承受被繼承人財產上之一切權利、義務。但權利、義務專屬於被繼承人本身者，不在此限。繼承人對於被繼承人之債務，以因繼承所得遺產為限，負清償責任。」由民法第1148條規定內容可知，第1項為概括繼承之原則，第2項為有限責任之規定，由此第2項規定而形成以「概括繼承有限責任」為原則之繼承制度。

　　依此規定，繼承人雖繼承被繼承人之「全部」債務，但其對債務之清償，原則上負以遺產為限度之物的「有限」責任，因此被繼承人之債權人固得對繼承人請求償還全部之債務，但繼承人得拒絕以自己之固有財產為清償，亦即，繼承人依法取得拒絕以自己之固有財產為償還被繼承人債務之抗辯權，繼承人如以其固有財產清償繼承債務時，並非無法律上之原因，繼承人不得再向債權人請求返還（參照林秀

雄著，繼承法講義，2014年10月6版，第148、149頁）。另最高法院101年度台上字第1447號判決亦認：依民法第1148條規定，繼承人於繼承開始時，仍應繼承被繼承人之一切債務，僅係就超過繼承所得遺產部分之債務得拒絕清償，而非謂繼承人就其繼承之債務於超過繼承所得遺產部分當然消滅，債權人對之無請求權存在。

　　（二）按強制執行法第19條規定：「執行法院對於強制執行事件，認有調查之必要時，得命債權人查報，或依職權調查之。執行法院得向稅捐及其他有關機關、團體或知悉債務人財產之人調查債務人財產狀況，受調查者不得拒絕。但受調查者為個人時，如有正當理由，不在此限」，故執行法院依上開規定本得為形式調查。本件若依債權人丙所提出之證明資料，及執行法院依上開規定所為形式調查結果，由執行法院形式審查，若認系爭土地（即遺產）變賣所得之價金確已存入乙之存款帳戶，雖與乙之固有財產發生混同，仍應准許丙就乙之存款帳戶於遺產變賣價額內為強制執行，如乙主張該價額內之存款並非遺產之替代物，而係乙之固有財產，則應由乙提起異議之訴，以資救濟。（採此見解13票、採甲說3票、採乙說5票）

研討結果：多數採審查意見（實到61人，採甲說6票，採乙說13票，採審查意見28票）。

❖ 民法第1159條

　　在第1157條所定之一定期限屆滿後，繼承人對於在該一定期限內報明之債權及繼承人所已知之債權，均應按其數額，比例計算，以遺產分別償還。但不得害及有優先權人之利益。

　　繼承人對於繼承開始時未屆清償期之債權，亦應依第1項規定予以清償。

　　前項未屆清償期之債權，於繼承開始時，視為已到期。其無利息者，其債權額應扣除自第1157條所定之一定期限屆滿時起至到期時止之法定利息。

　　（98年6月10日修正公布）

舊民法第1159條

　　在第1157條所定之一定期限屆滿後，繼承人對於在該一定期限內報明之債權及繼承人所已知之債權，均應按其數額，比例計算，以遺產分別償還。但不得害及有優先權人之利益。

　　（19年12月26日之舊法）

案 例

　　甲男的父親過世的時候，留下來的遺產，總共差不多有新臺幣（以下同）8,000萬元，其中包括一筆土地。但是甲的父親生前有向銀行借6,000萬元，都還沒有還，銀行在那筆土地上面，因此有設定6,000萬元的抵押權。而甲的父親過世之後，甲是唯一的繼承人，向法院陳報遺產清冊，法院公示催告期間過後，知道甲的父親還另外有兩個債主乙、丙，每個都有債權3,000萬元。請問：甲是不是可以先清償丙的債權3,000萬元？

一、思考焦點

　　法院辦理限定繼承事件，公示催告期間過了之後，繼承人要怎麼樣來償還被繼承人的債務？

二、問題論述

　　繼承人會聲請限定繼承的原因，通常是因為繼承人預料被繼承人的遺債大於遺產，既然是這樣，如果把所有的遺產拿去清償被繼承人的債務，很可能會不夠，到最後，每一位被繼承人的債權人，只好按照債權的比例來受清償。但是有些權利是要優先受到清償的（優先受償），例如：民法第860條以下的抵押權、民法第884條以下的動產質權、民法第900條以下的權利質權、民法第928條以下的留置權等等，這些權利當初設定的原因及目的，就是要使債權人優先受到清償，所以優先受償的權利，必須優先去償還，其次，才是按照一般普通債權的比例去分配遺產（民法第1159條第1項）。

　　現行條文未修正，列為98年6月10日公布本條文之第1項。被繼承人債權人之債權，如於被繼承人死亡時（即繼承開始時）尚未屆清償期，是否依第1項規定清償，未有明文。惟如未規範繼承人於繼承開始時為期前清償，則遺產清算程序勢將拖延，對於繼承債權人、受遺贈人及繼承人均造成不便，故此次立法曰本民法第930條第1項規定及破產法第100條規定，明定繼承人對於未屆清償期之債權亦應依本條文第1項規定清償，且該等債權於繼承開始時即視為已到期，以利清算，爰於本次立法增訂於本條第2項及第3項前段規定之中。

　　又未屆清償期之債權附有利息者，應合計其原本及至清償時止之利息，以為債權額，應無疑義；惟未附利息者，則不應使繼承人喪失期限利益，故其債權額應扣除自第1157條所定之一定期限屆滿時起至到期時止之法定利息，始為公允，並利於

繼承人於第1157條所定一定期限屆滿後，依第1項規定進行清算，爰參考破產法第101條規定，爰於本次立法增訂第3項後段規定，以利計算辦理依據。

三、案例結論

甲不可以先償還丙的債權3,000萬元，因為對於甲的父親的遺產8,000萬元中，銀行有6,000萬元的優先受償權，如果甲先交給丙3,000萬元，銀行最多只能分剩下的5,000萬元，這樣一來，銀行有抵押權擔保的6,000萬元，不能夠完全受到清償，它的優先權會受到侵害，所以甲不可以這樣做。

四、相關實例

丁男的父親過世的時候，留下來的遺產，只有二筆市價各1,500萬元的土地，法院公示催告期間過後，知道甲的父親有兩個債主戊、己，每個都有債權2,000萬元，而且分別用丁的父親的那兩筆土地，來設定抵押權的擔保，只不過後來地價下跌，兩筆土地現在各剩下1,500萬元的價值。請問：丁應該怎麼樣來清償戊、己？

甲向乙借款100萬元，甲與乙約定年利率12%利息，每半年清償利息一次，借款期限從97年1月1日至98年12月31日止，惟甲不幸於98年6月3日生病過世，未清償該期之利息，並有一子丙繼承甲之遺產，試問：丙應自何時清償甲向乙借款100萬元及利息？

五、重要判解

(一) 臺灣高等法院臺中分院100年度家上字第70號民事判決

參照民法第1159條第1項、第2項、第3項規定，有優先權之債權應先於普通債權而受清償，而普通債權之清償又優先於遺贈之交付，此乃清償債務及交付遺贈之順序，易言之，優先權之債權人在清償順序中為第一順位，普通債權人為第二順位，對於受遺贈人之交付遺贈，其順序為第三順位。又遺贈僅具有債權之效力，受遺贈人並未於繼承開始時，當然取得受遺贈物之所有權或其他物權，尚待遺產管理人或遺囑執行人於清償繼承債務後，始得將受遺贈物移轉登記或交付受遺贈人，足認受遺贈人僅對於被繼承人取得債權之請求權，是繼承人應於償還夫妻剩餘財產分配請求債權後，始得對於受遺贈人交付遺贈。

(二) 最高行政法院102年度判字第454號判決

遺產稅為被繼承人死亡後，始依遺產及贈與稅法所課予繼承人的稅捐債務，並非被繼承人生前所發生而遺留下來之債務。至於限定繼承，係以限定繼承所得之遺產償還被繼承人遺留之債務，遺產稅既係繼承人自身固有的債務，而非被繼承人遺

留之債務，自無限定繼承之適用。故繼承人雖為限定繼承，其有繼承之事實仍然不變，自應依法以繼承人身分負擔其固有之遺產稅債務。又債務人之全部財產為債權之總擔保，債權人自得任意對之為強制執行，債務人本無選擇權，從而繼承人未依法完納遺產稅，經稅捐機關將該公法上金錢給付義務移送強制執行時，無論是否為限定繼承，其應受執行之標的物，均不限於被繼承人所遺留之遺產，尚可及於繼承人的固有財產，蓋此時無論遺產或固有財產均屬於繼承人總體財產之一部分，就遺產稅而言，自可以對繼承人之所有財產，包括其從繼承或分配之遺產所取得之孳息或收取孳息之權利為執行。

(三) 臺灣高等法院暨所屬法院104年法律座談會民執類提案第6號

法律問題：A土地為甲所有，甲於民國101年死亡，A土地由甲之唯一繼承人乙繼承並辦理繼承登記完畢。乙之普通債權人李四於103年聲請拍賣A土地，拍定日1日前，甲之普通債權人張三持100年間對甲取得之執行名義，以乙為執行債務人，亦聲請拍賣A土地，經執行法院併案執行。

問題（一）：執行法院就拍定價金，應否使張三先於李四分配受償？

問題（二）：問題一如採肯定說，張三若遲至「拍定後」始參與分配，是否僅得就餘額受償？

討論意見：

問題（一）：

甲說：肯定說。

1.依民法第1159條及第1160條規定，繼承人就被繼承人之遺產，應先償還被繼承人之債務，始得對受遺贈人交付遺贈。由此可以推知，繼承人負有依民法繼承編相關規定為清償之義務，於清償被繼承人債務、交付遺贈予受遺贈人後，如有賸餘，繼承人始得以之清償自己之債務。

2.繼承人就被繼承人之遺產，倘於未先償還被繼承人之債務前，即已辦理繼承登記，縱形式上已為繼承人之財產，然實質上仍為被繼承人之遺產，就此繼承而來之財產，繼承人仍應先償還被繼承人之債務，始得以之償還自己之債務（臺灣高等法院暨所屬法院101年法律座談會民執類提案第22號研討結果參照）。

3.因此，執行法院就拍定價金，應使張三先於李四分配受償。

乙說：否定說。

1.於執行程序中就拍賣所得價金，何項債權有優先受償權，須有法律之明文規定，執行法院始得就法律明文規定之優先債權予以列入優先分配，否則，僅能按債權比例分配，強制執行法第38條定有明文。肯定說將拍定價金優先分配予被繼承人之債權人，尚乏法律明文之依據。

2.民法第1159條至第1162條之2等規定，雖課予繼承人依法進行清算程序、依法清償之義務，惟繼承人未遵守而違反時，民法繼承編已規定其法律效果為繼承人應負損害賠償責任（第1161條參照）或被繼承人之債權人得就應受清償而未受償部分對該繼承人行使權利（第1162條之2參照）。要之，繼承人違反相關規定者，法已明文賦予被繼承人之債權人救濟途徑，被繼承人之債權人自得循相關途徑以謀救濟，尚難據此而推論於「執行程序中」，就繼承之遺產拍賣時，「執行法院」應使被繼承人之債權人得優先於繼承人之債權人分配受償。

3.以繼承人為執行債務人而進行之強制執行程序，就金錢債權請求權而言，執行法院僅代債務人立於出賣人地位而為執行，至債務人於民法繼承編應遵守之義務，執行法院自無代債務人遵守之可言。債務人未遵守民法繼承編相關規定時，民法第1161條、第1162條之2等規定已有相對應之法律效果，就被繼承人之債權人而言，已有救濟方式，執行法院並無得代債務人遵守或彌補應遵守之義務之法律依據。

4.強制執行程序乃為滿足「個別」債權人私法上之請求權所設之程序，非為清算債務人財產所設之程序。要之，強制執行程序係為滿足個別債權人之債權，於個別債權人取得執行名義後，即得就債務人之財產強制執行以滿足債權，而遺產清算程序係為使被繼承人之各債權人得以公平受償，二者目的不同，難謂執行法院於強制執行程序中應遵守清算程序之規則。

5.準此，執行法院就拍定價金，不得使張三先予李四分配受償。

問題（二）：

甲說：肯定說（僅得就餘額受償）。

1.依強制執行法第32條規定可知，債權人未於拍定日1日前參與分配者，僅得就他債權人受償餘額受清償。至強制執行法第34條第2項、辦理強制執行事件應行注意事項第19點第5款所指不受強制執行法第32條參與分配時間點之限制之優先受償權，限於對執行標的物有優先受償權者，不包含一般之優先受償權（司法院司法業務研究會第49期第16則、臺灣高等法院暨所屬法院90年法律座談會民執類提案第10題等研討結果參照）。

2.本件，張三之優先受償權性質上僅係一般優先受償權，仍應受強制執行法第32條參與分配時間點之限制。張三既然在拍定後始聲明參與分配，自僅得就李四受償後之餘額受償。

乙說：否定說（並非僅得就餘額受償）。

1.依強制執行法第34條第2項及辦理強制執行事件應行注意事項第19點第5款等規定可知，依法對於執行標的物有擔保物權或優先受償權之債權人，其參與分配，

不受強制執行法第32條參與分配時間點之限制。

　　2.張三對於執行標的物A土地既有優先受償權,性質上即屬對「執行標的物」之優先受償權,而非僅為一般優先受償權。依上開說明,其參與分配不受拍定日1日前之限制。要之,即便張三係於拍定後始參與分配,仍得優先於李四分配受償,並非僅得就李四受償後之餘額受償。

初步研討結果:
　　問題(一):採甲說。
　　問題(二):採乙說。
審查意見:
　　問題(一):採乙說。

　　本件債權人李四之執行名義的債務人為繼承人乙,系爭土地於聲請執行時,已辦理繼承登記完畢,登記為繼承人乙所有,自屬乙之責任財產。而併案執行之債權人張三,雖以對甲之執行名義聲請執行,然亦以乙為執行債務人,是以依題旨,本件並無被繼承人之債權人聲請對遺產執行之問題。且民法繼承自98年修法改為以有限責任為原則後,繼承人仍應概括繼承人債權債務之全部,僅係繼承人以繼承所得之遺產為限度,負有限之清償責任而已。至於民法第1156條至1162條之2相關規定,僅係課繼承人清算義務及責任而已,並非使被繼承人之債權人,就遺產之執行,取得優先債權之權利。甲說所引之本院101年法律座談會,案例事實係被繼承人之債權人,聲請對登記為被繼承人名義之遺產土地執行,經代辦繼承登記後繼續拍賣程序,而聲請參與分配之稅務局係繼承人之債權人,與本件事實不同(剛好相反)自不宜任意比附援引。

　　問題(二):問題(一)既採乙說,與問題(二)之前提不同,毋庸討論。
研討結果:
　　問題(一):多數採甲說(實到73人,採甲說46票,採審查意見11票)。
　　問題(二):多數採乙說(實到73人,採甲說9票,採乙說30票)。

(四) 臺灣高等法院暨所屬法院107年法律座談會民執類提案第11號
法律問題:乙將繼承自甲之A地,向丙銀行借款設定抵押權擔保,嗣丙行使抵押權向法院聲請強制執行A地。債權人丁提出對被繼承人甲之金錢債權執行名義聲明參與分配,其債權是否優先於丙受償?
討論意見:
　　甲說:肯定說。
　　(一)按民法第1159條、第1160條及第1162條之1規定,繼承人應就被繼承人之債務,按比例以遺產分別償還;繼承人非依規定償還債務後,不得對受遺贈人交

付遺贈。足認繼承人清償被繼承人債務、交付遺贈予受遺贈人後所餘財產，始得用之清償自己之債務。執行法院對於債務人責任財產之範圍應為審查，繼承人就被繼承人之遺產，倘於未償還被繼承人之債務前，即辦理繼承登記，縱形式上已為繼承人之財產，然實質上仍為被繼承人之遺產，就此繼承而來之財產，繼承人仍應先償還被繼承人之債務，始得以之償還自己之債務。

（二）按抵押物賣得之價金，除法律另有規定外，按各抵押權成立之次序分配之，為民法第874條前段所明定。依該條項規定意旨可知，繼承人對被繼承人之債務負有以遺產為限的有限責任，其清償義務自屬物上負擔性質，可認係前揭條文之特別規定，被繼承人之債權就該遺產之受償順序應優先於繼承人設定在後之抵押權。

（三）就執行標的屬被繼承人遺產時，目前實務見解肯認被繼承人之債權人可優先於繼承人之普通債權及稅捐債權受償（臺灣高等法院暨所屬法院101年法律座談會民執類提案第22號、104年民執類提案第6號研討結果參照），本於一貫性之解釋，應認對被繼承人之債權優先於對繼承人之所有債權。況如繼承人所設定之抵押權擔保債權可優先於對被繼承人之債權受償，則繼承人取得遺產後，逕向第三人借款設定負擔，將造成繼承人以遺產清償自己債務之結果，被繼承人之債權人因偶然之繼承事實蒙受不利益，顯與民法繼承編法定限定責任之規定意旨有違。故本件丁就A地賣得之價金，應優先於丙之抵押債權受償。

乙說：否定說。

（一）抵押權為擔保物權性質，最主要效力即抵押物換價所得價值，其所擔保之債權得受優先清償。抵押權制度具有一定之社會作用，其安定性為維護交易安全之重要環節，觀諸民法、破產法、消費者債務清理條例等相關規定可知，於各類債務清算程序，仍應確保抵押權之優先受償性。如欲排除抵押權之優先受償，須法律明文規定之，參考民法第874條規定之修法理由所列舉之「法律另有規定」，係指稅捐稽徵法第6條第1項、強制執行法第29條第2項、國民住宅條例第17條、第27條、民法第870條之1、第871條第2項等規定，前開列舉之法條文字，均明確載明何種債權優先於抵押權，民法繼承編修正後關於遺產之繼承乙節關於繼承人清償債務之規定，尚難認係同法第874條之法律另有規定。

（二）按不動產物權經登記者，推定登記權利人適法有此權利；因信賴不動產登記之善意第三人，已依法律行為為物權變動之登記者，其變動之效力，不因原登記物權之不實而受影響，民法第759條之1第1項、第2項定有明文。為貫徹登記之效力，登記名義人未經法定程序塗銷登記前，其即為該不動產物權之權利人。是以繼承人雖未依法償還被繼承人之債務，惟其以已登記為繼承人所有之不動產為擔保

物，設定抵押權予第三人，依前揭說明，該第三人於完成抵押權設定登記後自應受保障。

（三）民法第1159條至第1162條之2等規定，雖課予繼承人依法進行清算程序之義務，惟繼承人違反法定義務時，其法律效果為繼承人應負損害賠償責任，或被繼承人之債權人得就應受清償而未受償部分對該繼承人行使權利（同法第1161條、第1162條之2）。是繼承人違反相關規定者，法已明文賦予被繼承人之債權人救濟途徑，被繼承人之債權人自得循相關途徑以謀救濟，尚難據此推論於遺產之執行程序中，對被繼承人之債權得優先於繼承人之抵押權人分配受償。

（四）肯定說所舉實務見解，其案例為繼承人之債權為普通債權或對「人」之優先債權，與本件抵押權係對「物」之優先債權不同。被繼承人債權之優先權係對於全部遺產而言，並非存在於該特定之執行標的物，該執行標的物拍賣後，其優先受償權並不因而消滅，而抵押債權如前述有交易安全及登記制度特性考量，不宜遽予比附援引。

（五）故本件A地賣得之價金，丙之抵押權擔保效力所及債權仍得優先於丁之債權受領。

初步研討結果：採乙說。

審查意見：採乙說，惟乙說理由（二）刪除。

研討結果：照審查意見通過。

(五) 臺灣高等法院暨所屬法院109年法律座談會民執類提案第7號

法律問題：債權人A執對債務人B新臺幣（下同）100萬元債權之執行名義，聲請甲法院民事執行處執行債務人B對第三人C股份有限公司「某某分公司」（下稱C分公司）之工程款債權，經甲法院民事執行處發扣押命令及支付轉給命令後，甲法院民事執行處作成分配表，依分配表債權人A分得20萬元。嗣債權人D認其先前向乙法院民事執行處聲請假扣押債務人B對於第三人C股份有限公司「總公司」（下稱C總公司）之工程款債權，效力及於甲法院民事執行處扣押債務人B對於第三人C分公司之工程款債權，為此，提起分配表異議之訴，請求甲法院民事執行處將其債權列入分配表分配。甲法院民事執行處則將爭議案款予以提存。

試問：

問題（一）：債權人D對於第三人C總公司之扣押命令，效力是否及於債權人A對於第三人C分公司扣押之工程款債權？

問題（二）：若債權人A向甲法院民事執行處另聲請執行債務人B對第三人E之工程保固款債權已到期，經甲法院民事執行處另行製作分配表（下稱第二分配

表），則於第二分配表中，債權人A之債權額應否扣除於第一次分配表予以提存之20萬元（即僅列80萬元）？

討論意見：

問題（一）：

甲說：肯定說。

（一）按公司係以營利為目的，依照公司法組織、登記、成立之社團法人。公司法所稱本公司，為公司依法首先設立，以管轄全部組織之總機構；所稱分公司，為受本公司管轄之分支機構。公司法第1條第1項、第3條第2項定有明文。是公司為依照公司法組織登記之法人，其人格具有不可分割之性質，公司所設之分公司，僅為本公司之分支機構，與本公司在法律上係同一人格，權利主體僅有一個。分公司於業務範圍內涉訟時，雖許其於民事訴訟程序有當事人能力，然此係因訴訟之便利，其實體法上之主體仍應認屬單一而不可分割。

（二）於實體權利義務關係上，本公司對分公司於業務範圍內所負之債務，亦為其所負債務，是以本公司對分公司於業務範圍內所負債務，於收受執行法院之扣押命令時，其收受扣押命令之效力，自及於分公司。又於分公司在其業務範圍內所負債務，收受執行法院之扣押命令時，因本公司與分公司於實體法上屬同一權利義務主體而無從分割，其收受扣押命令之效力自應歸屬於本公司。

乙說：否定說。

（一）按向金融業之分支機構扣押存款效力，不及於其他分支機構；向金融業總行扣押存款之效力僅及於總行所轄營業部、國外部、信託部、儲蓄部，但不及於其他分支機構。

（二）依據銀行法及公司法成立之銀行，其各分行或分支機構，在法律上並無獨立之法人格，執行實務上有於執行命令上明確限定扣押之範圍，並載明不及於銀行之其他分行，然並非肯認分行有獨立之法人格。此乃執行法院基於避免造成執行上跨區執行之困難與不便所設之執行方法。是以為避免跨區執行之困難與不便，扣押命令之效力僅及於債權人聲請執行之執行法院轄區內之執行標的物，不及於執行法院轄區外之執行標的物。

（三）按強制執行由應執行標的物所在地或應為執行行為地之法院管轄。同一強制執行，數法院有管轄權者，債權人得向其中一法院聲請。受理強制執行事件之法院，須在他法院管轄區內為執行行為時，應囑託該他法院為之，強制執行法第7條第1項、第3項及第4項定有明文。是以債權人A向甲法院民事執行處聲請執行債務人B對第三人C分公司之工程款債權，應認其效力僅及於甲法院民事執行處轄區內之該分公司業務範圍內對債務人所負擔之債務；債權人D向乙法院民事執行處聲

請執行債務人B對第三人C總公司之工程款債權，效力亦僅及於乙法院民事執行處轄區內，債務人B於該轄區內為C總公司完成一定工作，依契約所得受領之報酬。若債權人於聲請執行時，已釋明債務人於甲、乙法院民事執行處轄區內均有工程款債權存在，始由受理聲請之法院民事執行處，依上開強制執行法之規定，就非在其轄區內之標行標的物囑託他法院民事執行處執行。

問題（二）：

甲說：肯定說。

（一）債權人受領遲延，或不能確知孰為債權人而難為給付者，清償人得將其給付物，為債權人提存之，民法第326條定有明文。是以債務人之財產拍定後，經拍定人繳納價金由執行法院受領後，既生清償之效力，則該價金之提存即係為債權人提存之，性質屬清償提存，應認為該債權人提存部分，債權人已受清償，故債權人未受償之債權額，應扣除該提存之款項。

（二）如上所述，執行法院依執行名義將債務人之財產拍賣，拍定人將價金繳納執行法院受領，應認債務人已依債務本旨提出給付，已生清償之效力。在多數債權人之場合，拍定人將價金繳納執行法院受領後，既生清償之效力，若拍賣所得價金不足清償全體債權人之債權，執行法院就拍賣所得價金製作分配表，僅係確定各債權人可得分配領取之金錢數額，並不影響債務人清償之效力。

（三）對於分配表異議，異議未終結者，為異議之債權人或債務人得向執行法院對為反對陳述之債權人或債務人提起分配表異議之訴，執行法院應依該確定判決實行分配。經提起分配表異議之訴後，該債權應受分配之金額應行提存，強制執行法第41條第1項及第3項定有明文。已依法起訴者，則有阻止有異議債權分配之效力。是以提起分配表異議之訴僅在解決已合法參與分配之債權人內部彼此間對應受分配金額之爭議，執行法院將分配額以債權人名義為提存，性質上為清償提存，已生發清償效力，該提存分配款之危險負擔及利益與否，由債權人享有或負擔，與債務人無涉。

乙說：否定說。

（一）依強制執行法第41條第3項規定，聲明異議人未於分配期日起10日內向執行法院為起訴之證明者，視為撤回其異議之聲明；經證明者，該債權應受分配之金額，應行提存。故執行法院所為之提存，係基於上開規定而為，非屬民法第326條所規定之清償提存，不生民法第309條債務清償之效力。

（二）強制執行係債權人聲請執行法院運用公權力，強制債務人履行其債務，藉以實現債權之程序。而債務人向債權人為清償，經其受領者，債之關係始消滅，民法第309條規定甚明。故分配表作成並經確定後，執行法院雖得據以發放分配款

予各債權人，但未將分配款發放予債權人具領前，尚不得謂債權人已受領清償，其債之關係已歸消滅。

（三）是以，若分配表尚未確定，核與債權人遲未領取其分配款而為提存之情形不同。分配表既未確定，該分配款即非屬任一債權人所有，執行法院於提存時，以債權人為受取權人，僅為程序上之便利使然。故縱該提存款係為債權人提存，仍難認債權人已實際受償，其未受償之債權額，不得扣除已提存之部分。

初步研討結果：

問題（一）：採乙說。

問題（二）：採乙說。

審查意見：

問題（一）：採增列丙說，理由如下：

（一）按分公司為受總公司管轄之分支機構，並無權利能力，僅為謀訴訟上便利，認定分公司就其業務範圍內之事項涉訟，有當事人能力，然不論分公司或總公司之業務，總公司始為實體法上權利義務之歸屬主體，執行法院對總公司所核發之扣押命令，其效力應及於各地分公司。又債權人聲請強制執行債務人對於第三人之金錢債權，執行法院對第三人所發扣押命令，於債權人對債務人之債權範圍內，就債務人對第三人之金錢債權發生扣押效力。其他債權人復聲請對於同一金錢債權重複扣押，如前扣押之債權未及於債務人對第三人債權之全部，尚有餘額足供嗣後債權人執行者，毋庸合併執行。如前扣押之債權扣押後，債務人對第三人債權之餘額，已無法滿足後執行之債權，則應合併執行。是就同一債務人對同一第三人之金錢債權先後核發扣押命令之效力為何，應視所扣押之金錢債權是否同一、債務人對第三人之債權扣押後餘額得否滿足後執行之債權而定。

（二）題示情形，乙法院依債權人D之聲請，對第三人C總公司核發之扣押命令，其效力是否及於甲法院依債權人A之聲請，對第三人C分公司扣押之工程款債權，應視所扣押之工程款債權是否同一、債務人B對第三人C公司之工程款債權扣押後餘額得否滿足後執行之債權而定。

1.甲法院所扣押債務人B對於第三人C分公司之工程款債權，與乙法院所扣押債務人B對於第三人C總公司之工程款債權，倘非同一，因債權人A、D所扣押之金錢債權非屬同一，乙法院對第三人C總公司所核發之扣押命令，其效力不及於甲法院所扣押第三人C分公司之工程款債權。

2.甲法院所扣押債務人B對於第三人C分公司之工程款債權，與乙法院所扣押債務人B對於第三人C總公司之工程款債權，倘若同一，且前扣押之債權扣押後，尚有餘額足供嗣後債權人執行，因毋庸合併執行，乙法院對第三人C總公司所核發

之扣押命令，其效力仍不及於甲法院所扣押第三人C分公司之工程款債權。

3.甲法院所扣押債務人B對於第三人C分公司之工程款債權，與乙法院所扣押債務人B對於第三人C總公司之工程款債權，倘若同一，且前扣押之債權扣押後，債務人B對第三人C公司債權之餘額，已無法滿足後執行之債權，因總公司始為實體法上權利義務之歸屬主體，乙法院對第三人C總公司核發之扣押命令，其效力應及於甲法院所扣押第三人C分公司之工程款債權。第三人C總公司或分公司可於收受甲法院扣押命令時，依強制執行法第115條之2第2項、第3項規定，將工程款債權之全額支付扣押在先之乙法院，並向甲法院陳明其事由，亦可依強制執行法第119條第1項規定，向甲法院聲明異議。甲法院為本案執行法院，且知悉第三人C公司之工程款債權前經乙法院依債權人D之聲請核發扣押命令之事，應由甲法院通知乙法院移併，依強制執行法第33條規定合併其執行程序，按參與分配之規定辦理。

問題（二）：採增列丙說，理由如下：

（一）按對於分配表異議，異議未終結者，為異議之債權人或債務人得向執行法院對為反對陳述之債權債務人提起分配表異議之訴。聲明異議人提起分配表異議之訴，並向執行法院為起訴之證明，該債權應受分配之金額應行提存，強制執行法第41條第1項、第3項定有明文。執行法院將應受分配金額以債權人為受取權人為提存，惟該債權人僅得依分配表異議之訴其所獲勝訴判決之結果，領取應受分配之提存款，該提存之性質係附條件之清償提存。是執行法院提存分配款時，應於提存書加註「須檢附民事執行處同意領取之證明文件，始可領取；或提存原因消滅時，由執行處取回處理」等語〔民事執行文書格式例稿手冊（一）第106頁〕，而就受取提存之分配款附有一定要件，依提存法第21條規定，受取權人即債權人於具備受取提存分配款之要件前，不得受取該分配款。則於受取提存物之條件成就前，應不生清償之效力。

（二）題示情形，甲法院製作第二分配表時，執行法院所為受取提存分配款之要件尚未成就，執行法院以債權人A為受取權人所提存之分配款20萬元，尚未生清償之效力，於製作第二分配表時，債權人A之債權額仍應以100萬元列載。惟於第一次分配表提存之20萬元應受第二次分配之金額部分，仍應予保留，類推適用強制執行法第41條第3項規定提存之，待分配表異議之訴終結後，視其判決結果發給或另予分配。

研討結果：

（一）經提案機關同意，法律問題第10行「……工程款債權，」之後至「問題（一）……之工程款債權？」修改為「為此聲明異議，債權人D對於第三人C總公司之扣押命令，效力是否及於債權人A對於第三人C分公司扣押之工程款債

權?」；問題（二）之法律問題、討論意見及審查意見均刪除，僅保留問題（一）之討論意見及審查意見部分。

（二）照審查意見通過。

❖ 民法第1160條

繼承人非依前條規定償還債務後，不得對受遺贈人交付遺贈。

案 例

甲男的父親過世的時候，留下來的遺產，只有新臺幣（以下同）500萬元，甲是唯一的繼承人，向法院陳報遺產清冊，而法院公示催告的期間過後，知道甲的父親有兩個債主乙、丙，每個都有債權300萬元，而甲的父親，曾經在遺囑中表示要給情婦丁200萬元（遺贈）。請問：情婦可以得到多少錢遺贈？

一、思考焦點

受遺贈的人，要怎麼樣和被繼承人的債權人，一起來從遺產中取得權利？誰先誰後？

二、問題論述

遺贈的意思，就是被繼承人，在遺囑裡面交代，在他（她）死後，把他（她）的遺產的一部分或全部送給某個人。被繼承人如果有債權人，同時也要遺贈遺產給別人，當然是債權人應該要優先受到清償，因為債權人通常是付出了代價，例如係因債權人把錢借給被繼承人，才得到這個債權的，但是受遺贈的人，卻是沒有付出代價，就得到這個受遺贈的權利，所以民法第1160條規定，在公示催告期間過後，要先把遺產用來清償被繼承人的債權人，有剩下的，才可以拿來交給受遺贈人。至於如果有其他被繼承人的債權人，是繼承人所不知道的，或是沒有在公示催告期間出面報明債權的，這個債權人，是在遺產用來清償債務以及遺贈之後才能分到剩下的財產。

三、案例結論

依照民法第1160條的規定，甲要先用遺產來還父親的債，所以500萬還完了，

因此情婦丁沒有辦法獲得遺贈。

四、相關實例

戊男的母親壬過世的時候，留下來的遺產，只有500萬元，而戊是唯一的繼承人，向法院聲請限定繼承，而法院公示催告期間過後，知道壬有兩個債主己、庚，每個都有債權200萬元，而壬曾經在遺囑中表示要給辛男200萬元遺贈。請問：辛可以得到多少遺贈的錢？

五、重要判解

(一) 最高法院108年度台上字第48號民事判決

繼承人自繼承開始時，承受被繼承人財產上一切權利義務，各繼承人對於遺產全部取得公同共有之物權，亦即當然發生物權變動之效力；而遺贈固亦於繼承開始時生效，惟受贈人僅取得請求交付遺贈物之債權，尚不當然發生物權變動之效力。此外，受遺贈人申辦遺贈之土地所有權移轉登記，應由繼承人先辦繼承登記後，由繼承人會同受遺贈人申請之。

(二) 最高法院108年度台上字第2528號民事判決

繼承人於繼承事實發生時，原屬被繼承人之財產即歸屬繼承人所有，繼承人因此而有利得，遺產稅之納稅義務人，於有遺囑執行人時為遺囑執行人，無遺囑執行人時為繼承人或受遺贈人。又遺產稅為被繼承人死亡後，始課予繼承人之稅捐債務，屬繼承人之固有債務，而非被繼承人生前所留債務。再依97年1月2日修正前民法第1154條第1項、第2項、第1159條本文、第1160條規定，被繼承人之遺產，應先償還其本身債務，始得對受遺贈人交付遺贈，則遺產必於清償被繼承人之債務、交付遺贈後，始得用以清償繼承人本身之債務。

(三) 最高法院110年度台上字第1703號民事判決

繼承人對於被繼承人之債務，以因繼承所得遺產為限，負清償責任。被繼承人之遺產於完成清算前，與繼承人之固有財產分離，必待被繼承人之債務已受清償、遺贈物交付予受遺贈人後，繼承人所承受之被繼承人財產始為其責任財產，斯時方可供繼承人之債權人強制執行。因此，就被繼承人所遺之財產，被繼承人之債權人與繼承人之債權人同時對之聲請強制執行者，實質上並非多數債權人對「同一債務人之責任財產」聲請強制執行或參與分配，被繼承人之債權人與繼承人之債權人間，尚無強制執行法第38條「應按其債權數額平均分配」規定之適用。

❖ 民法第1161條

繼承人違反第1158條至第1160條之規定，致被繼承人之債權人受有損害者，應負賠償之責。

前項受有損害之人，對於不當受領之債權人或受遺贈人，得請求返還其不當受領之數額。

繼承人對於不當受領之債權人或受遺贈人，不得請求返還其不當受領之數額。

（98年6月10日修正公布）

舊民法第1161條

繼承人違反第1157條至第1160條之規定，致被繼承人之債權人受有損害者，應負賠償之責。

前項受有損害之人，對於不當受領之債權人或受遺贈人，得請求返還其不當受領之數額。

（19年12月26日之舊法）

案例1

甲男的父親過世的時候，留下來的遺產，總共有新臺幣（以下同）8,000萬元，其中包括一筆土地。但是甲的父親生前有向銀行借6,000萬，都還沒有還，銀行在那筆土地上面，因此有設定6,000萬元的抵押權。而甲的父親過世之後，甲是唯一的繼承人，向法院陳報遺產清冊，法院公示催告期間過後，甲的父親另外有兩個債主乙、丙出面報明債權，每個都有債權3,000萬元。請問：甲先清償丙的債權3,000萬元完畢以後，銀行受到損失，要怎麼樣來獲得賠償？

一、思考焦點

繼承人違反前面所講的民法第1158條到第1160條的規定，導致被繼承人的債權人受到了損害，要怎麼樣來獲得賠償？

二、問題論述

繼承人會聲請限定繼承的原因，通常是因為繼承人預料被繼承人的遺債大於遺

產，既然是這樣，如果把所有的遺產，通通都拿去清償被繼承人的債務會不夠，到最後每一位被繼承人的債權人，只好按照債權的比例來受清償，其中又以有優先權的人優先受清償（民法第1159條）。另外，債權人是付出了代價，才得到對被繼承人的債權，而受遺贈的人，卻是沒有付出代價，就得到這個受遺贈的權利，所以民法第1160條規定，在公示催告期間過後，要先把遺產用來清償被繼承人的債權人，有剩下的，才可以拿來交給受遺贈人。綜合以上所講的，被繼承人的遺產，應該是有優先權人，最優先獲得清償，其次是公示催告期間過後，所有已經知道的債權人，按照他們債權數目的比例，來分其餘的遺產，債權人的債權，假如都清償之後，如果有剩下的，才交給受遺贈的人。如果違反這個規則，順序在後面的人，先把遺產分掉了，導致順序在前面的人沒有辦法分到應該要分到的數目，可以就不足的數目，向繼承人請求賠償，或是向不應該多分卻多分的人，請求把多分的部分還回來。

　　民法第1157條係規定法院之公示催告程序，非本條第1項損害賠償規範之事項，98年6月10日公布之立法，將民法第1161條文第1項所定「第1157條」修正為「第1158條」，以符法律文義解釋。

　　繼承人違反民法第1158條（催告期限內清償之限制）、第1159條（依期報明債權之償還）、第1160條（限定繼承遺贈之交付）之規定，致被繼承人之債權人受有損害者，依民法第1161條第1項應負賠償之責。

　　被繼承人之債權人依民法第1161條第1項應負賠償之責，對於不當受領之債權人或受遺贈人，得請求返還其不當受領之數額。

　　繼承人未依第1159條及第1160條規定為清償，致債權人有受領逾比例數額之情形時，該債權人於其債權範圍內受領，並非無法律上之原因，自無不當得利可言，故增訂第3項，明定繼承人對於不當受領之債權人或受遺贈人，不得請求返還其逾比例受領之數額，以期明確。

三、案例結論

　　甲不可以償還丙的債權3,000萬元，因為對於甲的父親的遺產8,000萬元，銀行有6,000萬元的優先受償權，其餘2,000萬元，由乙、丙每個人各分得1,000萬元。如果甲先交給丙3,000萬元，銀行最多只能分到5,000萬元（銀行是優先權，優先於丙受分配，所以剩下的5,000萬元應該先給銀行），銀行有抵押權擔保的6,000萬元，不能夠完全受到清償，它的優先權會受到侵害，所以甲不可以這樣做，不然的話，甲要依照民法第1161條第1項的規定，對於銀行要負責賠償不夠的1,000萬元。而銀行也可以直接向丙要求歸還1,000萬元；如銀行受有損害並得依據民法第1161條第1項

的規定，向甲請求損害賠償。

案例2

> 　　被繼承人甲生前向債權人乙借貸800萬元，並完成設定抵押權；其後被繼承人甲生前又向債權人丙借貸1,000萬元，甲與丙之間之法律關係為一般債權債務關係，被繼承人甲死亡時，留下遺產1,600萬元，繼承人丁雖係成年但不諳法律，故先清償甲生前向債權人丙借貸1,000萬元，再以600萬元清償甲生前向債權人乙之借貸。
>
> 問：(1)繼承人丁是否得向丙要回200萬元，再還給乙？
>
> 　　(2)債權人乙是否得向丙要回200萬元？
>
> 答：(1)繼承人丁依民法第1161條第3項規定，繼承人丁對於不當受領之債權人丙，不得請求返還其不當受領之數額200萬元。
>
> 　　(2)債權人乙依民法第1161條第2項規定，前項受有損害之人乙（乙依照民法第860條規定抵押權係優先債權人），對於不當受領之債權人丙，得請求返還其不當受領之數額。

四、相關實例

　　戊男的父親過世的時候，留下來的遺產，只有500萬元，戊是唯一的繼承人，向法院聲請限定繼承，而法院公示催告期間過後，戊的父親有兩個債主己、庚出面報明債權，每個都有債權200萬元，而戊的父親曾經在遺囑中表示要給情婦辛200萬元，戊就先把遺產當中的200萬元，先給了情婦辛，導致己、庚一個人只分到150萬元。請問：己、庚要怎麼樣去主張權利？又己、庚得否向戊、辛主張不當得利？

五、重要判解

(一) 臺灣高等法院暨所屬法院101年法律座談會民執類提案第22號

法律問題：甲於民法繼承編修正後死亡，死亡時留有A土地一筆，其普通債權人乙持對甲之執行名義對唯一繼承人丙聲請就A土地強制執行查封、拍賣，經代辦繼承登記為丙所有後繼續拍賣程序，拍定前地方稅務局就丙所欠之使用牌照稅聲請參與分配，拍定後乙之債權是否優先於地方稅務局之

　　　　　牌照稅受分配？

討論意見：

　　甲說：肯定說。

　　1.按「繼承人違反（民法）第1158條至第1160條之規定，致被繼承人之債權人受有損害者，應負賠償之責。」、「繼承人違反（同法）第1162條之1規定者，被繼承人之債權人得就應受清償而未受償之部分，對該繼承人行使權利。繼承人對於前項債權人應受清償而未受償部分之清償責任，不以所得遺產爲限。但繼承人爲無行爲能力人或限制行爲能力人，不在此限。繼承人違反第1162條之1規定，致被繼承人之債權人受有損害者，亦應負賠償之責。」民法第1161條第1項、第1162條之2第1項至第3項定有明文。依此規定可知，繼承人負有清算遺產並將遺產清償被繼承人債務之義務，若有違反致被繼承人之債權人受損害時，須負賠償之責。本例如認繼承人丙個人之稅捐債務，得先於被繼承人之普通債權人就遺產取償，則在剩餘遺產數額不足清償被繼承人之債務時，繼承人丙可能負有以其固有財產，對乙負損害賠償之責，顯與新修正民法繼承編之限定責任之意旨有違，而破壞有限責任之規定。

　　2.執行法院對於債務人責任財產之範圍應爲審酌，依民法第1160條規定「繼承人非依前條規定償還債務後，不得對受遺贈人交付遺贈。」是繼承人就繼承遺產於清償債務，交付遺贈後所餘財產，始爲其責任財產。本題例乙是依法將執行標的物A地代辦繼承登記爲丙所有始得繼續執行程序，其性質仍屬甲之遺產，非丙之固有財產，應認被繼承人之債權人乙得先於地方稅務局之牌照稅，就A地之拍定價金取償。

　　乙說：否定說。

　　1.按稅捐之徵收，優先於普通債權，稅捐稽徵法第6條定有明文。此規定未對稅捐債權優先受償之標的物予以限制，是執行法院無須分別被繼承人之財產是否因繼承而取得，亦無須審酌繼承人是否已依新修正之繼承編規定對被繼承人之債權人爲公平清償，及其清償後之責任財產範圍爲何。

　　2.本件A土地於代辦繼承登記後已屬繼承人丙之個人財產，應爲丙之全體債權人之債權之總擔保。乙之債權及稅捐債權均係丙之債權，稅捐債權自應優先於乙之普通債權受償。

初步研討結果：採甲說。

審查意見：採甲說。

研討結果：照審查意見通過。

(二) 臺灣高等法院暨所屬法院102年法律座談會民執類提案第7號

法律問題：債權人甲於95年間已取得對被繼承人乙之債權100萬元執行名義。而被繼承人乙於99年去世後，其繼承人丙已向法院陳報遺產清冊，其上記載有現金50萬元。嗣後債權人甲查無被繼承人乙名義之存款帳戶，遂持原執行名義逕向法院聲請向繼承人丙之郵局帳戶扣押，並扣得存45萬元，惟繼承人丙聲明異議，主張該存款皆非繼承遺產，請求撤銷執行命令，然經債權人甲否認，堅持指封執行，執行法院經形式調查開戶及出入金等資料，仍無法認定上開存款係屬繼承遺產，問執行法院應如何處理？

討論意見：

甲說：駁回丙之聲明異議，諭知提起異議之訴。

1.依民法第1148條第2項及第1153條第1項規定及繼承人丙所提出於法院之遺產清冊，繼承人丙確應於繼承遺產現金50萬元範圍內，對被繼承人之債權人負清償之責。

2.又依最高法院75年度第4次民事庭會議決議：「按為限定繼承之繼承人，就被繼承人之債務，惟負以遺產為限度之物的有限責任。故就被繼承人之債務為執行時，限定繼承人僅就遺產之執行居於債務人之地位，如債權人就限定繼承人之固有財產聲請強制執行，應認限定繼承人為強制執行法第15條之第三人，得提起第三人異議之訴，請求撤銷強制執行程序。」當事人間既對於所扣押之郵局存款是否即為遺產有爭執，執行法院從形式上調查仍無法確認，此實體事項即非聲明異議所得解決，則應駁回繼承人丙之聲明異議，諭知提起異議之訴解決。

乙說：駁回債權人甲對該存款之強制執行聲請。

1.於新法施行後，於第1148條第2項、第1153條第1項規定具有法定免責之性質，繼承人負有限責任為原則，繼承人預以其固有財產清償之情形為例外，故縱然繼承人未為有限責任之抗辯，執行法院仍應為執行標的是否為責任財產之調查。

2.再以民事強制執行原則採當事人進行主義，其開始及執行之標的物均本於債權人之聲請為之，債權人有查報及證明係責任財產之義務，此觀諸強制執行法第5條第2項、第19條第1項及第28條之1意旨自明。如債權人無法證明且執行法院形式審查仍難確認所查報財產為債務人責任財產，即應撤銷查封，命債權人另為查報其他財產。本件執行標的既不存在繼承遺產外觀，債權人又無法釋明舉證，如採甲說結論，形式上即等同執行法院採信債權人說詞，認定繼承人丙名義下之郵局存款為繼承遺產，似不符債權人應負舉證執行標的為債務人責任財產之義務及執行法院應調查執行標的為債務人之責任財產之形式外觀審查義務。

3.末以繼承人處分遺產，損害被繼承人之債權人之利益，違反民法第1157條至

第1160條有關遺產清算程序之規定，其責任依民法第1161條第1項：「繼承人違反第一千一百五十七條至第一千一百六十條之規定，致被繼承人之債權受有損害者，應負賠償責任。」之規定辦理，亦即另由債權人依民法第1161條規定向法院起訴，請繼承人負賠償責任，確定其應負擔賠償數額。如任由債權人逕持原執行名義對繼承人之固有財產強制執行，似有不妥。故繼承人丙雖曾自被繼承人乙處繼承現金50萬元。惟債權人甲無法證明所聲請扣押繼承人丙名義之郵局帳戶之存款即為遺產，且又經繼承人丙聲明異議否認，即應駁回債權人之聲請。

初步研討結果：採乙說。

審查意見：

　　民法第1148條第2項規定：「繼承人對被繼承人之債務，以因繼承所得遺產為限，負清償責任。」本題繼承人丙繼承被繼承人乙之遺產現金50萬元，則依上開規定，其對於乙之債務，應於50萬元內負清償之責。系爭45萬元存款之名義人雖為丙，惟金錢係代替物，故乙之債權人甲可對系爭45萬元存款聲請強制執行。丙聲明異議為無理由，應予駁回。

研討結果：多數採審查意見（實到63人，採甲說0票，採乙說8票，採審查意見45票）。

(三) 最高法院108年度台上字第2528號民事判決

　　繼承人於繼承事實發生時，原屬被繼承人之財產即歸屬繼承人所有，繼承人因此而有利得，遺產稅之納稅義務人，於有遺囑執行人時為遺囑執行人，無遺囑執行人時為繼承人或受遺贈人。又遺產稅為被繼承人死亡後，始課予繼承人之稅捐債務，屬繼承人之固有債務，而非被繼承人生前所留債務。再依97年1月2日修正前民法第1154條第1項、第2項、第1159條本文、第1160條規定，被繼承人之遺產，應先償還其本身債務，始得對受遺贈人交付遺贈，則遺產必於清償被繼承人之債務、交付遺贈後，始得用以清償繼承人本身之債務。

❖ 民法第1162條

　　被繼承人之債權人，不於第1157條所定之一定期限內報明其債權，而又為繼承人所不知者，僅得就賸餘遺產，行使其權利。

案例

甲男的父親過世的時候，留下來的遺產，總共差不多有新臺幣（以下同）500萬元，法院公示催告期間過後，知道甲的父親另外還有兩個債主乙、丙，每個都有債權200萬元，另外甲的父親的情婦，受到甲的父親的遺贈200萬元。遺產都分完了之後，乙、丙的債權都完全受到清償，而情婦也拿到剩下的100萬元，甲的父親的債權人丁才知道甲的父親已經過世了，就出來講，他不但對甲的父親有債權，更是有500萬元的優先權。請問：丁可不可以依照民法第1161條的規定，向甲要求賠償500萬元，或向丙、乙、情婦要求返還500萬元？

一、思考焦點

公示催告所定的時間過去，並且將遺產分配給已經知道的債權人以及受遺贈人之後，被繼承人的其他債權人才出面報明債權，是不是可以向繼承人請求賠償，或向其他債權人、受遺贈人請求返還沒有受到清償的金額？

二、問題論述

聲請限定繼承的繼承人，還是想要去繼承被繼承人的遺產，只不過對於被繼承人的債務，是在所繼承的遺產的範圍內，才要去負責。所以，被繼承人到底留下來多少債務，就非常的重要，有的時候，繼承人根本不清楚被繼承人生前到底留下來多少債務，所以法院接到有人要聲請限定繼承，就要先辦理「公示催告」程序，就是要統計一下到底被繼承人在外面欠了多少債（民法第1157條第1項），另外一方面，是希望被繼承人的遺產，到底要清償給那一些債權人，總共要還多少，能夠早一點確定，這樣受遺贈人或繼承人，才能夠確定可以拿到多少遺產，如果一直沒有辦法確定下來，債權人、受遺贈人、繼承人對於遺產的權利，都拖在那邊沒有辦法確定，大家都拿不到遺產。公示催告在理論上，是希望被繼承人的債權人，能夠看到報紙，知道自己的債務人已經過世了，要趕快出面找自己債務人的繼承人討債，不然的話，被繼承人的遺產，很容易就被其他債權人、受遺贈人一下子就分光了。至於如果有其他被繼承人的債權人，是繼承人所不知道的，或是沒有在公示催告期間出面報明債權的，那就沒有辦法清償他（她）的債權，這種債權人，是在遺產清償債務以及遺贈之後才出現，也只能分到最後剩下的財產，這也是無可奈何的事，所以後來才出現的債權人，是不可以要求繼承人賠償，也不可以要求其他債權人或

受遺贈人返還的。

　　若認為民法第1159條第1項但書「優先權人」在公示催告後，因不報明債權，仍可優先清償，且具有民法第1161條第1項、第2項之損害賠償請求權，則無非架空民法第1157條、第1158條、第1162條之規定。

三、案例結論

　　丁不可以依照民法第1161條的規定，向甲要求賠償500萬元，或向丙、丁或情婦要求返還500萬元。

四、相關實例

　　戊男的母親過世時，留下來的遺產，總共有500萬元，法院公示催告期間過後，知道戊的母親還另外有兩個債主己、庚，每個都有債權200萬元，另外戊的母親還遺贈辛50萬元。公示催告期間過後，遺產已經分出去給己、庚、辛了，戊的母親的債權人壬，才知道戊的母親已經過世了，就拿出證據，他對戊的母親有100萬元的優先債權，那麼戊可以分到多少錢？

五、重要判解

(一) 最高法院100年度台上字第1509號民事判決

　　按民法繼承編修正前之限定繼承，被繼承人之債權人，不於民法第1157條所定之一定期限內，報明其債權，而又為繼承人所不知者，僅得就賸餘遺產，行使其權利，民法第1162條定有明文。即被繼承人之債權人，不於民法第1157條所定之一定期限內，報明其債權，而又為繼承人所不知者，繼承人對之所負之清償責任，僅於賸餘遺產範圍內為限，而非指繼承人繼承所得之全部遺產。

(二) 臺灣高等法院暨所屬法院104年法律座談會民執類提案第6號

法律問題：A土地為甲所有，甲於101年死亡，A土地由甲之唯一繼承人乙繼承並辦理繼承登記完畢。乙之普通債權人李四於103年聲請拍賣A土地，拍定日1日前，甲之普通債權人張三持100年間對甲取得之執行名義，以乙為執行債務人，亦聲請拍賣A土地，經執行法院併案執行。

　　問題（一）：執行法院就拍定價金，應否使張三先於李四分配受償？

　　問題（二）：問題一如採肯定說，張三若遲至「拍定後」始參與分配，是否僅得就餘額受償？

討論意見：

　　問題（一）：

甲說：肯定說。

1.依民法第1159條及第1160條規定，繼承人就被繼承人之遺產，應先償還被繼承人之債務，始得對受遺贈人交付遺贈。由此可以推知，繼承人負有依民法繼承編相關規定為清償之義務，於清償被繼承人債務、交付遺贈予受遺贈人後，如有贖餘，繼承人始得以之清償自己之債務。

2.繼承人就被繼承人之遺產，倘於未先償還被繼承人之債務前，即已辦理繼承登記，縱形式上已為繼承人之財產，然實質上仍為被繼承人之遺產，就此繼承而來之財產，繼承人仍應先償還被繼承人之債務，始得以之償還自己之債務（臺灣高等法院暨所屬法院101年法律座談會民執類提案第22號研討結果參照）。

3.因此，執行法院就拍定價金，應使張三先於李四分配受償。

乙說：否定說。

1.於執行程序中就拍賣所得價金，何項債權有優先受償權，須有法律之明文規定，執行法院始得就法律明文規定之優先債權予以列執行法第38條定有明文。肯定說將拍定價金優先分配予被繼承人之債權人，尚乏法律明文之依據。

2.民法第1159條至第1162條之2等規定，雖課予繼承人依法進行清算程序、依法清償之義務，惟繼承人未遵守而違反時，民法繼承編已規定其法律效果為繼承人應負損害賠償責任（第1161條參照）或被繼承人之債權人得就應受清償而未受償部分對該繼承人行使權利（第1162條之2參照）。要之，繼承人違反相關規定者，法已明文賦予被繼承人之債權人救濟途徑，被繼承人之債權人自得循相關途徑以謀救濟，尚難據此而推論於「執行程序中」，就繼承之遺產拍賣時，「執行法院」應使被繼承人之債權人得優先於繼承人之債權人分配受償。

3.以繼承人為執行債務人而進行之強制執行程序，就金錢債權請求權而言，執行法院僅代債務人立於出賣人地位而為執行，至債務人於民法繼承編應遵守之義務，執行法院自無代債務人遵守之可言。債務人未遵守民法繼承編相關規定時，民法第1161條、第1162條之2等規定已有相對應之法律效果，就被繼承人之債權人而言，已有救濟方式，執行法院並無得代債務人遵守或彌補應遵守之義務之法律依據。

4.強制執行程序乃為滿足「個別」債權人私法上之請求權所設之程序，非為清算債務人財產所設之程序。要之，強制執行程序係為滿足個別債權人之債權，於個別債權人取得執行名義後，即得就債務人之財產強制執行以滿足債權，而遺產清算程序係為使被繼承人之各債權人得以公平受償，二者目的不同，難謂執行法院於強制執行程序中應遵守清算程序之規則。

5.準此，執行法院就拍定價金，不得使張三先予李四分配受償。

問題（二）：

甲說：肯定說（僅得就餘額受償）。

1.依強制執行法第32條規定可知，債權人未於拍定日1日前參與分配者，僅得就他債權人受償餘額受清償。至強制執行法第34條第2項、辦理強制執行事件應行注意事項第19點第5款所指不受強制執行法第32條參與分配時間點之限制之優先受償權，限於對執行標的物有優先受償權者，不包含一般之優先受償權（司法院司法業務研究會第49期第16則、臺灣高等法院暨所屬法院90年法律座談會民執類提案第10題等研討結果參照）。

2.本件，張三之優先受償權性質上僅係一般優先受償權，仍應受強制執行法第32條參與分配時間點之限制。張三既然在拍定後始聲明參與分配，自僅得就李四受償後之餘額受償。

乙說：否定說（並非僅得就餘額受償）。

1.依強制執行法第34條第2項及辦理強制執行事件應行注意事項第19點第5款等規定可知，依法對於執行標的物有擔保物權或優先受償權之債權人，其參與分配，不受強制執行法第32條參與分配時間點之限制。

2.張三對於執行標的物A土地既有優先受償權，性質上即屬對「執行標的物」之優先受償權，而非僅為一般優先受償權。依上開說明，其參與分配不受拍定日1日前之限制。要之，即便張三係於拍定後始參與分配，仍得優先於李四分配受償，並非僅得就李四受償後之餘額受償。

初步研討結果：

問題（一）：採甲說。

問題（二）：採乙說。

審查意見：

問題（一）：採乙說。

本件債權人李四之執行名義的債務人為繼承人乙，系爭土地於聲請執行時，已辦理繼承登記完畢，登記為繼承人乙所有，自屬乙之責任財產。而併案執行之債權人張三，雖以對甲之執行名義聲請執行，然亦以乙為執行債務人，是以依題旨，本件並無被繼承人之債權人聲請對遺產執行之問題。且民法繼承自98年修法改為以有限責任為原則後，繼承人仍應概括繼承人債權債務之全部，僅係繼承人以繼承所得之遺產為限度，負有限之清償責任而已。至於民法第1156條至1162條之2相關規定，僅係課繼承人清算義務及責任而已，並非使被繼承人之債權人，就遺產之執行，取得優先債權之權利。甲說所引之本院101年法律座談會，案例事實係被繼承人之債權人，聲請對登記為被繼承人名義之遺產土地執行，經代辦繼承登記後繼續

拍賣程序，而聲請參與分配之稅務局係繼承人之債權人，與本件事實不同（剛好相反）自不宜任意比附援引。

　　問題（二）：問題（一）既採乙說，與問題（二）之前提不同，毋庸討論。

研討結果：

　　問題（一）：多數採甲說（實到73人，採甲說46票，採審查意見11票）。

　　問題（二）：多數採乙說（實到73人，採甲說9票，採乙說30票）。

管見認為：問題（二）未討論到民法第1162條規定：「被繼承人之債權人，不於第一千一百五十七條所定之一定期限內報明其債權，而又為繼承人所不知者，僅得就賸餘財產，行使其權利。」所以本題，不論採甲說或乙說皆不完足。

❖ 民法第1162條之1

　　繼承人未依第1156條、第1156條之1開具遺產清冊陳報法院者，對於被繼承人債權人之全部債權，仍應按其數額，比例計算，以遺產分別償還。但不得害及有優先權人之利益。

　　前項繼承人，非依前項規定償還債務後，不得對受遺贈人交付遺贈。

　　繼承人對於繼承開始時未屆清償期之債權，亦應依第1項規定予以清償。

　　前項未屆清償期之債權，於繼承開始時，視為已到期。其無利息者，其債權額應扣除自清償時起至到期時止之法定利息。

　　（98年6月10日增訂）

案例1

　　　甲男的父親過世的時候，留下來的遺產，總共差不多有新臺幣（以下同）8,000萬元。而甲的父親過世之後，甲是唯一的繼承人，始終未依民法第1156條、第1156條之1開具遺產清冊陳報法院者，甲知道甲的父親還另外有兩個債主乙、丙，每個都有債權3,000萬元，甲在遺囑中具名對丁遺贈1,000萬元。請問：甲是不是可以先清償丁之遺贈1,000萬元？

一、思考焦點

　　被繼承人在法律上是否有權，將繼承人之遺產優先清償被繼承人之遺贈？

二、問題論述

本條新增。

本次修正已於民法第1148條第2項明定繼承人對於被繼承人之債務，僅以所得遺產爲限負清償責任，另於民法第1156條及第1156條之1設有三種進入法院清算程序之方式，如繼承人仍不願意或認爲無須依上開規定開具遺產清冊陳報法院，並進行清算程序，對於被繼承人之債權人自爲清償時，除有優先權之情形外，則應自行按各債權人之債權數額，比例計算，以遺產分別償還，以求債權人間權益之衡平，故此次立法爰參考民法第1159條規定，增訂本條文第1項規定：「繼承人未依第一千一百五十六條、第一千一百五十六條之一開具遺產清冊陳報法院者，對於被繼承人債權人之全部債權，仍應按其數額，比例計算，以遺產分別償還。但不得害及有優先權人之利益。」

債務清償及交付遺贈之順序，在法律上亦應明定，以杜絕爭議，故此次立法上，爰參考民法第1160條規定，增訂本條文第2項規定：「前項繼承人，非依前項規定償還債務後，不得對受遺贈人交付遺贈。」

本條係由繼承人自行清算之規定，然對於未屆清償期之債權應如何清算，則與繼承人依民法第1159條第1項規定爲清算時，同有爭議。故本條文亦參考日本民法第930條第1項規定及破產法第100條規定，明定繼承人對於未屆清償期之債權亦應依本文第1項規定清償，且該等債權於繼承開始時即視爲已到期，以利清算，爰增訂本文第3項規定：「繼承人對於繼承開始時未屆清償期之債權，亦應依第一項規定予以清償」及第4項前段規定：「前項未屆清償期之債權，於繼承開始時，視爲已到期」。

又未屆清償期之債權附有利息者，應合計其原本及至清償時止之利息，以爲債權額，尙無疑義；惟未附利息者，則不應使繼承人喪失期限利益，然因本條係由繼承人自行清算，並無民法第1157條法院命債權人報明債權之期間，與民法第1159條所定情形不同，故其債權額應扣除自清償時起至到期時止之法定利息，始爲公允，爰參考破產法第101條規定，增訂本文第4項後段規定：「其無利息者，其債權額應扣除自清償時起至到期時止之法定利息」。

三、案例結論

甲依據民法第1162條之1第2項規定，繼承人，非償還債務後，不得對受遺贈人交付遺贈。因此，甲應清償被繼承人之債權人乙、丙之各有債權3,000萬元後，始得交付對被繼承人丁遺贈1,000萬元。

案例2

設被繼承人甲死亡時留有遺產新臺幣（以下同）60萬元，乙繼承人未提出遺產清冊向法院陳報，乙繼承甲之遺產時係完全行為能力人，被繼承人甲之債權人丙向乙請求甲生前向其借貸60萬元，乙於清償完畢後，被繼承人甲之債權人丁向乙請求甲生前向其借貸60萬元，試問：乙應該向丁清償多少金額？

答：乙繼承人未開具遺產清冊向法院陳報，故依民法第1162條之1第1項前段規定，繼承人未依第1156條、第1156條之1開具遺產清冊陳報法院者，對於被繼承人債權人之全部債權，仍應按其數額，比例計算，以遺產分別償還。故乙應該向丁清償30萬元。

四、相關實例

繼承人對於被繼承人之債權人，進入法院清算程序，計有幾種方式，試依法律規定申論之？

繼承人對於被繼承人之債權人、受遺贈人之先後清償次序為何，試依法律規定申論之？

❖ 民法第1162條之2

繼承人違反第1162條之1規定者，被繼承人之債權人得就應受清償而未受償之部分，對該繼承人行使權利。

繼承人對於前項債權人應受清償而未受償部分之清償責任，不以所得遺產為限。但繼承人為無行為能力人或限制行為能力人，不在此限。

繼承人違反第1162條之1規定，致被繼承人之債權人受有損害者，亦應負賠償之責。

前項受有損害之人，對於不當受領之債權人或受遺贈人，得請求返還其不當受領之數額。

繼承人對於不當受領之債權人或受遺贈人，不得請求返還其不當受領之數額。

（98年6月10日增訂）

案例

　　甲男的父親過世的時候，留下來的遺產，總共有新臺幣（以下同）8,000萬元。而甲的父親過世之後，甲是唯一的繼承人，現年17歲，始終違反民法第1162條之1規定，未依同法第1156條、第1156條之1開具遺產清冊陳報法院者，甲知道甲的父親還另外有兩個債主乙、丙，每個都有債權3,000萬元，甲在遺囑中具名對丁遺贈3,000萬元。甲逕對丁優先清償遺贈3,000萬元，遭致債權人乙、丙分別各損失500萬元，乙、丙遂對甲起訴求償500萬元，是否合法？

一、思考焦點

　　繼承人係限制行為能力人，因對於被繼承人之受遺贈人優先清償，致被繼承人之債權人債權受損，債權人起訴請求繼承人清償，法律上是否有理？

二、問題論述

　　本條文第1項規定：「繼承人違反第一千一百六十二條之一規定者，被繼承人之債權人得就應受清償而未受償之部分，對該繼承人行使權利。」蓋繼承人違反第1162條之1規定者，計有下列情形：

　　（一）繼承人未依民法第1156條、第1156條之1開具遺產清冊陳報法院者，對於被繼承人債權人之全部債權，未按其數額，比例計算，以遺產分別償還。

　　（二）繼承人未依民法第1156條、第1156條之1開具遺產清冊陳報法院者，對於被繼承人債權人之全部債權，未按其數額，比例計算，以遺產分別償還。且有害及有優先權人之利益。

　　（三）繼承人，非依規定償還債務後，優先對於受遺贈人交付遺贈。

　　本次修正已於民法第1148條第2項明定繼承人對於被繼承人之債務，僅以所得遺產為限負清償責任，另於民法第1156條及第1156條之1設有三種進入法院清算程序之方式，如繼承人仍不願意或認為無需依上開規定開具遺產清冊陳報法院，並進行清算程序，對於被繼承人之債權人自為清償時，除有優先權之情形外，則應自行按各債權人之債權數額，比例計算，以遺產分別償還，以求債權人間權益之衡平。

　　如本條第1項規定，被繼承人之債權人未能受清償之部分及所受其他損害，乃係因繼承人之行為所致，繼承人自應對該債權人負清償及損害賠償之責，且不應以所得遺產為限，以期繼承人與債權人間權益之衡平，故此次立法增訂本條第2項前

段規定：「繼承人對於前項債權人應受清償而未受償部分之清償責任，不以所得遺產為限。」繼承人如為無行為能力人或限制行為能力人，依本次修正前之民法第1153條第2項規定，原無須辦理任何程序，對於被繼承人之債務，即僅以所得遺產為限負清償責任。本次修正已明定，所有繼承人對繼承債務負限定責任，故刪除民法第1153條第2項規定，故本條第2項但書規定「但繼承人為無行為能力人或限制行為能力人，不在此限。」以杜爭議。

本條文第3項規定：「繼承人違反第一千一百六十二條之一規定，致被繼承人之債權人受有損害者，亦應負賠償之責。」如債權人未能受清償之部分及所受其他損害，乃係因繼承人之行為所致，繼承人自應對該債權人負清償及損害賠償之責，且不應以所得遺產為限，以期繼承人與債權人間權益之衡平。

本條文第4項規定：「前項受有損害之人，對於不當受領之債權人或受遺贈人，得請求返還其不當受領之數額。」又繼承人未依民法第1162條之1規定清償，致被繼承人之債權人應受清償部分未能受償時，該等債權人固得依本條文第3項規定向繼承人請求清償，惟繼承人若資力不足或全無資力時，對受損害之債權人即無實際上之效果，本次立法爰增訂本條文第4項明定，合法受有損害被繼承人之債權人對於不當受領之債權人或受遺贈人，得請求返還其不當受領之數額。

本條文第5項規定：「繼承人對於不當受領之債權人或受遺贈人，不得請求返還其不當受領之數額。」繼承人未依民法第1162條之1規定而為清償，致債權人有受領逾比例數額之情形時，該債權人於其債權範圍內受領，並非無法律上之原因，自無不當得利可言，故增訂本條文第5項規定，繼承人對於不當受領之債權人或受遺贈人，不得請求返還其逾比例受領之數額，以期法理上之明確。

管見認為，繼承人受監護宣告係在被繼承人死亡前或死亡後三個月內，故不須負陳報遺產清冊及對被繼承人比例清償責任；但繼承人一旦被法院宣告撤銷監護而回復精神狀態正常時，即負有陳報遺產清冊等責任（民法第1156條、第1156條之1、第1162條之1、第1162條之2）。

三、案例結論

繼承人係限制行為能力人，因對於被繼承人之受遺贈人優先清償，致被繼承人之債權人債權受損，債權人如起訴請求繼承人負清償責任，依據民法第1162條之2第2項但書規定，如繼承人係限制行為能力人，在法律上不負清償責任。

四、相關實例

甲男的父親過世的時候，留下來的遺產，總共有新臺幣（以下同）8,000萬

元。而甲的父親過世之後，甲是唯一的繼承人，現年17歲，始終違反民法第1162條之1規定，未依同法第1156條、第1156條之1開具遺產清冊陳報法院者，甲知道甲的父親還另外有兩個債主乙、丙，每個都有債權3,000萬元，甲在遺囑中具名對丁遺贈3,000萬元。甲逕對丁優先清償遺贈3,000萬元，遭致債權人乙、丙分別各損失500萬元，乙、丙如何依據法律規定，請求返還各自所有之500萬元？

五、重要判解

(一) 臺北地方法院100年度重訴更一字第9號民事判決

民法第1162條之2第2項立法意旨亦揭櫫保護無行為能力人及限制行為能力人之原則，當繼承人具前述身分時，縱致使債權人未能依比例受償，仍僅以所得遺產為限負清償之責，目的無非減輕無行為能力人及限制行為能力人之責任歸屬。在在落實憲法保障未成年人之具體作法，藉由法律明定之方式，突顯國家對「未成年人權利或利益」保護優於「交易安全」保護之特別規定。

(二) 臺灣高等法院暨所屬法院107年法律座談會民執類提案第11號

法律問題：乙將繼承自甲之A地，向丙銀行借款設定抵押權擔保，嗣丙行使抵押權向法院聲請強制執行A地。債權人丁提出對被繼承人甲之金錢債權執行名義聲明參與分配，其債權是否優先於丙受償？

討論意見：

甲說：肯定說。

1.按民法第1159條、第1160條及第1162條之1規定，繼承人應就被繼承人之債務，按比例以遺產分別償還；繼承人非依規定償還債務後，不得對受遺贈人交付遺贈。足認繼承人清償被繼承人債務、交付遺贈予受遺贈人後所餘財產，始得用之清償自己之債務。執行法院對於債務人責任財產之範圍應為審查，繼承人就被繼承人之遺產，倘於未償還被繼承人之債務前，即辦理繼承登記，縱形式上已為繼承人之財產，然實質上仍為被繼承人之遺產，就此繼承而來之財產，繼承人仍應先償還被繼承人之債務，始得以之償還自己之債務。

2.按抵押物賣得之價金，除法律另有規定外，按各抵押權成立之次序分配之，為民法第874條前段所明定。依該條項規定意旨可知，繼承人對被繼承人之債務負有以遺產為限的有限責任，其清償義務自屬物上負擔性質，可認係前揭條文之特別規定，被繼承人之債權就該遺產之受償順序應優先於繼承人設定在後之抵押權。

3.就執行標的屬被繼承人遺產時，目前實務見解肯認被繼承人之債權人可優先於繼承人之普通債權及稅捐債權受償（臺灣高等法院暨所屬法院101年法律座談會民執類提案第22號、104年民執類提案第6號研討結果參照），本於一貫性之解

釋，應認對被繼承人之債權優先於對繼承人之所有債權。況如繼承人所設定之抵押權擔保債權可優先於對被繼承人之債權受償，則繼承人取得遺產後，逐向第三人借款設定負擔，將造成繼承人以遺產清償自己債務之結果，被繼承人之債權人因偶然之繼承事實蒙受不利益，顯與民法繼承編法定限定責任之規定意旨有違。

4.故本件丁就A地賣得之價金，應優先於丙之抵押債權受償。

乙說：否定說。

1.抵押權為擔保物權性質，最主要效力即抵押物換價所得價值，其所擔保之債權得受優先清償。抵押權制度具有一定之社會作用，其安定性為維護交易安全之重要環節，觀諸民法、破產法、消費者債務清理條例等相關規定可知，於各類債務清算程序，仍應確保抵押權之優先受償性。如欲排除抵押權之優先受償，須法律明文規定之，參考民法第874條規定之修法理由所列舉之「法律另有規定」，係指稅捐稽徵法第6條第1項、強制執行法第29條第2項、國民住宅條例第17條、第27條、民法第870條之1、第871條第2項等規定，前開列舉之法條文字，均明確載明何種債權優先於抵押權，民法繼承編修正後關於遺產之繼承乙節關於繼承人清償債務之規定，尚難認係同法第874條之法律另有規定。

2.按不動產物權經登記者，推定登記權利人適法有此權利；因信賴不動產登記之善意第三人，已依法律行為為物權變動之登記者，其變動之效力，不因原登記物權之不實而受影響，民法第759條之1第1項、第2項定有明文。為貫徹登記之效力，登記名義人未經法定程序塗銷登記前，其即為該不動產物權之權利人。是以繼承人雖未依法償還被繼承人之債務，惟其以已登記為繼承人所有之不動產為擔保物，設定抵押權予第三人，依前揭說明，該第三人於完成抵押權設定登記後自應受保障。

3.民法第1159條至第1162條之2等規定，雖課予繼承人依法進行清算程序之義務，惟繼承人違反法定義務時，其法律效果為繼承人應負損害賠償責任，或被繼承人之債權人得就應受清償而未受償部分對該繼承人行使權利（同法第1161條、第1162條之2）。是繼承人違反相關規定者，法已明文賦予被繼承人之債權人救濟途徑，被繼承人之債權人自得循相關途徑以謀救濟，尚難據此推論於遺產之執行程序中，對被繼承人之債權得優先於繼承人之抵押權人分配受償。

4.肯定說所舉實務見解，其案例為繼承人之債權為普通債權或對「人」之優先債權，與本件抵押權係對「物」之優先債權不同。被繼承人債權之優先權係對於全部遺產而言，並非存在於該特定之執行標的物，該執行標的物拍賣後，其優先受償權並不因而消滅，而抵押債權如前述有交易安全及登記制度特性考量，不宜遽予比附援引。

5.故本件A地賣得之價金，丙之抵押權擔保效力所及債權仍得優先於丁之債權受領。

初步研討結果：採乙說。

審查意見：採乙說，惟乙說理由2.刪除。

研討結果：照審查意見通過。

❖ 民法第1163條

繼承人中有下列各款情事之一者，不得主張第1148條第2項所定之利益：

一、隱匿遺產情節重大。

二、在遺產清冊為虛偽之記載情節重大。

三、意圖詐害被繼承人之債權人之權利而為遺產之處分。

（98年6月10日修正公布）

舊民法第1163條

繼承人中有下列各款情事之一者，不得主張第1154條所定之利益：

一、隱匿遺產情節重大。

二、在遺產清冊為虛偽之記載情節重大。

三、意圖詐害被繼承人之債權人之權利而為遺產之處分。

四、依第1156條第1項規定為限定繼承者，未於同條第2項所定期間提出遺產清冊。

（97年1月2日之舊法）

案例1

　　試申論繼承法遺產清冊之提出規定及繼承人未提出遺產清冊時之法律責任？

答：

（一）繼承法遺產清冊之提出規定

1. 繼承人主動提出（繼承人開具遺產清冊之陳報）：

　　民法第1156條規定，繼承人於知悉其得繼承之時起三個月內開具遺產清冊陳報法院。

　　前項三個月期間，法院因繼承人之聲請，認為必要時，得延展之。

　　繼承人有數人時，其中一人已依第1項開具遺產清冊陳報法院者，其他繼承人視為已陳報。

2. 債權人之聲請（債權人遺產清冊之提出）：

　　民法第1156條之1第1項規定，債權人得向法院聲請命繼承人於三個月內提出遺產清冊。

　　民法第1157條規定，繼承人依前二條規定陳報法院時，法院應依公示催告程序公告，命被繼承人之債權人於一定期限內報明其債權。

　　前項一定期限，不得在三個月以下。

3. 法院依職權命繼承人提出：

　　民法第1156條之1第2項、第3項規定，法院於知悉債權人以訴訟程序或非訟程序向繼承人請求清償繼承債務時，得依職權命繼承人於三個月內提出遺產清冊。

　　前條第2項及第3項規定，於第1項及第2項情形，準用之。

（二）繼承人未提出遺產清冊時之法律責任

1. 民法第1162條之1（未開具遺產清冊之效果）規定，繼承人未依第1156條、第1156條之1開具遺產清冊陳報法院者，對於被繼承人債權人之全部債權，仍應按其數額，比例計算，以遺產分別償還。但不得害及有優先權人之利益。

　　前項繼承人，非依前項規定償還債務後，不得對受遺贈人交付遺贈。

繼承人對於繼承開始時未屆清償期之債權，亦應依第1項規定予以清償。

前項未屆清償期之債權，於繼承開始時，視為已到期。其無利息者，其債權額應扣除自清償時起至到期時止之法定利息。

2. 民法第1162條之2（限定繼承之例外）規定，繼承人違反第1162條之1規定者，被繼承人之債權人得就應受清償而未受償之部分，對該繼承人行使權利。

繼承人對於前項債權人應受清償而未受償部分之清償責任，不以所得遺產為限。但繼承人為無行為能力人或限制行為能力人，不在此限。

繼承人違反第1162條之1規定，致被繼承人之債權人受有損害者，亦應負賠償之責。

前項受有損害之人，對於不當受領之債權人或受遺贈人，得請求返還其不當受領之數額。

繼承人對於不當受領之債權人或受遺贈人，不得請求返還其不當受領之數額。

案例2

甲男的父親過世了，甲是唯一的繼承人，可是，甲明明知道父親的遺債是新臺幣（以下同）200萬元，而遺產有100萬元，雖然遺債確實大於遺產，為了少還一些債，甲就去辦理限定繼承，而且把父親的遺產，其中50萬元藏起來，然後對外宣稱說，父親只留下50萬元的遺產，後來甲終於被發現隱藏父親的遺產，請問：甲還可不可以享受限定繼承的利益，總共只償還父親的債權人100萬元？

一、思考焦點

辦理限定繼承的繼承人，如果有故意去損害被繼承人的債權人，讓債權人的債權一部分或全部沒有辦法清償的不誠實行為，是不是還可以主張限定繼承的利益，

而只在遺產的範圍限度以內清償被繼承人的債務？

二、問題論述

98年6月10日公布修正已於民法第1148條第2項明定，繼承人對於被繼承人之債務，僅以所得遺產為限負清償責任，繼承人卻有隱匿遺產情節重大、在遺產清冊為虛偽之記載情節重大或意圖詐害被繼承人之債權人之權利，而為遺產之處分等情事之一，自應維持現行條文，明定該繼承人不得主張限定責任利益，爰參考法國民法第792條及德國民法第2005條之規定，修正繼承人如有上述情事之一者，對於被繼承人之債務應概括承受，不得主張第1148條第2項所定有限責任之利益，以遏止繼承人此等惡性行為，並兼顧被繼承人債權人之權益。又繼承人中如有一人有本條各款情事之一之行為，自應由該繼承人負責，其他繼承人之限定責任不因而受影響。

限定繼承制度設計的目的，是對於遺債大於遺產的情形，為了避免用繼承人本來的財產，去還被繼承人的債務，也就是避免繼承人要去為不是自己所欠下來的債務負責，所以規定繼承人可以辦理限定繼承，也就是避免「父債子還」的情形，不要讓上一代的債務，拖累後世的子孫。但是，即使在限定繼承的情形，有多少遺產，就應該要還多少債（當然要扣掉一些手續費以及稅捐等等），繼承人如果存心要躲避被繼承人的債務，好偷偷多繼承一些遺產，等於是把原來要還給債權人的遺產，挖過來給自己用，這種不誠實的行為，是法律所不容許的。所以民法第1163條就規定，繼承人如果有這些情形，是不可以主張限定繼承的利益，也就是說，有多少遺債，就要負多少責任，不管所繼承的遺產有多少。民法第1163條又把這種損害債權人而不可以享受限定繼承利益的行為，詳細分成三種情形：

(一) 隱匿遺產情節重大 (第1款)

也就是把被繼承人的遺產偷偷藏起來，不讓法院及債權人知道，會讓法院及被繼承人的債權人，以為遺產沒有那麼多，於是就少分到一些遺產，債權就少被清償一些，因而受到損害。至於何謂「情節重大」？由法院自由心證認定之。

(二) 在遺產清冊為虛偽之記載情節重大 (第2款)

應該記在遺產清冊上面的遺產，卻故意不記上去，讓法院及債權人不知道被繼承人除了遺產清冊上面的遺產以外，還有其他遺產，這也是隱藏被繼承人的遺產的一種方法，會讓債權人受到損害。至於何謂「情節重大」？由法院自由心證認定之。

(三) 意圖詐害被繼承人之債權人之權利而為遺產之處分 (第3款)

就是故意要使被繼承人的債權人，沒有辦法受到一部分或全部的債權清償，而把遺產拿去給處分掉，例如怕被繼承人留下來的價值連城的一件古董花瓶，被債權

人發現以後，拿去賣掉還債，繼承人就把那個花瓶送給自己的親戚，「肥水不落外人田」。

　　如果繼承人有以上三款的情形，就不可以主張限定繼承的利益，這是法律爲了處罰、教訓不誠實的繼承人，並且阻止繼承人故意隱藏、處分遺產，或故意開出假的遺產清冊，所設立的規定。

三、案例結論

　　依照民法第1163條第1款的規定，甲故意隱匿遺產情節重大，已經不可以享受限定繼承的利益，所以甲必須要對被繼承人總共200萬元的遺債負責。

四、相關實例

　　乙男的父親過世了，乙是唯一的繼承人，而乙明明知道父親的遺債是200萬元，而遺產有100萬元，雖然遺債確實大於遺產，爲了少還一些債，就去辦理限定繼承，並且把父親的遺產，其中50萬元通通都送給自己的好朋友，然後對外說父親只留下50萬元的遺產。請問：乙還可不可以享受限定繼承的利益，而只償還債權人100萬元？

五、重要判解

(一) 司法院27年院字第1719號解釋

　　繼承人爲限定之繼承，雖然法定期限內，開具遺產清冊呈報法院，且經公示催告，但被繼承人之債權人，主張有民法第1163條第1款隱匿遺產情事，經查訊屬實，自可依債權人之聲請，而爲繼承人不得享有限定繼承利益之裁定。

(二) 最高法院74年度台再字第116號民事判決

　　限定繼承之繼承人就被繼承人之債務，係以遺產爲限度負有限責任，遺產債權人就繼承人之固有財產聲請強制執行，承認該繼承人爲強制執行法第15條規定之第三人，得提起第三人異議之訴。若繼承人有民法第1163條第2款規定情事，在利害關係人未聲請法院裁定該繼承人不得享有限定繼承利益前，尚不得謂繼承人已因而喪失限定繼承之利益。

(三) 最高法院100年度台上字第435號民事判決

　　民法所規定之遺產繼承，如有隱匿遺產、虛僞記載遺產清冊或意圖詐害被繼承人之債權人之權利而爲遺產之處分者，應不得爲限定繼承之利益，亦即就遺產所編製之財產目錄，須明確記載，使法院及利害關係人明瞭並給予監督之責，若有不實或隱匿者，應不問有否損害他人或有利自己或他人之情事發生，即可因其之行爲，

而給予限定繼承之利益喪失之制裁。

(四) 最高法院104年度台簡抗字第172號民事裁定

　　按民法第1163條所謂隱匿遺產或在遺產清冊爲虛僞記載情節重大，或意圖詐害債權人之權利而爲處分遺產，非僅以繼承人有該等客觀事實存在爲已足，尚須其明知被繼承人有該遺產，且主觀上有隱匿遺產、虛僞記載之故意或詐害債權人權利之意圖，始足當之。倘繼承人於陳報遺產清冊時，不知有該遺產之存在，嗣又因誤認無此遺產而爲處分，與明知有該遺產而故意隱匿之行爲有間，則繼承人既乏前述主觀故意或意圖，自無上開規定之適用。

(五) 臺灣高等法院暨所屬法院105年法律座談會民執類提案第16號

法律問題：債務人甲於100年間死亡，留有土地一筆，其繼承人乙繼承土地一筆
　　　　　（下稱系爭土地）後，於101年間將該土地出賣並移轉所有權予他人。
　　　　　甲之債權人丙現提出甲之遺產清冊（財產僅載有系爭土地）、不動產異
　　　　　動索引，聲請對乙之存款（消費寄託）債權爲強制執行，並主張該存款
　　　　　爲乙處分土地之變價所得，執行法院應如何處理？

討論意見：
　　甲說：執行法院應駁回債權人就存款債權之執行聲請。
　　1.爲限定繼承者，對於被繼承人債務之清償，以因繼承所得遺產爲限，負清償責任。亦即，限定繼承人所負爲物的有限責任，被繼承人之債權人僅得對繼承所得遺產之特定物請求執行，不得對固有財產爲執行，此爲97年1月2日修正前民法限定繼承物之性質（最高法院75年度第4次民事庭會議決議（二）、77年台抗字第143號判例意旨參照）。而98年6月10日修正民法第1148條第2項規定爲「以所得遺產爲限，負清償責任」，爲解決繼承人因不知法律而未於法定期間內辦理限定繼承或拋棄繼承，以致背負繼承債務，影響其生計，此種不合理之現象，及民法繼承編施行法第1條之1、第1條之2、第1條之3有關規定均爲「以所得遺產爲限，負清償責任」爲保障人格發展之立法意旨並無不同，故就有限責任之性質仍與97年1月2日修正前民法第1154條規定「以因繼承所得之遺產，償還被繼承人之債務」相同，彼等間似無區分之必要，不宜改採人的有限責任使繼承人之總體財產因有繼承發生及陷於不安、隨時有遭強制執行之風險，反悖於歷次修法保護繼承人之美意。是繼承人就被繼承人債務之清償係負「物的有限責任」（甲說下稱「繼承人」均指此負物的有限責任之限定繼承人），就被繼承人之債務爲執行時，繼承人自僅就遺產之執行居於債務人之地位；如就繼承人之固有財產聲請執行，應認該繼承人爲強制執行法第15條規定所稱之第三人。
　　2.98年6月10日修正之民法第1148條第2項、第1153條第1項規定具有法定免責

之性質，繼承人負有限責任爲原則，故縱然繼承人未爲有限責任之抗辯，執行法院仍應爲執行標的是否爲責任財產（即遺產）之調查。而執行法院就上訴人提出之證明文件，僅有形式上之審查權，而無實體上之審理權（最高法院75年度台上字第589號裁判意旨參照）。債權人聲請執行之存款債權，自遺產清冊形式上調查既非甲之遺產，形式上即屬乙之固有財產，即有強制執行法第17條之適用，如債權人仍執意執行該固有財產則應駁回債權人就該固有財產執行之聲請。至遺產是否已爲其他替代物或變賣所得，需待實體法院審查，並非執行法院形式審查得以認定（許澍林法官著，論繼承所得遺產，司法週刊第1619期）。

　　3.如繼承人乙係隱匿遺產情節重大、在遺產清冊爲虛僞之記載情節重大或意圖詐害被繼承人之債權人之權利而爲遺產之處分之情形，則應負民法第1163條法定單純承認之責任，不得主張同法第1148條第2項限定責任之利益；或其餘如繼承人處分遺產，有違民法第1158條至第1160條有關遺產清算程序之規定，其責任依民法第1161條第1項：「繼承人違反第一千一百五十八條至一千一百六十條之規定，致被繼承人之債權受有損害者，應負賠償責任。」之規定辦理，屬繼承人對被繼承人之債權人應負損害賠償之問題亦即另由債權人依民法第1161條規定向法院起訴。惟此等情形尙須待債權人對繼承人另取得執行名義，始得對固有財產爲強制執行，原執行名義效力並未及於繼承人之固有財產，執行法院不得准許執行固有財產之聲請。

　　乙說：執行法院應准予執行存款債權。

　　1.繼承人所負之有限責任，爲遺產之「金額」或「價值」的有限責任，繼承之財產並無區分爲其固有財產或遺產之必要，即「人的有限責任」，繼承人就被繼承人之債務仍爲債務人，自債權人所提資料既可知繼承人乙確曾繼承遺產，則於該遺產之價值限度內即爲債務人。

　　2.縱採對修正民法第1148條第2項繼承人爲「物的有限責任」，惟於遺產經處分之場合，因多屬變價爲金錢或類似之物而易有混同之情形，因不易區別爲變賣遺產所得或係繼承人固有，此時爲保護被繼承人之債權人，宜參酌民法第1148條之1規定之意旨，例外改採人的有限責任，以遺產之價額限定繼承人之責任，准許債權人遺產價額範圍內，執行繼承人之全部財產（即不另區分固有財產）。如繼承人抗辯遺產之價值數額、變賣所得已不存在等如何與債權人間有爭議時，繼承人得依強制執行法第14條規定，提起債務人異議之訴以爲救濟。

　　丙說：執行法院應形式上調查存款債權爲遺產之變賣所得者，始准予執行。

　　1.民法繼承編於98年6月10日修正後，繼承人仍承受被繼承人財產上之一切權利義務，但對於被繼承人之債務僅需以繼承所得遺產爲限負清償責任，即繼承財產與繼承人固有財產應予嚴格分離，被繼承人之遺產仍存在，債權人固然應對遺產追

償，惟若遺產不存在，更替之替代物或變賣所得，仍屬遺產之一部，亦應負責清償（最高法100年度台抗字第778號裁定意旨參照）。繼承人之薪資債權顯非遺產之替代物或變賣所得固不得執行，惟如執行法院依遺產清冊、存摺明細、不動產買賣契約等已可認該遺產變賣價金曾存入該繼承人帳戶，縱變賣價金與繼承人固有存款發生混同之情形，為保護被繼承人之債權人，即時保障其權益，仍應准許於遺產價額內為執行。

2.執行法院如發現債權人查報之財產確非債務人所有者，應命債權人另行查報，於強制執行程序開始後始發現者，應由執行法院撤銷其處分，強制執行法第17條固有明文。惟上開規定應由執行法院撤銷其執行處分，係指查報之財產確非債務人所有者而言。若該財產是否債務人所有尚待審認方能確定，即是否為遺產之替代物或變價所得而屬遺產之一部不明時，執行法院既無逕行審判之權限，尤非聲明同法第12條所定之異議所能救濟，自應依同法第16條之規定，指示主張有排除強制執行權利之第三人，提起執行異議之訴，以資解決。

初步研討結果：採甲說。

審查意見：採修正丙說，理由如下：

1.按民法第1148條規定：「繼承人自繼承開始時，除本法另有規定外，承受被繼承人財產上之一切權利、義務。但權利、義務專屬於被繼承人本身者，不在此限。繼承人對於被繼承人之債務，以因繼承所得遺產為限，負清償責任。」由民法第1148條規定內容可知，第1項為概括繼承之原則，第2項為有限責任之規定，由此第2項規定而形成以「概括繼承有限責任」為原則之繼承制度。依此規定，繼承人雖繼承被繼承人之「全部」債務，但其對債務之清償，原則上負以遺產為限度之物的「有限」責任，因此被繼承人之債權人固得對繼承人請求償還全部之債務，但繼承人得拒絕以自己之固有財產為清償，亦即，繼承人依法取得拒絕以自己之固有財產為償還被繼承人債務之抗辯權，繼承人如以其固有財產清償繼承債務時，並非無法律上之原因，繼承人不得再向債權人請求返還（參照林秀雄，繼承法講義，2014年10月6版，第148-149頁）。另最高法院101年度台上字第1447號民事判決亦認：依民法第1148條規定，繼承人於繼承開始時，仍應繼承被繼承人之一切債務，僅係就超過繼承所得遺產部分之債務得拒絕清償，而非謂繼承人就其繼承之債務於超過繼承所得遺產部分當然消滅，債權人對之無請求權存在。

2.按強制執行法第19條規定：「執行法院對於強制執行事件，認有調查之必要時，得命債權人查報，或依職權調查之。執行法院得向稅捐及其他有關機關、團體或知悉債務人財產之人調查債務人財產狀況，受調查者不得拒絕。但受調查者為個人時，如有正當理由，不在此限。」故執行法院依上開規定本得為形式調查。本件

若依債權人丙所提出之證明資料，及執行法院依上開規定所為形式調查結果，由執行法院形式審查，若認系爭土地（即遺產）變賣所得之價金確已存入乙之存款帳戶，雖與乙之固有財產發生混同，仍應准許丙就乙之存款帳戶於遺產變賣價額內為強制執行，如乙主張該價額內之存款並非遺產之替代物，而係乙之固有財產，則應由乙提起異議之訴，以資救濟。（採此見解13票、採甲說3票、採乙說5票）

研討結果：多數採審查意見（實到61人，採甲說6票，採乙說13票，採審查意見28票）。

(六) 臺灣高等法院暨所屬法院106年法律座談會民事類提案第24號

法律問題：甲持有丙於103年10月30日所簽發、票面金額新臺幣（下同）150萬元、並免除作成拒絕證書之未載到期日之本票乙紙（下稱系爭本票），嗣丙於104年3月31日死亡，甲持該本票向丙之繼承人乙為付款之提示遭拒後，乃依票據及繼承之法律關係起訴請求乙應於繼承被繼承人丙所得遺產範圍內為限，給付甲150萬元，經法院認有理由，判決主文為：「被告（指乙）應於繼承被繼承人丙遺產範圍內，給付原告（指甲）150萬元」確定在案（下稱前案）。甲獲前案勝訴判決確定後，另依系爭本票及繼承之法律關係起訴主張乙有民法第1163條第1款所定隱匿遺產情節重大情事，不得主張民法第1148條第2項所定限定繼承之利益，應就丙積欠甲之系爭本票債務負完全清償之責，訴請乙應給付150萬元（下稱後案），聲明求為判決：被告（指乙）應給付原告（指甲）150萬元，則：

　　問題（一）：後案之起訴有無違反一事不再理原則？

　　問題（二）：若甲於提起後案前，未依民法第1163條向家事法院（或家事庭，下稱家事法院）聲請裁定，民事法院得否逕行審查乙有無民法第1163條第1款之情事？

　　問題（三）：甲於取得前案勝訴確定判決後，可否持前案確定判決及家事法院諭知乙不得主張限定責任之確定裁定，向執行法院聲請強制執行乙之固有財產？

討論意見：

　　問題（一）：

　　甲說：肯定說。

　　1.前案及後案之當事人相同，且均係依票據及繼承之法律關係請求給付，亦即基於同一原因事實所生同一給付，其請求給付之金錢相同，應認屬同一事件。

　　2.本件前案既經判決確定，即生裁判之確定力，則甲於後案之起訴即違反一事不再理原則，應依民事訴訟法第249條第1項第7款之規定裁定駁回甲之訴。

乙說：否定說。

1.按當事人不得就已起訴之事件，於訴訟繫屬中，更行起訴；除別有規定外，確定之終局判決就經裁判之訴訟標的有既判力，民事訴訟法第253條、第400條第1項分別定有明文，為訴訟法上一事不再理之原則，或稱為二重起訴之禁止。則關於前後起訴之案件是否為同一案件，應依「當事人」、「訴之聲明」及「訴訟標的」三個訴之要素定之。

2.本件甲於前案之請求係依票據及繼承之法律關係，請求乙於繼承被繼承人丙遺產範圍內給付票款，於後案係主張乙有民法第1163條第1款所定隱匿遺產情節重大而不得享有限定繼承之利益，依票據、繼承之法律關係請求乙應給付甲150萬元，甲於前案及後案所為訴之聲明不同，非屬同一事件，無一事不再理原則之適用。

丙說：區分說。

1.按民事訴訟法第400條第1項規定確定判決之既判力，惟於判決主文所判斷之訴訟標的，始可發生。前案之判決主文既係判決「被告（指乙）應於繼承被繼承人丙遺產範圍內，給付原告（指甲）150萬元」，則既判力範圍僅限於該部分，後案有關該部分之起訴即違反一事不再理原則。

2.至於甲於後案請求乙以繼承被繼承人丙遺產範圍以外之財產為給付，未經前案判決，此部分無一事不再理原則之適用。

問題（二）：

甲說：否定說。

家事法院為乙不得享有限定繼承利益之裁定前，乙未喪失限定繼承之利益，民事法院不審查乙有無民法第1163條第1款之情事（臺灣高等法院91年度重上字第203號及96年度重上更（二）字第22號民事判決理由意旨參照）。

乙說：肯定說。

按不得享有限定繼承利益之裁定，乃依非訟事件法審理，實務上向來認為非訟事件無確定實體法律關係之效力，如繼承人與被繼承人之債權人就此發生爭執，應由民事法院於具體之案件中為認定，而非另由被繼承人之債權人聲請法院裁定該限定繼承人不得享有限定繼承之利益（郭振恭著，繼承人之不正行為與繼承之限定或拋棄，收錄於林秀雄主編，民法親屬繼承實例問題分析，97年10月2版，第327頁參照）。

問題（三）：

甲說：肯定說。

1.現行繼承法對於繼承人之責任雖改採有限責任，惟對於繼承人有民法第1163條

所列事由之一者，仍准許債權人聲請限定繼承人不得享有限定繼承之利益。該裁定既係家事法院依現行有效之程序，於調查審認後而為之裁判，自得為執行名義。蓋實務上既准許債權人得聲請排除繼承人之限定繼承利益，卻又認該裁定不得作為執行名義，將使民法第1163條之規定形成具文。

2.該裁定如不得作為執行名義，債權人需另行起訴，重複繳納訴訟費用，亦因訴訟程序而拖延權利之實現，徒增勞費，自非妥適。

乙說：否定說。

1.不得享有限定繼承利益之裁定，非屬強制執行法第4條第1項所列各款之執行名義，自不得持以執行乙之固有財產。

2.上開裁定，形式上雖係排除繼承人乙享有限定繼承之利益，實質上隱含乙對於其被繼承人之債務負無限清償責任，與現行繼承法採限定責任之立法意旨不符，對於繼承人乙之權利義務影響甚鉅，應以訴訟程序為之，上開裁定係適用非訟程序，自非妥適。

初步研討結果：

問題（一）：採丙說。

問題（二）：採乙說。

問題（三）：採乙說。

審查意見：

問題（一）：採修正甲說：肯定說。

1.按訴訟標的於確定之終局判決中經裁判者，除法律別有規定外，有既判力，當事人不得就該法律關係更行起訴，此觀民事訴訟法第249條第1項第7款及第400條第1項之規定自明。而所謂訴訟標的，係指為確定私權所主張或不認之法律關係，欲法院對之加以裁判者。至法律關係，乃法律所定為權利主體之人，對於人或物所生之權利義務關係（最高法院61年台再字第186號判例參照）。89年2月9日修正之民事訴訟法第244條第1項第2款，將原規定之「訴訟標的」修正為「訴訟標的及其原因事實」，乃因訴訟標的之涵義，必須與原因事實相結合，以使訴狀所表明請求法院審判之範圍更加明確。則於判斷既判力之客觀範圍時，自應依原告起訴主張之原因事實所特定之訴訟標的法律關係為據，凡屬確定判決同一原因事實所涵攝之法律關係，均應受其既判力之拘束。

2.按繼承人自繼承開始時，除本法另有規定外，承受被繼承人財產上之一切權利、義務。但權利、義務專屬於被繼承人本身者，不在此限。繼承人對於被繼承人之債務，以因繼承所得遺產為限，負清償責任。98年6月10日修正公布之民法第1148條定有明文。故新法以限定繼承為原則，亦即，繼承人就被繼承人之債務，

係以遺產為限度負有限責任，繼承人無須以其固有財產清償繼承債務，惟依上開民法第1148條第1項規定，繼承標的之權利義務，包括為一體而移轉於繼承人，故有稱之為「概括繼承有限責任」。新法既以限定繼承為原則，自不得待繼承人為表示，當然發生有限責任之效力，除另有其拋棄繼承或強制單純承認之爭執，法院毋庸為審查或判斷其是否為限定責任繼承人，於法即發生其僅以遺產為限對繼承債權人負清償責任之效力，其固有財產當然非繼承債務之責任財產。又繼承人仍為概括繼承，故繼承債務仍然存在且為繼承之標的，僅係繼承人對於繼承債務僅以所得遺產為限負清償責任，故繼承人如仍以其固有財產清償繼承債務時，該債權人於其債權範圍內受清償，並非無法律上之原因，故無不當得利可言，繼承人自不得再向債權人請求返還（參見民法第1148條立法理由第4點）。繼承人既繼承被繼承人之權利義務，即其非無債務，僅其責任有限而已。是以被繼承人之債權人得就債權為裁判上及裁判外一切之請求，惟債權人起訴請求時，繼承人如提出有限責任之抗辯，法院應為保留給付之判決（於所得遺產限度內為給付），此利益僅在於繼承人之有限責任，不因其未於訴訟中提出此抗辯而有異。被繼承人之債權人訴請清償債務時，繼承人未為有限責任之抗辯者，法院乃應為保留給付之判決。故民法第1148條第2項規定，僅賦予繼承人有拒絕以自己固有財產償還被繼承人債務之抗辯權，並非法定之債務免除。

3.題示情形，繼承人乙因繼承而概括繼受系爭本票債務，惟依民法第1148條第2項規定負有限責任，甲對乙就票款給付請求權及繼承之法律關係，既業經前案為保留給付之判決確定，乙對甲負有給付系爭150萬元本票票款之義務，已生既判力。至於乙對票款義務負有限責任，僅屬清償責任之範圍，並非逾清償責任部分即免除其債務，甲另提起後案仍以系爭本票之法律關係為據，乃屬前案確定判決同一原因事實所涵攝之法律關係，應受前案確定判決既判力之拘束。故甲係就同一事件再行提起後案，依民事訴訟法第249條第1項第7款之規定，應認原告甲之訴為不合法，應予駁回。至被告乙如確有違反民法第1163條各款情事，核屬為債權人之原告甲得另向法院聲請裁定被告乙不得主張限定責任之利益，以執行其固有財產之另一問題，附此敘明。

問題（二）：因問題（一）結論採甲說（肯定說），故本小題無需討論。

問題（三）：採甲說：肯定說。理由補充如下：

1.按給付判決一經確定，即為有執行力之債務名義，除經再審法院廢棄，或經債務人提起異議之訴，得有該執行名義不適於執行之判決，執行法院自應依法照判執行（最高法院22年抗字第598號判例參照）。若繼承人有民法第1163條各款規定情事，在利害關係人未聲請法院裁定該繼承人不得享有限定責任利益前，尚不得謂

繼承人已因而喪失限定責任之利益。甲就被繼承人丙之債務爲執行時，乙爲負有限責任之繼承人，僅就遺產之執行始居於債務人之地位，逾此範圍，甲尚不得逕對其請求強制執行。且前案給付確定判決未經再審法院廢棄，或經債務人提起異議之訴，得有該執行名義不適於執行之判決，執行法院自應依法照判執行。

2.繼承人有民法第1163條各款情事時，依司法院27年院字第1719號解釋：「繼承人爲限定之繼承。雖於法定期限內。開具遺產清冊呈報法院。且經公示催告。但被繼承人之債權人。主張有民法第1163條第1款隱匿遺產情事。經查訊屬實。自可依債權人之聲請。而爲繼承人不得享有限定繼承利益之裁定。」蓋其性質與非訟事件無殊，是法院僅就是否符合民法第1163條各款要件爲審酌（此一繼承人不得主張限定責任之聲請事件，於家事事件法公布施行後，應屬該法第3條第4項第9款之丁類事件，附此敘明）。故債權人聲請法院爲繼承人不得主張限定責任利益之裁定，乃依非訟程序審理，法院所爲之不得主張限定責任之裁定，爲非訟裁定。繼承人依上開規定，不得主張同法第1148條第2項所定之利益時，應視爲單純承認繼承，自繼承開始時，承受被繼承人財產上之一切權利義務；對於被繼承人之債務，不以因繼承所得遺產爲限負清償之責。

3.題示情形，甲聲請家事法院裁定乙不得主張限定責任，並經家事法院裁定認有理由，執行法院依形式上審查，應認乙對於甲之債務，不以繼承所得遺產爲限負清償責任，得對其固有財產爲強制執行。

研討結果：本題保留。

(七) 臺灣高等法院暨所屬法院108年法律座談會民執類提案第7號

法律問題：債權人對被繼承人甲有新臺幣（下同）50萬元債權，今持得爲假執行之民事判決（「主文記載：被告乙應於繼承被繼承人甲之遺產範圍內，向原告清償新臺幣50萬元。本件得假執行。被告以新臺幣50萬元爲原告供擔保後得免爲假執行」，下稱系爭民事判決），列乙爲債務人，聲請執行法院就乙所繼承被繼承人甲之遺產A地（別無其他遺產）查封拍賣，執行法院查封後，債務人乙依照判決主文以現金供擔保50萬元（下稱系爭擔保金）免爲假執行，執行法院啓封後，債務人乙遂將A地轉賣予善意第三人。待系爭民事判決勝訴確定後，因A地已非債務人所有，債權人即向執行法院改聲請扣押系爭擔保金50萬元。試問：執行法院得否扣押系爭擔保金？

討論意見：

甲說：否定說。

（一）繼承人對於被繼承人之債務，以因繼承所得遺產爲限，負清償責任，98

年6月10日修正公布之民法第1148條第2項定有明文,可知新法以限定繼承爲原則,亦即,繼承人就被繼承人之債務,係以遺產爲限度負有限責任,繼承人無須以其固有財產清償繼承債務。

　　(二)本題示債務人乙依系爭民事判決主文,以50萬元提供擔保免爲假執行,係以自己之固有財產爲債權人提供擔保,系爭擔保金並非遺產範圍,A地變賣所得之價金,始得認爲係遺產範圍,故系爭擔保金既非遺產範圍,債權人自不得逕對其請求強制執行。至於債務人乙處分A地是否有構成民法第1163條情形,須透過家事法院實體認定,使債權人另對繼承人取得執行名義,始得執行乙之固有財產。

　　(三)題意所示乙雖於提供擔保後將A地賣予善意第三人,然此應爲該宣告假執行之訴訟取得勝訴確定判決後,對於因乙提供擔保免爲假執行所造成債權人之損害,依照民事訴訟法第106條準用第103條第1項之結果,對系爭擔保金取得與質權人同一權利。是乙將A地變賣導致債權人債權無法滿足之損害,將來應由債權人另行提起損害賠償訴訟後始得就系爭擔保金求償,執行法院尚不得逕憑該勝訴確定之民事判決,即扣押系爭擔保金。

　　乙說:肯定說。

　　民法第1163條第1項第3款規定,繼承人中有下列各款情事之一者,不得主張第1148條第2項所定之利益:三、意圖詐害被繼承人之債權人之權利而爲遺產之處分。本題債權人原本就遺產A地聲請查封,經債務人乙爲債權人供擔保後,免爲假執行而得以處分A地,嗣後債權人之債權經判決勝訴確定,如認爲債權人不得執行系爭擔保金而滿足債權,對債權人顯失公平,故依照民法第1163條第1項第3款規定,應認爲乙不得主張民法第1148條第2項所定之利益,而可對於系爭擔保金強制執行。雖對修正民法第1148條第2項繼承人多採「物的有限責任」,惟於遺產經處分之場合,因多屬變價爲金錢或類似之物而易有混同之情形,本題如須債權人舉證系爭擔保金係變賣遺產所得或係繼承人固有,實屬不易。此時爲保護被繼承人之債權人,宜參酌民法第1148條之1第2項規定之意旨,例外改採人的有限責任,以遺產之價額限定繼承人之責任,准許債權人在遺產價額範圍內,執行繼承人之全部財產(即不另區分固有財產)。如繼承人抗辯遺產之價值數額、變賣所得已不存在等與債權人間有爭議時,繼承人得提起第三人異議之訴以爲救濟。綜上,乙變賣A地所得之價金,與免爲假執行之50萬元擔保金,均屬金錢可替代之物,故於A地變賣所得之價金範圍內,應准由債權人聲請扣押。

初步研討結果:多數採甲說。

審查意見:採乙說結論,理由如下:

　　按民法繼承編於民國98年6月10日修正施行後,繼承人仍承受被繼承人財產上

之一切權利、義務，但對於被繼承人之債務，僅須以繼承所得遺產為限，負清償責任；如被繼承人之遺產仍存在，債權人固然應對遺產追償，若遺產不存在，更換之替代物或變賣所得仍屬遺產之一部，亦應負責清償，此為繼承新制之精神（最高法院100年度台抗字第778號裁定參酌）。依題示情形，被繼承人甲之遺產A地已因乙將之轉賣予他人而不存在，乙轉賣A地所得價金，係屬遺產之替代物，仍為遺產之一部，而乙所有之系爭擔保金與A地買賣價金均因金錢屬可代替性而混同，故執行法院得對乙提存之擔保金在繼承財產即A地價值限度內實施扣押。

研討結果：

（一）審查意見第8行以下至末句「依題示情形……實施扣押。」修正為「依題示情形被繼承人甲之遺產A地雖因乙將之轉賣予他人而不存在，惟乙變賣A地所得價金，係屬遺產之替代物，仍為遺產之一部，且屬金錢而具可代替性，業與繼承人乙之固有財產混合，故依前開裁判意旨，執行法院在該變賣所得財產範圍內得對繼承人乙之固有財產強制執行。而系爭擔保金為繼承人乙所提供，屬其固有財產，從而執行法院即得對繼承人乙提存之擔保金在繼承財產即A地價值限度內實施扣押。」

（二）多數採修正後之審查意見（實到76人，採甲說5票，採修正後之審查意見61票）

第三節　遺產之分割

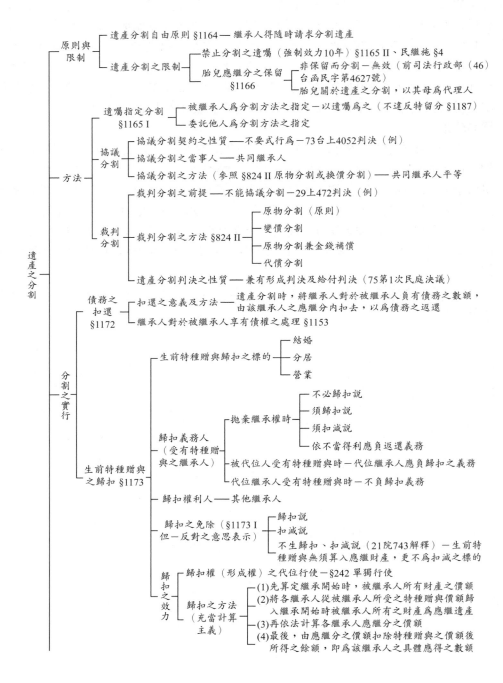

遺產之分割

原則與限制
- 遺產分割自由原則 §1164——繼承人得隨時請求分割遺產
- 遺產分割之限制
  - 禁止分割之遺囑（強制效力10年）§1165 II、民繼施 §4
  - 胎兒應繼分之保留 §1166
    - 非保留而分割——無效（前司法行政部（46）台函民字第4627號）
    - 胎兒關於遺產之分割，以其母為代理人

方法
- 遺囑指定分割 §1165 I
  - 被繼承人為分割方法之指定——以遺囑為之（不違反特留分 §1187）
  - 委託他人為分割方法之指定
- 協議分割
  - 協議分割契約之性質——不要式行為－73台上4052判決（例）
  - 協議分割之當事人——共同繼承人
  - 協議分割之方法（參照 §824 II 原物分割或換價分割）——共同繼承人平等
- 裁判分割
  - 裁判分割之前提——不能協議分割－29上472判決（例）
  - 裁判分割之方法 §824 II
    - 原物分割（原則）
    - 變價分割
    - 原物分割兼金錢補償
    - 代償分割
  - 遺產分割判決之性質——兼有形成判決及給付判決（75第1次民庭決議）

分割之實行
- 債務之扣還 §1172
  - 扣還之意義及方法——遺產分割時，將繼承人對於被繼承人負有債務之數額，由該繼承人之應繼分內扣去，以為債務之返還
  - 繼承人對於被繼承人享有債權之處理 §1153
- 生前特種贈與之歸扣 §1173
  - 生前特種贈與歸扣之標的
    - 結婚
    - 分居
    - 營業
  - 歸扣義務人（受有特種贈與之繼承人）
    - 拋棄繼承權時
      - 不必歸扣說
      - 須歸扣說
      - 須扣減說
      - 依不當得利應負返還義務
    - 被代位人受有特種贈與時——代位繼承人應負歸扣之義務
    - 代位繼承人受有特種贈與時——不負歸扣之義務
  - 歸扣權利人——其他繼承人
  - 歸扣之免除（§1173 I 但——反對之意思表示）
    - 歸扣說
    - 扣減說
    - 不生歸扣、扣減說（21院743解釋）——生前特種贈與無須算入應繼財產，更不為扣減之標的
  - 歸扣之效力
    - 歸扣權（形成權）之代位行使－§242 單獨行使
    - 歸扣之方法（充當計算主義）
      - (1)先算定繼承開始時，被繼承人所有財產之價額
      - (2)將各繼承人從被繼承人所受之特種贈與價額歸入繼承開始時被繼承人所有之財產為應繼遺產
      - (3)再依法計算各繼承人應繼分之價額
      - (4)最後，由應繼分之價額扣除特種贈與之價額後所得之餘額，即為該繼承人之具體應得之數額

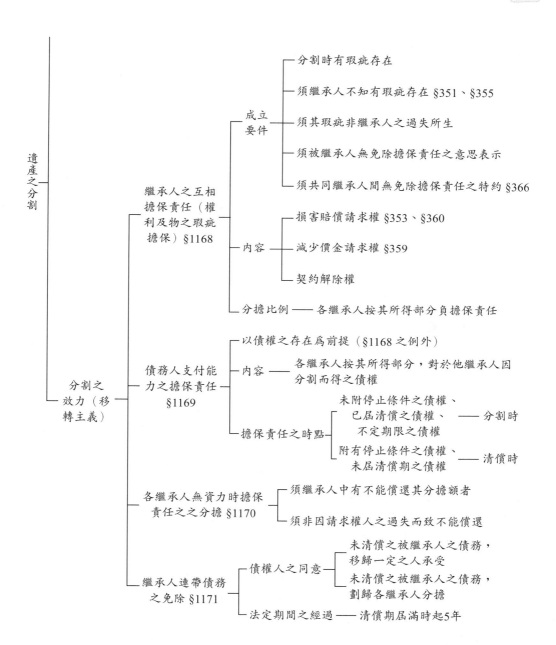

❖ 民法第1164條

繼承人得隨時請求分割遺產。但法律另有規定或契約另有訂定者，不在此限。

案 例

> 甲、乙兩兄弟，共同繼承父親的遺產，是一筆建地，甲、乙在93年1月1日，約定從那一天開始，父親的遺產在三年以內不能夠去分割，用這種方法來紀念父親，但是到了94年1月1日，甲做生意失敗，可不可以要求和乙劃分這筆土地，也就是分割遺產，兩個人一人一半？

一、思考焦點

繼承人是不是可以要求分割遺產？

二、問題論述

家事事件法第3條第3項（丙類事件）第6款：因遺產分割所生請求事件、第73條（遺產分割協議及裁判），應一併研讀。

(一) 遺產的公同共有性質

遺產，就是被繼承人留給繼承人去繼承的財產。如果繼承人只有一位，那麼遺產就是由這位繼承人，一個人來繼承全部的遺產，並沒有分割的問題。如果繼承人有兩位以上，依照民法第1151條的規定，這個遺產就是由全部的繼承人所公同共有的，公同共有的意思，是全部的繼承人，不管每個人應該可以繼承的部分（應繼分）是多少，都一起共有全部的遺產，從外表上，或者就繼承人對繼承人以外的人，也就是對外關係來說，沒有辦法去區分那一位繼承人對於遺產有百分之幾的應有部分，也沒有辦法區分那一位繼承人可以單獨所有某一部分的遺產，或某一件遺產，只有在繼承人相互之間，也就是內部關係來說，才可以主張誰對於遺產有百分之幾的權利。「公同共有」就是全部的繼承人大家所有的，不分彼此，也就是遺產不是你的，也不是我的，而是我們大家的。因為傳統的觀念上，家庭的觀念很重要，大家都覺得說，遺產是屬於這個家所有子孫，或所有繼承人的，不應該要區分彼此，大家都是一家人，也儘量不要去分割遺產，因為分割遺產，代表子孫不能同心協力，分崩離析，有些人甚至會覺得，遺產是祖先一代又一代流傳下來的，分遺產就是分祖產，就是對祖先不尊敬、不孝順，而且遺產如果分割之後，很容易就會流失掉，這是祖先或被繼承人所不願意見到的。

(二) 分割遺產的權利

　　現代的社會，個人主義抬頭，個人的權利，也越來越受到保障。遺產是全體繼承人公同共有，固然是符合傳統的家庭觀念，是一種理想，但是如果有繼承人想要分割遺產，法律原則上也是准許的，所以民法第1164條前段就規定，各個繼承人，原則上，是隨時可以要求與其他繼承人分割遺產，遺產分割以後，繼承人就可以按照他的應繼分，劃分他（她）應該要有的那一部分，分到的部分，就變成是他（她）單獨所有的權利。

(三) 遺產分割的限制

　　遺產在原則上，各個繼承人隨時可以不講任何的理由，就要求分割為單獨所有的部分。但是例外如民法第1164條後段規定，法律另外有規定不可以分割的話，或是全部繼承人相互之間，曾經有約定不去分割遺產的話，就不可以去分割遺產，而所謂「法律另有規定」，例如民法第1165條規定，如果被繼承人有用遺囑禁止分割遺產，在遺囑裡面所講的期間以內，最長不能超過十年，就不可以去分割遺產。

三、案例結論

　　甲、乙有約定在先，所以這筆建地，從93年1月1日到96年1月1日之間，都不可以分割，除非乙後來又同意可以分割。

四、相關實例

　　丙、丁兩兄弟，共同繼承父親的遺產，是一筆建地，兩個人在93年1月1日，約定從那一天開始，父親的遺產在三年以內不能分割，以紀念父親，但是到了94年1月1日，丙生意失敗，要求和丁劃分這筆土地，兩個人一人一半，丁看到丙做生意這麼慘，也同意分割了，請問是不是可以分割這筆土地？

五、重要判解

(一) 最高法院19年上字第887號判決（例）

　　同居共財之兄弟分析祖遺財產，應以現存財產為限，在同居共財時已經消費之財產，除管理人確有侵占肥私之情形，得命其賠償外，若係為日常生活之必要，致減少財產之一部或加重財產上之負擔者，自不能強令管理人回復原狀，據為分析之標準。

(二) 最高法院54年台上字第2664號判決（例）

　　民法第1164條所指之分割，非不得由各繼承人依協議方法為之，苟各繼承人已依協議為分割，除又同意重分外，殊不許任何共有人再行主張分割。

(三) 最高法院68年度第13次民事庭庭推總會議決議（二）

按分割共有物既對於物之權利有所變動，即屬處分行為之一種，凡因繼承於登記前已取得不動產物權者，其取得雖受法律之保護，不以其未經繼承登記而否認其權利，但繼承人如欲分割其因繼承而取得公同共有之遺產，因屬於處分行為，依民法第759條規定，自非先經繼承登記，不得為之。共有物之分割性質上為處分行為，不因協議分割或裁判分割而有不同，依民法第758條規定，共有之不動產之共有人中有人死亡時，於其繼承人未為繼承登記前，不得分割共有物。

(四) 最高法院73年台上字第4052號判決（例）

繼承人協議分割遺產，原非要式行為，故就遺產之分割方法，於繼承人間苟已協議成立，縱令有繼承人漏未在鬮書加蓋印章，於協議之成立，亦不發生影響。

(五) 最高法院82年度台上字第748號民事判決

繼承人有數人時，在分割遺產前，各繼承人對於遺產全部為公同共有。繼承人得隨時請求分割遺產，民法第1151條、第1164條前段定有明文。是繼承人欲終止其間之公同共有關係，惟有以分割遺產之方式為之。至最高法院37年上字第7357號判例所謂公同共有關係得由公同共有人中之一人或數人向其他公同共有人表示終止公同共有關係之意思表示，係就民法第829條所定不得請求分割公同共有物之公同共有關係所為之詮釋，與遺產得隨時請求分割者，自屬有間，尚無民法第829條規定適用之餘地。自無上開判例適用之可言。終止遺產之公同共有關係，應以分割方式為之，將遺產之公同共有關係終止改為分別共有關係，性質上屬分割遺產方法之一，而共有物之分割並無土地法第34條之1第1項之適用（最高法院74年台上字第2561號判例參照）。故欲將遺產之公同共有關係變更（即分割）為分別共有關係，依民法第828條第2項規定，應經全體共有人同意始得為之（土地登記規則第26條亦明定繼承之土地應登記為公同共有；經繼承人全體同意者，得登記為分別共有）。參以分割遺產時，無非完全按繼承人之應繼分分割，尚有民法第1172條、第1173條規定之扣除項目，如許部分繼承人依土地法第34條之1第5項、第1項規定將遺產依應繼分轉換為應有部分，其同意處分之共有人若有前述應自應繼分中扣除之事項，其獲得之應有部分較諸依法分割遺產所得者為多，有違民法就遺產分割之計算所設特別規定，應無土地法第34條之1規定適用之餘地。上訴人主張系爭請求權之公同共有關係，已依土地法第34條之1規定，經多數共有人同意終止，變更為分別共有云云，自無足採。

(六) 最高法院84年度台上字第971號民事判決

按繼承人得隨時請求分割遺產，民法第1164條前段定有明文。又共有人因共有物分割之方法不能協議解決，而提起請求分割共有物之訴，應由法院依民法第824條

命爲適當之分配，不受任何共有人主張之拘束，及不得以原告所主張分割之方法不當，遽爲駁回分割共有物之訴之判決。

(七) 最高法院86年度台上字第1436號民事判決

公同共有物之處分及其他之權利行使，應得公同共有人全體之同意，民法第828條第2項定有明文。公同共有人請求與公同共有人共有一物之其他分別共有人分割共有物，係公同共有權之行使，依上開法條規定，應得公同共有人全體之同意。

(八) 最高法院87年度台上字第2473號民事判決

按繼承人有數人時，在分割遺產前，各繼承人對於遺產全部爲公同共有，爲民法第1151條所明定。繼承人因繼承而取得之遺產，於受侵害時，其所生之損害賠償債權，乃公同共有債權。此損害賠償債權既爲全體繼承人公同共有，則繼承人即公同共有人中一人或數人，請求就自己可分得之部分爲給付，仍非法之所許。上訴人自承其請求被上訴人分配該系爭存款遺產，爲被上訴人所拒，聲請調解亦未成立；從而上訴人請求被上訴人就上述債權按其應繼分計算可分得金額對伊賠償，於法自有未合。

(九) 最高法院88年度台上字第2837號民事判決

民法第1164條所定之遺產分割，係以遺產爲一體，整個的爲分割，而非以遺產中個個財產之分割爲對象，亦即遺產分割之目的在遺產公同共有關係全部之廢止，而非個個財產公同共有關係之消滅。上訴人既依民法第1164條規定訴請分割遺產，除非依民法第828條、第829條規定，經全體公同共有人同意，僅就特定財產爲分割，否則依法自應以全部遺產爲分割對象。

(十) 最高法院98年度台上字第2457號民事判決

按繼承人有數人時，在分割遺產前，各繼承人對於遺產全部爲公同共有，爲民法第1151條所明定。而同法第1164條所定之遺產分割，乃以整個遺產爲一體，以廢止或消滅對於該整個遺產之公同共有關係爲目的。故除法律另有規定或繼承人另有契約訂定外，無容於遺產分割時，仍就特定遺產維持「公同共有」之餘地。

(十一) 最高法院102年度台上字第382號民事民事判決

按民法第334條規定，抵銷應以權利主體相同之債權爲限。又同法第1151條規定，繼承人有數人，在分割遺產前，各繼承人對於遺產全部爲公同共有。而繼承人因繼承取得之遺產被侵害所生得請求返還不當得利之公同共有債權，依民法第831條、第1164條規定，各繼承人得隨時請求分割，並準用共有物分割之規定，按各公同共有人應繼分比例予以分割，且於該公同共有之債權分割後，各共有人始得本於其分得之債權請求權向債務人請求爲其所分得部分之給付。故繼承人因繼承而取得

之遺產,於受侵害時其所生之損害賠償債權,乃公同共有債權,屬全體繼承人公同共有,倘繼承人即公同共有人中一人或數人,於該公同共有之債權分割前,自不得僅就自己可分得之部分請求為給付。又公同共有人即繼承人中之一人或數人如就其公同共有債權為訴訟上之請求時,依98年1月23日修正前同法第828條第2項及同法第831條規定,自須得其他繼承人全體之同意,始能謂當事人適格無欠缺。如未獲得該其他繼承人全體之同意,而法院誤為適格之當事人者,對之就訴訟標的為實體之裁判,該裁判縱經確定,對於應參與訴訟之共同訴訟人全體均無若何效力可言。

(十二) 最高法院105年度台上字第1881號民事判決

　　民法第1164條所定之遺產分割,係以整個遺產為一體為分割,並非以遺產中個別之財產分割為對象,亦即遺產分割之目的在廢止遺產全部之公同共有關係,而非旨在消滅個別財產之公同共有關係,其分割方法應對全部遺產整體為之。

(十三) 臺灣高等法院暨所屬法院105年法律座談會民事類提案第6號

法律問題:甲積欠A銀行信用卡消費款新臺幣50萬元,而無資力清償,嗣後因甲之被繼承人丁死亡,甲與其他繼承人乙、丙共同繼承丁在B銀行帳戶之存款新臺幣300萬元(沒有其他遺產債務),甲、乙、丙之應繼分各三分之一,今甲、乙、丙協議分割遺產,上開帳戶之遺產分歸乙、丙二人共同取得,甲分文未取,A銀行得否以甲與乙、丙間之遺產分割協議,為甲之無償行為,害及A銀行對甲之債權,而依民法第244條第1項之規定,以訴主張撤銷甲、乙、丙間之分割遺產行為?

討論意見:

　　甲說:肯定說。

　　繼承人甲既未拋棄繼承,則自繼承開始時依法即取得被繼承人丁之遺產,至於甲與其餘繼承人即乙、丙協議分割遺產之行為,係屬對於繼承財產之分配,甲之遺產分割協議之行為,係以財產為標的之行為,屬民法第244條所規定得為撤銷之財產行為。又甲於繼承開始既已取得繼承之遺產,則其與其他繼承人協議分割遺產時,協議將系爭遺產全部歸由乙、丙取得,甲未取得分文,甲上開行為屬無償行為,於有害及A之債權時,A得訴請撤銷甲之無償行為(即前述遺產分割協議之行為)。

　　乙說:否定說。

　　參酌最高法院73年度第2次民事庭會議決議(一)之見解,依舉重以明輕之原則,認為繼承人甲、乙、丙間就繼承取得之公同共有遺產所為之遺產分割協議行為,本質上為繼承人間基於繼承人身分,就繼承之遺產如何分配所為之協議,應屬以人格法益為基礎之財產上行為,不許債權人訴請撤銷之。

初步研討結果：採肯定說。

審查意見：提案第6號、第7號之法律問題均為：債權人得否依民法第244條第1項規定，訴請撤銷債務人與其他繼承人間之遺產分割協議行為？建請併同討論。採甲說（肯定說）。理由如下：按繼承權固為具有人格法益之一身專屬權利，惟於繼承人未拋棄繼承，而本於繼承與其他繼承人對於遺產全部為公同共有時，該公同共有權已失其人格法益性質，而為財產上之權利。從而，繼承人間之遺產分割協議，係公同共有人間就公同共有物所為之處分行為，倘全部遺產協議分割歸由其他繼承人取得，對未分割取得遺產之該繼承人而言，形式上係無償行為，若害及債權人之債權實現，債權人應得提起民法第244條第1項之撤銷訴訟（最高法院91年度台上字第2312號判決參照）。

研討結果：照審查意見通過。

(十四) 橋頭地方法院106年度訴字第801號民事判決

按繼承人有數人時，在分割遺產前，各繼承人對於遺產全部為公同共有，故多數繼承人間之遺產分割協定，本質上係繼承人間基於繼承人身分，就繼承之遺產如何分配所為之協定，其內容須經繼承人全體同意，為多數繼承人之共同行為，非僅單一債務人之無償贈與行為，實無從將債務人之行為從中單獨分離，應不容債權人依民法第244條規定行使撤銷權。

(十五) 最高法院107年度台上字第92號民事判決

各繼承人對於繼承之公同共有不動產之分割請求權，性質上為具有財產價值之權利，債權人自得代位行使，不因債權人得聲請強制執行債務人之公同共有權利而受影響。

(十六) 最高法院107年度台上字第1676號民事判決

分割共有物既對於物之權利有所變動，屬處分行為之一種，凡因繼承於登記前已取得不動產物權者，其取得雖受法律之保護，不以其未經繼承登記而否認其權利，但繼承人如欲分割其因繼承而取得公同共有之遺產，因屬於處分行為，自非先經繼承登記，不得為之。此外，遺產分割係以整個遺產為一體為分割，並非以遺產中個別之財產分割為對象，故分割方法係對全部遺產整體為之。

(十七) 最高法院107年度台上字第1397號民事判決

繼承人對於被繼承人之權利、義務，不因繼承而消滅。故繼承人如對被繼承人有債權者，於遺產分割時，自應列為被繼承人之債務。若受有損害，得依不當得利之規定，請求償還價額。

(十八) 臺灣高等法院暨所屬法院107年法律座談會民事類提案第3號

法律問題：被繼承人甲遺有A、B兩筆土地，由乙、丙共同繼承並登記爲乙、丙公同共有。乙未經丙同意，主張其得依民法第830條第2項準用同法第824條規定請求分割A地，不必就甲之全部之遺產全部合一請求分割，且無家事事件法規定之適用，求爲民事法院逕依其主張之方案分割A地。其主張有無理由？

討論意見：

　　甲說：肯定說。

　　訴訟事件應適用之程序及有無理由，應依原告主張之訴訟標的定之。題示情形，原告起訴所引用之法條均爲民法物權編規定，自應適用一般民事訴訟程序審理，並依民法物權編之規定判斷原告請求應否准許及爲如何之分割，與全部遺產應否合併分割無涉。

　　乙說：否定說。

　　1.按公同共有物之分割，除法律另有規定外，準用關於共有物分割之規定。此所謂「法律另有規定」，係指公同關係所由生之法律規定，在因繼承所生之公同共有關係，當係指分割遺產之規定，實則此種分割乃屬公同共有財產之清算程序，而非僅限於公同共有物之分割（參照謝在全，民法物權上冊，2014年9月修訂6版，第435頁）。亦即，公同共有物之分割，不可能脫離公同關係所由生之法律規定，不依民法第1164條請求分割遺產，無由終止公同共有關係請求分割，亦不因原告主張依民法第830條第2項請求分割，即可不受全部遺產一體分割原則之限制。

　　2.依上所述，乙若不請求分割遺產以終止公同共有關係，將無從請求分割屬遺產一部之A地；且若未追加B地就甲全部遺產爲一體分割，亦顯然於法有違，尙不得僅以其形式上係引用民法第830條第2項準用同法第824條規定，即謂可排除遺產應全部合併分割原則及家事事件法規定之適用。

初步研討結果：採乙說。

審查意見：乙之主張無理由，採乙說。

研討結果：照審查意見通過。

(十九) 最高法院109年度台上字第916號民事判決

　　按在辯論主義及處分權主義之原則下，原告於起訴時固須表明應受判決事項之聲明，但依「法官知法」、「法律屬於法院專門」之原則，倘當事人之聲明依其表明之訴訟標的及原因事實可認有不完足情形，法院即應本於法官知法原則，闡明令原告爲適當之聲明或陳述。又遺產中不動產之繼承登記爲遺產裁判分割之前提要件。

(二十) 最高法院109年度台上字第1465號民事判決

按遺產分割，係以消滅遺產公同共有關係為目的，除被繼承人以遺囑禁止繼承人分割，及繼承人全體以契約約定禁止分割之遺產外，應以事實審言詞辯論終結前已發現並確定之財產為分割對象，且不以積極或消極遺產為限。是被繼承人所遺不動產、有價證券、債權、債務等，自有為一體分割，分配於繼承人之必要。

(二十一) 最高法院109年度台上字第2786號民事判決

遺產分割係以整個遺產為一體為分割，並非以遺產中個別之財產分割為對象，其分割方法應對全部遺產整體為之。因此，當事人對分割判決一部聲明不服，提起上訴，其上訴效力應及於訴之全部。此外，分割共有物之訴，法院定分割方法，本有自由裁量之權，不受當事人聲明或主張之拘束。

(二十二) 臺灣高等法院暨所屬法院110年法律座談會民事類提案第24號

法律問題：銀行為保全債權而依民法第242條、第1164條規定，代位債務人，對其餘繼承人起訴請求分割共同繼承之遺產，此事件係屬家事事件，或民事事件？是否有專屬管轄之問題？

討論意見：

　　甲說：家事事件。

　　（一）按債務人怠於行使非專屬其本身之權利，致危害債權人之債權保全時，民法第242條規定債權人得以自己之名義行使債務人之權利，以資救濟。倘債權人所代位者為提起訴訟之行為，該訴訟之訴訟標的，仍為債務人對該請求對象即被告之實體法上權利，至上開代位規定，僅為債權人就原屬債務人之權利，取得訴訟上當事人適格之明文，即屬法定訴訟擔當之規定，尚非訴訟標的。銀行代位債務人對其餘之繼承人起訴請求分割共同繼承之遺產，依上說明，銀行乃為債務人之法定訴訟擔當人，與債務人自行提起分割遺產訴訟無異，遺產分割事件既為家事事件法第3條第3項第6款規定之丙類家事訴訟事件，銀行代位債務人提起之分割遺產事件，當然為應適用家事事件審理程序之家事事件。

　　（二）司法院秘書長101年5月31日秘台廳少家二字第1010015417號函示或法院院長依家事事件審理細則第7條第1項規定程序所決定者，均僅在確定法院間或同一法院家事庭與民事庭間之事務分配，至事務分配確定後，法官就所受理之事件，仍應本於確信，依事件之性質，適用該事件應適用之法律規定為審理。此觀家事事件審理細則第7條第2項規定自明。是司法院上開函示或家事事件審理細則所定事務分配結果，尚非得據之認定代位分割遺產訴訟即非家事事件而無庸適用家事事件審理程序。

　　（三）代位分割遺產訴訟事件，所涉者為同屬繼承人間之爭訟，被告並得抗辯

被代位之繼承人繼承權不存在或已喪失（民法第1145條參照），抑或繼承人間有扣還、歸扣情事（民法第1172條、第1173條參照），實務上亦所在多有，有以不公開法庭行審理程序之必要。況依家事事件法第3條之規定，家事與民事事件之分類本應以訴訟標的為據，與事件係由本人或法定訴訟擔當人提起無涉。

（四）次按所謂專屬管轄，係指法律規定某類事件專屬一定法院管轄之謂。凡法律規定某類事件僅得由一定法院管轄者，縱未以法文明定「專屬管轄」字樣，仍不失其專屬管轄之性質。又按本法所定家事事件由少年及家事法院處理之；未設少年及家事法院地區，由地方法院家事法庭處理之，家事事件法第2條定有明文。而此條規定之立法理由謂：為貫徹家事事件（包括家事訴訟事件、家事非訟事件及家事調解事件）專業處理之精神，爰於本條明定家事事件之事務管轄法院。準此，該規定係依事件之性質而定其管轄誰屬之事務管轄，具有專屬、強制性質，少年及家事法院對於家事事件之管轄，相較於普通法院，性質上屬專屬管轄。又因繼承所生家事訴訟事件應適用家事事件法，現行條文規定之被繼承人應修正為自然人，爰配合酌作文字修正。是關於遺產分割或繼承人間因繼承關係所生請求事件之管轄法院，應依家事事件法第70條規定定之，如被繼承人住所地或主要遺產所在地設有少年及家事法院，即應專屬該少年及家事法院管轄，不得由普通法院管轄，方無違家事事件法基於家事事件專業處理之精神所定之管轄。

乙說：民事事件。

家事事件之類型繁多，難以一一列舉，舉凡民法親屬編、繼承編或其特別法所規定而性質上屬於家事事件者，自應由受理之法官依家事事件法審理之，家事事件法第3條第6項特別定有明文。至於非親屬編、繼承編或其特別法所規定之事件，例如親屬間之借款等糾紛，或依民法第242條代位行使債務人之權利，或依強制執行法第14條或第15條所提起之異議之訴，性質上主要為普通財產紛爭等事件，多無以家事程序法理審理此類事件之必要，亦無選任程序監理人、命家事調查官為調查之必要，更無法院職權調查或依裁量而為裁定之空間，應認非屬家事事件。是關於同一地方法院民事庭與家事庭事務分配，請依家事事件法及家事事件審理細則相關規定及前開意旨辦理，以期有效發揮家事法庭應有之功能。

初步研討結果：採甲說。

審查意見：

（一）按遺產分割訴訟，屬家事事件法第3條第3項第6款所定之丙類事件，而代位分割遺產訴訟，所涉者同屬繼承人間之訴訟，被告並得以被代位人之一切抗辯對抗代位人，其本質仍與丙類事件相當，應屬家事事件。

（三）家事事件法所定家事事件由少年及家事法院處理之；未設少年及家事法

院地區，由地方法院家事法庭處理之，家事事件法第2條固有明文。惟民事法院與少年及家事法院間僅爲普通法院與專業法院間事務管轄之分配，民事庭與家事法庭間則爲同一法院內部事務之分配，家事事件法第2條前段所定之管轄法院非專屬管轄。是代位分割遺產訴訟，雖屬家事事件法第3條第3項第6款所定丙類事件，依家事事件法第70條規定，被繼承人住所地、居所地或主要遺產所在地如設有少年及家事法院，應由該少年及家事法院管轄，然其本質上仍屬眞正訟爭事件，由民事法院依家事事件法審理，尚不生違背專屬管轄之問題。且法院受理家事事件之全部或一部不屬其管轄者，除當事人有管轄之合意外，應依聲請或依職權以裁定移送於其管轄法院。移送之裁定確定後，受移送之法院不得以違背專屬管轄爲理由，移送於他法院。法院書記官應速將裁定正本附入卷宗，送交受移送之法院。受移送之法院，應即就該事件爲處理。家事事件法第6條第1項前段、第5項定有明文。是法院受理有管轄權之家事事件，違背家事事件法所定管轄而移送，於移送訴訟之裁定確定後，受移送之法院仍應受其羈束，應即就該事件爲處理，不得再將該訴訟更移送於他法院，併予敘明。

研討結果：本題分兩小題討論：

問題（一）：此事件係屬家事事件或民事事件？

多數採甲說結論（實到75人，採甲說62票，採乙說7票），並引用甲說理由（一）（二）（三），及補充理由如下：按遺產分割訴訟，屬家事事件法第3條第3項第6款所定之丙類事件，而代位分割遺產訴訟，所涉者同屬繼承人間之訴訟，被告並得以被代位人之一切抗辯對抗代位人，其本質仍與丙類事件相當，應屬家事事件。

問題（二）：是否有專屬管轄之問題？

（一）修正甲說、乙說如下：

甲說：同審查意見理由（二），惟第11行「然其本質上仍屬眞正訟爭事件，由民事法院依家事事件法審理，尚不生違背專屬管轄之問題。且……」修正爲「然由民事法院依家事事件法審理，不發生無審判權或違背專屬管轄之問題。又……」。

乙說：依家事事件法第2條規定，家事事件應由少年及家事法院或地方法院家事法庭處理之，家事事件所涉及者爲家事審判權之問題。如以事務管轄觀之，家事事件法第2條係依事件之性質定其管轄誰屬之事務管轄，具有專屬、強制性質，少年及家事法院或地方法院家事法庭對於家事事件之管轄，性質上屬專屬管轄。代位分割遺產訴訟，屬家事事件法第3條第3項第6款所定丙類事件，其管轄應依家事事件法第70條規定定之，如被繼承人住所地、居所地或主要遺產所在地設有少年及家事法院，應專屬該少年及家事法院管轄。

（二）多數採修正甲說（實到75人，採修正甲說49票，採修正乙說6票）。

(二十三) 最高法院110年度台上字第431號民事判決

對於不必要之證據方法，法院能衡情捨棄，不受當事人之聲請而受拘束。又遺產未分割前，屬於全體繼承人公同共有，倘經全體繼承人同意，得就其中一部先為分割。再者，分割遺產之目的，係在廢止遺產之公同共有關係，若繼承人因繼承而公同共有之債權倘屬可分，得將之分割由數繼承人分別取得。

(二十四) 最高法院110年度台上字第2422號民事判決

當事人適格為訴權存在之要件，且屬法院應依職權調查之事項。此外，公同共有債權人起訴請求債務人履行債務，係公同共有債權之權利行使，非屬回復公同共有債權之請求，除法律另有規定外，須得其他公同共有人全體之同意，或由公同共有人全體為原告，其當事人之適格始無欠缺。

(二十五) 最高法院112年度台上字第1448號民事判決

遺產之範圍除財產上非專屬權利外，尚包括義務。該義務既屬遺產，自為分割之標的。而繼承人對於被繼承人之權利、義務，不因繼承而消滅，故繼承人如對被繼承人有債權者，於遺產分割時，自應列為被繼承人之債務。

❖ 民法第1165條

被繼承人之遺囑，定有分割遺產之方法，或託他人代定者，從其所定。

遺囑禁止遺產之分割者，其禁止之效力以十年為限。

案例

> 甲男、乙女兩兄妹是父親僅有的二位繼承人，父親過世之前，用遺囑交代甲、乙一定要好好相處，不可以分家，所以遺產永遠不可以分割。如今父親過世十年了，甲可不可以要求與乙分割遺產？

一、思考焦點

被繼承人在遺囑裡面交代說永遠不可以分割遺產，那麼遺產是不是就永遠不可以分割？

二、問題論述

有些被繼承人，會預先留下遺囑，交代遺產要怎麼樣去分割，或者委託別人去決定遺產要怎麼樣去分割，除非有侵害到繼承人的特留分（民法第1223條以

下），原則上，都要尊重被繼承人的決定，因為遺產畢竟是被繼承人所留下來的，被繼承人本人，才是最有權利去決定遺產應該要怎麼樣去處理的人（民法第1165條第1項）。而有些被繼承人還活著的時候，就會在遺囑裡面交代，子孫不可以去分割他（她）的遺產，這原則上也是要加以尊重，但是遺產如果一直是繼承人公同共有，沒有辦法去分割，變成不是你的，也不是我的，而是我們所有繼承人大家的，任何一位繼承人想要動用遺產的其中任何一部分，都要經過其他所有繼承人的同意，繼承人之間的相處，有時候就會因此產生摩擦，而且繼承人可能會想，既然這個遺產不是我的，我去動它，又會受到別的繼承人的干預，所以我也不想好好去利用它、愛惜它，這樣子公同共有時間一久，很可能沒有辦法好好去利用遺產，很容易讓這些遺產荒廢掉，這對於整體社會經濟而言，是非常不利的。所以民法第1165條第2項就規定，被繼承人如果用遺囑交代禁止去分割遺產，最長不能超過十年，一旦被繼承人死亡十年之後，這個不可以分割遺產的遺囑交代，就沒有效力了。

三、案例結論

甲及乙的父親過世十年了，即使當時父親有在遺囑裡面交代不可以分割遺產，但是已經失去效力了，所以甲還是可以要求分割遺產。

四、相關實例

丙、丁的父親過世之後，丙、丁是繼承人。父親在遺囑中交代，他的遺產要怎麼樣去分割，完全授權丙、丁的叔叔戊去決定。但是戊非常的偏心，把好的遺產都分給了丙，丁可不可以向法院起訴，要求公平分割遺產？

五、重要判解

(一) 司法院21年院字第741號解釋

分割財產之遺囑，以不違背特留分之規定為限，應尊重遺囑人之意思，如遺囑所定分割方法，係因當時法律尚無女子繼承財產權之根據而並非有厚男薄女之意思，此後開始繼承，如女子已取得繼承權，自應依照法定順序按人數平均分受，若遺囑立於女子已有繼承財產權之後，而分割方法顯有厚男薄女之意思，則除違背特留分之規定外，於開始繼承時即應從其所定。

(二) 最高法院58年度台上字第1243號判決

系爭遺產原為兩造被繼承人曾○增所有或與人共有，依法自曾○增去世繼承開始時起，即屬兩造公司共有。縱令曾氏親屬會議確有不得分割之決議，然既非曾○增之遺囑，自無禁止分割之效力，各繼承人仍得隨時請求分割。雖曾黃○妹等在另

案不請求辦理繼承登記,逕行訴請分割,經判決駁回確定有案,然本件係先求辦理繼承登記後再行按應有持分爲分割,並辦理分割登記,即與前述之另案情形有間,原審謂前後兩訴之訴訟標的不同,並非一事再理,要無不合。

(三) 司法院第7期公證實務研究會

法律問題:遺囑人以遺囑指定遺產之分管方式者,該遺囑可否准予公證或認證?

實例:被繼承人甲有遺產A、B、C三筆土地,繼承人有配偶乙及子女丙、丁。
　　　一、甲以遺囑指定在遺產分割前,乙管理A,丙管理B、丁管理C。二、甲以遺囑指定乙繼承A、B,丙、丁共同繼承C,在C分割前,丙管理C之右半邊,丁管理C之左半邊。

討論意見:關於遺產之處分應充分尊重被繼承人之意思,故民法第1187條規定,在不違反特留分之範圍內,得以遺囑自由處分。而民法第1165條復規定就分割方法及禁止分割,應遵從被繼承人之意思。舉重以明輕,就處分、分割等重度行爲即如此,則分管係輕度行爲,自亦應遵從被繼承人之意思。

(四) 最高法院104年度台上字第521號民事判決

　　民法第1165條第1項規定,被繼承人之遺囑,定有分割遺產之方法,或託他人代定者,從其所定。又同法第1164條所定遺產分割,係以消滅遺產公同共有關係爲目的,除被繼承人以遺囑禁止繼承人分割之遺產,及繼承人全體以契約約定禁止分割之遺產外,應以全部遺產爲分割對象。倘被繼承人之遺囑就部分遺產指定分割之方法,而繼承人就其餘遺產不能達成分割協議,請求裁判分割時,仍應以全部遺產爲分割對象,僅經遺囑指定分割方法之遺產,應依遺囑指定之方法爲分割。

(五) 最高法院107年度台上字第1676號民事判決

　　分割共有物既對於物之權利有所變動,屬處分行爲之一種,凡因繼承於登記前已取得不動產物權者,其取得雖受法律之保護,不以其未經繼承登記而否認其權利,但繼承人如欲分割其因繼承而取得公同共有之遺產,因屬於處分行爲,自非先經繼承登記,不得爲之。此外,遺產分割係以整個遺產爲一體爲分割,並非以遺產中個別之財產分割爲對象,故分割方法係對全部遺產整體爲之。

(六) 最高法院107年度台上字第2119號民事判決

　　繼承人有數人時,除遺囑另有指定外,共同爲遺贈義務人,在遺產分割前爲公同共有債務人,遺產分割後各按其所受遺產價值之限度連帶負責,在繼承人相互間則按應繼分負擔。此外,自由處分財產之情形,非僅限於遺贈,指定遺產分割方法及應繼分之指定,亦屬之。

(七) 最高法院107年度台上字第2222號民事判決

按民法第1165條第1項規定，被繼承人之遺囑，定有分割遺產之方法，或託他人代定者，從其所定。又同法第1164條所定遺產分割，係以消滅遺產公同共有關係為目的，除被繼承人以遺囑禁止繼承人分割之遺產，及繼承人全體以契約約定禁止分割之遺產外，應以全部遺產為分割對象。倘被繼承人之遺囑就部分遺產指定分割之方法，而繼承人就其餘遺產不能達成分割協議，請求裁判分割時，仍應以全部遺產為分割對象，僅經遺囑指定分割方法之遺產，應依遺囑指定之方法為分割。

(八) 最高法院109年度台上字第1465號民事判決

按遺產分割，係以消滅遺產公同共有關係為目的，除被繼承人以遺囑禁止繼承人分割，及繼承人全體以契約約定禁止分割之遺產外，應以事實審言詞辯論終結前已發現並確定之財產為分割對象，且不以積極或消極遺產為限。是被繼承人所遺不動產、有價證券、債權、債務等，自有為一體分割，分配於繼承人之必要。

(九) 最高法院111年度台上字第334號民事判決

因繼承、強制執行、徵收、法院之判決或其他非因法律行為，於登記前已取得不動產物權者，應經登記，始得處分其物權，而拋棄不動產物權，屬處分行為之一種。此外，被繼承人之遺囑，定有分割遺產之方法，或託他人代定者，從其所定。

❖ 民法第1166條

胎兒為繼承人時，非保留其應繼分，他繼承人不得分割遺產。

胎兒關於遺產之分割，以其母為代理人。

案例

　　甲男過世之前，已經認領了胎兒乙，而甲過世時，繼承人除了乙之外，還有繼承人丙。甲過世時，乙還沒有出生，丙就急著要分割遺產，是不是可以？

一、思考焦點

繼承人如果是胎兒，要怎麼樣來分割遺產？

二、問題論述

民法第1166條須與家事事件法第3條第3項第6款：「下列事件為丙類事件：

六、因繼承回復、遺產分割、特留分、遺贈、確認遺囑真偽或其他繼承關係所生請求事件」、同法第15條（程序監理人）、第16條（程序監理人之資格、職權、酬金）、第37條（甲類、乙類、丙類及其他家事訴訟事件之適用）之規定，一併研讀。

　　民法第7條規定，胎兒如果不是出生之前就死去的話，關於它的利益，應該要像已經出生的人一樣來保護。所以民法第1166條就規定，如果胎兒也是繼承人，要先保留它的應繼分，其他繼承人才可以去分割遺產（民法第1166條第1項），不然的話，在胎兒出生之前，所有的遺產就被分光的話，那胎兒出生之後就分不到了。而胎兒還在母親的肚子裡面，不會講話，也不會表達意思，要怎麼樣去分割遺產呢？原則上應該要由她的母親，來作胎兒的法定代理人，代理胎兒來跟大家分割遺產（民法第1166條第2項）。如果已經檢驗出胎兒不只一胞胎，看有幾胞胎，就保留幾份應繼分。如果胎兒還沒有出生，就夭折過世了，那麼保留給胎兒的部分，就由其他繼承人去繼承。如果胎兒的母親本身也是繼承人，這個時候，因為在繼承人之間，誰分的多，誰分的少，誰分到比較好，誰分到比較差，會有利益上面的衝突，依照民法第106條的規定，胎兒的母親是「自己代理」，也就是代理胎兒來跟自己發生分割遺產的法律關係，這是不可以的，所以這個時候，法院得依父母、主管機關、社會福利機構或其他利害關係人之聲請或依職權，為胎兒選任特別代理人（民法第1086條第2項參照）。

三、案例結論

　　甲過世時，乙還沒有出生，丙仍然可以請求分割遺產，但是要保留乙的二分之一遺產，才可以分割。

四、相關實例

　　丙過世的時候，留下配偶丁，以及還在丁肚子裡面的雙胞胎，請問丙的遺產要怎麼樣來分割？

五、重要判解

(一) 最高法院44年度台上字第943號民事判決

　　黃○耀於和解時尚未出生，而胎兒以將來非死產者為限，關於其個人利益之保護視為既已出生，此為民法第7條所明定，黃○耀在和解時既係胎兒，將來是否死產無從懸揣，是黃○敏自亦無從代理而為和解。

(二) 臺灣高等法院暨所屬法院104年法律座談會民執類提案第2號

法律問題：債權人甲持對被繼承人乙之對人執行名義，聲請執行債務人丙繼承乙之

　　　不動產，債務人丙具狀聲明異議表示：乙死亡時其為胎兒，依據民法第7條規定，其僅繼承財產，不繼承債務，故非本件債務人，請求撤銷查封，是否有理？

討論意見：

　　甲說：肯定說。

　　按胎兒以將來非死產者為限，關於其個人利益之保護，視為既已出生，民法第7條定有明文，是關於胎兒權利之保護，係採限制的權利能力，關於胎兒之繼承，應僅繼承權利而不及於義務，因此，本件債務人丙於繼承開始時為胎兒，基於該條之文義解釋，自僅繼承積極財產之部分，而不及於義務，始能貫徹對於胎兒權利之保護，本件丙既未繼承債務，自對債權人甲不負清償責任，其主張撤銷查封，應屬有理。

　　乙說：否定說。

　　按胎兒以將來非死產者為限，關於其個人利益之保護，視為既已出生，民法第7條定有明文，此係仿瑞士民法之規定，採概括保護主義，亦即以胎兒活產為條件，就一切法律關係，為胎兒之利益，視為既已出生。換言之，將來如非死產，則自受胎時起即已取得權利能力，而以死產為其解除條件，使權利能力溯及消滅。另民法第1166條第1項：「胎兒為繼承人時，非保留其應繼分，他繼承人不得分割遺產。」土地登記規則第121條第1項：「胎兒為繼承人時，應由其母以胎兒名義申請登記。」亦即胎兒無待其出生即得為繼承人。惟胎兒之繼承依民法第7條之規定，僅限於個人利益享有部分，而無負擔義務之能力，是故，若於繼承開始時，被繼承人所遺留之積極財產大於消極財產，胎兒固得繼承，若遺留之消極財產大於積極財產，因非基於胎兒之利益，胎兒自不繼承該債務，而無待於拋棄繼承。是以胎兒為繼承人時，其財產之繼承並非通常之法定繼承而係類似於限定繼承，此時應認為拋棄繼承係拋棄積極財產之取得，因不利於胎兒，故不得為之，若拋棄繼承亦不生拋棄之效力。再者，胎兒於繼承開始時，其繼承之標的既僅為權利而不及於義務，此一繼承之狀態亦不受其嗣後出生之影響。又胎兒若欲拋棄繼承，依民法第1174條之意旨，應於出生三個月內為之（臺灣高等法院暨所屬法院95年法律座談會民事類提案第8號結論參照）。因此，胎兒之繼承係類似於限定繼承，本件債務人丙既有繼承遺產，則其仍須於繼承遺產範圍內負清償責任，故其主張並無理由。

初步研討結果：採乙說。

審查意見：採乙說。

研討結果：照審查意見通過。

❖ 民法第1167條（刪除）

❖ 民法第1168條

　　遺產分割後，各繼承人按其所得部分，對於他繼承人因分割而得之遺產，負與出賣人同一之擔保責任。

案 例

> 　　甲、乙共同繼承父親遺留下來的A、B兩棟房子，甲、乙分割遺產，甲分到A房子，乙分到B房子，甲分到的A房子漏水，修理費花了新臺幣（以下同）10萬元，甲可不可以向乙要求賠償這10萬元？

一、思考焦點

　　繼承分割之後，繼承人所分到的部分，如果有缺點（瑕疵），是不是可以向其他繼承人要求賠償損害？

二、問題論述

(一) 瑕疵擔保責任的意義

　　遺產分割之後，每一位繼承人所分到的部分，如果有瑕疵，可以向其他繼承人要求負擔保的責任。就如同我們向人家買東西，而那個東西的權利，不是出賣人的，或不完全是出賣人的，例如買一個名貴的首飾，卻不是出賣人的，或買一棟房子，上面卻有設定別人的抵押權，跟買賣當時所講好的情形不一樣，這就是「權利瑕疵」（民法第349條、第350條）。如果所買的東西有缺點，例如：所買的名貴古董花瓶，缺了一個角，或買的高級相機壞掉了，或買的金飾重量不足，或純金比例不足，這就是「物的瑕疵」（民法第354條）。這個時候，買東西的人，就可以要求出賣的人負瑕疵擔保責任，而可以要求解除契約，或減少買賣的價錢（民法第359條），或要求損害賠償（民法第353條、第360條）。理由是，買東西的人，既然花了錢，付出代價（有償），出賣東西的人，就應該要保證（擔保）東西都沒有問題。而共同繼承人，繼承遺產時係公同共有，但是繼承人相互之間分割遺產之後，就取得了自己單獨所有的部分，也算是付出了代價，因為他（她）犧牲了別的部分給其他繼承人，所以法律為了要保障分割遺產的繼承人，要求其他繼承人比照賣東西的出賣人，負瑕疵擔保的責任，所以分到有瑕疵（權利瑕疵或物的瑕疵）的

遺產的繼承人，可以請求其他繼承人負擔保責任。而且一般學說上都認為，分割遺產之後，只要所分到的遺產有瑕疵，其他繼承人就必須要負責，不管分割遺產的時候，其他繼承人是不是保證沒有瑕疵，也不管是不是明明知道有瑕疵，卻故意不告訴分到瑕疵物的人，一律都要負擔保責任，這是和賣東西的出賣人要負的擔保責任，最大的不同的地方。

(二) 瑕疵擔保責任的內容

如果是在買東西的情形，出賣人所要負的瑕疵擔保的責任，有三種內容，就是「減少價金」、「解除契約」以及「損害賠償」。但是這三種內容，就分割遺產的擔保責任而言，不是完全都可以用，還要看情形。

(三) 減少價金

分割遺產，如果是有些繼承人分到錢，有些繼承人是分到東西，或是有些繼承人是分到東西，再加上一些錢，但是分到東西的繼承人，所分到的東西有瑕疵，這個時候，分到有瑕疵的東西的繼承人，可以少付一些錢給那些分到錢的人。但是如果要負擔保責任的其他繼承人，分到的都是東西，就沒有「減少價金」的問題發生。

(四) 解除契約

在買賣東西的情形，「解除契約」就是不買了，要退貨還錢。可是在分割遺產的情形，「解除契約」就是繼承人之間，關於分割遺產的協議，因為有人分到的是有瑕疵的東西，所以分到瑕疵品的人，就可以把這個協議給解除掉，所有繼承人大家重新再來協議，要怎麼樣去分割遺產才公平。但是遺產的分割，如果是因為被繼承人的遺囑交代要怎麼樣去分割，或是法院用判決來分割，就沒有「契約」或「協議」，因此也沒有「解除契約」重新分割的問題。

(五) 損害賠償

這應該是最常用到的情形，就是其他繼承人拿一些錢來補償分到有瑕疵品的人，雖然分割遺產，有人分到瑕疵品這件事情，其他繼承人不見得有故意或過失，但是還是要有補償，這樣才公平，大家分到的，不管是錢、東西、債權等等，才會按照每個人的應繼分去分。而要求賠償的人，不是所有瑕疵的損失，通通都可以要求其他繼承人去賠償，因為這個瑕疵，是所有繼承人，大家要按照應繼分的比例去分擔的，所以只能向其他繼承人要求分擔其他繼承人應該要分擔的部分。

三、案例結論

甲可以依照民法第1168條的規定，向乙要求負擔保責任，但是因為甲、乙是共同繼承，如果沒有遺囑交代甲、乙的應繼分，甲、乙應該各分到二分之一的遺產，

所以對於A屋的瑕疵,甲自己也要負二分之一的責任,所以甲只能向乙要求賠償5萬元。

四、相關實例

丙、丁共同繼承父親遺留下來的C、D兩棟房子,丙、丁協議分割遺產,丙分到C房子,丁分到D房子,丙分到的C房子,在臺北市某城鎮,丙、丁都沒有想到每次下大雨,C房子就淹水,淹到兩層樓那麼高,丙可不可以要求重新分割遺產?

五、重要判解

最高法院91年度台上字第1064號民事判決

出租人於租賃關係存續中死亡,其出租人之地位及租賃物所有權,於遺產分割前,固由其繼承人全體承受。惟民法關於遺產之分割係採移轉主義,由繼承人全體相互移轉其應繼分,使各繼承人就分得之遺產取得單獨所有權,故遺產分割後,除別有約定外,即應類推適用民法第425條第1項規定,租賃契約僅對於分得租賃物所有權之繼承人繼續存在。

❖ 民法第1169條

遺產分割後,各繼承人按其所得部分,對於他繼承人因分割而得之債權,就遺產分割時債務人之支付能力,負擔保之責。

前項債權,附有停止條件或未屆清償期者,各繼承人就應清償時債務人之支付能力,負擔保之責。

案例

甲男以及乙女分割父親丙的遺產,甲分到一棟價值新臺幣(以下同)500萬元的房子,乙分到父親丙對叔叔丁的500萬元債權。但是乙分到這個債權的時候,叔叔只付得出300萬元。請問:乙少掉的200萬元,是不是可以向甲去要?

一、思考焦點

繼承人分割遺產,如果分到的是債權,但是債務人又還不出錢來,該怎麼辦?

二、問題論述

(一) 其他繼承人的擔保責任

　　繼承人分割遺產，如果分到的是東西，而且有權利瑕疵或物之瑕疵，可以依照民法第1168條的規定，向其他繼承人要求負擔保責任。而遺產如果是債權，也就是有人欠被繼承人錢，而被繼承人可以向那個債務人追討債務的權利，這個權利（債權），也是可以被繼承的，但是繼承人繼承了這個債權，不見得能夠實現它，也就是說，還沒有討回來的債務，債務人不見得能夠真正去清償，所以其他繼承人，應該要負責擔保遺產分割的時候，債務人能夠付得出來所有債務的錢（民法第1169條第1項），如果不夠，要由其他繼承人，與分到債權的繼承人，共同來分擔，這樣才公平，不然的話，每一位繼承人都不願意去分到債權，誰分到，誰倒楣。

(二) 附條件或期限的債權

　　如果繼承人所繼承的債權，是附條件的，例如：答應債務人的公司營運達到某一個數字，債務人才要還錢，或是有期限的，例如：五年後才會還錢，那麼其他繼承人對分到這個債權的繼承人，所要擔保的，是這個債權的條件實現（成就）的時候，或是那個期限到的那一刻，債務人有能力去支付這個債務。同樣的，其他繼承人也只能在條件成就或期限到來的那一刻負責，之後債務人的財力發生變化，也不是其他繼承人所能夠負責的，所以這就很難要其他繼承人負擔保責任（民法第1169條第2項）。

三、案例結論

　　乙可以依照民法第1169條第1項的規定，向甲要求負擔保責任。而甲、乙是依照法定應繼分，一人繼承二分之一的遺產，所以對於叔叔丁付不出來的200萬元債務，乙自己也應該要負擔一半，所以乙只能向甲要100萬元而已。

四、相關實例

　　丙男以及丁男分割母親的遺產，丙分到一棟價值500萬元的房子，丁分到母親對姨媽己的500萬元債權。但是那個債權有約定，要等姨媽己的工廠，月營業額有達到100萬元的時候，姨媽己才會還債。後來姨媽己的工廠，有一個月已經達到120萬元的營業額，而姨媽己卻只還50萬元。請問：丁少掉的450萬元，可以去向丙要多少？

五、重要判解

最高法院106年度台上字第732號民事判決

民法第1168條固規定各繼承人就他繼承人分得之遺產負與出賣人同一之物及權利瑕疵擔保責任，惟同法第1169條明定各繼承人對於分得債權之繼承人，就分割時，或停止條件債權或未到清償期債權於清償時，債務人之支付能力負擔保之責，與民法第352條規定出賣人除有特別約定外，不負債務人支付能力擔保責任者不同，爲出賣人所無之擔保責任，乃在遺產分割爲期共同繼承人間公平，故明定各繼承人應就債務人支付能力負法定賠償擔保責任，俾補償他繼承人因債務不履行所生損失，而他繼承人分得之債權既可因此法定方式獲得補償，自無許他繼承人未循該法定方式尋求補償未果前，即逕以分割所得債權之債務人欠缺支付能力爲由，依債務不履行規定，解除分割契約之理。

❖ 民法第1170條

依前二條規定負擔保責任之繼承人中，有無支付能力不能償還其分擔額者，其不能償之部分，由有請求權之繼承人與他繼承人，按其所得部分比例分擔之。但其不能償還，係由有請求權人之過失所致者，不得對於他繼承人請求分擔。

案 例

> 甲、乙、丙共同繼承現金新臺幣（以下同）180萬元以及一個90萬元的債權，遺產分割之後，甲、乙各分到90萬元，丙則分到90萬元的債權。但是丙的90萬元債權，在遺產分割的時候，債務人丁才還30萬元，其餘積欠60萬元債務，已完全無法償還，所以丙只好向甲、乙要這個還沒有拿到的60萬元，但是乙生意失敗，已經破產了，那麼丙可以向甲要多少錢的責任？

一、思考焦點

依照民法第1168條、第1169條的規定，負擔保責任的繼承人之中，如果有人已經沒有錢來負這個擔保責任的時候，應該要怎麼辦？

二、問題論述

繼承人應該要按照他（她）所繼承的遺產比例，來負民法第1168條、第1169條

的擔保責任。如果有繼承人沒有錢來負擔這個擔保的責任，也就是付不出錢來給分到瑕疵品或瑕疵債權的人，那麼請求其他繼承人負擔保責任的那個人（請求權人），應該要和有能力負擔保責任的人，按照所繼承的遺產的比例，共同來分攤付不出來的那些錢，而請求權人自己應該分攤的部分，自己去吸收，而只能向其他有錢負擔保責任的繼承人，要求應該要分攤的部分。

三、案例結論

丙還沒有拿到的60萬元，本來甲、乙、丙各分攤20萬元，丙可以向甲、乙各要求20萬元，但是因為乙付不出這20萬元，所以這付不出來的20萬元，只好由甲及丙兩個人去分攤，所以丙能向甲要求支付30萬元的擔保責任（參照民法第1168條、第1169條第1項、第1170條規定）。

四、相關實例

丁、戊、己共同繼承現金180萬元以及一個90萬元的債權，遺產分割之後，丁、戊各分到90萬元，己則分到90萬元的債權。但是己的90萬元債權，在遺產分割的時候，債務人才還30萬元，所以己只好向丁、戊要這個還沒有拿到的60萬元，雖然戊生意失敗，已經破產了，但是因為是己欠戊的錢都不還，導致戊週轉不靈的緣故。那麼己可以向丁、戊各要多少錢的擔保責任？

五、重要判解

最高法院50年度台上字第2761號民事判決

繼承人為被繼承人清償債務者，固得按他繼承人之應繼分請求他繼承人負擔，但由於清償人應單獨負責之事由所致之損害，無請求他人分攤之權利，此觀於民法第280條但書及第1170條但書之法理而自明，若根本無此債務之清償，則自更無分擔之可言。

❖ 民法第1171條

遺產分割後，其未清償之被繼承人之債務，移歸一定之人承受，或劃歸各繼承人分擔，如經債權人同意者，各繼承人免除連帶責任。

繼承人之連帶責任，自遺產分割時起，如債權清償期在遺產分割後者，自清償期屆滿時起，經過五年而免除。

案例

　　甲、乙共同繼承父親的遺產以及遺債，應繼分是每個人二分之一，而在88年1月1日，甲、乙商量好分割遺產，父親的債務新臺幣（以下同）50萬元，都由甲一個人負擔。而50萬元遺債的債權人丙，是不是可以在94年1月1日，向乙要求償還全部的50萬元？

一、思考焦點

　　繼承人對遺債的債權人所負的連帶責任，要怎麼樣才可以除去？

二、問題論述

　　民法第1153條第1項規定，繼承人要對被繼承人的遺債，負連帶責任，連帶責任的意思，是債權人可以向所有繼承人，或其中任何一位，同時或分成幾次，請求清償一部分或全部的債務（民法第273條第1項）。這是為了保障債權人，怕他（她）的債權，因為債務人（被繼承人）死亡，而沒有辦法得到清償。但是連帶責任對於繼承人來說，是不利的，因為繼承人要為不是自己所欠下的債務負責，有時還會被債權人追討遺產的全部。所以這種連帶責任，是可以解除的，第一個解除的原因，是債權人同意解除繼承人的連帶責任，也就是說，遺產可以由所有繼承人商量，由其中一位繼承人全部承受負責起來，或全部繼承人負責分攤其中一部分，但是這只是在繼承人之間內部達成共識而已，除非債權人也認同，而同意只找繼承人之中分到遺債的人討債，或只向每一位繼承人追討每一位繼承人所分到的債務（民法第1171條第1項）。第二個解除的原因，是遺產分割之後已經超過五年了，或是債務的清償期限是在遺產分割後，從債務已經到期的時候開始起算，已經超過五年，也就免除了清償責任（民法第1171條第2項），但是，每一位繼承人仍然要按照應繼分的比例，去分擔遺債。

　　管見認為根據民法第1159條第2項、第3項之規定，民法第1171條已屬贅餘規定，在立法上應予刪除之。且為貫徹繼承人之連帶責任（民法第1151條、第1153條參照），並保障被繼承人債權人之債權，似宜刪除民法第1171條第2項規定，以符民法第272條第2項法定責任之立法意旨。

三、案例結論

　　本題債權人丙在甲、乙分割遺產後，於94年1月1日始向乙要求返還50萬元，依民法第1171條第2項規定，繼承人甲、乙自遺產分割時起，經過五年而免除。但

被繼承人之債權人得依民法第1159條第1項前段繼承人呈報遺產清冊或第1162條之1第1項前段繼承人未呈報遺產清冊向繼承人甲、乙請求比例償還各25萬元。

四、相關實例

丙、丁共同繼承父親的遺產以及遺債，而在88年1月1日，丙、丁商量好分割遺產，父親的債務50萬元，都由丁一個人負擔，但是債權證明書上面記載93年1月1日開始才要陸續清償這筆債務。那麼這50萬元遺債的債權人戊，是不是可以在94年1月1日，向丙要求償還全部的50萬元？

五、重要判解

最高法院38年台上字第174號判決（例）

系爭房屋既為被上訴人之父生前向上訴人承租，則在其父死亡開始繼承後，因租賃關係消滅所負返還之義務，自係民法第1153條第1項所謂被繼承人之債務，被上訴人對之本應負連帶責任，縱使如被上訴人所稱，其父所有遺產業經繼承人全體協議分割，此項房屋已移歸其他繼承人承受云云，而依同法第1171條第1項之規定，被上訴人如不能就此證明，曾經上訴人之同意，仍難免除連帶責任。

❖ 民法第1172條

繼承人中如對於被繼承人負有債務者，於遺產分割時，應按其債務數額，由該繼承人之應繼分內扣還。

案 例

甲、乙共同繼承父親的現金新臺幣（以下同）100萬元，而甲曾積欠父親50萬元，還沒有償還。請問：甲應該可以繼承多少錢？

一、思考焦點

繼承人如果欠了被繼承人錢沒有還，繼承的時候要怎麼樣去算才公平？

二、問題論述

繼承人如果有積欠被繼承人錢，那麼所積欠的錢，就應該要從所繼承的債務中扣除，當作是還錢（扣還）。但是在計算被繼承人的遺產的時候，不是按照被繼承人所留下來的現有遺產，當作是所有應該要被繼承的財產，而是要把繼承人所積欠

被繼承人的債務，一起加進被繼承人的遺產之中，來計算被繼承人的遺產，以及每一位繼承人應該可以繼承的財產。以前面所講的案例來說，甲、乙的父親遺留下來現金100萬元，固然是要由甲、乙來繼承，但是甲、乙的父親所遺留下來的財產，不只有100萬元現金而已，還包括甲積欠父親的50萬元債權，所以甲、乙的父親，總共遺留了150萬元的遺產，其中100萬元是現金，另外50萬元是債權，由甲、乙分別繼承75萬元，而甲先前積欠了父親50萬元沒還，所以實際上只能繼承25萬元的現金。

三、案例結論

甲實際上只能領到25萬元的現金。

四、相關實例

丙、丁的父親遺留下來的財產，總共只有現金100萬元，另外就是丙曾經積欠父親50萬元，還沒有償還，但是丙已經拋棄繼承了。請問：丁應該怎麼樣去繼承父親的遺產？

五、重要判解

(一) 最高法院56年度台上字第1892號民事判決

系爭田地，既為上訴人與被上訴人故父之遺產，上訴人又有不願與被上訴人辦理繼承登記之表示，則被上訴人訴請上訴人按兩造應繼分之標準，即屬正當。至上訴人主張支出各項費用縱令屬實，亦係另一債務問題，仍無解於應協同被上訴人辦理繼承登記之義務。

(二) 臺北地方法院101年度重家訴字第38號民事判決

按繼承人對於被繼承人之權利、義務，不因繼承而消滅。又繼承人中如對於被繼承人負有債務者，於遺產分割時，應按其債務數額，由該繼承人之應繼分內扣還。為民法第1154條、第1172條所明定。而民法就繼承人對於被繼承人有債權者，雖未規定，惟基於同一之法理，自應類推適用民法第1172條之規定，於遺產分割時，按其債權之數額，由繼承人之應繼分內扣除之。兩造均為蔡○○之繼承人，對於蔡○○所負委任債務應負連帶責任，相互間仍應按應繼分之比例負擔之。又連帶債務之債權人，得對於債務人中之一人或數人或其全體，同時或先後請求全部或一部之給付，民法第273條第1項定有明文。

(三) 最高法院104年度台上字第773號民事判決

按當事人一方死亡，其承受訴訟限於同一造之繼承人；屬對造當事人之繼承

人，關於原應承受該死亡當事人之訴訟上地位，應認為無訴訟上對立之關係而不存在，自非得為承受。夫妻剩餘財產差額分配請求權在配偶一方先他方死亡時，屬生存配偶對其以外之繼承人主張之債權，與該生存配偶對於先死亡配偶之繼承權，為各別存在的請求權，兩者迥不相同，生存配偶並不須與其他繼承人分擔該債務，自無使債權、債務混同之問題。又繼承人對被繼承人之權利、義務，不因繼承而消滅。繼承人中如對於被繼承人負有債務者，於遺產分割時，應按其債務數額，由該繼承人之應繼分內扣還。

(四) 臺灣高等法院104年度重家上字第77號民事判決

繼承人中如對於被繼承人負有債務者，於遺產分割時，應按其債務數額，由該繼承人之應繼分內扣還，民法第1172條定有明文，推闡該條之立法意旨，在於繼承人對被繼承人負有債務時，倘先由繼承人自被繼承人處取得應繼財產，再清償對被繼承人所負之債務，將造成法律關係複雜，為簡化繼承關係，乃設此條由繼承人應繼分中扣還債務之規定。而被繼承人死亡後，繼承人之一倘有侵害遺產之行為，其所負債務之對象，為繼承人全體，於遺產分割時，對於繼承人全體之債務應如何扣還，法律並無明文，考慮此時若由該繼承人自被繼承人處取得應繼財產後，再清償對於繼承人全體之債務，亦將造成法律關係複雜，本諸簡化繼承關係之同一法律基礎，得類推民法第1172條規定予以解決。

(五) 最高法院110年度台上字第543號民事判決

繼承人中如對於被繼承人負有債務者，於遺產分割時，應按其債務數額，由該繼承人之應繼分內扣還。此外，關於遺產管理、分割及執行遺囑之費用，由遺產中支付之。

❖ 民法第1173條

繼承人中有在繼承開始前因結婚、分居或營業，已從被繼承人受有財產之贈與者，應將該贈與價額加入繼承開始時被繼承人所有之財產中，為應繼遺產。但被繼承人於贈與時有反對之意思表示者，不在此限。

前項贈與價額，應於遺產分割時，由該繼承人之應繼分中扣除。

贈與價額，依贈與時之價值計算。

案 例

　　甲、乙的父親丙還活著的時候，因為甲娶太太丁，成了家，搬到外面去住，所以丙就給了甲新臺幣（以下同）50萬元，另外，甲要自己開店，父親丙又給了50萬元。後來丙過世了，總共留下了現金100萬元。請問：甲、乙應該要怎麼樣來繼承這筆現金？

一、思考焦點

　　繼承人如果在被繼承人生前，已經有分到一些錢，在繼承遺產的時候，是不是要扣掉？

二、問題論述

　　繼承人在被繼承人生前，已經從被繼承人那邊拿到一些錢，要看這些錢的內容，還有性質是什麼，如果是因為繼承人要結婚、搬家出去住（分居）或經營事業（營業），傳統觀念上認為，這就是子孫要分家產，自己要開始獨立了，所以民法第1173條規定，繼承開始前，因為結婚、分居、營業，而從被繼承人那裡拿到一些錢，除非被繼承人說這不是提前分家產（但被繼承人於贈與時有反對之意思表示者，不在此限），不然的話，就當作是這個繼承人在被繼承人死亡之前，提前分家產，也是提前分被繼承人的遺產，所以這個繼承人在將來分割遺產的時候，就應該要把因為結婚、分居、營業，而已經分到的家產，先算到被繼承人的遺產裡面，來計算被繼承人的遺產，以及每位繼承人應該要繼承的財產到底有多少，然後提前分到家產的人，應該要把他（她）提前分到的錢給扣掉（民法第1173條第2項），如果因為結婚、分居、營業而提前分到家產的繼承人，所提前分到的錢，比他（她）應該要繼承的遺產還要多，是可以不用把多出來的部分吐出來，但是一定不能再多繼承任何遺產了。至於提前分到的家產，價值要怎麼樣去計算，是要以被繼承人把財產送給結婚、分居或營業的繼承人，以贈與當時的金額或市價為準（民法第1173條第3項）。

三、案例結論

　　甲、乙的父親還活著的時候，甲因為結婚，先拿到父親的50萬元，因為開店，又拿到了另外的50萬元，總共先分到家產100萬元。後來甲、乙的父親過世了，留下了現金100萬元，加上之前先分給甲的家產，總共應該是200萬元現金，甲、乙各分100萬元，但是甲之前已經先分到100萬元，所以甲不可以再多分任何的現

金，剩下的100萬元現金遺產，應該要由乙一個人來繼承。

四、相關實例

丙、丁的父親還活著的時候，因為丙要出國留學，所以就給了丙50萬元。後來丙、丁的父親過世了，總共留下了現金100萬元。請問：丙、丁應該要怎麼樣來繼承這筆現金？

五、重要判解

(一) 司法院21年院字第743號解釋

繼承人之特留分，依民法第1224條固已規定由應繼財產中除去債務額算定之，而所謂應繼財產，則應依第1173條算定之，查第1173條第1項前半段，雖規定繼承人中有在繼承開始前因結婚分居或營業已從被繼承人受有財產之贈與者，應將該贈與價額加入繼承開始時被繼承人所有之財產中，為應繼遺產，惟同條項後半段之但書，已明有被繼承人於贈與時有反對之意思表示者，不在此限之規定，而關於特留分民法繼承編又僅明定遺囑人以遺囑自由處分遺產時，應不違反特留分規定之範圍及被繼承人所為之遺贈，致應得特留分人應得之數不足者，得按其不足之數，由遺贈財產扣減（參照第1187條、第1225條），可見特留分之規定，僅係限制遺產人處分其死後之遺產，若當事人處分其生前之財產，自應尊重當事人本人之意思，故關於當事人生前贈與其繼承人之財產，其贈與原因若非第1173條所列舉者，固不得算入應繼遺產中，即其為第1173條列舉之原因，如贈與人明有不得算入應繼遺產之意思表示，自應適用第1173條但書之規定，而不得於法定之外曲解特留分規定復加何項限制。

(二) 最高法院22年上字第16號判決（例）

繼承人中有在繼承開始前，因結婚、分居或營業，已從被繼承人受有財產之贈與者，應將該贈與價額加入繼承開始時，被繼承人所有之財產中，為應繼財產，此在民法繼承編施行前，亦屬應行採用之法理。

(三) 最高法院27年上字第3271號判決（例）

被繼承人在繼承開始前，因繼承人之結婚、分居或營業，而為財產之贈與，通常無使受贈人特受利益之意思，不過因遇此等事由，就其日後終應繼承之財產預行撥給而已，故除被繼承人於贈與時有各對之意思表示外，應將該贈與價額加入繼承開始時，被繼承人所有之財產中，為應繼財產，若因其他事由，贈與財產於繼承人，則應認其有使受贈人特受利益之意思，不能與因結婚、分居或營業而為贈與者相提並論，民法第1173條第1項列舉贈與之事由，係限定其適用之範圍，並非例示之規定，於因其他事由所為之贈與，自屬不能適用。

(四) 司法院31年院字第2364號解釋

民法僅於第1225條規定應得特留分之人，如因被繼承人所爲之遺贈致其應得之數不足者，得按其不足之數由遺贈財產扣減之，並未如他國立法例認其有於保全特留分必要限度內，扣減被繼承人所爲贈與之權，解釋上自無從認其有此權利，院字第743號解釋未便予以變更。

(五) 最高法院40年度台上字第1209號民事判決

被上訴人謝○之受贈，並非由於分家或營業，故與繼承開始時之應繼遺產無關。

(六) 最高法院40年度台上字第1544號民事判決

上訴人陳○月於31年與訴外人結婚時，曾由被繼承人受贈現款物品兩項，合計日圓3萬7,300元，然既不能證明被繼承人在當時有反對扣除之意思表示，依民法第1173條規定，應將該項贈與價額加入繼承開始時被繼承人所有之財產中爲應繼遺產。

(七) 最高法院46年度台上字第1720號民事判決

繼承人中生有繼承開始前，因結婚分居或營業已從被繼承人受有財產之贈與者，除被繼承人於贈與時有反對之意思表示外，應將該贈與額加入繼承開始時被繼承人所有財產中爲應繼遺產。

(八) 最高法院52年度台上字第265號民事判決

依民法第1173條第1項、第2項兩項之規定，繼承人中有在繼承開始前因結婚分居或營業，已從被繼承人受有財產之贈與者，僅係應將該贈與價額加入繼承開始時被繼承人之財產中，爲應繼遺產，在遺產分割時，由該繼承人之應繼分中扣除贈與價額。並非謂繼承人中有在繼承開始前，已從被繼承人受有財產者，對於其他遺產亦喪失其繼承權。

(九) 最高法院54年度台上字第2912號民事判決

繼承人中有在繼承開始前因分居已從被繼承人受有財產之贈與者，應將該贈與價額加入繼承開始時被繼承人所有之財產中爲應繼遺產，但被繼承人於贈與時有反對之意思表示者不在此限。前項贈與價額，應於遺產分割時由該繼承人之應繼分中扣除。贈與價額依贈與時之價值計算，民法第1173條定有明文。是我國民法對於繼承人所受之贈與財產，應於其應繼分中扣除者，並非採應將受贈之財產爲現實之返還，加入被繼承人繼承開始時所有之財產中一併分割之原物返還主義，而係採應返還其贈與財產之價額，加入繼承開始時被繼承人所有之財產中爲應繼財產之充當計算主義。

(十) 最高法院76年度台上字第1837號民事判決

扣除權之行使，係將扣除義務人在繼承開始前因結婚、分居或營業，從被繼承

人受有之贈與財產，算入於被繼承人之遺產總額中，於分割遺產時，由該扣除義務人之應繼分中扣除，倘扣除之結果，扣除義務人所受贈與價額超過其應繼分額時，固不得再受遺產之分配，但亦毋庸返還其超過部分之價額。

(十一) 最高法院90年度台上字第2460號民事判決

民法第1173條第2項所謂扣除權之行使，係將扣除義務人在繼承開始前因結婚、分居或營業，已從被繼承人受有之贈與財產，算入被繼承人之遺產總額中，於分割遺產時，由該扣除義務人之應繼分中扣除，倘扣除之結果，扣除義務人所受贈與價額超過其應繼分額時，固不得再受遺產之分配，但亦毋庸返還其超過部分之價額；且贈與價額依贈與時之價值計算而言。

(十二) 新北地方法院100年度重家訴字第7號民事判決

繼承人中有在繼承開始前因結婚、分居或營業，已從被繼承人受有財產之贈與者，應將該贈與價額加入繼承開始時被繼承人所有之財產中，為應繼遺產，此係民法第1173條所明文規定者，亦即應以結婚、分居、營業之原因而受贈者為限，始得將其從應繼分中扣除，故若僅主張有受贈之事實，而無法對其時間及標的有所證明者，亦無符合歸扣要件。

(十三) 最高法院100年度台上字第1439號民事判決

應繼分與應有部分，二者概念不同。前者係各繼承人對於遺產之一切權利義務，所得繼承之比例，並非對於個別遺產之權利比例；而後者乃各共有人對於該所有權在分量上應享有之部分。各繼承人於遺產分割前，尚不得按其應繼分之比例行使權利，蓋分割遺產時，非必完全按繼承人之應繼分分割，尚有民法第1172條、第1173條規定之扣除項目，如許部分繼承人將其應繼分轉換為應有部分，其獲得之應有部分恐較依法分割遺產所得者為多，或較少，如此將有違民法就遺產分割之計算所設特別規定。

(十四) 最高法院102年度台上字第588號民事判決

按民法第1147條規定，繼承因被繼承人死亡而開始。是繼承人因被繼承人死亡而取得之遺產，須於繼承開始時仍屬被繼承人之財產。是以，被繼承人死亡前即已將房地贈與受贈人，並辦理登記完畢，則自斯時起，房地即屬受贈人所有，不屬被繼承人之遺產。又受贈人非因分居或營業等因受贈而取得房地，自無該法第1173條關於歸扣規定之適用。至於同法第1148條之1規定僅在避免被繼承人於生前將遺產贈與繼承人，以減少繼承開始時之繼承人所得遺產，影響被繼承人之債權人權益而設，並不影響繼承人間應繼遺產之計算，除該財產屬特種贈與應予歸扣外，並不計入應繼遺產中。是以，受贈人固在繼承開始前二年受贈房地，惟在繼承人彼此間不能將之視為遺產。

(十五) 最高法院102年度台上字第1163號民事判決

民法第1224條規定，特留分，由依第1173條算定之應繼財產中，除去債務額算定之。又同法第1150條關於遺產管理、分割及執行遺囑之費用，由遺產中支付之。次按遺產及贈與稅法第1條第1項、第8條第1項規定，凡經常居住中華民國境內之中華民國國民死亡時遺有財產者，應就其在中華民國境內境外全部遺產，依本法規定，課徵遺產稅。遺產稅未繳清前，不得分割遺產、交付遺贈或辦理移轉登記。另土地登記規則第119條第1項第4款申請繼承登記，並應提出遺產稅繳（免）納證明書或其他有關證明文件。準此，遺產稅之繳納應屬遺產保存上所必要之費用，為遺產管理費，於計算特留分，核計被繼承人遺產價值時，應將遺產稅予以扣除。又參照遺產及贈與稅法第17條第1項第10款規定，被繼承人之喪葬費用，以一百萬元計算，應自遺產總額中扣除，免徵遺產稅，故喪葬費用屬處理被繼承人後事所生之費用，亦應由被繼承人之遺產所負擔。

(十六) 臺灣高等法院暨所屬法院106年法律座談會民事類提案第30號

法律問題：甲銀行代位債務人乙對丙起訴請求分割乙、丙共同繼承之遺產，法院依司法院民國101年5月31日秘台廳少家二字第1010015417號函示意旨分配由民事庭審理。

問題（一）：民事庭法官審理前開代位分割遺產訴訟事件時，應否適用家事事件法不公開法庭之處理程序及其他家事訴訟事件審理程序之規定？

問題（二）：如問題（一）為肯定，則由民事庭法官逕依家事事件法審理前開代位分割遺產訴訟事件，是否為程序重大瑕疵，第二審法院應為廢棄發回之判決？

討論意見：

問題（一）：

甲說：否定說。

（一）按非親屬編、繼承編或其特別法所規定之事件，例如親屬間之借款等糾紛，依民法第242條代位行使債務人之權利，或依強制執行法第14條或第15條所提起之異議之訴，性質上主要為普通財產紛爭等事件，多無以家事程序法理審理此類事件之必要，亦無選任程序監理人、命家事調查官為調查之必要，更無法院職權調查或依裁量而為裁定之空間，應認非屬家事事件。是關於同一地方法院民事庭與家事庭事務分配，請依家事事件法及家事事件審理細則相關規定及前開意旨辦理，以期有效發揮家事法庭應有之功能（司法院秘書長101年5月31日秘台廳少家二字第1010015417號函示意旨參照）。

（二）又按同一地方法院家事法庭與民事庭之事務分配，由司法院定之。家事事件法第7條第2項定有明文。司法院既依家事事件法第7條第2項之授權，就家事

庭與民事庭之事務爲上開分配，即應依上開函文揭示之意旨適用民事訴訟程序審理，無適用家事事件法之餘地。

乙說：肯定說。

（一）按債務人怠於行使非專屬其本身之權利，致危害債權人之債權保全時，民法第242條規定債權人得以自己之名義行使債務人之權利，以資救濟。倘債權人所代位者爲提起訴訟之行爲，該訴訟之訴訟標的，仍爲債務人對該請求對象即被告之實體法上權利，至上開代位規定，僅爲債權人就原屬債務人之權利，取得訴訟上當事人適格之明文，即屬法定訴訟擔當之規定，尚非訴訟標的（最高法院99年度台抗字第360號裁定意旨參照）。

（二）題示甲銀行代位債務人乙對丙起訴請求分割乙、丙共同繼承之遺產，依上說明，甲乃爲乙之法定訴訟擔當人，與乙自行提起分割遺產訴訟無異，遺產分割事件既爲家事事件法第3條第3項第6款規定之丙類家事訴訟事件，甲代位乙提起之分割遺產事件，當然爲應適用家事事件審理程序之家事事件。

（三）司法院前開函示或法院院長依家事事件審理細則第7條第1項規定程序所決定者，均僅在確定法院間或同一法院家事庭與民事庭間之事務分配，至事務分配確定後，法官就所受理之事件，仍應本於確信，依事件之性質，適用該事件應適用之法律規定爲審理。此觀家事事件審理細則第7條第2項規定自明。是司法院上開函示或家事事件審理細則所定事務分配結果，尚非得據之認定代位分割遺產訴訟即非家事事件而無庸適用家事事件審理程序。

（四）代位分割遺產訴訟事件，所涉者爲同屬繼承人間之爭訟，被告並得抗辯被代位之繼承人繼承權不存在或已喪失（民法第1145條參照），抑或繼承人間有扣還、歸扣情事（民法第1172條、第1173條參照），實務上亦所在多有，有以不公開法庭行審理程序之必要。況依家事事件法第3條之規定，家事與民事事件之分類本應以訴訟標的爲據，與事件係由本人或法定訴訟擔當人提起無涉。

（五）綜上，題示代位分割遺產訴訟事件雖經司法院函示認應由民事庭法官審理，民事庭法官仍應本諸確信，適用家事事件審理程序而爲審理。

問題（二）：

甲說：肯定說。

（一）按家事事件法第2條規定：「本法所定家事事件由少年及家事法院處理之；未設少年及家事法院地區，由地方法院家事法庭處理之」。同法第8條第1項、第2項並分別規定：「處理家事事件之法官，應遴選具有性別平權意識、尊重多元文化並有相關學識、經驗及熱忱者任之」、「前項法官之遴選資格、遴選方式、任期及其他有關事項，由司法院定之」。足見少年及家事法院及地方法院之家事法

庭，俱屬法定之專業性法院。從而家事事件之第一審訴訟若非由少年及家事法院或地方法院家事法庭審判，其法院之組織即爲不合法，自屬程序重大瑕疵。

（二）縱認民事庭法官審理家事事件非爲法院組織不合法，然在已成立少年及家事法院之地區，家事事件之審理應屬專屬管轄，依民事訴訟法第452條第1項但書規定，得以普通法院違反專屬管轄規定，廢棄普通法院裁判，移送於少年及家事法院（臺灣高等法院高雄分院105年度上易字第337號判決意旨參照）。本諸同一事務應爲相同處理之法則，未設民事庭審理應由家事法庭審理之家事事件，如由民事庭法官適用家事事件程序而爲審理，應構成程序上重大瑕疵，第二審法院應廢棄民事庭所爲判決，發回原法院家事法庭審理。

乙說：否定說。

（一）民事法院與少年及家事法院間僅爲普通法院與專業法院間事務管轄之分配，民事庭與家事法庭間則爲同一法院適用家事事件程序審理事件之事務分配問題，與普通庭、簡易庭間之事務分配曾經司法院訂定「同一地方法院適用簡易程序審理事件事務分配辦法」性質相同，是民事庭法官適用家事事件法之程序審理，應無法院組織不合法之問題。

（二）況家事事件審理細則第7條規定：「經法院受理之事件，家事庭與民事庭就事務分配有爭議者，應由院長徵詢家事庭庭長及民事庭庭長意見後，決定之」、「法官因前項事務分配所受理之事件，應本於確信，依事件之性質，適用該事件應適用之法律規定爲審理」。該法條既已明定法官應本於確信適用事件應適用之法律規定爲審理，則家事庭法官即可能就受理之事件確信應適用民事訴訟法規定之程序，民事庭法官亦可能就受理之事件確信應適用家事事件程序，在家事事件審理細則已肯認之情形，第二審法院自不應於民事庭法官適用家事事件程序規定爲裁判後，復以之爲程序重大瑕疵，進而爲廢棄發回之判決。

初步研討結果：

問題（一）：採乙說。

問題（二）：採乙說。

審查意見：

問題（一）：採乙說（肯定說）。補充理由如下：

按遺產分割訴訟，屬家事事件法第3條所定之丙類事件。而代位分割遺產訴訟，所涉者同屬繼承人間之訴訟，被告並得以對於被代位人之一切抗辯對抗代位人（最高法院40年台上字第304號判例意旨參照），故其本質仍與丙類事件相當；雖司法院函示應由民事庭法官審理，惟依家事事件審理細則第7條第2項規定，民事庭法官仍應本於確信而適用家事事件法之程序審理。

問題（二）：採乙說（否定說）。補充理由如下：

按同一法院民事庭與家事庭相互間，關於某類事件之處理權限，乃爲同一法院內部之事務分配問題，類似普通庭、簡易庭間事務分配之性質。依民事訴訟法第451條之1規定之法理，第二審法院自不應於民事庭法官適用家事事件法之處理程序審理後，以其程序爲重大瑕疵而爲廢棄發回之判決。

研討結果：

（一）問題（二）之甲說理由（二）倒數第5行「未設民事庭審理」依提案機關同意修正爲「未設少年及家事法院地區」。

（二）爲使家事事件回歸家事法庭處理，俾符合家事事件法立法目的，建請司法院檢討司法院秘書長101年5月31日秘台廳少家二字第1010015417號函示之內容要旨。

(十七) 臺灣高等法院暨所屬法院111年法律座談會民事類提案第8號

法律問題：甲之子女爲乙、丙、丁、戊等4人，乙之子女爲A、B等2人，甲於乙結婚時，贈與乙價值新臺幣（下同）300萬元之D房地乙筆，於乙開業時，贈與乙100萬元之營業資金；乙於91年間死亡，乙之遺產（含D房地）由A、B繼承。嗣甲於108年間死亡，遺有價值各900萬元之E、F2筆土地及現金200萬元。試問：乙生前受有甲之特種贈與共400萬元，代位繼承人A、B是否負歸扣之義務？

討論意見：

甲說：肯定說。

（一）按代位繼承人係承襲被代位人之應繼分（民法第1140條規定參照），此應繼分自包括被代位人之特種贈與（應繼分之前付），若解爲不須歸扣，則有違被繼承人應繼分前付之意思，被繼承人之意思不應因被代位人之死而有所變更。且其他共同繼承人於被代位人生存時，本可期待歸扣之利益，卻因被代位人之死亡而喪失，亦難期共同繼承人間之公平（林秀雄，繼承法講義，修訂八版參照）。至於民法第1140條規定之「代位繼承」，固有【固有權說】及【代位權說】之爭，惟無論採何者，基於公平正義原則下，若許代位繼承人得不負歸扣義務者，必有損於其他繼承人之合法繼承權益，故縱使國內實務及通說就「繼承資格存否」一節，採【固有權說】，但在「繼承之權利義務關係」一節，仍應以被代位繼承人原有之地位而享有權利及負擔義務，方爲公允（臺灣高等法院臺中分院104年度家上字第63號判決意旨參照）。

（二）查本件A、B雖係以固有之繼承權，直接繼承祖父甲之遺產，然A、B不過係提高至被代位人乙之順序以代位行使其權利，A、B所取得者即爲乙之應繼分

（包括乙所受之特種贈與），故乙所原應負擔之義務亦應隨同移轉，方不違甲應繼分前付之意思，亦符合共同繼承人間之公平。是乙自甲處所獲得之特種贈與價額400萬元，應列入甲所有之財產中，成為應繼遺產，並應將該贈與額400萬元自A、B之應繼分中予以扣除，方符公平正義之原則。

乙說：否定說。

（一）按代位繼承，係以自己固有之繼承權直接繼承其祖父之遺產，並非繼承其父（被代位人）之權利（最高法院32年度上字第1992號、108年度台上字第2030號判決意旨參照）。基於文義解釋及理論之一貫性，應採否定見解，蓋代位繼承人並非被繼承人生前特種贈與之受贈人，自不應將其解釋為亦屬該條所指之歸扣義務人。惟因被代位人實際上並未及成為繼承人時即已死亡，解釋上應非屬民法第1173條所定之繼承人，故其所受生前特種贈與（應繼分之前付）之利益，已屬無法律上之原因，而為不當得利，須負返還該生前特種贈與利益之義務，而此項返還之義務於被代位人死亡後，應由被代位人之繼承人繼承。如此之解釋，方符合代位繼承人之代位繼承權性質上係固有權，而非代位權，亦不違繼承人與代位繼承人之公平繼承原則及被繼承人為生前特種贈與之意思（司法研究年報第24輯第2篇遺產分割之理論與實務，第40-42頁參照）。

（二）查本件A、B係以固有之繼承權，直接繼承祖父甲之遺產，而非繼承乙之權利，乙實際上並未及成為繼承人前即已死亡，並非本件之繼承人，與民法第1173條第1項所規定須為「繼承人」所獲之特種贈與始能歸扣之要件不符。是乙自甲處所獲得之特種贈與價額400萬元，不應列入甲所有之財產中，成為應繼遺產，代位繼承人A、B不負歸扣之義務。

初步研討結果：採乙說。

審查意見：

採甲說，補充理由如下：

（一）實務上通說認代位繼承權為固有權，係指代位繼承人之繼承資格（來源）；至於被代位人生前所受特種贈與是否應由代位繼承人負歸扣義務，則係涉及應繼分之計算，其計算方法並不受繼承權利來源影響。

（二）依民法第1173條為贈與，受贈之法律上原因為贈與契約，且不因受贈人早於被繼承人死亡，即變成無法律上原因。否定說理由（一）認如特種贈與之受贈人（被代位人）早於被繼承人死亡，其所受特種贈與即為無法律上原因，代位繼承人須依繼承及不當得利之法律關係返還該特種贈與，並以上開方式而非以歸扣方式達到繼承人及代位繼承人間的公平，說理似有疑義，亦增加處理程序之繁瑣。

研討結果：照審查意見通過。

第四節 繼承之拋棄

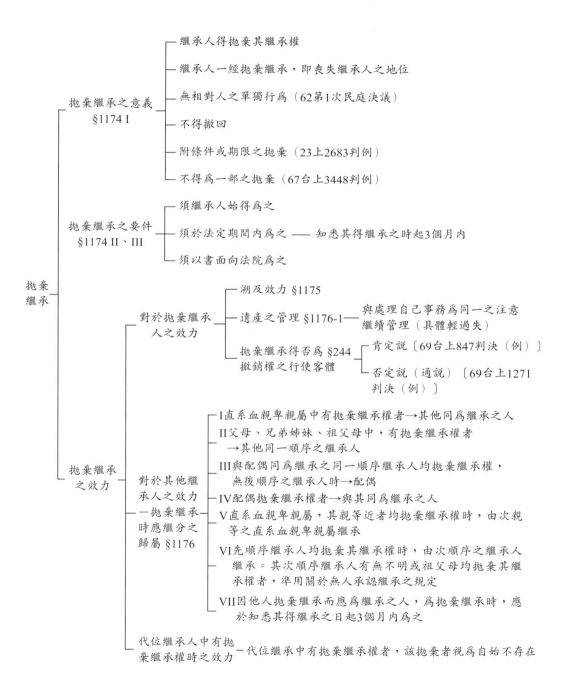

拋棄繼承

拋棄繼承之意義 §1174 I
- 繼承人得拋棄其繼承權
- 繼承人一經拋棄繼承,即喪失繼承人之地位
- 無相對人之單獨行為(62第1次民庭決議)
- 不得撤回
- 附條件或期限之拋棄(23上2683判例)
- 不得為一部之拋棄(67台上3448判例)

拋棄繼承之要件 §1174 II、III
- 須繼承人始得為之
- 須於法定期間內為之 —— 知悉其得繼承之時起3個月內
- 須以書面向法院為之

拋棄繼承之效力

對於拋棄繼承人之效力
- 溯及效力 §1175
- 遺產之管理 §1176-1 —— 與處理自己事務為同一之注意 繼續管理(具體輕過失)
- 拋棄繼承得否為 §244 撤銷權之行使客體
  - 肯定說〔69台上847判決(例)〕
  - 否定說(通說)〔69台上1271判決(例)〕

對於其他繼承人之效力 —— 拋棄繼承時應繼分之歸屬 §1176
- I 直系血親卑親屬中有拋棄繼承權者→其他同為繼承之人
- II 父母、兄弟姊妹、祖父母中,有拋棄繼承權者 →其他同一順序之繼承人
- III 與配偶同為繼承之同一順序繼承人均拋棄繼承權, 無後順序之繼承人時→配偶
- IV 配偶拋棄繼承權者→與其同為繼承之人
- V 直系血親卑親屬,其親等近者均拋棄繼承權時,由次親 等之直系血親卑親屬繼承
- VI 先順序繼承人均拋棄其繼承權時,由次順序之繼承人 繼承。其次順序繼承人有無不明或祖父母均拋棄其繼 承權者,準用關於無人承認繼承之規定
- VII 因他人拋棄繼承而應為繼承之人,為拋棄繼承時,應 於知悉其得繼承之日起3個月內為之

代位繼承人中有拋棄繼承權時之效力 —— 代位繼承中有拋棄繼承權者,該拋棄者視為自始不存在

❖ 民法第1174條

繼承人得拋棄其繼承權。

前項拋棄，應於知悉其得繼承之時起三個月內以書面向法院為之。

拋棄繼承後，應以書面通知因其拋棄而應為繼承之人。但不能通知者，不在此限。

（97年1月2日修正公布）

舊民法第1174條

繼承人得拋棄其繼承權。

前項拋棄，應於知悉其得繼承之時起二個月內以書面向法院為之。並以書面通知因其拋棄而應為繼承之人。但不能通知者，不在此限。

（74年6月3日之舊法）

案 例

> 甲的父親乙在94年1月1日過世，甲守候在床前看著父親乙嚥下最後一口氣，而甲於同年5月3日向地方法院聲請拋棄繼承，請問法院是不是會准許甲的拋棄繼承？

一、思考焦點

辦理拋棄繼承的手續是什麼？

二、問題論述

家事事件法第3條第4項（丁類事件）第9款：拋棄繼承、無人承認繼承及其他繼承事件（例如：民法第1156條、第1174條、第1177條、第1178條、第1178條之1、臺灣地區與大陸地區人民關係條例第67條之1所定事件）、第127條第1項第3款（關於拋棄繼承事件）、第132條（拋棄繼承書面之記載、備查及公告），應一併研讀。

(一) 拋棄繼承

我國民法是採用當然繼承主義，當然繼承的意思，是被繼承人死亡的時候，繼承人不用講什麼話，不必有什麼動作，就當然繼承了被繼承人的遺產。而拋棄繼承的意思，就是繼承人不願意當然繼承被繼承人的遺產，如果拋棄繼承的手續都辦好

了，就從被繼承人死亡的那一瞬間開始，就不去繼承被繼承人的遺產及遺債。被繼承人所留下來的，有遺產或遺債，就遺產而言，民法認為繼承人有權利不要被繼承人的財產，就遺債而言，民法也認為繼承人應該有機會可以不必為不是自己所欠下的債務負責，所以民法第1174條規定，繼承人可以拋棄繼承。實際的案例上，會辦理拋棄繼承手續的人，有的人是因為遺債大於遺產，有的人是基於傳統的觀念，嫁出去的女兒去辦理拋棄繼承，把遺產都留給自己的兄弟。

(二) 拋棄繼承的手續

民法第1174條第2項規定辦理拋棄繼承的手續，其中最重要的，是在知道自己可以繼承的時候開始，三個月以內，用書面向法院提出聲請。法律之所以定這三個月的時間，是希望繼承人到底要不要繼承這件事，趕快確定下來，這樣子其他繼承人才能夠確定，到底繼承了多少遺產，而被繼承人的債權人，也可以確定可以向哪一位繼承人去討債。

其次是要用書面通知，因為自己拋棄繼承，因而可以去繼承遺產的人，好讓這些人知道這件事，並且有心理準備，要去繼承被繼承人的遺產或遺債，或在知道之後三個月以內跟著去拋棄繼承。

此次修法中在本條第3項中明確規定：「拋棄繼承後，應以書面通知因其拋棄而應為繼承之人。」故拋棄繼承為合法者，法院應予備查，通知拋棄繼承人，並公告之（參照非訟事件法第144條第2項，現已為家事事件法第132條第2項規定）。但有確實不能通知之情形者，不在此限。

拋棄繼承事件，原依民法第1174條第3項規定，由拋棄繼承人通知應為繼承之人；惟依家事事件法第132條第2項規定，由法院准予拋棄繼承為合法者通知拋棄繼承人及已知之其他繼承人，並公告之。

三、案例結論

甲知道自己可以繼承，已經超過三個月了，所以法院會用裁定駁回甲拋棄繼承的聲請。

四、相關實例

乙的父親丙在94年1月1日過世，乙那個時候在非洲服替代役，通信非常不方便，一直到同年2月3日才知道自己的父親丙已經過世了，而乙於同年3月3日退伍之後，立即回臺灣向地方法院聲請拋棄繼承，請問法院是不是會准許乙拋棄繼承？

五、重要判解

(一) 最高法院22年上字第2652號判決（例）

民法第1174條所謂繼承權之拋棄，係指繼承開始後，否認繼承效力之意思表示而言，此觀同條第2項及同法第1175條之規定甚爲明顯，若繼承開始前預爲繼承權之拋棄，則不能認爲有效。

(二) 司法院37年院解字第3845號解釋

繼承人未於民法第1174條第2項所定期間內拋棄其繼承權者，嗣後縱爲繼承權之拋棄，亦不生效力，惟其繼承權被侵害已逾十年者，其回復請求權之行使應受同法第1146條第2項後段之限制。

(三) 最高法院44年台上字第1257號判決（例）

繼承權經合法拋棄者，該繼承人之繼承權即溯及於繼承開始時而喪失，其應繼分歸屬於其他同一順序之繼承人，此觀民法第1174條至第1176條第1項之規定自明，故拋棄繼承權之人，縱事後曾就被繼承人之遺產，以自己名義而爲繼承之登記，亦不得謂其業經喪失之繼承權，已因此項登記而回復。

(四) 最高法院48年台上字第371號判決（例）

繼承人就被繼承人生前之贈與內容，另訂和解契約加以變更，未與遺產繼承之拋棄不同，不以履踐民法第1174條第2項所定之程式爲其前提要件。

(五) 最高法院52年台上字第451號判決（例）

上訴人等既已承受被繼承人之遺產取得權利在前，乃復表示拋棄繼承免除義務於後，自與我民法所定繼承原則，爲包括的承受被繼承人財產上之一切權利義務本質不合，倘許繼承人於繼承開始時承認繼承，已爲權利之行使，嗣後又准其拋棄繼承，爲義務之免除，則不特有礙被繼承人之債權人之利益，且使權利狀態有不確定之虞，自非法所許可。

(六) 最高法院59年度台上字第3952號民事判決

被繼承人之退休金已爲被上訴人所領取，則其已承受被繼承人之遺產取得權利在前，縱事後再爲拋棄繼承之表示，此項一面行使權利，一面拋棄繼承免除義務之情形，不惟與我民法所定原則，爲包括的承受被繼承人財產上之一切權利義務本質不合，且有礙債權人之利益，並使權利狀態有不確定之虞，其拋棄能否發生效力，尚非無斟酌餘地（參閱本院52年台上第451號判例）。

(七) 最高法院65年台上字第1563號判決（例）

繼承之拋棄，係指繼承人否認自己開始繼承效力之意思表示，即否認因繼承開始當然爲繼承人之全部繼承效力之行爲。與拋棄因繼承所取得之財產，性質不同。

又民法第1174條所謂拋棄繼承權，係指全部拋棄而言，如為一部拋棄，為繼承性質所不許，不生拋棄之效力。

(八) 最高法院69年度台上字第3439號民事判決

繼承權之拋棄，係繼承人否認自己開始繼承效力之意思表示，即否認因繼承開始當然為繼承人之全部繼承效力之行為，故只表示拋棄對於被繼承人某人之繼承權為已足，不必將被繼承人所有遺產分列例舉造冊。

(九) 最高法院71年度台上字第4945號民事判決

繼承因被繼承人死亡而開始，繼承開始後，繼承人即取得被繼承人之財產。雖繼承權繼承人得拋棄之，且繼承之拋棄，溯及於繼承開始時發生效力，與未曾繼承同。但繼承人之拋棄繼承，如為無效，其原由繼承取得之財產，仍屬其所有。

(十) 最高法院73年度第2次民事庭會議決議（一）

提案：繼承人拋棄繼承，其債權人可否依民法第244條規定行使撤銷訴權，而撤銷之？

討論意見：

債權人得依民法第244條規定行使撤銷訴權者，以債務人所為非以其人格上之法益為基礎之財產上之行為為限，繼承權係以人格上之法益為基礎，且拋棄之效果，不特不承受被繼承人之財產上權利，亦不承受被繼承人財產上之義務，故繼承權之拋棄，縱有害及債權，仍不許債權人撤銷之。

(十一) 最高法院73年度台上字第229號民事判決

拋棄繼承乃拋棄繼承權，非拋棄特定之某項繼承財產。檢閱原審卷附江某繼承拋棄書，內載「自願將後列不動產之應繼分全部拋棄」等語，又其後列之不動產僅訟爭土地一筆，似此情形，能否謂其拋棄繼承，已屬合法，亦非無疑。

(十二) 最高法院74年度台上字第136號民事判決

民法第1174條所謂繼承權之拋棄，係指繼承開始後，否認繼承效力之意思表示，使該繼承人之繼承權溯及於繼承開始時而喪失，其應繼分歸屬於其他同一順序之繼承人而言。

(十三) 最高法院84年度台上字第2175號民事判決

兩造之父趙雞於68年9月11日死亡，兩造並未於法定期限拋棄繼承，則趙雞所遺留之遺產，已於死亡時開始由兩造繼承。上訴人於78年1月3日與被上訴人訂立上開「協意書」，同意將系爭不動產全部登記歸被上訴人所有，顯係拋棄因繼承所取得之財產，核與繼承之拋棄，係指繼承人否認自己開始繼承效力之意思表示迥然有別。上訴人於第一審所辯其係一部拋棄繼承依法無效云云，自無足採。

(十四) 最高法院87年度台上字第232號民事判決

修正前民法第1174條第2項：「繼承人之拋棄繼承，應於知悉其得繼承之時起二個月內，以書面向法院、親屬會議或其他繼承人爲之。」之規定，旨在明定拋棄繼承之法定方式，即應於繼承開始二個月內，書立書面向法院、親屬會議或其他繼承人爲之，以杜紛爭。是只須在法定期間內，以書面向前開機關或未拋棄繼承之其他繼承人爲之，即生拋棄之效力，並不以書立與未拋棄繼承之其他繼承人同數之書面爲必要。

(十五) 最高法院89年度台上字第881號民事判決

繼承人拋棄其繼承權，應於知悉其得繼承之時起二個月內，以書面向法院、親屬會議或其他繼承人爲之，此觀修正前民法第1174條規定自明。是以繼承權之拋棄，係指繼承開始後，繼承人依法定方式於法定期間內否認自己開始繼承效力之意思表示。從而法定期間過後倒填日期所爲繼承權之拋棄，不能認爲有效，其原由繼承取得之財產，仍屬其所有。

(十六) 最高法院90年度台抗字第649號裁定

非訟事件，應依非訟事件程序處理，法院僅須形式上審查是否符合非訟事件程序上之要件，無需爲實體上之審查，關於拋棄繼承權之聲明、撤回或撤銷其拋棄聲明之法效如何，倘利害關係人對之有所爭執，應循民事訴訟程序訴請法院爲實體上之裁判，以謀解決，非訟事件法院不得於該非訟事件程序中爲實體上之審查及裁判。

(十七) 最高法院91年度台上字第512號民事判決

按解釋意思表示，應探求當事人眞意，不得拘泥於所用之辭句，民法第98條定有明文。故解釋當事人所立書據之眞意，應以當時之事實及其他一切證據資料爲其判斷之標準，不能拘泥字面或截取書據中一二語，任意推解致失眞意。上訴人書立繼承權放棄證書時，兩造只知游○遺有30、32號土地，均不知尚遺有其他不動產，是上訴人書立繼承權放棄證書時，其主觀認識上，應無保留對其他不動產繼承權之意思。

(十八) 臺灣高等法院暨所屬法院98年法律座談會民事類提案第13號

法律問題：甲未成年，其得法定代理人乙之允許（或經由其法定代理人乙代爲並代受意思表示）向法院聲明拋棄繼承，法院就法定代理人是否爲未成年子女甲之利益行使同意權（或代爲拋棄繼承之意思表示），得否審查？

討論意見：

甲說：否定說。

繼承人向法院爲拋棄繼承之意思表示，係屬非訟事件性質，故法院僅須爲形

式上之審查已足，毋庸爲實體上之審究（司法院76年8月14日（76）廳民三字第2718號函示要旨、88年6月司法院司法業務研究會第35期司法院第一廳研究意見要旨）。未成年子女之法定代理人是否爲其子女之利益而抛棄子女之繼承權，乃屬實體上之問題，非審查範圍，法院無審究之必要（臺灣高等法院89年度家抗字第218號裁定要旨參照）。

　　乙說：肯定說。

　　未成年子女，因繼承、贈與或其他無償取得之財產，爲其特有財產；父母對於未成年子女之特有財產，有使用、收益之權，但非爲子女利益，不得處分之，民法第1087條、第1088條第2項亦有明文規定，故非爲子女之利益，父母自不得代子女爲抛棄繼承財產之處分行爲（臺灣高等法院高雄分院89年度家抗字第85號裁定要旨）。抛棄繼承既屬非訟事件，爲求處理結果之正確，依非訟事件法第32條第1項規定採職權探知主義爲原則，故當事人未主張之事實，法院得加以斟酌，當事人未聲明之證據，法院亦得予以調查（郭振恭、駱永家教授七秩華誕祝壽論文集）。對於抛棄繼承對未成年子女是否有利，涉及其抛棄繼承是否合法。從而，法院爲判斷其是否合法，不論當事人有無主張或爭執，均得依職權調查證據，爲實質審查（許澍林，論未成年人之抛棄繼承，身分法之理論與實務）。

　　丙說：折衷說。

　　未成年子女，因繼承、贈與或其他無償取得之財產，爲其特有財產；父母對於未成年子女之特有財產，有使用、收益之權，但非爲子女之利益，不得處分之，民法第1087條、第1088條第2項亦有明文規定。未成年子女因繼承所取得之財產爲其特有財產，自應適用上開處分未成年子女特有財產之限制規定，即父母非爲子女之利益，不得爲未成年子女抛棄繼承，故該要件即應屬於形式上審查的範圍，此與是否害及其他繼承人權利之實體問題有別。綜上，未成年子女之法定代理人爲子女抛棄繼承時，法院就其所陳報之資料，對法定代理人「是否爲子女之利益」而抛棄繼承，應爲形式審查。

初步研討結果：採丙說。

審查意見：採乙說。

研討結果：經付表決結果：實到66人，採乙說20票，採丙說41票。

(十九) 臺灣高等法院100年度上字第656號民事判決

　　民法第1174條規定，繼承人得抛棄繼承權，前項抛棄，應於知悉其得繼承之時起二個月內，以書面向法院爲之。又繼承人向法院爲抛棄繼承權之表示，係屬非訟事件性質，法院僅爲形式上審查，無需爲實體上之審查，從而就抛棄繼承准予備查，並無實體法上之確定力可言。又民法繼承編施行法第1條之3第4項規定，繼承

在民法繼承編98年5月22日修正施行前開始，繼承人因不可歸責於己之事由或未同居共財者，於繼承開始時無法知悉繼承債務之存在，致未能於修正施行前之法定期間為限定或拋棄繼承，且由其繼續履行繼承債務顯失公平者，於修正施行後，以所得遺產為限，負清償責任。是以，若繼承人雖未於被繼承人死亡後之法定期間內為限定或拋棄繼承，然其等長期未與被繼承人同財共居，無從得知被繼承人之債務狀況，致未能於法定期間內為限定繼承或拋棄繼承，且債務與繼承人無關聯性，如令繼承人負擔其被繼承人之債務，誠屬過苛，亦違反社會常情，顯然有失公平。

(二十) 臺灣高等法院102年度重家上字第35號民事判決

按74年6月3日修正前民法第1174條規定之拋棄繼承要件，僅須繼承人於法定2個月期間內，擇一向法院、親屬會議或其他繼承人為之，即生效，不以向法院聲請為必要。次按「權利失效」乃源自誠實信用原則之制度，係指實體法或程序法上之權利人，於其權利成立或屆至清償期後，經過長時間而不行使，義務人依其狀況得推論其已放棄權利之行使者，該權利縱未消滅，仍不得再行使，亦即義務人得以此作為對權利人之抗辯。

(二十一) 最高法院106年度台上字第234號判決

按稱「借名登記」者，謂當事人約定一方將自己之財產以他方名義登記，而仍由自己管理、使用、處分，他方允就該財產為出名登記之契約。繼承之拋棄，係繼承人否認自己開始繼承效力之意思表示，即否認因繼承開始當然為繼承人之全部繼承效力之行為，其即非繼承人，其應繼分歸屬於其他同一順序之繼承人，或由次順序之繼承人承繼為繼承人。

(二十二) 臺灣高等法院暨所屬法院107年法律座談會民事類提案第35號

法律問題：被繼承人死亡時，有配偶甲、一親等直系血親卑親屬乙、丙、丁、二親等直系血親卑親屬A（乙之子）、B（丙之子）、二親等旁系血親X、Y（各為被繼承人兄、姊），因被繼承人債務不明，甲、乙、丙、A、B、X、Y等7人（下稱甲等7人）乃於知悉後3個月內共同具狀向法院聲明拋棄繼承，並繳費用新臺幣（下同）1,000元。丁則未拋棄繼承，並已依民法第1156條第1項向法院陳報遺產清冊《即丁承認繼承，則題示A、B、X、Y所為之拋棄繼承均不合法》。試問：本件應徵收之費用為何？

討論意見：

甲說：按件收費。

本件共同拋棄之繼承權僅「一」，徵收之費用應以一件計算，即以「件」收費，不應依聲明拋棄之繼承「人數」計費，故應徵收1,000元，毋庸命補費。

乙說：按聲明人數收費。

按因非財產權關係為聲請者，徵收費用1,000元，非訟事件法第14條第1項定有明文。拋棄繼承乃拋棄具有身分權性質之繼承權，消滅身分權之行為，屬身分行為，繼承人一經拋棄繼承，即喪失繼承人之地位，是各繼承人所為之拋棄繼承乃各別所為之身分行為。數繼承人固可共同具狀向法院聲明拋棄繼承，惟各該繼承人對於被繼承人之遺產聲明拋棄繼承本係獨立行使且可分，無合一確定之必要，應由法院個別判斷其等之聲明合法與否，其等共同具狀僅是利用同一程序，同時聲明而已，自應分別徵收費用，如共同聲明則各應徵收之費用應於該事件合併計算，並不因其等係個別具狀聲明或共同具狀聲明而形成費用徵收上之差異。題示甲等7人共同具狀聲明拋棄繼承，依上開非訟事件法第14條第1項之規定，各應繳納費用1,000元（合計共7,000元），故本件扣除共同已繳部分，尚應補繳6,000元（如繳費收據載明題示之1,000元僅聲明人中之一人所繳納，則應命其餘聲明人各繳納1,000元），始屬適法。

初步研討結果：採乙說。

審查意見：採甲說，理由如下：

按繼承人拋棄其繼承權，應於知悉其得繼承之時起3個月內，以書面向法院為之。繼承之拋棄，溯及於繼承開始時發生效力。民法第1174條第1、2項、第1175條定有明文。故拋棄繼承乃繼承人脫離繼承關係之意思表示，繼承人僅須於法定期間內以書面向法院為拋棄繼承之意思表示，即溯及於繼承開始時發生效力，性質上為單獨行為，且不具訟爭性，係屬非訟事件。法院就繼承人拋棄繼承之聲明，亦僅為形式上審查是否符合非訟程序上要件，無需為實體上之審認，法律規定須以書面向法院為之，係基於公示之考量及避免舉證困難，使法院有案可查、杜絕倒填日期，或偽造拋棄證明文件等情況，非謂拋棄繼承之意思表示需經法院許可後始生效力。實務上向來對合於程序要件之拋棄繼承聲明，亦僅作「備查」之通知，且法院就繼承人拋棄繼承之聲明，准予備查，亦僅有確認之性質，並無實體認定之效力，繼承人拋棄繼承是否合法，於相關事件仍須實體審查。法院就繼承人拋棄繼承之聲明，既僅為形式上審查，並未於實體上逐一認定各繼承人拋棄繼承之效力，應認此類事件之費用，應按聲明之件數，而非按聲明之人數計算應徵收之費用。本件甲、乙等人既共同具狀向法院聲明拋棄繼承，即應以一件計算，依家事事件法第97條、家事事件審理細則第41條第2項準用非訟事件法第14條第1項之規定，徵收費用1,000元。

研討結果：多數採審查意見（實到74人，採審查意見58票，採乙說5票）。

(二十三) 最高法院107年度台上字第2442號民事判決

繼承之拋棄，係指繼承人否認自己開始繼承效力之意思表示，即否認因繼承開始當然為繼承人之全部繼承效力之行為。此外，對於證人之證言，應綜合其前後陳述之全部內容加以判斷，以形成心證，不可僅片斷擷取其有利或不利之部分，作為認定事實之依據。

(二十四) 最高法院107年度台上字第2448號民事判決

繼承之拋棄，係繼承人否認自己開始繼承效力之意思表示，即否認因繼承開始當然為繼承人之全部繼承效力之行為，其即非繼承人，其應繼分歸屬於其他同一順序之繼承人，或由次順序之繼承人承繼為繼承人。

(二十五) 臺灣高等法院暨所屬法院107年法律座談會民事類提案第35號

法律問題：被繼承人死亡時，有配偶甲、一親等直系血親卑親屬乙、丙、丁、二親等直系血親卑親屬A（乙之子）、B（丙之子）、二親等旁系血親X、Y（各為被繼承人兄、姊），因被繼承人債務不明，甲、乙、丙、A、B、X、Y等7人（下稱甲等7人）乃於知悉後3個月內共同具狀向法院聲明拋棄繼承，並繳費用新臺幣（下同）1,000元。丁則未拋棄繼承，並已依民法第1156條第1項向法院陳報遺產清冊《即丁承認繼承，則題示A、B、X、Y所為之拋棄繼承均不合法》。試問：本件應徵收之費用為何？

討論意見：

甲說：按件收費。

本件共同拋棄之繼承權僅「一」，徵收之費用應以一件計算，即以「件」收費，不應依聲明拋棄之繼承「人數」計費，故應徵收1,000元，毋庸命補費。

乙說：按聲明人數收費。

按聲明人數收費。按因非財產權關係為聲請者，徵收費用1,000元，非訟事件法第14條第1項定有明文。拋棄繼承乃拋棄具有身分權性質之繼承權，消滅身分權之行為，屬身分行為，繼承人一經拋棄繼承，即喪失繼承人之地位，是各繼承人所為之拋棄繼承乃各別所為之身分行為。數繼承人固可共同具狀向法院聲明拋棄繼承，惟各該繼承人對於被繼承人之遺產聲明拋棄繼承本係獨立行使且可分，無合一確定之必要，應由法院個別判斷其等之聲明合法與否，其等共同具狀僅是利用同一程序，同時聲明而已，自應分別徵收費用，如共同聲明則各應徵收之費用應於該事件合併計算，並不因其等係個別具狀聲明或共同具狀聲明而形成費用徵收上之差異。題示甲等7人共同具狀聲明拋棄繼承，依上開非訟事件法第14條第1項之規定，各應繳納費用1,000元（合計共7,000元），故本件扣除共同已繳部分，尚應補

繳6,000元（如繳費收據載明題示之1,000元僅聲明人中之一人所繳納，則應命其餘聲明人各繳納1,000元），始屬適法。

初步研討結果：採乙說。

審查意見：採甲說，理由如下：

　　按繼承人拋棄其繼承權，應於知悉其得繼承之時起3個月內，以書面向法院為之。繼承之拋棄，溯及於繼承開始時發生效力。民法第1174條第1、2項、第1175條定有明文。故拋棄繼承乃繼承人脫離繼承關係之意思表示，繼承人僅須於法定期間內以書面向法院為拋棄繼承之意思表示，即溯及於繼承開始時發生效力，性質上為單獨行為，且不具訟爭性，係屬非訟事件。法院就繼承人拋棄繼承之聲明，亦僅為形式上審查是否符合非訟程序上要件，無需為實體上之審認，法律規定須以書面向法院為之，係基於公示之考量及避免舉證困難，使法院有案可查、杜絕倒填日期，或偽造拋棄證明文件等情況，非謂拋棄繼承之意思表示需經法院許可後始生效力。實務上向來對合於程序要件之拋棄繼承聲明，亦僅作「備查」之通知，且法院就繼承人拋棄繼承之聲明，准予備查，亦僅有確認之性質，並無實體認定之效力，繼承人拋棄繼承是否合法，於相關事件仍須實體審查。法院就繼承人拋棄繼承之聲明，既僅為形式上審查，並未於實體上逐一認定各繼承人拋棄繼承之效力，應認此類事件之費用，應按聲明之件數，而非按聲明之人數計算應徵收之費用。本件甲、乙等人既共同具狀向法院聲明拋棄繼承，即應以一件計算，依家事事件法第97條、家事事件審理細則第41條第2項準用非訟事件法第14條第1項之規定，徵收費用1,000元。

研討結果：多數採審查意見（實到74人，採審查意見58票，採乙說5票）。

(二十六) 法務部107年2月21日法律字第10703502460號函

　　被繼承人第一順序部分子女與代位繼承人均拋棄繼承權時，因其第一順序親等較近之直系血親卑親屬（子輩）均已拋棄繼承，自應由次親等直系血親卑親屬（孫輩）繼承，如孫輩未有拋棄繼承、死亡或喪失繼承權情形，順序較後之曾孫輩（代位繼承人之子女）自無由與該孫輩繼承人共同繼承。

(二十七) 最高法院109年度台上字第2627號民事判決

　　按被繼承人之屍體為物，構成遺產，為繼承人所公同共有，僅其所有權內涵與其他財產不同，限以屍體之埋葬、管理、祭祀等為目的，不得自由使用、收益或處分。屍體因殘存著死者人格而屬於「具有人格性之物」，基於對人性尊嚴之尊重，其處分不得違背公序良俗，故繼承人取得其所有權後，因慎終追遠之傳統禮俗而不得拋棄。是繼承人拋棄繼承之效力，不及於被繼承人之屍體（遺骨）。

❖ 民法第1175條

繼承之拋棄，溯及於繼承開始時發生效力。

案 例

> 甲男的父親乙在94年1月1日過世，1月5日甲就先把父親的存款新臺幣（以下同）50萬元提出來自己用掉了，並且在1月20日向法院辦理拋棄繼承的手續。銀行來討債的時候，甲說：我已經拋棄繼承了，所以父親名下遺留了一棟房子，上面設定有你們的抵押權，你們可以去拍賣拿錢等等的話。請問：甲可不可只繼承現金而拋棄房子？

一、思考焦點

辦理拋棄繼承之後，從什麼時候開始發生效力？

二、問題論述

拋棄繼承的意思，就是繼承人不願意當然繼承被繼承人的遺產，如果拋棄繼承的手續都辦好了，就是從被繼承人死亡的那一刻開始，就不繼承被繼承人所有的遺產及遺債，所以民法第1175條規定，拋棄繼承，雖然是在被繼承人死亡之後一段時間，才辦完手續，但是回溯（溯及）被繼承人死亡的那一刻發生效力，而且拋棄繼承，是把被繼承人的遺產和遺債通通都拋棄掉，不能只繼承遺產，而不繼承遺債，或只繼承一部分的遺產。

三、案例結論

甲辦理拋棄繼承的手續，都完備以後，就溯及到他的父親過世的那一刻開始，就拋棄繼承，所以甲所拿到的現金，是屬於因為甲拋棄，而會去繼承遺產的繼承人，如果都沒有人去繼承，這筆50萬元的現金，應該是屬於國庫的（民法第1176條第6項、第1185條），所以甲不可以只繼承現金而拋棄房子，甲一拋棄繼承，就拋棄了所有的遺產以及遺債。

四、相關實例

乙依照民法第1174條的規定，向法院辦理拋棄繼承的手續，法院還在處理期間，被繼承人的債權人就找上門來，說法院還沒有通過你的拋棄繼承，你現在還是

要還債等等的話，有沒有理由？

五、重要判解

(一) 最高法院89年度台上字第1403號民事判決

民法第1174條規定，繼承人拋棄其繼承權，應於知悉其得繼承之時起二個月內以書面向法院爲之；同法第1175條規定繼承之拋棄，溯及於繼承開始時發生效力。故法定繼承人之繼承權如經合法拋棄，即依法喪失繼承權，至於法院就繼承人拋棄繼承之聲明，准予備查，僅有確認之性質，非謂拋棄繼承之意思表示經法院准予備查後始生效力。

(二) 臺灣高等法院106年度保險上字第18號民事判決

受益人之約定，不以具體指名爲必要，於訂約時得特定者，均無不可。被保險人向保險公司投保團體保險時，約定受益人爲法定繼承人，則於該保險契約簽訂時，被保險人之法定繼承人爲該契約受益人之地位，即告確定，不因繼承開始後拋棄繼承，致溯及自繼承開始時喪失繼承人之身分而受影響。

(三) 內政部107年03月14日台內地字第1070408076號函

要旨：被繼承人之配偶、第一順序之繼承人及代位繼承人均拋棄繼承時，應由被繼
　　　承人次親等之孫輩繼承人繼承財產，此時代位繼承人之子女繼承順序較後，
　　　自無由與該孫輩繼承人共同繼承。

全文內容：

一、案經函准法務部107年2月21日法律字第10703502460號函略以：「二、按民法第1138條第1款規定：『遺產繼承人，除配偶外，依左列順序定之：一、直系血親卑親屬。』、第1139條規定：『前條所定第一順序之繼承人，以親等近者爲先。』、第1175條規定：『繼承之拋棄，溯及於繼承開始時發生效力。』、第1176條第4項及第5項規定：『配偶拋棄繼承權者，其應繼分歸屬於與其同爲繼承之人（第4項）。第一順序之繼承人，其親等近者均拋棄繼承權時，由次親等之直系血親卑親屬繼承（第5項）。』又代位繼承者，指被繼承人之直系血親卑親屬，有於繼承開始前死亡或喪失繼承權時，由其直系血親卑親屬承繼其應繼分及繼承順序，而繼承被繼承人之遺產之謂（民法第1140條規定；戴炎輝、戴東雄與戴瑀如三人合著，繼承法，99年2月修訂版，第53頁；陳棋炎、黃宗樂及郭振恭三人合著，民法繼承新論，104年4月修訂9版2刷，第43頁參照）；倘代位繼承人均拋棄代位繼承，而該子股已無其他代位繼承人者，該子股之應繼分即無保留之必要，不必適用子股獨立之代位繼承（戴炎輝、戴東雄與戴瑀如三人合著，同前註，第218頁參照）。三、依來函說明及附件資料所示，本案被繼承人之次子先於被繼承人死亡，

故其應繼分及繼承順序應由其直系血親卑親屬承繼，而與被繼承人之夫與長子共同繼承。嗣被繼承人之夫、長子，以及次子之代位繼承人均拋棄繼承，揆諸上開規定，渠等自繼承開始時，即不為繼承人，此時被繼承人第一順序親等較近之直系血親卑親屬（子輩），均已因拋棄繼承而不存在，自應由被繼承人次親等之直系血親卑親屬（孫輩）繼承財產。第查，本案被繼承人之孫輩繼承人原計有6名，即長子之直系血親卑親屬3名，與次子之直系血親卑親屬（代位繼承人）3名，其中次子之代位繼承人業已拋棄其對於被繼承人固有繼承之權利，而長子之直系血親卑親屬中之2人亦拋棄繼承，則依民法第1176條規定，被繼承人之財產應由該名未拋棄繼承之孫輩繼承人單獨繼承。被繼承人既尚有孫輩繼承人且未拋棄繼承，復無孫輩繼承人死亡或喪失繼承權之情形，繼承順序較後之曾孫輩（代位繼承人之子女）自無由與該孫輩繼承人共同繼承（臺灣臺北地方法院106年度司繼字第574號民事裁定參照）。」本部同意上開法務部意見，並請依該函釋辦理。

二、另本部104年9月17日台內地字第1040432844號函，係就被繼承人第一順序之繼承人（即直系血親卑親屬）中有拋棄繼承權者，且此時仍有其他同為繼承之人（即代位繼承人），而應適用民法第1176條第1項規定，其應繼分歸屬於其他同為繼承之人所為之解釋，其與本案被繼承人第一順序之繼承人均拋棄繼承，且因代位繼承人均拋棄代位繼承，而該子股已無其他代位繼承人者，致其子股之應繼分無保留之必要，而應適用民法第1176條第5項規定，由次親等之直系血親卑親屬繼承之情形有別，併此敘明。

❖ 民法第1176條

第1138條所定第一順序之繼承人中有拋棄繼承權者，其應繼分歸屬於其他同為繼承之人。

第二順序至第四順序之繼承人中，有拋棄繼承權者，其應繼分歸屬於其他同一順序之繼承人。

與配偶同為繼承之同一順序繼承人均拋棄繼承權，而無後順序之繼承人時，其應繼分歸屬於配偶。

配偶拋棄繼承權者，其應繼分歸屬於與其同為繼承之人。

第一順序之繼承人，其親等近者均拋棄繼承權時，由次親等之直系血親卑親屬繼承。

先順序繼承人均拋棄其繼承權時，由次順序之繼承人繼承。其次順序繼承人有無不明或第四順序之繼承人均拋棄其繼承權者，準用關於無人承認繼承之規定。

因他人拋棄繼承而應爲繼承之人，爲拋棄繼承時，應於知悉其得繼承之日起三個月內爲之。

（98年6月10日修正公布）

舊民法第1176條

第1138條所定第一順序之繼承人中有拋棄繼承權者，其應繼分歸屬於其他同爲繼承之人。

第二順序至第四順序之繼承人中，有拋棄繼承權者，其應繼分歸屬於其他同一順序之繼承人。

與配偶同爲繼承之同一順序繼承人均拋棄繼承權，而無後順序之繼承人時，其應繼分歸屬於配偶。

配偶拋棄繼承權者，其應繼分歸屬於與其同爲繼承之人。

第一順序之繼承人，其親等近者均拋棄繼承權時，由次親等之直系血親卑親屬繼承。

先順序繼承人均拋棄其繼承權時，由次順序之繼承人繼承。其次順序繼承人有無不明或第四順序之繼承人均拋棄其繼承權者，準用關於無人承認繼承之規定。

因他人拋棄繼承而應爲繼承之人，爲限定繼承或拋棄繼承時，應於知悉其得繼承之日起三個月內爲之。

（96年1月2日之舊法）

案例

> 甲男過世之後，留下了太太乙，以及兒子丙、丁，而丙生了戊、己，丁生了庚、辛。甲死亡時，留下了遺產新臺幣（以下同）100萬元，但是丙、丁都辦理了拋棄繼承，請問：這100萬元，應該要由誰來繼承？

一、思考焦點

繼承人拋棄繼承之後，遺產要怎麼樣去繼承？

圖示：

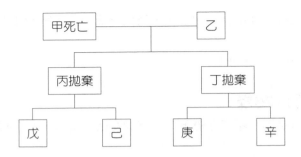

二、問題論述

　　如果繼承人只有一位，而且拋棄了繼承，那麼被繼承人如果還有遺產，就會變成是國庫所有的。但是如果繼承人有一位以上，其中有人拋棄繼承，就會影響到別人能夠繼承的財產有多少，也可能會影響到有些本來不是繼承人的人，因此變成是繼承人。所以繼承人之中，有人拋棄繼承之後，應該要由誰來繼承，民法第1176條定了明確的規則。

(一) 民法第1138條法定繼承的順序

　　如果被繼承人沒有用遺囑交代，遺產要怎麼樣去繼承，就應該由被繼承人的配偶，依順序來和被繼承人的直系血親卑親屬（第一順序）、父母（第二順序）、兄弟姊妹（第三順序）、祖父母（第四順序）共同來繼承，前面一個順序都沒有人了，才會輪到後面一個順序。

(二) 拋棄繼承之後的繼承人

　　如果民法第1138條所規定的第一順序的直系血親卑親屬繼承人，其中有人拋棄繼承的話，那麼拋棄繼承的人原本可以繼承的遺產（應繼分），就要由配偶和其他一起繼承的直系血親卑親屬去分（民法第1176條第1項），如果第一順序的直系血親卑親屬，親等比較接近被繼承人的前一代（前一輩分），通通都拋棄繼承的話，就由後一代，就是由次一親等的直系血親卑親屬與配偶共同來繼承（民法第1176條第5項），例如：被繼承人的兒女，如果通通都拋棄繼承的話，就是由被繼承人的孫子女、外孫子女與被繼承人的配偶共同來繼承。如果民法第1138條所規定的第二順序到第四順序的繼承人之中，有人拋棄繼承權的話，那麼這個拋棄繼承人原本要繼承的應繼分，應該要由同一順序其他的繼承人來繼承，配偶不能享受到拋棄繼承的利益（民法第1176條第2項）。如果前一順序都完全沒有人了，才會輪到後面一個順序的人（民法第1176條第6項前段）。如果第一順序到第四順序，都沒有繼承人的時候，沒有人可以和被繼承人的配偶一起來繼承遺產的話，遺產就變成由被繼

承人的配偶一人獨自得到（民法第1176條第3項），相反的，配偶如果拋棄繼承的話，遺產就變成其他繼承的人（民法第1176條第4項）。如果被繼承人沒有配偶，也沒有第一到第四順序的繼承人，或一直到第四順序的繼承人，也都拋棄繼承的話，就把被繼承人的遺產，當作是沒有人來繼承的財產（民法第1176條第6項後段準用第五節無人承認之繼承）。如果因為別的繼承人拋棄繼承，導致自己變成了繼承人，就要在知道自己變成繼承人開始三個月以內，辦理拋棄繼承，不然的話，就當然繼承被繼承人的遺產（民法第1176條第7項）。

　　96年1月2日公布修正就本條第7項將舊法規定，因他人拋棄繼承而應為繼承之人，為限定繼承或拋棄繼承時，應於知悉其得繼承之日起二個月內為之。新法修正為，因他人拋棄繼承而應為繼承之人，為限定繼承或拋棄繼承時，應於知悉其得繼承之日起三個月內為之。以與96年1月2日公布修正民法第1156條第1項和同法第1174條第2項之限定繼承與拋棄繼承之期間一致，均為三個月。

　　因98年6月10日公布修正之民法第1148條第2項所定繼承人對於繼承債務，僅負限定繼承責任之規定，適用於所有繼承人，且不待繼承人之主張，故民法第1176條規定，爰將本條文第7項所定「限定繼承或」等字刪除，以符意旨。

　　另關於民法第1176條第5項規定舉例如下：
1. 第一順序之繼承人親等近者（子女輩）均拋棄繼承權後，如有次親等之直系血親卑親屬時，依民法第1139條規定，由次親等之直系血親卑親屬（孫輩）取得繼承權，乃當然之結果。
2. 如無配偶而子女輩全部拋棄繼承時，由孫輩依人數平均繼承。例如：甲男與乙女結婚後，生有二子丙與丁，丙結婚後生有a、b、c，丁結婚後生有d，乙女先於甲男死亡而丙與丁均拋棄繼承時，由孫輩a、b、c、d，依人數各平均繼承甲男遺產各四分之一。
3. 如有配偶而子女輩全部拋棄繼承時，由被繼承人配偶與孫輩依人數平均繼承。例如：甲男與乙女結婚後，生有二子丙與丁，丙結婚後生有a、b、c，丁結婚後生有d，甲男死亡，乙女尚未死亡而丙與丁均拋棄繼承時，由被繼承人配偶乙與孫輩a、b、c、d，依人數各平均繼承甲男遺產各五分之一。

三、案例結論

　　甲的第一順序繼承人裡面，親等比較接近甲的兒子丙、丁，都拋棄繼承了，所以依照民法第1176條第5項的規定，由次一親等的繼承人，也就是戊、己、庚、辛，和甲的配偶乙，總共是五位繼承人，一起共同來繼承甲留下來的100萬元，每一位可以分到20萬元。

四、相關實例

壬男過世的時候，沒有長輩留在世界上，留下了太太癸，其餘子孫全部都拋棄繼承了，請問：壬的遺產應該要由誰來繼承？

五、重要判解

(一) 司法院大法官釋字第57號解釋

民法第1140條所謂代位繼承，係以繼承人於繼承開始前死亡或喪失繼承權者為限。來文所稱某甲之養女乙拋棄繼承，並不發生代位繼承問題。惟該養女乙及其出嫁之女如合法拋棄其繼承權時，其子既為民法第1138條第1款之同一順序繼承人，依同法第1176條第1項前段規定，自得繼承某甲之遺產。

（解釋日期：45年1月6日）

(二) 最高法院93年度台抗字第891號裁定

按法定繼承人之繼承權如經合法拋棄，即依法喪失繼承權，至法院就繼承人拋棄繼承之聲明，准予備查，僅有確認之性質，非謂拋棄繼承之意思表示，須經法院准予備查後始生效力。再抗告人既於93年1月6日即收受被繼承人包海源第一順位前順序之繼承人即再抗告人之父親包裕和暨包邱銀杏、包偉和、包平和、包協和、包忠和、嚴包素英、吳包惠美、包惠珍等人均拋棄繼承權通知書，足見再抗告人於93年1月6日當時已知悉上開第一順位之前順序繼承人業已拋棄繼承，而得於知悉其得繼承之時起二個月內，以書面向第一審法院為限定繼承之聲明，非以第一審法院於93年3月9日准予備查日，為再抗告人聲明限定繼承之起算日。是再抗告人既於93年1月6日即已知悉被繼承人包海源係於92年11月7日死亡及被繼承人包海源之配偶包邱銀杏及第一順位之前順序繼承人即其子女包裕和、包偉和、包平和、包協和、包忠和、嚴包素英、吳包惠美、包惠珍等人業於93年1月6日具狀向法院聲明表示拋棄繼承，再抗告人如為限定繼承或拋棄繼承時，至遲應於知悉其得繼承之日起二個月內為之，乃抗告人卻遲至93年4月2日始具狀向第一審法院聲明限定繼承，顯逾二個月之期限，其限定繼承之聲明，自有未合。

(三) 彰化地方法院98年度訴字第482號民事判決

民法繼承之承認，係繼承人確認繼承效力之單獨行為，且須包括為之，而就轉繼承而言，由於繼承人係因被被繼承人、被繼承人先後死亡而轉繼繼承遺產，故其繼承之範圍自應就遺產係被繼承人所遺抑或被被繼承人所遺而有區分，於承認或拋棄上亦有不同處理方式。準此，民法第1176條第7項規定之拋棄繼承起算時間點，就轉繼承人而言，應解為其知悉得再轉繼承之日為妥。本件被被繼承人之繼承人拋棄繼承時，既未將拋棄繼承事實通知原告，則原告知悉其得再轉繼承之日即為受民

事執行處通知之日，原告於該日起算三個月之期間內為拋棄繼承，自屬合法。

(四) 臺北地方法院106年度簡字第235號民事判決

退休俸、贍養金核發時，受領人已死亡者，屬公法上不當得利之法律關係，則該核發處分係不生效力之行政處分，自應由實際受領繼承人負公法上不當得利之返還義務。若繼承人均已拋棄繼承，而實際受領人以自動轉帳方式提領，則其為公法上不當得利之人，應負返還義務。

(五) 法務部107年2月21日法律字第10703502460號函

被繼承人第一順序部分子女與代位繼承人均拋棄繼承權時，因其第一順序親等較近之直系血親卑親屬（子輩）均已拋棄繼承，自應由次親等直系血親卑親屬（孫輩）繼承，如孫輩未有拋棄繼承、死亡或喪失繼承權情形，順序較後之曾孫輩（代位繼承人之子女）自無由與該孫輩繼承人共同繼承。

(六) 臺北市政府地政局107年3月20日北市地登字第10730886900號函

主旨：內政部核復有關被繼承人第一順序之部分子女與代位繼承人均拋棄繼承權
　　　時，其繼承人應如何認定一案。

說明：

　　一、依內政部107年3月14日台內地字第1070408076號函辦理，兼復貴所106年7月25日北市建地登字第10631313200號函，並檢送前開內政部函及附件影本各1份。

　　二、本案前經本局以106年8月3日北市地登字第10632003000號函報奉內政部上開函核復略以：「二、案經函准法務部……：『……又代位繼承者，指被繼承人之直系血親卑親屬，有於繼承開始前死亡或喪失繼承權時，由其直系血親卑親屬承繼其應繼分及繼承順序，而繼承被繼承人之遺產之謂（民法第1140條規定；戴炎輝、戴東雄與戴瑀如三人合著，繼承法，99年2月修訂版，第53頁；陳棋炎、黃宗樂及郭振恭三人合著，民法繼承新論，104年4月修訂9版2刷，第43頁參照）；倘代位繼承人均拋棄代位繼承，而該子股已無其他代位繼承人者，該子股之應繼分即無保留之必要，不必適用子股獨立之代位繼承（戴炎輝、戴東雄與戴瑀如三人合著，同前註，第218頁參照）。三、依來函說明及附件資料所示，本案被繼承人之次子先於被繼承人死亡，故其應繼分及繼承順序應由其直系血親卑親屬承繼，而與被繼承人之夫與長子共同繼承。嗣被繼承人之夫、長子，以及次子之代位繼承人均拋棄繼承，揆諸上開規定，渠等自繼承開始時，即不為繼承人，此時被繼承人第一順序親等較近之直系血親卑親屬（子輩），均已因拋棄繼承而不存在，自應由被繼承人次親等之直系血親卑親屬（孫輩）繼承財產。第查，本案被繼承人之孫輩繼承人原計有6名，即長子之直系血親卑親屬3名，與次子之直系血親卑親屬（代位繼承

人）3名，其中次子之代位繼承人業已拋棄其對於被繼承人固有繼承之權利，而長子之直系血親卑親屬中之2人亦拋棄繼承，則依民法第1176條規定，被繼承人之財產應由該名未拋棄繼承之孫輩繼承人單獨繼承。被繼承人既尚有孫輩繼承人且未拋棄繼承，復無孫輩繼承人死亡或喪失繼承權之情形，繼承順序較後之曾孫輩（代位繼承人之子女）自無由與該孫輩繼承人共同繼承（臺灣臺北地方法院106年度司繼字第574號民事裁定參照）。本部同意上開法務部意見，並請依該函釋辦理。』

三、另本部104年9月17日台內地字第1040432844號函，係就被繼承人第一順序之繼承人（即直系血親卑親屬）中有拋棄繼承權者，且此時仍有其他同為繼承之人（即代位繼承人），而應適用民法第1176條第1項規定，其應繼分歸屬於其他同為繼承之人所為之解釋，其與本案被繼承人第一順序之繼承人均拋棄繼承，且因代位繼承人均拋棄代位繼承，而該子股已無其他代位繼承人者，致其子股之應繼分無保留之必要，而應適用民法第1176條第5項規定，由次親等之直系血親卑親屬繼承之情形有別，併此敘明。」，故本案請依上開內政部函釋辦理。

(七) 最高法院110年度台簡抗字第116號民事裁定

按先順序繼承人均拋棄其繼承權時，由次順序之繼承人繼承民法第1176條第6項定有明文。故被繼承人死亡時，由先順序繼承人承受被繼承人財產上之權利義務，於其等合法拋棄繼承權時，次順序繼承人始得繼承。惟次順序之繼承人倘於先順序繼承人均拋棄繼承權時即已死亡，斯時其業無權利能力，無從承受被繼承人財產上之權利義務，自不生由其繼承後，再由其繼承人拋棄其對被繼承人繼承權之問題。

❖ 民法第1176條之1

拋棄繼承權者，就其所管理之遺產，於其他繼承人或遺產管理人開始管理前，應與處理自己事務為同一之注意，繼續管理之。

案　例

甲男的母親早就過世了，父親最近才過世，甲辦理拋棄繼承的手續之後，父親的遺產，都由弟弟乙一個人來繼承，而父親留下來的唯一的遺產，是一棟房子，在甲拋棄繼承之後，還是由甲在住，有一天甲抽菸，亂丟菸蒂，一不小心就把那棟房子給燒掉了，是不是要對乙負損害賠償的責任？

一、思考焦點

　　拋棄繼承的人，在還沒有把遺產交給可以繼承遺產的人，對於自己還掌管的遺產，要負怎麼樣的注意義務？

二、問題論述

　　一個繼承人如果拋棄繼承之後，可以說是從頭到尾都沒有繼承遺產以及遺債，然而拋棄繼承的人，因為是被繼承人的親屬的關係，往往很可能會占有被繼承人的遺產，但是所占有的遺產，又不是這位拋棄繼承人的，而是因為他（她）拋棄繼承，因而可以去繼承遺產的人的，在遺產還沒有移交給可以去繼承遺產的人之前，民法第1176條之1規定，拋棄繼承的人，要好好去管理、維護這個遺產，把它當作是自己的東西來處理（應與處理自己事務為同一之注意），當然，如果沒有盡到這個注意義務，不小心損害到這個遺產，就要對可以繼承這個遺產的人，負損害賠償的責任。

三、案例結論

　　甲沒有盡到好好管理房子的注意義務，沒有把乙的房子當做是自己的房子好好的去愛惜，以致於把房子給燒掉了，所以就應該要賠償乙。

四、相關實例

　　丙男向丁男借錢，並且把自己所有的房子設定抵押權給丁，當作是擔保。後來丙死掉了，有繼承人戊、己兩個人，都已經合法辦理拋棄繼承的手續完畢了，丁要實行他的抵押權，就以戊、己當作是相對人，請求法院拍賣抵押物，法院是不是應該要准許？

五、重要判解

(一) 臺灣高等法院暨所屬法院88年法律座談會民事類提案第9號

法律問題：甲向乙借款，以其所有房屋提供擔保，為乙設定抵押權，已登記完畢，嗣甲死亡，有繼承人丙丁二人，均於法定期間內具狀向管轄法院聲明拋棄繼承，而於遺產管理人開始管理前，乙擬實行抵押權，以丙丁為相對人，請求拍賣抵押物，法院應否准許？

討論結果：甲之繼承人丙丁既已依法向法院聲明拋棄繼承，並經該院准予備查在案，則該繼承人既已拋棄對甲之繼承權，自無繼承上開不動產之權利，至民法第1176條之1所稱之繼續管理，僅屬對繼承財產之保存、利

用、改良行爲而言，並不包括處分行爲，是在遺產管理人尚未選任開始管理前，乙尚不得以丙丁爲相對人，請求拍賣抵押物，法院應駁回其聲請。

(二) 最高法院91年度台上字第2606號民事判決

　　至民法第1176條之1所稱「拋棄繼承權者，就其所管理之遺產，於其他繼承人或遺產管理人開始管理前，應與處理自己事務爲同一之注意，繼續管理之」，係指拋棄繼承權之人，就其「管理中」之遺產，爲免有害於其他繼承人之利益，於其他繼承人或遺產管理人開始管理前，仍應以善良管理人之注意義務「繼續管理」之，非謂拋棄繼承之人尚應本於繼承人或遺產管理人之地位，「管理」原非由其「管理中」之遺產，尤不得解爲該拋棄繼承之人即爲民事訴訟法第168條所定「其他依法令應續行訴訟之人」，而令其承受已與其無任何利害關係之原被繼承人之訴訟。

第五節　無人承認之繼承

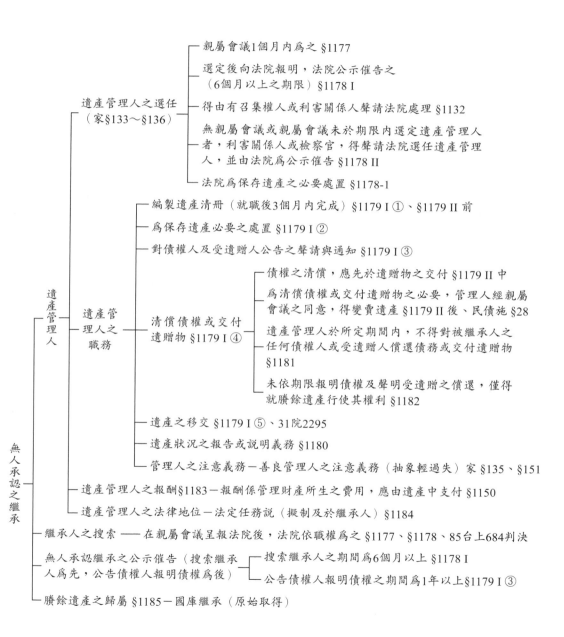

親屬會議1個月內為之 §1177

選定後向法院報明，法院公示催告之
（6個月以上之期限）§1178 I

遺產管理人之選任
（家§133～§136）

得由有召集權人或利害關係人聲請法院處理 §1132

無親屬會議或親屬會議未於期限內選定遺產管理人
者，利害關係人或檢察官，得聲請法院選任遺產管理
人，並由法院為公示催告 §1178 II

法院為保存遺產之必要處置 §1178-1

編製遺產清冊（就職後3個月內完成）§1179 I①、§1179 II 前

為保存遺產必要之處置 §1179 I②

對債權人及受遺贈人公告之聲請與通知 §1179 I③

債權之清償，應先於遺贈物之交付 §1179 II 中

為清償債權或交付遺贈物之必要，管理人經親屬
會議之同意，得變賣遺產 §1179 II 後、民債施 §28

清償債權或交付
遺贈物 §1179 I④

遺產管理人於所定期間內，不得對被繼承人之
任何債權人或受遺贈人償還債務或交付遺贈物
§1181

未依期限報明債權及聲明受遺贈之償還，僅得
就賸餘遺產行使其權利 §1182

遺產管
理人之
職務

遺產之移交 §1179 I⑤、31院2295

遺產狀況之報告或說明義務 §1180

管理人之注意義務－善良管理人之注意義務（抽象輕過失）家§135、§151

遺產管理人之報酬§1183－報酬係管理財產所生之費用，應由遺產中支付 §1150

遺產管理人之法律地位－法定任務說（擬制及於繼承人）§1184

遺產管
理人

繼承人之搜索 ── 在親屬會議呈報法院後，法院依職權為之 §1177、§1178、85台上684判決

無人承認繼承之公示催告（搜索繼承
人為先，公告債權人報明債權為後）

搜索繼承人之期間為6個月以上 §1178 I

公告債權人報明債權之期間為1年以上§1179 I③

賸餘遺產之歸屬 §1185－國庫繼承（原始取得）

無人承認之繼承

❖ 民法第1177條

繼承開始時，繼承人之有無不明者，由親屬會議於一個月內選定遺產管理人，並將繼承開始及選定遺產管理人之事由，向法院報明。

案 例

甲死亡之前，已與太太離婚，小孩都已經過世了，不知道有哪些繼承人，但是親戚都聽說甲在外面有認領私生子，也不能確定什麼時候會有誰要出來繼承甲的遺產。請問：應該要由誰來管理甲的遺產？

一、思考焦點

一個人如果過世的時候，不知道會不會有人出來繼承，並且接收遺產，這個時候，應該要由誰來管理這個人的遺產？

二、問題論述

家事事件法第3條第4項（丁類事件）第9款：無人承認繼承事件、第127條第1項第4款：關於無人承認之繼承事件，應一併研讀。

一個人過世的時候，如果有繼承人出現，就可以繼承遺產，但是有的時候，不知道有沒有配偶，或是民法第1138條所規定的繼承人（通常是從戶籍謄本上來看），就算有，繼承人可能也不知道被繼承人已經過世了，所以也沒有出面接管被繼承人的遺產。這個時候，被繼承人的遺產，不能放在那邊不理它，隨便它壞掉、髒掉、爛掉、被人家拿走，所以民法第1177條規定，被繼承人的親屬會議，就可以在被繼承人過世之後一個月內，為這個被繼承人來選出遺產管理人，並且向法院報告被繼承人什麼時候過世的、為什麼親屬會議會幫被繼承人選遺產管理人，而遺產管理人是誰，住在哪裡、身分證字號幾號等等，報明法院的目的，是可以留下一個紀錄，如果遺產管理得不好，將來也方便弄清楚誰要負管理不佳的責任，並且讓法院依照民法第1178條的規定，開始公示催告，也就是找尋繼承人的程序。

三、案例結論

應該要由親屬會議幫被繼承人來選一位遺產管理人，並且依照民法第1177條的規定，向法院報告。

四、相關實例

乙死亡的時候，從戶籍謄本上看得出來，乙還有一位同父異母的哥哥，除此之外，就沒有其他繼承人了，而這位哥哥，所有的親戚都沒有見過，也沒有聽過，不知道人在哪裡，不知道是不是還活在這個世界上，也不知道會不會出來繼承。請問：在這種情形之下，乙的親屬會議，是不是可以選一位遺產管理人，來管理乙的遺產？

五、重要判解

(一) 司法院23年院字第1107號解釋

應由親屬會議選定遺產管理人時，如無親屬，得由利害關係人聲請法院指定之。

(二) 司法院26年院字第1640號解釋

甲、乙因房產涉訟，乙提起第二審上訴，在訴訟進行中死亡，而無人承受訴訟時，該訴訟程序應予中斷，不能遽認為終結。至乙之遺產，雖無合法繼承人，自可依繼承編關於無人承認繼承之規定，選任遺產管理人，由其依法承受訴訟，在未承受前，原判決既未確定，自不生執行問題。

(三) 最高法院82年度台上字第1330號民事判決

繼承開始時，繼承人之有無不明，無親屬會議，或親屬會議未於一個月內選定遺產管理人者，利害關係人始得聲請法院指定遺產管理人，為74年6月3日修正公布之民法第1177條、第1178條第2項所規定。林○通係於54年12月3日死亡，其繼承在該法修正前開始，依修正前民法第1177條、第1178條規定，關於繼承開始時，繼承人有無不明，得依公示催告程序公告繼承人，命其於一定期限內承認繼承之條件為：1.須繼承開始時，繼承人有無不明；2.須由親屬會議選定遺產管理人。所謂繼承開始時，繼承人之有無不明，係指有無配偶及民法第1138條各款血親不明之謂，如確有繼承人生存，即不得謂繼承人有無不明。陳○傳與林○通二人同父同母，為親兄弟，又在同一戶籍，林○通死亡時，確有繼承人陳○傳生存，自非繼承人有無不明，被上訴人之臺灣北區辦事處本不得向法院聲請指定林○通之遺產管理人，故該辦事處於繼承開始後，75年1月14日向板橋分院聲請，及板橋分院裁定指定該辦事處為林○通之遺產管理人，均於法未合。

(四) 最高法院83年度台上字第3293號民事判決

按民法第1177條所謂繼承開始時繼承人有無不明，係指戶籍簿上無可知之配偶、直系血親卑親屬、父母、祖父母或兄弟姊妹或雖有之而皆為繼承之拋棄而言。有無此項事實，應依一般觀念認定之，不因聲請人主觀上錯誤之認知而受影響。本

件系爭土地原所有人林○通於死亡時，依戶籍登記簿謄本之記載，既尚有兄陳○傳及姊陳林○得依法繼承。雖陳林○拋棄繼承，但陳○傳依法已單獨繼承取得系爭土地所有權，且使用收益繳納稅捐，為原審依法確定之事實。則林○通死亡時，並無繼承人有無不明之情形，自無得依民法第1177條及第1178條聲請指定遺產管理人及行催告繼承人承認繼承程序之餘地。

(五) 最高法院85年度台上字第684號民事判決

本件係無人承認之繼承，於繼承人未經過搜索程序確定及遺產未經清算程序確定其內容範圍之前，遺囑執行人尚無法具體實現分配遺產與繼承人或受遺贈人之任務。是應先由遺產管理人踐行搜索繼承人及清算程序，而後由遺囑執行人為遺囑之執行，遺囑執行完了時，再由遺產管理人對於未於公告期間為報明或聲明之債權人或受遺贈人償還債務或交付遺贈物，為最後之清算程序，在遺產管理人為搜索繼承人及清算程序期間，遺囑執行人之權限暫被停止。

(六) 最高法院85年度台上字第2101號民事判決

民法第1177條、第1178條規定，繼承開始時，繼承人之有無不明者，法院應依聲請為公示催告，以搜尋繼承人。此所謂繼承人之有無不明，係指被繼承人之直系血親卑親屬、配偶、父母、兄弟姊妹及祖父母無一人出現，究竟有無繼承人尚在不明狀態之情形而言。因之繼承人有無不明，應從廣義解釋，亦即依戶籍資料之記載無可知之繼承人即屬之。非必在客觀上已確定絕無繼承人，始足當之。本件系爭土地之原所有人賴阿罔死亡後，依其戶籍謄本之記載為「死亡絕戶」，應屬繼承人之有無不明，基隆地院依民法第1178條之規定，裁定准予公示催告，即無不合。又非訟事件法第61條第2款、第3款雖規定依民法第1178條所為之公示催告，應記載被繼承人之姓名、性別、年齡、籍貫、職業、住居所、死亡年月日及場所，惟各該事項之記載，係為便於辨識被繼承人，並非公示催告之絕對必要要件，缺一不可。前開公示催告裁定，記載被繼承人之姓名及死亡年月日，並未發現有與其他被繼承人混淆之情形，自不影響該公示催告之效力。再依民法第1185條規定，於第1178條所定之公示催告期限屆滿，無繼承人承認繼承時，其遺產於清償債權，並交付遺贈物後，如有賸餘，當然歸屬國庫。本件公示催告之期間於82年2月24日屆滿，並無賴阿罔之繼承人承認繼承，亦無報明債權或聲明願受遺贈，系爭土地於公示催告期間屆滿時即歸屬國庫，上訴人遲至82年9月22日始以存證信函向被上訴人主張其繼承權存在，自不生繼承之效力。從而其本於繼承關係及所有權，訴請確認就系爭土地之繼承權存在，及塗銷收歸國有之登記，為無理由。

(七) 法務部102年10月17日法律字第10203510170號函

退除役官兵死亡無人繼承遺產管理辦法第3條、第5條、第6條規定參照，倘上

述規定適用係以被繼承人確有「遺產」爲要件，且遺產管理人業依該法詳予清查被繼承人確無「遺產」，則遺產管理人似無需「依民法規定爲公示催告」，惟此涉及特別規定解釋適用，宜由主管機關本於權責審認，或基於法律明確性原則要求，做適度修訂。

(八) 最高法院106年度台上字第2106號民事判決

按債權人因債務人之全體繼承人均拋棄繼承，因而聲請法院選任遺產管理人，由法院選國有財產署爲遺產管理人。則債權人持債權憑證，並主張依民法第881條第1項但書及第2項規定，就債務人所有土地徵收補償部分優先受償，並以遺產管理人爲相對人聲請強制執行，領案款完畢，彼時債務人尚無繼承人承認繼承，且清償之餘款原應歸屬國庫。則遺產管理人即財產署未爲時效抗辯，據以提起債務人異議之訴，自難認其未盡善良管理人之注意義務，因此認財產署不負損害賠償責任，尚難認爲違背法令。又財產署既已盡遺產管理人之注意義務，則其與繼承人間是否成立委任或類似委任之法律關係，亦與判決結果不生影響。

(九) 臺灣高等法院暨所屬法院107年法律座談會民事類提案第34號

法律問題：繼承人因故不能管理遺產時，如被繼承人具原住民身份，僅遺有一筆原住民保留地外無其它遺產，唯一繼承人係不具原住民身份之養子，依原住民保留地開發管理辦法第18條規定，無法辦理繼承登記，於民國102年5月8日刪除非訟事件法第154條以下有關聲請選任遺產清理人之相關規定後，試問：

問題（一）：繼承人可否聲請選任遺產清理人？

問題（二）：繼承人可否聲請選任遺產管理人？

討論意見：

問題（一）：

甲說：肯定說。

非訟事件法第154條：「繼承人因故不能管理遺產，亦無遺囑執行人者，利害關係人或檢察官得聲請法院選任遺產清理人。」雖已於102年5月8日修正刪除，然參酌該條於94年2月5日修正理由第2點「繼承開始時，確有繼承人者，遺產即歸繼承人所有，由繼承人管理，不生民法繼承編第二章第五節所定無人承認繼承時應選定或選任遺產管理人之問題。但繼承人有不能管理遺產之情事時，爲兼顧債權人及受遺贈人之利益，固有選任特定人代繼承人清理遺產之必要，惟修正前本法第79條將之稱爲遺產管理人，易與無人承認繼承之遺產管理人混淆，爰將之改稱爲遺產清理人，以示區別。」及第5點「……爲確保遺產能受適當之清理，本法關於失蹤人財產管理人之部分規定及第153條第2項有關遺產管理人改任之規定，於本條之

遺產清理人亦有準用必要，爰於本項增訂之。」可知「遺產管理人」與「遺產清理人」本具不同之要件及規範任務。

另依101年1月11日制定公布之家事事件法第127條立法理由第1點「⋯⋯為明確繼承事件之範圍，除於第1款至第6款列舉法律已經明定涉及繼承事項之事件外，為繼承事件之範圍，除於第1款至第6款列舉法律已經明定涉及繼承事項之事件外，為免掛一漏萬，並考量其他繼承事件（例如：大陸地區人民繼承臺灣地區人民之遺產事件，及將來可能新增之其他繼承事件）亦應由少年及家事法院處理，爰設第7款之規定，以求周延。」可認此情形屬家事事件法第127條第1項第7款之「關於其他繼承事件」。是繼承人得聲請選任遺產清理人。

乙說：否定說。

按繼承人因故不能管理遺產，亦無遺囑執行人者，利害關係人或檢察官得聲請法院選任遺產清理人。102年5月8日修正刪除前之非訟事件法第154條第1項固定有明文，惟該條文已於102年予以刪除，觀其修法理由「除家事事件法第四編第七章就繼承事件已有整體規範外，該條於61年增訂時，其立法背景係考量多數退除役官兵死亡後，據其身家資料知有繼承人，惟因繼承人大都在大陸地區，無法管理遺產，民法或相關實體法對此問題復無明文，遂設此遺產清理人之規定，以為補救措施；然臺灣地區與大陸地區人民關係條例施行後，該條例第68條第1項就此情形已設規定而有解決之道，故遺產清理人制度已無存在之必要。爰刪除本條。」

民法既未立有遺產清理人相關規定，且家事事件法第四編第七章亦對遺產清理人之實體要件付之闕如，則現行法規已無遺產清理人之制度。是本件繼承人聲請選任遺產清理人，無從准許，應予駁回。若採肯定說，因非訟事件法第154條以下就遺產清理人之相關規定均已刪除，則准許選任遺產清理人後，該名遺產清理人之職務內容為何？其責任及義務為何？其清理遺產之法律效果又為何？等相關規範均已付之闕如，將發生適用上之困擾及疑慮。

問題（二）：

甲說：肯定說。

（一）被繼承人僅有一位繼承人，且僅有一筆不動產之遺產，當該筆不動產因法令限制而無法由唯一之繼承人繼承登記時，如同被繼承人之全部遺產顯然無人可繼承，此相類於民法第1176條第6項所定繼承人有無不明或全部繼承人均拋棄繼承之情形，自得類推適用該條規定準用關於無人承認繼承之規定，准許繼承人聲請選任遺產管理人，以保障繼承人之利益。

（二）若採否定說，該名被繼承人所遺留之不動產，於一定期間過後將歸屬國庫，恐使法院遭受替國與民爭利之批評。

（三）另參酌類此情形，於被繼承人有非大陸地區之他國籍繼承人（如印尼或柬埔寨國籍人），其因土地法第18條規範（繼承人非屬平等互惠國之外國人）之法律限制，致無法取得被繼承人之遺產時，雖非無繼承人之情形，但現行實務多採取類推適用民法及家事事件法關於遺產管理人之規範，以填補該法律漏洞，管理被繼承人之遺產，故亦宜准許選任遺產管理人，俾維繼承人之權利。

乙說：否定說。

（一）按繼承開始時，繼承人之有無不明者，由親屬會議於1個月內選定遺產管理人，並將繼承開始及選定遺產管理人之事由，向法院報明。無親屬會議或親屬會議未於前條所定期限內選定遺產管理人者，利害關係人或檢察官，得聲請法院選任遺產管理人，並由法院依規定為公示催告。民法第1177條、第1178條第2項分別定有明文。而所謂繼承開始時，繼承人之有無不明，係指有無配偶及民法第1138條各款血親不明之謂，如確有繼承人生存，即不得謂繼承人有無不明。本件被繼承人依法既已有合法之繼承人，即不符合繼承人有無不明之情形，自與民法聲請選任遺產管理人規定不符，則繼承人提起本件聲請，於法尚有未合，無從准許。

另相關法令既已就該個案情形已有限制（例如原住民保留地開發管理辦法第18條規定，限制不具原住民身分者不得取得原住民保留地；或土地法第18條規定，限制外國人取得我國不動產），而實際造成繼承人對我國不動產繼承之限制，屬立法裁量範疇（已衡量我國土地之管理及對遺產取得之財產期待權利），自無法另行允許類推適用選任遺產管理人而規避前開法令限制之理。

初步研討結果：

問題（一）：採乙說。

問題（二）：採甲說。

審查意見：

問題（一）：採乙說。

問題（二）：採甲說（甲說14票、乙說9票）。

補充理由如下：

原住民保留地開發管理辦法第18條第1項規定：「原住民取得原住民保留地所有權後，除政府指定之特定用途外，其移轉之承受人以原住民為限。」依此規定，具原住民身分之被繼承人死亡後，其不具原住民身分之養子，固不得就其被繼承人所留原住民保留地辦理繼承登記。惟繼承權係以一定親屬之身分關係為基礎之權利，因被繼承人死亡而開始，繼承人自繼承開始時，即承受被繼承人財產上之一切權利義務。而原住民保留地開發管理辦法係行政院依山坡地保育利用條例第37條所訂定，旨在保障依法受配原住民之生活，避免他人脫法取巧，使原住民流離失所

（該辦法第1條、第3條參照），原無剝奪不具原住民身分之繼承人對其具原住民身分之被繼承權人之繼承權之意。該不具原住民身分之養子既為該具原住民身分之被繼承人之合法繼承人，其因被繼承人死亡而取得之繼承權，當不因繼承財產為原住民保留地，即被剝奪，應認其仍為該遺產之合法繼承人，僅係因上開規定，而不得辦理原住民保留地之繼承登記。

本件具原住民身分之被繼承人僅有一位繼承人，且遺產僅有一筆原住民保留地，該筆土地因法令限制無法由其唯一繼承人為繼承登記取得所有權，此相類於繼承人有無不明或全部繼承人拋棄繼承之情形，應可類推適用民法第1176條第6項、第1178條第2項規定，得由利害關係人或檢察官聲請法院選任遺產管理人。又不具原住民身分之養子，雖因未具原住民身分而不得辦理繼承登記，然其既為該具原住民身分者之合法繼承人，自屬利害關係人，應可聲請法院選任遺產管理人。

研討結果：

問題（一）：照審查意見通過。

問題（二）：多數採審查意見（實到74人，採乙說8票，採審查意見43票）。

(十) 臺灣高等法院暨所屬法院109年法律座談會民事類提案第14號

法律問題：心智缺陷但未受監護宣告之成年人甲於108年1月1日具狀提起民事訴訟，嗣甲於起訴後之108年3月1日死亡（訴訟標的之法律關係得繼承），其繼承人均拋棄繼承，法院應如何處理？

討論意見：

甲說：以起訴不合法且無從補正為由，逕以裁定駁回訴訟。

（一）按能獨立以法律行為負義務者，有訴訟能力。能力、法定代理權或為訴訟所必要之允許有欠缺而可以補正者，審判長應定期間命其補正，民事訴訟法第45條、第49條前段定有明文。本件甲於起訴前已無訴訟能力，亦無法定代理人，應不得合法提起民事訴訟，而甲既於起訴後死亡，則法院已無從依民事訴訟法第49條規定命其補正，應認該訴訟能力欠缺不能補正，逕以裁定駁回訴訟。

（二）又甲於起訴後死亡，其繼承人均拋棄繼承，顯見甲原起訴所主張之權利已乏人聞問，若仍認應待選任遺產管理人再行續行訴訟，恐將導致訴訟久懸不決，徒然耗損訴訟費用，並無實益。

乙說：應待遺產管理人承受訴訟後續行訴訟。

按能力、法定代理權或為訴訟所必要之允許有欠缺而可以補正者，審判長應定期間命其補正。當事人死亡者，訴訟程序在有繼承人、遺產管理人或其他依法令應續行訴訟之人承受其訴訟以前當然停止，民事訴訟法第49條前段、第168條定有明文。甲於起訴後死亡，訴訟程序即當然停止，雖其繼承人均拋棄繼承，非不得依民

法第1177條、第1178條規定選任遺產管理人，自仍應待親屬會議選任遺產管理人，或利害關係人或檢察官聲請法院選任遺產管理人後，由遺產管理人承受訴訟以補正甲訴訟能力之欠缺。

初步研討結果：採甲說。

審查意見：

（一）乙說理由第6、7行「訴訟程序即當然停止」後加上「已無訴訟能力欠缺應命補正之問題，」等字；倒數第2行「以補正甲訴訟能力之欠缺」等字刪除。

（二）採修正後之乙說。研討結果：多數採審查意見即修正後之乙說（實到81人，採甲說9票，採審查意見63票）。

(十一) 臺灣高等法院暨所屬法院111年法律座談會民事類提案第21號

法律問題：甲所有未辦保存登記之B鐵皮建物（現值為新臺幣10,000元，下稱系爭B鐵皮建物）無權占有於乙、丙共有之 A 地上，經乙於民國111年3月20日以甲為被告向法院提起訴訟，主張依民法第767條、第821條之規定請求甲拆除系爭B鐵皮建物並返還A地予全體共有人。嗣甲於起訴後之111年3月30日死亡且經查甲全體繼承人均已拋棄繼承，審判長命乙應列甲之遺產管理人承受訴訟，試問：下列情形本件訴訟該如何進行？

（一）甲之親屬會議未於繼承開始時起1個月內選定遺產管理人，乙陳報其無意聲請選任遺產管理人，亦無意負擔選任遺產管理人之相關費用。

（二）甲之親屬會議未於繼承開始時起1個月內選定遺產管理人，乙陳報其選任遺產管理人之聲請遭家事法庭以甲所遺之遺產價值，顯然無法墊付遺產管理人後續職務支出之財產清查或管理之費用、報酬，故無選任遺產管理人之必要為由駁回其聲請。

討論意見：

甲說：訴訟行為當然停止，法院及當事人不得為任何訴訟行為。

當事人死亡者，訴訟程序在有繼承人、遺產管理人或其他依法令應續行訴訟之人承受其訴訟以前當然停止；訴訟程序當然或裁定停止間，法院及當事人不得為關於本案之訴訟行為。民事訴訟法第168條、第188條第1項前段定有明文。所謂關於本案之訴訟行為，凡足使當然停止之訴訟程序繼續進行或終結之訴訟行為均屬之，故在當然停止間，法院如為終結本案之訴訟行為，自為法所不許，則法院在依法令應續行訴訟之人承受本件訴訟以前當然停止，不得為任何訴訟行為。

乙說：依民事訴訟法第249條第1項第3款之規定，以裁定駁回之。

按人之權利能力，始於出生，終於死亡。有權利能力者，有當事人能力。民法第 6 條、民事訴訟法第40條第1項分別定有明文。又被告無當事人能力者，其情形

無從補正，依民事訴訟法第249條第1項第3款規定，法院應以裁定駁回原告之訴。經查，甲既於訴訟繫屬中死亡，因喪失權利能力而無當事人能力，復無繼承人、遺產管理人或其他依法令應續行訴訟之人可得承受本件訴訟，則其情形已不可補正，自屬訴訟要件欠缺，揆諸上揭規定，是本件訴訟係屬被告欠缺當事人能力之情形為不合法，應依民事訴訟法第249條第1項第3款規定予以駁回。

丙說：依民事訴訟法第249條第1項第6款之規定，以裁定駁回之。

民事訴訟之目的在於解決當事人間之民事紛爭，單獨之一造無從發生紛爭，故凡訴訟，必有二主體之對立存在，倘當事人一造之死亡而無法構成對立之兩造時，訴訟即因無法存在而應終結，不生訴訟停止之問題。本件甲之繼承人均拋棄繼承，乙選任遺產管理人遭駁回，無應續行訴訟之人，且於現行卷證資料亦無足資特定之依據，堪認屬起訴要件不備，並經定期命補正而未補正者，法院應以裁定駁回之。

丁說：法院依職權裁定命國有財產署為承受訴訟人，續行訴訟。

當事人不聲明承受訴訟時，法院亦得依職權，以裁定命其續行訴訟。民事訴訟法第178條定有明文。又按無人承認繼承之遺產，於清償債權並交付遺贈物後，如有賸餘，應歸屬國庫；非公用財產，以國有財產局為管理機關，民法第1185條、國有財產法第12條分別定有明文。雖家事庭因選任遺產管理人無實益而駁回乙之聲請，惟本案訴訟因無可承受訴訟之人而無法為任何訴訟行為，又甲遺有無人繼承之遺產，若無訴訟進行，終為中華民國所有，審判長應依職權命國有財產署為承受訴訟人，續行訴訟。

戊說：簽請院長或其指定之人核准後報結。

當事人死亡者，訴訟程序在有繼承人、遺產管理人或其他依法令應續行訴訟之人承受其訴訟以前當然停止。民事訴訟法第168條定有明文。裁定停止訴訟程序之事件不得報結。辦理民事訴訟事件應行注意事項第28點定有明文。本件係甲於起訴後死亡其訴訟程序為當然停止，又甲之繼承人均拋棄繼承，乙選任遺產管理人遭駁回，致乙無法聲明承受訴訟，法院亦無法依職權以裁定命其續行訴訟，且法院及當事人亦不得為關於本案之訴訟行為。依民刑事件編號計數分案報結實施要點第56點「民事訴訟事件，因分案錯誤、改變訴訟程序或其他原因，不能依第45點至第54點之規定報結者，經報明院長或其指定之人准報『他結』。」

初步研討結果：多數採乙說。

審查意見：

問題（一）：多數採修正乙說（甲說2票，修正乙說15票），理由如下：

按訴訟進行中被告死亡，當事人能力即行喪失，如其為訴訟標的之法律關係得繼承者，法律為便宜計，設有當然停止之制度，使被告之繼承人得承受訴訟，以免

另行開始訴訟，而將已行之訴訟程序作廢，藉此保障當事人之訴訟權益。當事人如不承受訴訟時，法院亦得依職權，以裁定命其續行訴訟（民事訴訟法第40條第1項、第168條、第178條）。惟於被告死亡後繼承人均拋棄繼承，親屬會議亦未依限選定遺產管理人之情形，則應由利害關係人、檢察官聲請法院選任遺產管理人，始得為管理保存遺產之必要行為（民法第1177條、第1178條、第1179條）。似此選任遺產管理人之程序，非受訴法院所能依職權發動，題示乙為利害關係人，得聲請法院選任遺產管理人；法院亦可依職權查詢是否有其他利害關係人（例如：遺產及贈與稅法第6條、稅捐稽徵法施行細則第5條），願聲請法院選任遺產管理人續行訴訟。乙雖曾陳報無意聲請選任遺產管理人，惟依民事訴訟法第249條第1項但書之規定，審判長仍應定相當之期間先命乙補正（題示審判長命乙應列甲之遺產管理人承受訴訟，是否屬於前開規定之裁定命補正並不明確），如乙逾期未補正，不為此協力，亦無其他利害關係人、檢察官聲請選任遺產管理人，則訴訟當然停止以待被告之繼承人、遺產管理人承受訴訟之目的已不能達成，自無再停止訴訟以保障乙權益之必要。法院應依民事訴訟法第249條第1項第3款規定，以裁定駁回其訴。

　　問題（二）：多數採修正乙說（甲說2票，修正乙說15票），理由如下：

　　法院於受理原告乙選任甲之遺產管理人聲請時，除甲之遺產價值外，允宜並同審酌乙之訴訟權益，予以准許，合先敘明。題示乙聲請選任甲之遺產管理人遭駁回之情形，因非訟事件並無一事不再理之規定，其仍可再為聲請，受訴法院亦可依職權查詢是否有其他利害關係人（例如：遺產及贈與稅法第6條、稅捐稽徵法施行細則第5條），願聲請法院選任遺產管理人，以續行訴訟。如乙未依審判長所定期間補正，且未能依上述方式選任遺產管理人，因無遺產管理人執行民法第1179條規定之職務（催告債權人及受遺贈人報明債權及為願受遺贈與否之聲明，清償債權、交付遺贈物），國有財產署尚不能依民法第1185條規定，取得系爭B鐵皮建物之所有權。此外，復無其他依法令應續行訴訟之人可得承受訴訟，自不宜放任訴訟停止之狀態繼續存在，法院應依民事訴訟法第249條第1項第3款規定，予以裁定駁回。

研討結果：

　　問題（一）、（二）均照審查意見通過。

❖ 民法第1178條

　　親屬會議依前條規定為報明後，法院應依公示催告程序，定六個月以上之期限，公告繼承人，命其於期限內承認繼承。

　　無親屬會議或親屬會議未於前條所定期限內選定遺產管理人者，利害關係人或檢察官，得聲請法院選任遺產管理人，並由法院依前項規定為公示催告。

案 例

甲死亡前，已與太太離婚，小孩都已經過世了，不知道有哪些繼承人，但是親戚都聽說甲在外面有認領小孩，也不能確定什麼時候會有誰要來繼承甲的遺產，但是甲也沒有親屬可以組成親屬會議，那麼應該要由誰來管理甲的遺產？

一、思考焦點

如果沒有辦法由親屬會議選出遺產管理人管理遺產，那麼應該要由誰來管理遺產？

二、問題論述

家事事件法第136條（遺產管理人之選任）、第137條（繼承人搜索公示催告之記載事項及公告）、第138條（陳報債權之公示催告）、第139條（遺產管理人之公示催告準用）、第140條（遺產管理人或清理人陳報之義務）、第141條（準用），應一併研讀。

(一) 公示催告

親屬會議依照民法第1177條的規定，把遺產管理人選出來，並且向法院報告之後，法院就要進行公示催告程序。所謂公示催告的意思，就是要找尋到底有沒有繼承人，如果有，就催促、希望繼承人在法院所定的六個月以上的期限之內，趕快出來表示要繼承遺產（民法第1178條第1項），通常是要遺產管理人去刊登報紙，希望繼承人能夠看得到，雖然真正能看到報紙的機會不大，但是因為實在不知道還有沒有繼承人，或是不知道繼承人到底住在哪裡，只好用這種方法。如果在公示催告的期限之內，繼承人都沒有出面表示要繼承，法院就當作是沒有繼承人來處理遺產。

(二) 聲請法院選任遺產管理人

假如說被繼承人並沒有五位最近親屬，可以組成親屬會議，來選任遺產管理人，或雖然有親屬會議，但是沒有在民法第1177條所規定被繼承過世之後一個月以內，把遺產管理人選出來的話，利害關係人或是檢察官，都可以去聲請法院來選任遺產管理人，並且由法院來公示催告，找尋繼承人。檢察官是代表公共利益，如果被繼承人過世之後，沒有人出來當遺產管理人，那麼遺產如果損害、喪失，也是國家總體經濟的損失，所以檢察官可以聲請法院選任遺產管理人。至於利害關係人，

法院實際的案件中，常常見到的是被繼承人的債權人，因為如果被繼承人的遺產沒有遺產管理人，債權人就找不到人討債，也沒有辦法查封、拍賣被繼承人的財產來抵債，另外，如被繼承人有跟人家共有土地，如果沒有遺產管理人，那麼其他共有人也沒有辦法找人一起來分割土地，就算去法院提出訴訟要分割土地，也不知道要告誰，如果有遺產管理人，就可以把遺產管理人當作是被告，來請求法院分割土地。所以債權人、土地共有人等等，都是利害關係人。如果是利害關係人或檢察官聲請選任遺產管理人，法院就應該要主動進行公示催告的程序，來尋找有沒有繼承人（民法第1178條第2項）。

(三) 當然成為遺產管理人的人

具有退除役官兵的身分的被繼承人，沒有繼承人，或不知道有沒有繼承人的時候，依照臺灣地區與大陸地區人民關係條例第68條第1項的規定，由主管機關也就是行政院國軍退除役官兵輔導委員會成為遺產管理人，法院不可以另外再選任遺產管理人，而在法院實際的公示催告案件上，有大量的案件，是行政院國軍退除役官兵輔導委員會各縣市的榮民服務處，為在當地死亡而無人承認繼承的退除役官兵，管理遺產並且聲請公示催告，同時找尋繼承人、債權人以及受遺贈人。

三、案例結論

由檢察官或利害關係人聲請法院來選定遺產管理人，由遺產管理人來管理遺產。

四、相關實例

丁過世之後，丁的親屬會議就選戊當遺產管理人，並且向法院陳報。法院定六個月的公示催告期間，報紙刊出去第二天，己就出來說他是丁的私生子，要求要繼承並且管理財產，但是提不出任何證據資料，足夠證明己就是丁的私生子。親屬會議覺得有問題，認未具繼承人資格，己又堅持自己可以繼承，和戊在爭吵誰應該來管理丁的遺產。請問：誰講的有理由？

五、重要判解

(一) 司法院30年院字第2213號解釋

繼承開始時繼承人之有無不明者，依民法第1177條及第1178條第1項之規定，應由親屬會議選定遺產管理人，並將繼承開始及選定遺產管理人之事由呈報法院，並未認檢察官有此職權，即在親屬會議無人召集時，國庫雖因其依民法第1185條於將來遺產之歸屬有期待權，得以民法第1129條所稱利害關係人之地位召集之，但遺

產歸屬國庫時由何機關代表國庫接收，現行法令尚無明文規定，按其事務之性質，應解為由管轄被繼承人住所地之地方行政官署接收，則因繼承開始時繼承人之有無不明須由國庫召集親屬會議者，亦應由此項官署行之，未便認檢察官有此權限。再依民法第1185條之規定，遺產於清償債權並交付遺贈物後有賸餘者，於民法第1178條所定之期限屆滿無繼承人承認繼承時，當然歸屬國庫，不以除權判決為此項效果之發生要件，民法第1178條所謂法院應依公示催告程序公告繼承人於一定期限內承認繼承，僅其公告之方法，應依公示催告程序行之，非謂期限屆滿無繼承人承認繼承時，尚須經除權判決之程序，況依民事訴訟法第541條以下之規定，除權判決應本於公示催告聲請人之聲請為之，親屬會議不過將繼承開始及選定遺產管理人之事由呈報法院，並非聲請為公示催告，亦無從聲請為除權判決，則檢察官不得聲請為除權判決尤無疑義。

(二) 最高法院81年度台上字第1596號民事判決

因繼承於登記前已取得不動產物權者，非經登記不得處分其物權，固為民法第759條所明定，惟不動產之共有人死亡，若無繼承人或繼承人之有無不明，經法院依民法第1178條第2項規定，定六個月以上之期限，公告繼承人，命其於期限內承認繼承，而仍無繼承人承認繼承時，尚無民法第759條規定之適用。

(三) 最高法院86年度台簡上字第34號民事判決

民法第1178條規定法院依公示催告程序，定六個月以上期限，公告繼承人，命其於期限內承認繼承，並未規定繼承人承認繼承時應檢具何種文件以為證明，始為合法；又對於承認繼承人是否為合法繼承人，法律亦未賦予遺產管理人實質認定之權利。是則如有爭議，自應循訴訟程序解決。系爭土地歸屬國有之登記應否塗銷，既繫乎上訴人是否為合法繼承人以為斷，即應由事實審法院詳細調查審認。

(四) 最高法院88年度台抗字第455號民事判決

繼承開始時，繼承人之有無不明，而無親屬會議或親屬會議未於一個月內選定遺產管理人者，利害關係人得聲請法院選任遺產管理人，民法第1178條第2項固定有明文。惟退除役官兵死亡而無繼承人、繼承人之有無不明或繼承人因故不能管理遺產者，由主管機關管理其遺產，此為臺灣地區與大陸地區人民關係條例第68條第1項所明定，行政院國軍退除役官兵輔導委員會並依同條第3項規定，訂有退除役官兵死亡無人繼承遺產管理辦法，依該辦法第4條規定，亡故退除役官兵遺產，由該輔導會所屬安置機構為遺產管理人，亡故退除役官兵未安置者，以其住所地退除役官兵服務機構為遺產管理人。故被繼承人如屬退除役官兵者，自應依上開規定，以各該機構為法定之遺產管理人，法院不得再依前述民法規定，另行選任遺產管理人。

(五) 最高法院90年度台上字第1355號民事判決

遺產管理人之設，旨在管理保存及清算遺產，以免遺產散失，此遺產管理人係以第三人之地位，依法取得上開管理保存遺產等權限，而非使其取得遺產之權利，或遂爲剝奪繼承人之法定繼承權。雖民法第1185條規定，於第1178條所定之公示催告期限屆滿，無繼承人承認繼承時，其遺產於清償債權，並交付遺贈物後，如有賸餘，當然歸屬國庫。惟自反面解釋，倘其遺產尚未經遺產管理人依同法第1179條第1項第4款、第1181條等規定清償被繼承人所負債務，並交付遺贈物之前，即非歸屬國庫取得，徵諸同法第1179條第1項第5款所定遺產管理人於有繼承人承認繼承時，應爲遺產移交之旨益明。

(六) 最高法院91年度台上字第1385號民事判決

被上訴人爲潘○梅之遺產管理人，依民法第1179條第1項第2款規定，得爲保存潘○梅遺產必要之處置，則被上訴人自可在保存遺產之範圍內對系爭土地行使所有物返還請求權，其基於遺產管理人之資格，對上訴人提起本件訴訟，核無當事人不適格問題。

(七) 臺灣高等法院暨所屬法院104年法律座談會民事類提案第18號

法律問題：無人承認繼承事件，依民法第1178條第2項選任遺產管理人，是否須以被繼承人有遺產爲要件？

討論意見：

甲說：肯定說。

1.依民法第1179條規定，遺產管理人之職務主要爲管理被繼承人之積極遺產，法律並未規定使被繼承人債權人能有適格之訴訟對象即有選任遺產管理人之必要，若被繼承人名下並無積極遺產，即無管理遺產之需，應認無選任遺產管理人來爲民法第1179條所定職務之必要。

2.依民法第1183條規定，遺產管理人得請求報酬，而遺產管理人之報酬依法係由被繼承人遺產中支付，若被繼承人名下並無任何積極財產，在此情形下仍選任遺產管理人，則如何支付遺產管理人之報酬即成問題。

3.若要處理被繼承人之債權人進行訴訟追討被繼承人生前所欠債務之需要，應由立法者在民事訴訟法中規定特定之適格訴訟對象（例如民事訴訟法第51條之特別代理人制度），而非在實體法上選任遺產管理人來因應被繼承人之債權人爲進行訴訟目的之需。

乙說：否定說。

1.選任遺產管理人處理無人繼承遺產事宜，旨在維護公益及被繼承人債權人之利益，此觀民法第1178條第2項立法理由即明。

2.而遺產管理人之職務，非僅單純管理被繼承人之積極財產，尚包括管理被繼承人之消極財產，此觀民法第1148條第1項、第1179條關於遺產管理人之職務規定自明。且在完成清償前，爲選定遺產管理人之法院，亦無從知悉有無賸餘財產，故選任遺產管理人，不以對其遺產有剩餘財產期待利益爲必要，僅須符合民法第1178條第2項之要件即可，於繼承開始時，繼承人之有無不明者，應予准許選任遺產管理人，被繼承人是否有遺產，在所不問。

丙說：折衷說。

1.被繼承人尚有積極遺產，選任遺產管理人具有實益，觀之上開肯定說之理由可明。然應非以被繼承人現無積極遺產，即認無選任遺產管理人之實益，被繼承人之遺產中或有潛在之遺產存在，例如被繼承人對他人尚有債權之存在，若不予准許選任遺產管理人，實與選任遺產管理人之立法目的相悖。

2.故若被繼承人均查無積極遺產、潛在遺產之存在，則應採上開肯定說爲宜，應認無選任遺產管理人之必要；而若被繼承人雖無積極遺產存在，但若經查有潛在遺產存在，將來可透過訴訟程序實現或已進行訴訟程序中，宜應准許其選任遺產管理人，俾可實現民法第1178條第2項所定維護公益及被繼承人債權人利益之立法目的。

初步研討結果：採丙說。

審查意見：採修正丙說，理由如下：

就維護公益，及調和被繼承人債權人與被繼承人之利益言，在未釋明被繼承人有遺產之前，爲避免增加被繼承遺產之負擔，法院應駁回選任遺產管理人之聲請；惟若已釋明被繼承人可能有遺產，則應准許選任遺產管理人之聲請。

研討結果：

1.審查意見修正如下：

採修正丙說，理由如下：

就維護公益，及調和被繼承人之債權人與潛在繼承人之利益言，在未釋明有選任之必要（例如被繼承人有遺產或聲請人有法律上利益）之前，爲避免增加被繼承遺產之負擔，法院應駁回選任遺產管理人之聲請；惟若已釋明，則應准許選任遺產管理人之聲請。

2.多數採修正審查意見（實到69人，採乙說6票，採修正審查意見56票）。

(八) 最高法院106年度台上字第2106號民事判決

按債權人因債務人之全體繼承人均拋棄繼承，因而聲請法院選任遺產管理人，由法院選國有財產署爲遺產管理人。則債權人持債權憑證，並主張依民法第881條第1項但書及第2項規定，就債務人所有土地徵收補償部分優先受償，並以遺產管理

人為相對人聲請強制執行，領案款完畢，彼時債務人尚無繼承人承認繼承，且清償之餘款原應歸屬國庫。則遺產管理人即財產署未為時效抗辯，據以提起債務人異議之訴，自難認其未盡善良管理人之注意義務，因此認財產署不負損害賠償責任，尚難認為違背法令。又財產署既已盡遺產管理人之注意義務，則其與繼承人間是否成立委任或類似委任之法律關係，亦與判決結果不生影響。

(九) 臺灣高等法院暨所屬法院107年法律座談會民事類提案第34號

法律問題：繼承人因故不能管理遺產時，如被繼承人具原住民身份，僅遺有一筆原住民保留地外無其它遺產，唯一繼承人係不具原住民身份之養子，依原住民保留地開發管理辦法第18條規定，無法辦理繼承登記，於民國102年5月8日刪除非訟事件法第154條以下有關聲請選任遺產清理人之相關規定後，試問：

　　問題（一）：繼承人可否聲請選任遺產清理人？

　　問題（二）：繼承人可否聲請選任遺產管理人？

討論意見：問題（一）：

　　甲說：肯定說。

　　（一）非訟事件法第154條：「繼承人因故不能管理遺產，亦無遺囑執行人者，利害關係人或檢察官得聲請法院選任遺產清理人。」雖已於102年5月8日修正刪除，然參酌該條於94年2月5日修正理由第2點「繼承開始時，確有繼承人者，遺產即歸繼承人所有，由繼承人管理，不生民法繼承編第二章第五節所定無人承認繼承時應選定或選任遺產管理人之問題。但繼承人有不能管理遺產之情事時，為兼顧債權人及受遺贈人之利益，固有選任特定人代繼承人清理遺產之必要，惟修正前本法第79條將之稱為遺產管理人，易與無人承認繼承之遺產管理人混淆，爰將之改稱為遺產清理人，以示區別。」及第5點「……為確保遺產能受適當之清理，本法關於失蹤人財產管理人之部分規定及第153條第2項有關遺產管理人改任之規定，於本條之遺產清理人亦有準用必要，爰於本項增訂之。」可知「遺產管理人」與「遺產清理人」本具不同之要件及規範任務。

　　（二）另依101年1月11日制定公布之家事事件法第127條立法理由第1點「……為明確繼承事件之範圍，除於第1款至第6款列舉法律已經明定涉及繼承事項之事件外，為繼承事件之範圍，除於第1款至第6款列舉法律已經明定涉及繼承事項之事件外，為免掛一漏萬，並考量其他繼承事件（例如：大陸地區人民繼承臺灣地區人民之遺產事件，及將來可能新增之其他繼承事件）亦應由少年及家事法院處理，爰設第7款之規定，以求周延。」可認此情形屬家事事件法第127條第1項第7款之「關於其他繼承事件」。是繼承人得聲請選任遺產清理人。

　　乙說：否定說。

　　（一）按繼承人因故不能管理遺產，亦無遺囑執行人者，利害關係人或檢察官得聲請法院選任遺產清理人。102年5月8日修正刪除前之非訟事件法第154條第1項固定有明文，惟該條文已於102年予以刪除，觀其修法理由「除家事事件法第四編第七章就繼承事件已有整體規範外，該條於61年增訂時，其立法背景係考量多數退除役官兵死亡後，據其身家資料知有繼承人，惟因繼承人大都在大陸地區，無法管理遺產，民法或相關實體法對此問題復無明文，遂設此遺產清理人之規定，以為補救措施；然臺灣地區與大陸地區人民關係條例施行後，該條例第68條第1項就此情形已設規定而有解決之道，故遺產清理人制度已無存在之必要。爰刪除本條。」

　　（二）民法既未立有遺產清理人相關規定，且家事事件法第四編第七章亦對遺產清理人之實體要件付之闕如，則現行法規已無遺產清理人之制度。是本件繼承人聲請選任遺產清理人，無從准許，應予駁回。

　　（三）若採肯定說，因非訟事件法第154條以下就遺產清理人之相關規定均已刪除，則准許選任遺產清理人後，該名遺產清理人之職務內容為何？其責任及義務為何？其清理遺產之法律效果又為何？等相關規範均已付之闕如，將發生適用上之困擾及疑慮。

　　問題（二）：

　　甲說：肯定說。

　　（一）被繼承人僅有一位繼承人，且僅有一筆不動產之遺產，當該筆不動產因法令限制而無法由唯一之繼承人繼承登記時，如同被繼承人之全部遺產顯然無人可繼承，此相類於民法第1176條第6項所定繼承人有無不明或全部繼承人均拋棄繼承之情形，自得類推適用該條規定準用關於無人承認繼承之規定，准許繼承人聲請選任遺產管理人，以保障繼承人之利益。

　　（二）若採否定說，該名被繼承人所遺留之不動產，於一定期間過後將歸屬國庫，恐使法院遭受替國與民爭利之批評。

　　（三）另參酌類此情形，於被繼承人有非大陸地區之他國籍繼承人（如印尼或柬埔寨國籍人），其因土地法第18條規範（繼承人非屬平等互惠國之外國人）之法律限制，致無法取得被繼承人之遺產時，雖非無繼承人之情形，但現行實務多採取類推適用民法及家事事件法關於遺產管理人之規範，以填補該法律漏洞，管理被繼承人之遺產，故亦宜准許選任遺產管理人，俾維繼承人之權利。

　　乙說：否定說。

　　（一）按繼承開始時，繼承人之有無不明者，由親屬會議於1個月內選定遺產管理人，並將繼承開始及選定遺產管理人之事由，向法院報明。無親屬會議或親屬

會議未於前條所定期限內選定遺產管理人者，利害關係人或檢察官，得聲請法院選任遺產管理人，並由法院依規定為公示催告。民法第1177條、第1178條第2項分別定有明文。而所謂繼承開始時，繼承人之有無不明，係指有無配偶及民法第1138條各款血親不明之謂，如確有繼承人生存，即不得謂繼承人有無不明。本件被繼承人依法既已有合法之繼承人，即不符合繼承人有無不明之情形，自與民法聲請選任遺產管理人規定不符，則繼承人提起本件聲請，於法尚有未合，無從准許。

　　（二）另相關法令既已就該個案情形已有限制（例如原住民保留地開發管理辦法第18條規定，限制不具原住民身分者不得取得原住民保留地；或土地法第18條規定，限制外國人取得我國不動產），而實際造成繼承人對我國不動產繼承之限制，屬立法裁量範疇（已衡量我國土地之管理及對遺產取得之財產期待權利），自無法另行允許類推適用選任遺產管理人而規避前開法令限制之理。

初步研討結果：

　　問題（一）：採乙說。

　　問題（二）：採甲說。

審查意見：

　　問題（一）：採乙說。

　　問題（二）：採甲說（甲說14票、乙說9票）。補充理由如下：

　　（一）原住民保留地開發管理辦法第18條第1項規定：「原住民取得原住民保留地所有權後，除政府指定之特定用途外，其移轉之承受人以原住民為限。」依此規定，具原住民身分之被繼承人死亡後，其不具原住民身分之養子，固不得就其被繼承人所留原住民保留地辦理繼承登記。惟繼承權係以一定親屬之身分關係為基礎之權利，因被繼承人死亡而開始，繼承人自繼承開始時，即承受被繼承人財產上之一切權利義務。而原住民保留地開發管理辦法係行政院依山坡地保育利用條例第37條所訂定，旨在保障依法受配原住民之生活，避免他人脫法取巧，使原住民流離失所（該辦法第1條、第3條參照），原無剝奪不具原住民身分之繼承人對其具原住民身分之被繼承權人之繼承權之意。該不具原住民身分之養子既為該具原住民身分之被繼承人之合法繼承人，其因被繼承人死亡而取得之繼承權，當不因繼承財產為原住民保留地，即被剝奪，應認其仍為該遺產之合法繼承人，僅係因上開規定，而不得辦理原住民保留地之繼承登記。

　　（二）本件具原住民身分之被繼承人僅有一位繼承人，且遺產僅有一筆原住民保留地，該筆土地因法令限制無法由其唯一繼承人為繼承登記取得所有權，此相類於繼承人有無不明或全部繼承人拋棄繼承之情形，應可類推適用民法第1176條第6項、第1178條第2項規定，得由利害關係人或檢察官聲請法院選任遺產管理人。又

不具原住民身分之養子，雖因未具原住民身分而不得辦理繼承登記，然其既為該具原住民身分者之合法繼承人，自屬利害關係人，應可聲請法院選任遺產管理人。

研討結果：

問題（一）：照審查意見通過。

問題（二）：多數採審查意見（實到74人，採乙說8票，採審查意見43票）。

(十) 臺灣高等法院暨所屬法院109年法律座談會民事類提案第14號

法律問題：心智缺陷但未受監護宣告之成年人甲於108年1月1日具狀提起民事訴訟，嗣甲於起訴後之108年3月1日死亡（訴訟標的之法律關係得繼承），其繼承人均拋棄繼承，法院應如何處理？

討論意見：

甲說：以起訴不合法且無從補正為由，逕以裁定駁回訴訟。

（一）按能獨立以法律行為負義務者，有訴訟能力。能力、法定代理權或為訴訟所必要之允許有欠缺而可以補正者，審判長應定期間命其補正，民事訴訟法第45條、第49條前段定有明文。本件甲於起訴前已無訴訟能力，亦無法定代理人，應不得合法提起民事訴訟，而甲既於起訴後死亡，則法院已無從依民事訴訟法第49條規定命其補正，應認該訴訟能力欠缺不能補正，逕以裁定駁回訴訟。

（二）又甲於起訴後死亡，其繼承人均拋棄繼承，顯見甲原起訴所主張之權利已乏人聞問，若仍認應待選任遺產管理人再行續行訴訟，恐將導致訴訟久懸不決，徒然耗損訴訟費用，並無實益。

乙說：應待遺產管理人承受訴訟後續行訴訟。按能力、法定代理權或為訴訟所必要之允許有欠缺而可以補正者，審判長應定期間命其補正。當事人死亡者，訴訟程序在有繼承人、遺產管理人或其他依法令應續行訴訟之人承受其訴訟以前當然停止，民事訴訟法第49條前段、第168條定有明文。甲於起訴後死亡，訴訟程序即當然停止，雖其繼承人均拋棄繼承，非不得依民法第1177條、第1178條規定選任遺產管理人，自仍應待親屬會議選任遺產管理人，或利害關係人或檢察官聲請法院選任遺產管理人後，由遺產管理人承受訴訟以補正甲訴訟能力之欠缺。

初步研討結果：採甲說。

審查意見：

（一）乙說理由第6、7行「訴訟程序即當然停止」後加上「已無訴訟能力欠缺應命補正之問題，」等字；倒數第2行「以補正甲訴訟能力之欠缺」等字刪除。

（二）採修正後之乙說。

研討結果：多數採審查意見即修正後之乙說（實到81人，採甲說9票，採審查意見63票）。

(十一) 臺灣高等法院暨所屬法院109年法律座談會民事類提案第34號

法律問題：被繼承人甲死亡後，乙為其唯一之繼承人，乙於知悉甲死亡後3個月內，以書面向管轄法院聲明拋棄繼承，然因乙未繳納程序費用，因而遭法院裁定駁回。嗣甲之債權人以乙之拋棄繼承已合法生效為由，向管轄法院聲請選任甲之遺產管理人，法院應否准許？

討論意見：

甲說：肯定說（即乙之拋棄繼承已合法生效）。

（一）按拋棄繼承為單獨行為，繼承人於法定期間內以書面向法院為拋棄繼承之意思表示時，即生拋棄繼承之效力。法律雖規定該意思表示須以書面向法院為之，但並非謂拋棄繼承須經法院裁定始能生效。立法目的上之所以規定該意思表示須向法院為之，僅是基於避免舉證困難及公示的考量，並非以法院許可為拋棄繼承之生效要件。繼承人如因未繳納程序費用，因而遭法院裁定駁回其聲明，僅係將來其可能必須承受無法舉證之不利益，與其拋棄繼承是否生效無關。此外，亦避免繼承人藉由不繳納程序費用，達到實質撤回拋棄繼承之結果。

（二）本題中，乙既於法定期間內，以書面向管轄法院為拋棄繼承之意思表示，則於其意思表示達到法院時，即生拋棄繼承之效力，至於法院是否准予備查，則與拋棄繼承是否生效無涉，本件乙之拋棄繼承既已生效，甲無其他繼承人之情況下，甲之債權人自得向管轄法院聲請選任甲之遺產管理人。

乙說：否定說（即乙之拋棄繼承無效）。

（一）拋棄繼承發生效力之前提係以有「合法」拋棄為前提，此處之「合法」包含實體要件與程序要件均需符合法定要件，倘若繼承人未繳納程序費用，違反非訟事件法第14條第1項之規定，即非合法拋棄，依民法第73條規定，其拋棄繼承即屬無效。

（二）本題中，乙聲明拋棄繼承既未依法繳納程序費用而遭法院裁定駁回，其拋棄繼承即不生效力。故甲既然尚有繼承人乙，即與選任遺產管理人之要件不符，甲之債權人不得聲請法院為甲選任遺產管理人，法院應駁回其聲請。

初步研討結果：採甲說。

審查意見：採甲說，補充理由如下：

拋棄繼承乃繼承人脫離繼承關係之意思表示，性質上為單獨行為，法院就繼承人拋棄繼承之聲明，准予備查與否，並無實體認定之效力，繼承人拋棄繼承是否合法，於相關事件仍須實體審查。又拋棄繼承為民法第1174條第2項所定之要式行為，故受理選任遺產管理人之法院，即須審查繼承人拋棄繼承是否符合該條項規定之方式，只要聲明拋棄繼承之繼承人於知悉其得繼承之時起3個月內，以書面向法

院為之，於其意思表示到達法院時，即發生拋棄之效力。至其是否符合程式、程序之要件，與已否發生拋棄繼承之效力係屬二事，縱其書面就家事事件法第132條第1項規定應表明事項之記載不完全，或未依非訟事件法第14條第1項規定繳納費用，致其聲明經法院裁定駁回，亦不影響其意思表示到達法院時所發生拋棄繼承之效力。題示情形，乙為甲唯一之繼承人，其既於知悉甲死亡後3個月內，以書面向管轄法院聲明拋棄繼承，已生拋棄繼承之效力，法院即應依甲之債權人聲請選任甲之遺產管理人。

研討結果：多數採審查意見（實到81人，採審查意見67票，採乙說12票）。

(十二) 最高法院111年度台簡抗字第244號民事裁定

依民法第1177條及第1178條第2項規定，繼承開始時，繼承人之有無不明，而無親屬會議或親屬會議未於一個月內選定遺產管理人者，利害關係人得聲請法院選任遺產管理人。所謂繼承開始時，繼承人之有無不明，係指有無配偶及民法第1138條各款血親不明之謂。本件被繼承人死亡後，僅餘其第四順位繼承人即外祖父母，然兩人壽命迄今已逾一百三十一歲，依經驗法則不可能尚生存，且經聯繫被繼承人之旁系血親兄弟之子表示未曾聽聞兩人，倘其主張為可採，兩人即非屬失蹤人，自無再聲請死亡宣告之必要。原法院以無證據證明兩人先於被繼承人死亡，並無繼承人有無不明之情形，遽認再抗告人不能為被繼承人聲請選任遺產管理人，自有未合。

❖ 民法第1178條之1

繼承開始時繼承人之有無不明者，在遺產管理人選定前，法院得因利害關係人或檢察官之聲請，為保存遺產之必要處置。

案 例

> 甲過世之後，到底有沒有繼承人可以出來繼承遺產，並不清楚，也沒有親屬會議可以選任遺產管理人，所以甲的債權人乙，就向法院聲請選任遺產管理人，但是法院選任遺產管理人的案件，有一定的處理期間，乙擔心最近颱風來襲，甲的遺產是一棟房子，有設定抵押權給乙，但是玻璃破掉了，如果風雨損壞到裡面的名貴的裝潢，拍賣的錢就不會很多，另外樑柱也搖搖欲墜。請問：乙可不可以向法院聲請，由乙趕快去把玻璃及樑柱修好？

一、思考焦點

遺產管理人還沒有產生之前，被繼承人的遺產如果需要管理、修繕，應該要怎麼辦？

二、問題論述

親屬會議或法院，之所以要選遺產管理人的原因，是因為被繼承人有沒有繼承人，還不知道，在有繼承人出現之前，被繼承人的遺產沒有人接管，很容易就發生損壞、爛掉、被偷等等的情形，所以需要有人來管理。但是親屬會議要召集起來選任遺產管理人，或是利害關係人或檢察官聲請法院選任遺產管理人，本身就需要一段時間，在這段期間之內，遺產如果有受到管理、保管的必要，檢察官或利害關係人，就可以聲請法院准許進行一些必要的保存、管理、維修等等工作，這樣子，在遺產管理人選出來之前，就不會因為有空窗期，造成遺產受到損壞，或造成利害關係人受到損失。

三、案例結論

在甲的遺產管理人被選出來之前，為了要避免受到損失，乙可以聲請法院，對甲的遺產做一些必要的處置，避免遺產喪失，造成將來受到清償的錢變少。

四、相關實例

丙過世之後，債權人丁向法院聲請選定遺產管理人。丙有一棟房子，老是有流浪漢跑進去住，弄得很髒，丁在法院把遺產管理人給選出來之前，是不是可以聲請法院准許接管那棟房子，以防止別人進去破壞？

五、重要判解

司法院秘書長秘台廳98年7月2日少家二字第0980014704號函

要旨：關於我國現行法令中有無與日方「選任財產繼承公設管理人」制度相近之規定乙事，經查，我國民法與非訟事件法中與旨揭制度相近者為「選任遺產管理人」及「選任遺產清理人」制度。

❖ 民法第1179條

遺產管理人之職務如左：
一、編製遺產清冊。
二、為保存遺產必要之處置。

三、聲請法院依公示催告程序，限定一年以上之期間，公告被繼承人之債權人及受遺贈人，命其於該期間內報明債權及為願受遺贈與否之聲明，被繼承人之債權人及受遺贈人為管理人所已知者，應分別通知之。

四、清償債權或交付遺贈物。

五、有繼承人承認繼承或遺產歸屬國庫時，為遺產之移交。

前項第1款所定之遺產清冊，管理人應於就職後三個月內編製之；第4款所定債權之清償，應先於遺贈物之交付，為清償債權或交付遺贈物之必要，管理人經親屬會議之同意，得變賣遺產。

案 例

> 甲被乙的親屬會議，選任來做乙的遺產管理人。請問：甲要做什麼事情？

一、思考焦點

遺產管理人有哪些工作？

二、問題論述

如果一個被繼承人過世之後，有人繼承，繼承人通常就會出來接管被繼承人的遺產，如果沒有人出來繼承，就由遺產管理人來管理遺產。所以遺產管理人，就是要處理跟管理被繼承人的遺產有關的工作，包括：（一）製作遺產的清單，列出來到底遺產有哪些（民法第1179條第1項第1款）；（二）如果遺產沒有人去管，會發生損壞、流失、被偷等等的情形，必須要做一些必要的保存的處置，如遺產如果是樹上的水果，要趕快採收，以免爛掉（民法第1179條第1項第2款）；（三）聲請法院依照公示催告的程序，規定一年以上之時間，通常是用登報的方法，告訴被繼承人的債權人，還有受到被繼承人遺贈的人，一定要在規定的時間以內，出來表明被繼承人到底積欠他（她）多少錢，或者是不是要出來接受遺贈，如果被繼承人的債權人，或接受被繼承人遺贈的受遺贈人，是遺產管理人已經知道的，遺產管理人就要去通知，說現在被繼承人已經過世了，你們是不是要來表明對於被繼承人的債權到底有多少，或到底要不要接受被繼承人的遺贈（民法第1179條第1項第3款）；（四）清償被繼承人的債務，並且把被繼承人遺贈給受遺贈人的東西、財物，交給受遺贈的人（民法第1179條第1項第4款）；（五）如果有繼承人出面說要繼承，

或是沒有繼承人出面說要繼承，因而被繼承人的財產變成是國家（國庫）所有的時候，遺產管理人就要負責把遺產交給繼承人或者是國庫（民法第1179條第1項第5款）。而前面民法第1179條第1項第1款所規定的遺產清單，遺產管理人必須要在就任這個職務三個月以內開出，以避免時間一久，遺產散失掉，就不容易掌握到底有哪些遺產了。另外關於前面所講的民法第1179條第1項第4款的規定，應該要先用遺產來清償被繼承人的債務，然後才能把遺贈的財物交給受遺贈人，受遺贈人的順序，應該是要在被繼承人的債權人的後面，因為畢竟受到遺贈的人，是沒有付出代價的。如果為了要清償被繼承人的債務，或是把遺贈的金錢交給受遺贈人，但是在遺產裡面並沒有現金，遺產管理人可以經過親屬會議的同意，把遺產變賣換成現金，用來清償被繼承人的債權人還有受到被繼承人遺贈的人（民法第1179條第2項）。

三、案例結論

遺產管理人要做些什麼事情，是規定在民法第1179條，遺產管理人必須要確實按照規定來實行。

四、相關實例

乙是丙的遺產管理人，正在管理丙的遺產，而丁是丙的遺產執行人，乙還沒有實行搜索丙的繼承人以及受遺贈人的程序，丁就急著要接管丙的遺產，丙、丁因此就發生了爭執，請問誰有理由？

五、重要判解

(一) 最高法院90年度台上字第314號民事判決

查遺囑執行人僅係依遺囑之內容執行交付、分配遺產，於無人承認之繼承在繼承人未經過搜索之程序確定及遺產未經過清算程序確定其範圍內容、數額前，遺囑執行人自無法具體實現分配遺產予繼承人或受遺贈人之任務，職是，應先由遺產管理人踐行搜索繼承人及清算程序後，始由遺囑執行人為遺囑之執行。遺囑執行完了時，再由遺產管理人為最後之清算程序。本件被繼承人高○嶽為榮民，在台既無繼承人可以管理其遺產，依臺灣地區與大陸地區人民關係條例第68條之規定及主管機關即行政院大陸委員會87年1月19日（87）陸法字第8616519號函之釋示，應由主管機關即被上訴人（行政院國軍退除役官兵輔導委員會臺北市榮民服務處）為其遺產管理人，本其遺產管理人之地位，就高○嶽之遺產為繼承人之搜索及踐行清算程序，在此之前，上訴人自不得以遺囑執行人之身分就該遺產為管理之行為。

(二) 臺灣高等法院臺南分院101年度重上字第48號民事判決

信託法雖於85年1月26日始經公布施行，但信託法之規定，對於在該法施行前成立之信託行為，仍不妨以之為法理而予以適用。即或不然，信託法施行前之信託契約，其性質類似於民法委任契約，被上訴人併依民法第549條委任之規定終止信託契約。被上訴人為車鄒立貞之遺產管理人，依法終止信託契約請求返還股票，為民法第1179條第1項第2款規定之為保存遺產必要之處置行為，因上訴人拒不返還，爰本於民法第549條、第550條、第1179條規定之法律關係，聲明求為判決。

(三) 臺北高等行政法院101年度訴字第1226號判決

民法第1179條第1項第2款雖規定遺產管理人為保存遺產而有管理遺產之任務，惟管理行為係指不變更物或權利性質之保存、改良及利用等行為而言，不包括處分行為（見林秀雄，繼承法講義，2009年最新版，第202-203頁），且係在公示催告期限屆滿前始得為之。

(四) 法務部104年12月18日法律字第10403516400號函

民法上有繼承人承認繼承或遺產歸屬國庫時，遺產管理人依民法第1179條規定完成遺產清理、債權清償等行為及將賸餘遺產移交國庫，於移交後即可認該遺產管理人之管理權限即行消滅。

(五) 臺灣高等法院暨所屬法院104年法律座談會民事類提案第18號

法律問題：無人承認繼承事件，依民法第1178條第2項選任遺產管理人，是否須以被繼承人有遺產為要件？

討論意見：

甲說：肯定說。

1.依民法第1179條規定，遺產管理人之職務主要為管理被繼承人之積極遺產，法律並未規定使被繼承人債權人能有適格之訴訟對象即有選任遺產管理人之必要，若被繼承人名下並無積極遺產，即無管理遺產之需，應認無選任遺產管理人來為民法第1179條所定職務之必要。

2.依民法第1183條規定，遺產管理人得請求報酬，而遺產管理人之報酬依法係由被繼承人遺產中支付，若被繼承人名下並無任何積極財產，在此情形下仍選任遺產管理人，則如何支付遺產管理人之報酬即成問題。

3.若要處理被繼承人之債權人進行訴訟追討被繼承人生前所欠債務之需要，應由立法者在民事訴訟法中規定特定之適格訴訟對象（例如民事訴訟法第51條之特別代理人制度），而非在實體法上選任遺產管理人來因應被繼承人之債權人為進行訴訟目的之需。

乙說：否定說。

1.選任遺產管理人處理無人繼承遺產事宜，旨在維護公益及被繼承人債權人之利益，此觀民法第1178條第2項立法理由即明。

2.而遺產管理人之職務，非僅單純管理被繼承人之積極財產，尚包括管理被繼承人之消極財產，此觀民法第1148條第1項、第1179條關於遺產管理人之職務規定自明。且在完成清償前，為選定遺產管理人之法院，亦無從知悉有無膳餘財產，故選任遺產管理人，不以對其遺產有剩餘財產期待利益為必要，僅須符合民法第1178條第2項之要件即可，於繼承開始時，繼承人之有無不明者，應予准許選任遺產管理人，被繼承人是否有遺產，在所不問。

丙說：折衷說。

1.被繼承人尚有積極遺產，選任遺產管理人具有實益，觀之上開肯定說之理由可明。然應非以被繼承人現無積極遺產，即認無選任遺產管理人之實益，被繼承人之遺產中或有潛在之遺產存在，例如被繼承人對他人尚有債權之存在，若不予准許選任遺產管理人，實與選任遺產管理人之立法目的相悖。

2.故若被繼承人均查無積極遺產、潛在遺產之存在，則應採上開肯定說為宜，應認無選任遺產管理人之必要；而若被繼承人雖無積極遺產存在，但若經查有潛在遺產存在，將來可透過訴訟程序實現或已進行訴訟程序中，宜應准許其選任遺產管理人，俾可實現民法第1178條第2項所定維護公益及被繼承人債權人利益之立法目的。

初步研討結果：採丙說

審查意見：採修正丙說，理由如下：

就維護公益，及調和被繼承人債權人與被繼承人之利益言，在未釋明被繼承人有遺產之前，為避免增加被繼承遺產之負擔，法院應駁回選任遺產管理人之聲請；惟若已釋明被繼承人可能有遺產，則應准許選任遺產管理人之聲請。

研討結果：

1.審查意見修正如下：

採修正丙說，理由如下：

就維護公益，及調和被繼承人之債權人與潛在繼承人之利益言，在未釋明有選任之必要（例如被繼承人有遺產或聲請人有法律上利益）之前，為避免增加被繼承遺產之負擔，法院應駁回選任遺產管理人之聲請；惟若已釋明，則應准許選任遺產管理人之聲請。

2.多數採修正審查意見（實到69人，採乙說6票，採修正審查意見56票）。

(六) 臺灣高等法院暨所屬法院104年法律座談會民事類提案第19號

法律問題：共有人之一提起分割共有物之訴，因部分共有人死亡，並已由法院指定

　　　　遺產管理人時，遺產管理人應否經親屬會議之同意，始得成立訴訟上和
　　　　解或調解？

討論意見：

　　甲說：肯定說。

　　按遺產管理人得為保存遺產之必要處置，民法第1179條第1項第2款定有明文。
此「必要處置」，包括有利於遺產而不變更物或權利性質之利用或改良行為，除有
保存遺產之必要，原則上不得處分遺產。所謂「必要」係指遺產易於腐壞，保管不
易，或政策改變致價格暴跌等，例如普通營業上貨品之出售，易腐敗物之變賣，非
予處分，不得保存其價值，始由遺產管理人，依善良管理人之注意義務而為處分，
要非任何情形，均屬保存遺產之必要處置。又民法第1179條第2項後段規定「為清
償債權或交付遺贈物之必要，管理人經親屬會議之同意，得變賣財產」，顯見處分
為重度行為，與必要處置不同，而且僅限於上開兩種原因，故管理人處分遺產，縱
不具備以上要件，亦應類推適用該規定為宜。否則只要管理人之行為不符合第2項
後段之情形，即可逕行以同條第2款規定為由，任意處分財產，既免去證明之責，
又可規避親屬會議或法院監督，民法第1179條第2項後段即成具文，至為明顯。

　　乙說：否定說。

　　按民法第1179條第1項第2款規定，保存遺產必要之處置，係遺產管理人之職
務，所謂為保存遺產必要之處置，除管理行為、改良行為外，亦包括必要之處分行
為在內，是遺產管理人就保存遺產必要之處置，自得為之，無須親屬會議之同意。
至於須經親屬會議之同意始得變賣遺產者，以「為清償債權或交付遺贈物之必要」
為限，除此以外，法律既未限制遺產管理人對遺產為處分行為須經親屬會議同意或
法院之許可，自應由遺產管理人本其職務逕為「必要之處置」。至於是否為保存遺
產必要之處置？或就分割方案是否已盡善良管理人之注意，應由遺產管理人自行負
責（臺灣高等法院84年度家抗字第56號、88年度家抗字第125號、87年度家抗字第
80號等裁判參照）。丙說：折衷說。遺產管理人之職務，依民法第1179條規定，原
則上不及於分割共有物之處分行為。惟關於分割共有物訴訟事件為調解或和解之分
割方案，倘係採變價分割，因變價分割是由民事執行處拍賣，並無遺產管理人可能
循私不公之問題，故應可認屬保存遺產必要之處置，即毋須親屬會議之同意。分割
方案倘係採原物分割，涉及差價補償之金額及分配位置是否妥適，應類推適用1179
條第2項規定，須由親屬會議同意或法院許可，以為監督。

初步研討結果：採乙說。

審查意見：因成立訴訟上和解或調解，是在法院訴訟進行中所為，已由法院介入，
　　　　　並無弊端，且共有人是在訴訟進行中死亡，並由法院指定遺產管理人承

　　受訴訟，而親屬會議對於分割方案如何分割利弊得失並不清楚，且召集不易，遺產管理人本需自盡善良管理人注意義務而負其責，自不須親屬會議之同意。

研討結果：

　　（一）審查意見首句之前增加「採乙說。」等字，第4行「對於分割方案如何分割利弊得失並不清楚，且」等字刪除。

　　（二）照修正後審查意見通過。

(七) 104年公證實務研討會法律問題提案第2號

法律問題：家事事件法第141條準用同法第148條規定，係為促使財產管理人審慎作成財產管理目錄。惟尚有以下問題待釐清：

　　一、家事事件法第148條規定之「公證」，是否泛指公證與認證？抑或以公證為限？

　　二、是否限管理人就職後3個月內編製財產管理目錄？（民法第1179條第2項前段規定參照）

研究意見：

　　第一子題

　　甲說：限制公證說。

　　理由：現行條文既明定為財產目錄須經公證人公證，自應以公證之方式為之。

　　乙說：不限制說。

　　理由：財產目錄為私人製作，其性質為私文書，如請求人請求認證，自無不許之理。

初步研討結果：採乙說。

　　理由：

　　一、財產目錄為管理人作成之私文書，如法律無明文限制，即無不得認證之理。

　　二、財產目錄既為管理人作成後，由公證人公證之，則製作日期多早於公證日，有非公證人所得實際體驗而能予以公證之情事。是以，如以公證方式為限，反生實務上操作之困擾。三、認證程序中，公證人有得令請求人提供資料佐證其文書之權限（公證法施行細則第51條第5項規定參照），認證財產目錄亦有促使財產管理人審慎作成財產管理目錄之功能，符合家事事件法第141條準用同法第148條之規範目的。

　　第二子題

　　甲說：不限期限說。

　　理由：遺產清冊規定於家事事件法第127條至第129條，管理財產目錄則規定於同法第148條，是以，遺產清冊與管理財產目錄兩者不相同。遺產管理人應依家事事件法第141條準用第148條規定編製管理財產目錄（非遺產清冊），自不生應依民法第1179條第2項前段規定管理人應於就職後3個月內編製遺產清冊之問題。

　　乙說：應於管理人就職後3個月內編製說。

　　理由：記載完整遺產之種類、品項、數量等項之帳冊，無論其名稱為何，依民法1179條第1項第1款明定編製遺產清冊為遺產管理人之職權。此與失蹤人之財產管理人依家事事件法第148條所編製財產目錄之內容相符。是以遺產管理人應依家事事件法第141條準用第148條所編製之管理財產目錄即為遺產清冊，自應依民法第1179條第2項前段規定，管理人應於就職後3個月內編製之。

　　丙說：折衷說。

　　理由：一、編製財產目錄、清冊等制度在於建立被管理財產完整之資料，供後續追蹤查考，以達財產保存之管理目的。從而，編製財產目錄、清冊以有期限為宜。二、惟管理之財產簡繁不一，法文所定之3個月期限，仍應個案而定，以免失之過嚴。惟超過時限仍應於註記供家事法庭參考。

初步研討結果：採丙說。

審查意見：

　　臺灣澎湖地方法院：

　　第一子題：採乙說。

　　理由：財產目錄為遺產管理人作成之私文書，依公證法第2條第1項規定，自得對該私文書予以認證，故認應採乙說。

　　第二子題：採丙說。

　　理由：財產目錄編製之目的在於建立、保存被管理人之財產，惟個案中被管理人之財產，有多有少，不宜限3個月內編製完成，但於超過期限時，可加以註明，故認應採丙說為宜。

　　臺灣士林地方法院：

　　第一子題：採乙說。

　　第二子題：採丙說。

研討結論：

　　第一子題：併編號8第一子題討論。

　　第二子題：本題撤回。

　　提案機關：臺灣臺南地方法院。

(八) 最高法院109年度台簡抗字第306號裁定

按關於遺產管理、分割及執行遺囑之費用，由遺產中支付之，民法第1150條前段定有明文。所稱「遺產管理之費用」，因對於共同繼承人、繼承債權人、受遺贈人、遺產酌給請求人及其他利害關係人，均得蒙受其利，而具有共益之性質，舉凡為遺產保存上所必要之一切費用，包括清償債務而變賣遺產所需費用、遺產管理人之報酬或編製遺產清冊費用，均屬之。至法院選任之遺產管理人，為清償繼承債務而變賣遺產者，係屬遺產管理人之法定職務之一（參民法第1179條第1項第4款），由此所生之費用及遺產管理人之報酬，均屬遺產管理之費用，應由遺產中支付之。又法院因利害關係人聲請而選任之遺產管理人，因執行法定職務處理管理遺產事務，與受任人處理委任事務之情形相類似；為使遺產管理執行順利，遺產管理人因管理遺產而有預支必要之費用時，雖法無明文，惟與受任人得請求預付處理委任事務之必要費用，在規範上應為相同之評價，非不得類推適用民法第545條規定，請求法院命聲請選任遺產管理人之利害關係人墊付遺產管理之必要費用。

(九) 臺灣高等法院暨所屬法院111年法律座談會民執類提案第10號

法律問題：債權人持「遺產管理人在管理被繼承人之遺產範圍內應對其給付若干金錢」之民事確定判決為執行名義，以遺產管理人為債務人聲請強制執行，惟債務人異議其業依民法第1179條第1項第3款規定，對被繼承人之債權人及受遺贈人聲請公示催告，現仍於公示催告期間，依民法第1181條規定，遺產管理人不得對被繼承人之任何債權人清償債務，請問有無理由？

又已於公示催告期間內報明之債權及遺產管理人所已知之債權，得否按其數額，與聲請執行之債權列入分配比例計算？

討論意見：問題（一）：

甲說：否定說。

按民法第1181條規定，遺產管理人非於同法第1179條第1項第3款所定期間屆滿後，不得對被繼承人之任何債權人或受遺贈人，償還債務或交付遺贈物，揆其法意係基於清算遺產之公平受償原則，始限制遺產管理人，使之於公示催告期間內不得對被繼承人之任何債權人或受遺贈人清償債務或交付遺贈物，並非限制被繼承人之債權人行使權利。又依強制執行法第5條第3項規定，強制執行開始後，債務人死亡者，得續行強制執行。尚非債務人一發生死亡之事實，即不得強制執行，此乃強制執行程序係為滿足個別債權人私法上之請求權，非為清算債務人財產所設，自不因債務人死亡，而牴觸強制執行法之立法目的，使債權人聲請強制執行之權利受到限制（臺灣高等法院105年度抗字第1719號裁定、臺灣高等法院暨所屬法院100年法

律座談會民執類提案第25號研討結果參照）。上開實務見解之案例雖係債權人先聲請強制執行，之後債務人始死亡之情形，惟揆諸其見解意旨，民法第1181條規定乃對遺產管理人之限制，而非限制被繼承人之債權人為強制執行之權利，則此在債權人係於債務人死亡前抑或死亡後聲請強制執行，要無不同，故債務人之異議應無理由，應將其異議裁定駁回後續為強制執行程序。

乙說：肯定說。

民法第1181條之立法意旨，乃係為使被繼承人之債權人公平獲償，經遺產之清算，以公示催告被繼承人之債權人於一定期間內報明債權，如許期間屆滿前為清償，勢將無法達到公平受償之目的，故上開規定不僅於繼承人或遺產管理人為清償，受其限制，即強制執行亦同受其限制，故除債權人之債權具有優先權，因其執行結果並不影響被繼承人之債權人公平受償，得予強制執行外，執行程序應予停止（司法院81年8月21日（81）廳民二字第13793號函釋參照）。另臺灣高等法院暨所屬法院100年法律座談會民執類提案第25號之研討意見，係針對聲請強制執行在先，繼承事實發生在後，與本件係在被繼承人死亡後，方聲明強制執行之情形有別，聲請人依強制執行法第12條規定聲明異議，應屬有據（臺灣高等法院臺中分院104年度抗字第160號裁定意旨參照）。

問題（二）：

甲說：否定說。

得合法聲請執行或聲明參與分配之債權，均係取得執行名義之債權或擔保物權所擔保之債權，與遺產管理人所得清償債權或交付遺贈不以取得執行名義為必要者，尚屬有別。苟債務人未發生死亡而受不利影響，自無強令執行債權人另向遺產管理人申報債權後，再與其他未取得執行名義之債權人比例受償，使有執行名義之債權人於強制執行程序原得分配之金額，因他債權人加入而減少之理。又民法繼承編修正後，並未如破產法第99條定有「破產債權，非依破產程序，不得行使。」之規定。據此，民法繼承編修正後關於遺產之繼承乙節就遺產管理人清償債務之規定，顯難認係強制執行法之特別規定。準此，於公示催告期間內報明之債權及遺產管理人所已知之債權，自無從按其數額，與聲請執行之債權列入分配比例計算。

乙說：肯定說。

民法第1181條之立法意旨，乃係為使被繼承人之債權人公平獲償，經遺產之清算，公示催告命被繼承人之債權人，於一定期限內報明債權，經遺產之清算，而達使被繼承人之債權人公平受償之目的（司法院81年8月21日（81）廳民二字第13793號函釋參照），故民法繼承編修正後關於遺產之繼承乙節，乃強制執行法之特別規定，應優先於強制執行法而適用。執行法院應許於公示催告期間內報明之債

權及遺產管理人所已知之債權，均按其數額，與聲請執行之債權列入分配比例計算，惟執行法院係代債務人立於清償之地位，於清償時，僅能對本件執行債權人清償，其餘部分應行提存。

初步研討結果：

　　問題（一）：採甲說。

　　問題（二）：採甲說。

審查意見：

　　問題（一）：採甲說，補充理由如下：

　　民法第1181條限制於公示催告期間屆滿前不得償還債務，立法意旨是避免遺產管理人先清償某些債權人影響其他債權人權利，俾維持債權人公平受償之機會，並非債權人行使權利之限制。且民法對遺產採概括繼承有限責任，同法第1157條乃規定法院應依公示催告程序命被繼承人之債權人於一定期限內報明債權，而債務人之繼承人為公示催告期間強制執行程序並不停止（臺灣高等法院暨所屬法院109年法律座談會民事類提案第7號研討結果參照），則設題因法定繼承人均拋棄繼承而選任遺產管理人，無論債權人係於被繼承人死亡前對本人或死亡後對遺產管理人取得金錢給付確定判決為執行名義，均得依法聲請強制執行，執行程序不因公示催告期間未屆滿而停止，故本件異議為無理由。

　　問題（二）：採甲說，理由修正如下：

　　按遺產之清算與民事強制執行為不同的程序，後者係就個別財產之執行程序所得提供予執行債權人分配，債權人參與該項程序之分配，應依強制執行法第32條、第33條、第34條之規定，向執行法院聲請強制執行或聲明參與分配，此時執行程序方為其進行，得加入分配及受領分配款項；至於被繼承人之債權人向遺產管理人為申報債權等行為，則係行遺產清算之程序，並不生前述聲請強制執行或聲明參與分配之效果，執行法院自無從對其進行分配。

研討結果：問題（一）、（二）均照審查意見通過。

❖ 民法第1180條

　　遺產管理人，因親屬會議，被繼承人之債權人或受遺贈人之請求，應報告或說明遺產之狀況。

案 例

> 甲男是乙的遺產管理人，乙的債權人認為，甲沒有好好管理乙留下來的房子，明明房客不繳房租，也不去催收，這樣子下去，會讓乙的債權人能夠受清償的財產變少，這個時候，乙的債權人是不是可以要求甲說明他到底是怎麼樣來管理乙的遺產？

一、思考焦點

遺產管理人需要向誰負責？

二、問題論述

遺產管理人的產生，是避免遺產在有繼承人出面繼承，或歸於國庫之前，有一段空窗期，沒有人來管理被繼承人的遺產，會使得遺產散失或受到損害。如果遺產因為沒有人管，因而變少，最先受到影響的，就是被繼承人的債權人，因為遺產必須先來清償被繼承人的債務。其次會受到影響的，就是受遺贈人，因為遺產清償了債務之後，就要把遺贈的金錢或物品，交給受被繼承人遺贈的人。剩下如果還有遺產，才是要給繼承人。而被繼承人的親屬會議會員，有可能是繼承人，或是因為和被繼承人有一定的關係，所以關心被繼承人遺產的人。因此，遺產管理人有沒有把被繼承人的遺產給管理好，關係著被繼承人的債權人、受遺贈人以及被繼承人的親屬會議，所以民法第1180條規定，這些人都可以要求遺產管理人報告、說明管理遺產的情形，這些人也有權利知道遺產的現況。

三、案例結論

遺產管理人有沒有把被繼承人的遺產給管理好，關係著被繼承人的債權人、受遺贈人以及被繼承人的親屬會議，所以這些人都可以要求遺產管理人報告、說明管理遺產的情形。

四、相關實例

丙男是丁的遺產管理人，丁有遺贈戊女一輛汽車，戊很擔心遺產不夠清償債務，會把那輛車給賣掉，也擔心那輛車如果沒有好好保養，就算將來交到她手上，也是一堆廢鐵，那麼在法院公示催告債權人、受遺贈人的期間，戊是不是可以要求丙說明他到底是怎麼樣來管理丁的遺產？

❖ 民法第1181條

　　遺產管理人非於第1179條第1項第3款所定期間屆滿後，不得對被繼承人之任何債權人或受遺贈人，償還債務或交付遺贈物。

案 例

　　甲是乙的遺產管理人，乙有新臺幣（以下同）500萬元的遺產，甲向法院聲請公示催告，法院就定94年2月1日開始的一年期間，希望乙的債權人能在一年以內，出面報明債權，同年3月1日，有一位債權人丙出面，並且能夠提出乙有欠他600萬元的證據，那麼甲是不是可以把乙留下來的500萬元遺產，通通拿給丙？

一、思考焦點

　　公示催告期間還沒有期滿的時候，遺產管理人是不是可以把遺產用來償還被繼承人的債務，或是把遺贈的財產交給受遺贈的人？

二、問題論述

　　法院定期間公示催告的目的，是希望在這個期間之內，尋找、搜索被繼承人的債權人，以及受到被繼承人遺贈的人，希望被繼承人的債權人及受遺贈人，能夠看到公示催告的報紙，然後決定要不要出面表明到底被繼承人有欠他多少錢，或要不要出面要求取得遺贈的財物，而另外一方面，也希望遺產所要償還的被繼承人的債務，能夠盡可能的計算告一個段落，這樣子後面受到遺贈的人，才有機會拿到遺贈的財產，而清償債務、交付遺贈之後，繼承人才可以去繼承剩下的遺產。如果公示催告沒有規定一定的期間，變成無限期的等待，怕被繼承人的債權人隨時都有可能再出現。所以規定把遺產都給保留起來，不發給已經知道的債權人、受到遺贈的人或繼承人。所以法院公示催告要定一定的期間，是要趕快確定被繼承人的債務以及遺贈有多少。在公示催告期間之內，債權人都可以申報債權，所以公示催告的期間如果還沒有結束，就不可以先清償被繼承人已知的債務，一定要等公示催告期限經過之後，才知道總共有多少債權人陳報多少債權，如果遺產不夠清償這麼多債務，就要按照債務的比例，用遺產去清償遺債，而不是有誰先申報債權，誰就可以先受到清償。在公示催告的期間之內，因為還不知道有多少人會出來申報多少債權，所以不可以先清償已知的債權人，債權人都還沒有受到清償，當然更不可能去交付遺

贈的財產，或把剩下的遺產分給繼承人。

三、案例結論

甲不可以把乙留下來的500萬元遺產，通通拿給丙。

四、相關實例

丙是丁的遺產管理人，向法院聲請公示催告，法院就定93年2月1日開始的一年期間，希望丁的債權人能在一年以內，出面報明債權，同年8月2日，丁的受遺贈人看到報紙後，要求丙把遺贈的財產交給他，是不是有理由？

五、重要判解

(一) 臺灣高等法院81年8月21日（81）廳民二字第13793號

法律問題：強制執行開始後，債務人死亡，如繼承人全體拋棄繼承或無人承認繼承時，經選定遺產管理人，並經法院裁定公示催告，命被繼承人之債權人及受遺贈人於公告期間內報明債權及為願受遺贈與否之聲明，茲被繼承之債權人於公示催告期間未屆滿前，聲請法院對遺產管理人就遺產為強制執行，清償債權，執行法院應否准許？

討論意見：

甲說：

民法第1181條，限制被繼承人之債權人，不得於同法第1179條第1項第3款所定法院公示催告之期間屆滿前請求清償債權之規定，顯係基於債務人之財產，乃為全體債權人債權總擔保之意旨，為保障全體債權人之權利而設，並非為保全被繼承人之遺產或減免其清償之義務，是縱向在上開公示催告期間未屆滿前，但只須不妨害其他債權人之權利，執行法院仍得依債權人之聲請為強制執行。（最高法院67年度台上字第2542號民事判決，新竹地院65年1月份司法座談會參照）

乙說：

按被繼承之債權人非於前述公示催告期間屆滿後，不得請求清償其債權，民法第1181條定有明文。考其立法意旨，乃係為使被繼承人之債權人公平受償，經遺產之清算，以公示催告命被繼承人之債權人，於一定期限內報明債權，如許期限屆滿前為清償，勢將無法達到公平受償之目的，故上開規定，不僅於繼承人為清償時，受其限制，即強制執行亦同受限制。故除債權人之債權具有優先權，因其執行結果並不影響被繼承人之債權人公平受償，得予強制執行外，執行程序應予停止。（75年4月29日（75）廳民2字第1252號函復台高院參照）

研討意見：採乙說。

審查意見：

　　1.修正乙說第一行為「按遺產管理人非於前述公示催告期間屆滿後，不得對被繼承人之任何債權人或受遺贈人償還債務或交付遺贈物，」及第五行增加六字為⋯⋯不僅於繼承人「或遺產管理人」為清償時，⋯⋯。

　　2.現行民法第1158條、第1181條僅規定限定繼承之繼承人及無人承認之繼承，選任之遺產管理人，不得於第1157條或第1179條第1項第3款所定期間屆滿前，對被繼承人任何債權人或受遺贈人償還債務或交付遺贈物，並未限制被繼承人債權人行使其債權。依強制執行法第5條第2項規定亦已明示強制執行開始後債務人死亡者，應對其遺產執行，自無不許強制執行之理，惟如執行之遺產查明有限定繼承或無人承認繼承之情事時，僅在前述公示催告期限屆滿前，執行法院應暫行停止執行而已，甲、乙說係據修正前民法而為詮釋，均有不妥，應採修正後之乙說。

研討結果：照審查意見通過。

司法院民事廳研究意見：

　　按民法第1181條規定，遺產管理人非於同法第1179條第1項第3款所定期間屆滿後，不得對於被繼承人之任何債權人或受遺贈人，償還債務或交付遺贈物，揆其法意，係為使繼承債權人公平受償，必須為遺產之清算程序，以公示催告使被繼承人之債權人及受遺贈人於一定期間內報明債權及為願受遺贈與否之聲明，如許於期間屆滿前為清償，則此項目的勢將無法達成，故此項規定，不僅於遺產管理人為清償時受其限制，即強制執行時亦同受限制。題示強制執行開始後，債務人死亡，如繼承人全體拋棄繼承或無人承認繼承，經選定遺產管理人，並經法院裁定公示催告，則除強制執行之債權人之債權具有優先受償權，其執行結果不影響其他債權人之公平受償者外，於該公示催告期間屆滿前，自不得聲請對遺產繼續強制執行，如已開始執行亦應暫時停止其執行程序。

(二) 最高法院86年度台上字第550號民事判決

　　遺贈僅具有債權之效力，故受遺贈人並未於繼承開始時，當然取得受遺贈物之所有權或其他物權，尚待遺產管理人或遺囑執行人於清償繼承債務後，始得將受遺贈物移轉登記或交付受遺贈人。是以受遺贈人於未受遺贈物移轉登記或交付前，尚不得對於第三人為關於受遺贈財產之請求。此觀民法第1160條、第1181條、第1185條、第1125條等規定自明。準此，上訴人既僅為李○模之受遺贈人，應僅得向李○模之遺產管理人或遺囑執行人為請求。被上訴人既非李○模之繼承人、遺產管理人或遺囑執行人，則上訴人對於被上訴人自無何權利存在，亦無權利受侵害之可言。

(三) 最高法院93年度台上字第416號民事判決

　　按「遺產管理人之職務如下：一、編製遺產清冊。二、爲保存遺產必要之處置。三、聲請法院依公示催告程序，限定一年以上之期間，公告被繼承人之債權人及受遺贈人，命其於該期間內報明債權，及爲願受遺贈與否之聲明，被繼承人之債權人及受遺贈人爲管理人所已知者，應分別通知之。四、清償債權或交付遺贈物。」、「第四款所定債權之清償，應先於遺贈物之交付」、「遺產管理人非於第一千一百七十九條第一項第三款所定期間屆滿後，不得對被繼承人之任何債權人或受遺贈人，償還債務或交付遺贈物。」民法第1179條第1項、第2項及第1181條雖分別定有明文，是依上述規定，被繼承人之任何債權人或受遺贈人固不得於公示催告期間，以遺產管理人爲被告提起給付之訴，惟上述規定並未禁止被繼承人之債權人或受遺贈人提起確認之訴，以確認其與被繼承人間之債權、債務關係或贈與關係是否存在。

　　最高法院77年度第14次民事庭會議決議會議日期：77年8月提案：臺北市政府以某甲其購買國民住宅及基地積欠貸款本息三個月以上，嗣甲死亡經向某甲之遺產管理人財政部國有財產局（以下簡稱國產局）催索未付於臺北地方法院（以下簡稱臺北地院）所定公示催告期內（民法第1179條第1項第3款）依國民住宅條例第21條第1項第2款規定聲請法院准予強制執行收回房地，應否准許。決議：臺北地院於指定國產局爲某甲之遺產管理人後，已依法催告某甲之債權人及受遺贈人限期申報權利，現仍在公示催告期內，既未期滿遺產管理人尚不負給付義務，依民法第1181條規定臺北市政府聲請強制執行准予收回房地，不應准許。

(四) 臺北地方法院98年度簡上字第654號民事判決

　　民法第1181條雖規定，遺產管理人非於陳明債權之公示催告期間屆滿後，不得對被繼承人之任何債權人或受遺贈人，償還債務或交付遺贈物，惟該條僅係規範遺產管理人就遺產管理之應遵行程序，而非限制被繼承人之債權人行使請求權，債權人自得向遺產管理人提起給付之訴。經查本件發票人之交易明細，與執票人陳述對比，尚無不合情理之處，應堪信爲眞實，故執票人自得依據票據法第126條規定，向發票人之遺產管理人請求支付票款，並聲請假執行。

(五) 臺灣高等法院暨所屬法院109年法律座談會民事類提案第7號

法律問題：債務人乙積欠甲銀行信用卡帳款新臺幣（下同）10萬元，及自民國95年1月1日起算之遲延利息，嗣乙於104年1月1日死亡，其法定繼承人均拋棄繼承，法院於105年4月1日裁定選任丙爲遺產管理人，並於105年8月1日公示催告債權人於1年2月內向丙報明債權。其後甲於106年1月1日訴請丙於管理乙之遺產範圍內清償上開欠款本息，則丙抗辯依民法第

1181條規定，自乙死亡後至106年10月1日公示催告期滿前未為給付，不可歸責於丙，是依民法第230條之規定，丙不負遲延責任，毋庸給付此期間遲延利息等語，則甲得否向丙請求自乙死亡後至公示催告期滿前之遲延利息？

討論意見：

甲說：肯定說。

民法第1181條原規定：「繼承人之債權人或受遺贈人，非於第1179條第1項第3款所定期間屆滿後，『不得請求清償債權』或交付遺贈物。」嗣於74年6月3日修正為：「遺產管理人非於第1179條第1項第3款所定期間屆滿後，不得對被繼承人之任何債權人或受遺贈人，償還債務或交付遺贈物。」並刪除原有「債權人不得請求清償債權」之規定；參酌其立法理由記載：「本條立法意旨，應在限制遺產管理人，而不在限制債權人或受遺贈人行使請求權。……爰予修正之，使與本法第1158條之規定，前後一致。」基此以觀，民法第1181條並非限制債權人行使權利，更非謂繼承人無須負遲延責任或毋須給付遲延利息。至於最高法院77年8月16日77年度第14次民事庭會議決議（詳資料3），所涉爭議係於民法第1179條第1項第3款公示催告期間內，得否依照國民住宅條例第21條第1項第2款准予強制執行收回房地，與本件單純行使債權請求權以取得確定判決情形有間，自無從比附援引。故甲仍可請求丙給付自乙死亡後報明債權之公示催告期間之遲延利息。

乙說：否定說。

按因不可歸責於債務人之事由，致未為給付者，債務人不負遲延責任，民法第230條定有明文；而遺產管理人清償被繼承人之債務受有前揭限制規定，亦係為使債權人公平受償，必須依民法第1179條規定為遺產之清算程序，以公示催告使被繼承人之債權人及受遺贈人於一定期間內報明債權及為願受遺贈與否之聲明，如許於期間屆滿前為清償，則此項目的勢將無法達成；依此規定，遺產管理人於公示催告期間內既不得對任何債權人清償債務，即不負給付義務（最高法院77年度第14次民事庭會議決議（一）參照），自難令其於公示催告期間負遲延責任。故本件乙於105年1月1日死亡後，其繼承人均拋棄繼承，依民法第1175條規定，溯及於繼承開始時發生效力，有事實上無人可為給付情形存在。嗣丙於105年4月1日經法院裁定選任為遺產管理人，迄至106年10月1日公示催告屆滿日止，依民法第1181條規定，於公示催告期限內不得償還債務，故丙不能對甲償還債務，有法律上不得給付之事由，核均不可歸責於丙，參酌前開最高法院民事庭會議決議（一）意旨，難令遺產管理人丙於公示催告期間負遲延責任。是丙抗辯依民法第230條規定，拒絕給付公示催告期間屆滿前之利息，應為可採。

初步研討結果：採甲說。

審查意見：採甲說，補充理由如下：

　　民法第1181條限制於公示催告期間屆滿前不得償還債務，立法意旨是避免遺產管理人先清償某些債權人影響其他債權人權利，俾維持債權人公平受償之機會，並非債權人行使權利之限制，若因原欠債之被繼承人死亡，而使債權人遭受利息之損失，欠缺正當性。參諸破產法第103條將破產宣告後之利息列除斥債權，及消費者債務清理條例第29條，就裁定開始更生或清算程序後所生之利息列劣後債權等規定，均仍算利息。因民法對遺產繼承採概括繼承有限責任，民法第1157條乃規定法院應依公示催告程序命被繼承人之債權人於一定期限內報明債權，而債務人之繼承人為公示催告期間強制執行程序並不停止，則設題因法定繼承人均拋棄繼承而選任遺產管理人為公示催告期滿前之遲延自仍應負責，遲延利息仍應給付。

研討結果：照審查意見通過。

❖ 民法第1182條

　　被繼承人之債權人或受遺贈人，不於第1179條第1項第3款所定期間內為報明或聲明者，僅得就賸餘遺產，行使其權利。

案例

　　甲男死亡之後，留有新臺幣（以下同）500萬元，遺產管理人向法院聲請公示催告債權人以及受遺贈人，在公示催告的期間裡面，沒有任何債權人出來表示說自己是甲的債權人，但是有許多受遺贈人出來表示，甲有遺贈給他們錢，在公示催告期間過後，所有出面的受遺贈人，總共提出600萬元的受遺贈的權利，遺產管理人就把所有500萬元的遺產，通通都分給了受遺贈的人。後來，甲的債權人乙男知道甲過世了，匆匆忙忙跑過來，說甲有欠他500萬元，被受遺贈人分掉的500萬元，應該是要分給他的。請問：乙可不可以向受到遺贈的人，要求歸還這500萬元？

一、思考焦點

　　債權人或是受到遺贈的人，如果沒有在公示催告的期間裡面出面表明，而且遺產已經被在公示催告期間出面，或是遺產管理人已經知道的債權人或受遺贈的人分

光了，要怎麼樣去主張他（她）的權利？

二、問題論述

家事事件法第138條第3款：因不報明或聲明而生之失權效果，應一併研讀。

被繼承人留下來的遺產，應該先拿來還被繼承人的債務，剩下的，再拿來交給受到被繼承人遺贈的人，最後再由繼承人去繼承、分配。但是，有的時候，被繼承人在外面欠了哪些人多少錢，遺產管理人或繼承人並不清楚，所以要透過公示催告的手續，通常是用登報紙的方法，搜索被繼承人的債權人或是受到被繼承人遺贈的人，希望他們能夠在一定的期間之內，出來表示被繼承人有欠他們或遺贈給他們多少財產，好讓遺產管理人或繼承人把該還的、該給的部分，先拿出來還給債權人，並且交給受到被繼承人遺贈的人，剩下的才是由繼承人去繼承、分配。但是如果被繼承人的債權人或受到被繼承人遺贈的人，遲遲沒有在公示催告的期間裡面出面，就應該要由已經表明或已經知道的債權人或受遺贈人，來接受清償以及贈送，剩下的財產，再由繼承人去分，不然的話，如果一直等下去，債權人可以受到多少清償、受遺贈人可以受到多少遺贈、繼承人可以繼承多少遺產，通通都不能確定下來，大家都拿不到應該要拿到的財產。因此，民法第1182條規定，如果有債權人或受遺贈人，在公示催告的期間過後才出面，只能去分清償債權人、受遺贈人之後剩下來的財產，以免大家拿到財產之後，又要再把財產給拿出來給後來才出現的債權人或受遺贈人，會變得很不安定，分到的遺產也沒有什麼保障。

三、案例結論

債權人乙沒有在公示催告的期間裡面出面表明，而且遺產已經被在公示催告期間出面，或是遺產管理人已經知道的債權人或受遺贈的人分光了，只能就剩下來的財產來主張權利，不能再去找已經分到的人要回來。

四、相關實例

丙男死亡之後，留有500萬元，遺產管理人向法院聲請公示催告，在公示催告的期間裡面，有許多被繼承人的債權人出來表示，丙有欠他們的錢，在公示催告期間過後，所有出面的債權人，總共提出600萬元的債權，遺產管理人就把所有500萬元的遺產，通通都分給了這些債權人。後來，丙的受遺贈人丁知道丙過世了，匆匆忙忙跑過來，說丙有遺贈給他100萬元。請問：丁可不可以向受到丙的遺產清償的債權人，要求這100萬元？

五、重要判解

最高法院105年度台上字第1071號民事判決

無人承認繼承之遺產須於所定之期限屆滿，無人承認繼承，及於清償債權並交付遺贈物後仍有膳餘，始歸屬國庫。而遺產管理人非於期間屆滿後，不得對被繼承人之任何債權人或受遺贈人，償還債務或交付遺贈物。因此於催告期間屆滿前，既無從知悉是否尚有其他債權人或受遺贈人存在，而不得償還債務或交付遺贈物，遺產於斯時尚未歸屬國庫。

❖ 民法第1183條

遺產管理人得請求報酬，其數額由法院按其與被繼承人之關係、管理事務之繁簡及其他情形，就遺產酌定之，必要時，得命聲請人先為墊付。

（104年1月14日修正公布）

舊民法第1183條

遺產管理人得請求報酬，其數額由親屬會議按其勞力及其與被繼承人之關係酌定之。

（19年12月26日之舊法）

案 例

> 甲男是父親乙的遺產管理人，在管理遺產的職務完成之後，可以向誰請求多少報酬？

一、思考焦點

遺產管理人是不是可以要求報酬？

二、問題論述

遺產管理人，必須要從事民法第1179條第1項所規定的職務，要付出很多勞力、心力甚至是費用、開銷，所以遺產管理人應該是可以要求報酬。而遺產管理人管理遺產，使得遺產能夠按照債權人、受到遺贈的人以及繼承人的順序，加以分配，是幫繼承人解決繼承遺產問題，所以可以要求繼承人從遺產裡面撥給報酬。

104年1月14日修法理由謂：為因應現代社會親屬會議功能不彰之情事，乃刪除

親屬會議規定，並參酌家事事件法第141條準用第153條規定，由法院酌定遺產管理人之報酬。如有繼承人承認繼承時，應爲遺產之移交，原遺產管理人之報酬，由繼承人與原遺產管理人協議，無法達成協議時。則由原遺產管理人向法院請求，乃當然之理。又遺產管理人之報酬，具有共益性質，依實務見解亦認屬民法第1150條所稱之遺產管理之費用（參照最高法院101年度台上字第234號及99年度台上字第408號民事判決），自得於遺產中支付。再者，法院爲使遺產管理執行順利，必要時，得命聲請人先行墊付報酬。

三、案例結論

甲依民法第1183條之規定得向法院請求報酬，法院按其與被繼承人之關係、管理事務之繁簡及其他情形，就遺產酌定之，必要時，得命聲請人先爲墊付。

四、相關實例

試申論民法第1183條新舊法之比較？

五、重要判解

(一) 最高法院99年度台上字第408號民事判決

按民法第1150條所稱之「遺產管理之費用」，乃屬繼承開始之費用，該費用具有共益之性質，不僅於共同繼承人間有利，對繼承債權人、受遺贈人、遺產酌給請求人及其他利害關係人，胥蒙其利，當以由遺產負擔爲公平，此乃該條本文之所由設。是以凡爲遺產保存上所必要不可欠缺之一切費用均屬之，諸如事實上之保管費用、繳納稅捐、罰金罰鍰、訴訟費用、清算費用等是，即爲清償債務而變賣遺產所需費用、遺產管理人之報酬（民法第1183條）或編製遺產清冊費用（民法第1179條第1項第1款），亦應包括在內，且該條規定其費用由遺產中支付之，係指以遺產負擔並清償該費用而言，初不因支付者是否爲合意或受任之遺產管理人而有不同。

(二) 最高法院101年度台上字第234號民事判決

民法第1150條所稱之遺產管理之費用，具有共益之性質，不僅於共同繼承人間有利，對繼承債權人及其他利害關係人等，胥蒙其利，當以由遺產負擔爲公平。是以，凡爲遺產保存上所必要不可欠缺之一切費用均屬之，諸如事實上之保管費用、繳納稅捐等是，且該條規定其費用由遺產中支付之，係指以遺產負擔並清償該費用而言，初不因支付者是否爲合意或受任之遺產管理人而有所不同。

(三) 法務部106年6月19日法律決字第10603508540號函

無人承認繼承之遺產管理人如委託變賣不動產所生費用得否自遺產中支付，涉

及法院監督權限及個案認定事項，爲避免遺產管理人於向法院聲請核定遺產管理人報酬及陳報遺產處理狀況時發生爭議，宜徵詢選任法院意見，以供爲執行遺產管理人職務之依據。

(四) 臺灣高等法院暨所屬法院111年法律座談會民執類提案第7號

法律問題：被繼承人甲遺有財產且無人繼承，經法院選任遺產管理人管理遺產。乙係甲之債權人，就其未受償債權對甲僅餘遺產（下稱系爭遺產）聲請強制執行。嗣系爭遺產經拍定後，甲之遺產管理人始持法院核定其報酬及代墊因遺產管理所生費用之確定裁定，聲明參與分配，是否受強制執行法第32條第1項聲明時點之限制？

討論意見：

甲說：肯定說。

（一）按他債權人參與分配者，應於標的物拍賣、變賣終結或依法交債權人承受之日1日前，其不經拍賣或變賣者，應於當次分配表作成之日1日前，以書狀聲明之。逾前項期間聲明參與分配者，僅得就前項債權人受償餘額而受清償；如向應就債務人其他財產執行時，其債權額與前項債權餘額，除有優先權者外，應按其數額平均受償，強制執行法（下稱同法）第32條定有明文。又我國參與分配制度兼採塗銷（消滅）主義及賸餘主義，在強制該執行標的物上原存有擔保物權或優先受償權之債權人參與分配，並於執行標的物拍賣後，使該擔保物權或優先受償權消滅，俾拍定人取得無擔保物權及優先權負擔之完整所有權，提高應買意願，使執行程序進行順利。至一般優先受償權，係對於債務人之全部財產權，而非存於特定標的物，不因特定財產之執行拍賣而消滅；尤以一般優先受償權未爲登記，欠缺公示性，常爲法院所不及知，故在立法上僅限於同法第34條第2項所定對於執行之標的物存有擔保物權或優先受償權之債權人，始有排除同法32條規定之適用（最高法院102年度第4次民事庭會議決議參照）。

（二）遺產管理人之報酬及因遺產管理支出之費用，性質上係爲其他債權人共同利益而支出之共益費用，依同法第29條第2項後段規定得就強制執行之財產優先受償。惟上開費用僅對強制執行之財產有一般優先受償權，非存於特定執行標的物之擔保物權或優先受償權，不因該特定標的物執行拍賣而消滅，仍有同法第32條規定之適用。故遺產管理人於拍定後，始持法院核定其報酬及代墊因遺產管理所生費用之確定裁定，聲明參與分配，僅得就分配餘額受償。

乙說：否定說。

（一）按債權人執行必要費用及其他爲債權人共同利益而支出之費用，得求償於債務人者，得就強制執行之財產先受清償。次按他債權人參與分配者，應於標的

物拍賣、變賣終結或依法交債權人承受之日1日前，其不經拍賣或變賣者，應於當次分配表作成之日1日前，以書狀聲明之。逾前項期間聲明參與分配者，僅得就前項債權人受償餘額而受清償；如尚應就債務人其他財產執行時，其債權額與前項債權餘額，除有優先權者外，應按其數額平均受償；依法對於執行標的物有擔保物權或優先受償權之債權人，不問其債權已否屆清償期，應提出其權利證明文件，聲明參與分配，同法第29條第2項、第32條、第34條第2項定有明文。又辦理強制執行事件應行注意事項第19點第5款規定，本法第34條第2項規定之債權人，其參與分配，不受本法第32條第1項規定之限制。而執行程序中支出之執行必要費用，依同法第29條第2項規定，得就強制執行之財產先受清償，並不受同法第32條第1項參與分配時間點之限制（臺灣高等法院暨所屬法院106年法律座談會民執類提案第4號研討結果參照）。再者，遺產管理人就遺產之管理，如為全體執行債權人之共同利益而有費用支出，得準用同法第29條第2項後段之規定，視其支出費用之性質，列為執行必要費用而優先受償（臺灣高等法院暨所屬法院94年法律座談會民事執行類提案第17號研討結果參照）。

　　（二）按關於遺產管理、分割及執行遺囑之費用，由遺產中支付之，民法第1150條前段定有明文。所稱「遺產管理之費用」，乃屬繼承開始之費用，該費用具有共益之性質，不僅於共同繼承人間有利，對繼承債權人、受遺贈人、遺產酌給請求人及其他利害關係人，胥蒙其利，當以由遺產負擔為公平，此乃該條本文之所由設；凡為遺產保存上所必要之一切費用均屬之，包括遺產管理人之報酬；且該條規定其費用由遺產中支付之，係指以遺產負擔並清償該費用而言（最高法院 99 年度台上字第408號判決、109年度台簡抗字第306號裁定意旨參照）。換言之，遺產管理人之報酬及因遺產管理支出之費用，就遺產有優先受償權。從而，遺產管理人之報酬及因遺產管理支出之費用具共益性質，係屬其他為債權人共同利益而支出之費用，依前揭規定及說明，屬執行必要費用而得優先受償，且不受同法第32條第1項前段規定限制。

初步研討結果：採乙說。

審查意見：

　　採乙說，補充理由如下：

　　（一）遺產管理人於強制執行開始前或開始後所代墊因遺產管理所生費用，乃為遺產保存所必要不可欠缺之費用，應解為民法第1150條規定所稱關於「遺產管理之費用」，該條規定「其費用由遺產中支付之」。而遺產管理人之報酬，依同法第1183條規定「就遺產酌定之」。分別係指以遺產負擔並清償該費用，及就被繼承人所留之遺產酌給遺產管理人報酬，亦即遺產管理之費用（包括遺產管理人報酬及代

墊管理遺產所生之費用），對於被繼承人之全部遺產有優先受償權，且如無該等遺產管理費用之支出（例如未經選任遺產管理人管理遺產），系爭遺產之強制執行程序即不能開始或續行，雖非債權人因強制執行而支出之費用，但仍屬為全體債權人之共同利益而支出，核屬強制執行法第29條第2項所稱「其他為債權人共同利益而支出之費用」，應列為執行費用而優先受償。

（二）本題被繼承人甲遺有財產且無人繼承，經法院選任遺產管理人管理遺產，嗣甲之債權人乙就其未受償債權聲請強制執行系爭遺產，於系爭遺產經拍定後，遺產管理人始持法院核定其報酬及代墊因遺產管理所生費用之確定裁定，聲明參與分配。其報酬及代墊因遺產管理所生之費用，屬遺產管理費用，且係為全體債權人之共同利益而支出，為執行必要費用，就甲所留系爭遺產拍賣所得價金有優先受償權，應列為執行費用而優先受償，不受強制執行法第32條第1項聲明時點之限制。

研討結果：

（一）審查意見理由（二）倒數第4行「為執行必要費用」修正為「為執行共益費用」。

（二）照修正後之審查意見通過。

❖ 民法第1184條

第1178條所定之期限內，有繼承人承認繼承時，遺產管理人在繼承人承認繼承前所為之職務上行為，視為繼承人之代理。

案例

　　甲男是乙的遺產管理人，乙過世的時候，親戚朋友都不知道有沒有繼承人，所以親屬會議就選了甲當遺產管理人，法院並且公示催告尋找有沒有繼承人出面繼承。在公示催告的期間，為了怕乙留下來的房子，空在那裡沒有人使用，非常的浪費，所以甲就把那棟房子出租出去，後來，丙男在公示催告期間以內，出面表示他是繼承人，而且繼承乙的遺產，就向房客要租金，房客說是甲把房子租給我的，又不是你丙租給我的，所以你不可以向我收租金，有沒有理由？

一、思考焦點

　　遺產管理人管理遺產的行為，對於後來出現的繼承人，是不是發生效力？

二、問題論述

　　遺產管理人之所以被選任出來，是因為繼承開始的時候，不知道有誰是繼承人，所以遺產還沒有辦法交給繼承人去保管，所以就由遺產管理人暫時去保管，而這些遺產，將來是要移交給在民法第1178條所規定的公示催告的期間之內出面表示繼承的繼承人，所以遺產管理人不是為自己管理遺產，而是為了在公示催告期間之內出現的繼承人來管理遺產，因而遺產管理人就管理遺產的行為而言，所有的效力、效果，都歸於在公示催告期間內出面的繼承人，就跟代理這些繼承人是一樣的。

三、案例結論

　　甲為了怕乙留下來的房子，空在那裡沒有人使用，非常的浪費，所以甲就把那棟房子出租出去，是在執行他遺產管理人的職務，後來丙在公示催告期間以內，出面表示他是繼承人，而且繼承乙的遺產，依照民法第1184條的規定，甲出租房子的行為，就是丙的代理人，所以視為是丙出租房子，房客當然要把房租交給丙，房客這樣說，並沒有理由。

四、相關實例

　　丁死亡之後，戊是遺產管理人，公示催告期間還沒有結束，丁的債權人己就出來說他是丁的債權人，要求戊把丁的遺產辦理繼承登記，好把遺產用來還債，是不是有理由？

五、重要判解

最高法院90年度台上字第1355號民事判決

　　按遺產管理人之設，旨在管理保存及清算遺產，以免遺產散失，此遺產管理人係以第三人之地位，依法取得上開管理保存遺產等權限，而非使其取得遺產之權利，或逕為剝奪繼承人之法定繼承權。雖民法第1185條規定，於第1178條所定之公示催告期限屆滿，無繼承人承認繼承時，其遺產於清償債權，並交付遺贈物後，如有賸餘，當然歸屬國庫。惟自反面解釋，倘其遺產尚未經遺產管理人依同法第1179條第1項第4款、第1181條等規定清償被繼承人所負債務，並交付遺贈物之前，即非歸屬國庫取得，徵諸同法第1179條第1項第5款所定遺產管理人於有繼承人承認繼承

時，應爲遺產移交之旨益明。查被上訴人依買賣契約所得請求履行移轉系爭土地所有權之債權，被繼承人簡○傳之繼承人即已故簡○塗迄未爲清償履行，既爲原審所認定，具見其遺產尚非歸屬國庫取得。則觀之民法第1147條、第1148條規定，繼承因被繼承人死亡而開始；繼承人於被繼承人死亡時，當然承受被繼承人財產上之一切權利義務。應無待於繼承人另爲繼承之主張。是聲明承受訴訟人陳○麗倘確爲被繼承人簡○塗之養女，其於簡○塗死亡時即爲簡○塗之繼承人，而當然承受被繼承人財產上之一切權利義務。乃原審未遑查明，逕以陳○麗於公示催告期限屆滿後，遲至87年12月14日始具狀聲明承受訴訟爲由，遽謂陳○麗就簡名塗之遺產不生繼承之效力，而不得承受本件訴訟，非無可議。次按判決主文之記載，必須合法明確，倘係給付判決，所命給付內容暨範圍尤須明確而後可。本件上訴人國產局北區處既僅係簡○塗之遺產管理人，並非簡○塗之繼承人，而國庫又非該遺產之所有人，已如前述，參照民法第1184條規定，國產局北區處之行爲，充其量祇能視爲繼承人之代理。詎被上訴人竟聲明請求國產局北區處應就簡○傳名下之系爭土地辦理繼承登記，致其所管理簡○塗之遺產即其原繼承系爭土地部分，究應以何繼承人名義辦理繼承登記陷於不明確，自非允當。

❖ 民法第1185條

　　第1178條所定之期限屆滿，無繼承人承認繼承時，其遺產於清償債權並交付遺贈物後，如有賸餘，歸屬國庫。

案 例

　　甲過世之後，大家都不知道有沒有繼承人，遺產管理人就向法院聲請公示催告，法院訂了一年的公示催告期間，催告債權人、受遺贈人以及繼承人出面，在這個期間以內，還是沒有人出來說要繼承遺產，遺產管理人也找不到債權人，還有受被繼承人遺贈的人，請問這個時候，遺產要怎麼樣來處理？

一、思考焦點

　　遺產如果拿來償還被繼承人的債務，以及把遺贈的財產交給受遺贈的人之後，還有剩下的，如果一直沒有人來繼承，該怎麼樣來處理？

二、問題論述

遺產的處理，是要先拿來償還被繼承人的債權人，再來是交給受到被繼承人遺贈的人，最後才是由繼承人來繼承。但是如果剩下來的遺產，一直沒有繼承人出來繼承，並不是由遺產管理人自己拿去，而是要歸給國家（國庫），通常是由財政部國有財產局各區的分局來管理，如果是不動產，就要登記為「中華民國」的名義，如果遺產管理人遲遲不交出來，財政部國有財產局就可以用自己的名義，向法院起訴，要求遺產管理人把遺產交出來給國庫。

三、案例結論

甲剩下來的遺產，要歸給國庫。

四、相關實例

乙的遺產原本不知道有誰可以繼承，所以遺產管理人就聲請法院公示催告，在公示催告期間過後，找不到被繼承人的債權人、受到被繼承人所遺贈的人以及繼承人，遺產管理人就把遺產交給國家，由財政部國有財產局代管，後來繼承人丙才知道乙已經過世了這件事情，就跑去向國有財產局要這些遺產，是不是有理由？

五、重要判解

(一) 司法院31年院字第2299號解釋

民法第1185條所稱之遺產包括債權在內，強制執行開始後，債權人死亡而有同條所定情形時，依民法第1179條第1項第4款第5款之規定，其遺產應由遺產管理人於清償債權並交付遺贈物後，將所贐餘者移交國庫，該強制執行事件，自應繼續進行。

(二) 司法院34年院字第2809號解釋

依民法第1185條規定歸屬國庫之遺產，應由管轄被繼承人住所地之地方行政官署代表國庫接收管理（參照院字第2213號解釋），因遺產管理人不移交遺產或因其他必要情形，提起民事訴訟，亦應由此項官署代表國庫為之（參照院字第2295號解釋）。

(三) 最高法院75年度台抗字第17號民事判決

裁定乃法院所為得以發生特定法律效果之意思表示。若依民法第1178條所定公示催告期限屆滿，無繼承人承認繼承時，甚遺產於清償債權，並交付贈與物後，如有贐餘，歸屬國庫，此項依民法第1185條規定當然發生之效果，無待於法院另有裁判而始發生（參照司法院院字第2213號解釋）。法院關於此事項所為通知，並非

法院之裁定，不能視為裁定而對之提起抗告。

(四) 最高法院91年度台上字第1385號民事判決

　　被上訴人為潘○梅之遺產管理人，依民法第1179條第1項第2款規定，得為保存潘○梅遺產必要之處置，則被上訴人自可在保存遺產之範圍內對系爭土地行使所有物返還請求權，其基於遺產管理人之資格，對上訴人提起本件訴訟，核無當事人不適格問題。上訴人雖以其占有系爭土地二十餘年，可因時效取得地上權等情詞置辯，然主張依民法第772條準用同法第769條、第770條規定，請求登記為地上權人者，應以行使地上權之意思而占有他人不動產為其要件。查上訴人於審理中，自承係基於管理之意思而使用系爭土地，且不知地上權係代表何權利，上訴人辯稱其具備時效取得地上權之要件，即有欠缺。另按民法第1185條係規定於同法第1178條所定之期限屆滿，無繼承人承認繼承時，其遺產於清償債權並交付遺贈物後，如有賸餘，始歸國庫。非於無繼承人承認繼承時，即當然歸屬於國庫。

(五) 臺灣高等法院93年度家抗字第133號民事裁定

　　按公示催告期限屆滿，無繼承人承認繼承時，其遺產於清償債權，並交付遺贈物後，如有剩餘，歸屬國庫。又按非公用國有財產以財政部國有財產局為管理機關，民法第1185條、國有財產法第12條分別定有明文。又被繼承人之遺產，於遺產管理人完成清償債權並交付遺贈物等清算程序前，是否有賸餘，無從知悉。而依上述說明，各順序之繼承人均拋棄繼承者，其剩餘財產歸屬國庫，而抗告人為國庫之綜理機關，為國有財產法第9條第2項所明定，其備有財產管理之專才，雖其經費支出屬國家資源，但保護無人繼承財產之債權人之權利，亦屬政府之義務。於遺產管理指定之實際運作，仍認選任國有財產局為遺產管理人較為妥適。

(六) 新北地方法院97年度財管字第24號民事裁定

　　國有財產局係依國有財產法第9條設立之機關，依法綜理國有財產事務，而所謂國有財產，係指國家依據法律規定或基於權利行使，或由於預算支出，或由於接受捐贈所取得之財產，又該法所指之權利，則係指地上權、地役權、典權、抵押權、礦業權、專利權、著作權、商標權及其他財產上之權利而言，是國家「依據法律規定……所取得之財產」、「財產上之權利」，均屬國有財產之範圍，而為國有財產局職掌之業務範圍。而民法第1185條無人承認繼承之賸餘財產，歸屬國庫之規定，賦予國庫對於將來遺產之歸屬有期待權，解釋上應屬上開國有財產法所定依據法律規定取得之財產權之一種，故法院通知國有財產局有此種國家依法應得之期待權時，國有財產局依國有財產法之職掌，即應積極辦理。

(七) 臺南地方法院97年度家抗字第38號民事裁定

　　按先順序繼承人均拋棄其繼承權時，由次順序之繼承人繼承。其次順序繼承人

有無不明或第四順序之繼承人均拋棄其繼承權者，準用關於無人承認繼承之規定。又繼承開始時，繼承人之有無不明者，由親屬會議於一個月內選定遺產管理人，並將繼承開始及選定遺產管理人之事由，向法院報明。再民法第1178條所定之期限屆滿，無繼承人承認繼承時，其遺產於清償債權，並交付遺贈物後，如有賸餘，歸屬國庫。又繼承人有無不明而不能依民法第1177條選定遺產管理人時，得由利害關係人聲請法院選任之。民法第1176條第6項、第1177條、第1185條及第1178條第2項分別定有明文。

(八) 最高法院105年度台上字第1071號民事判決

惟按無人承認繼承之遺產，依民法第1185條規定，須於同法第1178條所定之期限屆滿，無人承認繼承，及於清償債權並交付遺贈物後仍有賸餘，始歸屬國庫。又依民法第1181條規定，遺產管理人非於第1179條第1項第3款所定期間屆滿後，不得對被繼承人之任何債權人或受遺贈人，償還債務或交付遺贈物。則於民法第1179條第1項第3款所定催告期間屆滿前，既無從知悉是否尚有其他債權人或受遺贈人存在，而不得償還債務或交付遺贈物，遺產於斯時尚未歸屬國庫。

(九) 最高法院106年度台上字第2106號民事判決

按債權人因債務人之全體繼承人均拋棄繼承，因而聲請法院選任遺產管理人，由法院選國有財產署為遺產管理人。則債權人持債權憑證，並主張依民法第881條第1項但書及第2項規定，就債務人所有土地徵收補償部分優先受償，並以遺產管理人為相對人聲請強制執行，領案款完畢，彼時債務人尚無繼承人承認繼承，且清償之餘款原應歸屬國庫。則遺產管理人即財產署未為時效抗辯，據以提起債務人異議之訴，自難認其未盡善良管理人之注意義務，因此認財產署不負損害賠償責任，尚難認為違背法令。又財產署既已盡遺產管理人之注意義務，則其與繼承人間是否成立委任或類似委任之法律關係，亦與判決結果不生影響。

第三章 遺 囑

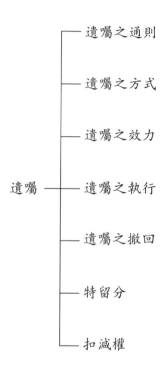

遺囑 ─┬─ 遺囑之通則

├─ 遺囑之方式

├─ 遺囑之效力

├─ 遺囑之執行

├─ 遺囑之撤回

├─ 特留分

└─ 扣減權

第一節 通 則

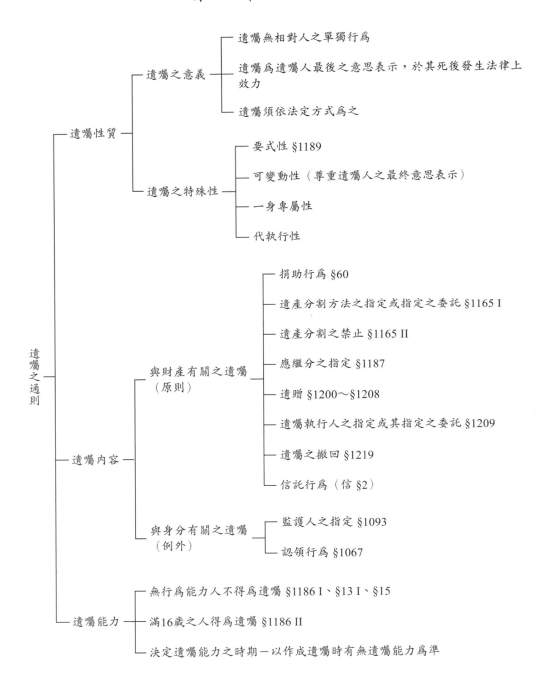

遺囑之通則
- 遺囑性質
  - 遺囑之意義
    - 遺囑無相對人之單獨行為
    - 遺囑為遺囑人最後之意思表示，於其死後發生法律上效力
    - 遺囑須依法定方式為之
  - 遺囑之特殊性
    - 要式性 §1189
    - 可變動性（尊重遺囑人之最終意思表示）
    - 一身專屬性
    - 代執行性
- 遺囑內容
  - 與財產有關之遺囑（原則）
    - 捐助行為 §60
    - 遺產分割方法之指定或指定之委託 §1165 I
    - 遺產分割之禁止 §1165 II
    - 應繼分之指定 §1187
    - 遺贈 §1200～§1208
    - 遺囑執行人之指定或其指定之委託 §1209
    - 遺囑之撤回 §1219
    - 信託行為（信 §2）
  - 與身分有關之遺囑（例外）
    - 監護人之指定 §1093
    - 認領行為 §1067
- 遺囑能力
  - 無行為能力人不得為遺囑 §1186 I、§13 I、§15
  - 滿16歲之人得為遺囑 §1186 II
  - 決定遺囑能力之時期──以作成遺囑時有無遺囑能力為準

❖ 民法第1186條

　　無行爲能力人，不得爲遺囑。

　　限制行爲能力人，無須經法定代理人之允許，得爲遺囑。但未滿16歲者，不得爲遺囑。

案例

> 　　甲男18歲的時候辦理提前入伍，在部隊中表現非常好，從義務役轉成志願役，19歲的時候，被選去國外從事危險的情報任務，出去之前，擔心自己一去不回，就立下了一個遺囑，萬一自己死亡了，就要把所有的薪水還有遺產，都送給自己的女朋友乙。後來甲真的在執行任務的時候過世了，甲的父、母親說，甲立遺囑的時候，還沒有成年，所以遺囑不算數，應該由我們二老來繼承甲的遺產等等的話，請問是不是有理由？

一、思考焦點

　　立遺囑的人，必須要什麼資格、條件？

二、問題論述

(一) 遺囑

　　就是一個人在過世之前，依照法律所規定的方式，交代他（她）未來死亡之後，有關身分上、財產上的事情，應該要怎麼樣來處理的意思表示，這個意思的表示，不需要向特定的人來表示，而可以發生法律上的效果，也就是會使得某個人的權利或義務，產生取得、喪失或變更的法律上的效果。一個人可以用遺囑交代自己死亡之後，有關於身分上的事情，例如：交代自己死亡的時候，要認領某一個小孩子。也可以交代自己死亡之後，有關於遺產方面的事情，例如：交代自己死亡之後，遺產要怎麼樣處理、分配，或送給誰什麼樣的財物（遺贈）。法律原則上是會尊重遺囑的內容，因爲立下遺囑的人本身最有資格、也最清楚關於自己的事情，在自己死亡之後要怎麼樣來處理。

(二) 立遺囑的能力

　　必須不是無行爲能力的人，因爲立一個遺囑，就是一種意思表示（把可以發生一定法律上效果的意思，表達出來），因而也就是可以使得權利或義務，產生取得、喪失或變更的法律上的效果的法律行爲，所以立遺囑的人，本身必須要有法

律行為的能力，如果沒有能力進行法律行為（無行為能力），如受監護宣告之人（第15條）、未滿7歲的人（第13條第1項），並沒有能力去意思表示，所以也沒有能力去立下遺囑。在一般的財產上的事情，無行為能力人要由法定代理人代理他（她）來意思表示，或是由法定代理人代為接受別人的意思表示（民法第76條），但是立遺囑這件事情，跟一般財產上的法律行為不一樣，是跟立遺囑的人本身有密切的關係，別人沒有辦法代替本人來立遺囑，頂多只是幫忙把立遺囑的意思，用筆記下來而已（民法第1194條代筆遺囑），所以無行為能力的人，自己沒有能力去立遺囑，也沒有辦法由別人來代理立下遺囑，所以完全不能夠去立任何的遺囑（民法第1186條第1項）。

(三) 必須是16歲以上的人

7歲以上，但是不到20歲的人，原則上是限制行為能力的人（第13條第2項），在進行一般財產上的法律行為的時候，本來是要法定代理人，通常是父、母親的同意，才可以發生效力（民法第77條、第78條、第79條），但是正如前面所講的，立遺囑這件事情，是跟立遺囑的人有密切的關係，別人沒有辦法代替本人來立，所以16歲以上的人，就算是未滿20歲的未成年人，不用法定代理人的同意，就可以自己去立下遺囑，但是未滿16歲的人，意思表示的能力還不夠成熟，也是完全不可以去立任何遺囑的（民法第1186條第2項）。

三、案例結論

甲已經滿16歲，也不是受監護宣告之人，所以依照民法第1186條第2項的規定，可以自己單獨立下遺囑，他的遺囑是有效的，因而在他死亡之後，所有的財產，扣掉法律規定一定要保留給一定親屬，用來維持生活的比例（民法第1223條的特留分）之後，全部都要給乙，而不是都要給甲的父、母親，所以甲的父、母親所講的，並沒有理由。

四、相關實例

丙因為患了精神病，被法院監護宣告確定之後，病情時好時壞，好的時候，意識、頭腦很清楚，就立了一個遺囑，交代後事，請問：丙立的遺囑有沒有效力？

五、重要判解

(一) 臺灣高等法院101年度重上更（二）字第73號刑事判決

按刑法第201條第1項之偽造有價證券罪、第210條之偽造私文書罪，旨在處罰無製作權人，不法簽發、製作他人名義之有價證券、文書，若逾越授權範圍或以欺

瞞之方法，盜蓋他人印章，用以簽發、製作違反本人意思之有價證券或私文書，仍屬盜用印章而偽造有價證券、私文書，且依民法第1186條第1項規定，無行為能力人，不得為遺囑。故行為人明知立遺囑人已無行為能力，仍以欺瞞方式騙取其於遺囑上簽章，此自構成偽造私文書罪及詐欺罪。

(二) 103年公證實務研討會法律問題提案第1號

法律問題：

　　一、受輔助宣告之人若未經輔助人同意，而為遺囑公（認）證之請求，公證人可否受理？

　　二、因失智症、精神障礙或心智缺陷而領有身心障礙手冊之人，若未受輔助宣告，而意識清楚、對答如流，其為遺囑公（認）證之請求，公證人可否受理？

研究意見：

　　第一子題

　　甲說：肯定說。

　　1.遺囑屬單獨行為，需非無行為能力而年滿16歲者，始具遺囑能力（民法第1186條規定參照）。受輔助宣告之人僅係因精神障礙或其他心智缺陷，致其為意思表示或受意思表示，或辨識其所為意思表示效果之能力，顯有不足，不因輔助宣告而喪失行為能力，惟為保護其權益，於為民法第15條之2規定之法律行為時，應經輔助人同意，而為本條以外之法律行為時，仍有行為能力，其效力不因其為受輔助宣告之人而受影響（民法第15條之1、第15條之2規定立法理由參照）。本條為保障弱勢精神障礙者之權益，並尊重其自我決定權，受輔助宣告之人仍保有完全行為能力（林秀雄，月旦法學雜誌，2009年1月，第149頁），僅增訂應經輔助人同意之行為，故不宜認為受輔助宣告之人於身分行為之意思表示時需經輔助人同意，而「作成遺囑之行為」屬一身專屬性之身分行為，亦宜認為不需經輔助人同意。

　　2.另以，受輔助宣告之人所為應經輔助人同意之行為，其中民法第15條之2第1項第6款規定係關於「遺產分割、遺贈、拋棄繼承權或其他相關權利」之行為，所謂「其他相關權利」，係指與繼承相關之其他權利，例如受遺贈權、繼承回復請求權以及遺贈財產之扣減權等（參照本條立法理由）。因條文並未將「作成遺囑之行為」列入，且為尊重受輔助宣告之人之自我決定權，及其為身分行為之權，又無交易安全保障之必要，宜認為「作成遺囑」非屬本款所謂「其他相關權利」，故受輔助宣告之人如「作成遺囑」，無庸經輔助人同意。

　　3.又以，受輔助宣告之人既非無行為能力，其於意思能力及識別能力未欠缺時，作成遺囑，自屬適法（民法第75條規定參照），綜上，宜肯認受輔助宣告之人於意思能力及識別能力未欠缺時，有作成遺囑之能力，無庸取得輔助人同意。

4.惟公證人於受理此類案件時，宜依客觀事實斷該受輔助宣告之人是否具有意思能力及識別能力，能充分瞭解作成遺囑之法律上意義，始得受理遺囑之公（認）證案件。

乙說：否定說。

1.受輔助宣告之人為民法第15條之2規定以外之法律行為時，仍有行為能力，其效力不因其為受輔助宣告之人而受影響（民法第15條之1、第15條之2規定立法理由參照）。輔助宣告制度著重在弱勢精神障礙者之保障，含有濃厚的社會法色彩，而「作成遺囑之行為」往往涉及重大財產之處分行為，似屬民法第15條之2第1項第6款所定應經輔助人同意之事項。

2.民法第15條之2第1項第6款規定所謂「其他相關權利」，係指與繼承相關之其他權利，立法理由例示如受遺贈權、繼承回復請求權以及遺贈財產之扣減權等，雖漏未將「作成遺囑之行為」列入，但遺囑之作成往往涉及重大財產行為之處分，又同條項第5款規定，於「關於為不動產、船舶、航空器、汽車或其他重要財產之處分、設定負擔、買賣、租賃或借貸」。此即受輔助宣告之人生前所為之重要財產處分需輔助人同意，若允其生前即以遺囑處分重要財產，恐成為規避「輔助人之同意」之捷徑，故宜認受輔助宣告之人於「作成遺囑」時，亦需經輔助人同意。

3.末以，受輔助宣告之人不得擔任遺囑之見證人（民法第1198條規定修正理由係以「考量受輔助宣告之人係因精神障礙或其他心智缺陷，致其為意思表示或受意思表示，或辨識其意思表示效果之能力，顯有不足，不宜擔任遺囑見證人」），舉輕以明重，遺囑屬無相對人之單獨行為，較「見證」此種事實行為更為慎重，更因時常關係重大財產之處分行為，此時受輔助宣告之人雖未完全喪失意思表示，但較常人顯有不足，為保護其權益，宜認為作成遺囑屬民法第15條之2第1項第6款規定所謂「與繼承相關之其他權利」，而應由輔助人同意，始得為之。

4.惟若輔助人不為同意時，為適度確保受輔助宣告之人立遺囑之意願，民法第15條之2第4項規定受輔助宣告之人得逕行聲請法院許可後為之，併此敘明。

第二子題

甲說：肯定說。

作成遺囑屬單獨行為，需非無行為能力，而年滿16歲，即具備遺囑能力（民法第1186條規定參照）。因失智症、精神障礙或心智缺陷而領有身心障礙手冊之人，若未受輔助宣告，而意識清楚、對答如流，亦無民法第75條規定無意識或精神錯亂之情形，而具理解事理之識別能力及意思能力，依法自具遺囑能力（最高法院101年台上字第1544號、臺灣高等法院102年上易字第961號、臺灣高等法院102年度家上字第10號、臺灣高等法院臺南分院99年重上字第54號民事判決意旨參照）。至

於公證人受理時應如何判定該人是否具遺囑能力，屬事實認定問題，併予敘明。

乙說：否定說。

1.遺囑行為屬單獨行為，具一身專屬性，屬較慎重之身分行為，往往涉及重大財產處分行為。因失智症、精神障礙或心智缺陷而領有身心障礙手冊之人，若未受輔助宣告，其精神障礙或心智缺陷於外觀上不一定易為外人查知，但識別能力已較常人不足，有保障其財產上權益之必要。

2.又依據「身心障礙者鑑定作業辦法」所附「身心障礙鑑定類別、鑑定向度、程度分級及其基準」其中智力功能輕、中、重度及極重度障礙，所對應之心智年齡分別係介於9至未滿12歲、6至未滿9歲、3至未滿6歲及未滿3歲，上開智力障礙之人（含失智症者），其相對應之心智年齡均未達民法得作成遺囑之16歲，應認無完整之意思表示能力。

3.上述請求人之精神障礙或心智缺陷狀態，致影響意思能力者，大多無法自外在查知，而公證人未具醫學專業，無法判定請求人於此類情形中是否具有意思能力及識別能力，公證人僅得形式判定，致實務上有發生於公（認）證遺囑前後，立遺囑人經法院為監護宣告者而涉訟之情形。

4.綜上所述，宜認為未受輔助宣告而因失智症、智能障礙或精神疾病，而領有身心障礙手冊之人，請求為遺囑之公（認）證時，應拒絕受理。

初步研討結果：

第一子題採乙說。

第二子題採乙說。

審查意見：臺灣花蓮地方法院：第一、二子題均採甲說。

受輔助宣告之人仍有行為能力，且為遺囑行為並非民法第15條之2第1項規定所列需經輔助人同意之行為。

台北地區公證人公會：第一、二子題均採甲說。

研討結論：

第一子題：多數說採乙說（經付表決結果：實到61人，採甲說3票，採乙說48票）。

第二子題：多數說採乙說（經付表決結果：實到61人，採甲說11票，採乙說35票）。

❖ 民法第1187條

遺囑人於不違反關於特留分規定之範圍內，得以遺囑自由處分遺產。

案 例

> 甲在這個世界上，只有太太乙一個親人而已，但是甲卻立下來一個遺囑，要把所有的遺產都遺贈給情婦丙，請問甲死亡之後，丙是不是可以得到甲的所有遺產？

一、思考焦點

一個人是不是可以完全自由的在遺囑裡面處理、分配自己的財產？

二、問題論述

我國民法是採用私法自治原則、意思自主原則，也就是說，原則上，一個人有權利去處理自己的身分上、財產上的事情，即使是這個人過世之後，如果有立下遺囑，原則上也要對他的意思，加以尊重，所以民法第1187條就規定，一個人可以用立下遺囑的方式，來交代在自己死亡之後，遺產要怎麼樣來處理。但是，原則就是原則，有原則就是有例外，如果遺囑是違背公共秩序，或善良風俗，如立下遺囑，說自己死亡之後，自己的小孩子就用多少錢賣給別人，這就違反了社會上的善良風俗，所以是無效的（民法第72條）。用遺囑交代遺產處理的方法，也不能夠影響到特留分，也就是法律規定被繼承人的遺產，應該要強制的保留一定的比例，給一定身分的親屬，來保障這些親屬的最低生活需求（民法第1223條），如果依照遺囑的內容去分送遺產，會造成這些親屬的特留分拿不到一部分或全部，那麼這個遺囑，在影響特留分的範圍以內，就沒有效力，因為違反了這個特留分的強制規定（民法第71條），故認特留分被侵害者所得行使之扣減權，性質上屬物權之形成權，只有在不侵害到特留分的範圍以內，才是有效的（最高法院81年度台上字第1042號民事判決；88年度台上字第572號民事判決；91年度台上字第556號民事判決；103年度台上字第2071號民事判決）。但有學說採特留分被侵害者所得行使之扣減權者，性質上屬債權請求權，如有侵害到特留分之範圍內，仍然有效（最高法院108年度台上字第48號民事判決；109年度台上字第3156號民事判決；110年度台上字第1634號民事判決；111年度台上字第334號民事判決）。

三、案例結論

依照民法第1223條第3款的規定，配偶的特留分，是法定應繼分的二分之一，而配偶的法定應繼分，依照民法第1144條，在沒有其他繼承人的情形下，本來是可以得到全部的遺產，所以她的特留分，是全部遺產的二分之一，所以丙只能得到遺

產的二分之一，而乙可以得到另外二分之一的特留分。

四、相關實例

丙過世的時候，留有父、母親及太太，沒有小孩。丙在生前立下遺囑，要把所有的遺產都留給太太，是不是有效？

五、重要判解

(一) 最高法院48年台上字第371號判決（例）

被繼承人生前所為之贈與行為，與民法第1187條所定之遺囑處分財產行為有別，即可不受關於特留分規定之限制。

(二) 最高法院51年台上字第1416號判決（例）

被繼承人之遺贈，在不違反特留分規定之範圍內，繼承人不得拒絕履行，誠以被繼承人處分自己之財產，不許繼承人擅為干預，本件贈與雖為生前行為，但如被繼承人至死亡時，仍無撤銷或拒絕履行之表示，依同一理由，繼承人不得拒絕履行，原判認被上訴人得任意拒絕履行，於法自屬不合。

(三) 臺灣高等法院臺中分院101年度重家上字第3號民事判決

民法第1225條固規定，應得特留分之人，如因被繼承人所為之遺贈，致其應得之數不足者，得按其不足之數由遺贈財產扣減之。受遺贈人有數人時，應按其所得遺贈價額比例扣減。惟，特留分受侵害之繼承人據此可得行使之扣減權，並非不得由權利人予以拋棄或讓步。是以，繼承人雖因被繼承人遺囑所為贈與，致其應得特留分之數不足，惟該繼承人對遺贈已表示同意，且與其他全體繼承人就遺產達成分割協議，自應解為該繼承人已拋棄關於侵害特留分之扣減權。準此，繼承人於被繼承人去世後，既與其他全體繼承人就公同共有之遺產達成分割之協議，並載明遵照被繼承人所立遺囑內容而為分配，是知依被繼承人所立之遺囑，將部分財產遺贈予受贈人之處分行為，縱屬侵害繼承人之特留分，但嗣因繼承人與其他全體繼承人已共同簽立遺產分割協議書，並就遺贈表示遵照遺囑內容而為分配，並就其餘公同共有遺產達成分割之協議，繼承人自應受分割協議之拘束，不得再為特留分扣減權之行使。

(四) 臺灣高等法院臺中分院103年度重家上字第20號民事判決

被繼承人之配偶先於其死亡，而被繼承人於生前預立代筆遺囑，表示遺產之部分土地及建物由繼承人之一單獨繼承取得，按分割方法之指定如侵害它繼承人之特留分者，他繼承人得行使扣減權，惟為盡早確定扣減之法律關係，以保護交易安全，該特留分扣減權之消滅時效應類推適用民法第1146條第2項規定，他繼承人應

於知悉後二年內提起回復特留分之訴訟。又被繼承人指定之繼承經計算若侵害他繼承人之特留分，因特留分係概括存在於全部遺產上，非具體存在於各個標的物，故於他繼承人行使特留分扣減權時，其回復之特留分乃概括存在於全部遺產，亦即由所有繼承人公同共有被繼承人之遺產，他繼承人對已辦理繼承登記之不動產請求塗銷登記，即屬有據。

(五) 最高法院103年度台上字第2071號民事判決

按特留分被侵害者所得行使之扣減權，性質上屬物權之形成權，於行使扣減權後，回復之特留分仍概括存在於全部遺產上，並不得轉換為依應繼財產價值計算之金錢，故如以被繼承人所有遺產作為計算扣減之標的價額之依據，而否認特留分被侵害者得請求侵害者塗銷不動產之繼承，即於法無據。

(六) 最高法院104年度台上字第1480號民事判決

按民法第1187條規定，遺囑人在不違反關於特留分規定之範圍內，得以遺囑自由處分遺產。其中關於「自由處分財產」之情形，並不限於遺贈而已，指定遺產分割方法及應繼分之指定，倘侵害特留分，自可類推適用同法第1225條規定，許被侵害者，行使扣減權。

(七) 最高法院104年度台上字第1848號民事判決

按民法第1187條既明定遺囑人於不違反關於特留分規定之範圍內，得以遺囑自由處分遺產。是遺囑人之遺贈乃以妻死亡為停止條件，在其妻生前全歸其承受。因而即便遺囑執行人將部分遺產在其妻死亡前信託登記為第三人所有，惟其妻生前均可隨時終止信託並請求返還之，自無侵害其特留分之情形。

(八) 最高法院106年度台上字第2731號民事判決

遺囑人依遺囑所為之遺贈，因依一方之意思表示即而成立，須受特留分規定之限制，屬無相對人之單獨行為；而死因贈與乃以贈與人之死亡而發生效力，並以受贈人於贈與人死亡時仍生存為停止條件之贈與，且不受特留分規定之限制，性質上仍屬契約，須有雙方當事人意思表示之合致者，兩者迥然不同。

(九) 臺灣高等法院107年度重上更一字第6號民事判決

對於餽贈者與受贈者在不同國家境內以口頭形式訂立在臺灣境內的贈與物為標的物之餽贈契約，而該標的物涉及臺灣的土地物業及銀行存款等的有價證據的話，即餽贈契約是否有法律效力，應當以標的物之所在地，臺灣的法律原則來決定。故若有死因贈與契約之成立及其效力之認定，可能要適用中華民國法律判斷。

(十) 最高法院107年度台上字第1676號民事判決

分割共有物既對於物之權利有所變動，屬處分行為之一種，凡因繼承於登記前已取得不動產物權者，其取得雖受法律之保護，不以其未經繼承登記而否認其權

利，但繼承人如欲分割其因繼承而取得公同共有之遺產，因屬於處分行為，自非先經繼承登記，不得為之。此外，遺產分割係以整個遺產為一體為分割，並非以遺產中個別之財產分割為對象，故分割方法係對全部遺產整體為之。

(十一) 最高法院107年度台上字第2119號民事判決

繼承人有數人時，除遺囑另有指定外，共同為遺贈義務人，在遺產分割前為公同共有債務人，遺產分割後各按其所受遺產價值之限度連帶負責，在繼承人相互間則按應繼分負擔。此外，自由處分財產之情形，非僅限於遺贈，指定遺產分割方法及應繼分之指定，亦屬之。

(十二) 最高法院108年度台上字第48號民事判決

又遺囑人於不違反關於特留分規定之範圍內，得以遺囑自由處分遺產，民法第1165條第1項、第1187條規定甚詳。系爭遺囑所載受遺贈人即為部分繼承人，林對實係以系爭遺囑處分遺產並指定分割遺產之方法。是以，林對死亡後，被上訴人依上開規定請求分割遺產併履行遺贈，自應依系爭遺囑所定方法為之，即系爭土地應由被上訴人共先分得應有部分1/2，其餘再由全體繼承人依附表三應繼分比例分配，經計算各繼承人之分配比例詳如附表二所載。附表一編號4、5所示存款則由全體繼承人各按附表三所示應繼分比例分配。從而，被上訴人請求依系爭遺囑分割遺產併履行遺贈，核無不合，就林對遺產應分割如附表一分割方法欄所示。又分割遺產係就遺產之整體為分割，法院定分割方法亦不受當事人聲明或主張之拘束，故未採上訴人所主張之分割方法，並非上訴無理由等詞，為其判斷之基礎。惟按繼承人自繼承開始時，承受被繼承人財產上一切權利義務，各繼承人對於遺產全部取得公同共有之物權（民法第1148條、第1151條參照），亦即當然發生物權變動之效力；而遺贈固亦於繼承開始時生效，惟受贈人僅取得請求交付遺贈物之債權，尚不當然發生物權變動之效力（同法第1202條、第1208條參照）。

(十三) 最高法院109年度台上字第3156號民事判決

認定上訴人因系爭遺囑侵害其特留分，行使扣減權後，被繼承人許○華所遺附表一、二遺產（其中附表一編號1所示土地因已移轉予第三人，應按其價額480萬元計算上訴人應受分配數額），按上開方法分割，被上訴人並應補償上訴人3,513萬8,826元，且於理由中說明上訴人就應受補償之金額，於被上訴人分得之附表一編號2、3所示土地有法定抵押權，經核於法並無違背。

(十四) 最高法院110年度台上字第1634號民事判決

繼承人請求分割公同共有之遺產，性質上為處分行為，如係不動產，應依民法第759條規定辦妥繼承登記，始得為之。應成功於本件訴訟主張未喪失繼承權，且已依法行使扣減權，回復其特留分權利，而按其特留分比例與應微一公同共有系爭

遺產，惟應微一有無已依系爭遺囑辦理繼承登記，尚不明瞭，倘已辦理且侵害應成功之特留分，是否應併為請求其塗銷該繼承登記，並經應道春之繼承人辦理繼承登記後，始得為遺產分割之裁判？於此情形，應成功所為聲明是否尚有不完足之處，案經發回，應一併注意及之，附此敘明。

(十五) 最高法院111年度台上字第334號民事判決

按因繼承、強制執行、徵收、法院之判決或其他非因法律行為，於登記前已取得不動產物權者，應經登記，始得處分其物權，民法第759條定有明文。拋棄不動產物權，屬處分行為之一種。原審係認張陳○如行使扣減權，已取得系爭土地之權利，嗣拋棄該權利。乃未查明張陳○如已否就系爭土地辦理繼承登記及其如何為拋棄，遽謂張陳○如就系爭土地已無任何權利，該土地為兩造所公同共有，已有可議。次按民法第1165條第1項規定，被繼承人之遺囑，定有分割遺產之方法，或託他人代定者，從其所定。張○恒遺有如附表所示之遺產，被上訴人之特留分價額為548萬763元，實際所得為311萬5,176元，張○恒以系爭遺囑將系爭土地指定分割予上訴人4人或張○濤、張○娃、張○華，復為原審認定之事實。而張○恒所遺如附表編號10、13、14所示土地經登記予全體繼承人公同共有，中區國稅局核定其價額依序為800萬1,300元、750萬9,600元、98萬3,400元，有土地登記謄本及中區國稅局遺產稅繳清證明書附卷可稽（見第一審卷 第198頁、第199頁、第204頁至第208頁，原審重家上字卷第108頁）。果爾，該編號10、13、14所示土地之價額既高於被上訴人之特留分價額，則其不足之特留分價額是否不得以該部分土地補足，而須違反系爭遺囑指定之分割方法，將系爭土地併分割予被上訴人，即不無研求之餘地。原審遽謂系爭遺囑指定之分割方法違反特留分之規定，系爭土地為兩造公同共有，上訴人應塗銷該土地之繼承登記，亦有未洽。上訴論旨，指摘原判決違背法令，求予廢棄，非無理由。

(十六) 最高法院111年度台上字第521號民事判決

所謂繼承人知悉特留分權因遺贈，或因遺囑指定分割方法或應繼分而受侵害，當指知悉其特留分權因遺囑內容之履行（即不動產移轉登記、動產交付時），因而受有損害而言，非謂自知悉遺囑內容時起算，蓋遺囑內容如未被履行，即無現實特留分權被侵害而受有損害可言，自無從為特留分扣減權之行使，亦無從據以起算其期間之始日。

❖ 民法第1188條

第1145條喪失繼承權之規定，於受遺贈人準用之。

案 例

甲在世界上沒有親人，在遺囑之中，寫說如果自己過世的話，要把所有的財產都送給同居的女朋友乙（遺贈），乙知道之後，希望早一點得到甲遺贈的財產，每天都在甲吃的飯裡面下一點藥，終於把甲給毒死了，所以被法院以殺人罪判處無期徒刑確定。請問：乙是不是可以拿到甲所有的財產？

一、思考焦點

受到被繼承人遺贈的人，如果有喪失繼承權的情形發生，是不是也因此喪失受遺贈的權利？

二、問題論述

(一) 遺贈

被繼承人在生前，用遺囑表示要把財產的一部分或全部，在自己過世的時候，送給某一個不是民法第1138條所規定法定繼承人的人。

(二) 喪失受遺贈的權利

如果繼承人有民法第1145條喪失繼承權利的情形，就不能夠去繼承被繼承人的遺產，受到遺贈的人，沒有付出代價就想要得到遺產，如果有這些情形，包括前面民法第1145條的規定所講的：故意致被繼承人或應繼承人於死或雖未致死因而受刑之宣告者（第1145條第1項第1款）；以詐欺或脅迫使被繼承人為關於繼承之遺囑，或使其撤回或變更之者（第1145條第1項第2款）；以詐欺或脅迫妨害被繼承人為關於繼承之遺囑，或妨害其撤回或變更之者（第1145條第1項第3款）；偽造、變造、隱匿或湮滅被繼承人關於繼承之遺囑者（第1145條第1項第4款）；對於被繼承人有重大之虐待或侮辱情事，經被繼承人表示其不得繼承者（第1145條第1項第5款），更應該要喪失受遺贈的權利，因為繼承人和被繼承人有一定的親屬關係（民法第1138條），和被繼承人關係很親近，本來就是可以繼承財產的，但是如果有以上的情形發生的話，就不可以去繼承遺產了，何況是和被繼承人不一定有親屬關係，也沒有付出代價，純粹是受到被繼承人贈送的受遺贈人，如果有這些情形的話，更不能去受到遺贈，所以民法第1188條就規定，如果受到遺贈的人，有民法第1145條喪失繼承權的情形，同樣的也不可以受到遺贈。

三、案例結論

乙有民法第1145條第1項第1款故意致被繼承人於死，因而受刑之宣告，所以依照民法第1188條的規定，不可以受到甲的任何遺贈。

四、相關實例

丙威脅丁一定要在遺囑裡面交代，把財產的二分之一都分給丙，不然就要喝農藥自殺，丁逼不得已，只好照做，後來丁也原諒丙的這種行為。請問：丙在丁死亡之後，是不是可以拿到丁二分之一的遺產？

第二節　方　式

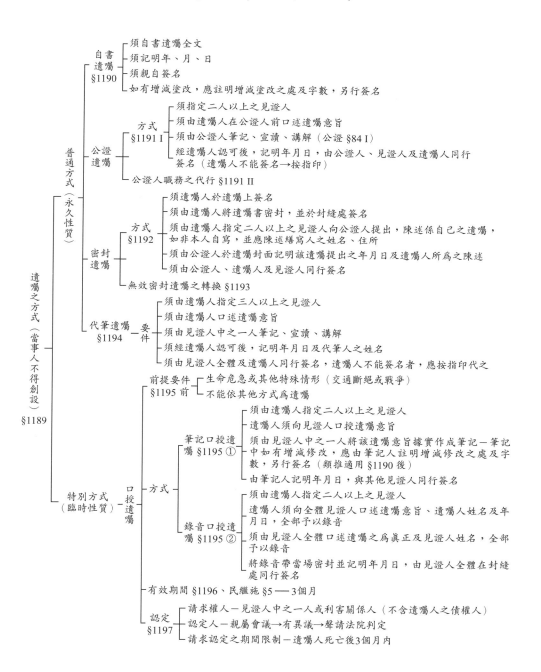

遺囑之方式（當事人不得創設）§1189

普通方式（永久性質）

自書遺囑 §1190
- 須自書遺囑全文
- 須記明年、月、日
- 須親自簽名
- 如有增減塗改，應註明增減塗改之處及字數，另行簽名

公證遺囑
- 方式 §1191 I
  - 須指定二人以上之見證人
  - 須由遺囑人在公證人前口述遺囑意旨
  - 須由公證人筆記、宣讀、講解（公證 §84 I）
  - 經遺囑人認可後，記明年月日，由公證人、見證人及遺囑人同行簽名（遺囑人不能簽名→按指印）
- 公證人職務之代行 §1191 II

密封遺囑
- 方式 §1192
  - 須遺囑人於遺囑上簽名
  - 須由遺囑人將遺囑書密封，並於封縫處簽名
  - 須由遺囑人指定二人以上之見證人向公證人提出，陳述係自己之遺囑，如非本人自寫，並應陳述繕寫人之姓名、住所
  - 須由公證人於遺囑封面記明該遺囑提出之年月日及遺囑人所為之陳述
  - 須由公證人、遺囑人及見證人同行簽名
- 無效密封遺囑之轉換 §1193

代筆遺囑 §1194
- 要件
  - 須由遺囑人指定三人以上之見證人
  - 須由遺囑人口述遺囑意旨
  - 須由見證人中之一人筆記、宣讀、講解
  - 須經遺囑人認可後，記明年月日及代筆人之姓名
  - 須由見證人全體及遺囑人同行簽名，遺囑人不能簽名者，應按指印代之

特別方式（臨時性質）

口授遺囑
- 前提要件 §1195 前
  - 生命危急或其他特殊情形（交通斷絕或戰爭）
  - 不能依其他方式為遺囑
- 方式
  - 筆記口授遺囑 §1195 ①
    - 須由遺囑人指定二人以上之見證人
    - 遺囑人須向見證人口授遺囑意旨
    - 須由見證人中之一人將該遺囑意旨據實作成筆記－筆記中如有增減修改，應由筆記人註明增減修改之處及字數，另行簽名（類推適用 §1190 後）
    - 由筆記人記明年月日，與其他見證人同行簽名
  - 錄音口授遺囑 §1195 ②
    - 須由遺囑人指定二人以上之見證人
    - 遺囑人須向全體見證人口述遺囑意旨、遺囑人姓名及年月日，全部予以錄音
    - 須由見證人全體口述遺囑之為真正及見證人姓名，全部予以錄音
    - 將錄音帶當場密封並記明年月日，由見證人全體在封縫處同行簽名
- 有效期間 §1196、民繼施 §5 —— 3個月
- 認定 §1197
  - 請求權人－見證人中之一人或利害關係人（不含遺囑人之債權人）
  - 認定人－親屬會議→有異議→聲請法院判定
  - 請求認定之期間限制－遺囑人死亡後3個月內

❖ 民法第1189條

遺囑應依下列方式之一為之：

一、自書遺囑。

二、公證遺囑。

三、密封遺囑。

四、代筆遺囑。

五、口授遺囑。

案 例

> 甲男的配偶過世很久了，自己病得很重，就向自己的每一對兒女發出電子郵件，交代遺囑，並且分配遺產。甲把所有的遺產都分給了兒子，並且在電子郵件裡面，對女兒說嫁出去的女兒，不用分配財產。後來甲過世了，他的電子郵件是不是有遺囑的效力？女兒可不可以分一半的遺產？

一、思考焦點

立遺囑有哪些方式？如果沒有按照法律規定的方式來立遺囑，所立下來的遺囑效力如何？

二、問題論述

遺囑是被繼承人交代自己身分上、財產上事情的意思表示，基於當事人意思自主、私法自治原則，法律原則上會予以尊重，並且當作是處理被繼承人死亡之後，身分上以及財產上法律關係的基準。遺囑的內容在講什麼，往往對於相關的人士來說，非常的重要，所以法律要儘量使遺囑表現出被繼承人真正的意思，不會被做手腳，而且儘量讓立遺囑的手續很方便，讓年老重病或不識字的人，也可以去立遺囑，法律也重視遺囑的保存以及維護，將來遺囑會變成是許多法律關係的重要證據。因此，法律規定了五種方式，來立遺囑，包括自書遺囑（民法第1190條）、公證遺囑（民法第1191條）、密封遺囑（民法第1192條）、代筆遺囑（民法第1194條）以及口授遺囑（民法第1195條）。如果沒有按照民法第1189條規定的這五種方式來立遺囑，依照民法第73條的規定，這個遺囑就是無效的。

三、案例結論

甲沒有按照民法第1189條規定的五種方式來立遺囑，所以他的遺囑是無效的，因此甲的兒子及女兒，應該平均分配甲的遺產，一人一半。

四、相關實例

丙係中華民國國籍之人，某日在日本，依照日本民法所作成的日本公證遺囑，在臺灣是不是也有效？

五、重要判解

(一) 最高法院17年上字第861號判決（例）

遺囑固不須本人親筆書立或畫押，但不能舉證證明其出於遺囑人之眞意者，仍不得有效成立。

(二) 最高法院18年上字第1050號判決（例）

遺囑不須本人親自書立，若別有確證足以證明遺囑為眞實，即不得遽謂無效。

(三) 最高法院33年上字第2989號判決（例）

民法繼承編關於遺囑方式規定，於同編施行前為遺囑者，不適用之，此觀同編施行法第1條之規定自明。

(四) 臺灣高等法院98年度家上字第140號民事判決

民法第1209條第1項規定，遺囑人得以遺囑指定遺囑執行人，或委託他人指定之。又涉外民事法律適用法第24條第1項規定，遺囑之成立要件及效力，依成立時遺囑人之本國法。民法第1189條規定，遺囑係屬要式行為，須依法定之方式為之，始有效力，否則依民法第73條前段規定應屬無效。又信託法第1條規定，信託，謂委託人將財產權移轉或為其他處分，使受託人依信託本旨，為受益人之利益或為特定之目的，管理或處分信託財產之關係，即契約信託行為除須具備意思表示等法律行為為一般成立要件外，尚須有標的物之財產權移轉及現實交付等處分行為，信託契約始能成立。

(五) 臺灣高等法院103年度重家上字第22號民事判決

隱匿被繼承人關於繼承之遺囑者，喪失其繼承權，民法第1145條第1項第4款固有明文。所謂「關於繼承之遺囑」，特指與繼承有關之遺囑，例如應繼分之指定、遺產分割方法之指定等等可以發生繼承法上之效果者而言，且須為合法有效之遺囑，倘為無效之遺囑，或不備法定方式之遺囑，或違反公序良俗之遺囑，自不包括在內。

❖ 民法第1190條

自書遺囑者，應自書遺囑全文，記明年、月、日，並親自簽名；如有增減、塗改，應註明增減、塗改之處所及字數，另行簽名。

案 例

> 甲自己寫了一張遺囑，並且寫下立遺囑的年、月、日，但是沒有簽名。請問：這份遺囑的效力怎麼樣？

一、問題論述

(一) 自書遺囑的方式

民法第1189條所規定的第一種遺囑，就是自書遺囑，意思就是由被繼承人自己所書寫的遺囑，這種方式的特色，就是內容都由被繼承人自己所寫的，並且要寫上是什麼時候所寫的，最後，當然要加上被繼承人的簽名，不然的話，遺囑看起來只是立遺囑人的草稿，也不能夠確定立遺囑人是不是真的想讓這一份遺囑生效。另外，規定要讓立遺囑的被繼承人在遺囑上面簽名，遺囑才發生效力，也是希望提醒立遺囑的人能夠謹慎立下遺囑，所以，如果沒有在遺囑上面填寫立遺囑的年、月、日並且簽名，這份遺囑依照民法第73條的規定，就是無效的。

(二) 自書遺囑的注意事項

立自書遺囑的人寫遺囑，當然可能會有寫錯的地方，會有加字、改字、把字刪掉等等的情形，民法第1190條後段就規定，這個時候，就要由立下遺囑的人，在遺囑上面註明，到底增加、塗改或刪除的地方在哪裡，增加、塗改或刪除幾個字，並且在增加、塗改以及刪除的地方簽名，因為遺囑的內容，是法律上的文件，有的時候，差一個字，就差別很多。但是如果看得出來，增加、塗改或刪除的地方，都是立遺囑的人的筆跡，雖然立遺囑的人，並沒有在增加、塗改或刪除的地方簽名，並不會影響到這份遺囑的效力。

二、案例結論

甲沒有在遺囑上面簽名，所以那份遺囑是無效的。

三、相關實例

乙立下了一份自書遺囑，寫完之後，自己又校對了一次，發現有三個地方有錯

字，就改了三個字，可以看得出來都是乙改的筆跡，但是乙卻沒有在改的地方簽名，請問：這份遺囑是不是有效力？

四、重要判解

(一) 最高法院28年上字第2293號判決（例）

遺囑應依法定方式爲之，自書遺囑，依民法第1190條之規定，應自書遺囑全文，記明年月日，並親自簽名。其非依此方式爲之者，不生效力。

(二) 最高法院37年上字第7831號判決（例）

遺囑成立於民法繼承編施行以前，縱令方式未備，亦不能因此而謂爲無效。

(三) 司法院（83）廳民一字第22562號函

法律問題：繼承人乙依其被繼承人甲之自書遺囑訴請判命繼承人丙協同辦理分割遺產，丙抗辯謂該遺囑未載明年、月、日，依法無效，不得據爲請求分割遺產。乙則主張該遺囑雖未載明年、月、日，但經法院公證處認證，於認證請求書及認證書上均載明其年、月、日，應可補正而爲有效。法院應如何認定？

討論意見：

甲說：系爭自書遺囑既經認證，應可認已補正而爲有效之遺囑。

乙說：系爭遺囑既未依法載明年、月、日，不備自書遺囑之要件，應屬無效，不因曾經法院認證而得視爲已補正。何況依公證法第17條之規定，公證人不得對無效之自書遺囑爲認證，更不得因經認證而使原屬無效之遺囑成爲有效。

審查意見：擬採乙說。

研討結果：改採甲說。

司法院民事廳研究意見：

按自書遺囑，依民法第1190條之規定，應自書遺囑全文，記明年、月、日，並親自簽名。其非依此法定方式爲之者，不生效力（最高法院28年上字第2293號判例參照）。案例之自書遺囑未經記明年、月、日，揆諸首開說明，應屬不生效力之私證書，公證人逕爲認證，依公證法第47條第4項準用第17條及第10條之規定自不生認證之效力，故認證書雖經載明認證年、月、日，亦不能以之遽謂原法定要式欠缺之遺囑視爲補正（本院秘書長（75）秘台廳（一）字第1184號函同此意旨，見後附參考資料）。研討結論改採甲說，尚有未洽。

(四) 臺灣高等法院高雄分院90年度重家上字第5號民事判決

自書遺囑者，應自書遺囑全文，記明年月日，並親自簽名。如有增減，塗改，應註明增減、塗改之處所及字數，另行簽名，民法第1190條定有明文。是遺囑應依

法定方式爲之，自書遺囑，應記明年月日，並親自簽名，否則不生效力，最高法院
28年上字第2293號著有判例，惟該法另規定如有增減、塗改，應註明增減、塗改
之處所及字數，另行簽名，旨在保障立囑人之眞意，以昭愼重，並避免糾紛，非因
有此情形，而謂所立自書遺囑不生效力，此爲我國學者史尚寬等所採之見解。經
查，系爭遺囑雖有數處地方塗改，然其塗改方式尚可認出被塗改之原字，均屬筆
誤，而所增加之「本人」出生八個月後及連「本」帶利兩處，在使文章流暢，均不
影響遺囑本文之眞意，被繼承人未註明增減、塗改之處所及字數，亦未在該處另行
簽名，揆諸上開說明，尚不影響系爭遺囑之效力，上訴人抗辯稱系爭遺囑有增減、
塗改，被繼承人未註明處所及字數，並在該處所另行簽名，系爭遺囑應屬無效云
云，亦非有據。

(五) 法務部101年8月14日法律決字第10100597990號函

要旨：民法第1190條至第1192條及法院實務見解參照，遺囑應依法定方式爲之始爲
　　　合法有效，又簽名可藉筆跡比對防止遺囑僞造或變造，是民法各類遺囑有關
　　　遺囑人及見證人須簽名規定係法定特別要件，應無民法第3條得以印章代替
　　　簽名規定之適用。

主旨：有關新北市政府地政局函爲王○林君等三人持被繼承人王○和君之密封遺囑
　　　申辦繼承登記乙案，復如說明二，請查照參考。

說明：

　　　1.復貴部101年6月12日內授中辦地字第1016651044號函。

　　　2.按密封遺囑之法定方式，民法第1192條第1項規定：「密封遺囑，應於遺囑
上『簽名』後，將其密封，於封縫處『簽名』，指示二人以上之見證人，向公證人
提出，陳述其爲自己之遺囑，如非本人自寫，並陳述繕寫人之姓名、住所，由公證
人於封面記明該遺囑提出之年、月、日及遺囑人所爲之陳述，與遺囑人及見證人同
行『簽名』。」

　　　遺囑人須於遺囑上、封縫處及遺囑封面簽名，以表示該遺囑之內容係出於自己
之意思，保持遺囑內容之秘密，並證明已履行密封遺囑作成之程序，三次簽名之作
用與目的並不相同，且均爲密封遺囑所要求之方式，缺一不可（參照林秀雄，繼承
法講義，2009年10月4版，第234-237頁）。次按遺囑之方式，民法第1189條定有明
文，故遺囑應依法定方式爲之，始爲合法有效。又遺囑方式有關遺囑人須簽名之規
定，所在多有（民法第1190條、第1191條第1項、第1192條第1項、第1194條等規定
參照），相較於蓋章無從確知是否由遺囑人親自爲之，無法確定該遺囑是否出於
遺囑人之眞意，簽名則可藉由其筆跡比對，以防止遺囑之僞造或變造。故民法各類
遺囑有關遺囑人及見證人須簽名之規定，係法定特別要件，應無民法第3條第2項

得以印章代替簽名規定之適用（最高法院86年度台上字第921號民事判決、最高行政法院88年度判字第3818號民事判決、本部75年6月27日（75）法律字第7609號函意旨參照）。惟本件攸關當事人權益甚鉅，且涉及事實認定，如有爭議，自宜循司法途徑解決。

(六) 臺北高等行政法院101年度訴字第2006號判決

以自書遺囑作為登記原因證明文件申請繼承登記，而其遺囑文字不明，或有增減、塗改，而未註明增減、塗改之處所及字數，並另行簽名者，其原因證明文件即屬有欠缺。由於立遺囑人已死亡，其自書遺囑自無法再另行書寫，故原因證明文件之欠缺即屬無法補正，則其申請繼承登記，於法即有未合。至登記機關通知限期補正後，申請人因無法補正而未予補正，自仍屬未為補正。

(七) 最高法院102年度台上字第1192號民事判決

按民法第1190條，自書遺囑者，必須記明年、月、日，並親自簽名，故應符合此兩項法定要件，其遺囑始生效力。惟立遺囑人若於自書遺囑後，並未簽名及記載日期，而係將寫好之遺囑影印後，在影本上簽名及記下日期者，仍不符合前述所規定之要件，遺囑自當不生效力，故於訴訟上主張應按遺囑內容分配遺產者，於法無據。

(八) 最高行政法院103年度判字第92號行政判決

按自書遺囑者，應自書遺囑全文，記明年、月、日，並親自簽名；如有增減，塗改，應註明增減、塗改之處所及字數，另行簽名。其立法意旨，應在確保遺囑所載內容，均係出於被繼承人之真意，並防止遭他人竄改變造，規定之重點應在於被繼承人應自書遺囑全文，至於未依法定方式所為增刪塗改，應視為無變更，而保持效力，尤其在增減塗改字句並不足以造成遺囑文義之變更，或造成無法辨識遺囑內容時，如拘泥於文義，而謂遺囑歸於無效，反有違立法原意。

(九) 最高行政法院104年度判字第41號行政判決

自書遺囑，應由自書遺囑人自書遺囑全文，如有增減，塗改，應註明增減、塗改之處所及字數，另行簽名；然依民法第1190條規定之立法意旨，應在確保遺囑所載內容，均係出於被繼承人之真意，並防止遭他人竄改變造，重點應在於被繼承人應自書遺囑全文，至於未依法定方式所為增刪塗改，應視為無變更，而保持效力，尤其在增減塗改字句並不足以造成遺囑文義之變更，或造成無法辨識遺囑內容時，如拘泥於條文規定之文義，而謂遺囑歸於無效，反而有違該條文之立法原意。

(十) 最高法院108年度台上字第444號民事判決

按遺囑制度在尊重故人之遺志，因其內容多屬重要事項，或攸關遺囑人之財產處分，或涉及身分指定，而其效力發生在遺囑人死亡後，如起紛爭已難對質，為確

保遺囑人之眞意，並防免利害關係人之爭執，我國民法乃規定遺囑須具備法定之方式，始生遺囑之效力。次按自書遺囑者，應自書遺囑全文，記明年、月、日，並親自簽名；如有增減、塗改，應註明增減、塗改之處所及字數，另行簽名，民法第1190條定有明文。故自書遺囑以自書爲要件，倘遺囑人未自行記明日期，除得由遺囑人自書其他部分爲其日期之補充外，倘不得由第三人代記日期補充之。系爭遺囑未註記日期，法院公證人註記之日期乃認證日期，並非遺囑之一部，無從以之補正系爭遺囑之日期，系爭遺囑即屬無效。

(十一) 108年公證實務研討會法律問題提案第8號

法律問題：自書遺囑之認證，遺囑內容有立遺囑人以外之人（如見證人、利害關係人）之簽名，公證人應如何處理？

研究意見：

甲說：應刪除遺囑上立遺囑人以外之人之簽名，以符民法自書遺囑嚴格要式之規定。

理由：

1.自書遺囑者，應自書遺囑全文，記明年、月、日，並親自簽名；如有增減、塗改，應註明增減、塗改之處所及字數，另行簽名（民法第1190條）。自書遺囑應由立遺囑人自書遺囑之全文，此係我國民法爲確保遺囑之眞實並避免日後爭執，就遺囑之作成採取嚴格之要式主義。就立遺囑人以外之人，如見證人、利害關係人，由於其非立遺囑人，自不宜於自書遺囑上簽名。

2.本題，就自書遺囑本身，既爲嚴格之法定要式行爲，應依民法第1190條規定，由立遺囑人「自書全文」並親自簽名，要無立遺囑人以外之人於自書遺囑上具名之必要。立遺囑人以外之人之簽章部分既非立遺囑人所「自書」，爲避免因爲該不屬於立遺囑人親筆書寫之文字出現於自書遺囑上，造成將來法院審理時可能有不同見解，使立遺囑人承受該遺囑效力不確定之風險，故宜令請求人刪除該部分後爲認證。

乙說：毋須刪除遺囑上立遺囑人以外之人之簽名，公證人於立遺囑人以外之人皆到場後得辦理認證。

理由：

1.按公證程序屬於非訟程序之一種，公證人僅行形式審查，在無違反法令事項及無效之法律行爲，公證人得予以認證（公證法第107條準用第70條）。自書遺囑於符合民法第1190條規定之法定要件下，遺囑即有效成立。再就自書遺囑之法定要件並無禁止立遺囑以外之人於遺囑上簽名，實務上亦有判決認爲自書遺囑記載見證人，並有見證人之簽名，不影響自書遺囑之效力（臺灣高等法院104年家上字第

233號判決、最高行政法院108年度裁字第734號裁定、高雄高等行政法院107年度訴字第453號判決參照），是故，立遺囑人以外之人之簽名並不影響自書遺囑之效力。

2.本題，鑒於自書遺囑之法定要件並未禁止立遺囑人以外之人於遺囑上簽名，以及尊重立遺囑人希望立遺囑人以外之人在場參與遺囑作成之意思，應允許立遺囑人以外之人得於遺囑上簽名，公證人於立遺囑人以外之人皆到場後得辦理認證。

初步研討結果：採甲說。

審查意見：臺灣南投地方法院：增列丙說。結論同乙說，然理由不同。

　　理由：

　　1.固然，為了確保遺囑人之真意，並為防止日後繼承人、受遺贈人及其他利害關係人就遺產發生爭端，各國民法大都規定遺囑為要式行為，必須依一定方式為之，始生效力。惟方式過於嚴格，雖可確保遺囑人之真意，然動輒無效，亦有害於遺囑自由；反之，方式過於寬鬆，則雖合乎遺囑自由原則，卻難以確保遺囑人之真意。此「遺囑自由」與「遺囑人之真意」衝突，在立法上該如何調和，乃遺囑法上之一大問題。

　　2.自書遺囑並未如同其他四種法定之遺囑將見證人列入要式之一，是遺囑自由與遺囑人之真意的衝突中，較偏向注重遺囑自由之遺囑。既自書遺囑並未嚴格要求必須有見證人到場為必要，而可視為光譜上遺囑人之真意這邊向遺囑自由這邊做出了退讓，則倘自書遺囑人基於補強確保遺囑人之真意之目的而邀請適格之見證人來一同見證自書遺囑之作成，甚至至公證人處協同辦理自書遺囑認證，似非破壞該自書遺囑之效力，亦無減損自書遺囑著重遺囑自由之立法精神，似無不可。

　　臺灣基隆地方法院：採甲說。

　　理由：乙說固然有增強自書遺囑證明力之功能，然法未明確其合法性前，為免遺囑要式之法律風險動搖民眾對於公證制度之信任，公證人對於遺囑要式行為之審查仍宜保守嚴格為之，故認採取甲說為宜。

研討結論：多數採甲說（表決結果：實到40人，採甲說21票，採乙說16票，棄權3人）。

(十二) 109年公證實務研討會法律問題提案第2號

法律問題：遺囑人張某其名下有價值新臺幣（下同）1,500萬元之不動產，並有以該不動產設定抵押權之借款800萬元，及現金200萬元。張某自書遺囑指定配偶繼承該不動產五分之三，並負擔借款二分之一；長子繼承該不動產五分之二，並負擔借款二分之一；次子繼承現金200萬元。試問該自書遺囑請求認證，公證費用應如何核算？

研究意見：

甲說：遺囑標的之價額應以遺囑人之財產總淨值核定之。張某之財產總淨值為積極財產減去消極財產，即1,500萬元 + 200萬元 - 800萬元 = 900萬元，公證費用3,000元。

乙說：本件遺囑標的之價額為遺囑人張某名下所有之財產總值，即價值1,500萬元之不動產及現金200萬元，共計1,700萬元，公證費用4,000元。

丙說：公證人辦理遺囑認證，立遺囑人之資產或負債，皆為公證人審核之範圍，全部均應屬於公證法第109條核算公證費用標準之標的。本件遺囑之標的包含遺囑人張某名下所有之資產，即價值1,500萬元之不動產及現金200萬元，另有負債借款800萬元，故該遺囑標的之價額為1,500萬元 + 200萬元 + 800萬元 = 2,500萬元，公證費用5,000元。

初步研討結果：提案人採丙說。

審查意見：臺灣桃園地方法院：採乙說。

理由：

1.公證法第108條為費用法定主義之明文，若費用計算無法律基礎，實務上易生爭議。

2.依公證法第110條，關於計算公證事件標的之價額，本法未規定者，準用民事訴訟費用有關之規定。遺囑人指定消極財產，通常有「從屬」以及「負擔」於積極財產之特性，依民事訴訟法第77條之2第2項「以一訴附帶請求其孳息、損害賠償、違約金或費用者，不併算其價額」以及第77條之3第1項「原告應負擔之對待給付，不得從訴訟標的之價額中扣除」之法理，遺囑之價額計算，應不扣除消極財產。

3.民事法律所未規定或無習慣者，依法理，外國立法例可為法理之參考。依公證法第109條立法理由，於民國88年修法有參考德國非訟事件費用法，爰參考公證法修法當時司法院編印之各國公證法規彙編（民國81年）一書中德國非訟事件費用法第18條第2項：「標的之債務，於確定事件價額時，不予扣除；事件標的為遺產或其他財團者，亦同。」可知德國立法例就本件問題亦不扣除消極財產。

臺灣彰化地方法院：採丙說。

理由：同研究意見丙說。

研討結論：多數採乙說（表決結果：實到54人，採甲說0票，採乙說36票，採丙說14票，棄權4人）。

補充意見民事廳：依民法第1187條規定：「遺囑人於不違反關於特留分規定之範圍內，得以遺囑自由處分遺產。」故立遺囑人得以遺囑處分之標的

應僅為遺產。縱立遺囑人於遺囑中提及債務有關之事項，該債務應非本件公證之標的，不應計入公證標的價額或金額之核算。且如立遺囑人於遺囑中分配債務，該記載不當然影響債權人請求清償之權利（民法第1153條參照）。本題結論採乙說並無不當，然理由應補充如上。

(十三) 法務部109年7月28日法律字第10903509670號書函

有關建議有限度開放遺囑文書使用電子簽章乙案，遺囑內容涉及重大財產權益變動或身分行為，與電子簽章法為推動電子交易普及運用及促進電子商務發展之立法目的不同，且若以電子文件取代書面或以電子簽章取代簽名，於現行民法規範下，恐有適用窒礙之處。

(十四) 最高法院110年度台上字第1916號民事判決

自書遺囑之書面頁與頁間不以蓋騎縫章為必要，其日期記載位置，法律並無限制在全文末尾，在全文之首或於文中為之，均無不可。又遺贈為遺囑人依遺囑方式所為之贈與，因遺囑人一方之意思表示而成立，並於遺囑人死亡時發生效力，屬單獨行為。而死因贈與為贈與之一種，屬契約行為，不須踐行一定方式，因雙方當事人意思合致而成立。當事人一方於生前以書面對於他方無償給予財產上利益之行為，究屬遺贈或死因贈與，應綜合當時之事實及其他一切證據資料，於文義上及論理上詳為推求，探求當事人之真意，以為定之。

❖ 民法第1191條

公證遺囑，應指定二人以上之見證人，在公證人前口述遺囑意旨，由公證人筆記、宣讀、講解，經遺囑人認可後，記明年、月、日，由公證人、見證人及遺囑人同行簽名，遺囑人不能簽名者，由公證人將其事由記明，使按指印代之。

前項所定公證人之職務，在無公證人之地，得由法院書記官行之，僑民在中華民國領事駐在地為遺囑時，得由領事行之。

案 例

甲找了兩個見證人，陪他一起到地方法院的公證處，去辦理公證遺囑，一去就把已經用電腦打好的書面遺囑交給公證人，並且由甲、乙兩個見證人、公證人一起在遺囑上面簽名，大家都沒有講什麼話。請問：這份遺囑有沒有效力？

一、思考焦點

公證遺囑，如果立下遺囑的人，沒有向公證人講遺囑的內容是什麼，這個遺囑是不是有效？

二、問題論述

(一) 公證遺囑的方式

民法第1189條所規定的第二種遺囑，就是公證遺囑。公證遺囑雖然不是由立下遺囑的人自己所寫的，但是它的特色，在於立下遺囑的人，把想要立下的遺囑的內容，跟公證人講清楚，由公證人把遺囑人的意思記載下來，並且把記載下來的內容，誦讀、解釋給立下遺囑的人聽，經過立下遺囑的人確認沒有問題之後，就由公證人及立下遺囑的人在遺囑上面簽名，而因為公證遺囑的特點，是立下遺囑的人，不是自己寫自己的遺囑，而是把自己的想法告訴公證人，由公證人來寫，所以立下遺囑的人，到底是怎麼樣跟公證人講的，變成很重要，因而民法第1191條就規定，以上這些公證遺囑的過程，還要立下遺囑的人所指定，因而比較有公信力的二位見證人在場，看見及聽見這一切，並且一起在公證遺囑上面簽名，公證遺囑，才會發生效力。如果立下遺囑的人不能簽名，例如：不識字或手指受傷，可以蓋上指印，然後由公證人把立遺囑人為什麼不能簽名的理由，記載在旁邊（民法第1191條第1項）。

(二) 公證人

所謂公證人，必須是我國公證法上所規定的我國公證人，除了法院公證處的公證人之外，現在法律也承認民間公證人制度，有民間公證人資格的公證人，也可以經營公證的業務。如果法院所在地並沒有公證人，民法第1191條第2項規定，可以由法院書記官代替。至於我國國民如果想要在國外辦理公證，就可以由我國外交部駐在當地的外交領事，或相當於領事職務的人員，來執行公證人的職務（民法第1191條第2項）。

三、案例結論

依照民法第1191條第1項的規定，甲應該要把想要做成的遺囑的意思，跟公證人講清楚，然後由公證人把立遺囑人的意思記錄下來，並且跟立遺囑的人核對確認，需要立遺囑的人所指定的二位見證人，也要在場見證這些過程。但是甲並沒有把意思告訴公證人去記錄遺囑，所以甲的作法，不符合公證法第1191條第1項的規定，所立下來的公證遺囑是無效的。

四、相關實例

乙找了兩個見證人，陪他一起到地方法院的公證處，去辦理公證遺囑，但是乙是啞巴，沒有辦法講話，是不是可以由見證人幫忙向公證人表達乙的意思，而由公證人作成公證遺囑？

五、重要判解

(一) 最高法院57年度台上字第3294號民事判決

公證遺囑，依民法第1190條規定，除應指定二人以上之見證人外，尚須在公證人前口述遺囑意旨，由公證人筆記宣讀講解，經遺囑人認可後，記明年月日，由公證人、見證人及遺囑人自行簽名。遺囑人不能簽名者，由公證人將其事由記明，使按指印代之。所謂口述，必須以口語為之，苟僅將書面交與公證人，據以作成證書，不能視為口述，故聾啞及神志不清之人，皆不得為公證遺囑。

(二) 最高法院71年度台上字第1805號民事判決

依民法第1189條之規定，遺囑係屬要式行為，須依法定之方式為之，始有效力，否則依民法第73條前段規定，應屬無效，按陳○讓係於66年（昭和52年）7月16日，在東京法務局所屬三堀博辦事處，依日本民法第969條規定，作成公正證書遺言，有該公正證書可稽。第查我國民法第1191條第1項所謂公證人，係指我國之公證人而言。雖僑民在中華民國領事駐在地為遺囑時，依同條第2項規定，得由駐在地之我國領事行同條第1項所定公證人職務，但陳○讓所為前開遺囑，並未依此規定，由駐在日本東京之我國亞東關係協會東京辦事處執事（中日斷交後實質上執行有關領事職務），執行該條第1項所定公證人職務，似難謂已具備該條所規定之公證遺囑之成立要件。

(三) 司法院第3期司法業務研究會

法律問題：僑居日本多年之華僑某甲，逝世時仍屬中華民國國籍，其於逝世前，曾在東京法務局所屬三堀博辦事處，依日本民法第969條規定，作成公證證書遺言，此項遺囑之效力如何？

研討意見：

甲說：

按繼承依被繼承人死亡時之本國法，遺囑之成立要件及效力，依成立時遺囑人之本國法，涉外民事法律適用法第22條前段，第24條第1項分別定有明文，本題被繼承人亦即遺囑人某甲，雖僑居日本多年，但逝世時仍屬中華民國國籍，則關於因某甲死亡而開始之繼承，及某甲所為遺囑是否合法成立，及其效力如何，依前開法條規定，自應適用我國民法第五編繼承之規定，以為判斷，查依民法第1189條之規

定，遺囑係屬要式行為，須依法定之方式為之，始有效力，否則依民法第73條前段規定，應屬無效。某甲於生前在東京法務局所屬三堀博辦事處，雖依日本民法第969條規定作成公證證書，惟我國民法第1191條第1項所謂公證人，係指我國之公證人而言，雖僑居在中華民國領事駐在地為遺囑時，依同條第2項規定，得由駐在地之我國領事執行同條第1項所定公證人職務，但某甲所為前開遺囑，並未依此規定，由駐在日本東京之我國亞東關係協會東京辦事處執事（中日斷交後實質上執行有關領事職務），執行該條第1項所定公證人職務，似難謂已具備該條所規定之公證遺囑之成立要件（最高法院71年度台上字第1805號民事判決）。但遺囑是由某甲自己書寫才拿去公證，仍有自書遺囑之效力。

　　乙說：

　　依涉外民事法律適用法第24條：「遺囑之成立要件及效力，依成立時遺囑人之本國法。」再依同法第5條第1項，法律行為之方式，依行為地法所定之方式者亦為有效，遺囑之作成亦為法律行為，故依行為地法──日本法，該遺囑仍為有效，甲依日本民法第969條規定作成公證遺囑，應為有效。

　　丙說：

　　依甲說不是公證遺囑，但遺囑之製作，是口述，由官員書寫，應為代筆遺囑。

研討結論：不能成立公證遺囑，但遺囑仍有效，應視其製作方式究為代筆或自書遺囑，而認其效力。

(四) 最高法院100年度台上字第1024號民事判決

　　按民法第1191條第1項前段明文規定公證遺囑，應指定二人以上之見證人，乃在確保公證人製作之公證遺囑內容，係出於遺囑人之真意，本其口述意旨而作成，期遺囑生效時（遺囑人死亡後），因已無法向遺囑人本人求證，得賴見證人之見證證明之。準此，公證遺囑見證人之見證，自不以在場見聞遺囑人在公證人前口述遺囑意旨，由公證人作成公證遺囑書面之形式過程為已足，尤應見聞確認公證遺囑內容係出自遺囑人之真意，與其口述遺囑意旨相符之情，始符「見證」之法意。倘見證人僅在場旁觀公證遺囑之作成程序，而未參與見聞確知公證遺囑內容係出自遺囑人之真意，與遺囑人口述意旨相符之情，縱其在公證遺囑上簽名見證，亦不生見證之效力。

(五) 臺灣高等法院102年度家上字第10號民事判決

　　按私文書經本人或其代理人簽名、蓋章或按指印或有法院或公證人之認證者，推定為真正，為民事訴訟法第358條第1項所明定。次按公證遺囑，應指定二人以上之見證人，在公證人前口述遺囑意旨，由公證人筆記、宣讀、講解，經遺囑人認可後，記明年、月、日，由公證人、見證人及遺囑人同行簽名，遺囑人不能簽名

者，由公證人將其事由記明，使按指印代之，民法第1191條第1項定有明文。所謂「應指定二人以上之見證人」，乃在確保公證人製作之公證遺囑內容，係出於遺囑人之眞意，本其口述意旨而作成，期遺囑生效時（遺囑人死亡後），因已無法向遺囑人本人求證，得賴見證人之見證證明之。準此，公證遺囑見證人之見證，除在場見聞遺囑人在公證人前口述遺囑意旨，由公證人作成公證遺囑書面之形式過程外，尤應見聞確認公證遺囑內容係出自遺囑人之眞意，與其口述遺囑意旨相符之情，始符「見證」之法意（最高法院100年度台上字第1024號裁判要旨參照）。

(六) 臺中高等行政法院104年度訴字第265號行政判決

　　被告爲地政機關，雖職掌有關土地權利登記之權限，惟其依職權對於人民申請辦理繼承登記權利之審查，僅有形式上審核之權限，無法爲實質上法律關係之認定。被告對於當事人提出文件作形式上之審查外，除非土地登記規則及繼承登記法令補充規定另有規定，否則，如涉及私權實體法律關係之爭執，或當事人委由外國機構作成相關繼承文件之方式及效力，自應委由民事法院爲認定，而不得自爲裁量判斷。遺囑制度之設，在於尊重被繼承人生前之遺志，惟遺囑之發生效力，既在遺囑人死亡之後，故是否確爲遺囑人之自由意志，屆時已無從質對，而遺囑之內容多重要事項，利害關係人每易發生爭執，爲確保遺囑人之眞意，並爲防止事後之糾紛，各國民法多規定遺囑爲要式行爲，且遺囑必須依一定之方式及其要件爲之，始生效力。而公證遺囑，應指定二人以上之見證人，在公證人前口述遺囑意旨，由公證人筆記、宣讀、講解，經遺囑人認可後，記明年、月、日，由公證人、見證人及遺囑人同行簽名，遺囑人不能簽名者，由公證人將其事由記明，使按指印代之，此爲民法第1191條第1項所規定，此事關遺囑之內容是否確爲出於遺囑人之自由意志所表達，影響遺囑人與其繼承人或受遺贈人之重大權益，其要件應極爲愼重，屬法律規定之強制要件，不得以其他約定或外國法規定之要件代替之。而系爭遺囑僅有被繼承人林○○異之蓋章，並無簽名及按指印，原告雖稱本件被繼承人林○○異至日本旅遊探親，因糖尿病引發併發症而生命垂危，不知我國民法於公證遺囑及代筆遺囑有遺囑人不能簽名時應按指印代替簽名之特別規定，又近代立法鑑於社會複雜及變遷迅速，對於法條之內容未精密予以特定，而以不特定概念之立法，使其能隨著社會情況變遷及文化進展而變動，爲符合社會現象之解釋，所謂「簽名」應得授權公證人爲簽名的代行等云，然按公證遺囑係公證人依遺囑人生前之自由意思之下口述表達意旨，由公證人依法定要件筆記、宣讀、講解及經遺囑人認可所製作，有如前述，被繼承人林○○異生前既然意識清楚，得向公證人表達遺囑意旨，自得由其簽名或由公證人使按指印，是系爭遺囑均無遺囑人之簽名及按指印，以此形式觀之，亦未具依我國民法第1191條規定之公證遺囑要件，自難發生公證遺囑之效力。

(七) 最高法院105年度台上字第2082號民事判決

民法第1191條第1項前段明文規定，公證遺囑，應指定二人以上之見證人，乃在確保公證人製作之公證遺囑內容，係出於遺囑人之真意，本其口述意旨而作成，蓋遺囑生效時（遺囑人死亡），已無法向遺囑人本人求證，須賴見證人為證明。準此，公證遺囑關於二人以上見證人之指定，自應由立遺囑人為之，且不以在場見聞遺囑人在公證人前口述遺囑意旨，由公證人作成公證遺囑書面之形式過程為已足，尤應見聞確認公證遺囑內容係出自遺囑人之真意，與其口述遺囑意旨相符之情，始符「見證」之法意。

(八) 106年公證實務研討會法律問題提案第3號

法律問題：A及B因兩願離婚事件至民間公證人事務所請求作成公、認證時，可否由民間公證人事務所之助理人為證人？

研究意見：

甲說：肯定說。

1.民法第1050條規定：「兩願離婚，應以書面為之，有二人以上證人之簽名並應向戶政機關為離婚之登記。」並未限定證人資格，民間公證人事務所之助理人當然可為證人。

2.公證法第79條規定：「下列各款之人，不得充本法所定之見證人。但第75條第2項之情形，不在此限：一、未成年人。二、受監護或輔助宣告之人。三、於請求事件有利害關係者。四、於請求事件為代理人或曾為代理人者。五、為公證人之配偶、直系血親或直系姻親者。六、公證人之佐理員及助理人。前項第四款至第六款規定之人，如經請求人全體同意者，仍得為見證人。」其只限制公證法所定見證人之資格，兩願離婚之證人並非公證法所定見證人，不受公證法第79條之限制。

3.縱認兩願離婚之證人屬公證法所定見證人，依公證法第79條第2項規定，如經離婚人全體同意，民間公證人事務所之助理人仍得為證人。

乙說：否定說。

1.公證法第79條規定：「下列各款之人，不得充本法所定之見證人。但第75條第2項之情形，不在此限：一、未成年人。二、受監護或輔助宣告之人。三、於請求事件有利害關係者。四、於請求事件為代理人或曾為代理人者。五、為公證人之配偶、直系血親或直系姻親者。六、公證人之佐理員及助理人。前項第四款至第六款規定之人，如經請求人全體同意者，仍得為見證人。」此為民國88年4月21日公布，90年4月23日施行後之條文。修正前之條文為第25條：「左列各款之人，不得充見證人或證人：一、未成年人。二、禁治產人。三、於請求事件有利害關係者。四、於請求事件為代理人或曾為代理人者。五、為公證人、請求人或其代理人之配偶、前配偶、未婚配偶、家長、家屬或法定代理人或五親等內之血親、三親等內之

姻親者。六、公證處之佐理員或雇員。前項第四款至第六款規定之人，如經雙方當事人同意者，仍得為見證人。」88年修正時，將對見證人或證人消極資格之規定，改為公證法上見證人之消極資格規定，排除證人資格之限制規定。其理由似為實體法上證人或見證人之資格限制，依實體法規定即可。

2.另公證法第75條規定：「請求人為盲者或不識文字者，公證人作成公證書，應使見證人在場。但經請求人放棄並記明筆錄者，不在此限。無前項情形而經請求人請求者，亦應使見證人在場。」88年修正前為第21條規定：「請求人為盲者或不識文字者，公證人作成公證書，應使見證人在場；無此情形而經請求人請求者亦同。」嗣88年修正則允許經一定意思表示及程序，可放寬毋須見證人在場。但無論修正前後，本條皆未就公、認證時應使證人在場之時機有所規定，似易誤認為公、認證時即無須證人。

3.民法第1191條規定：「公證遺囑，應指定二人以上之見證人，在公證人前口述遺囑意旨，由公證人筆記、宣讀、講解，經遺囑人認可後，記明年、月、日，由公證人、見證人及遺囑人同行簽名，遺囑人不能簽名者，由公證人將其事由記明，使按指印代之。前項所定公證人之職務，在無公證人之地，得由法院書記官行之，僑民在中華民國領事駐在地為遺囑時，得由領事行之。」第1192條規定：「密封遺囑，應於遺囑上簽名後，將其密封，於封縫處簽名，指定二人以上之見證人，向公證人提出，陳述其為自己之遺囑，如非本人自寫，並陳述繕寫人之姓名、住所，由公證人於封面記明該遺囑提出之年、月、日及遺囑人所為之陳述，與遺囑人及見證人同行簽名。前條第二項之規定，於前項情形準用之。」第1198條規定：「下列之人，不得為遺囑見證人：一、未成年人。二、受監護或輔助宣告之人。三、繼承人及其配偶或其直系血親。四、受遺贈人及其配偶或其直系血親。五、為公證人或代行公證職務人之同居人、助理人或受僱人。」故於公證遺囑或密封遺囑情形，公證人或代行公證職務人之同居人、助理人或受僱人，不得為遺囑見證人。學者謂彼等雖與遺囑無直接關係，但有知悉遺囑秘密之機會，且難免為公證人或代行公證職務人之意思左右，故不得擔任遺囑見證人。

4.民法第1050條規定：「兩願離婚，應以書面為之，有二人以上證人之簽名並應向戶政機關為離婚之登記。」並未限定證人資格，在非公、認證離婚時，民間公證人事務所之助理人固可為證人，但在公、認證離婚時，為確保證人之客觀超然，助理人應不得為證人。

5.姑不論公證法第75條之修正是否恰當，第79條之修正一概排除證人消極資格之規定，未慮及部份法律行為請求公、認證時，實體法上未規定證人之消極資格，致使離婚公、認證時，現行法似無禁止民間公證人助理擔任證人之明文。

　　6.在修正相關法條前，爲確保證人之客觀超然，確定請求人之眞意，維護公、認證之公信力，應類推適用民法第1198條之規定，認爲民間公證人事務所之同居人、助理人或受僱人，不得擔任離婚事件公、認證時之證人。

初步研討意見：採乙說。

審查意見：臺灣臺北地方法院：採甲說。

　　1.依民法第1050條規定，兩願離婚應以書面爲之，有二人以上證人之簽名並應向戶政機關爲離婚之登記，故離婚證人係兩願離婚之形式要件之一，民法就離婚證人之資格並無明文規範或限制。兩願離婚之證人應係依其見聞知悉離婚事件當事人有離婚意思，並於離婚書面以證人地位簽名之人。民間公證人事務所之助理人，如於該事務所公證人所公證之兩願離婚事件充任證人，或於經認證之兩願離婚書面以證人之地位簽名，其簽名均係完成兩願離婚之形式要件，因此，如該助理人具備識別能力且知悉離婚事件當事人確有離婚之合意，並無不得爲證人之限制規定。

　　2.公證法第79條第6款規定公證人之佐理員及助理人不得充本法所定之見證人，該條修正說明認有關公證人應使見證人在場之規定（如公證法第75條請求人為盲者或不識文字之情形），僅在使其發生補強與佐證作用，其資格限制不宜過嚴，且公證法亦無類似前述第79條第6款之限制規定，故如公證人之佐理員及助理人擔任兩願離婚事件之證人，並非爲補強或佐證離婚事件請求人係盲者或不識文字等特殊狀態，仍得擔任離婚證人。

　　3.90年4月23日公證法修正施行之前，於其第9條規定「關於公證人、佐理員執行職務之迴避，準用民事訴訟法有關法院職員迴避之規定」，現行公證法第10條已無類此文字，修正說明以「佐理員、助理人均僅係公證人辦理公證事務之輔助人而已，有關公證事務之執行及公證書之作成，仍須由公證人親自爲之，並負其全責，是佐理員或助理人對於其職務之執行並無迴避之必要」，是故民間公證人之助理人非承辦公證事務之公證人，並無不得充任兩願離婚事件證人或迴避之限制。

　　4.至否定說認相關法律修正前應類推適用民法第1198條第5款規定有關限制爲遺囑見證人之規定，以限制民間公證人之助理人擔任兩願離婚證人，然得否類推適用似仍應視相關法律之目的及事實之類似性而定。

臺灣士林地方法院：增列丙說。

　　按公證人爲請求人或就請求事項有利害關係者，不得執行其職務，公證法第10條第1款定有明文。是公證人辦理公、認證事務，倘爲請求人本人或就請求事項有法律上或經濟上之利害關係者，即應迴避，不得執行其職務【司法院秘書長92年11月7日（92）秘台廳民三第26079號函參照】。現行法雖無禁止民間公證人助理人擔任離婚事件之證人並請求公、認證之規定，然民間公證人事務所之助理人與該事

務所之公證人既有僱傭關係，則由助理人擔任離婚事件公、認證時之證人，公證人就該請求公、認證之離婚事件即有經濟上之利害關係而應迴避不得辦理，故從反面推論，如公證人欲受理該離婚事件之公、認證請求，則不應由事務所之助理人擔任離婚事件公、認證時之證人。

研討結論：經討論後，以丙說內容爲基礎，修正表決方案如下：

　　方案一（否定說）：該當公證法第10條第1款。

　　方案二（肯定說）：不該當公證法第10條第1款。

　　多數說採丙說（經付表決結果：實到40人，採方案一者20票，採方案二者18票，棄權2人）。

(九) 最高法院106年度台上字第2756號民事判決

民法第1191條第1項明定公證遺囑，關於二人以上見證人之指定，應由立遺囑人爲之，並自遺囑人口述遺囑時起，至全部遺囑完成時，均在場見證。又所謂由遺囑人在公證人前口述遺囑意旨，乃遺囑人將決定之遺囑內容向公證人口述，使公證人了解意旨以達作成公證遺囑之目的，是公證遺囑不得省略口述階段，遽以書面代替口述。

(十) 司法院秘書長108年3月4日秘台廳民三字第1080004305號函

要旨：關於公證遺囑及代筆遺囑之「筆記」，公證人或代筆見證人得以電腦打字或自動化機器製作。

說明：

　　一、復貴院108年1月4日院彥文忠字第1080000106號函。

　　二、旨揭來函略以：民法第1194條並未規定代筆遺囑之筆記方式，且代筆遺囑方式之制定，重在透過代筆見證人將遺囑人之遺囑意旨以文字予以表明，故由代筆見證人起稿而後送打字者，應認已符筆記之法定方式。又民法第1191條第1項公證遺囑之規定方式與代筆遺囑實無異致，均係透過他人筆記遺囑人口述之遺囑意旨，從而，民法有關公證遺囑及代筆遺囑中所稱「筆記」，解釋上公證人或代筆見證人均可以電腦打字或自動化機器製作。

　　三、檢附旨揭函文1份供參。

正本：臺灣高等法院

副本：本院資訊處（請張貼法學資料檢索系統）（含附件）

附件：法務部　函

(十一) 最高法院109年度台上字第95號判決

按民法第1191條第1項規定公證遺囑，應指定二人以上之見證人，乃爲確保公證人製作之公證遺囑內容，係出於遺囑人之眞意，本其口述意旨作成。而民法第

1198條第4款規定受遺贈人之「直系血親」，不得為遺囑見證人，無非因其就遺囑有間接利害關係，為免自謀利益，違反遺囑人之本意，故明文禁止之。惟於收養關係存續期間，受遺贈之養子女與本生父母之權利義務關係停止，本生父母就受遺贈人純獲法律上利益之遺囑作成，已無利害關係，難認有自謀利益而違反遺囑人本意之情形，即不應受遺囑見證人之身分限制。是民法第1198條第4款所稱「受遺贈人之直系血親」，於受遺贈人之收養關係存續期間，應僅指其養父母而言，不包含其本生父母，始符立法意旨。

(十二) 最高法院110年度台上字第1366號民事判決

公證遺囑，應指定二人以上之見證人，乃在確保公證人製作之公證遺囑內容，係出於遺囑人之真意，本其口述意旨而作成，故公證遺囑關於二人以上見證人之指定，自應由立遺囑人為之，且不以在場見聞遺囑人在公證人前口述遺囑意旨，由公證人作成公證遺囑書面之形式過程為已足，尤應見聞確認公證遺囑內容係出自遺囑人之真意，與其口述遺囑意旨相符，始符見證之立法意旨。

(十三) 最高法院110年度台上字第2416號民事判決

公證遺囑固應由遺囑人指定兩人以上之見證人在場見證公證人製作公證遺囑，倘遺囑人同意特定之人任見證人，應與指定該人為見證人無殊。

❖ 民法第1192條

密封遺囑，應於遺囑上簽名後，將其密封，於封縫處簽名，指定二人以上之見證人，向公證人提出，陳述其為自己之遺囑，如非本人自寫，並陳述繕寫人之姓名、住所，由公證人於封面記明該遺囑提出之年、月、日及遺囑人所為之陳述，與遺囑人及見證人同行簽名。

前條第2項之規定，於前項情形準用之。

案 例

甲在家裡面寫了一份遺囑，簽了名以及註明當天的年、月、日之後，就把它放在信封袋裡面，然後把信封袋密封起來，再出門坐車拿到公證人那裡，說這是我寫的遺囑，公證人就依照民法第1192條的規定處理，公證的現場，並且有兩位甲所找來的見證人在場見證。後來甲死了之後，繼承人乙男發現遺囑的內容對他不利，就爭執說：甲寫遺囑，還有把遺囑封起來的時候，公證人都沒有看到，這份遺囑不能證明是甲所寫的，所以不算數等等的話。請問：甲的這份遺囑到底算不算密封遺囑？

一、思考焦點

　　密封遺囑的公證人，是公證什麼？見證人又是見證什麼？

二、問題論述

(一) 密封遺囑的方式

　　民法第1189條所規定的第三種遺囑，就是密封遺囑。密封遺囑的特色，就是立下遺囑的人，自己寫下遺囑，再簽名之後，自己再把它給密封起來。然後自己在密封的地方簽名，表示自己封起來之後，就再也沒有拆開來過。這樣子做的目的，就是不希望自己以外的人，包括公證人、見證人在內，都不要讓他們知道遺囑的內容，這是一種保密到家的立遺囑的方法，目的就是要在自己過世之前，全世界沒有知道自己立下的遺囑內容是什麼，因為遺囑的內容一旦曝光，就會引來子孫的紛爭，甚至可能會為自己帶來殺機，如果能讓遺囑密封到自己過世之後才公開，可以保持自己還活著的時候，子孫對自己的孝順。但是，遺囑既然是密封的，又怎麼樣去證明是本人所寫的遺囑呢？立下遺囑的人，必須要把遺囑拿到公證人那裡，說這個遺囑是我立下來的，公證人接到之後，就會在遺囑密封的封面上面，寫下接到的年、月、日，還有立下遺囑的人跟公證人說這是他本人立的遺囑等等的話，也要寫下來，然後公證人、立遺囑的人，以及在場看見、聽見立下遺囑的人與公證人講這些話的二位見證人（由立下遺囑的人指定），要一起在遺囑的封面簽名。這樣子，雖然公證人、二位見證人在立下遺囑的人寫那份遺囑的時候，並沒有看見他在寫，但是仍然可以確定這份遺囑就是某一個人所寫的，而且還可以核對立下遺囑的人，與公證人、二位見證人一同簽下的簽名筆跡，和遺囑內容上面的簽名筆跡，是不是一樣，就可以確定是立下遺囑的人寫的遺囑。如果立下密封遺囑的人，不是自己寫遺囑的內容，而是把自己的意思告訴別人，由別人所代寫的，就要把代寫人的名字、住所告訴公證人，這樣子，就方便證明這份遺囑，就是照這位立下遺囑的人本人的意思所寫的（民法第1192條第2項）。

(二) 公證人

　　民法第1192條第2項準用民法第1191條第2項的規定，所以民法第1192條第1項所講的公證人，除了我國法院公證處的公證人之外，也包括民間公證人。至於我國國民如果想要在國外辦理公證，就可以由我國外交部駐在當地的外交領事，或相當於領事職務的人員，來執行公證人的職務。

三、案例結論

　　密封遺囑的公證人，只是要確定立下遺囑的人本人，有說那份遺囑是立遺囑的人

自己立下來的等等的話,而見證人就是證明立遺囑的人有向公證人說這些話,公證人及見證人不必親眼看到立下遺囑的人正在寫遺囑的過程,因為密封遺囑本來就是要保密,不想讓公證人及見證人看到它的內容,所以甲立下來的,就算是密封遺囑。

四、相關實例

丙女製作了一份密封遺囑,但是丙本身並不識字,丙是去找自己的孫子丁男代寫的,而丁本身只有15歲。請問:這份密封遺囑,有沒有效力?

五、重要判解

(一) 司法院84年10月第6期公證實務研究會

法律問題1:民法第1192條之密封遺囑,公證人應留存遺囑繕本,抑或完成密封之信封繕本?

討論意見1:

甲說:為杜絕信封內之文件之爭議,公證人應留存遺囑繕本存卷。

乙說:密封遺囑之遺囑人,本意即在於確保遺囑內容之隱密性,非經開拆,不使他人(包括公證人)得窺。民法第1192條既未規定,遺囑人須在公證人面前,於遺囑上簽名,將其密封,於封縫處簽名。當遺囑人已完成密封之情形,公證人固不應要求遺囑人開拆封緘,留存所封遺囑之繕本。即便是遺囑人未完成密封之情形,公證人亦應只留存完成密封之信封繕本,以符遺囑人之真意。

丙說:皆不需留存。

研討結論1:採乙說。

司法院民事廳研究意見1:為符合密封遺囑制作之本旨,公證人留存完成密封之遺囑信封繕本,即為已足,研究結論採乙說,尚無不合。

法律問題2:民法第1192條所謂:「密封遺囑,應於遺囑上簽名後,將其密封,於封縫處簽名。」之行為,應否在公證人面前完成?

討論意見2:

甲說:題示行為,由遺囑人自行負責處理,不必在公證人面前完成。只須遺囑人指定二人以上之見證人,向公證人提出,陳述所密封者為自己之遺囑即可。

乙說:為確定遺囑人已於遺囑上簽名,顯示之行為,應在公證人面前完成。

研討結論2:採甲說。

司法院民事廳研究意見2:

題示情形,依民法第1192條第1項規定:「密封遺囑,應於遺囑上簽名後,將其密封,於密封處簽名,指示二人以上之見證人,向公證人提出,陳述其為自己之

遺囑，如非本人自寫，並陳述繕寫人之姓名、住所，由公證人於封面記明該遺囑提出之年、月、日及遺囑人所爲之陳述，與遺囑人及見證人同行簽名。」及公證法施行細則第50條規定：「密封遺囑，應由遺囑人於遺囑上簽名後，將其密封，並於封縫處簽名，由遺囑人及其指定之見證人，攜帶身分證明文件親自到場辦理。不得由代理人代爲請求。」以採甲說即爲已足，原研討意見採甲說，擬予同意。

　　公證法第98條、公證法施行細則第50條。

(二) 司法院86年10月20日第7期公證實務研究會

法律問題：密封遺囑非遺囑人自寫，係由繕寫人代寫，該繕寫人有無任何限制？民法第1198條所列之人、未成年人、見證人、公證人得否充之？

討論意見：

　　甲說：民法第1192條第1項就遺囑筆記之人，並未加以限制，則上述之人均得充之。

　　乙說：爲免密封遺囑將來開視後對內容產生疑義起見，最好由上述以外之人擔任繕寫人。

研討結論：採乙說。

(三) 106年11月24日公證實務研討會法律問題提案第3號

法律問題：A及B因兩願離婚事件至民間公證人事務所請求作成公、認證時，可否由民間公證人事務所之助理人爲證人？

研究意見：

　　甲說（肯定說）：

　　理由：

　　一、民法第1050條規定：「兩願離婚，應以書面爲之，有二人以上證人之簽名並應向戶政機關爲離婚之登記。」並未限定證人資格，民間公證人事務所之助理人當然可爲證人。

　　二、公證法第79條規定：「下列各款之人，不得充本法所定之見證人。但第75條第2項之情形，不在此限：一、未成年人。二、受監護或輔助宣告之人。三、於請求事件有利害關係者。四、於請求事件爲代理人或曾爲代理人者。五、爲公證人之配偶、直系血親或直系姻親者。六、公證人之佐理員及助理人。前項第四款至第六款規定之人，如經請求人全體同意者，仍得爲見證人。」其只限制公證法所定見證人之資格，兩願離婚之證人並非公證法所定見證人，不受公證法第79條之限制。

　　三、縱認兩願離婚之證人屬公證法所定見證人，依公證法第79條第2項規定，如經離婚人全體同意，民間公證人事務所之助理人仍得爲證人。

　　乙說（否定說）：

理由：

一、公證法第79條規定：「下列各款之人，不得充本法所定之見證人。但第75條第2項之情形，不在此限：一、未成年人。二、受監護或輔助宣告之人。三、於請求事件有利害關係者。四、於請求事件為代理人或曾為代理人者。五、為公證人之配偶、直系血親或直系姻親者。六、公證人之佐理員及助理人。前項第四款至第六款規定之人，如經請求人全體同意者，仍得為見證人。」此為民國88年4月21日公布，90年4月23日施行後之條文。修正前之條文為第25條：「左列各款之人，不得充見證人或證人：一、未成年人。二、禁治產人。三、於請求事件有利害關係者。四、於請求事件為代理人或曾為代理人者。五、為公證人、請求人或其代理人之配偶、前配偶、未婚配偶、家長、家屬或法定代理人或五親等內之血親、三親等內之姻親者。六、公證處之佐理員或雇員。前項第4款至第6款規定之人，如經雙方當事人同意者，仍得為見證人。」88年修正時，將對見證人或證人消極資格之規定，改為公證法上見證人之消極資格規定，排除證人資格之限制規定。其理由似為實體法上證人或見證人之資格限制，依實體法規定即可。

二、另公證法第75條規定：「請求人為盲者或不識文字者，公證人作成公證書，應使見證人在場。但經請求人放棄並記明筆錄者，不在此限。無前項情形而經請求人請求者，亦應使見證人在場。」88年修正前為第21條規定：「請求人為盲者或不識文字者，公證人作成公證書，應使見證人在場；無此情形而經請求人請求者亦同。」嗣88年修正則允許經一定意思表示及程序，可放寬毋須見證人在場。但無論修正前後，本條皆未就公、認證時應使證人在場之時機有所規定，似易誤認為公、認證時即無須證人。

三、民法第1191條規定：「公證遺囑，應指定二人以上之見證人，在公證人前口述遺囑意旨，由公證人筆記、宣讀、講解，經遺囑人認可後，記明年、月、日，由公證人、見證人及遺囑人同行簽名，遺囑人不能簽名者，由公證人將其事由記明，使按指印代之。前項所定公證人之職務，在無公證人之地，得由法院書記官行之，僑民在中華民國領事駐在地為遺囑時，得由領事行之。」第1192條規定：「密封遺囑，應於遺囑上簽名後，將其密封，於封縫處簽名，指定二人以上之見證人，向公證人提出，陳述其為自己之遺囑，如非本人自寫，並陳述繕寫人之姓名、住所，由公證人於封面記明該遺囑提出之年、月、日及遺囑人所為之陳述，與遺囑人及見證人同行簽名。前條第二項之規定，於前項情形準用之。」第1198條規定：「下列之人，不得為遺囑見證人：一、未成年人。二、受監護或輔助宣告之人。三、繼承人及其配偶或其直系血親。四、受遺贈人及其配偶或其直系血親。五、為公證人或代行公證職務人之同居人、助理人或受僱人。」故於公證遺囑或密封遺囑

情形，公證人或代行公證職務人之同居人、助理人或受僱人，不得爲遺囑見證人。學者謂彼等雖與遺囑無直接關係，但有知悉遺囑秘密之機會，且難免爲公證人或代行公證職務人之意思左右，故不得擔任遺囑見證人。

四、民法第1050條規定：「兩願離婚，應以書面爲之，有二人以上證人之簽名並應向戶政機關爲離婚之登記。」並未限定證人資格，在非公、認證離婚時，民間公證人事務所之助理人固可爲證人，但在公、認證離婚時，爲確保證人之客觀超然，助理人應不得爲證人。

五、姑不論公證法第75條之修正是否恰當，第79條之修正一概排除證人消極資格之規定，未慮及部份法律行爲請求公、認證時，實體法上未規定證人之消極資格，致使離婚公、認證時，現行法似無禁止民間公證人助理擔任證人之明文。

六、在修正相關法條前，爲確保證人之客觀超然，確定請求人之眞意，維護公、認證之公信力，應類推適用民法第1198條之規定，認爲民間公證人事務所之同居人、助理人或受僱人，不得擔任離婚事件公、認證時之證人。

初步研討意見：採乙說（否定說）。

審查意見：臺灣臺北地方法院：採甲說（肯定說）。

理由：

一、依民法第1050條規定，兩願離婚應以書面爲之，有二人以上證人之簽名並應向戶政機關爲離婚之登記，故離婚證人係兩願離婚之形式要件之一，民法就離婚證人之資格並無明文規範或限制。兩願離婚之證人應係依其見聞知悉離婚事件當事人有離婚意思，並於離婚書面以證人地位簽名之人。民間公證人事務所之助理人，如於該事務所公證人所公證之兩願離婚事件充任證人，或於經認證之兩願離婚書面以證人之地位簽名，其簽名均係完成兩願離婚之形式要件，因此，如該助理人具備識別能力且知悉離婚事件當事人確有離婚之合意，並無不得爲證人之限制規定。

二、公證法第79條第6款規定公證人之佐理員及助理人不得充本法所定之見證人，該條修正說明認有關公證人應使見證人在場之規定（如公證法第75條請求人爲盲者或不識文字之情形），僅在使其發生補強與佐證作用，其資格限制不宜過嚴，且公證法亦無類似前述第79條第6款之限制規定，故如公證人之佐理員及助理人擔任兩願離婚事件之證人，並非爲補強或佐證離婚事件請求人係盲者或不識文字等特殊狀態，仍得擔任離婚證人。

三、90年4月23日公證法修正施行之前，於其第9條規定「關於公證人、佐理員執行職務之迴避，準用民事訴訟法有關法院職員迴避之規定」，現行公證法第10條已無類此文字，其修正說明以「佐理員、助理人均僅係公證人辦理公證事務之輔助人而已，有關公證事務之執行及公證書之作成，仍須由公證人親自爲之，並負其

全責,是佐理員或助理人對於其職務之執行並無迴避之必要」,是故民間公證人之助理人非承辦公證事務之公證人,並無不得充任兩願離婚事件證人或迴避之限制。

四、至否定說認相關法律修正前應類推適用民法第1198條第5款規定有關限制為遺囑見證人之規定,以限制民間公證人之助理人擔任兩願離婚證人,然得否類推適用似仍應視相關法律之目的及事實之類似性而定。臺灣士林地方法院:增列丙說(否定說)。理由:按公證人為請求人或就請求事項有利害關係者,不得執行其職務,公證法第10條第1款定有明文。是公證人辦理公、認證事務,倘為請求人本人或就請求事項有法律上或經濟上之利害關係者,即應迴避,不得執行其職務【司法院秘書長92年11月7日(92)秘台廳民三第26079號函參照】。現行法雖無禁止民間公證人助理人擔任離婚事件之證人並請求公、認證之規定,然民間公證人事務所之助理人與該事務所之公證人既有僱傭關係,則由助理人擔任離婚事件公、認證時之證人,公證人就該請求公、認證之離婚事件即有經濟上之利害關係而應迴避不得辦理,故從反面推論,如公證人欲受理該離婚事件之公、認證請求,則不應由事務所之助理人擔任離婚事件公、認證時之證人。

研討結論:

經討論後,以丙說內容為基礎,修正表決方案如下:

方案1(否定說):該當公證法第10條第1款。

方案2(肯定說):不該當公證法第10條第1款。

多數說採丙說(經付表決結果:實到40人,採方案1者20票,採方案2者18票,棄權2人)。

❖ 民法第1193條

密封遺囑,不具備前條所定之方式,而具備第1190條所定自書遺囑之方式者,有自書遺囑之效力。

案 例

甲在家裡面想立下一份密封遺囑,寫完遺囑簽了名以及註明當天的年、月、日之後,就把它放在信封袋裡面,然後把信封袋密封起來,再出門坐車拿到公證人那裡,但是忘記帶兩位見證人到場見證這份密封遺囑。請問:甲的這份遺囑到底還有沒有效力?

一、思考焦點

假如所立下來的遺囑，不具備密封遺囑的效力，但是由立下遺囑的人自己所寫的，而且有寫清楚立下遺囑的年、月、日，並由立下遺囑的人在遺囑上面簽名，是不是可以有自書遺囑的效力？

二、問題論述

密封遺囑的重點，就在於保密，所以見證人以及公證人，只看見及聽見立下遺囑的人，跟公證人說：這是我的遺囑等等的話。至於立下遺囑的人，在寫遺囑的時候，公證人以及見證人都沒有看見。但是如果那份遺囑，不具備密封遺囑的效力，例如沒有見證人，或立下遺囑的人，並沒有跟公證人講說那是他立下的遺囑等等的話，這個時候，這份遺囑不見得一定是沒有效力的，而是要看是不是符合民法第1190條自書遺囑的規定。如果這份遺囑，是立下遺囑的人，自己寫下全部的內容，並且寫明立遺囑的年、月、日，並且簽名，如果有增加、塗改、刪除的地方，也有註明，並且簽名的話，雖然不符合民法第1192條自書遺囑的效力，但是符合民法第1190條自書遺囑的效力，所以仍然是有效的遺囑（參照民法第112條規定：無效之法律行為，若具備他法律行為之要件，並因其情形，可認當事人若知其無效，即欲為他法律行為者，其他法律行為，仍為有效）。

三、案例結論

甲所立下之遺囑，依民法第1193條之規定，密封遺囑不具備前條（第1192條）所定之方式，而具備第1190條所定自書遺囑之方式者，有自書遺囑之效力。

四、相關實例

乙在家裡面寫了一份遺囑，簽了名以及註明當天的年、月、日之後，就把它放在信封袋裡面，然後把信封袋密封起來，再出門坐車拿到公證人那裡，但是忘記向公證人講說，那是他立下來的遺囑。請問：乙的這份遺囑到底有沒有效力？

五、重要判解

(一) 臺灣高等法院84年度家抗更（一）字第1號民事判決

遺囑須依一定之方式為之，不合一定之方式者，除民法第1193條所定密封遺囑轉換為自書遺囑外，不生遺囑之效力，此觀民法繼承編第三章第二節遺囑方式各條文之規定即明。

(二) 司法院第12期、第13期暨95年公證實務研究會研究專輯第53則

法律問題：甲偕同乙、丙2位見證人至公證處請求辦理密封遺囑之公證，甲向公證人陳明該遺囑為乙替其繕寫，問公證人就此項公證請求得否認其不符合代筆遺囑之要件，拒絕辦理之？

討論意見：

甲說：肯定說。

1.按公證之目的係保存證據及避免紛爭，故公證人當就遺囑之要件為嚴格之審查。

2.民法第1193條規定密封遺囑如不具備法定要件，但具備第1190條自書遺囑之要件時，得轉換為自書遺囑。因此，公證人為確保遺囑之有效性，自當審查是否符合自書遺囑之要件。如由他人代寫時，亦需符合民法第1194條要件，萬一密封遺囑不具備法定要件時，得擴張本條解釋，轉換為代筆遺囑。

3.甲之遺囑既非本人自寫，而由他人代寫，應請甲指定3人以上見證人，由遺囑人口述遺囑意旨，使見證人中1人筆記、宣讀、講解，經遺囑人認可後，記明年月日，及代筆人姓名，由見證人全體及遺囑人同行簽名，遺囑人不能簽名時，應按指印代之。

4.本件如就代筆遺囑之要件觀之，尚缺1名見證人，故應請其補正此瑕疵後，方得辦理之。

乙說：否定說。

1.我國民法就遺囑列舉五種法定方式：密封遺囑為其一，故僅需就民法第1192條之要件進行審查。

2.依民法第1192條僅規定密封遺囑之立遺囑人得將其遺囑向公證人提出，陳明為其自己之遺囑，如非本人自寫，並陳述繕寫人之姓名、住所，由公證人於封面記明該遺囑提出之年、月、日及遺囑人所為之陳述，與遺囑人及2位見證人同行簽名。

3.故公證人並不審查封套內之遺囑是否符合代筆遺囑或自書遺囑之要件，僅依立遺囑人之陳述於封面上記明即可。

4.至於繕寫人與見證人為同一人時，自亦非法所禁。

丙說：折衷說。贊同甲說之理由，但如請求人堅持辦理時，得依公證法第72條之規定，於公證書上記明公證人之說明及請求人就此所為之表示。

研究結論：採乙說。

❖ 民法第1194條

　　代筆遺囑，由遺囑人指定三人以上之見證人，由遺囑人口述遺囑意旨，使見證人中之一人筆記、宣讀、講解，經遺囑人認可後，記明年、月、日及代筆人之姓名，由見證人全體及遺囑人同行簽名，遺囑人不能簽名者，應按指印代之。

案 例

　　甲想要立下遺囑，但是因為中風的關係，手沒有辦法寫字，腳也沒有辦法動，只好躺在床上，由別人來代寫遺囑。請問：這種代寫遺囑的方式，在法律上有沒有效力？要怎麼樣才有效力？

一、思考焦點

　　代筆遺囑，要怎麼樣才算有效？

二、問題論述

　　民法第1189條所規定的第四種遺囑，就是代筆遺囑。代筆遺囑，就是由立下遺囑的人，把想要立下的遺囑，告訴見證人，由見證人去把立下遺囑的人的意思寫下來，所以重點應該在於，到底寫的人，有沒有一五一十地把立遺囑者的意思寫下來，所以民法第1194條就規定，由別人代寫遺囑的過程，要有立下遺囑的人，去找最少三位見證人，來聽見、看見立下遺囑的人，是怎麼樣交代遺囑的，而三位見證人之中，其中要有一位，來記載（筆記）立遺囑人的意思，寫好遺囑之後，還要把內容唸給立下遺囑的人聽（宣讀），並且把內容的意思，解釋給立遺囑人以及其餘的見證人聽（講解），經過立下遺囑的人，認為可以之後，就要在遺囑上面寫下立下遺囑當天的年、月、日，並且由立下遺囑的人，以及全部的見證人，共同在遺囑上面簽名，以示負責，如果有應該要簽名，但是不能簽名的人，可以用按指印的方法代替。

三、案例結論

　　甲必須要依照民法第1194條的規定，找三位以上的見證人，並且由其中一位見證人，依照甲的指示記載遺囑的內容，並且由代寫遺囑的人，向在場的立下遺囑的人，以及其他見證人，宣讀遺囑的內容，並且向大家說明遺囑的意思，經過立遺囑的人認可之後，再寫明年、月、日，並且由立下遺囑的人，以及見證人在遺囑上

面共同簽名，這樣這份遺囑就是民法上面有效的代筆遺囑。

四、相關實例

乙想要立一份代筆遺囑，但是三位見證人都在遺囑上面蓋章，並沒有簽名。請問：乙的這份遺囑，有沒有效力？

五、重要判解

(一) 最高法院50年度台上字第574號民事判決

代筆遺囑，在民法第1194條，既特別規定須由遺囑內簽名或按指印始為有效，則同法第3條第2項關於蓋章與簽名生同等效力之普通規定，於代筆遺囑即無其適用。

(二) 最高法院81年度台上字第484號民事判決

按代筆遺囑，由遺囑人指定三人以上之見證人，由遺囑人口述遺囑意旨，使見證人中之一人筆記、宣讀、講解，經遺囑人認可後，記明年、月、日，及代筆人之姓名，由見證人全體及遺囑人同行簽名，遺囑人不能簽名者，應按指印代之。代筆遺囑未依此法定方式製作者，自屬無效。

(三) 最高法院85年度台上字第1672號民事判決

民法第1196條所定之見證人，除有同法第1198條所定之資格上限制外，似無專業代書不得為之之規定，抑且見證人依其文義及上開法條之立法意旨觀之，似以被繼承人為遺囑時，始終親自在場與聞其事並得為證明及簽名於其上之人為已足，是否因其未於遺囑之末尾簽名欄明載為「見證人」，即可謂代筆遺囑欠缺法定方式而無效，非無進一步研求之餘地。

(四) 最高法院86年度台上字第432號民事判決

民法第1194條規定，代筆遺囑應「使見證人中之一人筆記」，並未規定其筆記之方式，只需將遺囑意旨以文字表明，即無不可，是由代筆見證人親自書寫固屬之，如本件，由代筆見證人起稿而後送打字者，亦無不合。

(五) 最高法院86年度台上字第921號民事判決

關於代筆遺囑同法第1194條更規定應由見證人全體及遺囑人同行簽名，遺囑人不能簽名者，應按指印代之，見證人則特別規定須以簽名為之，排除同法第3條第2項蓋章代簽名、第3項以指印、十字或其他符號代簽名，在文件上經二人簽名證明等方式之使用。

(六) 臺灣高等法院99年度重家上字第8號民事判決

民法第1194條規定，代筆遺囑應「使見證人中之一人筆記」，並未規定其筆記

之方式，只需將遺囑意旨以文字表明，即無不可，是由代筆見證人親自書寫固屬之，如本件，由代筆見證人起稿而後送打字者，亦無不合（最高法院86年台上字第432號民事判決意旨參照）。民法第1194條代筆遺囑既未規定其筆記之方式，只需將遺囑意旨以文字表明即可。於現今電腦打字普遍迅速之時代，由代筆見證人起稿後，將遺囑意旨打字者，亦難謂有違規定。由證人即系爭89年代筆遺囑之代筆人江松鶴律師於原審證述：當時依照張阿水的遺囑意旨，我就起稿請助理打字，打字完畢之後，將遺囑之意旨當場說明和講解，當時證人都有在場。經張阿水的認可後，請他簽章，也請證人李志鴻簽名、蓋章亦請證人楊心如簽名及按指印，本人也親自簽名用章等語（原審卷第124頁背面），系爭89年代筆遺囑形式上既確有三位見證人在其上簽名，並由其中一人依據遺囑人口述之遺囑意旨，透過記載文字之工具以文字予以記載，並踐行民法第1194條規定之宣讀、講解及由遺囑人在其上按指印之程序為之，即與民法第1194條規定之形式要件符合。上訴人主張：系爭89年遺囑之係電腦繕打文字，見證人名字係事後才以手寫補上，非遺囑內容作成時之內容，不符民法第1194條規定之法定要件，該代筆遺囑無效云云。應非可採。

(七) 高雄高等行政法院100年度訴字第77號判決

　　被告援引之「繼承登記法令補充規定」及內政部函釋均是內政部本於中央主管機關地位為下級機關執行任務時對法規所為之解釋，性質上應屬行政規則；而此等行政機關將民法第1194條所定「筆記」（民法第1191條第1項所定之「筆記」亦同）限縮解釋僅限於由代筆人（在公證遺囑即公證人，下同）親自執筆書寫之釋示，雖係以代筆遺囑著重在書寫人筆跡之認定，作為應由代筆人親自書寫之理由；然法條既僅言「筆」記，而上述函釋又著重在由代筆人親自以「筆」書寫，參諸當今社會電腦資訊發展令人目不暇給，書寫工具日新月異，如將書寫工具之定義限於傳統意義之「筆」，則不免迂腐而與社會脫節。且所以需「筆記」為之乃著重在證據之保存，即避免口耳相傳逸失遺囑人立遺囑之本意，是其目的當在以「文字」之方式呈現，而非拘泥於書寫工具之樣式，否則以「鉛筆」、「粉筆」、「蠟筆」書寫符合上述函釋所稱之筆記，而以「打字」或「電腦打字」竟因違反規定而無效，其不合理可見一斑。又如上所述，民法第1191條關於公證遺囑規定，其須由具法定資格之公證人依遺囑人之口述，在二人以上之見證人面前為之，其對於遺囑人立遺囑之真意更得加以確保，尤無須限於以傳統之「筆」書寫為必要。從而，民法第1191條第1項規定之「筆記」，並非僅限於以筆作為書寫工具之執筆書寫。是上述「繼承登記法令補充規定」及內政部函釋，顯違反民法第1194條及1191條第1項關於「筆記」規定之本旨，爰不予援用。

(八) 臺北高等行政法院100年度訴字第1867號判決

依民法第1194條規定，使見證人中之一人「筆記」，因法律並未規定其筆記之方式，且代筆遺囑方式之制定，其目的既係為便利遺囑人，以補充自書遺囑、公證遺囑方式之不足，其重在透過代筆見證人將遺囑人之遺囑意旨以文字予以表明，故所謂「筆記」應是指代筆人經由「記載」文字之工具，將遺囑意旨以文字予以表明。而記載文字之工具既是隨科技之進步而呈現多元化，故代筆遺囑應是由代筆見證人利用記載文字之工具將遺囑意旨以文字予以表明即可。是其係由代筆見證人親自以筆書寫固屬之，其由代筆見證人起稿而後送打字者，亦應認已符「筆記」之法定方式，以因應資訊時代、文書電子化之趨勢。

(九) 最高行政法院101年度判字第697號判決

民法第1194條係規定，代筆遺囑，由遺囑人指定三人以上之見證人，由遺囑人口述遺囑意旨，使見證人中之一人筆記、宣讀、講解，經遺囑人認可後，記明年、月、日及代筆人之姓名，由見證人全體及遺囑人同行簽名，遺囑人不能簽名者，應按指印代之；其中所規定之筆記，應可認係為便利遺囑人，且用於補充其他遺囑方式之不足，故應以代筆人經由記載文字之工具，將遺囑意旨以文字予以表明者屬之。

(十) 最高法院103年度台上字第1521號民事判決

代筆遺囑，依照民法第1194條規定，係由遺囑人指定三人以上見證人，並由遺囑人口述遺囑意旨，使見證人中之一人筆記、宣讀、講解，再經遺囑人認可後，記明年、月、日及代筆人之姓名，由見證人全體及遺囑人同行簽名，至遺囑人不能簽名者，則應按指印代之。倘遺囑係委請律師依其意思代筆製作，並經在場人員確認無誤，由立遺囑人、律師及見證人簽名，自符代筆遺囑之法定要件，而認其有效。

(十一) 臺灣高等法院104年度家上易字第14號民事判決

代筆遺囑應由遺囑人指定見證人，並由遺囑人親自口述，以確保遺囑內容之真確，且口述應以言詞為之，不得以其他舉動表達，由見證人發問，僅以點頭或搖頭示意，不能解之遺囑人「口述」。

(十二) 最高法院105年度台簡上字第36號民事判決

按民法第1194條規定須由見證人加以筆記、宣讀、講解，僅在確保代筆遺囑確係遺囑人之真意。是以，見證人筆記、宣讀、講解之行為，乃係各自分立之行為，各有其作用及目的，並非三者合成一個行為，見證人三人並得互證所為遺囑筆記、宣讀、講解之真實，初無限於同一見證人為筆記、宣讀、講解之必要。

(十三) 最高法院105年度台上字第2326號民事判決

代筆遺囑須由遺囑人在所指定三人以上之見證人均始終親自在場聽聞其親自口

述遺囑意旨下爲之，遺囑人並須以言語口述，不得以其他舉動表達，倘事先撰擬遺囑文字，由見證人唱讀，遺囑人僅以點頭、搖頭或「嗯」聲等或其他動作示意表達，而未以言語口述遺囑意旨者，均不得解爲遺囑人之口述，以確保並得爲互證遺囑內容係出於遺囑人之眞意，以防止他人左右遺囑之意思或誤解遺囑人之舉動。

(十四) 臺灣高等法院暨所屬法院106年法律座談會民事類提案第11號

被繼承人甲生前指定乙、丙、丁三人爲見證人立代筆遺囑，遺囑製作過程中，由甲口述遺囑意旨，見證人乙筆記，見證人丙宣讀、講解遺囑內容，甲認可後，經記明日期與代筆人姓名，由見證人全體及遺囑人簽名，此代筆遺囑之製作程式，是否符合民法第1194條之規定？

討論意見：

甲說：肯定說。

民法第1194條所定使見證人中之一人筆記、宣讀、講解，乃在使見證人之一人依遺囑人口述之遺囑內容加以筆記，並由見證人宣讀，以確定筆記之內容是否與遺囑人口述之意旨相符，講解之目的則在說明、解釋筆記遺囑之內容，以使見證人及遺囑人瞭解並確認筆記之內容是否與遺囑人口述之遺囑相合，最後並須經遺囑人認可及簽名或按指印後，始完成代筆遺囑之方式。法律規定須由見證人加以筆記、宣讀、講解，僅在確保代筆遺囑確係遺囑人之眞意。準此，見證人筆記、宣讀、講解之行爲，乃係各自分立之行爲，各有其作用及目的，並非三者合成一個行爲，見證人三人並得互證所爲遺囑筆記、宣讀、講解之眞實，初無限於同一見證人爲筆記、宣讀、講解之必要，俾能符合其立法之目的，並免增加法律所無之限制。

乙說：否定說。

遺囑制度乃在尊重死亡人之遺志，遺囑之發生效力既在遺囑人死亡之後，遺囑是否確係遺囑人之本意，屆時已難對質，遺囑之內容又多屬重要事項，攸關遺囑人之財產分配，利害關係人易起糾紛，爲確保遺囑人之眞意，避免糾紛，我國民法繼承編就遺囑規定須具備法定之方式，始生遺囑之效力。而代筆遺囑須由見證人中之一人筆記、宣讀、講解，此見證人必須親自筆記、宣讀、講解，不得使他人代爲，此爲民法第1194條所明定，若立法意旨兼允許一見證人或數見證人爲筆記、宣讀、講解，條文無須記載「由見證人中之一人」等語。另對照民法第1191條第1項關於公證遺囑之製作，規定爲：「公證遺囑，應指定二人以上之見證人，在公證人前口述遺囑意旨，由公證人筆記、宣讀、講解」，顯然認爲筆記、宣讀、講解需由同一人即公證人爲之較爲嚴謹，並無由二位見證人與公證人分別爲筆記、宣讀、講解並互證其效力之餘地。代筆遺囑之見證人並無資格限制，亦未若公證遺囑有具專業資格之公證人在場，其程序之要求自不宜少於公證遺囑。系爭遺囑非由同一見證人即

代筆人爲代筆、宣讀、講解，即不符代筆遺囑之法定方式，應屬無效。

初步研討結果：採乙說。

審查意見：因最高法院105年度台簡上字第36號民事判決、103年度台上字第1017號裁定，見解尚有歧異，建請司法院轉請最高法院研究。

研討結果：

　　1.多數採甲說（實到75人，採甲說64票，採乙說6票）。

　　2.因最高法院見解尚有歧異，建請司法院轉請最高法院研究（實到75人，贊成移送42票，不贊成移送6票）。

(十五) 最高法院107年度台上字第901號民事裁定

遺囑人同意特定之三人任見證人爲代筆遺囑者，與指定該三人任見證人爲代筆遺囑無殊。

(十六) 最高法院108年度第5次民事庭會議決議

討論事項：108年度民議字第2號提案（臺灣高等法院暨所屬法院106年法律座談會民事類提案第11號）院長提議：被繼承人甲生前指定乙、丙、丁三人爲見證人立代筆遺囑，遺囑製作過程中，由甲口述遺囑意旨，見證人乙筆記，見證人丙宣讀、講解遺囑內容，甲認可後，經記明日期與代筆人姓名，由見證人全體及遺囑人簽名，此代筆遺囑之製作程式，是否符合民法第1194條之規定？

　　甲說：肯定說（不限制說）。

民法第1194條所定使見證人中之一人筆記、宣讀、講解，乃在使見證人之一人依遺囑人口述之遺囑內容加以筆記，並由見證人宣讀，以確定筆記之內容是否與遺囑人口述之意旨相符，講解之目的則在說明、解釋筆記遺囑之內容，以使見證人及遺囑人瞭解並確認筆記之內容是否與遺囑人口述之遺囑相合，最後並須經遺囑人認可及簽名或按指印後，始完成代筆遺囑之方式。法律規定須由見證人加以筆記、宣讀、講解，僅在確保代筆遺囑確係遺囑人之眞意。準此，見證人筆記、宣讀、講解之行爲，乃係各自分立之行爲，各有其作用及目的，並非三者合成一個行爲，見證人三人並得互證所爲遺囑筆記、宣讀、講解之眞實，初無限於同一見證人爲筆記、宣讀、講解之必要，俾能符合其立法之目的，並免增加法律所無之限制。

　　乙說：否定說（限制說）。

遺囑制度乃在尊重死亡人之遺志，遺囑之發生效力既在遺囑人死亡之後，遺囑是否確係遺囑人之本意，屆時已難對質，遺囑之內容又多屬重要事項，攸關遺囑人之財產分配，利害關係人易起糾紛，爲確保遺囑人之眞意，避免糾紛，我國民法繼承編就遺囑規定須具備法定之方式，始生遺囑之效力。而代筆遺囑須由見證人中之

一人筆記、宣讀、講解，此見證人必須親自筆記、宣讀、講解，不得使他人代為，此為民法第1194條所明定，若立法意旨兼允許一見證人或數見證人為筆記、宣讀、講解，條文無須記載「由見證人中之一人」等語。另對照民法第1191條第1項關於公證遺囑之製作，規定為：「公證遺囑，應指定二人以上之見證人，在公證人前口述遺囑意旨，由公證人筆記、宣讀、講解」，顯然認為筆記、宣讀、講解需由同一人即公證人為之較為嚴謹，並無由二位見證人與公證人分別為筆記、宣讀、講解並互證其效力之餘地。代筆遺囑之見證人並無資格限制，亦未若公證遺囑有具專業資格之公證人在場，其程序之要求自不宜少於公證遺囑。系爭遺囑非由同一見證人即代筆人為代筆、宣讀、講解，即不符代筆遺囑之法定方式，應屬無效。

以上二說，何者為當，請公決。

決議：採甲說（不限制說）。

(十七) 最高法院109年度台上字第628號民事判決

代筆遺囑係由遺囑人指定三人以上之見證人，由遺囑人口述遺囑意旨，使見證人中之一人筆記、宣讀、講解，經遺囑人認可後，記明年、月、日及代筆人之姓名，由見證人全體及遺囑人同行簽名，遺囑人不能簽名者，應按指印代之。而筆記、宣讀、講解雖無須由同一見證人為之，然為筆記、宣讀、講解之行為者，仍須為見證人，且遺囑人口述遺囑意旨及見證人為筆記、宣讀、講解時，三名見證人應全程在場見證，以確認遺囑內容係遺囑人之真意，方符之立法意旨。

(十八) 最高法院110年度台上字第5213號刑事判決

口述遺囑乃代筆遺囑法定要式之一，必須由遺囑人親自口述，以確保遺囑內容之真確。而口述遺囑乃以口頭陳述，用言詞為之，不得以其他舉動表達，倘遺囑人完全省略「言語口述」之程序，僅以點首、搖頭或擺手示意判斷記載或以記號文字表示遺囑意旨者，均不能解為遺囑人之口述，以防止他人左右遺囑人之意思或誤解遺囑人之舉動，是瘖啞者或其他有語言障礙之人，以記號文字或動作所為之表示，因無口述之語言能力，均不能為代筆遺囑。

(十九) 最高法院111年度台上字第1388號民事判決

遺囑見證人於宣讀筆記內容後所為之講解，係使遺囑人及其他見證人易於了解及確認宣讀之筆記內容與遺囑人口述之意旨相符，以確保遺囑人最終意志之實現。惟講解非必限於宣讀全部筆記內容後始得進行，且其方式及說明程度亦無限制。因此，倘於宣讀過程中以言詞提示遺囑人及其他見證人確認已了解筆記內容，參照遺囑人之智識、身心狀況及遺囑作成之全部過程，堪認遺囑人之真意已得確保者，不得僅以其講解時未就筆記內容為詳盡解說，即認其代筆遺囑因欠缺法定方式而無效，確保遺囑人最終意志之實現。

(二十) 最高法院111年度台上字第1372號民事判決

代筆遺囑須由遺囑人親自口述遺囑意旨下爲之，遺囑人並須以言語口述。因此，倘事先撰擬遺囑文字，由見證人唸讀，遺囑人僅以點頭、搖頭或其他動作示意表達，而未以言語口述遺囑意旨者，均不得解爲遺囑人之口述，以確保並得爲互證遺囑內容係出於遺囑人之眞意，防止他人左右遺囑之意思或誤解遺囑人之舉動。

❖ 民法第1195條

遺囑人因生命危急或其他特殊情形，不能依其他方式爲遺囑者，得依下列方式之一爲口授遺囑：

一、由遺囑人指定二人以上之見證人，並口授遺囑意旨，由見證人中之一人，將該遺囑意旨，據實作成筆記，並記明年、月、日，與其他見證人同行簽名。

二、由遺囑人指定二人以上之見證人，並口授遺囑意旨、遺囑人姓名及年、月、日，由見證人全體口述遺囑之爲眞正及見證人姓名，全部予以錄音，將錄音帶當場密封，並記明年、月、日，由見證人全體在封縫處同行簽名。

案例

> 甲男是壯年人，身體不錯，有一天竟然出了車禍，在醫院接受緊急治療，雖然意識還算清楚，但是手和腳都沒有知覺了，醫生說情況並不樂觀。甲是不是可以找兩位來探病的朋友當見證人，來立遺囑？

一、思考焦點

一個人在情況緊急的時候，是不是可以用什麼簡便的方法立下遺囑？

二、問題論述

(一) 口授遺囑的特點

一個人如果能夠預期自己可能快要過世了，如年紀很大、臥病在床，或是軍人要執行危險的任務，之前會有一些時間來思考是不是要立遺囑，或是要立下什麼樣的遺囑，所以可以用自書遺囑、公證遺囑、密封遺囑、代筆遺囑等等這些比較周延的遺囑方式。但是有的時候，死亡會突然逼近，讓人沒有辦法預備，而且這個時候，想要立下遺囑的人，很可能已經寫字、行動不方便，沒有辦法去用自書遺囑、公證遺囑、密封遺囑、代筆遺囑等等的方式去立下遺囑，所以民法第1195條就規定

一種比較簡便的口授遺囑的方式，只要立下遺囑的人，還可以講話來表達自己的意思，再找兩位見證人來見證，就可以立下遺囑。

(二) 口授遺囑的條件

必須是因為生命已經發生危險，或者有其他特殊的情形，已經沒有辦法去用自書遺囑、公證遺囑、密封遺囑、代筆遺囑等等的方式去立下遺囑，例如：因為緊急的重病、生命垂危，或軍隊在作戰，受傷有生命危險，或在海上，遭遇到特殊的災難，或在發生災難的地方，對外交通斷絕等等的情形。

(三) 口授遺囑的方式

由立下遺囑的人，跟見證人講說要立下什麼樣的遺囑，然後由見證人之中的一位，把立遺囑人講的意思一五一十記錄下來，並且記載立下遺囑的年、月、日，再由立下遺囑的人以及所有在場看到、聽到這一切的見證人，一起在遺囑上面簽名（民法第1195條第1款）。除了用白紙黑字記錄之外，還可以用錄音的方式，先由立下遺囑的人，說明遺囑的內容、意思，還有兩位以上的見證人是誰，以及立下遺囑那天的年、月、日，然後由在場看到、聽到這一切的全部見證人，一起說明這個遺囑確實是那位立下遺囑的人本人所做成的，還有見證人是誰，這些過程全部都要錄音，並且當場把錄音帶密封起來，記清楚當天的年、月、日，最後由全部的見證人，在密封的地方一起簽名（民法第1195條第2款）。

三、案例結論

甲只要還能夠說話表達意思，就可以依照民法第1195條的規定，做成口授遺囑。

四、相關實例

乙男中風之後，躺在醫院的床上，雖然意識還算是清楚，但是講不出話來，醫師判定情況不樂觀。請問：乙是不是可以立下遺囑？

五、重要判解

(一) 法務部74年8月27日（74）法律字第10623號函

按口授遺囑為特別方式之遺囑，較普通方式之遺囑簡略，係為適應遺囑人有生命危急或特殊情形而設。依民法第1195條第1項規定，須遺囑人因生命危急或其他特殊情形，不能依不他方式為遺囑者，始得為之。口授遺囑除須具備民法第1195條第2項所規定之形式要件外，雖以遺囑人生命危急或有其他特殊情形為實質要件，惟並非謂凡在該種情況下所為者均為口授遺囑，如按當時具體的實際情況，雖屬生命危急或情形特殊，但尚能依代筆或其他普通方式為遺囑，並符合其要件者，非不

得不作成代筆遺囑或其他普通遺囑。本件朱○君女士檢附之遺囑，雖係遺囑，雖係遺囑人李○根在生命危急之情況下口授，惟如已具備代筆遺囑所規定較嚴格之要件者，非不得依法生效。

(二) 臺北地方法院92年度家訴字第81號民事判決

按遺囑為遺囑人為使其最後意思，於其死後發生法律上效力，依法定方式所為無相對人之單獨行為。又代筆遺囑係由遺囑人指定三人以上之見證人，由遺囑人口述遺囑意旨，使見證人之一人筆記、宣讀、講解、經遺囑人認可後，記明年、月、日，及代筆人之姓名，由見證人全體及遺囑人同行簽名，遺囑人不能簽名者，應按指印代之，民法第1194條亦定有明文，唯此所謂筆記係指親自執筆，不能使他人為之，如遺囑全文以打字方式為之，而非由代筆人親自執筆，即違反法定方式，依民法第73條規定，該遺囑書應為無效。此外「遺囑人因生命危急或其他特殊情形，不能依其他方式為遺囑者，得依左列方式之一為口授遺囑：一、由遺囑人指定二人以上之見證人，並口授遺囑意旨，由見證人中之一人，將該遺囑意旨，據實作成筆記，並記明年、月、日，與其他見證人同行簽名。二、由遺囑人指定二人以上之見證人，並口述遺囑意旨、遺囑人姓名及年、月、日，由見證人全體口述遺囑之為真正及見證人姓名，全部予以錄音，將錄音帶當場密封，並記明年、月、日，由見證人全體在封縫處同行簽名。」民法第1195條亦定有明文。

(三)最高法院110年度台上字第5213號刑事判決

口述遺囑乃代筆遺囑法定要式之一，必須由遺囑人親自口述，以確保遺囑內容之真確。而口述遺囑乃以口頭陳述，用言詞為之，不得以其他舉動表達，倘遺囑人完全省略「言語口述」之程序，僅以點首、搖頭或擺手示意判斷記載或以記號文字表示遺囑意旨者，均不能解為遺囑人之口述，以防止他人左右遺囑人之意思或誤解遺囑人之舉動，是瘖啞者或其他有語言障礙之人，以記號文字或動作所為之表示，因無口述之語言能力，均不能為代筆遺囑。

(四) 最高法院111年度台上字第1178號民事判決

關於兩人以上見證人之指定，應由立遺囑人為之，惟遺囑人同意特定之兩人任見證人者，與指定該兩人任見證人無殊。此外，口述遺囑係由遺囑人在公證人前將決定之遺囑內容向公證人口述，以確保遺囑內容之真確，即口頭以言詞為之，不以連續陳述為必要，倘內容複雜，亦非不得參考預先準備之書面或資料。而被繼承人口述遺囑之內容究與其真意或該遺囑之記載有何不符之處，法院未說明理由，徒以被繼承人未指定見證人及其未連續陳述、不理解公證人之提問及說明，遽認該遺囑不符公證遺囑之要件，自有可議。

❖ 民法第1196條

　　口授遺囑，自遺囑人能依其他方式爲遺囑之時起，經過三個月而失其效力。

案 例

　　甲車禍被送到醫院，情況一度非常緊急，所以就在93年1月1日，依照民法第1196條的規定，作成口授遺囑，後來甲竟然奇蹟式的復原，就在94年3月1日康復出院，請問：甲在93年1月1日所作成的口授遺囑，是不是有效？

一、思考焦點

　　立下口授遺囑的人，如果後來已經可以依照其他方式立下遺囑的話，那麼先前所立下的口授遺囑是不是還有效？

二、問題論述

　　口授遺囑的方式，是在立下遺囑的人生命已經發生危險，或者有其他特殊的情形，已經沒有辦法去用自書遺囑、公證遺囑、密封遺囑、代筆遺囑等等的方式去立下遺囑的時候，一種不得已的立遺囑的方法，而且它的方式比起其他立下遺囑的方式，比較簡陋，所以也比較容易作假，因此法律希望不到最後關頭，不要去用口授遺囑的方式。當立下口授遺囑的人，後來已經可以依照前面所講的其他立遺囑的方式，去立遺囑的時候，民法第1196條就規定，這個時候先前所立下來的口授遺囑，從立下遺囑的人已經可以依照前面所講的其他立遺囑的方式去立遺囑的時候，在三個月之內，就沒有效力了，如果立下口授遺囑的人，還想要立遺囑的話，就必須要在已經可以依照前述其他立遺囑的方式，去立遺囑時起算，三個月以內，去用自書遺囑、公證遺囑、密封遺囑、代筆遺囑等等的方式去立下遺囑，這樣就可以減少使用口授遺囑，以免產生作假等等的弊端。

三、案例結論

　　甲在94年3月1日康復出院，已經可以去用自書遺囑、公證遺囑、密封遺囑、代筆遺囑等等的方式去立下遺囑，所以甲在93年1月1日所做成的口授遺囑，在94年6月2日凌晨零時起就會失去效力（參照民法第120條第2項、第121條第2項前段規定）。

四、相關實例

乙車禍被送到醫院，情況一度非常緊急，所以就在93年1月1日，依照民法第1196條的規定，做成口授遺囑，後來乙竟然奇蹟式的復原，就在94年3月1日康復出院，卻在第二天車禍過世，請問：乙的繼承人，是不是可以依照乙在93年1月1日所作成的口授遺囑，去分配遺產？

❖ 民法第1197條

口授遺囑，應由見證人中之一人或利害關係人，於為遺囑人死亡後三個月內，提經親屬會議認定其真偽，對於親屬會議之認定如有異議，得聲請法院判定之。

案 例

甲車禍被送到醫院，情況一度非常緊急，所以就在93年1月1日，依照第1196條的規定，作成口授遺囑，後來甲竟然奇蹟式的復原，就在94年3月1日康復出院，卻在第二天車禍過世，請問：甲的繼承人，要怎麼樣才可以依照甲在93年1月1日所作成的口授遺囑，去分配遺產？

一、思考焦點

口授遺囑，要由誰來認定它的真假？

二、問題論述

口授遺囑，是在不得已的情形之下，為了方便起見，所使用的一種遺囑方法。一旦立下遺囑的人，可以用其他方法來立遺囑，就應該在民法第1196條所規定的三個月以內，用其他方法來立遺囑，從這邊可以看得出來，口授遺囑雖然很方便，但是也因為是這樣子，它很容易被偽造，所以要怎麼樣來認定口授遺囑是真的或是假的，由誰來認定，變得非常重要。民法第1197條規定，口授遺囑，應該要由口授遺囑的見證人其中一位，或是利害關係人，在立下遺囑的人死亡之後三個月以內，把口授遺囑交給立下遺囑的人的親屬會議，去認定這份口授遺囑是真的還是假的，如果對於親屬會議的認定有疑問，認為親屬會議認定錯了，就可以聲請法院來判斷這份口授遺囑是真的或是假的。先由親屬會議來認定的原因，是因為立下遺囑人的親屬會議，是最接近立遺囑人的親屬所組成，應該也是最清楚立下遺囑人的聲音，所以可以判斷口授遺囑的真假，而法律又怕親屬會議偏心，所以規定口授遺囑的見證

人，或是和這份口授遺囑有利害關係的人，如繼承人或在口授遺囑裡面所提到要受到立下遺囑的人遺贈的人，可以向法院聲請判斷那份口授遺囑是眞是假，而由法院來做最後的判斷。

三、案例結論

　　甲的繼承人，可以在甲死亡之後三個月以內，把甲的口授遺囑交給甲的親屬會議去判斷是眞是假，如果對於親屬會議的判斷不服，還可以聲請法院來認定。

四、相關實例

　　乙是丙口授遺囑中的受遺贈人，在丙死亡之後第二個月，就把丙的口授遺囑交給丙的親屬會議去認定是眞是假，原本以爲丙的親屬會議會員，都是在丙生前，跟丙住在一起的最接近丙的親屬，一定會認得丙的聲音，而判定這份口授遺囑是眞的，沒有想到，這些親屬會議的會員，都是丙的繼承人，不希望乙把遺產的一部分拿走，而想要多分一些遺產，就故意判定這份口授遺囑是假的，這個時候，乙要怎麼樣來保障自己的權利？

五、重要判解

(一) 司法院（72）廳民一字第0844號函

法律問題：口授遺囑，如無法組成親屬會議（如退役之榮民），利害關係人可否依
　　　　　據民法第1197條逕行聲請法院判定其遺囑之眞僞？

司法院第一廳研究意見：

　　民法第1132條規定：「無前條規定之親屬或親屬不足法定人數時，法院得因有召集權人之聲請，於其他親屬中指定之。」又第1197條後段規定：「對於親屬會議之認定如有異議，得聲請法院判定之。」可知法院對親屬會議之召開及處理事項，本有監督及處理之權。現今社會型態丕變，人民遷徙頻繁，親屬會議召開不易，如不能召開或召開有困難，自應有補救之道，由法院處理親屬會議應處理之事項。（依民法第1132條第1項處理即可）

(二) 最高法院86年度台上字第2690號民事判決

　　口授遺囑應依民法第1197條之規定，由見證人中之一人或利害關係人，於爲遺囑人死亡後三個月內，提交親屬會議認定其眞僞。蓋以口授遺囑通常係因遺囑人生命危急或其他特殊情形，不能依其他方式爲遺囑時所爲之遺囑，其眞僞如何以及是否符合遺囑人之本意，惟遺囑人之親人最能明瞭，其他外人實難深入瞭解，故法律規定須在遺囑人死亡後三個月內提交確認，使遺囑之眞僞能早日確定，並防日久發生爭議，致影響第三人之權益。是口授遺囑若不經認定程序，則不生效力。系爭口

授遺囑雖已具備形式要件，惟袁○業於84年11月30日死亡，並未依規定於85年2月28日前由見證人中之一人或利害關係人提交親屬會議認定其眞僞，依法不生效力。次查遺囑人袁○係大陸來台之退除役官兵，雖曾與訴外人陳○結婚，惟已於生前之83年4月9日離婚，其他又無親屬可組成親屬會議，以認定該遺囑之眞僞，依民法第1197條後段規定，法院既就遺囑之眞僞有最後認定之權，自可由法院代替親屬會議之功能，就口授遺囑之眞僞予以認定。惟法院僅屬代替親屬會議爲認定而已，是依法有關聲請認定之人暨聲請認定之期限規定，仍有其適用。確認法律關係成立或不成立之訴，非原告有即受確認判決之法律上利益者，不得提起之，確認證書眞僞之訴亦同，民事訴訟法第247條定有明文。系爭口授遺囑，既未經於法定期限內聲請法院就其眞僞予以認定，而不生效力，則自無再就不生效力之口授遺囑確認其眞僞之必要，上訴人提起本件訴訟，自屬不應准許。

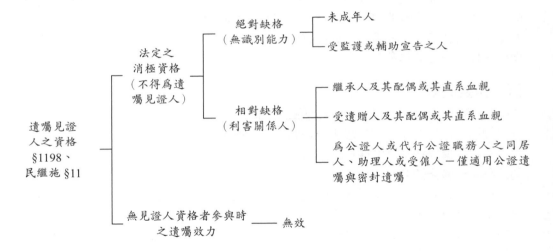

❖ 民法第1198條

下列之人，不得爲遺囑見證人：

一、未成年人。

二、受監護或輔助宣告之人。

三、繼承人及其配偶或其直系血親。

四、受遺贈人及其配偶或其直系血親。

五、爲公證人或代行公證職務人之同居人、助理人或受僱人。

（98年12月30日修正公布）

舊民法第1198條

左列之人，不得爲遺囑見證人：

一、未成年人。

二、禁治產人。

三、繼承人及其配偶或其直系血親。

四、受遺贈人及其配偶或其直系血親。

五、爲公證人或代行公證職務人之同居人、助理人或受僱人。

（19年12月26日之舊法）

案 例

甲男是壯年人，身體不錯，有一天出了車禍，在醫院接受緊急治療，雖然意識還算清楚，但是手腳都沒有知覺了，醫生說情況並不樂觀。剛好朋友帶著18歲剛唸大學法律系一年級的兒子，兩個人一起來探病，甲是不是可以請這兩位來當見證人，立一個口授遺囑？

一、思考焦點

什麼樣的人不可以當口授遺囑的見證人？

二、問題論述

本次修正係配合民法第15條將「禁治產人」修正爲「受監護宣告之人」。亦配合97年5月23日修正公布民法親屬編第四章監護之有關條文（例如：民法第1110條、第1113條之1）之修正，故將本條文第2款之「禁治產人」修正爲「受監護或輔助宣告之人」。

遺囑的見證人，就是要來證明立下遺囑的人，眞正的意思是什麼，或某一份遺囑，確實是某一位被繼承人所立下來的遺囑，所以不是每一個人都有能力做這件事情，一定要有最基本的辨別能力的人，而且和那份遺囑沒有什麼利害關係的人，才有足夠的資格，來做這件事情。所以民法第1198條規定，下面這些人，不可以做遺囑的見證人：

(一) 未成年人（第1款）

未成年還沒有完全的行爲能力，自己意思表示都有問題了，又怎麼樣能掌握立下遺囑的人的意思表示？

(二) 受監護或輔助宣告之人（第2款）

受監護或輔助宣告之人是精神障礙或其他心智缺陷，沒有辦法表示意思，不能處理自己的事情，又怎麼樣能掌握立下遺囑的人的意思表示？

(三) 繼承人及其配偶或其直系血親（第3款）

繼承人本身，或是繼承人的配偶，或是繼承人的直系血親尊親屬、繼承人的直系血親卑親屬，或因為繼承人本身得到多少遺產，多多少少會沾到一些好處，所以不可以當見證人，以免偏心，而故意朝對繼承人有利的方向去陳述證詞。

(四) 受遺贈人及其配偶或其直系血親（第4款）

受到被繼承人遺贈的人本身，或是受遺贈人的配偶，或是受遺贈人的直系血親尊親屬、受遺贈人的直系血親卑親屬，或因為受遺贈人本身得到多少遺贈，多多少少會沾到一些好處，所以不可以當見證人，以免偏心，故意朝對受遺贈的人有利的方向去陳述證詞。

(五) 為公證人或代行公證職務人之同居人、助理人或受僱人（第5款）

公證遺囑的見證人，是要證明立下遺囑的人，確實在公證人前面立下自己的遺囑，並且公證人確實有把立遺囑人的意思記下來，而密封遺囑的見證人，是要證明立下遺囑的人，確實有向公證人說那份遺囑是立下遺囑的人自己本身所立下的遺囑，所以，不管是公證遺囑或是密封遺囑，見證人都是在觀察、監視公證人的。如果公證人，或是代理公證業務的人，或是與這些人住在一起的人、這些人的助手、助理，或是被這些人所僱用的人，很難不偏向公證人本身，所以如果由這些人做見證人，就變成球員兼裁判，很難發揮監視、觀察公證人的功能，所以這些人也不可以做見證人。

三、案例結論

甲的朋友的兒子，還未滿18歲，是未成年人（參照民法第12條），依照民法第1198條第1款的規定，不可以當遺囑的見證人，所以甲的這份口授遺囑，並沒有效力。

四、相關實例

乙要立一份公證遺囑，但是只找到一位見證人一起去民間公證人那裡去公證遺囑，該位民間公證人為了給乙方便起見，就叫自己的法務助理來當見證人。請問：乙的這份公證遺囑，是不是有效？

五、重要判解

(一) 最高行政法院70年判字第708號判決（例）

　　按「代筆遺囑，由遺囑人指定三人以上之見證人，由遺囑人口述遺囑意旨，使見證人中之一人筆記、宣讀、講解，經遺囑人認可後，記明年月日、及代筆人之姓名，由見證人全體及遺囑人同行簽名，遺囑人不能簽名者，應按指印代之。」又「繼承人及其配偶或其直系血親，受遺贈人及其配偶或其直系血親，不得為遺囑見證人。」為民法第1194條及第1198條第3款、第4款所明定；又民法第73條規定：「法律行為，不依法定方式者無效。」本件原告之父許○義於61年11月3日死亡，原告於68年11月15日及69年5月21日先後持其先父許○義53年4月10日之代筆遺囑，申請坐落高雄縣湖內鄉圍子內段三六八○號旱十則○‧二五二○公頃土地之所有權移轉登記，被告機關審查其遺囑，係生前由非見證人之土地代書人許○吉代筆遺囑，又其見證人共五人內除鄭○一人外，其他許○波、許○男、郭許○鳳、李許○聯等四人均為遺囑人之子女，亦屬請求繼承移轉事件有利害關係之繼承人，許○男復係受遺贈人，均不得為遺囑見證人，系爭代筆遺囑，既非由見證人中之一人筆記，且適格之見證人僅鄭○一人，顯不具備法定方式，揆諸首揭法條規定，自不發生遺囑之效力，且此種要式行為，亦非程式可得補正者，被告機關因而不予受理登記，於法並無違誤。

(二) 最高行政法院72年度判字第94號判決（例）

　　按：「代筆遺囑，由遺囑人指定三人以上之見證人……」、「左列之人不得為遺囑見證人……四、受遺贈人及其配偶或其直系血親……」，為民法第1194條及第1198條所明定。本件原告檢附唐○隨筆記之李○仙遺囑，請求准予辦理李○仙所有坐落新莊市中港厝段六九四──六地號土地及建物所有權之遺贈所有權移轉登記，惟經審閱李○仙遺囑，係屬代筆遺囑，形式上其在場見證人雖有五人，其中桑○、黃○貞為原告之父母，唐○隨為另一受贈人唐○煌之父，是該代筆遺囑之合法見證人只剩陳○霓、熊○基二人，既不足法定人數，依民法第73條前段之規定，該項遺贈自屬無效。原告持本屬無效之李○仙遺囑請求就系爭房地辦理遺贈之所有權移轉登記，自無從准許，被告機關據以駁回其遺贈移轉登記之請求，按諸首開規定，並無不合。

(三) 最高行政法院75年度判字第615號民事判決

　　按「無直系血親卑親屬者，得以遺囑就其財產之全部或一部指定繼承人」；而「其繼承人與被繼承人之關係，除法律另有規定外，與婚生子女同」；固為74年6月3日修正公布前之民法第1143條前段、第1171條所規定（現行法已均予刪除）。第查遺囑乃屬要式行為，此由民法第1189條至第1198條之規定觀之至明，本件原告

主張其為已故陸軍士官長盧○良之遺囑指定繼承人一節，無非以盧○良生前74年3月19日所為遺囑為依據，審視該所為遺囑僅有見證人廖○志、謝○雲二人，另一人「義女家長」韓○舜乃原告之父，係以義女家長身分簽字，其非以見證人身分簽名至明，而該遺囑為見證人之一廖○志書寫，亦經原告與韓○舜於本院調查時到場陳明，是該遺囑未備「自書遺囑」（應自書遺囑全文）暨「代筆遺囑」（應有三人以上之見證人）之要件，矧「口授遺囑」，應由見證人中之一人或利害關係人，於為遺囑人死亡後三個月內，提經親屬會議認定其真偽，乃同第1197條所明定，亦為欲使「口授遺囑」生效所必須踐行之程序，且縱使如原告所稱，盧○良無可資召集會議之親屬在台，仍應於上開法定期間內，依同法第1132條、非訟事件法第77條聲請法院指定。茲原告既未遵此項法定程式辦理，則該遺囑自尚難認有效，從而原告亦無盧○良遺囑指定之繼承人之身分可言，不生得繼承盧○良之遺產問題，從而被告機關之人事參謀次長室函復原告未准繼受支領系爭退伍金，訴願暨再訴願決定遞予維持，所持理由雖有未同，但其結果尚無不合。

(四) 南投地方法院91年度訴字第520號民事判決

按遺囑人因生命危急或其他特殊情形，不能依其他方式為遺囑者，得由遺囑人指定二人以上之見證人，並口授遺囑意旨，由見證人中之一人，將該遺囑意旨，據實作成筆記，並記明年、月、日，與其他見證人同行簽名，惟受遺贈人及其配偶或其直系血親，不得為遺囑見證人，民法第1195條第1項第1款、同法第1198條第4款分別定有明文。次按口授遺囑依民法第1197條規定，應由見證人中之一人或利害關係人於為遺囑人死亡後三個月，提經親屬會議認定其真偽，對於親屬會議之認定如有異議，得聲請法院判定之。

(五) 最高法院109年度台上字第95號民事判決

按民法第1191條第1項規定公證遺囑，應指定二人以上之見證人，乃為確保公證人製作之公證遺囑內容，係出於遺囑人之真意，本其口述意旨作成。而民法第1198條第4款規定受遺贈人之「直系血親」，不得為遺囑見證人，無非因其就遺囑有間接利害關係，為免自謀利益，違反遺囑人之本意，故明文禁止之。惟於收養關係存續期間，受遺贈之養子女與本生父母之權利義務關係停止，本生父母就受遺贈人純獲法律上利益之遺囑作成，已無利害關係，難認有自謀利益而違反遺囑人本意之情形，即不應受遺囑見證人之身分限制。是民法第1198條第4款所稱「受遺贈人之直系血親」，於受遺贈人之收養關係存續期間，應僅指其養父母而言，不包含其本生父母，始符立法意旨。

第三節 效 力

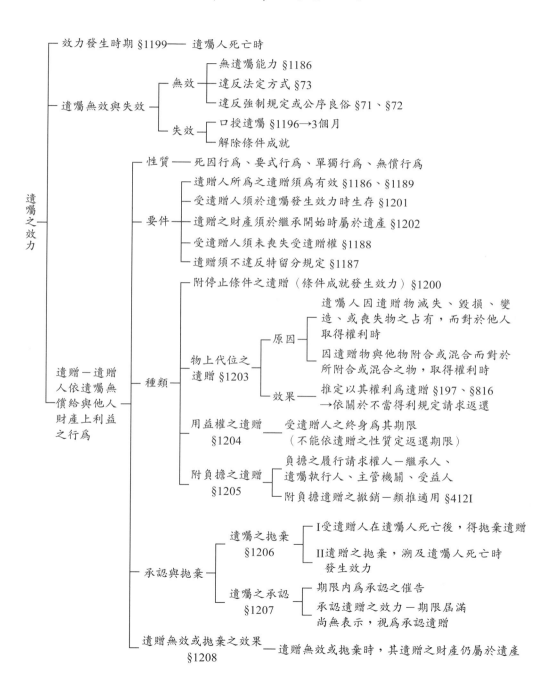

❖ 民法第1199條

遺囑自遺囑人死亡時發生效力。

案 例

> 甲男寫了一份自書遺囑，裡面說在他過世之後，唯一的家產也就是房屋一棟，要分配給兒子乙，但是房子目前是甲及兒子丙在住。乙就說因為甲已經立下了遺囑，分了家產，他已經分到那棟房子了，所以要求丙離開那棟房屋。請問：乙講的話有沒有道理？

一、思考焦點

遺囑作成之後，什麼時候才發生效力？

二、問題論述

遺囑的意思，就是交代自己將來死亡之後，自己所遺留下來的財產，應該要怎麼樣來處理。所以遺囑是在作成遺囑的人過世之後，才會發生效力，而且遺囑在作成遺囑的人還活著的時候，是可以撤回的（民法第1219條至第1222條），隨時可能會沒有效力，因而遺囑裡面所提到有權利的人，並不能夠在作成遺囑的人還活著的時候，就可以主張遺囑裡面的權利，一定要到立遺囑的人過世之後，才可以依照遺囑的內容來主張權利。

三、案例結論

甲還沒有過世，所以遺囑不能發生效力，乙依據遺囑來主張那棟房子的權利，並沒有理由。

四、相關實例

丁男寫了一份自書遺囑之後，當天晚上就過世了。兒子戊急著要按照遺囑分家產，但是女兒己說一定要出殯以後才可以分家產。請問：誰講的有道理？

五、重要判解

(一) 最高法院18年上字第1207號判決（例）

以遺囑分授遺產，受遺人於遺囑人死亡後，固得根據遺囑之效力承繼遺產上之

權利，然受遺人於應承繼之遺產，更以協議讓出，而與第三人分析者，亦非無效，不能事後翻異，請求返還。

(二) 最高法院18年上字第1897號判決（例）

以遺囑分授遺產，於遺囑人死亡後，有拘束受遺人之效力。

(三) 最高法院19年上字第46號判決（例）

被承繼人對於承繼事項所立遺囑，如係出自本人之意思而合法成立者，即應認為有效。

(四) 最高法院82年度台上字第1197號民事判決

系爭切結書第1條約定：「乙方（即被上訴人）係甲方（即上訴人）之繼父，……但乙方年終遺產全部應歸甲方繼承。」由兩造之關係及立約之眞意觀之，該約定係被上訴人允諾於死亡時，將其所有之財產贈與上訴人，爲死因贈與之約定。該約定著重在遺產之取得，並非繼承權之指定，不生違反民法第1138條規定之問題，亦無自始客觀給付不能或違反公序良俗情事，自無民法第111條前段規定之適用，故上訴人應給付被上訴人350萬元之約定，亦無無效之原因。

(五) 最高法院103年度台上字第880號民事判決

遺囑自遺囑人死亡時發生效力；被繼承人之遺囑，定有分割遺產之方法者，從其所定，民法第1199條、第1165條第1項分別定有明文。又分割方法之指定，得就遺產全部或一部爲之，縱令違反特留分之規定，其指定亦非無效，僅特留分被侵害之人得行使扣減權而已。此項特留分扣減權性質上爲物權之形成權，民法就此雖未設消滅期間，惟特留分權利人行使扣減權，與正當繼承人行使繼承回復請求權之法律效果相類似，涉及親屬關係暨繼承權義，爲早日確定有關扣減之法律關係，以保護交易安全，應類推適用民法第1146條第2項規定，即自扣減權人知其特留分被侵害之時起二年間不行使而消滅，自繼承開始起逾十年者亦同。

(六) 最高法院105年度台上字第1431號民事判決

按民法第1199條既明定遺囑自遺囑人死亡時發生效力。則遺囑係於遺囑人死亡時始發生效力，該遺囑所爲應繼分之指定，似應就遺囑人死亡時所遺全部遺產而爲。從而法院就此未詳加審究，徒以遺囑係遺囑人於繼承自他人之遺產前所立，遽認該遺囑之應繼分指定不及其嗣後所繼承之遺產，於法即有未合。

(七) 最高法院106年度台上字第127號民事判決

按遺贈係遺囑人以遺囑之方式對受遺贈人爲無償讓與財產上利益之行爲，依民法第1199條規定，於遺囑人死亡時始發生效力，且受遺贈人僅取得請求遺贈義務人交付遺贈物之權利，是受遺贈權利之行使，以遺囑人死亡後，對遺贈義務人發表請求履行之意思爲要。而依民法第94條、第95條規定，該意思表示以義務人瞭解或

到達義務人時發生效力，於遺囑人無繼承人且未有遺囑執行人、遺產管理人之情形，客觀上既欠缺得受意思表示之人，受遺贈人之請求權自無從行使，必依法有受意思表示之義務人產生，其請求權得行使，消滅時效方可起算。至於民法第140條旨在規範時效已開始起算之屬於繼承財產之權利或對於繼承財產之權利，於其請求權時效期間行將完成之際，因缺為中斷行為人或缺受中斷行為人，而使時效暫時不完成，與上述遺贈發生效力之同時，即無受意思表示之遺贈義務人之情形有別，自無從依民法第140條之規定，推論客觀上無遺贈義務人存在時，時效仍自遺囑人死亡時起算。

(八) 司法院100、101、102年公證實務研討會研究專輯第25則

法律問題：請求人以「本人萬一罹患重傷病，藥石罔效時，自願放棄醫療，並拒絕以電擊、插管、心臟按壓……等先進醫療方式救治。」為其遺囑內容，請求作成公證遺囑，得否辦理？

研究意見：

　　甲說：拒絕請求。

　　理由：請求人所寫的遺囑內容，無法以預立遺囑方式完成其心願。

　　1.依100年1月26日修正公布之安寧緩和醫療條例第4條規定，末期病人得立意願書選擇安寧緩和醫療，而該意願書有其嚴格的要件，例如：所謂「末期病人」「不可治癒」之定義、對於末期病人醫療上之「不施行」與「終止或撤除」有無區別？及不施行心肺復甦術（如：電擊、插管、心臟按壓……）應符合那些規定等，該意願書係作為醫師參考病人醫療意願之用，惟醫師仍需本於專業判斷，醫師如違反同法第10條規定，嚴重者有停業處分或廢止其執業執照之處罰。故請求人表示放棄醫療，醫師是否會尊重請求人意思，尚非無疑，亦即以遺囑之內容，無法當然發生請求人期待之效果。

　　2.遺囑之成立固在遺囑人作成遺囑之時，但其效力，必待遺囑人死亡時才發生，民法第1199條規定可參。本題請求人遺囑內容交待放棄醫療等事項，該事實需於生前病危，尚未死亡前處理，與遺囑係於遺囑人死亡時，才就其生前財產分配或其他事務處理，發生遺囑之效力等，二者目的顯有不同，故以遺囑方式並無實益。

　　乙說：得予辦理。

　　理由：遺囑之內容，法律並未明文有任何限制，故除公證法第70條規定違反法令事項及無效之法律行為，不得作成公證書外，應尊重請求人之意願；本題請求人預立遺囑，其目的是希望在請求人身體無恙，意識清楚並有決定能力時，放棄使其身心遭受極度痛苦之醫療方式救治，故事先預做規劃，一旦其喪失決定能力時，醫師和家屬應尊重並做出符合其意願的醫療選擇，與前述安寧緩和醫療條例適用於不

可治癒末期病人簽署意願書外，另一種以預立遺囑的方式請求公證，日後如有醫療紛爭，該遺囑即可作為文書證據之用。

丙說：折衷說。

理由：原則上採甲說，例外請求人如執意要求以遺囑方式作成，則公證人應依公證法第71條規定闡明遺囑之意義及其效果，並告以作成安寧緩和醫療意願書方式，方符合安寧緩和醫療條例之相關規定，並依公證法第72條規定，於公證書上記載其說明及請求人所為之表示。另有關衛生署於95年7月開始在健保IC卡中，增列安寧緩和醫療意願，於健保卡註記安寧醫療，對於證明當事人安寧緩和醫療意願、保障其權益之目的，或有相當直接的幫助，可提供請求人參考。

丁說：本題情形，應向當事人闡明應改以公證「預立選擇安寧緩和醫療意願書」之方式而非以「公證遺囑」方式辦理。並應向當事人闡明，該意願應由中央主管機關依安寧緩和醫療條例第6條之1之規定註記於健保卡。

理由：

1.誠如甲說理由二所指明，遺囑效力必待遺囑人死亡始能發生，本題之請求內容係交待放棄醫療等生前事而非生後事，因此以公證遺囑方式辦理，於請求人生前尚未發生效力，縱請求人發生陷於昏迷等無法表達意願之情形，除非其最近親屬屆時另行依安寧緩和醫療條例第7條第3項、第4項等相關規定出具同意書，否則醫師仍不能僅憑該遺囑即不施行插管或電擊等心肺復甦術，是以作成公證遺囑並無法達到遺囑人選擇安寧緩和醫療之目的，乙說認為得作成公證遺囑，似非可採。

2.甲說認為應拒絕請求或丙說認為原則上應拒絕請求之理由，依甲說理由一之內容，無非認為必屬「末期病人」方得依安寧緩和醫療條例第4條規定書立意願書選擇安寧緩和醫療。惟該條例第5條第1項另規定如係20歲以上具完全行為能力之人，雖非末期病人，亦得以「預立」意願書之方式表達其意願，是以本題情形請求人如合於前開條例第5條第1項規定之情形，即請求人如係20歲以上具完全行為能力之人，即得依規定預立意願書，並得請求公證人就該「預立選擇安寧緩和醫療意願書」予以公證。該預立之意願書之應記載事項並應有兩位見證人在場見證，可參考衛生署公佈之預立選擇安寧緩和醫療意願書格式內容。請求人如擬就預立之意願書請求公證，應偕同兩位見證人一同到場向公證人提出公證請求。

3.丙說內容所指衛生署於95年7月開始在健保卡註記安寧緩和醫療意願之行政措施，已於100年1月26日修正安寧緩和醫療條例增訂第6條之1而予法制化。依上開增訂之安寧緩和醫療條例第6條之1規定，經依該條例第4條書立意願書，或依第5條預立意願書者等情形，中央主管機關「應」將其安寧緩和醫療意願註記於全民健康保險憑證（簡稱健保卡），是以公證人亦應向當事人闡明，該預立選擇安寧緩

和醫療意願之公證書作成後，仍應由中央主管機關註記於健保卡。

研討結論：多數說採丁說。

❖ 民法第1200條

遺囑所定遺贈，附有停止條件者，自條件成就時，發生效力。

案 例

> 甲男生了重病，醫生說活不過半年，甲就立下一個遺囑，希望把遺產的一半分給自己讀高中一年級的小兒子乙，但是前提是，必須乙考上國立大學。後來，甲過世了，乙只考上私立的大學，是不是可以要求這一半的遺產？

一、思考焦點

遺產如果附有停止條件，那麼什麼時候才能夠發生效力？

二、問題論述

家事事件法第3條第3項（丙類事件）第6款：因遺贈所生請求事件、第127條第1項第7款（關於其他繼承事件），應一併研讀。

所謂停止條件，是某件事情成就、發生以後，才可以發生某一種效力，（民法第99條第1項）。遺囑如果訂下了停止條件，那就必須要在條件成就、發生之後，訂了條件的那個部分，遺囑才會發效力。立遺囑的人期待那個條件發生，才會訂下這個條件，而法律也尊重立下遺囑的人生前的意思，於民法第1200條規定，必須要停止條件成就了，遺囑才會發生效力。

三、案例結論

乙如果有考上國立大學，這個停止條件成就之後，那麼甲的這份遺囑，其中關於留給乙一半遺產的部分，才會發生效力，如果乙一直沒有考上國立大學，就永遠不能得到甲一半的遺產。

四、相關實例

丙男立下一個遺囑，如果自己在96年1月1日以前就過世了，那麼他的這份遺

囑，必須要到96年1月1日才可以發生效力，後來丙在94年1月1日就過世了，請問他的這份遺囑，在什麼時候會發生效力？

五、重要判解

(一) 最高法院106年度台上字第2731號民事判決

按遺囑人依遺囑所為之遺贈，因依一方之意思表示即而成立，須受民法第1187條特留分規定之限制，為屬無相對人之單獨行為，與死因贈與乃以贈與人之死亡而發生效力，並以受贈人於贈與人死亡時仍生存為停止條件之贈與，且不受民法第1187條特留分規定之限制，性質上仍屬契約，須有雙方當事人意思表示之合致者迥然不同。

(二) 最高法院107年度台上字第1639號民事判決

死因贈與契約之受贈人係取得請求交付贈與物之債權，非直接取得贈與物之所有權。

❖ 民法第1201條

受遺贈人於遺囑發生效力前死亡者，其遺贈不生效力。

案 例

> 甲男立了一份遺囑，內容有寫到在自己過世之後，要把名下的一棟的房子送給好朋友乙女，而乙在94年3月1日過世，甲則在同年4月1日過世。請問：乙的唯一的繼承人，可不可以說甲有把這棟房子遺贈給乙，所以來向甲的繼承人來要這棟房子？

一、思考焦點

受到遺贈的人，如果在遺囑發生效力之前就死亡了，遺贈是不是仍然還有效力？

二、問題論述

依照民法第1199條的規定，遺囑原則上是在立下遺囑的人死亡的時候，才發生效力，但是如果立遺囑的人，有在遺囑裡面設定停止條件，那麼依照民法第1200條的規定，必須是停止條件成就之後，遺囑才會發生效力。如果在遺囑發生效力之

前，受到遺贈的人就已經過世了，那麼受到遺贈的人就不存在，遺贈因此也就沒有效力了，而且遺贈不可以由受到遺贈的人的繼承人，來繼承這個遺贈，因為受到遺贈的人在遺囑發生效力以前就死亡，所以不可以受到遺贈，又怎麼會有任何遺贈可以繼承呢？

三、案例結論

　　受到甲遺贈的乙，在甲死亡之前就已經過世了，是不可以受到遺贈的，而乙唯一的繼承人，也不可以說甲有把這棟房子遺贈給乙，而來向甲的繼承人主張來要這棟房子。

四、相關實例

　　丙贈送給丁一塊土地，約定要在丙過世之後，這個約定才會發生效力，但是在丙過世之前，丁就已經過世了。請問：丁的繼承人，可不可以來向丙來要這塊地？

五、重要判解

(一) 最高法院88年度台上字第91號民事判決

　　關於死因贈與，我民法雖無特別規定，然就無償給與財產為內容而言，與一般贈與相同，且死因贈與，除係以契約之方式為之，與遺贈係以遺囑之方式為之者有所不同外，就係於贈與人生前所為，但於贈與人死亡時始發生效力言之，實與遺贈無異，同為死後處分，其贈與之標的物，於贈與人生前均尚未給付。故基於同一法理，其效力應類推適用民法第1201條規定受贈人於死因贈與契約生效（即贈與人死亡）前死亡，其贈與不生效力。

(二) 最高法院95年度台上字第817號民事判決

　　遺囑人依遺囑所為之遺贈，因依一方之意思表示即而成立，為屬無相對人之單獨行為，與死因贈與乃以贈與人之死亡而發生效力，並以受贈人於贈與人死亡時仍生存為停止條件之贈與，其為贈與之一種，性質上仍屬契約，須有雙方當事人意思表示之合致者迥然不同。

(三) 法務部97年10月9日法律決字第0970037242號函

要旨：遺贈自遺囑人死亡時發生效力，並取得遺贈物交付、移轉請求權，若受遺贈人未辦理受贈財產移轉登記即死亡，則應由受遺贈人之法定繼承人繼承。

主旨：關於故榮民郭○○遺產繼承與遺贈疑義案，本部意見如說明二、三。請查照參考。

說明：

　　1.復貴會97年10月6日輔壹字第0970012987號書函。

2.按「遺囑自遺囑人死亡時發生效力。」「受遺贈人於遺囑發生效力前死亡者，其遺贈不生效力。」民法第1199條、第1201條分別定有明文。依上開規定，單純遺贈（非附條件之遺贈）與一般遺囑相同，自遺囑人死亡時發生效力，受遺贈人於遺贈發生效力時必須尚屬生存。本件依來函所示，受遺贈人王君於遺囑人亡故時尚生存，該遺贈自遺囑人死亡時，即發生效力。申言之，受遺贈人自遺贈發生效力時起，取得遺贈物交付、移轉請求權（參照陳棋炎、黃宗樂、郭振恭，民法繼承新論，1993年8月3版，第380頁），若受遺贈人於遺贈發生效力後，未辦理受贈財產移轉登記前死亡者，自應由受遺贈人之法定繼承人繼承。

3.次依「臺灣地區與大陸地區人民關係條例」第67條規定，對於大陸地區人民繼承臺灣地區人民之遺產，設有一定之限制，宜請貴會併予注意。

❖ 民法第1202條

遺囑人以一定之財產為遺贈，而其財產在繼承開始時，有一部分不屬於遺產者，其一部分遺贈為無效；全部不屬於遺產者，其全部遺贈為無效。但遺囑另有意思表示者，從其意思。

案 例

甲男在遺囑裡面，表示自己有一筆土地，已經被政府徵收了，在自己死亡之後，要把這筆土地的徵收補償金送給乙女，後來甲死亡之後，政府發放補償金的作業程序，一直都還沒有完成。請問：乙是不是可以取得這筆徵收補償金？

一、思考焦點

如果把不是自己的財產遺贈給別人，這個遺贈是不是還有效？

二、問題論述

如果一個被繼承人，在生前把不是自己的財產贈送給別人，在這位被繼承人死亡之後，繼承人還是有義務要去實現這個贈與契約的內容，因為這個贈與的契約，在被繼承人生前就已經發生效力了，受到被繼承人贈與的人，也有所期待，所以這個贈與契約應該要由繼承人來繼承，並且去實現。但是遺囑是沒有對象的一種意思表示，而且是在被繼承人過世之後，才會發生效力，所以立下遺囑的人在過世的

時候，也就是繼承開始的時候，所要遺贈給別人的財產，依照民法第1202條的規定，如果有一部分不是屬於立下遺囑人的，這個部分的遺囑，就是無效的，如果有全部不是屬於立下遺囑人的，那麼這份遺囑就全部是無效的，因為立下遺囑的人本身，在死亡的時候，並沒有這個財產，而這個遺贈，也沒有得到受到遺贈人的承諾，所以也不是契約，法律於是就規定假如遺贈別人不是屬於遺產的財物，這部分的遺贈就是無效的，例外的是，假如在遺囑裡面有特別的說明，將來如果繼承人因為被繼承人的某些權利，而得到的某些財產，這個財產要遺贈給某個人，比方說，被繼承人在遺囑裡面交代，將來徵收補償金如果拿到的話，就要送給某個人，那麼雖然遺贈的補償金，在繼承開始的時候，還不是屬於立下遺囑人所留下來的遺產，而是屬於政府的，但是這個遺囑還是可以有效。

三、案例結論

　　甲遺贈給乙的徵收補償金，在甲死亡而繼承開始的時候，還不是屬於甲的遺產，所以甲這部分的遺囑，依照民法第1202條的規定，是無效的，所以乙不可以取得這筆補償金，但是甲如果在遺囑裡面交代，將來徵收補償金如果拿到的話，就要送給乙，那麼遺贈的補償金，在繼承開始的時候，雖然還不是屬於甲留下來的遺產，而仍然是屬於政府的，但是這個遺囑還是可以有效。甲也可以把對於政府請求徵收補償金的債權遺贈給乙，這樣在甲死亡之後，這個債權就是屬於甲的，所以這個遺囑是有效的，乙就可以取得這個債權，將來向政府請求徵收補償金。

四、相關實例

　　丙在遺囑裡面遺贈給丁一筆土地，但是這筆土地在丙死亡的時候，是丙與戊所共有的，請問丙的這個遺囑是不是有效？

五、重要判解

(一) 臺灣高等法院高雄分院80年度家上易字第1號民事判決

　　查戰士授田憑據處理條例第2條規定。第7條規定，第8條規定，足見有關戰士授田憑據補償金在依規定申請登記經核定發放前，尚非屬於該戰士之財產。則上開遺贈之標的（戰士授田憑據補償金）在繼承開始時既不屬於馬正清之遺產，依民法第1202條之規定，應屬無效。從而，上訴人依據上開遺贈之法律關係，向被上訴人請求領取本件之補償金，即非正當，不應准許。

(二) 臺灣高等法院108年度重家上更一字第5號民事判決

　　依民法第1148條、第1151條規定，繼承人自繼承開始時承受被繼承人財產上一

切權利義務，各繼承人對於遺產全部取得公同共有之物權，亦即當然發生物權變動之效力；而參照同法第1202條、第1208條，遺贈固亦於繼承開始時生效，惟受贈人僅取得請求交付遺贈物之債權，尚不當然發生物權變動之效力。又受遺贈人申辦遺贈之土地所有權移轉登記，應由繼承人先辦繼承登記後，由繼承人會同受遺贈人申請之，為土地登記規則第123條第1項所明定。

(三) 最高法院108年度台上字第48號民事判決

繼承人自繼承開始時，承受被繼承人財產上一切權利義務，各繼承人對於遺產全部取得公同共有之物權，亦即當然發生物權變動之效力；而遺贈固亦於繼承開始時生效，惟受贈人僅取得請求交付遺贈物之債權，尚不當然發生物權變動之效力。此外，受遺贈人申辦遺贈之土地所有權移轉登記，應由繼承人先辦繼承登記後，由繼承人會同受遺贈人申請之。

❖ 民法第1203條

遺囑人因遺贈物滅失、毀損、變造、或喪失物之占有，而對於他人取得權利時，推定以其權利為遺贈；因遺贈物與他物附合或混合而對於所附合或混合之物取得權利時亦同。

案 例

> 甲男有一個古董花瓶，在遺囑裡面表示要把它遺贈給乙女，但是在甲過世之前，這個花瓶就因為地震的關係，摔到地上破掉了，但是甲可以向保險公司依照保險契約來請求理賠。請問：乙可以得到什麼權利？

一、思考焦點

遺贈的財物如果發生了變化，變成是立下遺囑的人可以向別人請求的權利，那麼受到遺贈的人，可以得到什麼樣的權利？

二、問題論述

(一) 遺贈物滅失、毀損、變造、或喪失物占有的時候

立下遺囑的人，本來要遺贈給別人一項財物，但是這項財物，因為消滅了（滅失），或毀壞了（毀損），或被改裝、改造（變造），或立下遺囑的人，已經沒有辦法去支配這項財物（喪失物之占有）的時候，立下遺囑的人，雖然已經沒有了這

項財物，但是如果因而可以向別人請求某種權利，那麼這個權利，就是這個財物的代替品，如果沒有其他證據，可以去證明立下遺囑的人，有其他的意思表示，那麼就可以推定認為是要遺贈這個權利，例如：如果東西被人家打壞了，或被人家借去弄丟了，可以向打壞、弄丟的人要求賠償，如果東西被人家改裝、變造，也可以向別人請求賠償因此而減少的價值，如果東西被人家偷去了、搶去了，也可以要求別人歸還，本來立下遺囑的人，是要遺贈這個財物給受到遺贈的人，現在就變成用這個請求賠償或歸還的權利來代替，受到遺贈的人，原則上就可以在遺贈的人過世之後，取得這個權利，並且行使這個權利去請求賠償，或去請求歸還遺贈的財物。

(二) 遺贈物與他物附合或混合的時候

附合的意思，就是自己的動產和別人的動產合在一起，變成一個獨立的動產，而且再也沒有辦法把這兩個動產分開，或要花費很大的費用，才能把這兩個動產分開，所以去分開兩個動產，非常不划算的時候，附合之前原來的動產所有人，就按照他們對於原來的動產的價值的比例，來共有這個合成物，例如：丙有價值新臺幣（以下同）100萬元的檜木原料，而丁把它釘在自己價值300萬元的小木屋的地板上，變成高級的實木地板，因為檜木已經釘好釘子了，如果把地板拆開，就會毀掉這些檜木，這個時候，丙的檜木及丁的小木屋產生了附合，依照民法第812條的規定，丙及丁就按照一比三的比例，來共有這個小木屋，丙有應有部分四分之一，丁有應有部分四分之三。而混合的意思，就是自己的動產和別人的動產，已經混在一起了，沒有辦法辨別那些動產是誰的，例如：戊的一疊5萬元鈔票，和己的一疊5萬元鈔票已經混在一起，分不清楚那幾張鈔票是戊的，而那幾張鈔票是己的，所以依照民法第813條的規定，可以準用民法第812條的規定，由戊、己各擁有這一疊混合後的鈔票中的5萬元。本來立下遺囑的人是要遺贈某個財物給受到遺贈的人，但是因為本來要遺贈給別人的財物，發生附合、混合的情形，所以就變成用這個對於附合物、混合物共有的權利來代替，受到遺贈的人，原則上就可以在遺贈的人過世之後，取得這個共有的權利。

三、案例結論

甲本來要送給乙那個古董花瓶，但是後來花瓶打破了，除非甲另外有意思表示，不然的話，甲遺贈給乙的，就變成是甲對於保險公司的損害賠償請求權。（參照民法第1202條但書、第1203條前段規定）

四、相關實例

丙有價值100萬元的檜木原料，要遺贈給庚，而丁把它釘在自己價值300萬元

的小木屋的地板上，變成高級的實木地板，因為檜木已經釘好釘子了，如果把地板拆開，就會毀掉這些檜木，這個時候丙卻過世了，請問庚可以取得什麼權利？

❖ 民法第1204條

　　以遺產之使用、收益為遺贈，而遺囑未定返還期限，並不能依遺贈之性質定其期限者，以受遺贈人之終身為其期限。

案 例

　　甲男過世的時候，依照他的遺囑，說要把他的一棟房子免費提供給乙女住，免得自己死亡之後，乙女沒有地方住，但是甲卻沒有在遺囑裡面交代說到底要給乙住多久。請問：乙到底可以住多久？

一、思考焦點

　　立下遺囑的人，如果是要把遺產交給受到遺贈的人使用，或是收取遺產的利益（收益），例如：讓受到遺贈的人去收遺產房子的房租、存款的利息（法定孳息），或是讓受到遺贈的人取得遺產的母牛所生的小牛、果樹所長的果實（天然孳息），但是又沒有交代到底可以讓受到遺贈的人使用、收益多久，也沒辦法從遺贈的性質本身，看得出受到遺贈的人，到底可以去使用、收益多久，這個時候，民法第1204條就規定，就是讓受到遺贈的人，在有生之年，都可以來使用、收益這個遺產。如果可以從遺贈的性質看得出來，是要讓受到遺贈的人使用或收益多久，那麼就是以那個期限為準，例如：立下遺囑的人，是遺贈別人一棟房屋現有的租賃契約的租金收益，而所訂下的租賃期間有限，那麼受到遺贈的人可以去收取的租金，就是以在那個租賃期間裡面，可以向房客每個月收取的租金，一直收到租賃期滿為止。

二、問題論述

　　本條文之立法目的在於遺產之使用、收益為遺贈時，如在立遺囑人之遺囑中未敘明返還期限，且無法依據遺贈之性質，定期限者，則以受遺贈人之死亡止為準，定為期限。

三、案例結論

甲既然沒有在遺囑裡面交代說到底要給乙住多久，那麼依照民法第1204條的規定，就是讓乙在有生之年都可以繼續住下去。

四、相關實例

丙遺贈給丁的，是丙的房屋出租，而可以向房客收取現有租賃契約的租金的權利，後來丙過世之後，租期還有一年，每個月可以收房租5萬元，請問：丁可以收益丙這棟房屋的法定孳息，究竟可以收益多久？

五、重要判解

司法院第9期公證實務研究會研究專輯第2則

法律問題：立遺囑人於遺囑內容中依民法第1204條：「以遺產之使用、收益為遺贈，而遺囑未定返還期限，並不能依遺贈之性質定其期限者，以受遺贈人之終身為其期限。」之規定，為遺產之所有權歸屬繼承人，而其使用、收益歸受遺贈人之遺產處分時，應否接受？

討論意見：

甲說：民法為規定遺囑人得將用益權以遺贈方式處分其遺產，則遺囑人將其遺產之使用、收益贈與予繼承人以外者，參照58年台上字第1279號判例意旨，自無不可。

乙說：物之使用、收益權原即自所有權而來，如強將其分割則所有權將受到極大限制，有如架空之名義上所有權人，只能為處分而無法為其他權能，且如遺贈未定期限，則依該法條繼承人所取得之繼承權會受限至受遺贈人死亡為止，其權限完全被架空，顯有規避特留分規定之嫌，且此種所有權限制並未如民法物權編之規定，於一般物權變動時，善意第三人得依公示方法得知，顯對市場秩序影響甚大，故不應允許為此處分。

丙說：遺囑人在不違特留分之情況下，原即得自由處分遺產，故遺囑人如欲將其遺產之使用、收益贈與予繼承人以外者，自應尊重其意願，然其處分仍須遵守特留分之規定，是故如能計算出該用益權之價值及扣除使用、收益後所有權之剩餘價值為何，而證明此項處分不違特留分之規定時，似仍應許可。

研討結論：採修正甲說。但公證人應依公證法第71條、第72條規定說明並附記。

❖ 民法第1205條

遺贈附有義務者，受遺贈人以其所受利益為限，負履行之責。

案例

> 甲男遺贈給乙女一棟價值新臺幣（以下同）100萬元的套房，但是條件是乙必須把甲唯一的兒子丙扶養長大成人，但是依照合理的估算，要把丙扶養長大，至少需要800萬元。請問：乙接受了甲這個套房的遺贈之後，就要把丙扶養到什麼程度？

一、思考焦點

遺贈如果附帶有對於受到遺贈人的要求，也就是遺贈附帶有條件，那麼受到遺贈的人，必須要負責到什麼程度。

二、問題論述

遺贈的意思，就是立下遺囑的人，在遺囑裡面交代在他（她）過世之後，要把某些遺產送給某個人，但是天下沒有白吃的午餐，遺贈給別人遺產的人，常常會附帶有條件，就是受到遺贈的人如果接受了遺贈的財物，就有義務要去做一些事情，民法第1205條就規定，受到遺贈的人，只要在受到遺贈利益之範圍內，才須要去負責，超出這個範圍以外，就沒有必要去實行遺贈人所要求的義務，因為「拿多少錢，辦多少事」，不可能要求受到遺贈的人，因為受到遺贈而變得更不利。

三、案例結論

乙只拿到100萬元的套房，所以乙只需要對丙付出100萬元的扶養限度，就可以了。

四、相關實例

丁遺贈給戊100萬元，要求戊在丁死亡之後，要蓋一間孤兒院收容無家可歸的兒童，請問戊有義務履行到什麼程度？

❖ 民法第1206條

受遺贈人在遺囑人死亡後，得拋棄遺贈。

遺贈之拋棄，溯及遺囑人死亡時發生效力。

案　例

　　甲男遺贈給乙女一棟價值新臺幣（以下同）100萬元的套房，但是條件是乙必須把甲唯一的兒子丙扶養長大成人，但是依照合理的估算，要把丙扶養長大，至少需要800萬元，乙覺得不划算。請問：乙可不可以不要接受這個遺贈？

一、思考焦點

　　受到遺贈的人，可不可以不要接受遺贈？

二、問題論述

　　遺贈的意思，就是立下遺囑的人，在遺囑裡面交代在他（她）過世之後，要把某些遺產送給某個人，但是遺贈是在遺囑裡面的記載，而遺囑是立下遺囑的人，單方面在遺囑裡面的意思表示，並沒有經過受到遺贈的人的同意，所以受到遺贈的人，並不一定會喜歡受到別人的遺贈，尤其是這個遺贈，還對於受到遺贈的人，有附帶一些條件或義務的時候，所以民法第1206條第1項就規定，受到遺贈的人，可以在立下遺囑的人過世之後，拋棄受到遺贈的權利，因為在立下遺囑的人死亡之前，依照民法第1199條的規定，遺贈並不發生效力，而且受到遺贈的人，如果在遺囑發生效力之前就過世的話，依照民法第1201條的規定，遺贈並不發生效力，所以在立下遺囑的人過世之前，根本沒有拋棄遺囑的必要性，必須要在立下遺囑的人過世之後，受到遺贈的人如果還活著的話，才可以拋棄這個遺贈。而受到遺贈的人，如果拋棄了遺贈，依照民法第1206條第2項的規定，就回溯到立下遺囑的人過世的時候，就已經拋棄了遺贈，不然的話，如果在立下遺囑的人過世之後，受到遺贈的人拋棄遺贈的時候，才開始算是拋棄遺贈，那麼在立下遺囑的人過世之後，一直到受到遺贈的人拋棄遺贈這段期間，拋棄遺贈的人還是可以享受遺產財產的權利，也有義務要去做立下遺囑的人，附帶要受到遺贈的人去做的事情，這並不一定符合拋棄遺贈的人的意思，也可能使得拋棄遺贈的人，只享受到權利，而在要盡義務的時候，就趕快去拋棄遺贈，所以拋棄遺贈是要回溯到立下遺贈的人過世的時候，就發生效力，跟從來沒有這個遺贈的效力是一樣的。

三、案例結論

　　乙可以拋棄這個遺贈，也因此不需要去扶養丙。

四、相關實例

丁遺贈給戊500萬元，但是要戊在丁死後一年爲丁建墳墓，而戊在丁死亡之後半年，用丁遺贈的錢買了股票，賺了50萬元之後，就拋棄遺贈，把500萬元歸還給丁的繼承人，也不願意去建造丁的墳墓。請問：丁的繼承人是不是可以向戊要求歸還這50萬元，或是要求戊去建造丁的墳墓？

❖ 民法第1207條

繼承人或其他利害關係人，得定相當期限，請求受遺贈人於期限內爲承認遺贈與否之表示。期限屆滿，尚無表示者，視爲承認遺贈。

案　例

甲男遺贈給乙女一棟價值新臺幣（以下同）100萬元的套房，但是條件是乙必須把甲唯一的兒子丙扶養長大成人，所以乙一直在猶豫，到底要不要接受這個遺贈。而甲的繼承人，想要來繼承遺產，已經等得不耐煩了。請問：甲的繼承人，要怎麼樣來確認乙到底是不是要接受這個遺贈？

一、思考焦點

要怎麼樣來確認受到遺贈的人，是不是願意接受這個遺贈？

二、問題論述

受到遺贈的人，可以依照民法第1206條的規定，來拋棄遺贈，而從民法第1208條的規定可以看得出來，遺產必須要交付遺贈物之後，剩下的，才是遺產，而由繼承人來繼承。所以如果受到遺贈的人，一直在猶豫到底要不要接受這個遺贈，那麼繼承人到底可以繼承到多少財產，變得很不確定，如果所有的遺產不夠拿來給所有受到遺贈的人，那麼受到遺贈的人到底要不要接受遺贈，也影響到其他受到遺贈的人到底可以拿到多少遺贈物，所以民法第1207條就規定，繼承人或利害關係人，例如其他受到遺贈的人，就可以訂一個可以讓受到遺贈的人考慮並且回應的合理時間，要受到遺贈的人回答，到底是不是要接受這個遺贈，如果在期限之內不回答，就當作是要接受這個遺贈，從此之後再也不能拋棄這個遺贈了，如果立下遺囑的人，對於這個遺贈附帶有義務，要受到遺贈的人去做，那麼受到遺贈的人也有義務要去做。

三、案例結論

立下遺囑的人，還有利害關係人，可以設定一定的期限，要受到遺贈的人回答是不是要接受遺贈，來確定遺贈的數額或是範圍。

四、相關實例

丁遺贈給戊一些錢，丁死亡之後，戊一直沒有表示到底要不要接受這個遺贈，己同時也受到丁的遺贈，而己可以拿到多少遺贈，會因為戊是不是要接受丁的遺贈，而有所影響，請問：己要怎麼樣來確認到底可以拿到多少遺贈？

❖ 民法第1208條

遺贈無效或拋棄時，其遺贈之財產，仍屬於遺產。

案例

甲遺贈給乙一棟房屋，但是乙在甲過世之後，就立即拋棄這個遺贈，那麼這棟房屋應該要歸誰所有？

一、思考焦點

受到遺贈的人如果拋棄遺贈，或遺贈根本是無效的，那麼遺贈的財產，應該要歸誰所有？

二、問題論述

遺贈情形無效（如未滿16歲的人、受監護宣告人作成遺囑來遺贈別人），或是受到遺贈的人，在立下遺囑的人過世之後，依照民法第1206條第1項的規定拋棄遺贈，這個時候，就跟沒有這個遺贈是一樣的，當初立下遺贈的人所要遺贈的財產，還是屬於遺產的一部分，如果有繼承人，就是由繼承人來繼承。

三、案例結論

受到遺贈的人如果拋棄遺贈，或遺贈根本是無效的，那麼依照民法第1208條的規定，遺贈的財產，應該要歸屬於遺產。

四、相關實例

丙15歲，遺贈一棟房子給丁，丙死亡之後，丁和丙的繼承人，在爭吵說誰可以

有這棟房子的所有權，請問：究竟是丁還是丙的繼承人，可以有這棟房子的所有權？

五、重要判解

臺灣高等法院108年度重家上更一字第5號民事判決

依民法第1148條、第1151條規定，繼承人自繼承開始時承受被繼承人財產上一切權利義務，各繼承人對於遺產全部取得公同共有之物權，亦即當然發生物權變動之效力；而參照同法第1202條、第1208條，遺贈固亦於繼承開始時生效，惟受贈人僅取得請求交付遺贈物之債權，尚不當然發生物權變動之效力。又受遺贈人申辦遺贈之土地所有權移轉登記，應由繼承人先辦繼承登記後，由繼承人會同受遺贈人申請之，為土地登記規則第123條第1項所明定。

第四節　執　行

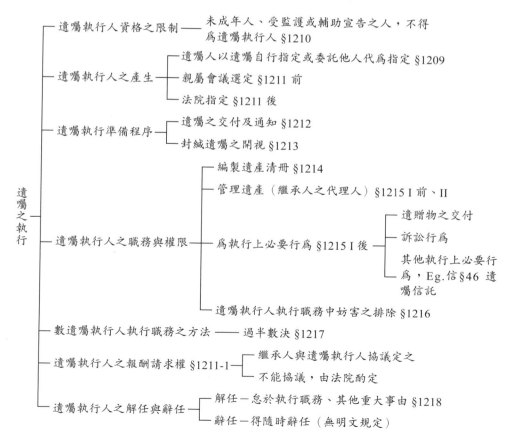

❖ 民法第1209條

遺囑人得以遺囑指定遺囑執行人，或委託他人指定之。

受前項委託者，應即指定遺囑執行人，並通知繼承人。

案 例

　　甲男過世之後，留下遺產新臺幣（以下同）10億元，卻沒有任何繼承人。甲在遺囑裡面有交代，這10億元的錢，在他過世之後，都要捐贈出來，用他自己的名字，成立一座財團法人某甲紀念醫院，也在遺囑裡面提到，希望由好朋友乙男幫他找一位合適的、熱心的、有醫學專業背景的遺囑執行人，來執行他的遺囑。請問：甲過世之後，乙可以做什麼事情？

一、思考焦點

遺囑執行人是怎麼樣去產生的？

二、問題論述

　　家事事件法第127條第1項第6款（關於指定或另行指定遺囑執行人事件），應一併研讀。

　　立下遺囑的人，在遺囑裡面交代的事情，都是交代在他過世之後，事情要怎麼樣來處理，但是立下遺囑的人過世之後，他（她）自己已經沒有辦法處理任何事情了，必須要由還活著的人去處理，這個人就是遺囑執行人，也就是把遺囑的內容付諸實現的人。遺囑執行人既然是要去實現立下遺囑的人生前的意思，所以原則上應該要尊重立下遺囑的人的意思，於是民法第1209條就規定，立下遺囑的人，可以在遺囑裡面交代在他（她）過世之後，由誰來擔任遺囑執行人，也可以委託別人去指定遺囑執行人（第1項），畢竟立下遺囑的人，最有資格去指定或委託別人來指定遺囑執行人，而受到立下遺囑的人的委託，去指定遺囑執行人，在立下遺囑的人過世之後，要立刻指定遺產執行人，並且把指定由誰擔任遺囑執行人的這件事情，告訴立下遺囑的人的繼承人（第2項）。

三、案例結論

　　乙在甲過世之後，要立刻依照遺囑，找一位合適的、熱心的、有醫學專業背景為遺囑執行人，來執行甲的遺囑。

四、相關實例

　　丙男在遺囑裡面交待，要遺贈給丁女一棟房子，並且由戊男擔任遺囑執行人。在丙過世之後，丁來向戊要房子，戊是不是可以去辦理登記手續，把那棟房子移轉過戶給丁？

五、重要判解

(一) 司法院35年院解字第3120號解釋

　　遺囑執行人除民法第1210條所定未成年人及禁治產人外，無其他之限制。

(二) 花蓮地方法院100年度訴字第260號民事判決

　　現役軍人或退除役官兵死亡而無繼承人、繼承人之有無不明或繼承人因故不能管理遺產者，由主管機關管理其遺產，臺灣地區與大陸地區人民關係條例第68條第1項規定甚明。又行政院核定之退除役官兵死亡無人繼承遺產管理辦法第4條規定：「亡故退除役官兵遺產，除設籍於行政院國軍退除役官兵輔導委員會（下稱退輔會）所屬之安養機構者，由該安養機構為遺產管理人外；餘由設籍地退輔會所屬之退除役官兵服務機構為遺產管理人」。次按遺囑人得以遺囑指定遺囑執行人；遺囑人得隨時依遺囑之方式，撤回遺囑之全部或一部，民法第1209條第1項前段、第1219條分別定有明文。

(三) 104年公證實務研討會法律問題提案第3號

法律問題：甲持立遺囑人乙經公證之密封遺囑到場，陳稱乙已死亡且無民法第1138
　　　　　條規定所列之繼承人，而公證書內記載乙指定甲為遺囑執行人。甲請求
　　　　　就該密封遺囑之開視辦理公證，應否准許？

研究意見：

　　甲說：應予准許。

　　理由：封緘遺囑之開視，應會同何人始得為之，現行民法似未設規定；而民法就密封遺囑之開視，係規定於繼承編第三章第四節遺囑之執行，故密封遺囑之開視，本係遺囑之執行要件。本件密封遺囑，公證書既已載明立遺囑人乙指定甲為遺囑執行人，解釋上乙顯已授權甲就該密封遺囑之開視請求辦理公證；且若甲不知悉本件遺囑內容，即無從據以執行遺囑。故甲就本件遺囑之開視，有法律上之利害關係，自有權就本件密封遺囑之開視請求辦理公證（公證法第2條第1項規定參照）。

　　乙說：仍應請甲提示乙即被繼承人之相關戶籍謄本資料，釋明乙並無民法第1138條規定所列之繼承人；若有繼承人者，仍應請繼承人到場，始得請求辦理公證。

　　理由：封緘遺囑之開視，應會同何人始得為之，現行民法雖未設規定，惟參

酌外國立法例，有規定應傳喚法定繼承人及其他利害關係人到場者（德國民法第2260條第1項）；有規定應傳喚管轄官署所知之繼承人者（瑞士民法第557條第2項）；有規定須會同繼承人或其代理人者（日本民法第1004條第3項），我國亦有學者認為於現行法實務處理上，允宜通知利害關係人到場者（陳棋炎，黃宗樂，郭振恭，民法繼承新論，2010年3月修訂6版，第309-310頁）。為免爭端，仍應請甲提示乙之相關戶籍資料供核，如發現乙有法定繼承人者，仍應通知繼承人到場，始得辦理密封遺囑開視之公證。

丙說：應拒絕辦理。

理由：本件密封遺囑，公證書雖記載立遺囑人乙指定甲為遺囑執行人，惟遺囑如未經開視，尚難單據該記載即認定甲為遺囑執行人而符合以遺囑指定遺囑執行人之要件。就乙有無法定繼承人，如無從確認，似應請其提交於親屬會議開視（民法第1213條第1項規定參照）；若無法召開親屬會議者，則依民法第1132條規定，由有召集權人或利害關係人聲請法院處理之。

初步研討結果：採乙說。

審查意見：

高雄地區公證人公會：採乙說。

臺灣臺東地方法院：採丙說。

理由：依民法第1213條規定，封緘遺囑非在親屬會議當場或法院公證處，不得開視。而密封遺囑開視之公證，依公證法第2條規定，固得由繼承人、受遺贈人、遺囑執行人等利害關係人為公證請求，惟因本件係密封遺囑，甲是否確為遺囑執行人，非經開視無法確定。依民法第1209條規定，遺囑人須以「遺囑」指定遺囑執行人，縱公證書記載乙指定甲為遺囑執行人，該記載亦不生指定效力，從而難以作為利害關係人認定之依據；再者，倘開視後，或因記憶錯誤或有意為之，甲竟非遺囑執行人，則甲自始非利害關係人，不得請求公證，既不合公證要件而公證程序卻已大半作成、密封遺囑亦已開視無法回復原狀，公證人該如何善後？開視之遺囑是否應交還甲？均有疑義，足見採甲、乙兩說均非妥適。是以，公證人應拒絕本件請求，告以得召開親屬會議直接開視密封遺囑，或改由選任或法定之遺產管理人為遺囑開視之公證請求人；如均有困難，則依民法第1132條第2項規定，由有召集權人聲請法院處理之（民法第1129條以下關於親屬會議、第1177條以下關於無人承認繼承等規定參照）。

研討結論：本題撤回（併編號15討論後撤回本題）。

(四) 臺灣高等法院暨所屬法院108年法律座談會民事類提案第17號

法律問題：甲、乙、丙共有A土地，甲起訴請求裁判分割共有物，一審法院判決共

有人各自取得共有物之一部分另應互爲找補。甲聲明上訴後，法院發現乙業於一審言詞辯論終結後判決送達前死亡，無人聲明承受訴訟，但乙生前定有遺囑將其就A土地之應有部分遺贈予丁，並指定戊爲遺囑執行人，戊亦依遺囑內容將乙就A土地之應有部分登記爲受遺贈人丁所有。一審法院應裁定由何人聲明承受訴訟？

討論意見：

甲說：應裁定由遺囑執行人承受。

遺囑執行人有管理遺產，並爲執行上必要行爲之職務；遺囑執行人因前項職務所爲之行爲，視爲繼承人之代理。繼承人於遺囑執行人執行職務中，不得處分與遺囑有關之遺產，並不得妨礙其職務之執行。民法第1215條、第1216條定有明文。是遺囑人死亡，有以遺囑指定、或已依法定程序選定遺囑執行人者（民法第1209條、第1211條參照），因遺囑執行人之任務即爲依遺囑之內容執行交付、分配遺產，是與遺囑有關之遺產涉訟，自應以遺囑執行人爲適格之當事人，故應裁定由遺囑執行人承受訴訟。

乙說：應裁定由繼承人承受。

遺囑執行人之任務僅係依遺囑之內容執行交付、分配遺產。民法第1215條所定遺囑執行人有管理遺產之權應限於與遺囑有關之範圍內者始足當之，逾遺囑所定範圍外之遺產，其管理處分及訴訟實施權當不歸屬遺囑執行人。從而，與遺囑有關之遺產管理而涉訟（包含聲請拍賣抵押物之裁定及聲請強制執行），遺囑執行人方具當事人適格，遺囑所定以外之遺產涉訟時，遺囑執行人則無當事人適格。本件遺囑指定將乙就A土地之應有部分遺贈予丁，係特定物之遺贈，遺囑執行人既然已依遺囑內容完成交付、分配，遺贈後之共有物分割程序，難認仍屬與遺囑有關之範圍內而爲適格之當事人。又受遺贈人丁，固因乙之遺贈受讓權利標的物，並繼受本件訴訟標的之法律關係而有民事訴訟法第254條（當事人恆定原則）及第401條第1項（既判力之人的範圍）之適用，但無得爲承受訴訟之法令依據，不得依同法第175條規定聲明承受訴訟，他造亦不得爲此聲明，故依民事訴訟法第168條規定，應裁定由乙之繼承人承受訴訟。

初步研討結果：採乙說。

審查意見：採乙說。

研討結果：照審查意見通過。

(五) 法務部111年8月2日法律字第11103510270號函

無論基於有償或無償行爲，輔助人均不得受讓受輔助宣告人之財產。惟因輔助人依法既已不得受讓受輔助宣告人財產，爰無須再論依民法第1113條之1第2項準用同法第1098條第2項規定爲受輔助宣告人選任特別代理人。

❖ 民法第1210條

未成年人、受監護或輔助宣告之人，不得為遺囑執行人。

（98年12月30日修正公布）

舊民法第1210條

未成年人及禁治產人，不得為遺囑執行人。

（19年12月26日之舊法）

案 例

　　19歲的甲男，和乙男是大學二年級同班同學，感情非常好，但是甲男得了癌症，醫生說活不過三個月，甲就立下了一個遺囑，交代自己打工賺的錢應該要遺贈給表妹丙，並且指定乙做遺產管理人，請問：乙是不是可以在甲過世之後，來執行甲遺囑的內容？

一、思考焦點

遺囑執行人有沒有什麼資格方面的限制？

二、問題論述

　　遺囑執行人，是幫別人實現別人遺囑裡面的內容，通常是關於遺產應該要怎麼樣來處理、分配的事情。但是，未成年人還沒有滿20歲（民法第12條），通常沒有足夠的能力，獨自去處理自己的錢財，是限制行為能力人，而受監護或輔助宣告之人根本沒有能力處理自己的事情，是無行為能力人（民法第14條），這些人既然沒有辦法獨自處理自己的事情，又怎麼能夠幫別人實現遺囑的內容呢？所以民法第1210條就規定，未成年人及受監護或輔助宣告之人，一律都不可以當別人的遺囑執行人，即使未成年人已經結婚，也是一樣。

三、案例結論

乙是未成年人，不可以做甲的遺囑執行人。

四、相關實例

丙在世界上唯一的親人就是丁，但是丁有嚴重的精神病，時好時壞，被法院宣

告受監護之人，請問：丙可不可以指定丁做遺囑執行人？

五、重要判解

(一) 司法院26年院字第1628號解釋

民法第1210條所定不得執行遺囑之人，稱爲未成年人，禁治產人，而不稱爲無行爲能力人，是關於未成年人，顯係專就年齡上加以限制，未成年人雖因結婚而有行爲能力，仍應依該條規定，不得爲遺囑執行人。

(二) 臺灣高等法院85年度家抗字第83號民事判決

按依民法第1211條聲請法院指定遺囑執行人者，須遺囑之執行爲得由遺囑執行人執行之事項或須爲得由其執行之情形，若不須遺囑執行人之執行，遺囑之內容即可實施時，不發生遺囑執行人指定之問題。故除遺囑有形式上顯明之無效情形外，斟酌遺囑執行之難易，利益之大小及其原因，認爲無設置遺囑執行人之必要時，應亦得駁回利害關係人之聲請。依抗告人於原法院所提被繼承人所立之遺囑，已就被繼承人之遺產明確指定應由何人繼承，依其記載之內容，即可實施，不發生遺囑執行人指定之問題。

(三) 臺灣高等法院88年度家抗字第34號民事判決

查本件抗告人曾以被繼承人姜○章於87年3月10日死亡，而其生前預立自書遺囑，因被繼承人並未指定遺囑執行人，亦未委託他人指定，且繼承人在臺灣並無其他親屬，無法組織親屬會議選定遺囑執行人，爲此依民法第1211條之規定，聲請指定潘○禎爲被繼承人之遺囑執行人。而本件相對人於原法院聲請指定被繼承人姜○章之遺囑執行人，無非以「抗告人未經告知的單方聲請指定遺囑執行人，且所指定之遺囑執行人潘○禎未公平的依法律規定分配遺產在後」爲由。但查相對人既認遺囑執行人潘○禎執行遺囑不公平，自可依民法第1218條之規定，聲請法院另行指定遺囑執行人，且相對人於聲請時，亦聲請原法院另行指定遺囑執行人，詎原法院並未依相對人之聲請，另行指定遺囑執行人，而僅裁定指定唐○雄爲被繼承人姜○章之遺囑執行人，究竟原被指定人潘○禎是否因此而被解任？或係二人可同時執行之？若然，則將致被繼承人姜○章有二位遺囑執行人，而於二位遺囑執行人意見不同時，無法依民法第1217條之規定，採過半數之方法以決定職務之執行。原法院裁定之眞意爲何？未見原裁定說明，抗告人指摘原裁定不當，求予廢棄，爲有理由。

(四) 司法院98、99年公證實務研究會研究專輯第50則

法律問題：繼承人是否得爲遺囑執行人？

討論意見：

甲說：肯定說。

理由：司法院35年院解字3120號解釋認為，遺囑執行人除民法第1210條所定未成年人及禁治產人外，無其他之限制。加以遺囑人既信任繼承人，指定其為遺囑執行人，宜尊重其意思，如遺囑執行人無法妥當執行其職務時，另有規定得將其解任，以完成遺囑之執行。至於遺囑執行人被視為繼承人之代理人等規定乃就繼承人以外之人為遺囑執行人之普通情形而為規定者，於繼承人為遺囑執行人時，自無適用（參照陳棋炎、黃宗樂、郭振恭，民法繼承新論，第330-331頁）。

乙說：否定說。

理由：繼承人與遺囑有重大利害關係，如以之為遺囑執行人，則受遺贈人之利害常為繼承人所左右，不足以貫徹遺囑之目的，應以否定說為是（參照胡長清，中國民法繼承論，第232頁）。加以從民法第1215條第2項及第1216條之規定觀之，似有將繼承人自遺囑執行人中除外之意。

審查意見：採甲說。

研討結論：採甲說。

❖ 民法第1211條

遺囑未指定遺囑執行人，並未委託他人指定者，得由親屬會議選定之；不能由親屬會議選定時，得由利害關係人聲請法院指定之。

案 例

> 甲男在遺囑裡面交代，要把幾億元的遺產，通通捐出來成立某甲財團法人紀念醫院，但是因為甲不懂法律，想法也過於簡單，所以並沒有指定遺囑執行人，也沒有委託誰去指定遺囑執行人，那麼在甲過世之後，應該要由誰去負責向主管機關申請成立財團法人的手續？種種文書工作，籌備工作，又要由誰去負責處理呢？

一、思考焦點

遺囑如果沒有指定遺囑執行人，也沒有委託誰去指定遺囑執行人，那麼應該要由誰來做遺囑執行人呢？

二、問題論述

家事事件法第3條第4項（丁類事件）第10款：指定遺囑執行人事件，應一併研讀。

遺囑的內容，如果需要有人來處理，才能實現它的內容，但是偏偏遺囑裡面並沒有指定遺囑執行人，也沒有委託誰去指定遺囑執行人，這個時候，民法第1211條就規定，應該要由親屬會議來選定遺囑執行人，因為親屬會議是立下遺囑的人五位最親近的親屬所組成的，他們最瞭解立下遺囑的人到底在想什麼，也最能瞭解立下遺囑的人的種種情形，應該比任何人都更能選出適合的遺囑執行人，如果親屬會議沒有辦法召開，或是召開之後沒有辦法選出遺囑執行人的時候，跟那份遺囑有利害關係的人，如受到遺贈的人，就可以聲請法院來指定遺囑執行人。

三、案例結論

可以由甲的親屬會議來指定遺囑執行人，如果親屬會議沒有辦法召開，或是召開之後沒有辦法選出甲的遺囑執行人的時候，跟那份遺囑有利害關係的人，就可以聲請法院來指定遺囑執行人。例如：醫院係與公眾健康衛生有關，行政衛生署應為利害關係人，可聲請法院指定遺囑執行人。

四、相關實例

乙遺贈給丙一棟房子，但是在遺囑裡面沒有指定誰是遺囑執行人，也沒有委託誰去指定遺囑執行人，乙的親屬會議，每次開會人都到不齊，而且爭吵不休，根本沒有辦法選定遺囑執行人，請問：丙應該怎麼辦？

五、重要判解

(一) 新北地方法院90年度家聲字第49號民事裁定

民法第1211條明定：「遺囑未指定遺囑執行人，並未委託他人指定者，得由親屬會議選定之；不能由親屬會議選定時，得由利害關係人聲請法院指定之。」本件遺囑未指定遺囑執行人，而所餘之親屬含聲請人僅四人無法召開親屬會議該遺囑未指定報行人，復無從召開親屬會議另行指定遺囑執行人，而聲請人既為受遺贈人，自為利害關係人，其聲請法院另行指定遺囑執行人，於法有據。

(二) 臺灣高等法院94年度家抗字第112號民事裁定

按遺囑未指定遺囑執行人，並未委託他人指定者，得由親屬會議選定之，不能由親屬會議選定時，得由利害關係人聲請法院指定之，民法第1211條定有明文。又依同法第1130條、第1131條規定，親屬會議以會員五人組織之；親屬會議會員，應

就未成年人、禁治產人或被繼承人之下列親屬與順序定之：一、直系血親尊親屬，二、三親等內旁系血親尊親屬，三、四親等內之同輩血親；前項同一順序之人，以親等近者為先；親等同者，以同居親屬為先，無同居親屬者，以年長者為先；依前二項順序所定之親屬會議會員，不能出席會議或難於出席時，由次順序之親屬充任之。查依抗告人所提上開遺囑所載，遺囑人並未指定遺囑執行人，亦未委託他人指定，則依上開規定，自應先由遺囑人之親屬會議選定遺囑執行人，於不能由其親屬會議選定時，始得聲請法院指定。

❖ 民法第1211條之1

除遺囑人另有指定外，遺囑執行人就其職務之執行，得請求相當之報酬，其數額由繼承人與遺囑執行人協議定之；不能協議時，由法院酌定之。

（104年1月14日增訂）

案例

該遺囑執行人之報酬由誰來定之？

一、思考焦點

遺囑執行人就其職務之執行，得否請求相當之報酬？

二、問題論述

本條係於104年1月14日新增，其立法理由謂：民法第1183條定有遺產管理人之報酬，惟遺囑執行人之報酬，卻未有相關規定，宜使其得請求報酬；惟報酬之數額應先由當事人協議，當事人如不能協議時，則由法院酌定，爰增訂本條規定。又遺囑執行人之報酬，因具有共益性質，應認屬民法第1150條所稱之遺產管理之費用。

三、案例結論

按民法第1211條之1定有明文，本案遺囑執行人之報酬應由數額由繼承人與遺囑執行人協議定之，不能協議時，由法院酌定之。

四、相關實例

甲死亡前立遺囑指定乙擔任其遺囑執行人，甲死亡後，該繼承人丙對乙擔任甲之遺囑執行人有異議，是否可聲請法院酌定之？

❖ 民法第1212條

　　遺囑保管人知有繼承開始之事實時，應即將遺囑交付遺囑執行人，並以適當方法通知已知之繼承人；無遺囑執行人者，應通知已知之繼承人、債權人、受遺贈人及其他利害關係人。無保管人而由繼承人發現遺囑者，亦同。

　　（103年1月29日修正公布）

舊民法第1212條

　　遺囑保管人知有繼承開始之事實時，應即將遺囑提示於親屬會議；無保管人而由繼承人發見遺囑者亦同。

　　（19年12月26日之舊法）

案例

　　甲男因為不喜歡大兒子乙，而喜歡小兒子丙，所以立了一個遺囑，把所有的財產都留給丙，但是又怕乙、丙知道之後會吵架，所以就把遺囑放在好朋友丁那裡，並在遺囑中具名戊為遺囑執行人並告知丁，甲過世之後，丁應如何依法處理甲之遺囑？

一、思考焦點

　　幫立下遺囑的人來保管遺囑的人，如果知道立下遺囑的人過世之後，應該要把遺囑拿給誰看？

二、問題論述

　　立下遺囑的人，不見得都會自己來保管遺囑，因為立下遺囑的人，常常就是因為自己有危險，或有不方便的地方，才會立下遺囑，所以也常常會找別人來保管遺囑，例如：執行危險任務的人、情報人員或軍人，是由他任職的機關來保管遺囑。依照103年1月29日修正公布之民法第1212條規定：「遺囑保管人知有繼承開始之事實時，應即將遺囑交付遺囑執行人，並以適當方法通知已知之繼承人；無遺囑執行人者，應通知已知之繼承人、債權人、受遺贈人及其他利害關係人。無保管人而由繼承人發現遺囑者，亦同。」辦理遺囑保管人知有繼承開始之事實時，應即將遺囑交付遺囑執行人，並以適當方法通知已知之繼承人等事宜。

三、案例結論

依照民法第1212條前段規定，遺囑保管人丁應於知道被繼承人甲死亡，應即將遺囑交付遺囑執行人戊，並以適當方法通知已知之繼承人。

四、相關實例

戊男因為喜歡在外面的女朋友己，所以把大部分的遺產都遺贈給己，又怕自己的太太、小孩知道，所以就把遺囑藏在衣櫥裡面。戊過世之後，戊的太太發現戊的遺囑，應該如何依法處理？

五、重要判解

法務部104年7月23日法律字第10403506260號函

為使繼承人及利害關係人得以知悉遺囑存在，現行民法第1212條規定由遺囑保管人將遺囑交付遺囑執行人，並以適當方法通知已知繼承人；如無遺囑執行人，則應通知已知繼承人、債權人、受遺贈人及其他利害關係人，又遺囑保管人有無提示，並不影響遺囑真偽及效力。

❖ 民法第1213條

有封緘之遺囑，非在親屬會議當場或法院公證處，不得開視。

前項遺囑開視時，應製作紀錄，記明遺囑之封緘有無毀損情形，或其他特別情事，並由在場之人同行簽名。

案 例

> 甲男過世之後，他的兒子乙發現甲留下一份遺囑，但是這份遺囑在封口的地方，被甲用蠟密封起來，甲並且在密封的地方，蓋上自己的手印。乙認為甲過世之後，自己一定是唯一的繼承人，就想自己把這份遺囑給打開，請問乙這樣做合不合法？

一、思考焦點

遺囑如果封口是密封起來的，要在什麼情形之下，才可以把它打開？

二、問題論述

　　遺囑如果是密封起來的，就表示說，立下遺囑的人，不想在自己死亡之前，就被人家看到遺囑的內容，或是不希望別人隨便就能夠偽造、變更、抽換遺囑的內容，所以就把遺囑給密封裝起來。既然是這樣，如果要把遺囑給打開，就必須要在公正人士前面打開，這樣才能避免人家覺得是打開遺囑的那個人或別人，有對遺囑的內容動了手腳。民法第1213條規定，這個必須在旁邊監視、作證的公正人士，必須是立下遺囑的人的親屬會議，或是法院的公證人，有這些具有公信力的人在場，才可以把遺囑給打開（第1項），這樣，大家才比較會去相信這份遺囑的內容是真的，而且為了小心起見，打開遺囑的時候，在場的人還要做記錄，說明遺囑密封的地方有沒有損壞，或其他特別需要記載的情形，以示慎重（第2項），如果密封的地方已經有損壞，就表示可能有人先看過、改過、抽換過遺囑的內容，把這個損壞的情形記載下來，可以讓利害關係人都能夠瞭解有這個可能性，而在場打開遺囑的人，也不用對遺囑是不是真的這件事，負太大的責任。

三、案例結論

　　乙必須要在甲的親屬會議或法院公證人前面，才可以把甲的遺囑給打開，所以乙的這種行為並不合法。

四、相關實例

　　丙要在民間公證人前面打開父親丁的遺囑，請問是不是合法？

五、重要判解

(一) 司法院第9期公證實務研究會研究專輯第1則

法律問題：密封遺囑之開視應由何人在場？

討論意見：

　　甲說：須全體繼承人在場。蓋遺產為全體繼承人所公同共有，就遺產財團之有關事務須共同為之始可，因密封遺囑之開視事涉遺產之分配，宜由全體為之，以免他日爭執該遺囑之真偽。

　　乙說：僅須繼承人中之一人或數人在場即可，不以全體在場為必要。蓋密封遺囑之開視，僅在使無法窺視之遺囑開啟，並不涉及遺產之處分，故依民法第一千二百十三條第二項「並由在場之人同行簽名」之規定，無須適用繼承人公同共有規定，僅須有繼承人在場同行簽名即可，不以全體在場為必要。

研討結論：採乙說。

(二) 104年公證實務研討會法律問題提案第3號

法律問題：甲持立遺囑人乙經公證之密封遺囑到場，陳稱乙已死亡且無民法第1138條規定所列之繼承人，而公證書內記載乙指定甲為遺囑執行人。甲請求就該密封遺囑之開視辦理公證，應否准許？

研究意見：

甲說：應予准許。

理由：封緘遺囑之開視，應會同何人始得為之，現行民法似未設規定；而民法就密封遺囑之開視，係規定於繼承編第3章第4節遺囑之執行，故密封遺囑之開視，本係遺囑之執行要件。本件密封遺囑，公證書既已載明立遺囑人乙指定甲為遺囑執行人，解釋上乙顯已授權甲就該密封遺囑之開視請求辦理公證；且若甲不知悉本件遺囑內容，即無從據以執行遺囑。故甲就本件遺囑之開視，有法律上之利害關係，自有權就本件密封遺囑之開視請求辦理公證（公證法第2條第1項規定參照）。

乙說：仍應請甲提示乙即被繼承人之相關戶籍謄本資料，釋明乙並無民法第1138條規定所列之繼承人；若有繼承人者，仍應請繼承人到場，始得請求辦理公證。

理由：封緘遺囑之開視，應會同何人始得為之，現行民法雖未設規定，惟參酌外國立法例，有規定應傳喚法定繼承人及其他利害關係人到場者（德國民法第2260條第1項）；有規定應傳喚管轄官署所知之繼承人者（瑞士民法第557條第2項）；有規定須會同繼承人或其代理人者（日本民法第1004條第3項），我國亦有學者認為於現行法實務處理上，允宜通知利害關係人到場者（陳棋炎、黃宗樂、郭振恭三人合著，民法繼承新論，2010年3月修訂6版，第309-310頁）。為免爭端，仍應請甲提示乙之相關戶籍資料供核，如發現乙有法定繼承人者，仍應通知繼承人到場，始得辦理密封遺囑開視之公證。

丙說：應拒絕辦理。

理由：本件密封遺囑，公證書雖記載立遺囑人乙指定甲為遺囑執行人，惟遺囑如未經開視，尚難單據該記載即認定甲為遺囑執行人而符合以遺囑指定遺囑執行人之要件。就乙有無法定繼承人，如無從確認，似應請其提交於親屬會議開視（民法第1213條第1項規定參照）；若無法召開親屬會議者，則依民法第1132條規定，由有召集權人或利害關係人聲請法院處理之。

初步研討結果：採乙說。

審查意見：

高雄地區公證人公會：採乙說。

臺灣臺東地方法院：採丙說。

　　理由：依民法第1213條規定，封緘遺囑非在親屬會議當場或法院公證處，不得開視。而密封遺囑開視之公證，依公證法第2條規定，固得由繼承人、受遺贈人、遺囑執行人等利害關係人為公證請求，惟因本件係密封遺囑，甲是否確為遺囑執行人，非經開視無法確定。依民法第1209條規定，遺囑人須以「遺囑」指定遺囑執行人，縱公證書記載乙指定甲為遺囑執行人，該記載亦不生指定效力，從而難以作為利害關係人認定之依據；再者，倘開視後，或因記憶錯誤或有意為之，甲竟非遺囑執行人，則甲自始非利害關係人，不得請求公證，既不合公證要件而公證程序卻已大半作成、密封遺囑亦已開視無法回復原狀，公證人該如何善後？開視之遺囑是否應交還甲？均有疑義，足見採甲、乙兩說均非妥適。是以，公證人應拒絕本件請求，告以得召開親屬會議直接開視密封遺囑，或改由選任或法定之遺產管理人為遺囑開視之公證請求人；如均有困難，則依民法第1132條第2項規定，由有召集權人聲請法院處理之（民法第1129條以下關於親屬會議、第1177條以下關於無人承認繼承等規定參照）。

研討結論：本題撤回（併編號15討論後撤回本題）。

提案機關：臺灣臺中地方法院。

(三) 104年公證實務研討會法律問題提案第15號

法律問題：民間公證人在其事務所辦理有封緘之遺囑開視，是否符合民法第1213條規定？

研究意見：

　　甲說：否定說。

　　理由：民法第1213條第1項規定已明文在「法院公證處」，應不包括「民間公證人事務所」。

　　乙說：肯定說。

　　理由：民法第1213條係於74年6月3日修正，沿用至今，惟90年施行之公證法採雙軌制，依該法第1條：「公證事務，由法院或民間之公證人辦理之。」及同法施行細則第3條：「本法所稱公證人，係指法院之公證人及民間之公證人。」觀之，於適用涉及「法院公證」之條文時，應解為包括民間公證人在其事務所辦理之公證，以利公證雙軌之施行，並使人民對使用公證制度有更充分自由選擇之機會。

初步研討結果：採乙說。

審查意見：

　　臺灣基隆地方法院：採乙說。

　　理由：

　　1.基於條文適用應與時俱進並有利公證雙軌制之推行，故原則上同意乙說。

2.惟現行法條既明文規定封緘之遺囑僅於親屬會議當場或法院公證處方得開視，則其於民間公證人事務所開視之法律效果，仍交由法官個案判定為宜（臺北地院表示對此修正無意見）。

臺灣新北地方法院：採乙說，理由同研究意見。

研討結論：多數說採乙說（經付表決結果：實到51人，採甲說1票，採乙說45票）（併編號3討論）。

(四) 106年公證實務研討會法律問題提案第1號

法律問題：

一、13位請求人請求依民法第1213條規定辦理封緘遺囑開視之公證，公證人於開視後，對請求人提出信封內遺囑之原件應如何處理？

二、上述情形，應交付幾份公證書正本予請求人？費用如何計算？

研究意見：問題一：對請求人提出信封內遺囑之原件應如何處理？

甲說：應將遺囑原件發還原持有人，公證人製作密封遺囑開視之公證書時，以遺囑影印本作為該公證書之附件。

理由：遺囑原件既係由請求人之一所提出，自當發還原封緘遺囑之持有人。封緘遺囑開視事實之公證書應以遺囑影印本作為附件。

乙說：應將遺囑原件附綴於公證書正本之後，該份公證書正本交付原持有該遺囑之請求人。

理由：為確認開視之遺囑確實為原件無誤，公證人應將該遺囑原件附綴於公證書正本之後，且該附有遺囑正本之公證書正本應交付給原持有封緘遺囑之請求人。

丙說：甲說、乙說兩種方式均可，尊重當事人之意思。

初步研討結果：多數採乙說。

問題二：應交付幾份公證書正本予請求人？費用如何計算？承前問題一如採甲說（影本說），本題僅有甲、乙兩說。如問題一採乙說（正本說），本題有甲、乙、丙三說。如問題一採丙說，本題則有甲、乙、丙－A、丙－B四說。

甲說：不問公證書正本附上遺囑原件或影印本，均依請求人人數發給，張數如未逾6張，費用為新臺幣（下同）1,000元。

理由：

1.本題封緘遺囑開視之收費標準，依公證法第121條，本法未規定公證費用之事項，依其最相類似事項之規定收取費用。則依公證法第117條，請求就密封遺囑完成法定方式者，收取費用1,000元。（提案機關臺北地院表示同意此修正）

2.公證法施行細則第90條第3項前段規定，請求事件應發給公證書正本份數，不問請求人人數多寡，按請求人1人1份定之【公證法律問題研究（六）第11則、

公證法律問題研究（八）第5則參照】。請求人既為13人，不問公證書正本附上遺囑原件或影印本，公證人得發給並交付公證書正本13份，如未逾6張，不另加收費用。

乙說：不問公證書正本附上遺囑原件或影印本，公證書正本於5份以內，其張數未逾6張，僅收取費用1,000元。其餘8份可改發抄錄本，每份200元。共計2,600元。

理由：

1.封緘遺囑開視屬於非財產關係之公證，依公證法第113條第1項規定作成公證書，收取費用1,000元。

2.按公證法施行細則第90條第3項規定請求事件應發給之公、認證書正本份數，按請求人1人1份定之；每1案號請求事件全部加發正本份數，以4份為限，超過4份時，得經請求人同意改依發給繕本、影本或節本方式辦理。故不問公證書正本附上遺囑原件或影印本，如製作5份以內，其張數未逾6張時，均收取1,000元。其餘8份應改發給繕本、影本或節本方式為之（公證法第95條、同法施行細則第90條第3項後段規定參照）。至於抄錄費用應依公證法第128條第1項規定，其張數未逾6張者，每份收取200元。故公證費用為1,000元+1,600元=2,600元。

丙說：視公證書正本係附遺囑原件或影印本而不同。如附遺囑原件，正本1份1,000元；其餘12份2,400元，共3,400元。如附遺囑影印本，依丙－A說發給正本13份1,000元；依丙－B說則發給正本5份，抄錄本8份，共2,600元。

理由：

1.封緘遺囑開視屬於非財產關係之公證，依公證法第113條第1項規定作成公證書，收取費用1,000元。

2.如公證書正本係附遺囑原件，因遺囑原件僅有1份，故公證書正本僅得製作1份。其餘12位請求人部分，可依公證法施行細則第90條第3項後段規定，改依發給繕本、影本或節本方式為之（公證法第95條規定參照）。抄錄費用依公證法第128條第1項規定，其張數未逾6張者，每份收取200元，故共為3,400元。

3.如公證書正本係附遺囑影印本，丙－A說之理由同甲說。丙－B說之理由同乙說。

初步研討結果：多數採丙說。

審查意見：

臺灣臺中地方法院：

問題一：採乙說。

理由：同乙說。

問題二：採丙說。

理由：同丙說。

臺灣高雄地方法院：

問題一：採甲說。

理由：

1.公證封緘遺囑之開視，本質上為開啓封緘遺囑「過程」私權事實之體驗公證。公證人製作開視之公證書時，以遺囑開視前及開視後的影本為附件，目的在留存密封袋及內容物開視前、後之狀態，以杜日後爭議，要無以遺囑原件附綴於公證書正本之必要。

2.至於原件，若係請求人之一提出，自當發還原持有人；若為早期留存於公證處之密封遺囑，開視後原件則須繼續歸檔保存【公證法律問題研究（十）第41則參照】。因此，在封緘遺囑開視之公證，公證人交付請求人之遺囑開視公證書正本，僅須附上遺囑之影本即可。

問題二：採甲說。

理由：

1.封緘遺囑開視屬非財產關係之公證，依公證法第113條第1項規定作成公證書，收取費用1,000元。

2.公證人得依職權或依請求人或其繼受人之請求，交付公證書之正本，公證法第91條第1項定有明文。衡諸各請求人間地位平等，同一請求事件應發給之公證書正本份數，按請求人1人1份定之【公證法律問題研究（六）第11則、公證法律問題研究（八）第5則參照】。若請求人13人，公證人得按人數發給並交付正本13份，不另加收費用。

研討結論：

問題一：多數說採甲說（經付表決結果：實到39人，採甲說28票，採乙說9票，採丙說0票，棄權2人）。

問題二：多數說採甲說（經付表決結果：實到39人，採甲說28票，採乙說9票，採丙說0票，棄權2人）。

❖ 民法第1214條

遺囑執行人就職後，於遺囑有關之財產，如有編製清冊之必要時，應即編製遺產清冊，交付繼承人。

案　例

　　甲男是乙男的遺囑執行人，而丙男是乙的繼承人，丙覺得甲並沒有按照乙的遺囑的意思，來分配財產，有些財產他可能沒有分到，丙是不是可以要甲提出乙的遺產的清單。

一、思考焦點

　　遺囑執行人是不是有開立遺產清單的義務？

二、問題論述

　　遺囑執行人是要負責把遺囑的內容實現出來，而遺囑執行人是不是有忠實的按照遺囑的內容來分配遺產給繼承人，對於繼承人的權利影響很大，因為我國的民法，對於法定繼承人應該要怎麼樣來分配遺產，規定的非常清楚（民法第1144條），所以遺產到底有哪些，變得非常重要，繼承人如果要瞭解遺囑執行人到底有沒有按照遺囑來分配遺產，必須要先掌握遺產的清單，這樣才能了解被繼承人總共到底有那些遺產，然後計算扣掉遺債、遺贈之後，算出自己可以分到多少的遺產，因此，民法第1214條就規定，繼承人可以要求遺囑執行人把遺產的清單開出來，如果有必要，遺囑執行人也可以主動開立遺產清單，好讓遺囑的執行能夠公開化、透明化，也能夠讓繼承人比較能夠信服遺囑執行人執行遺囑的內容。

三、案例結論

　　丙如果對於遺產的分配有疑問，可以依照民法第1214條的規定要求甲開立乙的遺產的清單。

四、相關實例

　　丁是戊的遺產管理人，己是戊的繼承人，己可不可以要求丁開立戊的遺產清單？

五、重要判解

(一) 臺灣高等法院87年度家抗字第50號民事判決

　　按「繼承開始時，繼承人之有無不明者，由親屬會議一個月內選定遺產管理人，並將繼承開始及選定遺產管理人之事由，向法院陳明。」「親屬會議依前條規定為報明後，法院應依公示催告程序，定六個月以上之期限，公告繼承人，命其於

期限內承認繼承。無親屬會議或親屬會議未於前條所定期限內選定遺產管理人，利害關係人或檢察官之聲請，得聲請法院選任遺產管理人，並由法院依前項規定為公示催告。」「遺產管理人之職務如下：……三、聲請法院依公示催告程序，限定一年以上之期間，公告被繼承人之債權人及受遺贈人，命其於該期限內報明債權，及願受遺贈與否之聲明，被繼承人之債權人及受遺贈人為管理人所已知者，應分別通知之。四、清償債權或交付遺贈物。」民法第1177條、第1178條、第1179條第1項第3款、第4款分別定有明文。次按「遺囑執行人就職後，於遺囑有關之財產，如有編製清冊之必要，應即編製遺產清冊，交付繼承人」、「遺囑執行人有管理遺產並為執行上必要行為之職務。遺囑執行人因前項職務所為之行為，視為繼承人之代理。」民法第1214條、第1215條亦分別定有明文。依上開規定，可知聲請法院依公示催告程序，限定一年以上之期間，公告被繼承人之債權人及受遺贈人，命其於該期限內報明債權及願受遺贈與否之聲明，乃專屬於遺產管理人之法定職權，遺囑執行人並無此一權限甚明。

(二) 最高法院102年度台上字第392號民事判決

喪失其管理處分權及訴訟實施權，是同法第1215條所定遺囑執行人有管理遺產之權限，即應以與遺囑有關者為限，逾遺囑範圍之遺產，其管理處分及訴訟實施權並不歸屬於遺囑執行人。是以，被繼承人就其部分遺產，已於生前授權其兄弟處理，且未包括在遺囑範圍內，則遺囑執行人就該部分遺產即不具管理處分權及訴訟實施權，自無訴訟上請求之權限。

(三) 最高法院109年度台上字第2450號民事判決

生存配偶對死亡之他方主張夫妻剩餘財產差額分配請求權，性質屬死亡配偶所負之債務，惟該請求權既係立法者就夫或妻對共同生活所為貢獻之法律上評價，生存配偶自不需與其他繼承人分擔該債務，即得向其他繼承人為主張。此外，遺囑執行人限於與遺囑有關之遺產，始有管理權限及訴訟實施權，於必要時編製與遺囑有關之遺產清冊，並為執行上必要行為之職務，於執行前開必要行為之職務時，視為繼承人之代理人。

❖ 民法第1215條

遺囑執行人有管理遺產，並為執行上必要行為之職務。
遺囑執行人因前項職務所為之行為，視為繼承人之代理。

案 例

　　甲男立下了一個遺囑，裡面說要遺贈乙女一棟房子，但是條件是，乙有義務要在甲死亡之後，幫甲建造一個遺囑上面所附的設計圖的墳墓。後來甲過世了，丙是遺囑執行人，乙也接受了甲的遺贈，卻遲遲不肯動工幫甲造墳墓，丙可不可以向法院起訴，要求乙建造甲的墳墓，並且把墳墓交給甲的繼承人？

一、思考焦點

　　遺囑執行人可以執行哪些職務？

二、問題論述

　　遺囑只是立下遺囑的人表達他（她）的意願，遺囑的內容如果是需要一些作為，要去把它實現出來的，就需要遺囑執行人來執行，所以遺囑執行人的職務，就是去按照遺囑的意思，把遺囑的內容實現出來，因此，凡是為了實現遺囑的內容，而有必要的，都是遺囑執行人要去做的（民法第1215條第1項），而且遺囑執行人為了執行遺囑的所作所為，效力都是及於繼承人（民法第1215條第2項），因為遺囑執行人是按照遺囑的內容來執行，而繼承人也是因為遺囑才會去繼承財產，自然應該要接受遺囑執行人執行遺囑的結果。

三、案例結論

　　丙是甲的遺囑執行人，要負責把甲的遺囑予以執行，所以應該要把甲的房子過戶給乙，但是依照遺囑，乙因此也有建造甲的墳墓的義務，所以丙同時也應要求乙履行這個義務，而丙做這件事情，效果都會及於繼承人，如乙未依約履行，丙可以向法院起訴，要求乙建造甲的墳墓後，把墳墓交給甲的所有繼承人。

四、相關實例

　　丁向法院起訴，要求戊還錢，但是訴訟進行到一半，丁卻過世了。請問：丁的遺產管理人己，是不是可以承受這個訴訟？

五、重要判解

(一) 最高法院46年台上字第236號判決（例）

　　遺囑執行人有管理遺產並為執行上必要行為之職務，其因此項職務所為之行

爲，視爲繼承人之代理人，民法第1215條定有明文，故當事人死亡，而有以遺囑指定之遺囑執行人者，依民事訴訟法第168條之規定，其訴訟程序，即應由遺囑執行人承受之。

(二) 最高法院85年度台上字第684號民事判決

本件係無人承認之繼承，於繼承人未經過搜索程序確定及遺產未經清算程序確定其內容範圍之前，遺囑執行人尚無法具體實現分配遺產與繼承人或受遺贈人之任務。是應先由遺產管理人踐行搜索繼承人及清算程序，而後由遺囑執行人爲遺囑之執行，遺囑執行完了時，再由遺產管理人對於未於公告期間爲報明或聲明之債權人或受遺贈人償還債務或交付遺贈物，爲最後之清算程序，在遺產管理人爲搜索繼承人及清算程序期間，遺囑執行人之權限暫被停止。

(三) 最高法院87年度台上字第1723號民事判決

親屬會議，非有三人以上之出席，不得開會，非有出席會員過半數之同意，不得決議；親屬會議會員，於所議事件有個人利害關係者，不得加入決議，民法第1135條、第1136條定有明文。經查本件被繼承人陳○深既以自書遺囑指定王陳○珠、鍾○英、徐○雄三人爲遺囑執行人，以杜繼承人爲己利而違遺囑人之意思，又以自書遺囑將遺產贈與法人清泉獎學會董事會、香蘭基金會、生前部屬職員及特定親屬。則該遺囑之執行即與繼承人有重大利益衝突。況遺囑執行人有管理遺產並爲執行上必要行爲之職務；遺囑執行人因前項職務所爲之行爲，視爲繼承人之代理，民法第1215條定有明文。顯見遺囑執行人之改選與否，與繼承人均有個人之利害關係。故陳○仁召開親屬會議，而由與決議事項有重大利害關係之繼承人陳○仁、王陳○完、廖陳○香共同參與決議解除遺囑執行人王陳○珠、鍾○英、徐○雄三人之職務，並另選任陳○仁爲遺囑執行人之行爲，顯與民法第1136條之規定有違，其決議依法自屬無效。

(四) 最高法院102年度台上字第392號民事判決

依民法第1214條及第1216條規定，繼承人就與遺囑無關之遺產，並不喪失其管理處分權及訴訟實施權，是同法第1215條所定遺囑執行人有管理遺產之權限，即應以與遺囑有關者爲限，逾遺囑範圍之遺產，其管理處分及訴訟實施權並不歸屬於遺囑執行人。是以，被繼承人就其部分遺產，已於生前授權其兄弟處理，且未包括在遺囑範圍內，則遺囑執行人就該部分遺產即不具管理處分權及訴訟實施權，自無訴訟上請求之權限。

(五) 最高行政法院102年度判字第454號判決

遺產稅爲被繼承人死亡後，始依遺產及贈與稅法所課予繼承人的稅捐債務，並非被繼承人生前所發生而遺留下來之債務。至於限定繼承，係以限定繼承所得之遺

產償還被繼承人遺留之債務，遺產稅既係繼承人自身固有的債務，而非被繼承人遺留之債務，自無限定繼承之適用。故繼承人雖為限定繼承，其有繼承之事實仍然不變，自應依法以繼承人身分負擔其固有之遺產稅債務。又債務人之全部財產為債權之總擔保，債權人自得任意對之為強制執行，債務人本無選擇權，從而繼承人未依法完納遺產稅，經稅捐機關將該公法上金錢給付義務移送強制執行時，無論是否為限定繼承，其應受執行之標的物，均不限於被繼承人所遺留之遺產，尚可及於繼承人的固有財產，蓋此時無論遺產或固有財產均屬於繼承人總體財產之一部分，就遺產稅而言，自可以對繼承人之所有財產，包括其從繼承或分配之遺產所取得之孳息或收取孳息之權利為執行。

(六) 臺灣高等法院暨所屬法院108年法律座談會民事類提案第17號

法律問題：甲、乙、丙共有A土地，甲起訴請求裁判分割共有物，一審法院判決共有人各自取得共有物之一部分另應互為找補。甲聲明上訴後，法院發現乙業於一審言詞辯論終結後判決送達前死亡，無人聲明承受訴訟，但乙生前定有遺囑將其就A土地之應有部分遺贈予丁，並指定戊為遺囑執行人，戊亦依遺囑內容將乙就A土地之應有部分登記為受遺贈人丁所有。一審法院應裁定由何人聲明承受訴訟？

討論意見：

甲說：應裁定由遺囑執行人承受。遺囑執行人有管理遺產，並為執行上必要行為之職務；遺囑執行人因前項職務所為之行為，視為繼承人之代理。繼承人於遺囑執行人執行職務中，不得處分與遺囑有關之遺產，並不得妨礙其職務之執行。民法第1215條、第1216條定有明文。是遺囑人死亡，有以遺囑指定、或已依法定程序選定遺囑執行人者（民法第1209條、第1211條參照），因遺囑執行人之任務即為依遺囑之內容執行交付、分配遺產，是與遺囑有關之遺產涉訟，自應以遺囑執行人為適格之當事人，故應裁定由遺囑執行人承受訴訟。

乙說：應裁定由繼承人承受。遺囑執行人之任務僅係依遺囑之內容執行交付、分配遺產。民法第1215條所定遺囑執行人有管理遺產之權應限於與遺囑有關之範圍內者始足當之，逾遺囑所定範圍外之遺產，其管理處分及訴訟實施權當不歸屬遺囑執行人。從而，與遺囑有關之遺產管理而涉訟（包含聲請拍賣抵押物之裁定及聲請強制執行），遺囑執行人方具當事人適格，遺囑所定以外之遺產涉訟時，遺囑執行人則無當事人適格。本件遺囑指定將乙就A土地之應有部分遺贈予丁，係特定物之遺贈，遺囑執行人既然已依遺囑內容完成交付、分配，遺贈後之共有物分割程序，難認仍屬與遺囑有關之範圍內而為適格之當事人。又受遺贈人丁，固因乙之遺贈受讓權利標的物，並繼受本件訴訟標的之法律關係而有民事訴訟法第254條（當事人恆定原則）及第401條第1項（既判力之人的範圍）之適用，但無得為承受訴

訟之法令依據，不得依同法第175條規定聲明承受訴訟，他造亦不得為此聲明，故依民事訴訟法第168條規定，應裁定由乙之繼承人承受訴訟。

初步研討結果：採乙說。

審查意見：採乙說。

研討結果：照審查意見通過。

(七)最高法院110年度台上字第872號民事判決

依民法第1215條第1項及第1216條之規定，就與遺囑有關之遺產，其管理、處分權應歸屬於遺囑執行人，繼承人於遺囑執行人執行職務中，不得處分與遺囑有關之遺產，並不得妨礙其職務之執行；故受遺贈人欲提起請求履行遺贈義務之訴訟，應以遺囑執行人為被告，因繼承人就此類訴訟並無訴訟實施權。

(八)內政部110年6月10日台內地字第1100262764號函

倘涉有無繼承人或繼承人有無不明之情事時，被繼承人縱以遺囑表示為遺贈並指定有遺囑執行人，仍應於完成遺囑執行人及遺產管理人登記後，檢附法院准予公示催告之裁定及已將公告資料揭示之相關文件，由雙方會同受遺贈人申請遺贈登記。

❖ 民法第1216條

繼承人於遺囑執行人執行職務中，不得處分與遺囑有關之遺產，並不得妨礙其職務之執行。

案例

甲的遺囑的遺囑執行人乙，正要去執行甲的遺囑，把甲名下的一筆土地還有一棟房子、現金新臺幣（以下同）100萬元，按照遺囑拿去分給甲的兩個兒子，一個女兒，但是其中一個兒子丙，在外面欠了10萬元的賭債，想說自己再怎麼分，所分到的遺產一定超過10萬元，請問：丙是不是可以把甲所留下來的現金，其中10萬元先拿去還自己的賭債？

一、思考焦點

遺囑執行人執行遺囑的內容的時候，繼承人是不是可以先處分遺產？

二、問題論述

遺囑執行人是按照遺囑來處理遺產，就算繼承人已經知道他可以分到某一份遺產，在遺產管理人處理遺產之前，繼承人也不能自己就隨便把遺產拿走或拿去變賣（處分），更不能干涉遺囑執行人執行職務，因為遺囑執行人是被繼承人直接或間接所指定的，或親屬會議、法院來指定的，有權利按照遺囑的內容去分派遺產，並且代表的是超乎於所有的繼承人之上，是具有一定公信力的執行遺囑的機關，由他來分配遺產，多少可以免去一些繼承人之間因為利害關係衝突，所產生的懷疑、爭吵，比任何一位繼承人來分派遺產，更為超然中立，所以在遺囑執行人完成他的職務以前，繼承人不可以擅自先把遺產的一部分或全部給處分掉，也不能夠去干涉遺囑執行人有該要怎麼做。

三、案例結論

遺囑執行人執行遺囑的內容的時候，繼承人不可以先處分遺產，也不可以干涉遺囑執行人執行他的職務。

四、相關實例

丁是戊的遺囑執行人，但是繼承人己一直覺得丁搞不清楚狀況，應該要教一教丁怎麼做，所以就跑到丁家裡面，跟丁理論了一番，丁說我是遺囑執行人，我自己知道應該要怎麼樣來執行職務，而己說，我是利害關係人，你處理的是我要繼承的遺產，和你無關，今天是我要繼承而不是你要繼承，所以應該要聽我的，請問：誰講的有道理？

五、重要判解

(一) 最高法院91年度台上字第786號民事判決

1.遺囑執行人之管理權限僅限於與遺囑有關之遺產，與遺產管理人悉就全部遺產有管理權限迥異，此參諸二者關於遺產清冊之編製，前者僅於必要時編製，並以與遺囑有關之遺產為限，而後者則一定要編製，且就全部遺產為之，並應於就職後三個月內編製之甚明。再參照遺產管理人之選定、職務、有無報酬等規定，俱與遺囑執行人迥異，益能區分遺產管理人及遺囑執行人，本有不同之考量，實難混為一談。

2.依民法第1216條之規定，繼承人就與遺囑無關之遺產，並不喪失其管理處分權及訴訟實施權，是同法第1215條所定遺囑執行人有管理遺產之權限，即應以與遺囑有關者為限，逾遺囑範圍之遺產，其管理處分及訴訟實施權並不歸屬於遺囑執

行人。

(二) 法務部101年8月9日法律字第10100547070號函

要旨：民法第106、1216條等規定參照，繼承人對於與遺囑有關遺產已喪失處分權，不生由他人代理問題，故遺囑執行人管理遺產並為執行遺囑上必要行為之職務，自無須徵得繼承人同意主旨：有關邢○○君申辦不動產遺囑執行人登記及遺囑繼承登記疑義，本部意見如說明二至四。請查照參考。

說明：

一、復貴部101年3月20日內授中辦地字1016032241號函。

二、按遺囑執行人，除民法第1210條所定未成年人、受監護或輔助宣告之人外，無其他之限制（司法院院解字第3120號解釋意旨參照），故我國民法並無禁止繼承人為遺囑執行人之明文，如遺囑人信任繼承人而指定其為遺囑執行人，允宜尊重其意思，如為遺囑執行人之繼承人，專圖自己利益，而影響其他繼承人或利害關係人之利益，自得依民法第1218條另行選定或改定遺囑執行人，從而，我國學者多數說亦採肯定見解（參本部89年1月26日89法律字第050760號函）。

三、次按民法第1215條規定：「遺囑執行人有管理遺產，並為執行上必要行為之職務。（第1項）遺囑執行人因前項職務所為之行為，視為繼承人之代理。（第2項）」上開第2項關於遺囑執行人之職務行為，視為繼承人之代理之規定，乃就繼承人以外之人為遺囑執行人之情形所為之規定，於繼承人為遺囑執行人時，自無適用（參陳棋炎等三人合著，民法繼承新論，2005年8月，第328頁至第329頁；李宜琛著，現行繼承法論，1964年3月，第114頁；羅鼎著，民法繼承論，1956年1月，第228頁）。

四、末按民法第106條禁止雙方代理或自己代理規定之意旨，在於避免利益衝突，防範代理人厚己薄人，失其公正立場，以保護本人之利益。惟依前開說明，我國民法既未禁止繼承人為遺囑執行人，且遺囑執行人執行職務仍須以自己名義為之（參林秀雄著，繼承法講義，2005年11月，第277頁）；復查同法第1216條規定：「繼承人於遺囑執行人執行職務中，不得處分與遺囑有關遺產，並不得妨礙其職務之執行。」是繼承人對於與遺囑有關之遺產，已喪失處分權，不生由他人代理問題，故遺囑執行人管理遺產並為執行遺囑上必要行為之職務，自無須徵得繼承人之同意（參本部88年12月24日法律字第03385號函），此與民法第106條所規範之情形不同，尚無適用該條規定問題。

(三) 法務部104年10月20日法律字第10403512750號函

依民法第1216條之規定，繼承人就與遺囑無關之遺產，並不喪失其管理處分權及訴訟實施權，是同法第1215條所定遺囑執行人有管理遺產之權限，即應以與遺

囑有關者爲限，逾遺囑範圍之遺產，其管理處分及訴訟實施權並不歸屬於遺囑執行人。繼承人於不動產繼承登記前已提起請求確認繼承權（特留分）存在訴訟，且經法院判決確定，自屬已對扣減義務人行使扣減權，遺囑侵害特留分部分即失其效力，故遺囑執行人依民法第1215條、第1216條規定，檢附遺囑及法院確定判決證明文件爲全體繼承人申辦不動產繼承登記，可認屬其依法執行遺囑職務範圍。

❖ 民法第1217條

遺囑執行人有數人時，其執行職務，以過半數決之。但遺囑另有意思表示者，從其意思。

案 例

　　甲指定乙、丙、丁三個人為遺囑執行人，而甲過世之後，乙、丙都主張要馬上把遺贈交付給受到遺贈的人，但是丁卻主張再過一陣子，政府會降低贈與稅，晚一點交付贈與物，這樣可以為繼承人節省一些稅。請問：應該以誰的意見為準？

一、思考焦點

遺囑執行人有好幾位，彼此之間意思不一樣的時候，應該要以誰的意見爲準？

二、問題論述

立下遺囑的人，可以指定遺囑執行人，或委請別人去指定，如果沒有，親屬會議或法院也可以指定，但是指定遺囑執行人，不見得只指定一位，有的時候，立下遺囑的人、親屬會議或法院，可能不放心讓一位遺囑執行人去執行，怕產生弊端，或遺囑需要執行的地方實在是太多了，所以會指定兩位以上的遺囑執行人去執行遺囑，但是如果遺囑執行人之間發生爭執，對於遺囑要怎麼樣去執行的意見不一樣的話，先要看遺囑裡面，對於這種情形有沒有交代，如果有，就要按照遺囑的內容爲準，例如：遺囑裡面有說如果遺囑執行人之間的意見不一樣，就要以其中某某人的意見爲準，那麼就要以那個人的意見爲準，如果遺囑裡面對這種情形要怎麼樣來處理，並沒有交代，就要遺囑執行人按照人數來投票，要超過半數才可以做成決議，來決定該怎麼樣去執行遺囑。

三、案例結論

如果甲的遺囑裡面並沒有交代應該要以誰的意思為準，那麼就要由乙、丙、丁來表決，乙、丙都同意先交付遺贈物，已經過半數，所以就應該要照這樣去做。

四、相關實例

戊男指定己、庚為遺囑執行人，並且在遺囑裡面交代，如果己、庚執行他的遺囑意見不一樣的時候，以己的意見為準，那麼在戊過世之後，己、庚的意見不一樣，應該要以誰的意見為準？

五、重要判解

臺灣高等法院88年度家抗字第34號民事判決

查本件抗告人曾以被繼承人姜○章於87年3月10日死亡，而其生前預立自書遺囑，因被繼承人並未指定遺囑執行人，亦未委託他人指定，且繼承人在臺灣並無其他親屬，無法組織親屬會議選定遺囑執行人，為此依民法第1211條之規定，聲請指定潘○禎為被繼承人之遺囑執行人。而本件相對人於原法院聲請指定被繼承人姜○章之遺囑執行人，無非以「抗告人未經告知的單方聲請指定遺囑執行人，且所指定之遺囑執行人潘○禎未公平的依法律規定分配遺產在後」為由。但查相對人既認遺囑執行人潘○禎執行遺囑不公平，自可依民法第1218條之規定，聲請法院另行指定遺囑執行人，且相對人於聲請時，亦聲請原法院另行指定遺囑執行人，詎原法院並未依相對人之聲請，另行指定遺囑執行人，而僅裁定指定唐○雄為被繼承人姜○章之遺囑執行人，究竟原被指定人潘○禎是否因此而被解任？或係二人可同時執行之？若然，則將致被繼承人姜○章有二位遺囑執行人，而於二位遺囑執行人意見不同時，無法依民法第1217條之規定，採過半數之方法以決定職務之執行。原法院裁定之真意為何？未見原裁定說明，抗告人指摘原裁定不當，求予廢棄，為有理由。

❖ 民法第1218條

遺囑執行人怠於執行職務，或有其他重大事由時，利害關係人，得請求親屬會議改選他人；其由法院指定者，得聲請法院另行指定。

案 例

甲指定乙做遺囑執行人，然後就過世了，可是乙並沒有照甲的遺囑去做，先是拒絕把遺贈物交給受到甲遺贈的人，後來更把甲的一些錢拿去自己花掉了，請問：繼承人有沒有什麼方法避免甲的遺產繼續被浪費掉？

一、思考焦點

遺囑執行人如果沒有好好執行職務，有什麼方法可以把他（她）換掉？

二、問題論述

家事事件法第3條第4項（丁類事件）第10款：指定遺囑執行人事件，應一併研讀。

遺囑執行人如果沒有好好去執行職務，例如：遺囑裡面交代說要把遺產拿去成立一個財團法人，或要把遺贈物品交給受到遺贈的人，但是遺囑執行人該做的事情都沒有去做（怠於執行職務），或是有其他重大的理由，例如：把遺產放到自己口袋裡面，都是更換遺囑執行人的理由，但是遺囑執行人如果是立下遺囑的人本身所指定的，不可能再去找立下遺囑的人更換一位，因為立下遺囑的人已經過世了，這個時候，可以由利害關係人（例如：因為遺囑執行人的不適當的行為，而受到損害的人，包括受到遺贈的人、繼承人等等），都可以聲請親屬會議去更換遺囑執行人，如果遺囑執行人是法院所指定的，就必須要向法院聲請更換遺囑執行人，法院會就遺囑執行人表現好不好、是不是適當進行審理，如果發現遺囑執行人有怠於執行職務，或其他重大的理由，就會更換遺囑執行人。

三、案例結論

如果乙是立下遺囑的人指定的，或委請他人指定的，或親屬會議所指定的，就可以由繼承人聲請親屬會議更換，如果是法院所指定的，就必須向法院聲請更換。

四、相關實例

法院指定丙做丁的遺囑執行人，但是丙卻把丁的一部分遺產拿去賭博，請問：繼承人有沒有什麼方法避免丁的遺產，繼續被丙浪費掉？

五、重要判解

法務部100年4月7日法律決字第1000007946號函

　　參照民法第1215條、第1218條等規定，縱認遺囑執行人為繼承人之代理人，遺囑執行人之職務非繼承人可得自行解任，尚須請求親屬會議改選之，如親屬會議不能召集或不能決議時，則得聲請法院指定之。

<h1 style="text-align:center">第五節　撤　回</h1>

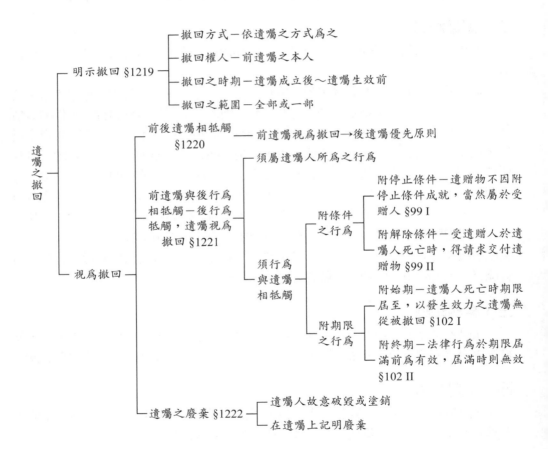

❖ 民法第1219條

　　遺囑人得隨時依遺囑之方式，撤回遺囑之全部或一部。

案 例

甲立下了一個自書遺囑，後來反悔了，想要把這份遺囑給撤回來，請問要用什麼方法？

一、思考焦點

要怎麼樣才能撤回遺囑？

二、問題論述

立下遺囑的人立了遺囑之後，如果反悔，想要把已經立好的遺囑其中一部分取消，或把全部的遺囑都取消，就必須要用原來遺囑的方法，才能撤回原來那份遺囑，如果原來是公證遺囑，就要用公證遺囑的方法撤回原來的公證遺囑，如果原來是口授遺囑，那麼就要用口授遺囑的方法，撤回原來那份口授遺囑，法律這樣規定的用意，是撤回遺囑的方法，必須要和原來那份遺囑的方法一樣，才算是足夠慎重，也才足夠推翻原來的遺囑。

三、案例結論

甲要用自書遺囑的方法，把原來的那一份自書遺囑給撤回。

四、相關實例

乙已經立下了一份公證遺囑，又想要把它給撤回，請問要用什麼方法？

五、重要判解

(一) 臺灣高等法院87年度上字第32號民事判決

按債權人得依民法第244條規定行使撤銷訴權者，以債務人所為非以其人格上之法益為基礎之財產上行為為限，例如以拋棄繼承而言，雖係對財產繼承之拋棄，惟因繼承之取得，乃基於特定之身分關係，故繼承權之拋棄實具有身分之性質，又拋棄繼承亦僅為單純利益之拒絕，是自不許債權人撤銷之（參照最高法院69年度台上字第1271號民事判決）。至撤回遺囑雖可能係針對立遺囑人之財產為之，而具有財產權之性質，惟撤回遺囑制度之設，旨在使立遺囑人得依其自由意志，決定其財產分配等身後大事之內容，故亦直接涉及人格之自由及尊嚴，立遺囑人撤回遺囑與否，他人實無干涉之權，此所以民法第1219條、第1221條分別規定：按遺囑人得隨時依遺囑之方式撤回遺囑之全部或一部；及遺囑人於為遺囑後所為之行為與遺

囑有相牴觸部分，遺囑視爲撤回。況較諸拋棄繼承，遺囑之撤回其財產權性質較不濃厚，而更具有身分權之意涵，是撤回遺囑權既以人格上之法益爲基礎，自亦不得以之爲撤銷訴權之標的。按債權人得隨時依遺囑之方式撤回遺囑之全部或一部；及遺囑人於爲遺囑後所爲之行爲與遺囑有相牴觸部分，遺囑視爲撤回。況較諸拋棄繼承，遺囑之撤回其財產權性質較不濃厚，而更具有身分權之意涵，是撤回遺囑權既以人格上之法益爲基礎，自亦不得以之爲撤銷訴權之標的。

(二) 最高法院88年度台上字第322號民事裁定

遺囑人得隨時依遺囑之方式，撤回遺囑之全部或一部，民法第1219條定有明文。且遺囑係於遺囑人死亡時始發生效力，倘效力尚未發生，自無對第三人構成損害之可言。故遺囑人於遺囑效力發生前，不須具何理由，自可任意將其遺囑撤回或變更之，無容他人干涉之餘地。

❖ 民法第1220條

前後遺囑有相牴觸者，其牴觸之部分，前遺囑視爲撤回。

案 例

> 甲立下了一份遺囑，要把所有的遺產分給兩個兒子乙、丙，一人一半，後來又立下了另外一份遺囑，要把所有的遺產都分給丙。請問：應該要以哪一份遺囑爲準？

一、思考焦點

前後兩份遺囑，如果內容不一樣的時候，應該要以哪一份遺囑爲準？

二、問題論述

遺囑有明示撤回，也有默示撤回。明示撤回，就是依照民法第1219條的規定，用原來立下遺囑的方法，去把原來那份遺囑給撤回來，而默示撤回的意思，就是前後兩份遺囑的內容互相矛盾，立下遺囑的人也沒有明確交代，到底要以哪一份遺囑爲準，所以法律就揣測立下遺囑的人的意思，應該是以比較後面所立下來的那份遺囑爲準，這一種揣測，也就是法律認爲，立下遺囑的人前後兩份所立下來的遺囑內容不同，從這件事情可以推測立下遺囑的人是要以比較後面所立下來的那份遺囑爲準，之前的遺囑凡是和後來所立的遺囑有矛盾的地方，都當作是被立下遺囑的人所

撤回，不然的話，如果立下遺囑的人沒有要撤回先前所立下的遺囑的意思，又怎麼後來會有相反的遺囑出現呢？

三、案例結論

應該要以後來所立下來的那份遺囑為準，所以就當作是甲要把所有的遺產都分給丙，先前甲說要分給乙二分之一遺產，這一部分的遺囑，就視為被甲所撤回，至於乙的特留分有沒有受到影響，則是另外一件事。

四、相關實例

丁男立下兩份遺囑，其中一份94年1月1日說要把他名下所有的A地遺贈給戊女，另外一份於94年3月1日卻說要把A地遺贈給己女，但是兩份遺囑都沒有寫下日期，不知道哪一份先寫，哪一份後寫，這個時候，丁也過世了，死無對證，應該要怎麼辦？

❖ 民法第1221條

遺囑人於為遺囑後所為之行為與遺囑有相牴觸者，其牴觸部分，遺囑視為撤回。

案 例

甲男立下了一個遺囑，說要把他名下的A土地遺贈給乙女，但是後來卻把A土地賣給了丙。請問：甲要把A土地遺贈的乙的這個部分的遺囑，是不是還有效？

一、思考焦點

遺囑的內容，如果和立下遺囑的人立下遺囑之後，所表現出來的行為，有所矛盾的時候，是不是還有效？

二、問題論述

遺囑的默示撤回，不只立下遺囑的人前後兩份遺囑的內容互相矛盾這一種情形而已，還包括立下遺囑的人，在立下遺囑之後的所作所為，跟遺囑的內容不一樣，而立下遺囑的人，也沒有表示清楚，到底是要以哪一個為準，所以法律就推測，應

該是以立下遺囑的人後來的行爲爲準，不然的話，如果立下遺囑的人沒有要撤回先前所立下的遺囑的意思，又怎麼會有相反的行爲出現呢？

三、案例結論

甲立下遺囑之後，又把A土地賣給了丙，所以甲要把A土地遺贈的乙的這個部分的遺囑，視爲撤回而沒有效力了。

四、相關實例

丙男立下了一個遺囑，說要把他名下的B土地遺贈給丁，但是後來卻把B土地捐給慈善團體。請問：丙要把B土地遺贈的丁的這個部分的遺囑，是不是還有效？

五、重要判解

臺灣高等法院87年度上字第32號民事判決

撤回遺囑雖可能係針對立遺囑人之財產爲之，而具有財產權之性質，惟撤回遺囑制度之設，旨在使立遺囑人得依其自由意志，決定其財產分配等身後大事之內容，故亦直接涉及人格之自由及尊嚴，立遺囑人撤回遺囑與否，他人實無干涉之權，此所以民法第1219條、第1221條分別規定：按遺囑人得隨時依遺囑之方式撤回遺囑之全部或一部；及遺囑人於爲遺囑後所爲之行爲與遺囑有相牴觸部分，遺囑視爲撤回。況較諸拋棄繼承，遺囑之撤回其財產權性質較不濃厚，而更具有身分權之意涵，是撤回遺囑權既以人格上之法益爲基礎，自亦不得以之爲撤銷訴權之標的。

❖ 民法第1222條

遺囑人故意破毀或塗銷遺囑，或在遺囑上記明廢棄之意思者，其遺囑視爲撤回。

案 例

甲立下一份自書遺囑之後，不久把它給燒掉，甲死亡之後，唯一的繼承人乙在甲的房間裡面，發現了這份燒過的遺囑，雖然被火燒過，但是灰燼上面的字跡還是很清楚，上面寫著要把所有的遺產都遺贈給丙女。請問：甲的遺產應該要怎麼樣來處理？

一、思考焦點

立下遺囑的人，自己把所立下來的遺囑給破壞掉，或把它給塗改、銷毀，這份遺囑是不是還算有效？

二、問題論述

一個立下遺囑的人，如果把自己先前所立下來的遺囑加以塗改或塗銷，或在先前所立下來的遺囑上面，寫明是要把那份遺囑給廢棄掉，法律就推測是立下那份遺囑的人，要默示撤回那份遺囑，不然的話，為什麼要去塗改、塗銷已經立下來的遺囑呢？又為什麼要在原來的遺囑上面寫出要撤回的意思呢？

三、案例結論

甲既然燒過了自己所立下來的遺囑，表示他不希望按照那份遺囑去處理遺產，所以視為甲把所有遺產都遺贈丙的遺囑都撤回了，應該由乙、丙依法來繼承甲之遺產。

四、相關實例

甲立下自書遺囑後，不小心將遺囑丟棄在垃圾桶，甲旋即死亡，隔日在垃圾場尋獲，試問：該遺囑是否有效？

五、重要判解

最高法院104年度台上字第2372號民事判決

遺囑人故意破毀或塗銷遺囑，或在遺囑上記明廢棄之意思者，其遺囑視為撤回。故須遺囑人有破毀或塗銷遺囑之故意，並有破毀或塗銷遺囑或在遺囑記明廢棄意思之行為，始生視為遺囑撤回之效力。

第六節　特留分

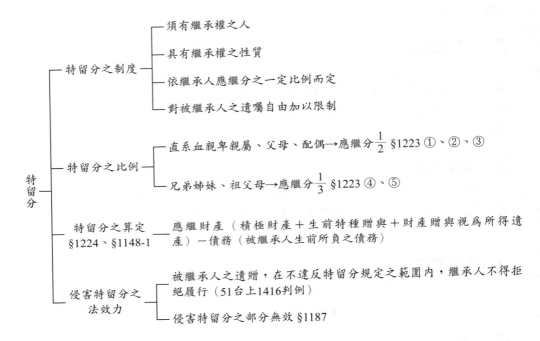

❖ 民法第1223條

繼承人之特留分，依左列各款之規定：

一、直系血親卑親屬之特留分，爲其應繼分二分之一。

二、父母之特留分，爲其應繼分二分之一。

三、配偶之特留分，爲其應繼分二分之一。

四、兄弟姊妹之特留分，爲其應繼分三分之一。

五、祖父母之特留分，爲其應繼分三分之一。

案例1

甲男過世的時候，留下遺產新臺幣（以下同）100萬元，而總共有繼承人兩位，分別是甲的太太乙以及兒子丙。請問：甲可不可以在遺囑裡面交代，要把所有的遺產都送給情婦丁女？

一、思考焦點

特留分是什麼？它有什麼作用呢？

二、問題論述

家事事件法第3條第3項（丙類事件）第6款：因特留分所生請求事件、第127條第1項第7款：關於其他繼承事件，應一併研讀。

(一) 法定繼承人的應繼分

就是當被繼承人沒有明確交代財產要怎麼樣來處理，或誰應該可以繼承多少遺產的時候，依照民法第1138條的規定，當然可以去繼承被繼承人的遺產的人，除了被繼承人的配偶以外，是依照：1.被繼承人的直系血親卑親屬；2.被繼承人的父母；3.被繼承人的兄弟姊妹；4.被繼承人的祖父母這四個順序，來繼承被繼承人的遺產，前面一個順序都沒有人了，才會輪到後面一個順序的人來繼承。而無論是哪一個順序，都是跟被繼承人的配偶一起來繼承，配偶和被繼承人的直系血親卑親屬一起繼承遺產的時候，是按照繼承的人數來平均繼承，和被繼承人的父母或是兄弟姊妹一起來繼承的時候，應繼分是遺產的二分之一，其餘繼承人是按照人數平均分配另外的二分之一，配偶和被繼承人的祖父母一起來繼承的時候，應繼分是遺產的三分之二，其餘繼承人是按照人數平均分配另外的三分之一，如果沒有民法第1138條所規定的第一順序到第四順序的繼承人的時候，配偶的應繼分，就是遺產的全部（民法第1144條）。

(二) 特留分的意義還有作用

特留分，就是法律硬性規定，把被繼承人的遺產，特別保留一部分下來給被繼承人的法定繼承人，這種制度的作用，是不希望被繼承人把所有的遺產都遺贈給別人，或是在被繼承人死亡的時候，贈送給別人，或讓某法定繼承人完全沒有繼承到遺產，讓被繼承人的法定繼承人，沒有遺產可以去繼承，造成生活上的困難，或成為國家社會的負擔，政府還要動用社會福利的救助金去養繼承人，而且法律也覺得說，如果被繼承人不把一定比例的遺產留給法定繼承人，從人情世故來講，也說不過去，跟傳統上遺產就是代代相傳，來維持一個家的香火的觀念不符合，所以民法第1223條開始，就規定關於特留分的制度。

(三) 特留分的內容

特留分就是法律強制被繼承人一定要保留一定比例的遺產，留給法定繼承人，避免法定繼承人生活困難，特留分是對於遺產有一定比例的權利，這種權利是對於遺產全部的一個比例，不是針對遺產之中的某一個具體項目的權利。這是法律原則上尊重被繼承人可以自由處分自己的遺產的這個原則以外，例外的規定在特留分的

範圍以內，被繼承人是不可以自由處分遺產的，如果被繼承人處分遺產，有侵害到特留分的情形，例如被繼承人的遺贈、決定哪一位繼承人應該要分配多少比例的遺產（應繼分的指定）、決定遺產要怎麼樣來分配，哪一個部分或項目應該要分配給誰（指定遺產分割的分法），造成法定繼承人拿不到特留分比例的遺產，就侵害的部分而言，被繼承人的這些行為就是無效的，而被繼承人侵害特留分的行為，只限於被繼承人死亡之後才發生效力的行為，被繼承人死亡之前的行為，例如被繼承人在還活著的時候，就把一些財產送給別人，都不算是侵害特留分。至於不同的法定繼承人的特留分的比例，是不同的，依照民法第1123條的規定，被繼承人的直系血親卑親屬、父母、配偶，都是應繼分的二分之一，而被繼承人的兄弟姊妹、祖父母，是應繼分的三分之一。這是民法第1223條的規定，考慮到法定繼承人和被繼承人親疏遠近的關係有所差別，所定下來的比例標準。

三、案例結論

乙及丙本來可以平分甲的遺產，每一個人可以分到應繼分50萬元，而乙及丙的特留分，分別都是他們應繼分的二分之一，也就是25萬元，所以甲遺贈給丁所有的遺產，只有在50萬元的範圍內是有效的，其餘50萬元，乙及丙各有25萬元的特留分，在這個總共是50萬元特留分的範圍以內，甲遺贈給丙是無效的。

四、相關實例

戊在遺囑裡面，指定配偶己的應繼分是十分之一，而獨子庚的應繼分是十分之九，在戊死亡之後，庚依照遺囑，拿到戊的十分之九的遺產。請問：己要怎麼樣來主張權利？

五、重要判解

(一) 最高法院48年台上字第371號判決（例）

被繼承人生前所為之贈與行為，與民法第1187條所定之遺囑處分財產行為有別，即可不受關於特留分規定之限制。

(二) 最高法院86年度台上字第2864號民事判決

特留分乃被繼承人必須就其遺產保留一定財產於繼承人之比例，乃概括存在於被繼承人之全部遺產上，並非具體存在於各個標的物上，與應有部分乃各共有人對於具體物之所有權在分量上應享有之部分者，有所不同。上訴人係主張其特留分，因被上訴人潘○宗、潘○光受遺贈，致每人受十二分之一之侵害，惟其特留分並非應有部分，縱上訴人曾行使扣減權，亦僅使其受侵害之特留分部分，即失其效力而

已，其因而回復之特留分仍概括存在於系爭五筆土地上，非謂該特留分即易爲應有部分，存在於各具體之標的物上。

(三) 最高法院88年度台上字第572號民事判決

按特留分乃被繼承人必須就其遺產保留一定財產於繼承人之比例，概括存在於被繼承人之全部遺產上，並非具體存在於各個標的物上，與應有部分乃各共有人對於具體物之所有權在分量上應享有之部分者，有所不同。繼承人主張其因被繼承人遺贈而受侵害之特留分並非應有部分，縱該繼承人曾行使扣減權，亦僅使其受侵害之特留分部分，失其效力而已，其因而回復之特留分仍概括存在於遺產之上，非謂該特留分即易爲應有部分，存在於各具體之標的物上。

(四) 臺灣高等法院94年度家再易字第2號民事判決

民法第1144條、第1223條關於繼承人之應繼分及特留分之規定，係爲保障繼承人之權利免受侵害，但並未禁止繼承人拋棄或處分其繼承之財產。而拋棄繼承固應依民法第1174條第2項所定期間內以書面向法院爲之，始生拋棄繼承之效力，惟繼承人就其因遺產分割取得之財產，本有完全之處分權能，故其縱未依上開規定拋棄繼承，其於遺產分割時，亦非不得全部或部分放棄或處分其依應繼分或特留分計算分得之遺產。

(五) 臺灣高等法院暨所屬法院110年法律座談會民執類提案第12號

法律問題：

問題（一）：債務人之遺屬依勞工退休金條例第26條規定得請領之退休金，是否屬債務人之遺產？

問題（二）：承上，如肯認上開退休金爲債務人之遺產，遇民法第1138條第3款規定之當順位之繼承人兄弟姊妹（同爲勞工退休金條例第27條第1項第5款規定之請領順位），前面尚有依勞工退休金條例第27條第1項第3款請領順位在前之祖父母（同爲民法第1138條第4款規定之繼承順位）而無其他繼承人時，執行法院得否逕對祖父母爲強制執行？

討論意見：

問題（一）：

甲說：肯定說。

（一）按雇主應爲適用勞工退休金條例之勞工，按月提繳退休金，儲存於勞保局設立之勞工退休金個人專戶，勞工退休金條例第6條第1項定有明文。依該條之立法理由爲：一、雇主應依規定之提繳率，按月爲勞工提繳個人退休金，專戶存儲。再參見勞工退休金條例第26條之立法理由提及勞工退休金有強制儲蓄之性質等內容。另參照司法院釋字第781號解釋理由參、三，勞退新制之勞工「個人退休金專

戶」，係由雇主於受僱人任職期間，依月提繳工資分級表，按受僱人之薪資分級，提繳至少以6%計算之金額至受僱人個人退休金專戶，受僱人符合退休條件，始得支領以該提繳金額本金及累積收益總額為限之退休金，性質上或可解為遞延工資之給付。綜上，該專戶之金額為勞工之財產權。至勞工退休金條例第26條規定，勞工於尚未符合請領退休金之規定前死亡者，仍得由其遺屬或指定請領人請領一次退休金，僅係對其得請領之時間、方法及金額，另為特別規定，並非否定專戶內之金額為勞工之財產權。

（二）另雇主於勞工因遭遇職業災害而致殘廢，未實際提供勞務，須依勞動基準法第59條規定予以補償，係為保障勞工，加強勞、雇關係，促進社會經濟發展之法定補償責任，其性質非屬「因工作而獲得之報酬」。故，勞工退休金條例第27條第1項係參考勞工基準法第59條規定，明定遺屬請領勞工退休金之順序，惟勞退專戶之金額，係勞工之財產權，兩者性質不同，尚不得以立法參考法條據解為係遺屬依法取得之權利。再者，依勞工退休金條例第26條第1項、第27條第1項第5款、第2項規定，有拋棄或法定事由喪失繼承權之情事，不得請領勞工退休金，亦足認勞工退休金為遺產之一部分。

（三）勞工退休金條例第27條第3項第1款雖規定勞工死亡後，如無第1項之遺屬或指定請領人者，其退休金專戶之本金及累積收益應歸入勞工退休基金。然依其立法理由在為避免因死亡後無繼承人，造成呆帳管理困難，並健全勞工退休基金財務，才以立法方式將勞工死亡後無人請領之勞工退休金歸入勞工退休基金，並非以此而否定勞工退休金係屬勞工之遺產。

乙說：否定說。

（一）勞工於請領退休金前死亡者，應由其遺屬或指定請領人請領一次退休金。依前條規定請領退休金遺屬之順位如下：一、配偶及子女。二、父母。三、祖父母。四、孫子女。五、兄弟、姊妹。前項遺屬同一順位有數人時，應共同具領，有未具名之遺屬者，由具領之遺屬負責分配之；有死亡、拋棄或因法定事由喪失繼承權時，由其餘遺屬請領之。但生前預立遺囑指定請領人者，從其遺囑。勞工死亡後無第1項之遺屬或指定請領人者，其退休金專戶之本金及累積收益應歸入勞工退休基金。勞工之退休金及請領勞工退休金之權利，不得讓與、扣押、抵銷或供擔保。勞工退休金條例第26條第1項、第27條第1項、第2項、第3項第1款、第29條第1項並有明文。可知勞工退休金不得扣押而成為強制執行之標的，且勞工於請領退休金前死亡者，其勞工退休金請領權人係遺屬或指定請領人，若無遺屬（含遺屬均拋棄繼承、死亡）或指定請領人，應歸入勞工退休基金處理。是勞工退休金不論在得否強制執行、請領權人及無人領取之最終歸屬等項，均與被繼承人死亡後之遺產

性質顯有差異，是遺屬請領勞工退休金乃係遺屬依法取得之權利，並非依據民法之繼承關係而取得，該勞工退休金自難認係屬遺產。

（二）雖有以遺屬領取勞工退休金應併入遺產總額課徵遺產稅（財政部94年9月30日台財稅第09404571910號函釋），而認勞工退休金屬遺產之見解；惟某財產應否一併課徵遺產稅，關係稅務公平及政府財政等多種考量，並非以是否遺產爲唯一依據，如被繼承人依遺產及贈與稅法第15條於死亡前2年贈與之財產，亦應徵收遺產稅，卻非民法繼承篇所謂之遺產。

（三）又有見解以勞工退休金條例第27條第2項後段規定，於勞工退休金有遺屬無繼承權或被繼承人已立遺囑指定領取人等情形時，法律效果與遺產類似，而認應屬遺產；惟若立法者有意將勞工退休金歸爲遺產，大可仿保險法第113條之立法例，明訂勞工於請領退休金前死亡者，勞工退休金作爲該勞工之遺產，僅於勞工退休金條例或相關行政法規有特別規定時從其規定即可，是依勞工退休金條例第27條第2項後段之立法方式，更可認勞工退休金並非遺產，僅於遺屬無繼承權或被繼承人已立遺囑指定領取人之情形，始例外適用類似遺產之處理方式。

問題（二）：

甲說：肯定說。

（一）民法第1148條規定，繼承人自繼承開始時，除本法另有規定外，承受被繼承人財產上之一切權利、義務。但權利、義務專屬於被繼承人本身者，不在此限。繼承人對於被繼承人之債務，以因繼承所得遺產爲限，負清償責任。祖父母依勞工退休金條例規定請領勞工退休金之權利，核屬被繼承人之遺產，其就繼承所得遺產，負有清償責任。

（二）勞工退休金條例第27條第1項第3款、第5款固規定祖父母之請領順序優先於兄弟姐妹，而與民法第1138條第3款、第4款所列繼承順序不同。惟勞工退休金條例第27條規定乃民法第1138條規定之特別法，依特別法優於普通法自應適用特別法；且適用法律應一體適用，不容割裂，亦爲法律適用原則，就勞工生前得領取之退休金之遺屬請領順位既應適用勞工退休金條例，如被繼承人之債權人依法得對遺產聲請執行，自仍應適用勞工退休金條例，殊無疑義。

乙說：否定說。

（一）勞工退休金條例第27條第1項僅係爲便利受請領機關辦理請領作業規定，就請領退休金遺屬之資格及順序所爲之規定，並非爲遺產繼承人之繼承順序所爲之特別規定。此可由該條第2項後段規定有未具名之遺屬者，由具名之遺屬負責分配之，即可推知受請領機關並不介入遺產之歸屬判斷及分配。

（二）倘祖父母前尚存有規定在前之繼承人時，其自非民法第1138條規定當順

位繼承人，並非適格之債務人，此時執行法院宜曉諭債權人變更執行標的為當順位繼承人兄弟姐妹對祖父母得請求返還退休金之債權，對之核發執行命令。

初步研討結果：

問題（一）：採甲說。

問題（二）：採甲說。

審查意見：

（一）本題與第13號提案合併討論。

（二）問題（一）：採甲說，補充理由如下：

參酌勞工退休金條例第27條第2項但書：「生前預立遺囑指定請領人者，從其遺囑」之規定；及改制前行政院勞工委員會民國95年2月9日勞動4字第0950006111號函釋：「勞工得以遺囑指定遺屬以外之指定請領人請領退休金，……，惟如有民法第1223條規定特留分之情形，致得請領退休金者有數人時，應與其他請領人共同具領」之意旨，可知遺屬請領退休金之權利，勞工生前得以遺囑處分之，並有特留分規定之適用，則其性質應屬勞工之遺產，至為明確。

問題（二）：採甲說結論，理由如下：

（一）勞工退休金條例為保障勞工退休後生活，雖於第29條第1項規定勞工之退休金及請領勞工退休金之權利，不得讓與、扣押、抵銷或供擔保，此觀該條立法理由甚明。然勞工死亡後，保障勞工退休後生活之立法目的已不存在，若仍認遺屬請領勞工退休金之權利依上開規定不得強制執行，將致生勞工之債權人無法就勞工之遺產受償對於勞工之債權，勞工之遺屬則可完全享有勞工遺產之不公平結果，亦不符合權利與義務應一體繼承之基本原則。另參酌勞動基準法第61條、船員法第50條、農民退休儲金條例第20條、學校法人及其所屬私立學校教職員退休撫卹離職資遣條例第6條、公立學校教職員退休資遣撫卹條例第69條、政務人員退職撫卹條例第11條、公務人員退休資遣撫卹法第69條、陸海空軍軍官士官服役條例第51條等規定，均於條文明訂遺屬請領給與之權利不得扣押之文義，可知凡採遺屬優先保障之立法，皆於條文明示遺屬請領給與之權利不得扣押之意旨。則勞工退休金條例第29條既未將遺屬請領退休金之權利列入不得扣押之範圍，且其立法、修法理由僅強調保障勞工退休生活，對遺屬之保障則未置一詞，更見遺屬請領勞工退休金之權利，應無勞工退休金條例第29條第1項禁止扣押規定之適用。從而，遺屬請領勞工退休金之權利，應認得為強制執行之客體。

（二）勞工退休金條例第26條規定之退休金，既屬勞工之遺產，同條例第27條至第29條關於遺屬請領該退休金之規定，性質即屬繼承該項遺產之特別規定。其有別於民法繼承編規定者，應依特別法優於普通法原則，優先適用；未有特別規定

部分，則仍應適用民法繼承編。故勞工退休金條例第27條第1項所定請領退休金之繼承人範圍及順位，應優先於民法第1138條規定而適用。又勞工退休金條例並無關於勞工債務繼承之規定，則同條例第27條所定請領退休金之繼承人，仍應依民法第1148條第1項規定，承受勞工生前非一身專屬性之債務，並以其所繼承之退休金為限，負清償之責任。準此，若勞工死亡時，其兄弟姐妹與祖父母同時存在，而無其他繼承人，即應優先適用勞工退休金條例第27條規定，以勞工之祖父母為請領退休金之繼承人，並由其依民法第1148條第1項規定，承受勞工之債務。故執行法院得以勞工之祖父母為執行債務人，對其強制執行。

研討結果：

（一）本題與第13號提案合併討論。

（二）照審查意見通過。

問題（二）：

（一）增列丙說：修正否定說。勞工退休金條例（下稱勞退條例）第27條第1、2項規定：「依前條規定請領退休金遺屬之順位如下：一、配偶及子女。二、父母。三、祖父母。四、孫子女。五、兄弟、姊妹。」「前項遺屬同一順位有數人時，應共同具領，有未具名之遺屬者，由具領之遺屬負責分配之；有死亡、拋棄或因法定事由喪失繼承權時，由其餘遺屬請領之。但生前預立遺囑指定請領人者，從其遺囑。」其請領順序，係以遺囑指定之人（下稱指定領取人）優先，未經遺囑指定者，始適用法定之順序認定得請領之遺屬（下稱法定領取人）。勞退條例第27條第2項但書規定之勞工退休金（下稱勞退金）指定領取人，性質上為該勞工對其所為遺贈（遺贈勞退金債權），乃指定領取人對遺產之債權。依民法第1148條第1項、第1159條、第1160條之規定，勞工死亡後，非當然由受遺贈人取得遺贈標的之權利，仍應由其繼承人自繼承開始時當然承受該退休金債權，以之清償被繼承人之債務後，如有剩餘，始由受遺贈人（指定領取人）依遺囑內容就勞退金受償，完成遺贈物之交付。法定領取人雖非經遺囑指定之受遺贈人，然與受遺贈人同係因被繼承人死亡而無償取得對遺產權利之人，且其受償地位亦不應優於請領順位在前之受遺贈人（指定領取人），故宜類推適用民法第1160條規定，於繼承人以勞退金清償被繼承人之債務後，始得將勞退金餘額給付法定領取人。題示情形，如繼承人為債務人之兄弟姊妹，法定領取人為債務人之祖父母，應以債務人之兄弟姊妹為債務人，扣押其等繼承自債務人之勞退金債權，必待清償後猶有餘額，始得由債務人之祖父母領取，非得逕對債務人之祖父母為強制執行。

（二）多數採甲說（實到76人，採甲說48票，採丙說19票）。

案例2

　　甲男與乙女是夫妻，兩人結婚日期80年1月1日，在夫妻財產制未以契約訂立，婚前財產甲男30萬元，乙女50萬元，甲男因罹患重症於99年1月1日死亡。甲男與乙女婚後生有四子丙、丁、戊、己，在甲男死亡當天，甲男留下500萬元財產，而乙女財產300萬元，甲男在結婚之前，曾向銀行信用貸款30萬元，結婚之後就用婚後財產將該信用貸款30萬元，清償完畢，又甲男財產500萬元中，有100萬元是繼承取得，而乙女財產300萬元中，有20萬元是車禍之慰撫金。試問：

（一）甲、乙之間，誰可以向誰請求多少剩餘財產分配？

（二）乙、丙、丁、戊、己各可分別繼承甲之應繼分遺產多少錢？

（三）乙、丙、丁、戊、己各可分別繼承甲之特留分遺產多少錢？

解析

（一）

1. 甲男部分：500萬元（婚後財產，民法第1030條之1第1項）－30萬元（婚前財產，民法第1030條之1第1項）＋30萬元（婚前曾向銀行信用貸款30萬元，結婚之後就用婚後財產將該信用貸款30萬元，清償完畢，民法第1030條之2第1項）－100萬元（繼承取得，民法第1030條之1第1項第1款）＝400萬元（婚後財產之淨利剩餘財產）。

2. 乙女部分：300萬元（婚後財產，民法第1030條之1第1項）－50萬元（婚前財產，民法第1030條之1第1項）－20萬元（車禍之慰撫金，民法第1030條之1第1項第2款）＝230萬元（婚後財產之淨利剩餘財產）。

3. 甲男400萬元（婚後財產之淨利剩餘財產）＋乙女230萬元（婚後財產之淨利剩餘財產）÷2＝315萬元（甲男與乙女平均婚後財產之淨利剩餘財產）。

4. 315萬元（甲男與乙女平均婚後財產之淨利剩餘財產）－乙女230萬元（婚後財產之淨利剩餘財產）＝85萬元（乙女得向甲男請求之剩餘財產分配金額）。

（二）甲男之遺產415萬元（甲男死亡當天留下500萬元財產，扣除乙女得向甲男請求之剩餘財產分配金額85萬元），並依據民法第1138條第1款、第1144條第1款規定，應由乙、丙、丁、戊、己各可分別平均繼承甲之應繼分83萬元。

（三）乙女依照民法第1223條第3款規定，配偶之特留分，為其應繼分二分之一，故可繼承甲之特留分41萬5,000元。

丙、丁、戊、己依照民法第1223條第1款規定，各可分別繼承甲之特留分41萬5,000元。

❖ 民法第1224條

特留分，由依第1173條算定之應繼財產中，除去債務額算定之。

案 例

甲男在兒子乙開店做生意的時候，有送給他新臺幣（以下同）100萬元，當作是創業基金，後來甲因為買房子，有積欠銀行20萬元還沒有還。甲死亡的時候，留下現有遺產價值是100萬元，且有和亡妻所生的兒子乙，以及再娶的太太丙兩位繼承人，但是卻把這100萬元遺贈給情婦丁。請問：乙及丙的特留分，分別是多少？

一、思考焦點

特留分應該要怎麼樣來計算？

二、問題論述

(一) 先計算遺產總共有多少

在民法第1173條的規定，是在講繼承人有兩位以上的時候，其中有人在繼承開始之前，因為結婚、分居或營業的關係，已經從被繼承人那裡，免費拿到一些財產的時候，在被繼承人過世的時候，應該要把所拿到的這些財產，加到繼承開始的時候，被繼承人所有的遺產之中，來計算被繼承人總共有多少遺產，因為結婚、分居或營業，從傳統的觀念來講，就是有分家產的意思，也就是在被繼承人還活著的時

候，預先拿到一些家產，既然有先拿到家產，所以將來被繼承人死亡之後，就要少繼承一些遺產，這樣對於其他繼承人來說，才是公平的。因此要把被繼承人當初因為有繼承人結婚、分居或營業所送出去的遺產，加進來計算繼承人到底總共有多少遺產，才是被繼承人所遺留下來的總遺產。

(二) 遺產淨額的計算

就算把被繼承人當初因為有繼承人結婚、分居或營業所送出去的遺產，加進來計算繼承人到底總共有多少遺產，還不算是被繼承人真正所遺留下來的總遺產，因為還要扣掉遺債，也就是被繼承人所遺留下來的債務，才是繼承人真正可以去分配的總遺產淨額。

(三) 應繼分的計算

因為依照民法第1223條的規定，特留分是一定比例的應繼分，所以要計算特留分，先要計算應繼分。應繼分，應該是要以被繼承人的遺產淨額，用民法第1144條所規定的一定比例來計算，就可以知道每一位繼承人的應繼分。

(四) 特留分的計算

知道每一位繼承人的應繼分之後，就可以依照民法第1223條規定的比例，來計算每一位繼承人的特留分。

三、案例結論

甲的遺產，是他死亡的時候，所留下的100萬元，加上先前送給乙的創業基金100萬元，扣掉債務20萬元，甲的遺產淨額，總共是180萬元。而依照民法第1144條第1款的規定，乙及丙本來可以平均繼承這180萬元，乙及丙每個人本來可以繼承的應繼分，分別是90萬元。所以乙及丙的特留分，依照民法第1223條第1款及第3款的規定，都是應繼分的一半，也就是45萬元。另乙無須再拿出45萬給丙及丁。

四、相關實例

戊男因為大兒子要創業，贈送100萬元，二兒子要留學，贈送200萬元，三兒子要結婚，贈送50萬元，而戊死亡的時候，留下現有的遺產100萬元，負債10萬元，除了三個兒子以外，繼承人還有他的配偶己。請問：己的特留分是多少？

五、重要判解

(一) 最高法院102年度台上字第1163號民事判決

民法第1224條規定，特留分，由依第1173條算定之應繼財產中，除去債務額算定之。又同法第1150條關於遺產管理、分割及執行遺囑之費用，由遺產中支付之。

次按遺產及贈與稅法第1條第1項、第8條第1項規定，凡經常居住中華民國境內之中華民國國民死亡時遺有財產者，應就其在中華民國境內境外全部遺產，依本法規定，課徵遺產稅。遺產稅未繳清前，不得分割遺產、交付遺贈或辦理移轉登記。另土地登記規則第119條第1項第4款申請繼承登記，並應提出遺產稅繳（免）納證明書或其他有關證明文件。準此，遺產稅之繳納應屬遺產保存上所必要之費用，為遺產管理費，於計算特留分，核計被繼承人遺產價值時，應將遺產稅予以扣除。又參照遺產及贈與稅法第17條第1項第10款規定，被繼承人之喪葬費用，以100萬元計算，應自遺產總額中扣除，免徵遺產稅，故喪葬費用屬處理被繼承人後事所生之費用，亦應由被繼承人之遺產所負擔。

(二) 最高法院105年度台上字第271號民事判決

按被繼承人積欠違約金、稅款等債務，似在其死亡前所生者，計算繼承人之特留分時，依照民法第1224條規定，即應將上開債務額自應繼財產中除去。則法院倘未細究相關債務是否屬於被繼承人生前債務，於此部分事實尚未明瞭前遽行認定繼承人之特留分數額，遽認親屬會議對遺產之決議侵害特留分，於法尚有不合。

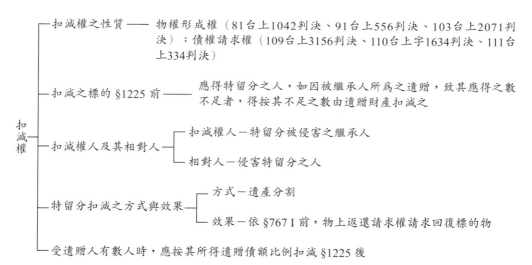

❖ 民法第1225條

應得特留分之人，如因被繼承人所為之遺贈，致其應得之數不足者，得按其不足之數由遺贈財產扣減之。受遺贈人有數人時，應按其所得遺贈額比例扣減。

案 例

> 甲男在兒子乙開店做生意的時候，有送給他新臺幣（以下同）100萬元，當作是創業基金，後來甲因為買房子，有積欠銀行20萬元還沒有還。甲死亡的時候，留下現有遺產價值是100萬元，總共有和亡妻所生的兒子乙，以及再娶的太太丙兩位繼承人，但是卻把這100萬元遺贈給情婦丁。請問：乙及丙的特留分，是不是有受到侵害？如果有受到侵害，應該要怎麼樣來主張權利？

一、思考焦點

特留分如果有受到侵害，應該要怎麼樣來主張權利？

二、問題論述

既然我們從民法第1223條、第1224條的規定，可以知道特留分應該要怎麼樣來算出來，那麼，如果一個人的特留分被侵害了，要怎麼樣來主張權利呢？民法第1225條就接著規定，特留分被侵害到多少，就可以向受到遺贈的人要求歸還多少，如果受到被繼承人遺贈的人有好幾位，那麼就要按照他們受到遺贈的比例，來對特留分受到侵害的人來負責償還，這就是所謂的「特留分扣減權」。

三、案例結論

甲的遺產，是他死亡的時候，所留下的100萬元，加上先前送給乙的創業基金100萬元，扣掉債務20萬元，甲的遺產淨額，總共是180萬元。而依照民法第1144條第1款的規定，乙及丙本來可以平均繼承這180萬元，乙及丙每個人本來可以繼承的應繼分，分別是90萬元。所以乙及丙的特留分，依照民法第1223條第1款及第3款的規定，都是應繼分的一半，也就是45萬元。而乙因為創業的關係，早就拿到100萬元，所以他的45萬元特留分，並沒有被侵害到，而丙的特留分，因為甲把死亡時候的現有遺產100萬元，通通遺贈給丁，一毛都拿不了，所以丙可以行使特留分扣減權，向丁要求歸還這45萬元。

四、相關實例

戊男因為大兒子要創業，贈送100萬元，二兒子要留學，贈送200萬元，三兒子要結婚，贈送50萬元，而戊死亡的時候，留下現有的遺產100萬元，負債10萬

元，除了三個兒子以外，繼承人還有他的配偶己。請問：己的特留分有沒有被侵害到，如果有，應該要怎麼樣來主張權利？

五、重要判解

(一) 最高法院21年度上字第2757號民事判決

被繼承人於民法繼承編施行法第2條所列日期前，以遺囑處分遺產，雖依當時法令並無所謂女子之特留分受其妨害，但被繼承人於同條所列日期後死亡者，依同條或民法繼承編規定有繼承權之女子，仍得本其特留分之權利，行使遺贈財產之扣減權。

(二) 最高法院25年上字第660號判決（例）

民法第1225條，僅規定應得特留分之人，如因被繼承人所爲之遺贈，致其應得之數不足者，得按其不足之數由遺贈財產扣減之，並未認特留分權利人，有扣減被繼承人生前所爲贈與之權，是被繼承人生前所爲之贈與，不受關於特留分規定之限制，毫無疑義。

(三) 司法院31年院字第2364號解釋

民法僅於第1225條規定應得特留分之人，如因被繼承人所爲之遺贈致其應得之數不足者，得按其不足之數由遺贈財產扣減之，並未如他國立法例認其有於保全特留分必要限度內，扣減被繼承人所爲贈與之權，解釋上自無從認其有此權利，院字第743號解釋未便予以變更。

(四) 最高法院58年台上字第1279號判決（例）

民法第1225條，僅規定應得特留分之人，如因被繼承人所爲之遺贈，致其應得之數不足者，得按其不足之數由遺贈財產扣減之，並未認侵害特留分之遺贈爲無效。

(五) 最高法院78年度台上字第912號民事判決

遺產繼承與特留分扣減，二者性質及效力均不相同。前者爲繼承人於繼承開始時，原則上承受被繼承人財產上一切權利義務；繼承人有數人，在分割遺產前，各繼承人對於遺產全部爲公同共有。後者則係對遺產有特留分權利之人，因被繼承之遺贈致其應得之數不足，於保全特留分之限度內，對遺贈爲扣減。扣減權之行使，須於繼承開始後對受遺贈人爲之。且爲單方行爲，一經表示扣減之意思，即生效力，不發生公同共有問題。

(六) 最高法院81年度台上字第1042號民事判決

被繼承人因遺贈或應繼分之指定超過其所得自由處分財產之範圍，而致特留分權人應得之額不足特留分時，特留分扣減權利人得對扣減義務人行使扣減權，是扣

減權在性質上屬於物權之形成權，經扣減權利人對扣減義務人行使扣減權者，於侵害特留分部分，即失其效力。故扣減權利人苟對扣減義務人行使扣減權，扣減之效果即已發生。原審謂扣減權爲債權之請求權，扣減權利人對扣減義務人就其請求扣減之標的物，固發生時效中斷之效力。就未經扣減之標的物消滅時效仍繼續進行云云，其法律上見解不無可議。

(七) 最高法院86年度台上字第2864號民事判決

特留分乃被繼承人必須就其遺產保留一定財產於繼承人之比例，乃概括存在於被繼承人之全部遺產上，並非具體存在於各個標的物上，與應有部分乃各共有人對於具體物之所有權在分量上應享有之部分者，有所不同。上訴人係主張其特留分，因被上訴人潘正宗、潘正光受遺贈，致每人受十二分之一之侵害，惟其特留分並非應有部分，縱上訴人曾行使扣減權，亦僅使其受侵害之特留分部分，即失其效力而已，其因而回復之特留分仍概括存在於系爭五筆土地上，非謂該特留分即易爲應有部分，存在於各具體之標的物上。

(八) 最高法院87年度台上字第648號民事判決

應得特留分之人，如因被繼承人所爲之遺贈，致其應得之數不足者，得按其不足之數由遺贈財產扣減之，又遺囑所定之遺贈，除於遺囑附有停止條件者，自條件成就時，發生效力外，自遺囑人死亡時發生效力，民法第1225條前段、第1200條及第1199條分別定有明文。原審既認定前揭鬮分書之約定，爲曾○祥、曾○員妹與曾○生、曾○朋間之死因贈與契約。而死因贈與，除係以契約之方式爲之，與遺贈係以遺囑之方式爲之者有所不同外，就係於贈與人生前所爲，但於贈與人死亡時始發生效力言之，實與遺贈無異，同爲死後處分，其贈與之標的物，於贈與人生前均尚未給付。查民法繼承編對死因贈與既未設有任何規定，自於上揭有關特留分扣減之規定中，亦未對死因贈與應否爲特留分之扣減設有規定。至民法不以同法第406條以下所定之贈與爲特留分扣減之對象，考其緣由，應爲尊重此種生前已發生效力之贈與，其受贈人之既得權益，及避免法律關係之複雜化（本院25年台上字第660號判例所指之「被繼承人生前所爲贈與」，當係指此種贈與而言）。而死因贈與及遺贈，均不發生此類問題。準此，能否謂死因贈與，無上述就遺贈所設特留分扣減規定之類推適用，自滋疑義。

(九) 最高法院88年度台上字第572號民事判決

按特留分乃被繼承人必須就其遺產保留一定財產於繼承人之比例，概括存在於被繼承人之全部遺產上，並非具體存在於各個標的物上，與應有部分乃各共有人對於具體物之所有權在分量上應享有之部分者，有所不同。繼承人主張其因被繼承人遺贈而受侵害之特留分並非應有部分，縱該繼承人曾行使扣減權，亦僅使其受侵害

之特留分部分，失其效力而已，其因而回復之特留分仍概括存在於遺產之上，非謂該特留分即易爲應有部分，存在於各具體之標的物上。

(十) 最高法院91年度台上字第556號民事判決

按被繼承人因遺贈或應繼分之指定超過其所得自由處分財產之範圍而致特留分權利人應得之額不足特留分時，特留分扣減權利人得對扣減義務人行使扣減權。是扣減權在性質上屬於物權之形成權，一經扣減權利人對扣減義務人行使扣減權，於侵害特留分部分即失其效力。且特留分係概括存在於被繼承人之全部遺產，並非具體存在於各個特定標的物，故扣減權利人苟對扣減義務人行使扣減權，扣減之效果即已發生，其因而回復之特留分乃概括存在於全部遺產，並非具體存在於各個標的物。

(十一) 新竹地方法院94年度家訴字第27號民事判決

按繼承人有數人時，在分割遺產前，各繼承人對於遺產全部爲公同共有；繼承人得隨時請求分割遺產，但法律另有規定或契約另有訂定者，不在此限，民法第1151條、第1164條分別定有明文。又繼承人欲終止其間之公同共有關係，惟有以分割遺產之方式爲之。將遺產之公同共有關係終止改爲分別共有關係，性質上屬分割遺產方法之一，亦有最高法院82年台上字第748號民事判決可供參照。另按應得特留分之人，如因被繼承人所爲之遺贈，致其應得之數不足者，得按其不足之數由遺贈財產扣減之，民法第1225條前段亦有明定。兩造之被繼承人過世後，兩造間就遺產並無不能分割之約定，則依前開法條規定，原告訴請分割遺產，於法當屬有據，而將遺產之公同共有關係終止改爲分別共有關係，亦屬分割遺產方法之一。

(十二) 最高法院96年度台上字第1282號民事判決

遺產繼承與特留分之扣減，二者性質及效力均不相同。前者爲繼承人於繼承開始時，原則上承受被繼承人之財產上一切權利義務；繼承人有數人時，在分割遺產前，各繼承人對於遺產全部爲公同共有。後者則係對遺產有特留分權利之人，因被繼承人之遺贈致其應得之數不足，於保全特留分之限度內，對遺贈財產爲扣減。而扣減權之行使，須於繼承開始後始得對受遺贈人（非必爲法定繼承人）爲之；且爲單方行爲，一經表示扣減之意思，即生效力。於法律未明文規定或當事人合意之情形下，應不生雙方間之公同共有關係。

(十三) 臺灣高等法院臺中分院101年度重家上字第3號民事判決

民法第1225條固規定，應得特留分之人，如因被繼承人所爲之遺贈，致其應得之數不足者，得按其不足之數由遺贈財產扣減之。受遺贈人有數人時，應按其所得遺贈價額比例扣減。惟，特留分受侵害之繼承人據此可得行使之扣減權，並非不得由權利人予以拋棄或讓步。是以，繼承人雖因被繼承人遺囑所爲贈與，致其應得特

留分之數不足，惟該繼承人對遺贈已表示同意，且與其他全體繼承人就遺產達成分割協議，自應解為該繼承人已拋棄關於侵害特留分之扣減權。準此，繼承人於被繼承人去世後，既與其他全體繼承人就公同共有之遺產達成分割之協議，並載明遵照被繼承人所立遺囑內容而為分配，是知依被繼承人所立之遺囑，將部分財產遺贈予受贈人之處分行為，縱屬侵害繼承人之特留分，但嗣因繼承人與其他全體繼承人已共同簽立遺產分割協議書，並就遺贈表示遵照遺囑內容而為分配，並就其餘公同共有遺產達成分割之協議，繼承人自應受分割協議之拘束，不得再為特留分扣減權之行使。

(十四) 最高法院103年度台上字第2071號民事判決

按特留分被侵害者所得行使之扣減權，性質上屬物權之形成權，於行使扣減權後，回復之特留分仍概括存在於全部遺產上，並不得轉換為依應繼財產價值計算之金錢，故如以被繼承人所有遺產作為計算扣減之標的價額之依據，而否認特留分被侵害者得請求侵害者塗銷不動產之繼承，即於法無據。

(十五) 臺灣高等法院臺中分院103年度重家上字第20號民事判決

被繼承人之配偶先於其死亡，而被繼承人於生前預立代筆遺囑，表示遺產之部分土地及建物由繼承人之一單獨繼承取得，按分割方法之指定如侵害它繼承人之特留分者，他繼承人得行使扣減權，惟為盡早確定扣減之法律關係，以保護交易安全，該特留分扣減權之消滅時效應類推適用民法第1146條第2項規定，他繼承人應於知悉後二年內提起回復特留分之訴訟。又被繼承人指定之繼承經計算若侵害他繼承人之特留分，因特留分係概括存在於全部遺產上，非具體存在於各個標的物，故於他繼承人行使特留分扣減權時，其回復之特留分乃概括存在於全部遺產，亦即由所有繼承人公同共有被繼承人之遺產，他繼承人對已辦理繼承登記之不動產請求塗銷登記，即屬有據。

(十六) 最高法院104年度台上字第1480號民事判決

按民法第1187條規定，遺囑人在不違反關於特留分規定之範圍內，得以遺囑自由處分遺產。其中關於「自由處分財產」之情形，並不限於遺贈而已，指定遺產分割方法及應繼分之指定，倘侵害特留分，自可類推適用同法第1225條規定，許被侵害者，行使扣減權。

(十七) 最高法院105年度台上字第1207號民事判決

民法第1187條、第1225條扣減權行使之規定，解釋上包括以遺囑指定應繼分或分割方法而有侵害特留分者在內，且扣減權利人苟對扣減義務人行使扣減權，其因而回復之特留分乃概括存在於全部遺產，並非具體存在於各個標的物，該扣減之形成效力不及於特留分同受侵害卻未行使扣減權之他繼承人。

(十八) 最高法院109年度台上字第361號民事判決

（一）特留分係繼承人之權利，而非其義務，故繼承人於繼承開始後，向受扣減義務人以意思表示為之即可，不須任何方式。繼承人簽立拋棄繼承權同意書表明拋棄繼承權，惟未於繼承開始後之三個月內向法院辦理拋棄繼承，是否無拋棄特留分之意思表示，尚非無疑。

（二）民法第1187條規定自由處分財產之情形，非僅限於遺贈，指定遺產分割方法及應繼分之指定，亦屬之，若侵害特留分，應可類推適用民法第1225條規定，許被侵害者行使扣減權。

(十九) 最高法院109年度台上字第2193號民事判決

應得特留分之人，如因被繼承人所為之遺贈，致其應得之數不足者，得按其不足之數由遺贈財產扣減之。而扣減權利人如對扣減義務人行使扣減權，其因而回復之特留分乃概括存在於被繼承人之全部遺產上，並非具體存在於各個標的物上，與應有部分乃各共有人對於具體物之所有權在分量上應享有之部分者，有所不同。

(二十) 司法官訓練所公證實務研究會第1期（三）

法律問題：遺囑人違反關於特留分之規定，以遺囑處分其遺產，公證人可否為之公證或認證？

座談結論：遺囑有無違反特留分之規定，公證人實難予以調查，繼承人得依民法第1223條至第1225條規定，就遺贈財產扣減之，其遺囑並非無效，公證人應依請求人之請求為之公證或認證，尤其外僑或華僑請求公證或認證，更不得以違反我國民法特留分規定而予拒絕。

司法院第一廳研究意見：案公證事件性質上係屬非訟事件，公證人僅能就請求人所提出之資料作形式上之審查。本件遺囑人以遺囑處分其財產，若從其所提資料，已知其已違反我國特留分規定，而遺囑人又係我國人時，則公證人應拒予公證或認證。若從其資料作形式上之審查，無從窺知違反特留分之規定，則仍應予公證或認證。又我國民法有特留分之規定，而英美則無之，若一任遺囑人自由處分其財產，則我國人民僑居英美等地為數甚眾，彼等定居國外，擁有資產，多數已脫離祖籍，而其親屬則不乏留居國內，並未喪失中國國籍者，一旦該等華僑死亡，如依其僑居之「本國法」，則其在我國親屬之特留分及其他法律上之權利，即有遭受剝奪之虞，故外國人之遺囑，請求公證或認證，固不得以違反我國民法特留分規定而予拒絕；如遺囑人係華僑，依形式上審查，如尚有應為繼承人在我國，依涉外民事法律適用法第22條之規定，仍應注意其有無違反我國民法特留分之規定。

(二十一) 最高法院109年度台上字第3156號民事判決

認定上訴人因系爭遺囑侵害其特留分，行使扣減權後，被繼承人許○華所遺附

表一、二遺產（其中附表一編號1所示土地因已移轉予第三人，應按其價額480萬元計算上訴人應受分配數額），按上開方法分割，被上訴人並應補償上訴人3,513萬8,826元，且於理由中說明上訴人就應受補償之金額，於被上訴人分得之附表一編號2、3所示土地有法定抵押權，經核於法並無違背。

(二十二) 最高法院110年度台上字第1634號民事判決

繼承人請求分割公同共有之遺產，性質上為處分行為，如係不動產，應依民法第759條規定辦妥繼承登記，始得為之。應成功於本件訴訟主張未喪失繼承權，且已依法行使扣減權，回復其特留分權利，而按其特留分比例與應微一公同共有系爭遺產，惟應微一有無已依系爭遺囑辦理繼承登記，尚不明瞭，倘已辦理且侵害應成功之特留分，是否應併為請求其塗銷該繼承登記，並經應道春之繼承人辦理繼承登記後，始得為遺產分割之裁判？於此情形，應成功所為聲明是否尚有不完足之處，案經發回，應一併注意及之，附此敘明。

(二十三) 最高法院111年度台上字第334號民事判決

按因繼承、強制執行、徵收、法院之判決或其他非因法律行為，於登記前已取得不動產物權者，應經登記，始得處分其物權，民法第759條定有明文。拋棄不動產物權，屬處分行為之一種。原審係認張陳○如行使扣減權，已取得系爭土地之權利，嗣拋棄該權利。乃未查明張陳○如已否就系爭土地辦理繼承登記及其如何為拋棄，遽謂張陳○如就系爭土地已無任何權利，該土地為兩造所公同共有，已有可議。次按民法第1165條第1項規定，被繼承人之遺囑，定有分割遺產之方法，或託他人代定者，從其所定。張○恒遺有如附表所示之遺產，被上訴人之特留分價額為548萬763元，實際所得為311萬5,176元，張○恒以系爭遺囑將系爭土地指定分割予上訴人4人或張○濤、張○娃、張○華，復為原審認定之事實。而張○恒所遺如附表編號10、13、14所示土地經登記予全體繼承人公同共有，中區國稅局核定其價額依序為800萬1,300元、750萬9,600元、98萬3,400元，有土地登記謄本及中區國稅局遺產稅繳清證明書附卷可稽（見第一審卷第198頁、第199頁、第204頁至第208頁，原審重家上字卷第108頁）。果爾，該編號10、13、14所示土地之價額既高於被上訴人之特留分價額，則其不足之特留分價額是否不得以該部分土地補足，而須違反系爭遺囑指定之分割方法，將系爭土地併分割予被上訴人，即不無研求之餘地。原審遽謂系爭遺囑指定之分割方法違反特留分之規定，系爭土地為兩造公同共有，上訴人應塗銷該土地之繼承登記，亦有未洽。上訴論旨，指摘原判決違背法令，求予廢棄，非無理由。

司法院釋字第七四八號解釋施行法

中華民國108年5月22日總統華總一義字第10800051951號令制定公布全文27條；並自108年5月24日施行

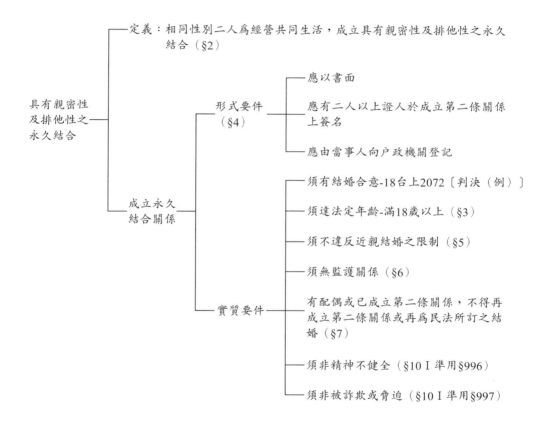

具有親密性及排他性之永久結合

- 定義：相同性別二人為經營共同生活，成立具有親密性及排他性之永久結合（§2）
- 成立永久結合關係
  - 形式要件（§4）
    - 應以書面
    - 應有二人以上證人於成立第二條關係上簽名
    - 應由當事人向戶政機關登記
  - 實質要件
    - 須有結婚合意-18台上2072〔判決（例）〕
    - 須達法定年齡-滿18歲以上（§3）
    - 須不違反近親結婚之限制（§5）
    - 須無監護關係（§6）
    - 有配偶或已成立第二條關係，不得再成立第二條關係或再為民法所訂之結婚（§7）
    - 須非精神不健全（§10 I 準用§996）
    - 須非被詐欺或脅迫（§10 I 準用§997）

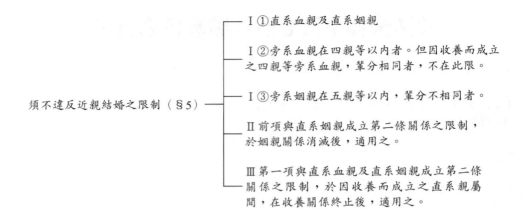

須不違反近親結婚之限制（§5）
- Ⅰ①直系血親及直系姻親
- Ⅰ②旁系血親在四親等以內者。但因收養而成立之四親等旁系血親，輩分相同者，不在此限。
- Ⅰ③旁系姻親在五親等以內，輩分不相同者。
- Ⅱ前項與直系姻親成立第二條關係之限制，於姻親關係消滅後，適用之。
- Ⅲ第一項與直系血親及直系姻親成立第二條關係之限制，於因收養而成立之直系親屬間，在收養關係終止後，適用之。

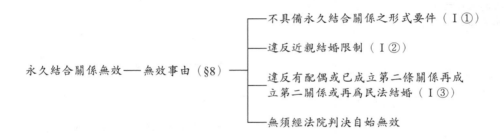

永久結合關係無效──無效事由（§8）
- 不具備永久結合關係之形式要件（Ⅰ①）
- 違反近親結婚限制（Ⅰ②）
- 違反有配偶或已成立第二條關係再成立第二關係或再為民法結婚（Ⅰ③）
- 無須經法院判決自始無效

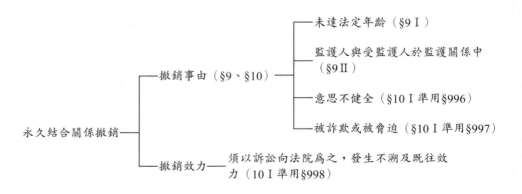

永久結合關係撤銷
- 撤銷事由（§9、§10）
  - 未達法定年齡（§9Ⅰ）
  - 監護人與受監護人於監護關係中（§9Ⅱ）
  - 意思不健全（§10Ⅰ準用§996）
  - 被詐欺或被脅迫（§10Ⅰ準用§997）
- 撤銷效力
  - 須以訴訟向法院為之，發生不溯及既往效力（10Ⅰ準用§998）

損害賠償之準用規定
- 損害賠償（§10Ⅱ）
  - 財產上損害賠償（準用§999Ⅰ）
  - 非財產上損害賠償（準用§999Ⅱ、Ⅲ）
- 終止永久結合有關規定之準用（§10Ⅱ）
  - 無效（準用§999-1Ⅰ、準用§1057、§1058）
  - 撤銷（準用§999-1Ⅱ、準用§1055~§1055-2、§1057、§1058）

終止永久結合關係例外規定（§8Ⅲ）
- 信賴保護善意且雙方當事人無過失（準用§988③）
- 準用離婚效力規定（準用§988-1）

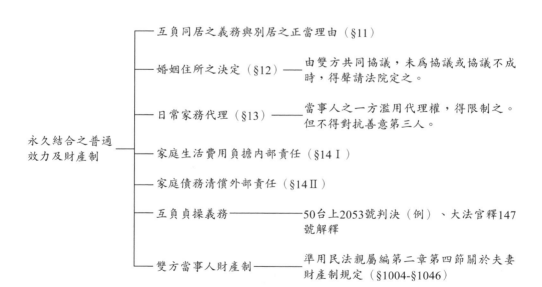

永久結合之普通效力及財產制
- 互負同居之義務與別居之正當理由（§11）
- 婚姻住所之決定（§12）—— 由雙方共同協議，未為協議或協議不成時，得聲請法院定之。
- 日常家務代理（§13）—— 當事人之一方濫用代理權，得限制之。但不得對抗善意第三人。
- 家庭生活費用負擔內部責任（§14Ⅰ）
- 家庭債務清償外部責任（§14Ⅱ）
- 互負貞操義務 —— 50台上2053號判決（例）、大法官釋147號解釋
- 雙方當事人財產制 —— 準用民法親屬編第二章第四節關於夫妻財產制規定（§1004-§1046）

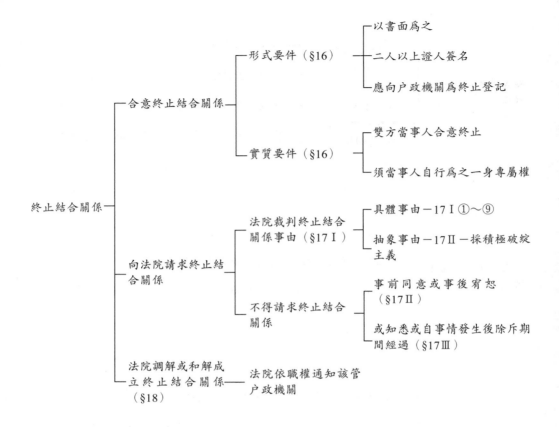

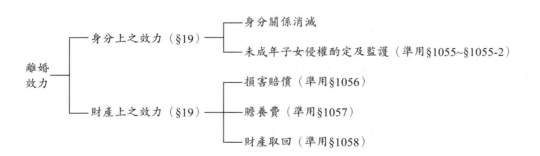

收養（§20）————————第二條關係雙方當事人之一方收養他方之子女或共同收養時，準用民法§1072以下收養規定

成年監護（§21）————————準用§1111（法院監護宣告依職權選定監護人）、§1111-1（法院選定監護人應以受監護人最佳利益為優先）、§1111-2（照護受監護人利益衝突者之迴避與例外）

扶養義務（§22）———┬—雙方當事人互負扶養義務

└—準用民§1116-1（夫妻互負扶養義務）、§1117 I（受扶養權利者不能維持生活而無謀能力為限）、§1118但（受扶養權利者為直系血親尊親屬或配偶減輕義務）、§1118-1 I、II（扶養義務減輕、免除）、§1119至1121（扶養程度、方法、變更扶養程度及方法）

雙方當事人相互繼承（§23）———┬—互為法定繼承人準用民法繼承編

└—民法繼承編配偶規定準用

第二條關係準用（§24）———┬—民法總則編夫妻、配偶、結婚或婚姻規定

├—民法債編夫妻、配偶、結婚或婚姻規定

├—民法以外其他法規夫妻、配偶、結婚或婚姻規定。但本法或其他法規另有規定，不再此限。

└—任何人或團體依法享有宗教自由及其他自由權利，不因本法施行受影響（§26）

第二條關係所生爭議（§25）————————適用家事事件法規定

第1條

為落實司法院釋字第七四八號解釋之施行，特制定本法。

一、案例

司法院釋字第七四八號解釋施行法制定之由來？

二、思考焦點

為何立法院三讀通過司法院釋字第七四八號解釋施行法？

三、問題論述

司法院於民國（以下同）106年5月24日作成釋字第748號解釋，就民法未使相同性別二人，得為經營共同生活之目的，成立具有親密性及排他性之永久結合關係，宣告其屬「規範不足之違憲」，並責成有關機關應於解釋公布之日起二年內，依解釋意旨完成相關法律之修正或制定。至於以何種形式達成婚姻自由之平等保護，屬立法形成之範圍。然於107年11月24日通過之全國性公民投票案第12案「你是否同意以民法婚姻規定以外之其他形式來保障同性別二人經營永久共同生活的權益？」，依公民投票法第30條規定，公民投票案經通過者，有關法律立法原則之創制案，行政院應於三個月內研擬相關之法律，並送立法院審議，立法院應於下一會期休會前完成審議程序。行政院爰擬具「司法院釋字第七四八號解釋施行法」草案，依法送達立法院三讀審查，立法院於108年5月17日三讀通過「司法院釋字第七四八號解釋施行法」，同年5月24日施行。

四、案例結論

司法院於民國（以下同）106年5月24日作成釋字第748號解釋，就民法未使相同性別二人，得為經營共同生活之目的，成立具有親密性及排他性之永久結合關係，宣告其屬「規範不足之違憲」，並責成有關機關應於解釋公布之日起二年內，依解釋意旨完成相關法律之修正或制定。至於以何種形式達成婚姻自由之平等保護，屬立法形成之範圍。

五、相關實例

相同性別之二人，得為經營共同生活之目的，成立具有親密性及排他性之永久結合關係之法律依據為何？

第2條

相同性別之二人，得爲經營共同生活之目的，成立具有親密性及排他性之永久結合關係。

一、案例

甲男40歲與乙男35歲欲成立相同性別之二人之永久結合關係，在法律上如何定義？

二、思考焦點

成立相同性別之二人之永久結合關係契約，法律上定義？

圖示：

三、問題論述

根據司法院釋字第七四八號解釋施行法草案第2條規定：「稱同性婚姻關係者，謂相同性別之二人，爲經營共同生活之目的，成立具有親密性及排他性之永久結合關係。」本草案第2條將同性在婚姻關係上之結合，定義稱爲「同性婚姻關係」。惟查有主張，同性婚姻關係者定義上之爭議，歷經106年5月24日大法官釋憲至今已近二年，政院版專法草案避開民間挺同、反同爭論的「同婚」、「同性配偶」、「同性伴侶」等名詞，以專法形式、中性取名爲《司法院釋字第七四八號解釋施行法》，故將同性婚姻關係與民法第969條以下異性婚姻關係稱爲「配偶」做爲法律上之區隔。

惟108年5月16日行政院長蘇貞昌與民進黨立委舉行行政立法協調會報，會中民進黨團提出修正動議，刪除「同性婚姻」4個字。故本條規定：「相同性別之二人，得爲經營共同生活之目的，成立具有親密性及排他性之永久結合關係。」

四、案例結論

依據司法院釋字第七四八號解釋施行法第2條規定：「相同性別之二人，得爲經營共同生活之目的，成立具有親密性及排他性之永久結合關係。」

五、相關實例

司法院釋字第七四八號解釋施行法草案第2條規定中「同性婚姻」被刪除之緣由？

六、重要判解

(一) 法務部108年11月19日法律字第10803517350號函

要旨：依司法院釋字第748號解釋施行法辦理結婚登記後，其婚姻關係存續中受胎所生子女，尚無準用民法第1061條所定婚生子女之規定。

說明：

一、復貴部108年9月5日台內戶字第1080133566號函。

二、按司法院釋字第748號解釋施行法（以下簡稱施行法）於108年5月22日經總統公布、同年月24日施行。依施行法第2條規定：「相同性別之二人，得為經營共同生活之目的，成立具有親密性及排他性之永久結合關係。」次按施行法第24條第1項規定：「民法『總則編』及『債編』關於夫妻、配偶、結婚或婚姻之規定，於第2條關係準用之。」至於來函所詢民法第1061條婚生子女規定，因屬民法「親屬編」規定，並非施行法第24條第1項所定準用之規定，是以，相同性別之二人於成立施行法第2條關係存續中，受胎而生之子女，尚無準用民法第1061條所定婚生子女之規定。

(二) 臺北高等行政法院108年度訴字第1805號判決

在我國國民選擇結婚對象為外國人時，若僅因性傾向否定其等間同婚關係之成立，同樣構成不合理之差別待遇；亦即，本件原告2人在系爭申請所主張成立之同婚關係，經準用涉民法第46條規定之結果若僅因其等屬同性婚姻而無從滿足登記之成立要件，將牴觸我國同婚關係得依法成立之現存法律秩序，而參酌涉民法第8條規定之立法目的，本旨即在維持內、外國法律平等之原則，為調整我國國民與內、外國人得否成立同婚關係的不合理差別待遇，此時自當準用涉民法第8條規定，例外不再適用外國法即原告丘國榮本國法（馬來西亞法律），以消弭前述不平等待遇。從而，原告2人主張其等間之私法上同婚關係，經準用涉民法第8條規定之結果，應得肯認在我國可成立私法上之法律關係，此為本院所採取之見解，被告辯稱其等間同婚關係無從依法成立，核與前開規定不符，應不足採。

(三) 臺北高等行政法院109年度訴字第221號判決

原告李○欣（我國國民）與同性別之原告鄧○蘋（新加坡籍）基於成立司法院釋字第748號解釋施行法（下稱施行法）第2條關係（下稱施行法第2條關係）之合意，於民國108年10月8日填載戶籍登記特別案件申請書並檢附原告二人身分證

明文件及結婚證明文件等資料，親自向被告申請辦理結婚登記（被告收文日為108年10月9日）。經被告審查後，認為依司法院秘書長108年6月24日秘台廳民一字第1080013276號函（下稱司法院108年6月24日函）意旨，施行法施行後，國人除與承認同性婚姻之國家人士可成立施行法第2條關係外，國人與未承認同性婚姻之國家人士締結之施行法第2條關係，依涉外民事法律適用法（下稱涉民法）第46條規定，在我國將不被承認。而原告鄧○蘋係新加坡籍人士，該國非屬承認同性婚姻國家，原告二人目前尚無法在我國辦理結婚登記，遂以108年10月14日北市松戶登字第1086003470號函（下稱原處分）否准原告二人所請。原告二人不服，提起訴願，經臺北市政府決定駁回，遂向本院提起行政訴訟。

　　本件原告二人為締結施行法第2條關係之結婚登記申請既已備齊戶籍法、施行細則、作業規則所定應出具之身分證明文件及結婚證明文件，並無任何欠缺，且經被告形式審查原告二人所提出之證明文件亦為真正，則原告二人依施行法第4條所為結婚登記申請，即屬於法有據，被告自應准許原告辦理結婚登記，並無不准許之裁量空間。

（四）法務部109年5月20日法律字第10903508350號函

要旨：有關國人與匈牙利國人在該國登記伴侶關係得否在臺辦理結婚登記，如依外籍人士之本國法，同性二人間無法結婚，縱得登記為同性之伴侶關係，仍難認雙方均分別具備婚姻成立要件，故如將現行「已通過同婚國家」之範圍，擴及於「僅承認同性伴侶制度國家」，而使得國人得與僅承認同性伴侶制度國家之人民辦理結婚登記，將牴觸涉外民事法律適用法第46條規定之意旨。

說明：

　　一、復貴部109年5月1日台內戶字第1090116150號函。

　　二、按司法院釋字第748號解釋施行法（以下簡稱本施行法）第2條規定：「相同性別之二人，得為經營共同生活之目的，成立具有親密性及排他性之永久結合關係。」第4條規定：「成立第2條關係應以書面為之，有二人以上證人之簽名，並應由雙方當事人，依司法院釋字第七四八號解釋之意旨及本法，向戶政機關辦理結婚登記。」在我國相同性別之二人，如符合上開本施行法第2條規定之關係，自得依同法第4條辦理「結婚」登記。惟倘民事事件涉及外國人或外國地者，為涉外民事事件，則應依涉外民事法律適用法（以下簡稱涉民法）規定，決定應適用之法律（最高法院98年台上字第2259號判決意旨參照），合先敘明。

　　三、查涉民法第46條規定：「婚姻之成立，依各該當事人之本國法。但結婚之方式依當事人一方之本國法或依舉行地法者，亦為有效。」我國國民與外籍人士結婚，須其婚姻成立之實質要件分別符合我國法律及該外籍人士本國法律之規定，

而其婚姻之方式符合當事人一方之本國法或舉行地法規定者，婚姻方屬有效成立。所謂婚姻成立之實質要件分別符合我國法律及該外籍人士本國法律之規定，係指我國人之婚姻成立要件依我國法規定，外籍人士之婚姻成立要件依該外籍人士之本國法，於雙方均分別具備婚姻成立要件時，始足當之。在本施行法施行後，國人除與承認同性婚姻之國家人士成立涉外之施行法第2條關係外，國人與未承認同性婚姻國家人士締結之第2條關係，在我國將不被承認（司法院秘書長108年6月24日秘台廳民一字第1080013276號、97年5月16日秘台廳少家二字第0970009388號、94年8月17日秘台廳家二字第0940015519號函參照）。

　　四、揆諸上開說明，如依外籍人士之本國法，同性二人間無法結婚，縱得登記為同性之伴侶關係，仍難認雙方均分別具備婚姻成立要件，故如將現行「已通過同婚國家」之範圍，擴及於「僅承認同性伴侶制度國家」，而使得國人得與僅承認同性伴侶制度國家之人民辦理結婚登記，將牴觸上開涉民法規定之意旨。惟因涉及涉民法第46條規定之解釋適用，貴部如仍有疑義，建請洽司法院表示意見。

(五) 臺北高等行政法院109年度訴字第14號判決

我國國民及澳門地區居民基於司法院釋字第748號解釋施行法（施行法）第2條關係申請結婚登記，依其爭訟事實定性歸屬為結婚類法則的範疇。婚姻成立的涉外事件準據法為各依當事人的本國法時，應先適用該法的衝突法規，而非各該當事人本國法的內國法（如澳門民法典僅認同異性婚的相關規定）。本案相關準據法是經由我國涉外民事法律適用法（涉民法）第46條，婚姻成立之規定，指向澳門地區居民的衝突法規（澳門民法典中關於涉外規範），再指向其常居地法，經認定常居地為我國，依涉民法第6條而反致適用我國施行法，雙方得申請結婚登記。

(六) 法務部110年1月26日法律字第11003501600號函

要旨：二位國人或國人與承認同性婚姻國家之外籍人士，於司法院釋字第七四八號解釋施行法施行前，在國外成立同性婚姻關係，於我國無從成立第2條關係及辦理第4條之結婚登記，其等同性婚姻關係於我國並未成立，尚不因施行法生效後，使其等同性婚姻關係於我國溯及發生效力。

主旨：有關2位國人或國人與承認同性婚姻國家人士於108年5月24日前同性結婚，得否由雙方當事人偕同向我國駐外館處申請驗證結婚文件函轉戶政事務所辦理結婚登記，並以戶政事務所登記之日期為生效日期一案，復如說明二、三，請查照。

說明：

　　一、復貴部109年9月29日台內戶字第1090135158號函。

　　二、按108年5月24日生效施行之司法院釋字第748號解釋施行法（下稱本法）

第2條：「相同性別之二人，得爲經營共同生活之目的，成立具有親密性及排他性之永久結合關係。」及第4條規定：「成立第二條關係應以書面爲之，有二人以上證人之簽名，並應由雙方當事人，依司法院釋字第七四八號解釋之意旨及本法，向戶政機關辦理結婚登記。」是自108年5月24日起，相同性別之2名我國人，得爲經營共同生活之目的，成立具有親密性及排他性之永久結合關係，並向戶政機關辦理結婚登記。至於2位國人或國人與承認同性婚姻國家之外籍人士，於108年5月24日前在國外成立同性婚姻關係，因本法施行前，於我國無從成立第2條關係及辦理第4條之結婚登記，其等同性婚姻關係於我國並未成立，尚不因施行法生效後，使其等同性婚姻關係於我國溯及發生效力（司法院秘書長108年6月24日秘台廳民一字第1080013276號函參照）。

　　三、針對2位國人或國人與承認同性婚姻國家之外籍人士於108年5月24日前在同性結婚合法國家結婚，而於108年5月24日本法施行後，應如何在我國辦理結婚登記一節，貴部108年5月22日發布之「司法院釋字第748號解釋施行法施行後戶籍登記因應作爲」第5點及第6點業已規定，可持憑渠等經驗證之結婚文件辦理結婚登記，其生效日期以其至戶政事務所辦理同性結婚登記之日爲準，並可準用現行結婚登記異地辦理、預約假日結婚等戶籍登記程序。關於貴部上開因應作爲，本部敬表尊重。至於雙方當事人應持憑何種文件辦理結婚登記，以認定其結婚眞意並符合本法之要件，因涉及戶籍登記事項，仍請貴部本於權責卓酌。

(七) 臺北高等行政法院110年度訴字第1524號判決

　　本件原告2人依施行法第4條之規定向被告申請結婚登記，其中一方即原告有吉○○○爲日本人，是本件顯具涉外因素，核屬涉外民事事件。又爲決定該涉外法律關係所應適用之準據法，須先就訟爭事實加以定性，即以當事人主張之基礎事實爲準，依法庭地法就法律關係之性質、法律名詞之概念加以確定究屬於何類法則之範疇（最高法院104年度台上字第2197號民事判決意旨參照）。另考諸施行法第2條立法理由明確指明：「將相同性別之2人，爲經營共同生活之目的，成立具有親密性及排他性之永久結合關係，明定爲同性婚姻關係。」且觀諸施行法第3至7條規定之立法理由可知，有關同性婚姻之實質成立要件及形式成立要件規定，係分別參酌民法親屬編婚姻章之第二節「結婚」之第980至985條有關結婚成立之實質要件及形式要件規定而予以立法規範。準此，無論民法親屬編婚姻章規範之異性婚姻制度，抑或施行法規範之同性婚姻制度，該等婚姻關係之成立，分別須符合各該規定之實質要件及形式要件。因此，是否可以成立同性婚之問題，即應定性爲涉民法第46條規定之「婚姻」範疇。而依前揭涉民法第46條及日本「關於法律適用之通則法」第24條第1項之規定可知，關於婚姻成立之實質要件之準據法，應依各該當事

人之本國法。亦即，關於施行法第2條規定之婚姻是否成立，應併行適用各當事人之本國法，當事人雙方之本國法皆承認同性婚時，此同性婚始能有效成立。

原告為日本人，依前揭日本憲法第24條第1項規定可知，日本並不承認同性婚，因此依涉民法第46條及日本「關於法律適用之通則法」第24條第1項之規定，原告2人依施行法第2條規定所欲成立之婚姻即無法成立。惟依前揭涉民法第8條之規定，如其適用日本法之結果有背於我國公共秩序者，即不適用之。又就我國公共秩序亦即國家法律秩序而言，司法院釋字第748號解釋文業已確立在我國之婚姻規定，「未使相同性別2人，得為經營共同生活之目的，成立具有親密性及排他性之永久結合關係，於此範圍內，與憲法第22條保障人民婚姻自由及第7條保障人民平等權之意旨有違」，解釋理由並進一步揭示「是否結婚」暨「與何人結婚」之自主決定攸關人格健全發展與人性尊嚴之維護，此在我國法律秩序核屬憲法第22條應保障的重要基本權，此保障於同性性傾向者與異性性傾向者間，應無二致，對於法律規定的婚姻制度，復經指明並不以繁衍後代為不可或缺之要素，以性傾向為分類標準，而使同性性傾向者之婚姻自由受有相對不利之差別待遇，顯非合理之差別待遇，業已清楚指明在我國法律秩序下，就同婚關係應具備的規制待遇；而後續施行法之制定，更已進一步具體化同婚關係在我國可依法成立的法律內涵，司法院釋字第748號解釋所確立的前開法律秩序基本原則，並已透過立法權行使所代表的民主正當性，明確納入而成為我國現行法律秩序之一部分，已無疑義。再者，針對涉民法第46條規定之適用結果，以目前全球承認同性婚姻國家並非多數的現狀，若我國國民與不承認同性婚姻國家人民締結婚姻，恐因不具備其本國法之成立要件而不被承認，為更加周延保障我國國民之自由平等權益、人格健全發展與人性尊嚴，司法院亦已擬具涉民法第46條規定之修正草案（目前草案內容係增列但書：「但適用當事人一方之本國法，因性別關係致使無法成立，而他方為中華民國國民者，依中華民國法律。」），雖然前述草案尚待立法討論通過，但仍足以證明我國法律秩序之基本原則，現下確已存在不得否定同性性傾向2人間者為經營共同生活之目的，應能成立具有親密性及排他性永久結合關係之規制待遇，此應構成我國公共秩序之一部分，堪以認定。準此，在我國國民選擇結婚對象為外國人時，若僅因性傾向否定其等間同婚關係之成立，同樣構成不合理之差別待遇；亦即，本件原告2人所主張成立之同婚關係，經適用涉民法第46條規定，並進而適用日本法之結果，若僅因其等屬同性婚姻而無從滿足登記之成立要件，將牴觸我國同婚關係得依法成立之現存法律秩序。而參酌涉民法第8條規定之立法目的，本旨即在維持內、外國法律平等之原則，為調整我國國民與內、外國人得否成立同婚關係的不合理差別待遇，此時自當適用涉民法第8條規定，例外不再適用外國法即原告有吉○○○之本國法（日

本法律），以消弭前述不平等待遇。從而，原告2人主張其等間之私法上同婚關係，經適用涉民法第8條規定之結果，應得肯認在我國可成立施行法第2條規定之法律關係。被告辯稱其等間同婚關係無從依法成立，核與前開規定不符，應不足採。

(八) 法務部111年1月22日法律字第11100011030號函

要旨：參照司法院釋字第七四八號解釋施行法第20條規定意旨，為保障同性關係之一方親生子女之權益，應許他方得為繼親收養，並於此範圍準用民法有關收養之規定，惟同性配偶尚無法準用民法第1074條規定共同收養第三人子女或由一方單獨收養他方養子女。

主旨：有關同性配偶之一方得否收養他方之養子女乙案，復如說明二、三。請查照。

說明：

一、復貴部110年12月24日台內戶字第1100245526號函。

二、針對旨揭疑義，本部就「司法院釋字第七四八號解釋施行法」（以下簡稱為本法）相關規定說明如下：（一）按本法係遵照司法院釋字第748號解釋意旨，並依107年11月24日通過之公民投票結果，以達成婚姻自由之平等保護為目的，並考量同性結合與異性結合生理上之差異，以及共同生活事實之實際需求，對於同性二人辦理結婚登記之要件及登記後之權利義務關係，所制定之專法。故同性二人辦理結婚登記後之權利義務關係，諸如同居義務、住所決定、扶養義務、繼承權利，乃至於收養子女，係依本法規定定之。（二）次按本法第20條規定：「第2條關係雙方當事人之一方收養他方之親生子女時，準用民法關於收養之規定。」核其立法原意，乃係考量成立第2條關係之雙方當事人有共同經營生活事實，為保障同性關係之一方親生子女之權益，應許他方得為繼親收養，由社工專業評估及法院之認可，依個案判斷其收養是否符合子女最佳利益，並於此範圍準用民法有關收養之規定。質言之，成立本法第2條關係之當事人，尚無法準用民法第1074條規定，共同收養第三人子女或由一方單獨收養他方養子女。至於是否放寬同性配偶之收養，本部刻依行政院性別平等會第22次委員會議會前協商會議之決定，進行通盤研議評估。

三、至來函所詢臺灣高雄少年及家事法院110年度司養聲字第85號裁定認可同性配偶之一方收養他方之養子女一案，因涉及家事事件裁定之效力，本部已另函請司法院表示意見。

(九)內政部111年2月22日台內戶字第1110105985號函

要旨：德國與我國皆為承認同性婚姻合法化國家，結婚之方式可依我國施行法及戶籍法等規定，申請在臺結婚登記。國人與德國籍同性伴侶得以經驗證翻譯中

文之伴侶關係證明，作為其婚姻狀況證明。

主旨：有關國人與德國籍同性伴侶持憑伴侶證明文件申請在臺結婚登記1案，復請查照。

說明：

一、依據外交部111年2月14日外條法字第1110004176號函（如附件影本含其附件）辦理，兼復貴局110年12月27日北市民戶字第1106030116號函。

二、按司法院釋字第七四八號解釋施行法（下稱施行法）第2條規定：「相同性別之2人，得為經營共同生活之目的，成立具有親密性及排他性之永久結合關係。」同法第4條規定：「成立第2條關係應以書面為之，有2人以上證人之簽名，並應由雙方當事人，依司法院釋字第748號解釋之意旨及本法，向戶政機關辦理結婚登記。」次按涉外民事法律適用法（下稱涉民法）第46條規定：「婚姻之成立，依各該當事人之本國法。但結婚之方式依當事人一方之本國法或依舉行地法者，亦為有效。」

三、另按外交部111年2月14日上揭函查復德國有關同性婚姻及同性伴侶等相關規定略以，德國自106年10月1日開始施行同性婚姻制度，同性婚姻及伴侶關係之成立要件相同，兩者法律效力亦幾無差別，已成立同性伴侶關係者，並無轉換為同性婚姻之義務，如欲轉換為婚姻關係，可持憑目前的伴侶登記證明及相關身分證明文件，向居住地婚姻登記處申請轉換，無須解除原伴侶關係。

四、本案當事人與德國籍同性伴侶於106年2月24日於德國成立同性伴侶關係，得否在臺申請結婚登記1節，因我國不存在同性伴侶關係法律制度，爰渠等106年2月24日於德國成立之同性伴侶關係於我國不生效力。另依德國法令規定，已成立同性伴侶關係者，無須解除原伴侶關係，可持憑伴侶登記證明等文件，申請轉換為婚姻關係。是以，本案當事人按涉民法第46條規定，因德國與我國皆為承認同性婚姻合法化國家，結婚之方式可依我國施行法及戶籍法等規定，申請在臺結婚登記。

五、末按戶政事務所辦理結婚登記作業規定第5點第2款第3目規定，結婚當事人一方為外國籍者，另應查驗外籍配偶經駐外館處驗證之婚姻狀況證明文件及中文譯本，渠等於德國仍存在伴侶關係，無法提出單身之婚姻狀況證明，因雙方成立伴侶關係，不得再與第三人成立婚姻或伴侶關係，爰得以渠等經驗證翻譯中文之伴侶關係證明，作為其婚姻狀況證明，併予敘明。

(十)司法院111年9月21日院台廳少家二字第1110026413號函

要旨：內政部函知增列斯洛維尼亞為承認同性婚姻合法化國家

主旨：內政部函知增列斯洛維尼亞為承認同性婚姻合法化國家，請查照。

說明：

　　一、依內政部111年9月2日台內戶字第1110133739號函辦理（隨文檢附影本供參）。

　　二、內政部據外交部駐奧地利代表處查復略以：斯洛維尼亞憲法法院於111年7月8日判決，現行斯洛維尼亞法律規定僅不同性別可以登記結婚及同性伴侶不可領養子女，均違反斯國憲法不得歧視之原則，同性婚姻應比照異性婚姻享有領養子女之相同權利。該決議並從判決當日111年7月8日起即刻生效，同性伴侶自此日起應享有相同權益，不須待修法完成。

　　三、參據內政部網站公告資料（111年9月2日查詢結果）：

　　（一）目前中華民國、阿根廷、澳洲、奧地利、比利時、巴西、加拿大、哥倫比亞、丹麥、芬蘭、法國、德國、冰島、愛爾蘭、盧森堡、馬爾他、墨西哥（部分地區）、荷蘭、紐西蘭、挪威、葡萄牙、南非、西班牙、瑞典、英國、美國、烏拉圭、厄瓜多、哥斯大黎加、瑞士、智利等31個國家或地區承認同性婚姻合法。

　　（二）墨西哥至108年度為止，全國31州有19地區實施同性婚姻合法化，包含 Ciudad de Mexico（墨西哥市）、Aguascalientes州、Baja California州、Baja California Sur州、Campeche州、Chiapas州、Chihuahua州、Coahuila州、Colima州、Hidalgo州、Jalisco州、Michoacan州、Morelos 州、Nayarit州、Nuevo Leon州、Oaxaca州、Puebla州、Quintana Roo州及San Luis Potosi州。

　　（三）瑞士有關同性婚姻合法化1事，其聯邦國會決議採2階段生效，已在國外同性結婚但於瑞士登記為同性伴侶者，自111年1月1日起適用婚姻制度；111年7月1日起同性伴侶可申請結婚登記，不再受理同性伴侶關係登記，倘已登記伴侶關係者於新法施行後，可向戶政官員聲明轉成婚姻關係。

　　（四）智利頒布同性婚姻法案，於111年3月10日正式生效。

(十一)內政部112年1月19日台內戶字第1120240466號函

要旨：國人與未承認同性婚姻國家人士得否成立同性婚姻，固應依各該當事人之本國法定其準據法，然為避免個案認定不一，並生當事人在特殊環境下不合理差別待遇，此時應適用涉外民事法律適用法第8條規定，例外不再適用該當事人不承認同性婚姻之本國法規定，應認可在我國成立司法院釋字第七四八號解釋施行法第2條關係，並得向戶政機關辦理結婚登記。

主旨：有關跨國同性婚姻適用「涉外民事法律適用法」相關疑義，業經行政院會商司法院決議意見如說明，請轉知並督導所屬戶政事務所辦理，請查照。

說明：

　　一、依據行政院112年1月10日召開研商跨國同性婚姻相關事宜會議紀錄辦理。

二、按司法院釋字第七四八號解釋施行法（下稱施行法）業自108年5月24日施行，該法第2條規定：「相同性別之2人，得為經營共同生活之目的，成立具有親密性及排他性之永久結合關係。」而我國國民與他國國民成立該條關係，依涉外民事法律適用法（下稱涉民法）第46條規定：「婚姻之成立，依各該當事人之本國法。但結婚之方式依當事人一方之本國法或依舉行地法者，亦為有效。」第8條規定：「依本法適用外國法時，如其適用之結果有背於中華民國公共秩序或善良風俗者，不適用之。」

三、司法院108年6月24日秘台廳民一字第1080013276號函（下稱108年6月24日函）略以，依涉民法第46條規定，婚姻成立之實質要件須分別符合我國法律及該外籍人士本國法律之規定，國人除與承認同性婚姻之國家人士可成立同性結婚關係外，與未承認同性婚姻國家人士締結同性婚姻關係，在我國將不被承認。經本部以108年7月19日台內戶字第10801263051號函將該函轉知各地方政府。惟該函釋並未觸及涉民法第8條之適用議題。

四、復針對國人與外籍人士申請同性結婚登記事件，我國行政救濟實務已有多則穩定之確定見解：就我國公共秩序亦即國家法律秩序而言，自司法院釋字第748號解釋文以憲法第22條保障人民婚姻自由及第7條保障人民平等權之保障範圍，包含使相同性別2人，得為經營共同生活之目的，成立具有親密性及排他性之永久結合關係，而施行法之制定，更已進一步具體化同婚關係在我國可依法成立的法律內涵，並透過立法權行使所代表的民主正當性，明確納入而成為我國現行法律秩序之一部分。針對國人與外籍人士申請同性結婚登記事件，應進一步依涉民法第8條規定，審究適用外國法之結果，是否有背於我國公序良俗（臺北高等行政法院108年訴字第1805號、109年訴字第1417號、110年訴字第1524號判決、新北市政府111年10月3日新北府訴決字第1111430803號訴願決定書參照）。

五、嗣司法院111年4月14日秘台廳民一字第1110011376號函（補充108年6月24日函）及同年12月21日秘台廳行一字第1110033053號函就國人與未承認同性婚姻國家人士得否成立同性婚姻1節，均以此等同性婚姻之實體權利義務關係具涉外因素，依現行涉民法第46條規定，應依各該當事人之本國法定其準據法。個案是否有應適用涉民法第8條使當事人之本國法非為其最終應適用之法律，而得於我國成立同性婚姻並辦理結婚登記之情形，係事涉戶政主管機關基於個案情形本於職權加以認定。

六、準此，應可認「不得否定使相同性別2人，得為經營共同生活之目的，成立具有親密性及排他性之永久結合關係」，業已構成我國公共秩序之一部分。為避免個案認定不一，建立國人與未承認同性婚姻國家人士同性結婚有關涉民法第8條

之通案處理機制，及國人與未承認同性婚姻國家人士同性結婚，因涉民法所指定適用之該當事人本國法係不承認同性婚姻之規定，其所適用之結果致妨害我國公序良俗，危及我國一般私法生活之安定，並生當事人在特殊環境下不合理差別待遇，此時自當適用涉民法第8條規定，例外不再適用該當事人不承認同性婚姻之本國法規定，以消弭前述不平等待遇，該當事人間之私法上同婚關係，應認可在我國成立施行法第2條關係，並得依同法第4條規定向戶政機關辦理結婚登記。

　　七、有關國人與港、澳地區人民可否辦理同性結婚1節，香港澳門關係條例第38條前段既已明定：「民事事件，涉及香港或澳門者，類推適用涉外民事法律適用法。」亦應為相同之解釋。至有關兩岸同性伴侶結婚1節，因尚涉及入境事由、面談機制及登記程序等整體行政管理措施，仍應依臺灣地區與大陸地區人民關係條例等相關規定辦理之。

　　八、另本部108年7月19日台內戶字第10801263051號函轉司法院秘書長、法務部及大陸委員會意見、110年5月24日台內戶字第11001175732號函及其他相同意旨函釋，與上開解釋意旨不符部分，自即日起停止適用。

(十二)內政部112年6月21日台內戶字第1120123390號函

要旨：國人與義大利籍同性伴侶在義大利成立同性民事結合關係並有證明文件，如當事人可提出渠等現仍屬同性民事結合關係之證明文件，得以該文件作為婚姻狀況證明，在臺申請結婚登記。若其提出之證明文件效期業已失效，請向原核發之鄉鎮市戶政機關重新申請相關文件，以證明其現無其他婚姻或民事結合關係。

主旨：有關國人與義大利籍同性伴侶申請在臺結婚登記疑義1案，復請查照。

說明：

　　一、依據駐義大利代表處112年6月19日義大字第1124210140號函（如附件影本）辦理，並復貴局112年5月5日北市民戶字第1126015464號函。

　　二、按司法院釋字第七四八號解釋施行法（以下簡稱施行法）第2條規定：「相同性別之2人，得為經營共同生活之目的，成立具有親密性及排他性之永久結合關係。」同法第4條規定：「成立第2條關係應以書面為之，有2人以上證人之簽名，並應由雙方當事人，依司法院釋字第748號解釋之意旨及本法，向戶政機關辦理結婚登記。」次按本部112年1月19日台內戶字第1120240466號函略以，國人與未承認同性婚姻國家人士同性結婚，自當適用涉民法第8條規定，例外不再適用該當事人不承認同性婚姻之本國法規定，該當事人間之私法上同婚關係，應認可在我國成立施行法第2條關係，並得依同法第4條規定向戶政機關辦理結婚登記。復按戶政事務所辦理結婚登記作業規定第5點第2款第3目規定，結婚當事人一方為外國籍

者，另應查驗外籍配偶經駐外館處驗證之婚姻狀況證明文件及中文譯本，婚姻狀況證明文件有效期限，為原核發機關核發之日起6個月內有效。

三、旨案據駐義大利代表處上揭112年6月19日函復略以，義大利民事結合關係成立之必要條件之一，須以當事人無其他婚姻或同性伴侶民事結合關係為前提。另經洽詢羅馬市之「婚姻及民事結合辦公室」獲復，倘同性民事結合關係之文件效期失效，當事人得向原核發文件之鄉鎮市戶政單位重新申請，以證明仍存在同性民事結合關係。爰國人徐先生之義籍同性伴侶應向原核發之鄉鎮市戶政機關重新申請相關文件，以證明其現無其他婚姻或民事結合關係。

四、本案國人徐先生與義籍同性伴侶108年7月17日在義國成立同性民事結合關係，並領有經我駐外館處驗證之義國於108年7月25日簽署之同性民事結合證明文件及中譯本，渠等得以上揭證明文件，作為其婚姻狀況證明文件在臺辦理結婚登記1節，參酌駐義大利代表處上揭函意旨，在義國成立民事結合關係之雙方當事人，須無其他婚姻或同性伴侶民事結合關係，爰徐先生如可提出渠等現仍屬同性民事結合關係之證明文件，得以該文件作為婚姻狀況證明，在臺申請結婚登記。另如其提出之證明文件效期業已失效，請其依戶政事務所辦理結婚登記作業規定第5點第2款第3目規定及駐義大利代表處上揭函意旨辦理。

(十三)法務部112年7月7日法律字第11203506280號函

要旨：法務部就貴部函詢國人與未承認同性婚姻國家人士在國外同性結婚之生效日期乙案之說明。

主旨：貴部函詢國人與未承認同性婚姻國家人士在國外同性結婚之生效日期乙案，復如說明二、三，請查照。

說明：

一、復貴部112年5月25日台內戶字第1120118787號函。

二、按司法院釋字第七四八號解釋施行法（下稱施行法）第2條規定：「相同性別之2人，得為經營共同生活之目的，成立具有親密性及排他性之永久結合關係。」我國國民如欲與他國國民成立施行法第2條關係，涉及涉外民事法律適用法（下稱涉民法）之解釋適用，依涉民法第46條規定：「婚姻之成立，依各該當事人之本國法。但結婚之方式依當事人一方之本國法或依舉行地法者，亦為有效。」從而，我國國民與承認同性婚姻國家之外籍人士結婚，只要其婚姻成立之實質要件分別符合我國法律及該外籍人士本國法律之規定，而其婚姻之方式符合當事人一方之本國法或舉行地法規定者，婚姻即有效成立（司法院秘書長108年6月24日秘台廳民一字第1080013276號函參照）。

三、次按涉民法第8條規定：「依本法適用外國法時，如其適用之結果有背於

中華民國公共秩序或善良風俗者，不適用之。」又依貴部112年1月19日台內戶字第1120240466函所示，有關國人與未承認同性婚姻國家人士同性結婚，因涉民法第46條所指定適用之該當事人本國法係不承認同性婚姻之規定，此時自當適用涉民法第8條規定，例外不再適用該當事人不承認同性婚姻之本國法規定，以消弭前述不平等待遇，該當事人間之私法上同婚關係，應認可在我國成立施行法第2條關係，並得依同法第4條規定向戶政機關辦理結婚登記。是本件來函說明五「施行法施行後國人與未承認同性婚姻國家人士於國外辦理同性結婚，如其婚姻成立之實質要件符合我國施行法，而其婚姻之方式依舉行地法者，婚姻即有效成立，其結婚生效日期以結婚證明文件所載登記」之意見，本部敬表尊重。惟此涉及涉民法之解釋適用，仍請參酌司法院意見，並審酌異性配偶於國外結婚之登記實務作業，本於權責卓處之。

(十四)內政部112年7月20日台內戶字第1120243281號函

要旨：國人與未承認同性婚姻國家人士、港、澳地區人民，於司法院釋字第七四八號解釋施行法施行後，至內政部112年1月19日台內戶字第1120240466號函前之期間，於國外辦理同性結婚，如其婚姻成立之實質要件符合施行法規定，而其婚姻之方式依舉行地法者，婚姻即有效成立，並以結婚證明文件所載日期為同性結婚之生效日期。

主旨：有關國人與未承認同性婚姻國家人士、港、澳地區人民，於司法院釋字第七四八號解釋施行法施行後，在國外同性結婚之生效日期1案，請查照。

說明：

一、依據司法院秘書長112年6月8日秘台廳民一字第1120013830號函及法務部112年7月7日法律字第11203506280號函（如附件影本）辦理，兼復臺北市政府民政局112年5月17日北市民戶字第1126016278號函。

二、按司法院釋字第七四八號解釋施行法（下稱施行法）於108年5月22日經總統公布，自同年月24日施行。依施行法第2條規定：「相同性別之二人，得為經營共同生活之目的，成立具有親密性及排他性之永久結合關係。」次按司法院秘書長108年6月24日秘台廳民一字第1080013276號函略以，我國國民如欲與他國國民成立施行法第2條關係，依涉外民事法律適用法（下稱涉民法）第46條規定：「婚姻之成立，依各該當事人之本國法。但結婚之方式依當事人一方之本國法或依舉行地法者，亦為有效。」嗣經本部112年1月19日台內戶字第1120240466號函略以，國人與未承認同性婚姻國家人士同性結婚，因上開涉民法第46條所指定適用之該當事人本國法係不承認同性婚姻之規定，此時自當適用涉民法第8條規定，例外不再適用該當事人不承認同性婚姻之本國法規定，以消弭不平等待遇，該當事人間

之私法上同婚關係，應認可在我國成立施行法第2條關係，並得依同法第4條規定向戶政機關辦理結婚登記；有關國人與港、澳地區人民之同性結婚，依香港澳門關係條例第38條前段規定，亦應為相同之解釋。

　　三、有關本部112年1月19日前揭函僅屬釐明涉民法第8條規定適用疑義。爰國人與未承認同性婚姻國家人士、港、澳地區人民，在施行法施行後，至本部112年1月19日前揭函前之期間，於國外辦理同性結婚，如其婚姻成立之實質要件符合施行法，而其婚姻之方式依舉行地法者，婚姻即有效成立，其結婚生效日期以結婚證明文件所載登記。

(十五)法務部112年9月6日法律字第11203511140號函

要旨：國人與加拿大籍同性配偶共同收養加拿大籍女童，應分別適用我國及加拿大有關收養之法律規定，而就適用我國法部分，當事人須依民法第1079條規定取得我國法院之認可裁定，方屬適法。

主旨：有關國人邱○平先生與加拿大籍鍾○○先生共同收養加拿大籍邱○麗一案，復如說明二、三，請查照。

說明：

　　一、復貴部112年8月4日台內戶字第1120128616號函。

　　二、按收養事件，其中一方為外國人者，依涉外民事法律適用法第54條第1項規定，收養之成立及終止，依各該收養者被收養者之本國法。即對於單一的收養行為，區分為有關收養者及被收養者之成立要件，分別適用各該當事人之本國法，收養者、被收養者必須各自符合其本國法所定要件，其收養始能成立。上開「分別適用」之準據法連結方式，與僅須符合其中任何一方準據法之「選擇適用」方式有別。又所稱收養之成立，係指收養成立之實質要件而言，例如：收養者的最低年齡、被收養者的最高年齡、收養者與被收養者間之年齡差距、親屬收養之限制、夫妻得否共同收養或被收養及其要件、收養是否應得政府機關核可或法院認可等屬之。法院之認可對於保護被收養者利益，有加強與促進之作用，故無論收養者或被收養者之本國法規定應經法院認可者，均應遵其規定辦理，否則該收養即難認已成立（最高法院108年度台上字第1668號判決參照），合先敘明。

　　三、次按司法院釋字第七四八號解釋施行法第20條規定：「第二條關係雙方當事人之一方收養他方之子女或共同收養時，準用民法關於收養之規定。」本件國人與加拿大籍同性配偶共同收養加拿大籍邱姓女童，依前揭涉外民事法律適用法第54條第1項規定，應分別適用我國及加拿大有關收養之法律規定，而就適用我國法部分，當事人自須依民法第1079條規定取得我國法院之認可裁定，方屬適法（臺灣高等法院台南分院88年度家抗字第22號裁定、臺灣新北地方法院103年度家聲抗字

第20號裁定及臺灣南投地方法院92年度家聲字第12號裁定意旨參照）。又本件收養是否已成立？生效日期及相關效力如何？本屬法院依民法第1079條規定為認可與否裁定之前提要件，自會在裁定中一併載明，此部分宜尊重法院之審酌判斷，併予敘明。

(十六)內政部112年10月12日台內戶字第1120137383號函

要旨：2位國人或國人與承認同性結婚國家人士於「司法院釋字第七四八號解釋施行法」公布施行前在國外成立同性婚姻關係，可持憑經驗證之結婚文件辦理同性結婚登記，其生效日期以其至戶政事務所辦理同性結婚登記之日為準，並於驗證文書上加註該同性婚姻關係之成立日期及在國內之生效日期。

主旨：有關駐外館處驗證國人於108年5月24日「司法院釋字第七四八號解釋施行法」公布施行前，在國外成立同性婚姻關係之結婚證明文件時，將調整增刪婚姻生效日期相關註記字樣1案，請查照。

說明：

　　一、依據外交部112年9月28日外授領三字第1125120490號函（如附件影本）辦理；兼復新北市政府民政局112年7月4日新北民戶字第1121279075號函。

　　二、按司法院秘書長108年6月24日秘台廳民一字第1080013276號函略以，國人與承認同性婚姻國家之外籍人士或2位國人，於108年5月24日前在國外成立同性婚姻關係，因司法院釋字第七四八號解釋施行法（以下簡稱施行法）施行前，於我國無從成立該法第2條關係及辦理第4條之結婚登記，其等同性婚姻關係於我國並未成立，尚不因施行法生效後，使其等同性婚姻關係於我國溯及發生效力。

　　三、次按本部108年5月23日台內戶字第1080242141號函略以，2位國人或國人與承認同性結婚國家人士於108年5月24日前在同性結婚合法國家同性結婚，可持憑渠等經驗證之結婚文件辦理同性結婚登記，其生效日期以其至戶政事務所辦理同性結婚登記之日為準。復按本部108年6月10日函轉外交部108年5月27日外授領三字第1087000225號函略以，倘國人與同婚合法國家人士（或2位國人）為辦理國內結婚登記申請婚姻文件驗證，其附註事項均與異性婚姻文件相同，即應加註「符合行為地法」、「行為地生效日期」及「請於驗證30日內向戶政機關辦理登記，以免逾期受處罰鍰」等字樣。

　　四、查戶政事務所辦理國外已生效之結婚登記係以「中華民國文件證明書專用」頁附註之「行為地生效日期」登載結婚生效日期，倘該同性婚姻係於108年5月24日前在國外成立者，因該結婚證明文件視同婚姻狀況證明，駐外館處如仍加註「符合行為地法」及「行為地生效日期」字樣，易造成當事人誤解其結婚生效係前於國外結婚之日期，為免引致爭議，新北市政府民政局建議外交部就各駐外館處

驗證旨揭結婚證明文件加註之字樣修正爲「本驗證文書係108年5月24日前成立之同性婚姻，僅作爲婚姻狀況證明使用，其結婚生效日期以戶政機關辦妥結婚登記日爲準。」案經外交部上開112年9月28日函復採納上開建議，並將通電駐外館處調整旨述結婚證明文件證明書上附註婚姻生效日期之字樣。

五、是以，嗣後駐外館處驗證於國外成立之同性婚姻關係結婚證明文件，將因生效日期係在施行法施行前或後而有不同之加註字樣，請轉知所屬戶政事務所知照；倘因駐外館處驗證註記有錯漏，可洽請外交部領事事務局文件證明組（洽詢專線：02-23432913~4）協查；另基於保障民眾權益之考量，倘可確認該誤加註字樣之結婚證明文件係符合戶政事務所辦理結婚登記作業規定第5點第2款第3目規定，係在原核發機關核發之日起6個月內，且足資證明結婚雙方當事人現仍存在同性婚姻關係者，可先予辦理渠等同性結婚登記，並向結婚雙方當事人妥予說明渠等之結婚係以戶政事務所辦妥結婚登記日爲生效日，以避免衍生不必要之爭議。

第3條

未滿十八歲者，不得成立前條關係。

（112年6月9日修正公布）

舊法第3條

未滿十八歲者，不得成立前條關係。

未成年人成立前條關係，應得法定代理人之同意。

（108年5月22日之舊法）

一、案例

丙女17歲與丁女16歲，成立具有親密性及排他性之永久結合關係之契約？

二、思考焦點

性別相同男女，兩人均未滿18歲者，是否得成立具有親密性及排他性之永久結合關係之契約？

三、問題論述

同性婚姻關係應該是男男婚或女女婚之結合，然司法院釋字第七四八號解釋施行法第3條第1項規定，未滿18歲者不得成立具有親密性及排他性之永久結合關係。惟同條第2項規定，未成年人成立前條關係，應得法定代理人之同意。

未成年人之法定代理人應是父母親（民法第1086條第1項）；未成年人無父母，或父母均不能行使、負擔對於其未成年子女之權利、義務時，應置監護人，故監護人為未成年人之法定代理人（民法第1091條、第1098條第1項）。

112年6月9日之修正公布理由：「一、第一項未修正。二、因民法成年年齡已自二十歲下修至十八歲，並自一百十二年一月一日施行，故自該日起已無未成年人成立第二條關係應得法定代理人同意之情形，爰刪除第二項規定。」

四、案例結論

依據司法院釋字第七四八號解釋施行法第3條第1項規定，未滿18歲者不得成立具有親密性及排他性之永久結合關係。惟同條第2項規定，未成年人成立前條關係，應得法定代理人之同意。

五、相關實例

丙女22歲與丁女16歲欲成立具有親密性及排他性之永久結合關係，是否均須得到法定代理人之同意？

第4條

成立第二條關係應以書面為之，有二人以上證人之簽名，並應由雙方當事人，依司法院釋字第七四八號解釋之意旨及本法，向戶政機關辦理結婚登記。

一、案例

甲男40歲與乙男35歲欲成立相同性別之二人之永久結合關係之要式行為為何？

二、思考焦點

甲男與乙男欲成立相同性別之二人之永久結合關係，依法應如何辦理？
圖示：

三、問題論述

成立第2條關係應以書面為之，有二人以上證人之簽名，並應由雙方當事人，

依司法院釋字第748號解釋之意旨及本法，向戶政機關辦理結婚登記，始生效力。

四、案例結論

依照司法院釋字第748號解釋施行法第4條規定，成立第2條關係應以書面爲之，有二人以上證人之簽名，並應由雙方當事人，依司法院釋字第748號解釋之意旨及本法，向戶政機關辦理結婚登記，始生效力。

五、相關實例

丙女與丁女欲成立相同性別之二人之永久結合關係，然未向戶政機關辦理結婚登記，該婚姻是否有效？

六、重要判解

法務部108年12月20日法律字第10803518830號函

要旨：國人與奧地利國人如欲成立司法院釋字第748號解釋施行法第2條關係，均有結婚之眞意並符合相關要件者，依涉外民事法律適用法第46條規定，現得於我國辦理結婚登記。

說明：

一、復鈞院108年12月9日院臺法議字第1080040643A號交議案件通知單。

二、按司法院釋字第748號解釋施行法（以下簡稱施行法）於108年5月22日經總統公布、同年月24日施行。依施行法第2條規定：「相同性別之二人，得爲經營共同生活之目的，成立具有親密性及排他性之永久結合關係。」涉外民事法律適用法（以下簡稱涉民法）第46條規定：「婚姻之成立，依各該當事人之本國法。但結婚之方式依當事人一方之本國法或依舉行地法者，亦爲有效。」關於我國人與外國人如欲成立施行法第2條關係，依司法院秘書長108年6月24日秘台廳民一字第1080013276號函、108年9月27日秘台廳民一字第108000023003號函略以：「我國國民如欲與他國國民成立施行法第2條關係，涉及涉民法之解釋適用。依涉民法第46條規定，我國國民與外籍人士，其婚姻成立之實質要件須分別符合我國法律及該外籍人士本國法律之規定，且其婚姻之方式符合當事人一方之本國法或舉行地法規定者，婚姻即有效成立。」復依外交部108年7月12日以外授領三字第108120967號函查復內政部略以：奧地利國會於2018通過婚姻法修正案，自2019年起，原已辦理伴侶登記之雙方當事人，可自行決定維持現有關係，或選擇結束伴侶關係，改辦結婚登記。又我國婚姻之要件，可分爲實質之要件與形式之要件，前者係指當事人主觀方面須有能力、意思健全及結婚意思合致等，後者係指結婚須符合法律規定、

不違反禁止規定及具備法定方式者。是以，國人與奧地利國人如欲成立施行法第2條關係，且均有結婚之眞意並符合上開要件者，依涉民法第46條規定，現得於我國辦理施行法第4條之結婚登記。

　　三、查本件國人黃○○先生與奧地利國人傅○○先生於101年3月9日（於108年5月24日施行法施行前），在奧地利登記爲「伴侶關係」一節，案經內政部轉據司法院秘書長於108年9月27日以秘台廳民一字第1080013276號函復略以：「依涉民法第46條規定，……有關國人與承認同性婚姻國家之外籍人士，於108年5月24日前在國外成立同性婚姻關係是否有效，因施行法施行前，於我國無從成立該法第2條關係及辦理第4條之結婚登記，其等同性婚姻關係於我國並未成立，尚不因施行法生效後使其等同性婚姻關係於我國溯及發生效力。」是以，國人與奧地利國人，其於108年5月24日施行法施行前在國外縱有成立同性婚姻關係，尚不因施行法生效後使其等同性婚姻關係於我國溯及發生效力。至於本件國人黃○○先生與奧地利國人傅○○先生自108年5月24日施行法施行後，如經戶政機關審認均有結婚之眞意且符合相關法定要件，則得依涉民法第46條規定，於我國另外改辦結婚登記。

　　四、末按本件緣係臺北市政府民政局函詢，本件情形無法依內政部於103年11月19日台內戶字第1031201544號令修正之「戶政事務所辦理結婚登記作業規定」持憑婚姻狀況證明（單身證明）辦理結婚登記，爰得否以奧地利伴侶關係證明文件（單身證明）代替並憑以於我國申辦結婚登記一節，因涉及內政部所訂「戶政事務所辦理結婚登記作業規定」中戶政事務所應查驗證件之規定及戶政實務事項，應由內政部本於權責卓酌。

第5條

　　與下列相同性別之親屬，不得成立第二條關係：
　　一、直系血親及直系姻親。
　　二、旁系血親在四親等以內者。但因收養而成立之四親等旁系血親，輩分相同者，不在此限。
　　三、旁系姻親在五親等以內，輩分不相同者。
　　前項與直系姻親成立第二條關係之限制，於姻親關係消滅後，適用之。
　　第一項與直系血親及直系姻親成立第二條關係之限制，於因收養而成立之直系親屬間，在收養關係終止後，適用之。

一、案例

　　丙女與丁女是旁系血親在六親等堂姊妹能否成立永久結合關係？

二、思考焦點

同性婚姻與異性婚姻之近親禁止結婚規定，是否有相異之處？

三、問題論述

司法院釋字第七四八號解釋施行法（以下稱施行法）第5條第1項規定：「與下列相同性別之親屬，不得成立第二條關係：一、直系血親及直系姻親。二、旁系血親在四親等以內者。但因收養而成立之四親等旁系血親，輩分相同者，不在此限。三、旁系姻親在五親等以內，輩分不相同者。」與民法第983條第1項規定：「與左列親屬，不得結婚：一、直系血親及直系姻親。二、旁系血親在六親等以內者。但因收養而成立之四親等及六親等旁系血親，輩分相同者，不在此限。三、旁系姻親在五親等以內，輩分不相同者。」施行法第5條第1項第1、3款與民法第983條第1項第1、3款規定完全相同。

施行法第5條第1項第2款規定：「旁系血親在四親等以內者。」與民法第983條第1項第2款規定：「旁系血親在六親等以內者。」規定有異，而民法第983條規定係基於優生學上之顧慮與倫常上之考量，而規定一定範圍內之親屬不得結婚，違反者，其婚姻為無效。惟觀本草案第5條之立法理由二：民法第983條第1項第2款規定，旁系血親六親等以內者，不得結婚。考量第2條關係雙方當事人間因無法自然受孕，尚無優生學之顧慮，爰將第1項第2款禁止成立第2條關係之旁系血親，放寬至四親等。

四、案例結論

丙女與丁女是旁系血親在六親等堂姊妹得成立永久結合之婚姻關係，未受到司法院釋字第七四八號解釋施行法第5條規定之禁止近親結婚之限制。

五、相關實例

同性婚姻與異性婚姻之近親禁止結婚規定，有何異同？

第6條

相同性別之監護人與受監護人，於監護關係存續中，不得成立第二條關係。但經受監護人父母同意者，不在此限。

一、案例

甲男與乙女育有一子丙，甲乙兩人忙於科技公司事業，經常必須長期出國，甚

至住於國外，就將18歲之讀高中兒子丙，委託在臺灣好朋友之獨身完全行為能力人丁男為監護人。惟丙與丁相處投緣，兩人想要結婚，依法應如何辦理？

二、思考焦點

相同性別之監護人與受監護人，於監護關係存續中，是否得成立永久結合之婚姻關係？

三、問題論述

司法院釋字第七四八號解釋施行法第5條規定，相同性別之監護人與受監護人，於監護關係存續中，不得成立第2條關係。是立法者考慮到，受監護人本身思考不夠成熟，不適合過早決定自己終生大事，但是如果經受監護人父母同意者，則法律例外地，准許他們可以結婚。本條文明顯地是參考民法第984條立法。

四、案例結論

受監護人丙不可以與他的監護人丁結婚，除非丙的父親甲與母親乙皆同意丙與丁結婚。

五、相關實例

同性婚姻與異性婚姻之監護人與受監護人之結婚規定是否相同？

第7條

有配偶或已成立第二條關係者，不得再成立第二條關係。

一人不得同時與二人以上成立第二條關係，或同時與二人以上分別為民法所定之結婚及成立第二條關係。

已成立第二條關係者，不得再為民法所定之結婚。

一、案例

甲男與乙男完成永久結合之婚姻關係契約並依法在戶政機關完成登記，嗣後甲男又想與丙男完成永久結合之婚姻關係契約。試問：甲想與丙完成永久結合之後婚姻關係契約是否可以？

二、思考焦點

甲男與乙男完成永久之婚姻關係契約，甲男又與丙男完成永久之婚姻關係契約，該前、後兩個契約法律關係為何？

圖示：

| 乙男 | ——前契約—— | 甲男 | ✖後契約 | 丙男 |

三、問題論述

因本施行法第2條關係具有排他性，爰參酌民法第985條規定，禁止有配偶或已成立第2條關係者，先後或同時與他人成立婚姻及成立第2條關係。

本條第1項明定已有民法婚姻關係或成立第二條關係之人，禁止其再成立另一第二條關係。第2項則明定禁止一人同時成立兩個以上第2條關係，或兩個以上婚姻及第2條關係。而第3項係明定已成立第2條關係之人，禁止其再與他人成立民法婚姻關係。

四、案例結論

依照司法院釋字第七四八號解釋施行法第7條第1項規定：「已成立第二條關係者，不得再成立第二條關係。」故甲男與乙男完成永久結合之婚姻關係契約並依法在戶政機關完成登記，嗣後甲男自不得再與丙男完成永久結合之婚姻關係契約。

五、相關實例

司法院釋字第七四八號解釋施行法有無破壞我國「一夫一妻」婚姻制度？

第8條

第二條關係有下列情形之一者，無效：
一、不具備第四條之方式。
二、違反第五條之規定。
三、違反前條第一項或第二項之規定。
違反前條第三項之規定者，其結婚無效。

民法第九百八十八條第三款但書及第九百八十八條之一之規定，於第一項第三款及前項情形準用之。

一、案例

甲男與乙男完成永久結合之婚姻關係契約並依法在戶政機關完成登記，嗣後甲

男又想與丙男完成永久結合之婚姻關係契約。試問：甲想與丙完成永久結合之後婚姻關係契約在法律上效力如何？

二、思考焦點

在法律上有那些情形構成同性結婚無效？

三、問題論述

依照司法院釋字第748號解釋施行法第4條規定成立第2條關係，須踐行一定之程序，屬要式行為，若未踐行此程序，應屬無效；另當事人如有第5條第1項各款所定一定親屬關係，或有第7條第1項及第2項所定先後或同時與他人成立婚姻及第2條關係者，實有悖倫理，其第2條關係亦應解為無效，爰參酌民法第988條規定，於第1項明定之。基於第2條關係之排他性，已成立第2條關係之一方，再與其他異性結婚者，該結婚應屬無效，爰於第2項明定之。

違反同法第7條第1項及第3項規定，先後成立婚姻及第2條關係，原則上成立在後之婚姻或第2條關係，應屬無效；惟成立在後之婚姻及第2條關係之雙方當事人，如係善意信賴前婚姻或第2條關係為合法解消者，基於信賴保護原則，應優先保護成立在後之婚姻或第2條關係，爰於第3項明定準用民法第988條第3款但書及第988條之1之規定。

四、案例結論

依照司法院釋字第七四八號解釋施行法第8條第1項第3款規定，甲男又想與丙男完成永久結合之婚姻關係契約是違反同法第7條第1項規定，故在法律上為無效。

五、相關實例

甲男與乙男完成永久結合之婚姻關係契約並依法在戶政機關完成登記，乙男出遊不甚墜海，經法院死亡宣告確定後，甲男與丙女依法登記結婚，婚後二年，乙男生還返台，並請求甲男履行同居義務在法律上是否有理由？

第9條

成立第二條關係違反第三條之規定者，當事人或其法定代理人，得向法院請求撤銷之。但當事人已達該項所定年齡者，不得請求撤銷之。

成立第二條關係違反第六條之規定者，受監護人或其最近親屬，得向法院請求撤銷之。但第二條關係成立後已逾一年者，不得請求撤銷之。

（112年6月9日修正公布）

舊法第9條

　　成立第二條關係違反第三條第一項之規定者，當事人或其法定代理人，得向法院請求撤銷之。但當事人已達該項所定年齡者，不得請求撤銷之。

　　成立第二條關係違反第三條第二項之規定者，法定代理人得向法院請求撤銷之。但自知悉其事實之日起，已逾六個月，或成立第二條關係後已逾一年者，不得請求撤銷之。

　　成立第二條關係違反第六條之規定者，受監護人或其最近親屬，得向法院請求撤銷之。但第二條關係成立後已逾一年者，不得請求撤銷之。

　　（108年5月22日之舊法）

一、案例

　　甲男與乙女育有一子丙，甲乙兩人忙於科技公司事業，經常必須長期出國，甚至住於國外，就將16歲之讀高中兒子丙，委託在臺灣好朋友之獨身完全行為能力人丁男為監護人。惟丙與丁相處投緣，兩人就在民國（以下同）112年5月24日依法登記結婚，甲、乙是否可以在112年11月6日向法院請求撤銷丙、丁之間婚姻？

二、思考焦點

　　成立第2條關係依法請求法院撤銷有哪些規定？

三、問題論述

　　參酌民法第989條（違反最低年齡）、第990條（未成年人未得法定代理人同意成立第2條關係）及第991條（監護人與受監護人間成立第2條關係）規定，分別立法限制，得予撤銷之規定。

　　112年6月9日修正公布理由：「一、第一項配合修正條文第三條已無分項規定，刪除「第一項」之文字。二、配合現行第三條第二項規定刪除，爰刪除第二項規定。三、配合第二項規定刪除，現行第三項移列至第二項，內容未修正。」

四、案例結論

　　甲、乙可以在108年11月6日，向法院請求撤銷丙、丁之間在108年5月24日依法登記結婚之法律行為。

五、相關實例

　　試申論民法異性婚之撤銷規定與司法院釋字第七四八號解釋施行法同性婚之撤

銷規定，有何異同？

第10條

第二條關係撤銷之要件及效力，準用民法第九百九十六條至第九百九十八條之規定。

第二條關係無效或經撤銷者，其子女親權之酌定及監護、損害賠償、贍養費之給與及財產取回，準用民法第九百九十九條及第九百九十九條之一之規定。

一、案例

甲男與乙女育有一子丙，丙從小即罹患歇斯底里症狀，故舉凡街訪鄰居均無女子有意願嫁給他，甲、乙迫於無奈乃刻意隱瞞丙之病情，而使丁男與他兒子丙完成婚姻登記，丁男與丙男相處不久後發現丙男常須回診醫院治療歇斯底里症，故向戊律師諮詢丙、丁之間婚姻法律問題，該戊律師應如何回答丁呢？

二、思考焦點

成立第2條關係依法得全部準用民法婚姻的撤銷規定嗎？

三、問題論述

當事人之一方成立第2條關係時，如係處於無意識或精神錯亂狀態，或有被詐欺或被脅迫之情事，應許其回復常態、發現詐欺或脅迫終止後，請求法院撤銷之，爰於第1項明定準用民法第996條及民法第997條規定，以及民法第998條結婚撤銷後法律不溯及既往之效力規定。

第2條關係無效或經撤銷時之子女親權酌定及監護、損害賠償、贍養費之給與及財產取回，允宜有明確規範，爰於第2項明定準用民法第999條（結婚無效或婚姻被撤銷之損害賠償請求權）及第999條之1（結婚無效之贍養費及財產取回準用、婚姻被撤銷之親權行使決定、贍養費及財產取回準用）之規定。

四、案例結論

戊律師應回答丁，依據司法院釋字第七四八號解釋施行法第10條第1項規定準用民法第997條規定，因被詐欺而結婚者，得於發見詐欺或脅迫終止後，六個月內向法院請求撤銷之。

五、相關實例

己男與庚男依法登記結婚後，己男發現庚男拒絕發生性行為，而且庚男就醫

後，也無法醫治，己男可否向法院起訴請求撤銷己男與庚男之間婚姻關係？

第11條

第二條關係雙方當事人互負同居之義務。但有不能同居之正當理由者，不在此限。

一、案例

同性別二人完成永久結合之婚姻關係契約並依法在戶政機關完成登記，是否必須互負同居之義務？

二、思考焦點

第2條關係雙方當事人，如果無正當理由，不履行同居義務是否得終止雙方當事人婚姻契約？

三、問題論述

由於第2條關係具有經營永久共同生活之目的，爰參酌民法第1001條規定，明定雙方當事人互負同居之義務。但有不能同居之正當理由者，不在此限。

四、案例結論

同性別二人完成永久結合之婚姻關係契約並依法在戶政機關完成登記，必須互負同居之義務，除非有不能同居之正當理由者，不在此限（參照司法院釋字第七四八號解釋施行法第11條規定）。

五、相關實例

己女與庚女兩人依法登記結婚後，軍助於己女家中，己女母親辛，向來反對同性婚姻，因此對於己女與庚女兩人依法登記結婚之事，反感至深，因而經常藉機辱罵庚女，經年累月下來，庚女就受不了，自己搬出己女家中，在外自行租屋居住，庚女之行為是否有不與己女同居之正當理由？

第12條

第二條關係雙方當事人之住所，由雙方共同協議；未為協議或協議不成時，得聲請法院定之。

一、案例

　　甲男與乙男結婚後，均住在台北市，後因經濟問題，不斷發生爭執，乙男憤而將戶口遷至高雄市並搬至高雄市居住，甲男不聞不問，乙男遂向高雄家事法院起訴理由以甲惡意遺棄爲由，請求終止甲男之婚姻關係，試問：高雄家事法院對本案有無管轄權？

二、思考焦點

　　第2條關係雙方當事人之住所，如何定之？

三、問題論述

　　第2條關係成立後，雙方當事人間即負有同居之義務，爲決定其共同住所，爰參酌民法第1002條之規定，明定雙方當事人之住所以共同協議爲原則；未爲協議或協議不成時，得聲請法院定之。

　　另民法第1002條第2項雖規定，法院爲共同住所之裁定前，以共同戶籍地推定爲住所。考量當事人訴請法院裁定共同住所，多爲戶籍地各異之情形，該項適用之機會甚少，爰未予參考明定，併予敘明。

四、案例結論

　　本案參考司法院釋字第七四八號解釋施行法第12條、家事事件法第52條第1款規定，離婚事件，專屬夫妻之住所地法院管轄等規定。故高雄家事法院對本案有管轄權。

五、相關實例

　　司法院釋字第七四八號解釋施行法第12條，未參考民法第1002條第2項規定，法院爲共同住所之裁定前，以共同戶籍地推定爲住所。而立法，其理由爲何？

第13條

　　第二條關係雙方當事人於日常家務，互爲代理人。

　　第二條關係雙方當事人之一方濫用前項代理權時，他方得限制之。但不得對抗善意第三人。

一、案例

　　丙女與丁女結婚後，丙女用婚前財產購買房屋一棟，該棟房屋價值2,000萬，

惟購買後發現該房屋到處漏水，丙女擬與建商解除契約，要求返還2,000萬元。某日，丙女未下班回家，戊建商即拜訪丁女，希望以新臺幣200萬達成和解，丁女未徵得丙女之同意，遂與戊建商達成和解，並在和解書上簽了自己的名字，並註明丁是丙的代理人。試問，該和解契約書是否對丙生效？

二、思考焦點

第2條關係雙方當事人於日常家務，互為代理人之範圍為何？

三、問題論述

鑒於第2條關係具有經營永久共同生活之目的，有關日常家務，常有互為代理之需，爰參酌民法第1003條規定，明定雙方當事人日常家務之代理權及代理權濫用之限制。

四、案例結論

丁女未徵得丙女之同意，遂與戊建商達成和解，該和解金額200萬元，並不是屬於「日常家務」的範圍，並在和解書上簽了自己的名字，並註明丁是丙的代理人。丁無代理丙之權利，丁用丙的名義，代理丙與戊建商達成和解，當然不能夠對丙發生效力，丁是屬於無權代理（民法第170條）。

五、相關實例

甲男與乙男結婚後，因不善理財，花費頗巨，乙覺得甲太辛苦工作，認為投資股票賺錢比較快，趁甲不在家的時候，遂把甲的土地所有權狀與印鑑章，設定抵押權給丙女，並向丙女借貸新臺幣1,000萬元給乙，試問：乙代理甲設定抵押權之行為，是否屬於日常家務代理之行為？

第14條

第二條關係雙方當事人之家庭生活費用，除法律或契約另有約定外，由雙方當事人各依其經濟能力、家事勞動或其他情事分擔之。

因前項費用所生之債務，由雙方當事人負連帶責任。

一、案例

甲男與乙男結婚後，租屋在台北市每月房租新臺幣（以下同）2萬元，甲男外出工作，每月薪資收入約10萬元許，乙男則負責在家裡料理家事、煮飯、洗衣服

等，故未有任何收入，某日甲、乙發生爭吵，甲則要求乙要平均分擔租屋費用1萬元，乙是否有義務要支付該平均分擔租屋費用1萬元？

二、思考焦點

第2條關係雙方當事人之家庭生活費用，如何分擔？家庭生活費用所生之債務，負怎樣的清償責任？

三、問題論述

家庭生活費用為維持圓滿共同生活之基本需求之一，爰參酌民法第1003條之1規定，明定雙方當事人之家庭生活費用之分擔方式及對債務之連帶責任。

四、案例結論

依照司法院釋字第七四八號解釋施行法第14條第1項規定：「第二條關係雙方當事人之家庭生活費用，除法律或契約另有約定外，由雙方當事人各依其經濟能力、家事勞動或其他情事分擔之。」依題意，甲男外出工作，每月薪資收入約10萬元許，乙男則負責在家裡料理家事、煮飯、洗衣服等，故未有任何收入，某日甲、乙發生爭吵，甲則要求乙要平均分擔租屋費用1萬元，乙未有任何收入，故無義務要支付該平均分擔租屋費用1萬元。

五、相關實例

丙女與丁女結婚後，丙女收養丁女之子戊為養子，丙女外出工作，每月薪資收入約20萬元許，丁女則負責在家裡料理家事、煮飯、洗衣服等，故未有任何收入，戊子今年考上高中需要繳納學費、住宿費與膳食費用計10萬元，丙女與丁女有無義務要支付前揭費用？

第15條

第二條關係雙方當事人之財產制，準用民法親屬編第二章第四節關於夫妻財產制之規定。

一、案例

第2條關係雙方當事人之財產制，準用民法親屬編第二章第四節關於夫妻財產制之規定，計有幾種類型？

二、思考焦點

第2條關係雙方當事人之財產制，可否以契約自由原則而自行創設？

三、問題論述

第2條關係成立後，其關係成立前各自財產及關係存續中財產，允有相關規範，爰明定雙方當事人財產制，準用民法關於夫妻財產制之規定。

四、案例結論

第2條關係成立後，其關係成立前各自財產及關係存續中財產，允有相關規範，爰明定雙方當事人財產制，準用民法關於夫妻財產制之規定。

民法親屬編第二章第四節關於夫妻財產制之規定，計有四種類型：未約定財產制者，則適用通常法定財產制（民法第1005條、第1017條至1030條之4）；非常法定財產制（民法第1010條）；約定財產制（民法第1004條、第1007條至第1008條之1、第1012條）共同財產制（民法第1031條至第1041條）分別財產制（民法第1044條、第1046條）。

五、相關實例

丙女與丁女結婚後，可否約定結婚前十年用共同財產制，結婚第十一年開始用分別財產制？

第16條

第二條關係得經雙方當事人合意終止。

前項終止，應以書面為之，有二人以上證人簽名並應向戶政機關為終止之登記。

（112年6月9日修正公布）

舊法第16條

第二條關係得經雙方當事人合意終止。但未成年人，應得法定代理人之同意。

前項終止，應以書面為之，有二人以上證人簽名並應向戶政機關為終止之登記。

（108年5月22日之舊法）

一、案例

丙女與丁女結婚後，兩人都認爲應該要合意終止結婚契約比較好，但是丙女與丁女兩人均已成年，但已徵得丙、丁雙方父母親口頭同意，並有二人以上證人在合意終止婚姻書面上簽名，並且已向戶政機關爲終止之登記。試問：丙女與丁女是否已發生合意終止婚姻效力？

二、思考焦點

同性結婚後，要合意終止婚姻，必須要具備那些要件？

三、問題論述

第2條關係雙方當事人，如已無經營永久共同生活之意願，應許其合意終止；惟當事人如爲未成年者，則須得法定代理人之同意，爰參酌民法第1049條爲第1項之規定。爲求審愼，並昭公示，爰參酌民法第1050條規定，於第2項明定合意終止之方式。

112年6月9日修正公布之理由：「一、因民法成年年齡已修正爲十八歲，爰刪除第一項但書所定未成年人終止第二條關係應得法定代理人同意之規定。二、又於本次修正條文施行前成立第二條關係之未成年人，於修正施行後仍未滿十八歲而欲兩願終止該關係者，因其於終止時修正條文業已施行，應直接適用修正條文，無須再得其法定代理人之同意，併此敘明。三、第二項未修正。」

四、案例結論

依照司法院釋字第七四八號解釋施行法第16條規定：「第二條關係得經雙方當事人合意終止。前項終止，應以書面爲之，有二人以上證人簽名並應向戶政機關爲終止之登記。」故丙女與丁女已發生合意終止婚姻之效力。

五、相關實例

甲男與乙男結婚後，要合意終止婚姻，必須要完成哪些要式行爲，始發生效力？

六、重要判解

司法院秘書長110年6月24日秘台廳民一字第1100008052號函

要旨：當事人雙方均爲未在國內設籍且國籍相同之外國人，欲在我國辦理離婚或終止結婚登記，依據涉外民事法律適用法第50條規定，依當事人共同之本國法

辦理，如當事人之本國法規定離婚或終止結婚登記須向法院申請辦理，則不得依我國民法有關協議離婚之規定辦理主旨：有關南非國同性配偶2人在我國居留期間申請離婚登記之相關疑義，復如說明，請查照。

說明：

一、復貴部110年3月15日台內戶字第1100108176號函。

二、涉外民事法律適用法（下稱涉民法）第50條規定：「離婚及其效力，依協議時或起訴時夫妻共同之本國法；無共同之本國法時，依共同之住所地法；無共同之住所地法時，依與夫妻婚姻關係最切地之法律。」係規範涉外「協議離婚」或「裁判離婚」之要件與效力，應適用何國之法律為準據法。若協議離婚時或向法院提起離婚訴訟時，夫妻2人有共同之本國法，依上開規定，即應優先適用該共同本國法，若無，始得次而適用共同之住所地法。來函所詢南非國同性配偶欲依司法院釋字第748號解釋施行法第16條規定，向我國戶政機關申請合意終止婚姻關係登記之相關事宜，依涉民法第50條規定，其準據法為其2人之共同本國法即南非國法，故依來函所述，有關南非國民事結合法之規定，其2人之離婚應向該國管轄法院申請辦理。至我國戶政機關如何辦理該申請事件，本院尊重戶政主管機關本於職權卓處。

三、我國家事事件法第53條第1項第2款、第4款規定：「婚姻事件有下列各款情形之一者，由中華民國法院審判管轄：二、夫妻均非中華民國國民而於中華民國境內有住所或持續一年以上有共同居所。四、夫妻之一方於中華民國境內持續一年以上有經常居所。但中華民國法院之裁判顯不為夫或妻所屬國之法律承認者，不在此限。」亦即我國法院就上開規定之情形，原則有國際審判管轄權。倘旨案南非國同性配偶在我國提起離婚訴訟，因涉及我國及南非國有關國際審判管轄權之積極衝突，應由我國受訴法院於具體個案中判斷認定。

第17條

第二條關係雙方當事人之一方有下列情形之一者，他方得向法院請求終止第二條關係：

一、與他人重為民法所定之結婚或成立第二條關係。

二、與第二條關係之他方以外之人合意性交。

三、第二條關係之一方對他方為不堪同居之虐待。

四、第二條關係之一方對他方之直系親屬為虐待，或第二條關係之一方之直系親屬對他方為虐待，致不堪為共同生活。

五、第二條關係之一方以惡意遺棄他方在繼續狀態中。

六、第二條關係之一方意圖殺害他方。

七、有重大不治之病。

八、生死不明已逾三年。

九、因故意犯罪，經判處有期徒刑逾六個月確定。

有前項以外之重大事由，難以維持第二條關係者，雙方當事人之一方得請求終止之。

對於第一項第一款、第二款之情事，有請求權之一方，於事前同意或事後宥恕，或知悉後已逾六個月，或自其情事發生後已逾二年者，不得請求終止。

對於第一項第六款及第九款之情事，有請求權之一方，自知悉後已逾一年，或自其情事發生後已逾五年者，不得請求終止。

一、案例

丙女與丁女結婚後，兩人經常爭吵，感情日漸疏遠，某日丙女結識戊男後，丙、戊兩人感情日漸親密，遂情不自禁在旅館開房洗澡，但未發生性行為等情事，然為丁女報警查獲。丙女再三考量，與丁女合意終止結婚契約比較好，丁女一再拒絕。丙乃具狀起訴法院請求終止與丁之第2條關係，是否有理由？

二、思考焦點

司法院釋字第七四八號解釋施行法第17條第2項規定與民法第1052條第2項規定在立法上，有何不同？

三、問題論述

第2條關係雙方當事人之一方，如具有不適於與他方經營永久共同生活之情事，他方應得請求法院判決終止第2條關係，爰參酌民法第1052條規定，於第1項及第2項明定判決終止之法定事由。本條第1項第1款所定「與他人重為民法上結婚或成立第2條關係」，他方得請求法院請求終止第2條關係之情形，係指第7條第1項及第3項有配偶或第2條關係者，先後或同時與他人成立婚姻或第2條關係，其中有效婚姻之配偶或第2條關係之一方，得請求法院判決終止而言，併此敘明。

惟民法第1052條第2項規定：「有前項以外之重大事由，難以維持婚姻者，夫妻之一方得請求離婚。但其事由應由夫妻之一方負責者，僅他方得請求離婚。」在立法上係採取消極破綻主義立法，故依照最高法院103年度台上字第858號民事判決見解認為：按民法第1052條第2項但書規定「難以維持婚姻之重大事由應由夫妻

之一方負責者，僅他方得請求離婚」，係為公允而設，故難以維持婚姻之重大事由，夫妻雙方均須負責時，應衡量雙方之有責程度，僅責任較輕之一方，得向責任較重之他方請求離婚，有責程度相同時，雙方均得請求離婚，始符公平。而司法院釋字第七四八號解釋施行法第17條第2項規定，在立法上係採取積極破綻主義立法，故難以維持婚姻之重大事由，有過失一方得請求無過失一方終止婚姻永久結合關係或責任較重之一方得請求責任較輕之他方，終止婚姻永久結合關係。

參酌民法第1053條及第1054條，於第3項及第4項分別明定依第1項第1款、第2款、第6款及第9款請求法院終止第2條關係之限制。

四、案例結論

司法院釋字第七四八號解釋施行法第17條第2項規定，在立法上係採取積極破綻主義立法，故難以維持婚姻之重大事由，有過失一方得請求無過失一方終止婚姻永久結合關係或責任較重之一方得請求責任較輕之他方，終止婚姻永久結合關係。故丙乃具狀起訴法院請求終止與丁之第2條關係，係有理由。

五、相關實例

民法第1052條第2項規定在立法上係採取消極破綻主義立法與司法院釋字第七四八號解釋施行法第17條第2項規定在立法上係採取積極破綻主義立法，是否有違反憲法第7條平等原則立法？

六、重要判解

(一) 最高法院103年度台上字第1186號民事判決

民法第1052條第1項各款以外之重大事由，難以維持婚姻者，夫妻之一方得請求離婚；但其事由應由夫妻之一方負責者，僅他方得請求離婚，為同法條第二項所明定。此乃抽象的、概括的離婚事由，係民法親屬編於74年修正時，為因應實際需要，參酌各國立法例，導入破綻主義思想所增設，其目的在使夫妻請求裁判離婚之事由較富彈性。故如夫妻雙方就難以維持婚姻之重大事由均為有責時，則應衡量比較雙方之有責程度，許責任較輕之一方，向應負主要責任之他方請求離婚，倘雙方有責程度相當，仍應准其各自請求離婚，方符合民法第1052條第2項規定之立法目的。

(二) 最高法院105年度台上字第2162號民事判決

家庭生活費用，除法律或契約另有約定外，由夫妻各依其經濟能力、家事勞動或其他情事分擔之。有關真實所得及財產狀況、是否已合理分擔家庭生活費用及家

事勞動等項，均爲兩造婚姻發生破綻之原因，屬重要攻擊方法。如未於判決理由項下說明該主張是否爲眞實，遽謂一造應負較重之婚姻發生破綻責任，自有判決不備理由之違法。

(三) 臺灣高等法院107年度家上字第96號民事判決

惡意遺棄他方，不僅須有違背同居義務之客觀事實，並須有拒絕同居之主觀情事始爲相當。此外，是否有難以維持婚姻之重大事由，判斷標準爲婚姻是否已生破綻而無回復之希望，應就兩造之婚姻狀況，有無重修和好之可能等各種狀況爲綜合之判斷，並應斟酌破壞夫妻共同生活之具體情事，是否客觀上屬於重大，已達倘任何人處於同一境況，均將喪失維持婚姻希望之程度有以決之。

第18條

第二條關係之終止經法院調解或法院和解成立者，第二條關係消滅。法院應依職權通知該管戶政機關。

一、案例

丙女與丁女結婚後，兩人經常爭吵，感情日漸疏遠，兩人都認爲應該要合意終止結婚契約比較好，是否可到法院調解或和解離婚？

二、思考焦點

合意終止結婚契約有幾種方式？

三、問題論述

按照家事事件法第23條及第45條規定，民法之離婚事件應先試行調解，亦得爲訴訟上之和解，而且有判決確定之效力。爰參酌民法第1052條之1第1項明定，司法院釋字第七四八號解釋施行法第18條規定，第2條關係經法院調解或和解終止成立者之效力。

另法院調解或和解終止成立者，法院應依職權通知該管戶政機關，爰於本條第2項明定之。

四、案例結論

依照司法院釋字第七四八號解釋施行法第18條第1項規定：「第二條關係之終止經法院調解或法院和解成立者，第二條關係消滅。」因此，丙女與丁女結婚後，可到法院調解或和解離婚。

五、相關實例

法院調解或和解離婚之效力為何？

第19條

第二條關係終止者，其子女親權之酌定及監護、損害賠償、贍養費之給與及財產取回，準用民法第一千零五十五條至第一千零五十五條之二、第一千零五十六條至第一千零五十八條之規定。

一、案例

甲男與乙男結婚後，租屋在台北市每月房租新臺幣（以下同）2萬元，甲男外出工作，每月薪資收入約10萬元許，乙男則負責在家裡料理家事、煮飯、洗衣服等，故未有任何收入，某日甲、乙發生爭吵，甲男遂在外與丙女發生通姦行為，案經乙男報警處理，抓姦在床，乙以司法院釋字第七四八號解釋施行法第17條第1項第2款規定：「與第二條關係之他方以外之人合意性交。」起訴請求法院判決終止第2條關係外，亦可合併請求哪些權利？

二、思考焦點

司法院釋字第七四八號解釋施行法第19條規定中「第2條關係終止者」，解釋上是否僅係「向法院請求終止第2條關係」？

三、問題論述

第2條關係終止時之子女親權酌定及監護、損害賠償、贍養費之給與及財產取回，允有明確規範，爰明定準用民法第1055條至第1055條之2、第1056條至第1058條之規定。

四、案例結論

乙以司法院釋字第七四八號解釋施行法第17條第1項第2款規定：「與第二條關係之他方以外之人合意性交。」起訴請求法院判決終止第2條關係外，亦可依照同法第19條規定，準用民法第1055至第1055條之2、第1056至第1058條等規定，合併請求子女親權酌定及監護、損害賠償、贍養費之給與及財產取回。

五、相關實例

丙女與丁女在法院調解或和解終止婚姻後，丙女另行起訴請求丁女給付贍養費之給與新臺幣100萬元，有無理由？

第20條

第二條關係雙方當事人之一方收養他方之子女或共同收養時，準用民法關於收養之規定。

（112年6月9日修正公布）

舊法第20條

第二條關係雙方當事人之一方收養他方之親生子女時，準用民法關於收養之規定。

（108年5月22日之舊法）

一、案例

甲女與乙女兩人合意依法成立永久結合關係，並在戶政機關登記後，依法收養7歲丙為養女。嗣因甲女罹患癌症死亡後一年，乙女與丁女兩人合意依法成立永久結合關係，並在戶政機關登記。而且乙女和丁女與丙三人相處融洽，感情甚篤。半年之後，丁女想收養丙為養女，且經乙、丙兩人同意，經向法院聲請許可收養，法院應否許可收養？

二、思考焦點

同性婚姻收養與異性婚姻收養規定是否完全相同？

三、問題論述

鑑於成立第2條關係之雙方當事人有共同經營生活事實，為保障同性關係之一方親生子女之權益，應許他方得為繼親收養，由社工專業評估及法院之認可，依個案判斷其收養是否符合子女最佳利益，並準用民法有關收養之規定。

第2條關係之一方收養他方親生子女後，依本條準用民法第1077條第1項規定之結果，其與被收養子女間之關係，與婚生子女同，是民法及其他法律中有關父母與子女間權利義務之規定，自有適用，附此敘明。

112年6月9日修正公布理由：「一、現行規定考量成立第二條關係之雙方當事人有共同經營生活事實，為保障當事人一方親生子女之權益，爰許他方得為繼親收養。惟民法並未禁止單身收養，故單身同志仍有可能透過單身收養之方式，與無血緣子女建立法律上親子關係，並共同生活經營生活事實。若完成單身收養子女之同志，再與他人成立本法第二條關係，基於保障子女權益之同一理由，應許他方於關係存續中收養其養子女。二、司法院釋字第712號解釋理由書略以：『……收養為

我國家庭制度之一環，係以創設親子關係爲目的之身分行爲，藉此形成收養人與被收養人間教養、撫育、扶持、認同、家業傳承之人倫關係，對於收養人及被收養人之身心發展與人格之形塑具有重要功能。是人民收養子女之自由，攸關收養人及被收養人之人格自由發展，應受憲法第22條所保障。』及第748號解釋理由書略以：『……性傾向屬難以改變之個人特徵（immutablecharacteristics），其成因可能包括生理與心理因素、生活經驗及社會環境等。……以性傾向作爲分類標準所爲之差別待遇，應適用較爲嚴格之審查標準，以判斷其合憲性，除其目的須爲追求重要公共利益外，其手段與目的之達成間並須具有實質關聯，始符合憲法第7條保障平等權之意旨。』爲保障同性配偶收養子女之權益，並避免與異性配偶產生法制規範上之落差，爰修正本條規定。三、另同性配偶收養子女，仍須透過社工專業評估，及法院認可之程序機制，依個案判斷同性配偶之收養是否符合子女之最佳利益，至屬當然。」

四、案例結論

司法院釋字第七四八號解釋施行法第20條規定第2條關係雙方當事人之一方收養他方之子女或共同收養時，準用民法關於收養之規定。民法第1073條第2項規定：「夫妻之一方收養他方之子女時，應長於被收養者十六歲以上。」是未規定只能收養他方之親生子女，因此按照當然解釋，夫妻之一方得收養他方之親生子女、養子女，故本施行法第20條規定，在本次修法中已與民法第1073條第2項規定相同。故準用民法關於收養之規定爲民法第1072條至民法第1083之1。

五、相關實例

司法院釋字第七四八號解釋施行法第20條規定：「第二條關係雙方當事人之一方收養他方之子女或共同收養時，準用民法關於收養之規定。」其中所謂準用民法關於收養之規定，係準用哪些法條？

第21條

民法第一千一百十一條至第一千一百十一條之二中關於配偶之規定，於第二條關係雙方當事人準用之。

一、案例

甲女與乙女兩人合意依法成立永久結合關係，並在戶政機關登記後，某日甲女外出，不慎被開機車超速闖紅燈丙男撞成植物人，醫生判斷甲女病情不可能變好。

試問：何人可以擔任乙之監護人？

二、思考焦點

　　司法院釋字第七四八號解釋施行法第21條規定，於第2條關係雙方當事人準用民法配偶之法定監護之法律關係有哪些？

三、問題論述

　　司法院釋字第七四八號解釋施行法第21條明定，民法第1111條監護人之選定、第1111條之1選定監護人應審酌之事項及第1111條之2監護人資格限制，上開有關配偶之規定，於第2條關係之雙方當事人準用之。

四、案例結論

　　依照司法院釋字第七四八號解釋施行法第21條規定，準用民法第1111條監護人之選定，配偶、四親等內之親屬、最近一年有同居事實之其他親屬、主管機關、社會福利機構或其他適當之人選定一人或數人為監護人。但應受準用民法第1111條之2（監護人資格限制）照護受監護宣告之人之法人或機構及其代表人、負責人，或與該法人或機構有僱傭、委任或其他類似關係之人，不得為該受監護宣告之人之監護人。但為該受監護宣告之人之配偶、四親等內之血親或二親等內之姻親者，不在此限。

五、相關實例

　　司法院釋字第七四八號解釋施行法第2條關係雙方當事人之一方可否擔任他方之意定監護人？

第22條

　　第二條關係雙方當事人互負扶養義務。

　　第二條關係雙方當事人間之扶養，準用民法第一千一百十六條之一、第一千一百十七條第一項、第一千一百十八條但書、第一千一百十八條之一第一項及第二項、第一千一百十九條至第一千一百二十一條之規定。

一、案例

　　甲女與乙女兩人合意依法成立永久結合關係，並在戶政機關登記後，甲、乙兩人在法律上發生怎樣之扶養義務？

二、思考焦點

同性婚姻合意依法成立永久結合關係後,是否與異性婚姻在民法規定之扶養義務相同?

三、問題論述

第2條關係雙方當事人既有經營永久共同生活之目的,其應互負扶養義務,乃理所當然,爰參酌民法第1116條之1之規定,於第1項明定雙方當事人間扶養之義務。有關第2條關係之雙方當事人間受扶養之順序、要件、扶養義務之免除、扶養之程度及方法,於第2項明定準用民法相關規定。

本施行法第22條規定:「第二條關係雙方當事人互負扶養之義務(第1項)。第二條關係雙方當事人間之扶養,準用民法第一千一百十六條之一、第一千一百十七條第一項、第一千一百十八條但書、第一千一百十八條之一第一項及第二項、第一千一百十九條至第一千一百二十一條之規定(第2項)。」惟其僅準用民法第1116條之1(夫妻互負扶養之義務與受扶養權利之順序)、第1117條第1項(受扶養權利以不能維持生活而無謀生能力為限)、第1118條但書(受扶養權利為直系血親尊親屬或配偶時,減輕其義務)、第1118條之1第1項及第2項(負擔扶養義務顯失公平得請求法院減輕或免除其扶養義務等情形)、第1119條至第1121條之規定(扶養程度、方法與情事變更)。卻不準用民法第1114條(親屬互負扶養之義務)、第1115條(負扶養義務者有數人時之順序)、第1116條(受扶養權利者有數人,而負扶養義務者之經濟能力,不足扶養其全體時,受扶養人之順序)、第1116條之2(父母對於未成年子女之扶養義務,不因結婚經撤銷或離婚而受影響)、第1117條第2項(無謀生能力之限制,於直系血親尊親屬,不適用之)、第1118條本文(因負擔扶養義務而不能維持自己生活者,免除其義務)、第1118條之1第3項(扶養權利者為負扶養義務者之未成年直系血親卑親屬者,不適用之)。然前揭不準用民法第1114條以下之規定,卻未在本草案第22條立法理由中說明,例如:同性婚姻卻無親屬互負扶養之義務、亦無負扶養義務者有數人時之順序、因結婚經撤銷或離婚,無須對未成年子女之扶養義務、無謀生能力之限制,於直系血親尊親屬,適用之、因負擔扶養義務而不能維持自己生活者,不免除其義務、扶養權利者為負扶養義務者之未成年直系血親卑親屬者,適用之等,故宜於本施行法第22條立法理由中明確說明,免生爾後法適用上之爭議或是將來依照平等原則修正本施行。

四、案例結論

依照司法院釋字第七四八號解釋施行法第22條第1項規定:「第二條關係雙方

當事人互負扶養義務。」

五、相關實例

同性婚姻合意依法成立永久結合關係後，有哪些情形不準用民法扶養義務之規定？

第23條

第二條關係雙方當事人有相互繼承之權利，互為法定繼承人，準用民法繼承編關於繼承人之規定。

民法繼承編關於配偶之規定，於第二條關係雙方當事人準用之。

一、案例

甲男與乙男結婚後，依法收養6歲丙為養女，某日甲男車禍身亡，遺產有1,000萬。試問：乙、丙各分別繼承甲之遺產多少錢？

二、思考焦點

同性婚姻合意依法成立永久結合關係後，有關遺產繼承等相關問題是否全部準用民法繼承編之規定？

三、問題論述

為使第2條關係雙方當事人之一方於他方死後之財產繼承有所依據，爰參酌民法第1144條規定，於第1項明定雙方當事人間有相互繼承遺產之權利，為法定繼承人，並準用民法繼承編關於繼承人之規定。

第2項明定民法繼承編關於配偶之規定，如民法第1144條配偶應繼分、第1176條拋棄繼承之應繼分歸屬、第1198條不得為遺囑見證人，及第1223條配偶特留分等規定，於第2條關係之雙方當事人準用之。

四、案例結論

依照司法院釋字第七四八號解釋施行法第23條規定準用民法第1138條第1款、第1144條第1款規定，由繼承人乙、丙各分別繼承甲之遺產各500萬元。

五、相關實例

甲男與乙男結婚後，依法收養6歲丙為養女，某日甲男車禍身亡，遺產有1,000萬。試問：乙、丙各分別對甲之特留分有多少錢？

第24條

民法總則編及債編關於夫妻、配偶、結婚或婚姻之規定，於第二條關係準用之。

民法以外之其他法規關於夫妻、配偶、結婚或婚姻之規定，及配偶或夫妻關係所生之規定，於第二條關係準用之。但本法或其他法規另有規定者，不在此限。

一、案例

甲男與乙男結婚後，在婚姻存續期間民國（以下同）108年6月1日兩人投宿於好友丙男旅館處十五日，消費金額新臺幣（以下同）10萬元，因甲乙欠債不還，丙於111年7月1日具狀向法院起訴請求甲男與乙男必須返還前揭旅店住宿費及飲食費10萬，甲、乙到庭抗辯前揭旅店住宿費及飲食費10萬元，已經經過二年時效消滅了，所以不用還丙錢有無理由？

二、思考焦點

司法院釋字第七四八號解釋施行法第24條規定準用關於夫妻、配偶、結婚或婚姻之規定，及配偶或夫妻關係所生之規定範圍為何？

三、問題論述

成立第2條關係與民法婚姻關係，同係二人為經營共同生活之目的，所成立具有親密性及排他性之永久結合關係，且為達婚姻自由之平等保護，爰明定民法總則編及債編關於配偶、夫妻、結婚或婚姻之規定，如民法第13條第3項、第14條、第15條之1、第127條、第143條、第144條、第194條、第195條、第416條及第573條等規定，於第2條關係準用之，爰於第1項明定。

另為保障第2條關係雙方當事人，於其他法規中有與配偶、夫妻相同之權利並負擔相同之義務，明定其他法規有關夫妻、配偶、結婚或婚姻之規定（例如：國民年金法所定配偶連帶繳納義務、所得稅法所定配偶合併申報、配偶免稅額、配偶扣除額及特殊境遇家庭扶助條例所定特殊境遇家庭之認定標準等），除有特別規定外，於第2條關係準用之，爰於第2項明定。至於第2項但書所稱之其他法規，例如：人工生殖法係為維護國民之倫理及健康，成立第2條關係之雙方當事人得否適用或準用該法，核屬該法立法形成空間，允宜由該法主管機關另予研議。

四、案例結論

依照司法院釋字第七四八號解釋施行法第24條第1項規定準用民法第127條第

1款規定，旅店之住宿費、飲食費之請求權，因二年間不行使而消滅。以及民法第144條第1項規定，時效完成後，債務人得拒絕給付。本案旅店住宿費及飲食費10萬元，已經經過二年時效消滅，故甲乙抗辯有理由。

五、相關實例

甲男與乙男結婚後，甲男經乙男同意與丙女簽定代理孕母契約。試問：該代理孕母契約效力為何？

六、重要判解

內政部110年3月11日台內戶字第1100103625號函
要旨：

2位國人或國人與承認同性婚姻國家人士於司法院釋字第七四八號解釋施行法施行前於國外成立同性婚姻關係者，因渠等同性婚姻關係於我國並未成立，尚不得據國外結婚證明文件於國內辦理結婚登記，當事人須依據同施行法第4條規定辦理結婚登記。當事人向駐外館處申請函轉國內戶政事務所辦理結婚登記者，請渠等提供經驗證之「結婚書約」作為結婚文件；倘一方非為本國籍者，則以渠等經驗證翻譯中文之國外結婚證明，由雙方當事人於結婚登記申請書簽名或蓋章後，再由駐外館處函轉我國戶政事務所辦理。

主旨：有關2位國人或國人與承認同性婚姻國家人士於108年5月24日前同性結婚，如何在臺辦理結婚登記1案，請查照。

說明：

一、依據法務部110年1月26日法律字第11003501600號函（如附件影本）辦理，兼復新北市政府民政局109年9月7日新北民戶字第1091702030號函。

二、按司法院秘書長108年6月24日秘台廳民一字第1080013276號函略以，國人與承認同性婚姻國家之外籍人士或2位國人，於108年5月24日前在國外成立同性婚姻關係，因司法院釋字第七四八號解釋施行法（下稱施行法）施行前，於我國無從成立施行法第2條關係及辦理第4條之結婚登記，渠等同性婚姻關係於我國並未成立，尚不因施行法生效後，使渠等同性婚姻關係於我國溯及發生效力，合先敘明。

三、本部108年5月23日台內戶字第1080242141號函略以，當事人於施行法施行前成立之同性婚姻，可持憑渠等經驗證之「結婚文件」辦理結婚登記，其生效日期以其至戶政事務所辦理同性結婚登記之日為準。實務上，戶政事務所於108年5月24日後受理是類案件，直接以當事人「國外結婚證明」為結婚文件，據以辦理結婚登記，並於結婚記事登載渠等國外結婚日期及國內戶籍登記日期，其申請登記所

附文件及記事，與一般在國外結婚已生效者所附文件及記事內容相同，易生混淆。爰針對前揭國外結婚證明於我國不生效力者，其登記應備文件及程序宜依我國法令規定辦理，補充如下：

（一）當事人向國內戶政事務所臨櫃申請1節，因渠等於國外成立之同性婚姻關係於我國並未成立，其國外結婚證明文件，不生效力，亦不得據以於國內辦理結婚登記，如欲成立施行法第2條關係，依施行法第4條規定，須提供雙方當事人及2人以上證人簽名（或蓋章）之結婚書約，由雙方當事人親自辦理結婚登記，並以戶政事務所辦妥結婚登記日為生效日；倘一方非為本國籍者，以渠等經驗證翻譯中文之國外結婚證明，作為其婚姻狀況證明。其結婚記事例（20F1900002）為【民國×××年××月××日申請與○○○（（僑居×國）無戶籍國民）（××××年××月××日出生）〔××國人○○○（中文）○○○（英文）（××××年××月××日出生）〕〔○○○（兼具××國籍英文姓名○○○○○）〕結婚登記，民國×××年××月××日結婚登記（註記）。】

（二）當事人向駐外館處申請函轉國內戶政事務所辦理結婚登記1節，按戶籍法第26條第3款規定略以，雙方或一方在國內現有或曾設戶籍者，在國外結婚，得檢具相關文件，向我國駐外館處申請，經驗證後函轉戶籍地或原戶籍地戶政事務所辦理結婚登記。次按施行法第24條規定，民法以外之其他法規於結婚之規定，於第2條關係準用之。復按外交部與本部會商頒訂之「旅外國人申請戶籍登記須知（甲表）」之「結婚登記案件」，因渠等在國外成立婚姻關係未生效，參考「在國外依『我國民法』以結婚書約申請者」之規定，請渠等提供經驗證之「結婚書約」作為結婚文件；倘一方非為本國籍者，以渠等經驗證翻譯中文之國外結婚證明，作為其婚姻狀況證明，由雙方當事人於結婚登記申請書簽名（或蓋章）後，再由駐外館處函轉我國戶政事務所辦理，其結婚生效日期以戶政事務所辦妥結婚登記日為準。

（三）為周延戶籍登記程序，自即日起戶政事務所受理是類案件，請依上開說明辦理。

第25條

因第二條關係所生之爭議，為家事事件，適用家事事件法有關之規定。

一、案例

甲男與乙男結婚後，依法收養丙為養女，並經法院認可確定在案，嗣因甲男車禍身亡，乙男經常借酒消愁，毆打丙養女出氣，經鄰人報警處理，法院裁定確定家暴令在案，丙女係未成年人向法院起訴與乙男終止收養關係，後因在家事法院合意

調解成立終止收養。試問：乙、丙之合意調解成立終止收養是否有效？

二、思考焦點

　　因第2條關係所生之爭議，爲家事事件，故在程序法上全部皆適用家事事件法有關之規定處理嗎？

三、問題論述

　　明定因第2條關係所生爭議應適用之家事事件法有關救濟處理程序。故參照司法院秘書長101年5月31日秘台廳少家二字第1010015417號函意旨略以：家事事件之類型繁多，難以一一列舉，舉凡民法親屬編、繼承編或其特別法所規定而性質上屬於家事事件者，自應由受理之法官依家事事件法審理之，家事事件法第3條第6項特別定有明文。至於非親屬編、繼承編或其特別法所規定之事件，例如親屬間之借款等糾紛，或依民法第242條代位行使債務人之權利，或依強制執行法第14條或第15條所提起之異議之訴，性質上主要爲普通財產紛爭等事件，多無以家事程序法理審理此類事件之必要，亦無選任程序監理人、命家事調查官爲調查之必要，更無法院職權調查或依裁量而爲裁定之空間，應認非屬家事事件。是關於同一地方法院民事庭與家事庭事務分配，請依附件所示家事事件法及家事事件審理細則相關規定及前開意旨辦理，以期有效發揮家事庭應有之功能。

四、案例結論

　　丙女係未成年人依民法第1080條第2項規定向法院聲請認可終止收養時，因該聲請事件屬家事事件法第3條第4項丁類事件第7款終止收養。並依家事事件法第23條第1項規定：「家事事件除第三條所定丁類事件外，於請求法院裁判前，應經法院調解。」又同法第30條第1、2項規定：家事事件之調解，就終止收養關係，經當事人合意，並記載於調解筆錄時成立。但終止收養關係之調解，須經當事人本人表明合意，始得成立。前項調解成立者，與確定裁判有同一之效力。故乙、丙之合意調解成立終止收養係屬有效。

五、相關實例

　　丙女與丁女結婚後，丙女將自己婚前財產借款給予丁女100萬元，一年後丁女卻在外與戊男通姦，爲丙女報警查獲，丙女具狀起訴與丁女離婚並訴請丁女須還返100萬元及週年利率爲百分之五。試問：本案是否全依適用家事事件法有關規定審理？

第26條

任何人或團體依法享有之宗教自由及其他自由權利，不因本法之施行而受影響。

一、案例

甲男與乙男本來均在某宗教學校教書，然因情投意合而結婚，如果該學校以此解聘甲男與乙男之教職，是否有理由？

二、思考焦點

我國憲法第7條規定：「中華民國人民，無分男女、宗教、種族、階級、黨派，在法律上一律平等。」同法第22條規定：「凡人民之其他自由及權利，不妨害社會秩序公共利益者，均受憲法之保障。」故本條文訂定是否由疊床架屋之嫌？

三、問題論述

明定宗教自由及其他自由權利，不因本法之施行而受影響。惟憲法第7條規定：「中華民國人民，無分男女、宗教、種族、階級、黨派，在法律上一律平等。」同法第22條規定：「凡人民之其他自由及權利，不妨害社會秩序公共利益者，均受憲法之保障。」已明定平等權與自由權保障。

四、案例結論

依照司法院釋字第七四八號解釋施行法第26條規定，該宗教學校不能僅以甲男與乙男結婚為由，任意解聘甲、乙之教職。

五、相關實例

丙女與丁女均在某宗教醫院擔任護理師，然因情投意合而結婚，如果該醫院以此解聘丙女與丁女護理師職務，是否有理由？

第27條

本法自中華民國一百零八年五月二十四日施行。本法修正條文，除另定施行日期者外，自公布日施行。中華民國一百十二年五月二十三日修正之第三條、第九條及第十六條，自一百十二年一月一日施行。

（112年6月9日公布修正）

舊法第27條

本法自中華民國一百零八年五月二十四日施行。

（108年5月24日之舊法）

問題論述

112年6月9日公布修正之理由：「一、第一項未修正。二、增訂第二項，明定本法修正條文之施行日期，除另有規定外，自公布日施行。三、另為配合民法成年年齡相關修正條文自一百十二年一月一日施行，爰增訂第三項，定明本次修正條文之施行日期，使之與民法一致。」

附錄一　2009年我國民法繼承編修改之方向

我國之繼承制度，原以概括繼承為原則，而以限定繼承、拋棄繼承、國庫繼承，為例外之立法設計制度。然立法院先後於96年12月14日、97年4月22日、98年5月22日，針對舊有之繼承制度加以修正。首先，仍以概括繼承為原則，但就限定繼承之方式做了立法上之修正調整，並加入法定限定繼承人之制度，即僅有限制行為能力人或無行為能力人，得就其所繼承之債務，主張以遺產負有限責任；同時，針對保證債務之繼承做全面溯及既往之規定；最後，則承認全面法定限定繼承之原則，不再區分法定限定繼承人，而是所有之繼承人不須在法律上主張，皆對所繼承之遺產負有限責任。以下係我國繼承制度修正前後對照表，茲敘述如下：

一、概括繼承

第1148條	19年12月26日舊法	97年1月2日舊法	98年6月10日修正公布
條文內容	繼承人自繼承開始時，除本法另有規定外，承受被繼承人財產上之一切權利、義務。但權利、義務專屬於被繼承人本身者，不在此限。	I 繼承人自繼承開始時，除本法另有規定外，承受被繼承人財產上之一切權利、義務。但權利、義務專屬於被繼承人本身者，不在此限。 II **繼承人對於繼承開始後，使發生代負履行責任之保證契約債務，以因繼承所得遺產為限，負清償責任。**	I 繼承人自繼承開始時，除本法另有規定外，承受被繼承人財產上之一切權利、義務。但權利、義務專屬於被繼承人本身者，不在此限。 II **繼承人對於被繼承人之債務，以因繼承所得遺產為限，負清償責任。**
立法理由	人過世之後，繼承人可以繼承被繼承人的財產，所謂財產，只要有財產上價值的權利，原則上都可以繼承。 一身專屬性的權利義務則不可以繼承。例如：民法第1001條規定，夫妻之間的同居請求權。	97年1月2日公布增訂民法第1148條第2項規定係限定繼承之一種特殊類型，亦即繼承人對於繼承開始後，始發生代負履行責任之保證契約債務，以因繼承所得之遺產為限，負清償責任。本項所指的保證契	97年1月2日修正公布之民法第1153條第2項，增訂法定限定責任之規定，僅適用於繼承人為無行為能力人或限制行為能力人之情形，因此繼承人如為完全行為能力人，如果不清楚被繼承人生前之債權、債務情形或不想要繼承時，

立法理由	約債務，在文義上解釋，應包括民法第739條以下之財產保證責任，及民法第756條之1人事保證責任。	必須於知悉得繼承之時起3個月內向法院辦理限定繼承或拋棄繼承（參照民法第1156條、第1174條），否則將概括承受被繼承人之財產上一切權利及義務。立法院為解決此不合理現象，第二度修正公布第2項規定：「繼承人對於被繼承人之債務，以因繼承所得遺產為限，負清償責任」。繼承人以繼承財產清償繼承債務，該債權人於債權範圍內受清償，並無不當得利可言，繼承人不得向債權人請求返還。

二、限定繼承

第1154條	19年12月26日舊法	97年1月2日舊法	98年6月10日修正公布
條文內容	I 繼承人得限定以因繼承所得之遺產，償還被繼承人之債務。 II 繼承人有數人，其中一人主張為前項限定之繼承時，其他繼承人視為同為限定之繼承。 III 為限定之繼承者，其對於被繼承人之權利、義務，不因繼承而消滅。	I 繼承人得限定以因繼承所得之遺產，償還被繼承人之債務。 II 繼承人有數人，其中一人主張為前項限定之繼承時，**其他繼承人除有下列情形之一者外**，視為同為限定之繼承： **一、於為限定繼承前，已為概括繼承之表示。** **二、已逾第1156條所定期間。** III 為限定之繼承者，其對於繼承人之權利、義務，不因繼承而消滅。	繼承人對於被繼承人之權利、義務，不因繼承而消滅。

立法理由	被繼承人留下遺產，繼承人不能確定被繼承人留下多少債務，繼承人得使用一種程序，讓繼承人不用對所繼承的全部遺債負責清償，而只在所繼承的遺產限度或範圍之內，才負責清償遺債責任，且不會用繼承人自己本來的財產去清償被繼承人所留下來的債務，這就是「限定繼承」。	97年1月2日公布之民法第1154條第2項規定，將限定繼承如有兩種情形，一、於為限定繼承前，已為概括繼承之表示。二、已逾第1156條所定期間時，則被繼承人對繼承人為概括繼承。所謂逾第1156條所定期間，係指下列兩種情形，一、為限定之繼承者，應於繼承開始時起，3個月內，未開具遺產清冊呈報法院。二、法院接獲限定繼承遺產清冊呈報後，定1個月以上3個月以下期間，命繼承人開具遺產清冊呈報法院時，繼承人未在期間內呈報法院。如法院因繼承人之聲請延展期間申報，而裁定同意時，則不在此限。	民法第1148條第2項規定，繼承人對於繼承債務僅負限定責任，適用於所有繼承人，且不待繼承人主張，故第1項及第2項已無規定之必要，爰予刪除。現行條文第3項規定移列為第1項，並酌作文字修正。

三、拋棄繼承

民法第1174條	74年6月3日舊法	96年1月2日修正公布
條文內容	I　繼承人得拋棄其繼承權。 II　前項拋棄，應於知悉其得繼承之時起2個月內以書面向法院為之。並以書面通知因其拋棄而應為繼承之人。但不能通知者，不在此限。	I　繼承人得拋棄其繼承。 II　前項拋棄，應於知悉其得繼承之時起**3個月內**以書面向法院為之。 III　拋棄繼承後，應以書面通知因其拋棄而應為繼承之人。但不能通知者，不在此限。
立法理由	被繼承人所留下來的，有遺產或遺債，就遺產而言，繼承人有權利不要被繼承人的財產，就遺債而言，繼承人應該有機會可以不必為不是自己所欠下的債務負責，所以民法第1174條規定，繼承人可以拋棄繼承。實際的案例上，會辦理拋棄繼承手續的人，有的人是因為遺債大於遺產，有的人是基於傳統的觀念，嫁出去的女兒辦理拋棄繼承，把遺產都留給自己的兄弟。	民法第1174條第2項規定辦理拋棄繼承的手續，其中最重要的，是在知道自己可以繼承的時候開始，3個月以內，用書面向法院提出聲請。此次修法中在本條第3項中明確規定：「拋棄繼承後，應以書面通知因其拋棄而應為繼承之人」。故拋棄繼承為合法者，法院應予備查，通知拋契繼承人，並公告之（參照非訟事件法第144條第2項）。但有確實不能通知之情形者，不在此限。

四、國庫繼承

民法第1185條	19年12月26日公布
條文內容	第1178條所定之期限屆滿,無繼承人承認繼承時,其遺產於清償債權並交付遺贈物後,如有賸餘,歸屬國庫。
立法理由	依民法第1178條所定公示催告6個月以上之期限屆滿,無繼承人承認繼承時,甚遺產於清償債權,並交付贈與物後,如有賸餘,歸屬國庫,此項依民法第1185條規定當然發生之效果。

就繼承之程序,分述如下:

一、繼承之定義(民法第1147條)

繼承,因被繼承人死亡而開始。

二、繼承之資格及順序(民法第1138條)遺產繼承人,除配偶外,依下列順序定之

直系血親卑親屬 ➡ 父 母 ➡ 兄弟姊妹 ➡ 祖父母

三、繼承人提出遺產清冊時之清算程序

98年5月22日之立法修正刪除意定限定繼承之規定,以概括繼承有限責任為原則,然除保留繼承人得主動提出遺產清冊外,尚增訂得因債權人之聲請或法院依職權命繼承人提出遺產清冊,更可見遺產清冊之提出,於修正後更受重視。

(一) 繼承人主動提出(民法第1156條)

繼承人於知悉其得繼承之時起3個月內,開具遺產清冊陳報法院。

(二) 債權人之聲請

是應依照特別法優於普通法之原則,宜優先適用家事事件法第130條、第131條

之規定，而不適用民法第1157條之規定。

1. 民法第1156條之1第1項規定：

   債權人得向法院聲請命繼承人於3個月內提出遺產清冊。

2. 民法第1157條規定：

   I 繼承人依前二條（民法第1156條、第1156條之1）規定陳報法院時，法院應依公示催告程序公告，命被繼承人之債權人於一定期限內報明其債權。

   II 前項一定期限，不得在3個月以下。

3. 家事事件法第130條規定：

   I 法院公示催告被繼承人之債權人報明債權時，應記載下列各款事項：

   　一、為陳報之繼承人。

   　二、報明權利之期間及在期間內應為報明之催告。

   　三、因不報明權利而生之失權效果。

   　四、法院。

   II 前項情形應通知其他繼承人。

   III 第1項公示催告應公告之。

   IV 前項公告應揭示於法院公告處、資訊網路及其他適當處所；法院認為必要時，並得命登載於公報或新聞紙，或用其他方法公告之。

   V 第1項報明期間，自前項揭示之日起，應有6個月以上。

4. 家事事件法第131條規定：

   I 前條報明債權期間屆滿後6個月內，繼承人應向法院陳報償還遺產債務之狀況並提出有關文件。

   II 前項6個月期間，法院因繼承人之聲請，認為必要時，得延展之。

(三) 法院依職權命繼承人提出

1. 民法第1156條之1第2項規定：

   法院於知悉債權人以訴訟程序或非訟程序向繼承人請求清償繼承債務時，得依職權命繼承人於3個月內提出遺產清冊。

2. 民法第1156條之1第3項規定：

   前條第2項及第3項規定，於前二項情形，準用之。（民法第1156條第2項、第3項規定，3個月期間，法院因繼承人之聲請，認為必要時，得延展之。繼承人有數人時，其中一人已開具遺產清冊陳報法院者，其他繼承人視為已陳報）

四、遺產之清算程序

(一) 陳報遺產清冊（民法第1156條、第1156條之1）。

(二) 法院公示催告（民法第1157條第1項、家事事件法第130條第1項～第4項）：
繼承人於開具遺產清冊時雖有明列債務，但被繼承人之債權人未必為繼承人所知悉，且債權人未必知悉被繼承人已死亡，因此有必要由法院為公示催告，公告命債權人報明債權，以利遺產清算程序之進行。

(三) 報明債權期間（民法第1157條第2項、家事事件法第130條第5項）。

(四) 繼承人在報明債權期間內，不得對於被繼承人之任何債權人償還債務（民法第1158條）。

(五) 期限屆滿後，繼承人按比例計算，以遺產分別償還，但不得害及優先債權人（民法第1159條第1項）。

(六) 繼承人非償還債務後，不得對受遺贈人交付遺贈（民法第1160條）。

(七) 繼承人違反民法第1158條至第1160條損害賠償責任規定（民法第1161條）。

五、繼承人未提出遺產清冊時之清算程序

(一) 繼承人不開具遺產之效果（民法第1162條之1）

I 繼承人未依第1156條、第1156條之1開具遺產清冊陳報法院者，對於被繼承人債權人之全部債權，仍應按其數額，比例計算，以遺產分別償還。但不得害及有優先權人之利益。

II 前項繼承人，非依前項規定償還債務後，不得對受遺贈人交付遺贈。

III 繼承人對於繼承開始時未屆清償期之債權，亦應依第1項規定予以清償。

IV 前項未屆清償期之債權，於繼承開始時，視為已到期。其無利息者，其債權額應扣除自清償時起至到期時止之法定利息。

(二) 繼承人對未能受償之債權人應以其財產負責（民法第1162條之2）

I 繼承人違反第1162條之1規定者，被繼承人之債權人得就應受清償而未受償之部分，對該繼承人行使權利。

II 繼承人對於前項債權人應受清償而未受償部分之清償責任，不以所得遺產為限。但繼承人為無行為能力人或限制行為能力人，不在此限。

III 繼承人違反第1162條之1規定，致被繼承人之債權人受有損害者，亦應負賠償之責。

IV 前項受有損害之人，對於不當受領之債權人或受遺贈人，得請求返還其不當受領之數額。

V 繼承人對於不當受領之債權人或受遺贈人，不得請求返還其不當受領之數額。

(三) 繼承人喪失限定繼承之利益（民法第1163條）

繼承人中有下列各款情事之一者，不得主張第1148條第2項所定之利益：

一、隱匿遺產情節重大。

二、在遺產清冊為虛偽之記載情節重大。

三、意圖詐害被繼承人之債權人之權利而為遺產之處分。

附錄二　民法繼承編施行法之探討

民法繼承編施行法第1條（不溯既往之原則）

　　繼承在民法繼承編施行前開始者，除本施行法有特別規定外，不適用民法繼承編之規定；其在修正前開始者，除本施行法有特別規定外，亦不適用修正後之規定。

立法理由（74年6月3日）

　　不溯既往，乃法律適用之基本原則，如認其事項有溯及適用之必要者，即應於施行法中定爲明文，方能有所依據。

案　例

　　甲爲戶主，於日據時期之33年1月18日死亡而絕家（戶），所留遺產並無法定、指定或選定之戶主繼承人，惟尚有一不同戶之胞姊乙亦於同年6月8日死亡，但有丙、丁二子爲其繼承人，則於臺灣光復後，丙、丁對甲之遺產（尚未歸屬國庫）有無繼承權？

（司法院84年7月7日（84）廳民一字第13341號）

討論意見

甲說（否定說）：

　　臺灣於前清光緒21年（西元1895年）因馬關條約而割讓予日本統治，直至34年10月25日始光復，因此，我國民法自是日起始施行於臺灣（司法院36年院解字第3386號解釋參照），依民法繼承編施行法第1條前段規定：「繼承在民法繼承編施行前開始者，除本施行法有特別規定外，不適用民法繼承編之規定」，故在臺灣光復前已開始之繼承事件，於臺灣光復後原則上仍應適用日據時期所行之繼承習慣（前司法行政部：「臺灣民事習慣調查報告」，68年7月再版，第491頁參照）。而繼承開始於民法施行前者，如施行前開始繼承之被繼承人爲戶主，其法定財產繼承人，爲其直系血親卑親屬之男子孫，且須爲該戶主之家屬，故女子孫及非家屬之

男子孫，均不得爲戶主之法定繼承人。而民法繼承編施行法第8條固規定：「繼承開始在民法繼承編施行前，被繼承人無直系血親卑親屬，依當時之法律亦無其他繼承人者，自施行之日起，依民法繼承編之規定定其繼承人」，依此規定，則日據時期死亡而無其他繼承人者，自34年10月25日民法施行於臺灣之日起，始能依民法繼承編之規定定其繼承人，再依繼承同時存在之原則，則得爲繼承之人，亦需於民法施行於臺灣之日起仍然生存，始有民法繼承編所定之繼承人資格。查甲爲戶主既於日據時期之33年1月18日死亡而絕家（戶），又無指定或選定之繼承人，則依上開規定，自34年10月25日臺灣光復民法繼承編開始施行於臺灣後，固得依民法繼承編規定定其繼承人。但查其胞姊乙亦於我國民法施行於臺灣之日前之日據時間之33年6月8日死亡，則乙於我國民法施行於臺灣之日顯已不存在，自無爲民法繼承編所定繼承人之資格，而丙、丁均非民法第1138條所定甲之繼承人，故對甲之遺產自亦無繼承權。

乙說（肯定說）：

我國民法自34年10月25日臺灣光復之日起始施行於臺灣（司法院36年院解字第3386號解釋參照），故臺灣光復前發生之繼承事實，無從適用我國民法繼承編之規定，但民法繼承編施行法第8條規定：「繼承開始在民法繼承編施行前，被繼承人無直系血親卑親屬，依當時之法律亦無其他繼承人者，自施行之日起，依民法繼承編之規定定其繼承人。」查本件甲爲戶主，於日據時期之33年1月18日死亡，依當時適用於臺灣之習慣，其法定繼承人爲該戶主之直系血親卑親屬之男性子孫，且爲該戶主之家屬，茲甲爲戶主死亡，既已絕家（戶），顯無法定繼承人，又無指定或選定繼承人，雖有胞姊乙，亦無繼承權，其情形核與民法繼承編施行法第8條之規定相當，則自臺灣光復我國民法施行於臺灣之日起，即應依民法繼承編之規定定其繼承人，依此規定，其後死亡之胞姊乙即爲其第三順位之繼承人（民法第1138條第3款），嗣其胞姊乙死亡後，乙因繼承甲所得之遺產即應由丙、丁二人繼承之，故丙、丁對甲之遺產應有繼承權。

審查意見：採甲說。

研討結果：報請司法院核示。

司法院民事廳研究意見：

民法繼承編施行法第1條前段規定：「繼承在民法繼承編施行前開始者，除本施行法有特別規定外，不適用民法繼承編之規定」，故在日據時期已開始之繼承事件，於臺灣光復後原則上仍應適用日據時期之繼承習慣，而依日據時期之臺灣繼承習慣，如被繼承人爲戶主，其法定財產繼承人爲其直系血親卑親屬之男子孫，且須爲該戶主之家屬，女子孫及非家屬之男子孫均不得爲戶主之法定繼承人（前司法

行政部編印臺灣民事習慣調查報告，68年7月再版，第491頁參照），是本題所示與甲不同戶之胞姊乙不得為甲之法定繼承人。至民法繼承編施行法第8條固規定：「繼承開始在民法繼承編施行前，被繼承人無直系血親卑親屬，依當時之法律亦無其他繼承人者，自施行之日起，依民法繼承編之規定，定其繼承人。」惟乙已於日據時代之33年6月8日死亡，於我國民法施行於臺灣之日（34年10月25日）已不存在，自不具民法繼承編所規定繼承人之資格，而乙之二子丙、丁均非民法第1138條所定甲之繼承人，故丙、丁對甲之遺產均無繼承權，討論意見應以甲說為當。

民法繼承編施行法第1條之1（法律適用範圍）

繼承在民法繼承編中華民國96年12月14日修正施行前開始且未逾修正施行前為拋棄繼承之法定期間者，自修正施行之日起，適用修正後拋棄繼承之規定。

繼承在民法繼承編中華民國96年12月14日修正施行前開始，繼承人於繼承開始時為無行為能力人或限制行為能力人，未能於修正施行前之法定期間為限定或拋棄繼承，以所得遺產為限，負清償責任。但債權人證明顯失公平者，不在此限。

前項繼承人依修正施行前之規定已清償之債務，不得請求返還。

（102年1月30日修正公布）

舊民法繼承編施行法第1條之1（法律適用範圍）

繼承在民法繼承編中華民國96年12月14日修正施行前開始且未逾修正施行前為拋棄繼承之法定期間者，自修正施行之日起，適用修正後拋棄繼承之規定。

繼承在民法繼承編中華民國96年12月14日修正施行前開始，繼承人於繼承開始時為無行為能力人或限制行為能力人，未能於修正施行前之法定期間為限定或拋棄繼承，由其繼續履行繼承債務顯失公平，於修正施行後，以所得遺產為限，負清償責任。

前項繼承人依修正施行前之規定已清償之債務，不得請求返還。

（97年1月2日之舊法）

立法理由

依原條文第2項規定，繼承人得以所得遺產為限，負有限清償責任，應就顯失公平事由負舉證之責，對繼承人過苛。為使立法之良法美意得以貫徹，宜由債權人就顯失公平事由負舉證之責，亦即債權人須舉證證明繼承人以所得遺產為限負清償責任，顯失公平者，繼承人始不以所得遺產為限，負清償責任，爰修正第2項規定。

案 例

　　債務人甲積欠債權人乙借款未清償，嗣甲於96年12月14日之前死亡，其子丙並未於法定期間內聲明拋棄或限定繼承，乙對丙取得執行名義並聲請強制執行後，丙始主張依新修正繼承編施行法第1條之1規定，其繼續履行債務顯失公平，請求以所得遺產為限，負清償責任，執行法院應如何處理？

（臺灣高等法院暨所屬法院97年法律座談會民執類提案第20號）

討論意見

　　甲說：

　　丙是否有繼續履行債務顯失公平之情形，涉及實體權利關係之認定，執行法院無權審酌，應通知債務人丙向民事庭提起異議之訴（應提第三人異議之訴或債務人異議之訴？），並聲請停止執行，若債務人未符合停止執行之要件，仍應繼續執行程序。

　　乙說：

　　如執行法院依債務人丙提出之相關資料（例如遺產稅核課資料、丙之財產資料、債權之金額），已足認丙繼續履行債務顯失公平之情形，十分明顯，仍強求丙必須提起民事訴訟並提供擔保，始得停止執行，對丙殊嫌過苛。故執行法院得就丙所提資料，作初步之認定，如認丙之主張有理，得駁回強制執行之聲請，債權人如未提抗告，強制執行程序即告終結，亦可節省司法資源，避免無益爭訟。如債權人提起抗告，而抗告法院以事涉實體糾紛，執行法院無權審認為由，廢棄原裁定，此時執行法院始通知債務人丙向民事庭提起異議之訴（第三人異議之訴或債務人異議之訴？），較為妥適。

初步研討結果：採乙說。

審查意見：併入第18號、第19號提案討論，並同其結論。

研討結果：提案機關同意將法律問題第3行「乙對丙取得執行名義」等字，修正為「乙於民法繼承編修正施行前，對丙取得與確定判決有同一效力之執行名義」等字。照審查意見通過（本提案並與第18號、第19號提案合併討論）。

※參考條文

強制執行法第14條第1項（債務人異議之訴）

　　執行名義成立後，如有消滅或妨礙債權人請求之事由發生，債務人得於強制執

行程序終結前，向執行法院對債權人提起異議之訴。如以裁判爲執行名義時，其爲異議原因之事實發生在前訴訟言詞辯論終結後者，亦得主張之。

強制執行法第15條（第三人異議之訴）

第三人就執行標的物有足以排除強制執行之權利者，得於強制執行程序終結前，向執行法院對債權人提起異議之訴。如債務人亦否認其權利時，並得以債務人爲被告。

強制執行法第18條（執行之停止）

強制執行程序開始後，除法律另有規定外，不停止執行。

有回復原狀之聲請，或提起再審或異議之訴，或對於和解爲繼續審判之請求，或提起宣告調解無效之訴、撤銷調解之訴，或對於許可強制執行之裁定提起抗告時，法院因必要情形或依聲請定相當並確實之擔保，得爲停止強制執行之裁定。

重要判解

最高行政法院102年度判字第404號判決

民法繼承編施行法第1條之1第2項及第1條之3第4項均係使繼承因法律修正而改採之限定繼承有限責任制得溯及適用之規定，即對法律修正前已發生之繼承，就符合規定之要件者，產生得「以所得遺產爲限，負清償責任」之法律效果。故以行政處分爲執行名義之行政執行事件，其屬因繼承而生之債務，且該行政處分之執行名義原未附有「以所得遺產爲限，負清償責任」之限制者，如債務人主張有合致民法繼承編施行法第1條之1第2項或第1條之3第4項要件之情事，因係使原執行名義產生「以所得遺產爲限，負清償責任」之限制，而屬債務人異議訴訟所稱之「執行名義成立後之妨礙債權人請求之事由」。是債務人因行政執行程序，本於民法繼承編施行法第1條之1第2項或第1條之3第4項事由提起之行政訴訟，性質上核屬債務人異議訴訟，而其聲明請求者則應爲債務人依原執行名義所負清償責任以「所得遺產爲限」之事項。至行政執行程序之個別執行行爲是否有涉及執行債務人之固有財產，而有違反債務人依附有限制之執行名義所應負之清償責任以「所得遺產爲限」情事，則屬應循行政執行法第9條聲明異議或同法施行細則第18條提起第三人異議訴訟爲救濟之範疇。

民法繼承編施行法第1條之2（繼承人之保證契約債務）

繼承在民法繼承編中華民國97年1月4日前開始，繼承人對於繼承開始後，始發生代負履行責任之保證契約債務，以所得遺產爲限，負清償責任。但債權人證明顯失公平者，不在此限。

前項繼承人依中華民國97年4月22日修正施行前之規定已清償之保證契約債務，不得請求返還。

（102年1月30日修正公布）

舊民法繼承編施行法第1條之2（繼承人之保證契約債務）

繼承在民法繼承編中華民國97年1月4日前開始，繼承人對於繼承開始後，始發生代負履行責任之保證契約債務，由其繼續履行債務顯失公平者，得以所得遺產為限，負清償責任。

前項繼承人依中華民國97年4月22日修正施行前之規定已清償之保證契約債務，不得請求返還。

（97年5月7日之舊法）

立法理由

依原條文第1項規定，繼承人得以所得遺產為限，負有限清償責任，應就顯失公平事由負舉證之責，對繼承人過苛。為使立法之良法美意得以貫徹，宜由債權人就顯失公平事由負舉證之責，亦即債權人須舉證證明繼承人以所得遺產為限負清償責任，顯失公平者，繼承人始不以所得遺產為限，負清償責任，爰修正第1項規定。

重要判解

(一) 臺灣高等法院97年度上易字第916號民事判決

本件上訴人之被繼承人死亡，其繼承係在民法繼承編修正施行前開始；而本件債務之主債務人均有依約攤還本息，業據被上訴人陳明在卷，故其保證人代負履行債務之責任，係於繼承開始後始行發生。故如由上訴人即連帶保證人之繼承人繼續履行債務，有顯失公平之情形，則其自得依民法繼承施行法第1條之2第1項為主張。

(二) 臺灣高等法院105年度重上字第505號民事判決

按當事人約定之違約金過高者，法院固得依民法第252條規定，酌減至相當之數額，然債務人就約定違約金過高此項有利於己之事實，應負舉證責任。又酌減之數額是否相當，應依一般客觀事實，社會經濟狀況及債務人若能如期履行債務，債權人可得享受之一切利益為酌定之標準。

民法繼承編施行法第1條之3（新法關於遺產之繼承之適用）

　　繼承在民法繼承編中華民國98年5月22日修正施行前開始，繼承人未逾修正施行前為限定繼承之法定期間且未為概括繼承之表示或拋棄繼承者，自修正施行之日起，適用修正後民法第1148條、第1153條至第1163條之規定。

　　繼承在民法繼承編中華民國98年5月22日修正施行前開始，繼承人對於繼承開始以前已發生代負履行責任之保證契約債務，以所得遺產為限，負清償責任。但債權人證明顯失公平者，不在此限。

　　繼承在民法繼承編中華民國98年5月22日修正施行前開始，繼承人已依民法第1140條之規定代位繼承，以所得遺產為限，負清償責任。但債權人證明顯失公平者，不在此限。

　　繼承在民法繼承編中華民國98年5月22日修正施行前開始，繼承人因不可歸責於己之事由或未同居共財者，於繼承開始時無法知悉繼承債務之存在，致未能於修正施行前之法定期間為限定或拋棄繼承，以所得遺產為限，負清償責任。但債權人證明顯失公平者，不在此限。

　　前三項繼承人依修正施行前之規定已清償之債務，不得請求返還。

　　（101年12月26日修正公布）

舊民法繼承編施行法第1條之3（新法關於遺產之繼承之適用）

　　繼承在民法繼承編中華民國98年5月22日修正施行前開始，繼承人未逾修正施行前為限定繼承之法定期間且未為概括繼承之表示或拋棄繼承者，自修正施行之日起，適用修正後民法第1148條、第1153條至第1163條之規定。

　　繼承在民法繼承編中華民國98年5月22日修正施行前開始，繼承人對於繼承開始以前已發生代負履行責任之保證契約債務，由其繼續履行債務顯失公平者，以所得遺產為限，負清償責任。

　　繼承在民法繼承編中華民國98年5月22日修正施行前開始，繼承人已依民法第1140條之規定代位繼承，由其繼續履行繼承債務顯失公平者，以所得遺產為限，負清償責任。

　　繼承在民法繼承編中華民國98年5月22日修正施行前開始，繼承人因不可歸責於己之事由或未同居共財者，於繼承開始時無法知悉繼承債務之存在，致未能於修正施行前之法定期間為限定或拋棄繼承，且由其繼續履行繼承債務顯失公平者，於修正施行後，以所得遺產為限，負清償責任。

　　前三項繼承人依修正施行前之規定已清償之債務，不得請求返還。

　　（98年6月10日之舊法）

立法理由

（一）改採限定繼承為原則，但債權人主張其為顯失公平者，始例外改採概括繼承，以維立法者美意。

（二）依原條文第2項至第4項規定，繼承人得以所得遺產為限，負有限清償責任，應就顯失公平事由負舉證之責，對繼承人過苛。為使立法之良法美意得以貫徹，宜由債權人就顯失公平事由負舉證之責，亦即債權人須舉證證明繼承人以所得遺產為限負清償責任，顯失公平者，繼承人始不以所得遺產為限，負清償責任，爰修正第2項至第4項規定。

重要判解

(一) 臺南地方法院98年度訴字第1019號民事判決

民法繼承編施行法第1條之3第2項規定，繼承在民法繼承編98年5月22日修正施行前開始，繼承人對於繼承開始以前已發生代負履行責任之保證契約債務，由其繼續履行債務顯失公平者，以所得遺產為限，負清償責任。本件債務人之被繼承人係擔任訴外人之連帶保證人，且於繼承開始前已發生代負履行責任之保證契約債務，而被繼承人並未留有遺產，卻遺有大筆債務，觀諸債務人並未因繼承而受益，且其收入微薄，堪認已符合上開規範之條件，故僅須就所繼承之遺產付清償責任。

(二) 臺中地方法院98年度訴字第3119號民事判決

觀諸民法第299條第1項規定意旨可知，債務人於受債權讓與通知時，所得對抗讓與人之事由，皆得以之對抗受讓人。而民法繼承編施行法第1條之3第2項規定，繼承在繼承編修正前，對於繼承開始以前已發生代負履行責任之保證契約債務，由其繼續履行債務顯失公平者，以所得遺產為限，負清償責任。本件債務人之被繼承人負擔之保證契約債務於修正前發生，且於代付履行責任事由發生時，債務人已陷入資力困難狀況，因此僅得以其所得遺產為限負清償責任即可。

(三) 臺北地方法院99年度訴字第59號民事判決

本件執票人於申請債權憑證後，合法陸續聲請強制執行，故依據民法第137條規定，時效期間重新起算為五年。本件票據債務人雖陸續死亡，然並不影響強制執行之效力，且原告即渠等之繼承人未辦理限定或拋棄繼承，故仍繼受票據債務無疑。又按民法繼承編施行法第1條之3固規定有條件回溯適用限定繼承，惟系爭債務非屬保證債務，即無該條適用，而仍應給付票款。

(四) 最高法院99年度台上字第2292號民事判決

按債權之讓與，非經讓與人或受讓人通知債務人，對於債務人不生效力。但法律另有規定者，不在此限。民法第297條第1項定有明文。惟民法第297條第1項之

通知，係屬觀念通知，使債務人知有債權移轉之事實，免誤向原債權人清償而已，倘債務人既知債權已移轉於第三人，不容藉詞債權之移轉尚未通知，拒絕對受讓人履行債務。又繼承編施行法第1條之3第2項至第4條繼承人依修正施行前之規定已清償之債務，不得請求返還，此觀諸繼承編施行法第1條之3第5項規定固明。

(五) 最高法院101年度台上字第995號民事判決

按當事人主張有利於己之事實者，就其事實有舉證之責任，但法律別有規定，或依其情形顯失公平者，不在此限，民事訴訟法第277條定有明文。此項規定，固已揭示舉證責任分配之方向，惟其規定，尚無具體標準，仍應視各別事件情形之不同而為具體之認定，使舉證責任公平合理分配於兩造負擔。此於當事人就發生法律上效果所必要之事實，如可分為特別要件事實與一般要件事實之具體個案時，其主張法律效果存在者，自應就其特別要件事實負舉證責任，始符上揭條文所定之趣旨（本院48年台上字第887號判例參照）。因此，民法第1148條第2項於98年6月10日修正時，既就繼承人對於被繼承人之債務，變更向來採取概括繼承之原則，改採法定限定責任（或法定有限責任），明定：「繼承人對於被繼承人之債務，以因繼承所得遺產為限，負清償責任」；並於同日增訂民法繼承編施行法第1條之3第4項，規定：「繼承在民法繼承編中華民國98年5月22日修正施行前開始，繼承人因不可歸責於己之事由或未同居共財者，於繼承開始前無法知悉債務之存在，致未能於修正施行前之法定期間限定或拋棄繼承，且由其繼續履行繼承債務顯失公平者，於修正施行後，以所得遺產為限，負清償責任」，亦即於修正施行前未為限定繼承或拋棄繼承之繼承人（不包括民法第1148條第2項及第1153條第2項於97年1月2日修正時所增列無行為能力人、限制行為能力人或繼承開始前或開始後發生代負履行責任之保證契約債務之繼承人），原應概括繼承被繼承人之債務，如有上述情形，得於修正施行後，以所得遺產為限，負清償責任，此乃就應概括繼承債務之繼承人得為限定責任之特別要件，則繼承人主張有前述得為限定責任情形時，依上說明，自應由該繼承人就上述負限定責任之特別要件，即1.於繼承開始前無法知悉債務存在；2.無法知悉債務存在係因不可歸責事由或未同居共財；3.該不可歸責事由或未同居共財與繼承人未依法限定繼承或拋棄繼承間有因果關係；4.繼續履行繼承債務將顯失公平等項有利於己之事實，負舉證責任。

(六) 最高法院103年度台上字第2697號民事判決

按對於分配表為異議之債權人，向執行法院對為反對陳述之債權人，依強制執行法第41條第1項規定提起分配表異議之訴者，僅得以債權存否（即主張被告之債權不成立、已消滅、期限未到或未受分配之原告債權存在）或分配金額（即主張被告分配金額不符、債權無優先權或未受分配之原告債權有優先權）等爭執為限，此

觀同法第39條第1項規定自明。倘繼承人之債權人對被繼承人保證契約之債權存否及其金額並無異議，祇就執行標的物是否為繼承人固有財產？或認該保證契約之債權由繼承人固有財產清償，有依101年施行法第1條之3第2項規定，對繼承人顯失公平之情形者，應僅屬繼承人得否依強制執行法規定聲明異議或提起異議之訴之範疇，究與對保證契約之債權存否及該債權分配金額為爭執有間，尚非分配表異議之訴所得救濟。於此情形，繼承人之債權人對被繼承人保證契約債權人所提之分配表異議之訴，即無權利保護之必要。

(七) 法務部行政執行署103年7月18日行執案字第10300540920號函

主旨：有關貴分署所詢「民法繼承編施行法第1條之3第2項至第4項規定於102年1月30日公布修正，行政執行分署於本（102）年間就被繼承人之遺產執行時，繼承人於97年1月2日民法第1148條第2項規定修正前滯欠之遺產稅，是否優先於被繼承人之普通債權受償」疑義乙案，復如說明二，請查照。

說明：

一、復貴分署102年5月13日雄執丁95年遺稅執特專字第00100232號函。

二、旨揭疑義，本署前以102年7月11日行執法字第10200017560號函報請法務部釋示，業經該部以103年7月9日法律字第10303500570號函復：「……98年6月10日修正公布前（同年6月12日施行）之民法第1159條規定：『在第1157條所定之一定期限屆滿後，繼承人對於在該一定期限內報明之債權及繼承人所已知之債權，均應按其數額，比例計算，以遺產分別償還。但不得害及有優先權人之利益。』第1160條規定：『繼承人非依前條規定償還債務後，不得對受遺贈人交付遺贈。』第1161條第1項規定：『繼承人違反第1157條至第1160條之規定，致被繼承人之債權人受有損害者，應負賠償之責。』本件來函所指97年1月2日前之繼承事件，應依上開規定，繼承人應先償還被繼承人之債務，所餘財產始為繼承人之責任財產。又所謂『被繼承人之債務』係指被繼承人死亡前，已發生之債務始足當之，而遺產稅係對被繼承人所遺留該遺產經扣除相關免稅額及扣除額後之總額部分所生之公法上法定之債，並非繼承之債務，而係因被繼承人遺有遺產總額價值使繼承人獲有利得，故依法由繼承人為納稅義務人繳納稅捐，屬繼承人自身固有之債務，而非被繼承人之債務，自不得優先於被繼承人之債權受償（參臺灣高等法院暨所屬院101年法律座談會民執類提案第22號研討結果、本部100年8月16日法律字第1000019251號函及96年2月15日法律決字第0960004456號函、最高行政法院102年度判字第454號判決意旨參照）。至於稅捐稽徵法第6條第1項所定：『稅捐之徵收，優先於普通債權。』當指同一債務人所欠之稅捐及債權，本件依前述說明，遺產稅既為『繼承人』之稅捐債務，自無優先於『被繼承人』債權人之普通債權之問題。」在案。本

件具體個案，請貴分署參酌前揭意見，本諸權責自行核處。

(八) 臺灣高等法院暨所屬法院105年法律座談會民執類提案第16號

法律問題：債務人甲於民國100年間死亡，留有土地一筆，其繼承人乙繼承土地
　　　　　一筆（下稱系爭土地）後，於101年間將該土地出賣並移轉所有權予他
　　　　　人。甲之債權人丙現提出甲之遺產清冊（財產僅載有系爭土地）、不動
　　　　　產異動索引，聲請對乙之存款（消費寄託）債權為強制執行，並主張該
　　　　　存款為乙處分土地之變價所得，執行法院應如何處理？

討論意見：

甲說：執行法院應駁回債權人就存款債權之執行聲請。

（一）為限定繼承者，對於被繼承人債務之清償，以因繼承所得遺產為限，
負清償責任。亦即，限定繼承人所負為物的有限責任，被繼承人之債權人僅得對
繼承所得遺產之特定物請求執行，不得對固有財產為執行，此為97年1月2日修正
前民法限定繼承物之性質（最高法院75年度第4次民事庭會議決議、77年台抗字第
143號判例意旨參照）。而98年6月10日修正民法第1148條第2項規定為「以所得遺
產為限，負清償責任」，為解決繼承人因不知法律而未於法定期間內辦理限定繼承
或拋棄繼承，以致背負繼承債務，影響其生計，此種不合理之現象，及民法繼承編
施行法第1條之1、第1條之2、第1條之3有關規定均為「以所得遺產為限，負清償
責任」為保障此等繼承人之權益，避免突來債務影響生存權或人格發展之立法意旨
並無不同，故就有限責任之性質仍與97年1月2日修正前民法第1154條規定「以因繼
承所得之遺產，償還被繼承人之債務」相同，彼等間似無區分之必要，不宜改採人
的有限責任使繼承人之總體財產因有繼承發生及陷於不安、隨時有遭強制執行之風
險，反悖於歷次修法保護繼承人之美意。是繼承人就被繼承人債務之清償係負「物
的有限責任」（甲說下稱「繼承人」均指此負物的有限責任之限定繼承人），就被
繼承人之債務為執行時，繼承人自僅就遺產之執行居於債務人之地位；如就繼承人
之固有財產聲請執行，應認該繼承人為強制執行法第15條規定所稱之第三人。

（二）98年6月10日修正之民法第1148條第2項、第1153條第1項規定具有法定
免責之性質，繼承人負有限責任為原則，故縱然繼承人未為有限責任之抗辯，執行
法院仍應為執行標的是否為責任財產（即遺產）之調查。而執行法院就上訴人提出
之證明文件，僅有形式上之審查權，而無實體上之審理權（最高法院75年度台上字
第589號裁判意旨參照）。債權人聲請執行之存款債權，自遺產清冊形式上調查既
非甲之遺產，形式上即屬乙之固有財產，即有強制執行法第17條之適用，如債權人
仍執意執行該固有財產則應駁回債權人就該固有財產執行之聲請。至遺產是否已為
其他替代物或變賣所得，需待實體法院審查，並非執行法院形式審查得以認定（許

澍林法官著，論繼承所得遺產，司法週刊第1619期）。

（三）如繼承人乙係隱匿遺產情節重大、在遺產清冊為虛偽之記載情節重大或意圖詐害被繼承人之債權人之權利而為遺產之處分之情形，則應負民法第1163條法定單純承認之責任，不得主張同法第1148條第2項限定責任之利益；或其餘如繼承人處分遺產，有違民法第1158條至第1160條有關遺產清算程序之規定，其責任依民法第1161條第1項：「繼承人違反第一千一百五十八條至第一千一百六十條之規定，致被繼承人之債權受有損害者，應負賠償責任。」之規定辦理，屬繼承人對被繼承人之債權人應負損害賠償之問題亦即另由債權人依民法第1161條規定向法院起訴。惟此等情形尚須待債權人對繼承人另取得執行名義，始得對固有財產為強制執行，原執行名義效力並未及於繼承人之固有財產，執行法院不得准許執行固有財產之聲請。

乙說：執行法院應准予執行存款債權。

（一）繼承人所負之有限責任，為遺產之「金額」或「價值」的有限責任，繼承之財產並無區分為其固有財產或遺產之必要，即「人的有限責任」，繼承人就被繼承人之債務仍為債務人，自債權人所提資料既可知繼承人乙確曾繼承遺產，則於該遺產之價值限度內即為債務人。

（二）縱採對修正民法第1148條第2項繼承人為「物的有限責任」，惟於遺產經處分之場合，因多屬變價為金錢或類似之物而易有混同之情形，因不易區別為變賣遺產所得或係繼承人固有，此時為保護被繼承人之債權人，宜參酌民法第1148條之1規定之意旨，例外改採人的有限責任，以遺產之價額限定繼承人之責任，准許債權人遺產價額範圍內，執行繼承人之全部財產（即不另區分固有財產）。如繼承人抗辯遺產之價值數額、變賣所得已不存在等如何與債權人間有爭議時，繼承人得依強制執行法第14條規定，提起債務人異議之訴以為救濟。

丙說：執行法院應形式上調查存款債權為遺產之變賣所得者，始准予執行。

（一）民法繼承編於98年6月10日修正後，繼承人仍承受被繼承人財產上之一切權利義務，但對於被繼承人之債務僅需以繼承所得遺產為限負清償責任，即繼承財產與繼承人固有財產應予嚴格分離，被繼承人之遺產仍存在，債權人固然應對遺產追償，惟若遺產不存在，更替之替代物或變賣所得，仍屬遺產之一部，亦應負責清償（最高法院100年度台抗字第778號裁定意旨參照）。繼承人之薪資債權顯非遺產之替代物或變賣所得固不得執行，惟如執行法院依遺產清冊、存摺明細、不動產買賣契約等已可認該遺產變賣價金曾存入該繼承人帳戶，縱變賣價金與繼承人固有存款發生混同之情形，為保護被繼承人之債權人，即時保障其權益，仍應准許於遺產價額內為執行。

　　（二）執行法院如發見債權人查報之財產確非債務人所有者，應命債權人另行查報，於強制執行程序開始後始發見者，應由執行法院撤銷其處分，強制執行法第17條固有明文。惟上開規定應由執行法院撤銷其執行處分，係指查報之財產確非債務人所有者而言。若該財產是否債務人所有尚待審認方能確定，即是否為遺產之替代物或變價所得而屬遺產之一部不明時，執行法院既無逕行審判之權限，尤非聲明同法第12條所定之異議所能救濟，自應依同法第16條之規定，指示主張有排除強制執行權利之第三人，提起執行異議之訴，以資解決。

初步研討結果：採甲說。

審查意見：採修正丙說，理由如下：

　　（一）按民法第1148條規定：「繼承人自繼承開始時，除本法另有規定外，承受被繼承人財產上之一切權利、義務。但權利、義務專屬於被繼承人本身者，不在此限。繼承人對於被繼承人之債務，以因繼承所得遺產為限，負清償責任。」由民法第1148條規定內容可知，第1項為概括繼承之原則，第2項為有限責任之規定，由此第2項規定而形成以「概括繼承有限責任」為原則之繼承制度。依此規定，繼承人雖繼承被繼承人之「全部」債務，但其對債務之清償，原則上負以遺產為限度之物的「有限」責任，因此被繼承人之債權人固得對繼承人請求償還全部之債務，但繼承人得拒絕以自己之固有財產為清償，亦即，繼承人依法取得拒絕以自己之固有財產為償還被繼承人債務之抗辯權，繼承人如以其固有財產清償繼承債務時，並非無法律上之原因，繼承人不得再向債權人請求返還（參照林秀雄著，繼承法講義2014年10月六版第148頁、第149頁）。另最高法院101年度台上字第1447號判決亦認：依民法第1148條規定，繼承人於繼承開始時，仍應繼承被繼承人之一切債務，僅係就超過繼承所得遺產部分之債務得拒絕清償，而非謂繼承人就其繼承之債務於超過繼承所得遺產部分當然消滅，債權人對之無請求權存在。

　　（二）按強制執行法第19條規定：「執行法院對於強制執行事件，認有調查之必要時，得命債權人查報，或依職權調查之。執行法院得向稅捐及其他有關機關、團體或知悉債務人財產之人調查債務人財產狀況，受調查者不得拒絕。但受調查者為個人時，如有正當理由，不在此限」，故執行法院依上開規定本得為形式調查。本件若依債權人丙所提出之證明資料，及執行法院依上開規定所為形式調查結果，由執行法院形式審查，若認系爭土地（即遺產）變賣所得之價金確已存入乙之存款帳戶，雖與乙之固有財產發生混同，仍應准許丙就乙之存款帳戶於遺產變賣價額內為強制執行，如乙主張該價額內之存款並非遺產之替代物，而係乙之固有財產，則應由乙提起異議之訴，以資救濟（採此見解13票、採甲說3票、採乙說5票）。

研討結果：多數採審查意見（實到61人，採甲說6票，採乙說13票，採審查意見28

票）。

(九) 最高法院107年度台上字第987號民事判決

繼承人對於被繼承人之債務，依民國98年6月10日修正前民法第1153條第1項規定，負連帶責任。故債權人請求繼承人履行所繼承被繼承人之債務，依同法第273條第1項規定，自無以繼承人全體為共同被告之必要。

(十) 最高法院108年度台上字第1659號民事判決

按繼承人依民法繼承編施行法第1條之3第4項規定，主張以所得遺產為限，就被繼承人之債務負清償責任者，係負以「遺產」為限度之「物的有限責任」。除遺產喪失原形而有與繼承人之固有財產混合之情形外，被繼承人之債權人僅得就該遺產本身取償。繼承人依該規定，取得拒絕以自己之固有財產償還被繼承人債務之抗辯權或異議權，倘其固有財產遭被繼承人之債權人強制執行，既非任意清償，自得請求債權人返還該執行案款之不當得利。

(十一) 法務部行政執行署行執法字第10800519000號函

主旨：有關「衛生福利部函為有關公法上不當得利返還義務人，因主張限定繼承之認定疑義，請依行政執行實務經驗表示意見」乙案，謹陳本署意見如說明二，請鑒核。

說明：

一、復鈞部108年3月18日法律決字第10803504190號函。

二、有關衛生福利部（下稱衛福部）108年3月13日衛部保字第1080006122號函所指勞動部勞工保險局（下稱勞保局）向國民年金老年基本保證年金（敬老福利生活津貼）溢領人之繼承人追繳溢領款項（下稱系爭追繳溢領款項事件）時，如有繼承人主張限定繼承，相關催繳、執行等疑義，本署意見如下：（一）按98年6月12日修正生效之民法第1148條第2項規定：「繼承人對於被繼承人之債務，以因繼承所得遺產為限，負清償責任。」又同日增訂生效，嗣於101年12月28日修正生效之民法繼承編施行法第1條之3第4項規定：「繼承在民法繼承編中華民國98年5月22日修正施行前開始，繼承人因不可歸責於己之事由或未同居共財者，於繼承開始時無法知悉繼承債務之存在，致未能於修正施行前之法定期間為限定或拋棄繼承，以所得遺產為限，負清償責任。但債權人證明顯失公平者，不在此限。」準此，有關系爭追繳溢領款項事件，如有繼承人主張限定繼承，惟無法院文件佐證之案件乙節，應依前揭規定及民法繼承編相關規定等，認定其繼承之類型與責任。是以，依法如繼承人僅以所得遺產為限，負清償責任者，該基於公法上不當得利所生之公法上金錢給付義務（即系爭追繳溢領款項事件）逾期不履行經移送執行，其執行標的限於溢領人之遺產。

　　（二）次按，「行政執行，由原處分機關或該管行政機關爲之。但公法上金錢給付義務逾期不履行者，移送法務部行政執行署所屬行政執行處執行之。」「公法上金錢給付義務事件移送行政執行處執行前，除法令另有規定或以執行憑證移送執行者外，宜由原處分機關或該管行政機關儘量催繳。」行政執行法第4條第1項及行政執行法施行細則第19條分別定有明文。又依行政院100年12月16日院臺規字第1000109431號公告，行政執行法及同法施行細則規定所列屬「行政執行處」之權責事項，自101年1月1日起改由「行政執行分署」管轄。是義務人未依限履行公法上金錢給付者，移送（行政）機關應依上開規定辦理催繳及移送行政執行分署執行。至針對系爭追繳溢領款項案件是否可由繼承人檢附相關證明文件，移送（行政）機關即不再催繳，或僅就繼承所得遺產負清償責任，而不經移送行政執行等情，行政執行法與同法施行細則尚無明文，宜由移送（行政）機關本於權責認定酌處。

　　（三）復按，「執行法院對於強制執行事件，認有調查之必要時，得命債權人查報，或依職權調查之」，強制執行法第19條第1項亦有明定。查執行實務上關於繼承財產之認定，不論係繼承人依民法第1156條以下規定所開具之遺產清冊，抑或各地區國稅局開立之遺產稅完（免）稅證明書或遺產稅財產參考資料清單等，均可作爲遺產之審認、證明文件，惟上開資料僅係遺產稅之納稅義務人申報或國稅局調查得知之財產，可能另有納稅義務人未申報或國稅局未查得之財產（例如動產、債權等），故尚非據此即可認定爲繼承之全部財產。是行政執行分署對於義務人之財產或執行範圍如有疑義，得依行政執行法第26條準用前揭規定，函請移送機關查明，或逕依職權調查之，俾利執行程序之進行。

(十二) 最高法院108年度台上字第1659號民事判決

　　按繼承人依民法繼承編施行法第1條之3第4項規定，主張以所得遺產爲限，就被繼承人之債務負清償責任者，係負以「遺產」爲限度之「物的有限責任」。除遺產喪失原形而有與繼承人之固有財產混合之情形外，被繼承人之債權人僅得就該遺產本身取償。繼承人依該規定，取得拒絕以自己之固有財產償還被繼承人債務之抗辯權或異議權，倘其固有財產遭被繼承人之債權人強制執行，既非任意清償，自得請求債權人返還該執行案款之不當得利。

民法繼承編施行法第2條（消滅時效之特別規定）

　　民法繼承編施行前，依民法繼承編之規定，消滅時效業已完成，或其時效期間尚有殘餘不足一年者，得於施行之日起，一年內行使請求權。但自其時效完成後，至民法繼承編施行時，已逾民法繼承編所定時效期間二分之一者，不在此限。

重要判解

司法院35年院解字第3087號解釋

甲之夫乙於19年死亡。其繼承開始係在民法繼承編施行之前。乙之遺產其女丙丁雖依同編施行法第2條有繼承權。而其妻甲則依當時法令並無繼承權。甲既未繼承乙之遺產。則甲於乙死亡後所招之贅夫戊。自不能因其對於甲之遺產有繼承權而承受乙之遺產。

民法繼承編施行法第3條（無時效性質法定期間之準用）

前條之規定於民法繼承編所定無時效性質之法定期間準用之。但其法定期間不滿一年者，如在施行時尚未屆滿，其期間自施行之日起算。

民法繼承編施行法第4條（禁止分割遺產之遺囑與新舊法之適用）

禁止分割遺產之遺囑，在民法繼承編修正前生效者，民法第1165條第2項所定之期間，仍適用修正前之規定。但其殘餘期間自修正施行日起算超過十年者，縮短為十年。

民法繼承編施行法第5條（口授遺囑與新舊法之適用）

民法繼承編修正前生效之口授遺囑，於修正施行時尚未屆滿1個月者，適用修正之民法第1196條之規定，其已經過之期間，與修正後之期間合併計算。

民法繼承編施行法第6條（喪失繼承權規定之溯及既往效力）

民法繼承編，關於喪失繼承權之規定，於施行前所發生之事實，亦適用之。

民法繼承編施行法第7條（立嗣子女之繼承順序及應繼分）

民法繼承編施行前，所立之嗣子女，對於施行後開始之繼承，其繼承順序及應繼分與婚生子女同。

重要判解

法務部106年7月10日法律字第10603509320號函

主旨：貴院函詢關於審理案件涉及日據時期之死後養子習慣乙節，復如說明二，請查照參考。

說明：
　　一、復貴院106年5月18日北院隆民辰105年度重訴字第1014號函。
　　二、按本部87年9月15日（87）法律字第029610號函略以：「依前司法行政部52年2月7日台52函民決字第0608號函略以：『查臺灣省光復前開始繼承之事件應適用當時有效之習慣，按是時有死後養子之習慣，即凡人未滿20歲死亡者，得由親屬會議以祭祀死者，並繼承其財產之目的追立繼承人為其養子……。』觀之，日據時期雖有死後養子之習慣，得由親屬會議追立死後養子，惟死亡者年齡限於未滿20歲。至於死亡者已滿20歲，依現有資料尚難確認日據時期有死後養子習慣之存在。」另查臺灣私法所載，通行於臺灣的收養養子習慣，其要件之一係養父要20歲以上，但未達20歲亡故之人如已婚而妻仍住於夫家，已分配家產或親族要為其傳香火時，亦有為其收養養子者（臺灣私法第二卷，臺灣省文獻委員會編印，陳金田譯，民國82年2月版，第628頁）。依上開所述，尚難逐予確認日據時期死亡者已滿20歲情形，有無死後養子習慣。惟學者有認為，依臺灣習慣，生前收養須20歲以上，而死後收養，則不在此限（林秀雄著，日治時期台灣之收養制度（上），台灣法學雜誌第264期，2015年1月15日，第35頁），併此敘明供參。
正本：臺灣臺北地方法院。

民法繼承編施行法第8條（繼承人規定之適用）

　　繼承開始在民法繼承編施行前，被繼承人無直系血親卑親屬，依當時之法律亦無其他繼承人者，自施行之日起，依民法繼承編之規定定其繼承人。

重要判解

(一) 司法院大法官釋字第668號解釋

　　繼承開始於繼承編施行前，而得選定繼承人者，僅限施行前選定？

　　民法繼承編施行法第8條規定：「繼承開始在民法繼承編施行前，被繼承人無直系血親卑親屬，依當時之法律亦無其他繼承人者，自施行之日起，依民法繼承編之規定定其繼承人。」其所定「依當時之法律亦無其他繼承人者」，應包含依當時之法律不能產生選定繼承人之情形，故繼承開始於民法繼承編施行前，依當時之法規或習慣得選定繼承人者，不以在民法繼承編施行前選定為限。惟民法繼承編施行於臺灣已逾64年，為避免民法繼承編施行前開始之繼承關係久懸不決，有礙民法繼承法秩序之安定，凡繼承開始於民法繼承編施行前，而至本解釋公布之日止，尚未合法選定繼承人者，自本解釋公布之日起，應適用現行繼承法制，辦理繼承事宜。

　　（解釋日期：98年12月11日）

(二) 法務部104年2月24日法律字第10403501520號函

民法繼承編施行法第1條、第8條規定參照，如繼承開始係在民法繼承編施行前，且被繼承人死亡時尚有直系血親卑親屬，自無繼承編規定適用，應依當時有效法例，即適用臺灣習慣處理；又日據時期臺灣，被繼承人死亡時，同戶內有被繼承人之女與招婿所生男子，依當時適用習慣得繼承家產；另家產係屬家屬公同共有，而非家長個人所有財產，應由繼承戶主權者與其他繼承人共同繼承。

(三) 司法院院台廳109年5月21日少家二字第1090008883號函

主旨：法院辦理涉及日治時期之繼承事件時，應注意當時之臺灣民事習慣並參酌說明辦理，請查照。

說明：

一、繼承開始在臺灣光復前者，依民法繼承編施行法第1條規定，不適用民法繼承編之規定，應適用當時有關法律，而日據時期關於臺灣人民親屬繼承事件，不適用日本民法之規定，應適用當時臺灣之習慣（民法繼承編施行法第1條、最高法院80年台上字第1956號判決參照）。

二、為利法院瞭解臺灣光復前日治時期之繼承相關法令及民事習慣，本院已於103年間寄送法務部編印之「臺灣民事習慣調查報告」予各地方（少年及家事）法院，各級法院圖書室亦均有該書。另本院內網已張貼內政部「繼承登記法令補充規定」等相關法令供參（內網首頁／主題區／家事／家事常用法令／日治、無人繼承等繼承相關法令）；如對承辦個案所適用之相關民間習慣、繼承登記法令尚有疑慮，得向法務部（法律事務司）、內政部（地政司）函查。

三、戶政機關已就臺灣日治時期及光復後戶政資料電腦化前之戶籍資料，建置電腦資料索引及戶籍影像資料，法院辦理旨揭事件，認有調取日據戶口調查簿（或稱日據戶籍謄本）之必要時，得依家事事件法第17條第1項等規定，囑託戶政機關或其上級主管機關──各直轄市、縣（市）政府民政局（處）協助提供。

民法繼承編施行法第9條（遺產管理人權義規定之適用）

民法繼承編施行前所設置之遺產管理人，其權利義務自施行之日起，適用民法繼承編之規定。

重要判解

司法院31年院字第2325號解釋

被繼承人在遺產稅暫行條例施行前死亡者，同條例之施行條例並無應徵遺產稅之規定，依法律不溯既往之原則，不得徵收遺產稅。民法繼承編之施行係在同條例

施行之前，被繼承人在民法繼承編施行前死亡者，無論應否設置遺產管理人，及曾否設置，均不發生計算遺產稅之問題，且依民法第1177條之規定，遺產管理人以繼承開始時繼承人有無不明者為限，始設置之。繼承在民法繼承編施行前開始者，如開始時已有繼承人，雖因繼承人未成年，由其母管理繼承之財產，其母亦非民法繼承編施行法第9條所稱之遺產管理人，依民法親屬編施行法第13條、民法第1086條之規定，母在其子女成年前以法定代理人之資格為之管理繼承之財產，不得另行選定遺產管理人。

民法繼承編施行法第10條（特留分規定之適用）

民法繼承編關於特留分之規定，於施行前所立之遺囑，而發生效力在施行後者，亦適用之。

重要判解

司法院（43）台電參字第3643號
（一）查遺囑之成立，與發生效力，原為兩事，故遺囑如依立遺囑時當地之法律，已可認為有效者，縱使在其發生效力時當地所適用之法律已有變更，除法律別有規定外（民法繼承編施行法第10條），仍不影響成立在前之遺囑之效力。（二）該陳○盛於日據時代作成之遺言公證書，依當時適用於臺灣之法律，本已合法成立，雖其發生效力已在光復以後，但該項遺囑，依前開說明，似仍有效。

民法繼承編施行法第11條（施行日期）

本施行法自民法繼承編施行之日施行。

民法繼承編修正條文及本施行法修正條文，除中華民國98年12月15日修正之民法第1198條及第1210條自98年11月23日施行者外，自公布日施行。

重要判解

按民法係於34年10月25日起始施行於臺灣，是有關臺灣人民於日據時期之親屬事件，固應依當時之臺灣習慣辦理，惟在日據時期發生之收養關係，應自民法親屬編施行日起，即有民法親屬編所定之效力。是以，自臺灣光復後施行民法之日起，即不再有臺灣日據時期習慣將養子區分為過房子與螟蛉子，凡養子女於出養期間，與本生父母及其親屬間之權利義務，如扶養義務、繼承權等皆處於停止狀態。雖養子女於日據時期經養父母收養，依臺灣當時之習慣，仍與本生家保持親屬關係，但自臺灣光復後施行民法之日起，養子女與養父母之收養關係，即有民法親屬編所定之效力，則養子女與本生父母及本生家兄弟姐妹之權利義務，皆處於停止之狀態，本生家兄弟姐妹對於出養子女之遺產無繼承權。

附錄三　2016年行政院民法繼承編部分條文修正草案條文對照表

條文修正	現行條文	說明
第一千一百四十條 第一千一百三十八條所定第一順序繼承人，部分有下列情形之一者，由其直系血親卑親屬代位繼承其應繼分： 二、於繼承開始前死亡。 三、與被繼承人同時死亡。	第一千一百四十條 第一千一百三十八條所定第一順序之繼承人，有於繼承開始前死亡或喪失繼承權者，由其直系血親卑親屬代位繼承其應繼分。	一、按現行條文喪失繼承權之事由，不論其喪失原因係依客觀事實或被繼承人主觀意思，均已剝奪該繼承人之繼承權，如使其直系血親卑親屬得以代位繼承，形同喪失繼承權人仍得間接繼承被繼承人遺產，從而失去喪失繼承權之立法意旨，並為避免道德風險，爰刪除現行喪失繼承權之直系血親卑親屬得代位繼承之規定。 二、繼承開始前，第一順序繼承人親等近者全部死亡或喪失繼承權者，次親等之繼承人乃本於自己為繼承人之地位，依第一千一百三十八條規定繼承，並非代位繼承。準此，代位繼承僅於「部分」繼承人死亡時，始有適用，爰就序文酌作文字修正，以期明確，另將現行第一順序繼承人於繼承開始前死亡，由其直系血親卑親屬代位繼承其應繼分之規定移列為第一款，並酌作文字修正。 三、學說上針對第一順序先順序繼承人與被繼承人「同時死亡」之情形，率多認為其直系血親卑親屬可代位繼承，為保障代位繼承人之權益，爰增訂第二款，明定第一順序先順序繼承人與被繼承人「同時死亡」時，其直系血親卑親屬可以代位繼承，以杜爭議。 四、至於拋棄繼承乃出於被代位繼承人之意思決定，與死亡乃非由被代位繼承人自由意志所致之情形不同，故若繼承人基於其自由意志而為拋棄繼承，當不可再由次親等之直系血親卑親屬代位繼承其應繼分，故部分繼承人拋棄繼

條文修正	現行條文	說明
		承時，應依第一千一百七十六條第一項規定將其應繼分歸屬於其他同為繼承之人；司法院釋字第五十七號解釋，部分子女拋棄繼承並不發生代位繼承問題，亦同斯旨，爰代位繼承之事由不包括第一順序親等近者之部分繼承人拋棄繼承之情形。至如第一順序親等近者之繼承人均拋棄繼承時，則應依第一千一百七十六條第五項規定，由次親等之直系血親卑親屬繼承，自不待言。
第一千一百四十五條 有下列各款情事之一者，喪失其繼承權： 一、以殺人、重傷害或傷害之故意，致被繼承人或應繼承人於死，因而受刑之宣告。 二、以殺人之故意，殺害被繼承人或應繼承人，雖未致死，因而受刑之宣告。 三、以重傷害或傷害之故意，致被繼承人受重傷，因而受有罪判決確定。 四、以詐欺或脅迫使被繼承人為關於繼承之遺囑，或使其撤回或變更之。 五、以詐欺或脅迫妨害被繼承人為關於繼承之遺囑，或妨害其撤回或變更之。 六、偽造、變造、隱匿或湮滅被繼承人關於繼承之遺囑。 七、對於被繼承人有重大之虐待、侮辱，或無正當理由未盡扶養義務之情事，經被繼承人以遺囑、書面、錄音、記錄影音或其他足以確認被繼承人真	第一千一百四十五條 有左列各款情事之一者，喪失其繼承權： 一、故意致被繼承人或應繼承人於死或雖未致死因而受刑之宣告者。 二、以詐欺或脅迫使繼承人為關於繼承之遺囑，或使其撤回或變更之者。 三、以詐欺或脅迫妨害被繼承人為關於繼承之遺囑，或妨害其撤回或變更之者。 四、偽造、變造、隱匿或湮滅被繼承人關於繼承之遺囑者。 五、對於被繼承人有重大之虐待或侮辱情事，經被繼承人表示其不得繼承者。 前項第二款至第四款之規定，如經被繼承人宥恕者，其繼承權不喪失。	一、第一項修正如下： （一）依現行法制用語，將序文「左列」修正為「下列」。 （二）按現行第一款所定「應繼承人」並非指第一千一百三十八條所定各順序之繼承人，而係指加害該人而得使繼承順序及應繼分發生變動之繼承人，如未拋棄繼承或喪失繼承權之被繼承人配偶，及先順序或同順序之應繼承人。又現行本款規定故意致死部分，依刑法規定之行為類型，包括以殺人、重傷害或傷害故意之行為，皆可能發生致死結果，鑑於本款屬絕對喪失繼承權之事由，宜予明確規定，爰修正第一款為加害人如以殺人、重傷害或傷害之故意致被繼承人或應繼承人於死時，因而受刑之宣告，即喪失繼承權。至於現行本款未致死部分，因繼承事實並未發生或繼承順序及應繼分並未變動，爰修正並移列為第二款。另加害人如以重傷害或傷害之故意，對繼承人施以傷害行為且發生被繼承人受重傷結果，其行為本屬現行第五款「重大之虐待」之喪失繼承權事由；惟考量該行為既已對繼承人之身體或健康造成重大不治或難治之傷害，且如因而受有罪判決確定，惡性亦屬重大，宜納

條文修正	現行條文	說明
意之方式表示其不得繼承。 繼承人犯前項第一款至第三款之罪，因遭通緝、死亡等原因而未受刑之宣告或判決確定，如有事證足認其成立犯罪者，喪失繼承權。 第一項第四款至第七款之規定，如經被繼承人以遺囑、書面、錄音、記錄影音或其他足以確認被繼承人真意之方式宥恕者，其繼承權不喪失。		入喪失繼承權事由，爰增訂第三款。 （三）現行第一款事由是否須受刑之宣告，迭有爭議，復鑑於修正後第一款至第三款均屬絕對喪失繼承權之事由，故斟酌其行為之惡性及其結果，明定加害人如有犯第一款或第二款所定行為因而受刑之宣告，即喪失繼承權，不待刑事判決確定，以免於此惡性重大之情形，因刑事案件審理延宕而使繼承關係無法確定。至第三款所定行為及結果，因較前二款為輕，故以「受有罪判決確定」為喪失繼承權之要件，以期衡平。另現行第二款至第五款款次，配合順移為第四款至第七款，並酌作文字修正。 （四）依最高法院七十四年台上字第一八七〇號判例要旨，對於被繼承人負有扶養義務而惡意不予扶養者亦屬重大虐待。又第一千一百十八條之一第一項及第二項規定，受扶養權利者對於負扶養義務者、其配偶或直系血親曾故意為虐待、重大侮辱或其他身體、精神上之不法侵害行為，或無正當理由未盡扶養義務者，由法院介入，依個案事實狀況，彈性調整降低扶養程度，若情節重大，亦得免除扶養義務，以兼顧個案之公平正義及國家社會有限之資源。為期明確，爰參酌第一千一百十八條之一規定，增訂繼承人無正當理由未盡扶養義務為喪失繼承權之事由。繼承人依第一千一百十八條之一第二項規定，經法院免除其扶養義務，繼承人對被繼承人即無扶養義務；倘法院僅減輕其扶養義務者，繼承人對被繼承人仍有扶養義務，其無正當理

條文修正	現行條文	說明
		由未盡扶養義務，仍構成喪失繼承權之情形。另本款規定之虐待或侮辱，自應以故意為必要，且為虐待或侮辱應為重大，要屬當然。再者，本款由被繼承人表示喪失繼承權之情形，因涉及繼承人身分權及財產權之變動，宜更加慎重，且為避免日後舉證困難，爰增訂被繼承人之表示，應以遺囑、書面、錄音、錄影或其他足以確認被繼承人真意之方式為之。 二、繼承人如有犯第一項第一款至第三款之罪而受通緝者，依刑事訴訟法三百零六條規定之反面解釋，不得一造缺席判決。又死亡者，依刑事訴訟法第二百五十二條第六款及第三百零三條第五款規定，應為不起訴處分或諭知不受理判決。於此情形，僅因刑事訴訟法規定無法為實體判決，致未符合第一項第一款至第三款所定喪失繼承權之要件，致其繼承事件延宕或其直系血親卑親屬仍得代位繼承，顯有不符公平正義原則，爰增訂第二項規範。再者，觀諸現行第一項第二款至第四款之事由，亦未規定須經法院判決始符合喪失繼承權之要件。相關機關於辦理繼承事件時，如對行為人是否喪失繼承權有爭議，自可要求其他繼承人先循司法途徑確認後再據以辦理，併予敘明。 三、現行第二項移列為第三項，並配合第一項款次調整修正所引款次，另目前學說及實務多認為現行第一項第五款（修正條文第一項第七款）屬相對失權事由，繼承人因被繼承人表示而失權，自宜解為亦得因被繼承人嗣後宥恕而回復繼承權，爰於本項予以增列。又本項「宥恕」之方式，現

條文修正	現行條文	說明
		行法並無規定，為免爭議，爰配合第一項第七款增訂其方式。 四、又第一項第一款及第二款規定以受刑之宣告時喪失繼承權，如嗣後經法院判決無罪確定，或依第一項第四款至第六款規定事由喪失繼承權，嗣經法院判決確定無是類不正行為者，即屬真正繼承人，是其繼承權如經其他共同繼承人否認，並排除其占有、管理或處分者，即屬繼承權之侵害，自得依一千一百四十六條規定行使繼承回復請求權，自為當然。
第一千一百四十六條 繼承財產被侵害生而繼承資格發生爭議者，繼承人得訴請確認，並請求回復之。 前項受請求人本於遺產更有所取得者，視為所得遺產。	第一千一百四十六條 繼承權被侵害者，被害人或其法定代理人得請求回復之。 前項回復請求權，自知悉被侵害之時起，二年間不行使而消滅；自繼承開始時起逾十年者亦同。	一、按繼承回復請求權之立法意旨，在使正當繼承人得請求確認其繼承資格，及回復繼承標的之權利（最高法院五十三年台上字第一九二八號判例參照）。而學說通說及實務見解均認為繼承財產是否被侵害，應以繼承人繼承原因發生後，有無被他人否認其繼承資格並排除其對繼承財產之占有、管理或處分為斷。復為避免繼承回復請求權與第七百六十七條物上返還請求權二者間之適用疑義，明定繼承回復請求權包括確認繼承權存否及返還繼承財產之性質，以有別於物上返還請求權之單純個別財產請求返還，貫徹保護真正繼承人之繼承資格及繼承財產之目的，爰修正第一項。 二、為避免繼承回復請求權之受請求人因占有繼承財產而受有不當利益，參酌第一百八十一條規定，增訂第二項，明定受請求人本於遺產更有所取得者，仍視為所得遺產。 三、現行第二項有關時效之規定，移列第一千一百四十六條之一第一項規範，爰予刪除。

條文修正	現行條文	說明
第一千一百四十六條之一 前條第一項回復請求權，自繼承財產被侵害之時起，十五年間不行使而消滅。 前條受請求人於前項請求權時效完成前，不得依所有權或其他財產權取得時效之規定行使其權利。		一、本條新增。 二、第一項係現行第一千一百四十六條第二項移列。為保護真正繼承人及避免繼承回復請求權與其他請求權間之競合性質及時效產生爭議，爰將繼承回復請求權時效修正為十五年，並自繼承財產被侵害時起算，以杜爭議。 三、按現行第一千一百四十六條第二項所定期間有二年及十年期間，如表見繼承人和平、公然、繼續占有遺產中之動產時，依第七百六十八條之一規定，占有滿五年者即取得所有權，此時真正繼承人主張十年期間內行使繼承回復請求權，則與上開占有人因五年時效取得所有權有所衝突。為解決此問題，爰仿德國民法第二千零二十六條及瑞士民法第五百五十九條第二項等規定，增訂第二項，俾利適用。 四、第一項之消滅時效與取得時效之進行，係採合併計算方式，故於繼承回復請求權消滅時效完成後，占有人如具備取得時效之要件，即得主張取得時效，而非重行起算取得時效之期間，併予敘明。
第一千一百四十九條 被繼承人生前繼續扶養之人，因被繼承人死亡致生活陷於困難者，得向繼承人、遺產管理人或遺囑執行人依其所受扶養之程度、需要、身分及其他事項，請求酌給遺產。 前項酌給之額度與方法，由請求人與繼承人、遺產管理人或遺囑執行人協議定之。不能協議或協議不成者，得請求法院酌定之。 第一項遺產酌給請求權，	第一千一百四十九條 被繼承人生前繼續扶養之人，應由親屬會議依其所受扶養之程度及其他關係，酌給遺產。	一、現行條文酌作修正，列為第一項： (一)按遺產酌給制度係基於死後扶養之概念，且具補充第一千一百三十八條繼承人範圍規定之功能，因此，無論是法定受扶養權利人或事實上受扶養之人，只要為被繼承人生前繼續扶養者，均屬之。惟遺產酌給既具有死後扶養之性質，宜參酌第一千一百十七條及第一千零五十七條規定，明定得請求酌給遺產之人應限於因被繼承人死亡致生活陷於困難者，以期公允，爰予修正。

條文修正	現行條文	說明
自請求權人知悉繼承開始時起，二年間不行使而消滅。自繼承開始時起逾五年者，亦同。		（二）鑑於現今社會親屬會議難以召開致其功能不彰，爰將現行所定由親屬會議酌給遺產之規定，修正為由遺產酌給請求權人向繼承人請求；無繼承人者，向遺產管理人請求；另被繼承人以遺囑指定遺囑執行人者，則向遺囑執行人請求。至其額度及方法則應視受被繼承人生前扶養之程度及遺產酌給之需要、遺產數額、當事人間之身分關係及繼承人經濟能力等因素妥為調整，爰參酌第一千一百十九條規定，增訂酌給遺產時應審酌之事項。 二、遺產酌給涉及遺產分配，具私密性，制度上宜先由請求人與繼承人、遺產管理人或遺囑執行人協議定之；如不能協議或協議不成，則得請求法院酌定，爰增訂第二項。 三、四、第一項遺產酌給請求權性質上屬請求權，應適用消滅時效規定；惟為早日確定繼承法律關係，使遺產儘速分配完畢，爰增訂第三項有關短期消滅時效之規定。
第一千一百六十四條 繼承人得隨時請求分割遺產。但法律另有規定或契約另有訂定者，不在此限。 法院為遺產分割時，準用第八百二十四條之規定分割之，於必要時，亦得就遺產全部或一部分割為共有。 繼承人得以繼承人過半數及其應繼分合計過半數之同意，或繼承人應繼分合計逾三分之二之同意，按應繼分比例分割為共有。 繼承人依前項規定分割為共有時，應以書面通知其他繼承人；其不能以書面	第一千一百六十四條 繼承人得隨時請求分割遺產。但法律另有規定或契約另有訂定者，不在此限。	一、現行條文未修正，列為第一項。 二、增訂第二項，明定遺產分割之方法準用第八百二十四條有關共有物分割之規定。另法院為遺產之分割時，固應消滅其共有關係，惟有時仍有維持共有之必要(例如道路)，爰賦予法院得將遺產之全部或一部分割為共有之裁量權，俾利彈性運用。又所謂「一部分割為共有」，係指一部分分割為共有，而其他部分分割為單獨所有之情形。 三、繼承人除得依第八百二十四條協議分割外，並得以多數決方式變更為共有，爰參酌土地法第三十四條之一第一項規定，增訂第三項以多數決分割為共有之規定。

條文修正	現行條文	說明
通知者，應公告之。		四、另因變更為分別共有為處分行為，參酌土地法第三十四條之一第二項規定，增訂第四項，明定處分行為應以書面通知其他繼承人。如其他繼承人於收到通知後產生歸扣等問題，可向法院訴請裁判分割，故以書面或公告之方式通知係給予繼承人救濟之機會。惟若繼承人不為通知時，僅屬繼承人內部損害賠償之問題，分割仍為有效，併予敘明。
第一千一百六十五條 被繼承人之遺囑，定有分割遺產之方法，或託他人代定者，從其所定。 遺囑禁止遺產之分割者，其禁止之效力以<u>五</u>年為限。	第一千一百六十五條 被繼承人之遺囑，定有分割遺產之方法，或託他人代定者，從其所定。 遺囑禁止遺產之分割者，其禁止之效力以十年為限。	一、第一項未修正。 二、遺囑禁止分割期間過長，有礙經濟之發展及財產之運用，現行第二項所定禁止之效力以十年為限，在今日工商社會，洵屬過長，爰參酌第八百二十三條第二項及日本民法第九百零八條所定期間，縮短為五年。
第一千一百六十六條 胎兒為繼承人時，應於胎兒出生後，<u>始得分割遺產</u>。	第一千一百六十六條 胎兒為繼承人時，非保留其應繼分，他繼承人不得分割遺產。 <u>胎兒關於遺產之分割，以其母為代理人。</u>	一、第一項酌作修正，列為修正條文： （一）胎兒為繼承人時，依現行第一項規定保留其應繼分後，始得分割遺產。然因目前醫學進步，人工生殖方式普遍，如於出生前分割，出生時為多胞胎，致順產人數多於保留應繼分之人數，此時，如其他繼承人已處分分割之遺產，造成胎兒出生後之應繼分減少，且無法回復，不利胎兒之保護，有違第七條保護胎兒利益之立法意旨。反之，如懷孕時為多胞胎，後來順產人數與懷胎人數不一致，故其是否順產及出生人數均屬未確定。如於胎兒出生前先行分割遺產，恐因保留應繼分之人與日後順產人數變動，造成尚須重新分割之困擾。 （二）現行繼承已修正為全面限定責任，繼承人應於知悉其得繼承之時起三個月內開具遺產清冊

條文修正	現行條文	說明
		陳報法院，法院應依公示催告程序，命繼承人之債權人於一定期間內報明其債權，期間不得在三個月以下；因此繼承人須於清償債務、交付遺贈物後，才有遺產分割問題。經過上開程序後，多半胎兒已經出生，故本條之修正，對於其他繼承人之權益影響不大。爰參酌德國及瑞士之立法例，修正第一項，明定胎兒為繼承人時，應於胎兒出生後，始得分割遺產。 二、因第一項之修正，胎兒為繼承人時，須待胎兒出生後，始得分割遺產，故胎兒既已出生，則其法定代理人即依第一千零八十六條以下條文定其法定代理人，爰刪除現行第二項。
第一千一百七十三條 被繼承人於繼承開始前贈與繼承人財產時，以書面表示將該贈與財產加入繼承開始時被繼承人所有之財產者，其贈與價額計入應繼財產。 被繼承人為前項表示者，其贈與價額，應於遺產分割時，由該繼承人之應繼分中扣除。 贈與價額，依贈與時之價值計算。 第一項被繼承人贈與繼承人之財產價額侵害其他繼承人之特留分者，受贈之繼承人應將侵害部分返還。但被繼承人有書面表示反對之意思者，不在此限。 被繼承人得隨時以書面撤回第一項及前項但書之表示。	第一千一百七十三條 繼承人中有在繼承開始前因結婚、分居或營業，已從被繼承人受有財產之贈與者，應將該贈與價額加入繼承開始時被繼承人所有之財產中，為應繼遺產。但被繼承人於贈與時有反對之意思表示者，不在此限。 前項贈與價額，應於遺產分割時，由該繼承人之應繼分中扣除。 贈與價額，依贈與時之價值計算。	一、現行第一項規定，被繼承人在繼承開始前，因繼承人結婚、分居或營業而為財產之贈與，原則上係屬應繼承之財產預行撥給，故除被繼承人於贈與時有反對之意思表示者外，應將該贈與價額加入繼承開始時被繼承人所有之財產中，為應繼遺產。然現行第一項所定生前特種贈與，僅限於「結婚、分居或營業」三者，屢生不公平之爭議；又本項贈與既係被繼承人生前為之，自應尊重被繼承人處分其財產之自由意志，故第一項修正為除被繼承人於贈與時以書面表示應計入應繼財產外，原則不予計入；且被繼承人表示計入之贈與種類不宜限於現行第一項所定三類贈與，爰予修正。 二、第二項配合第一項酌作修正。 三、第三項未修正。 四、第一項修正後，被繼承人生前贈與繼承人之財產，原則上不予列入應繼財產，例外由被繼承人以書面表示者始予列入，既已列入

條文修正	現行條文	說明
		應繼財產，則為保障其他繼承人特留分之權利，爰增訂第四項，明定贈與價額超過應繼分且侵害其他繼承人之特留分部分，應予返還。惟被繼承人生前贈與繼承人財產，其本質仍屬生前處分財產之行為，與特留分之規定，係限制被繼承人以遺囑處分其死後遺產有所不同，因此若被繼承人生前處分其財產，並不生是否違反特留分規定之問題，爰於第四項但書明定如被繼承人以書面表示無需返還者，則可不返還之。 五、被繼承人依第一項規定得於贈與時以書面為計入應繼財產之表示，及依第四項但書規定得以書面為受贈財產超過應繼分且侵害他繼承人特留分部分無需返還之表示，自應使其得隨時以書面撤回，以尊重被繼承人處分其財產之自由意志，爰增訂第五項。
第一千一百七十七條 繼承開始時，繼承人之有無不明者，利害關係人或檢察官得聲請法院選任遺產管理人，並由法院依公示催告程序，定六個月以上之期限，公告繼承人，命其於期限內承認繼承。	第一千一百七十七條 繼承開始時，繼承人之有無不明者，由親屬會議於一個月內選定遺產管理人，並將繼承開始及選定遺產管理人之事由，向法院報明。	一、為因應現代社會親屬會議功能不彰之情事，使能順利產生遺產管理人，爰將現行透過親屬會議之相關程序規定，修正為由利害關係人或代表公益之檢察官聲請法院選任遺產管理人。惟如法律有特別規定時，例如臺灣地區與大陸地區人民關係條例第六十七條之一、第六十八條，當從其規定辦理。至所謂「利害關係人」則視具體情況認定其範圍，國庫、財稅機關等行政機關亦可能為利害關係人之一。又遺產管理人之解任，則適用家事事件法之相關規定，併予敘明。 二、因應相關親屬會議規定之修正，將現行第一千一百七十八條第一項有關法院公示催告搜索繼承人程序規定，移列於本條規定，並酌作文字修正，以資明確。

條文修正	現行條文	說明
第一千一百七十八條 （刪除）	第一千一百七十八條 親屬會議依前條規定為報明後，法院應依公示催告程序，定六個月以上之期限，公告繼承人，命其於期限內承認繼承。 無親屬會議或親屬會議未於前條所定期限內選定遺產管理人者，利害關係人或檢察官，得聲請法院選任遺產管理人，並由法院依前項規定為公示催告。	一、本條刪除。 二、為配合第一千一百七十七條將親屬會議之相關程序規定，修正為由利害關係人或代表公益之檢察官聲請法院選任遺產管理人，及第一項有關法院公示催告搜索繼承人之規定亦已移列於第一千一百七十七條合併規定，爰刪除本條。
第一千一百七十九條 遺產管理人之職務如<u>下</u>： 一、編製遺產清冊。 二、為保存遺產必要之處置。 三、聲請法院依公示催告程序，限定一年以上之期間，公告被繼承人之債權人及受遺贈人，命其於該期間內報明債權及為願受遺贈與否之聲明，被繼承人之債權人及受遺贈人為管理人所已知者，應分別通知之。 四、<u>清償債務</u>或交付遺贈。 五、有繼承人承認繼承或<u>由國庫取得賸餘財產</u>時，為<u>財產</u>之移交。 前項第一款所定之遺產冊，管理人應於就職後三個月內編製，<u>並於第三款所定期間屆滿後更新之。</u>	第一千一百七十九條 遺產管理人之職務如左： 一、編製遺產清冊。 二、為保存遺產必要之處置。 三、聲請法院依公示催告程序，限定一年以上之期間，公告被繼承人之債權人及受遺贈人，命其於該期間內報明債權及為願受遺贈與否之聲明，被繼承人之債權人及受遺贈人為管理人所已知者，應分別通知之。 四、清償債權或交付遺贈物。 五、有繼承人承認繼承或遺產歸屬國庫時，為遺產之移交。 前項第一款所定之遺產清冊，管理人應於就職後三個月內編製之；第四款所定債權之清償，應先於遺贈物之交付。 為清償債權或交付遺贈	一、第一項修正如下： （一）依現行法制用語，將序文「如左」修正為「如下」。 （二）遺贈乃遺贈人依遺囑無償給與他人財產上利益之行為，是遺贈之標的不限於「物」，尚包括「權利」。且參酌第一千一百六十二條之一第二項之立法體例，亦已修正為「交付遺贈」，爰第四款配合酌作文字修正。 （三）修正條文第一千一百八十五條第一項已確立國庫取得無人承認繼承之賸餘財產為繼受取得，爰配合修正第五款文字。 二、修正第二項。按現行第二項規定遺產清冊應於管理人就職後三月內編製，然於法院公告被繼承人之債權人及受遺贈人報明債權及願受遺贈之期間屆滿後，為正確遺產清冊之內容，應命管理人依陳報情形更新，爰予修正。至於現行第二項有關清償債務、交付遺贈順序及變賣遺產程序之規定，則移列第一千一百八十一條之一第二項及第三項，以資明確，並符體制。

條文修正	現行條文	說明
	物之必要，管理人經親屬會議之同意，得變賣遺產。	
第一千一百八十條 遺產管理人，因被繼承人之債權人或受遺贈人之請求，應報告或說明遺產之狀況。	第一千一百八十條 遺產管理人，因親屬會議，被繼承人之債權人或受遺贈人之請求，應報告或說明遺產之狀況。	為因應現代社會親屬會議功能不彰之情事，刪除本條「親屬會議」之請求報告或說明遺產之狀況部分。至於利害關係人或檢察官仍得依家事事件法第一百四十一條準用同法第一百四十九條規定，向法院聲請或由法院依職權，命遺產管理人報告或說明遺產狀況，自屬當然。
第一千一百八十一條之一 第一千一百七十九條第一項第三款所定期間屆滿後，遺產管理人對於在該一定期限內報明之債權及聲明之遺贈，各按其數額比例計算，以遺產分別償還及交付遺贈。但不得害及有優先權人之利益。 遺產管理人非依前項規定償還債務後，不得對受遺贈人交付遺贈。 遺產管理人為清償債務或交付遺贈之必要，得經法院之許可，變賣遺產。		一、本條新增。 二、現行第一千一百七十九條第一項第三款對於報明之債權及遺贈之清償比例未有規定，爰參酌第一千一百五十九條第一項規定，於第一項明定多筆債權及遺贈，各按其種類分別依數額比例計算，以遺產分別償還及交付遺贈，但不得害及有優先權人之利益。 三、現行第一千一百七十九條第二項後段移列為第二項及第三項，有關債務及遺贈之清償順序，參酌第一千一百六十條規定，於第二項明定非於償還債務後，不得對受遺贈人交付遺贈。是以，遺產管理人於多筆債務及遺贈時，應先清償債務（多筆債權依第一項比例償還），如有賸餘，始交付遺贈（多筆遺贈亦依第一項比例交付）。另為配合親屬會議之刪除，於第三項明定由法院為變賣遺產之許可。
第一千一百八十一條之二 遺產管理人因處理遺產管理事務有故意或重大過失，致被繼承人之債權人、受遺贈人受有損害者，應負賠償之責。但其受有報酬者，應以善良管理人之注意為之。		一、本條新增。 二、依第一千一百八十四條規定，遺產管理人與繼承人之外部關係為代理，至其內部關係並無規定。然依其性質，應為類似委任關係，參酌第五百三十五條規定，遺產管理人處理遺產管理事務，應以與處理自己事務為同一之注

條文修正	現行條文	說明
前項情形，於繼承人承認繼承前且無人請求損害賠償時，得由檢察官請求之。 第一項受有損害之人，對於不當受領之債權人或受遺贈人，得請求返還其不當受領之數額。 遺產管理人已依第一項規定賠償損害時，對於不當受領之債權人或受遺贈人，得請求返還其不當受領之數額。		意義務。惟遺產管理人僅係被選任管理遺產，與繼承人之地位仍有不同，為適度減輕遺產管理人責任，如未受有報酬者，僅於有故意或重大過失時，負賠償責任，以減輕其責任。惟如受有報酬者，則仍應以善良管理人注意義務為之，爰於第一項明定遺產管理人之注意義務。 三、按遺產管理人之選任，係以繼承人有無不明為前提，故遺產管理人依第一項規定應負賠償之責任，於繼承人未承認繼承前，或無受損害之債權人、受遺贈人等請求權人時，應由檢察官基於公益代表人之地位，向遺產管理人請求損害賠償，爰訂定第二項。至於國庫取得賸餘財產後，自應由國庫基於所有人之地位請求之。 四、參酌第一千一百六十一條第二項規定，於第三項明定受有損害之被繼承人之債權人、受遺贈人得向不當受領人請求返還不當受領數額。 五、如遺產管理人已依第一項規定賠償損害時，對於不當受領之債權人或受遺贈人，本得基於不當得利請求返還，爰於第四項明定遺產管理人已賠償損害時，得向不當受領之債權人或受遺贈人請求返還不當受領之數額。
第一千一百八十四條 有繼承人承認繼承時，遺產管理人在繼承人承認繼承前所為之職務上行為，視為繼承人之代理。	第一千一百八十四條 第一千一百七十八條所定之期限內，有繼承人承認繼承時，遺產管理人在繼承人承認繼承前所為之職務上行為，視為繼承人之代理。	現行第一千一百七十八條第一項所定搜索繼承人之公示催告期限經過後，由國庫取得賸餘財產前，繼承人仍得承認繼承，爰配合刪除現行有關期限之限制，凡有繼承人承認繼承時，遺產管理人之職務行為，可視為繼承人之代理。
第一千一百八十五條 第一千一百七十七條所定之期限屆滿，無繼承人承認繼承時，其遺產於清償債務，並交付遺贈後，如	第一千一百八十五條 第一千一百七十八條所定之期限屆滿，無繼承人承認繼承時，其遺產於清償債權，並交付遺	一、現行條文修正列為第一項： （一）現行條文僅規定歸屬國庫，易生國庫係繼受取得或原始取得之爭議。為使法律關係安定明確並保障繼承人之權益，爰參

條文修正	現行條文	說明
有賸餘，由國庫取得之。繼承人於國庫取得賸餘財產後承認繼承者，仍得請求返還之；其請求權自國庫取得之時起，五年間不行使而消滅。 國庫依前項規定取得賸餘財產五年內，不得處分或為其他足以影響繼承人請求返還賸餘財產之行為。但有毀損之虞或不便保管者，得拍賣或變賣而保管其價金。 國庫返還賸餘財產時，其保管賸餘財產所支出之必要費用，繼承人應償還之；其必要費用，應扣除已就賸餘財產取得之孳息。	贈物後，如有賸餘，歸屬國庫。	酌德國及瑞士之立法例予以修正，確立國庫取得為繼受取得，並增訂繼承人於國庫取得後承認繼承者，仍得請求返還賸餘財產。 （二）現行第一千一百七十八條第一項規定搜索繼承人之公示催告期限屆滿後，繼承人可否出面主張權利，尚有爭議。惟無人承認繼承選任遺產管理人之目的，乃因繼承人有無不明，為免被繼承人遺產無人管理，致日後繼承人出現而蒙受不利。本項已明定遺產於清償債務，並交付遺贈後，如有賸餘，由國庫繼受取得，是繼承人於國庫取得前承認繼承者，遺產管理人應將遺產移交繼承人；如於國庫取得後承認繼承，僅得就賸餘財產請求返還。 （三）另鑑於賸餘財產由國庫取得後，即屬國有財產，如繼承人請求返還之權利未設行使期間之限制，將使國有財產權利處於長期不確定狀態，影響其管理利用，爰明定返還請求權之消滅時效為五年。 二、增訂第二項。國庫自取得賸餘財產後五年內不得處分（包括法律上處分及事實上處分）該賸餘財產或為其他足以影響繼承人請求返還賸餘財產權利之行為，以避免繼承人主張返還請求權時之法律關係過於複雜。但賸餘財產如有毀損之虞或不便保管（例如動產易於腐壞或保管需費過鉅）之情形者，得經由拍賣或變賣程序而保管其價金，以符實際所需。 三、國庫取得賸餘財產後五年內，如因保管賸餘財產支出必要費用，於依第一項規定將賸餘財產返還予繼承人時，繼承人自應就必要費用負償還責任；繼承人請求返還之賸餘財產如為現金，國庫自

條文修正	現行條文	說明
		得行使抵銷權，於扣除保管之必要費用後，再返還賸餘財產，乃屬當然。又國庫取得賸餘財產後五年內，如不妨礙繼承人之返還請求權，國庫本得就賸餘財產為收益，其取得之孳息，亦無歸還於繼承人之義務。惟就國庫對賸餘財產為收益之情形，保管賸餘財產所支出之必要費用既可由所收孳息中支用，於此範圍內，自無須再由繼承人償還，爰參酌瑞士民法第九百三十九條規定，增訂第三項。 四、繼承在本次修正條文施行前開始，而於修正條文施行後始由國庫取得賸餘財產者，依民法繼承編施行法修正條文第九條之一規定，應適用修正後之本條規定；若國庫係於本次修正條文施行前取得賸餘財產，依民法繼承編施行法第一條法律不溯及既往原則，自無修正後本條規定之適用，併予敘明。
第一千一百八十九條 遺囑應依下列方式之一為之： 一、自書遺囑。 二、公證遺囑。 三、密封遺囑。 四、代筆遺囑。 五、口授遺囑。 遺囑之簽名，除本節另有規定外，應親自為之，不得以蓋章、指印、十字或其他符號代之。 遺囑以書寫或筆記為之者，除自書遺囑外，得以電腦或自動化機器製作之書面代之。 第一千一百九十一條第一項、第一千一百九十二條第一項、第一千一百九十四條及第一千一百九十五條第二款之遺囑人，因聽	第一千一百八十九條 遺囑應依左列方式之一為之： 一、自書遺囑。 二、公證遺囑。 三、密封遺囑。 四、代筆遺囑。 五、口授遺囑。	一、依現行法制用語，將現行條文序文「左列」修正為「下列」，並列為第一項。 二、有關遺囑章之簽名，除自書遺囑明定遺囑人須親自簽名外，公證遺囑、密封遺囑、代筆遺囑及口授遺囑之相關簽名是否須親自簽名，尚有疑義，惟實務見解均認為本節規定中已特別規定須以簽名或按指印為有效者，即無第三條第二項及第三項之適用（最高法院八十六年度台上字第九二一號及臺灣高等法院臺南分院九十一年度家上易字第十號等判決參照）。為杜爭議，爰增訂第二項，明定遺囑之簽名，除本節另有規定外，應親自為之，不得以蓋章、指印、十字或其他符號代之。又依法務部九十一年三月二十一日法律字第○九一○七○○一三九號令，依電子簽章法

條文修正	現行條文	說明
覺、聲音、語言功能障礙而無法陳述或口授者，得透過通譯傳譯之。 遺囑人依前項規定為第一千一百九十四條或第一千一百九十五條第二款之遺囑時，應全部錄音或記錄影音，並將其儲存於媒介物。 本節有關遺囑人之陳述，得以言詞或書面為之。		第四條、第六條及第九條規定，公告遺囑及遺囑之附件、有關繼承性質之文書，列為排除適用電子簽章法適用之文書項目；是以，遺囑並無電子簽章法之適用，併予敘明。 三、為因應資訊時代、文書電子化之趨勢，爰參酌法國民法第九百七十二條規定，增訂第三項，明定本節中得以書寫或筆記之遺囑，亦得以電腦或自動化機器處理之書面代之。惟自書遺囑性質上不宜以電腦或自動化機器處理者，爰予排除。 四、遺囑人如因聽覺、聲音、語言功能障礙而無法陳述或口授時，為使其亦得為公證遺囑、密封遺囑、代筆遺囑及口授遺囑，爰增訂第四項，明定遺囑人得透過通譯傳譯為之，以保障其等權益。因遺囑方式之規定維持五種，而現行五種遺囑規定之文字用語包括「口述」、「陳述」以及第一千一百九十五條之「口授」，態樣上本就有三種，而「陳述」之範圍較為廣泛，並包括「口述」。至於第一千一百九十五條之「口授」則係指口授遺囑之遺囑方式。又第一千一百九十五條之適用，不限於遺囑人是否為聽覺、聲音或語言障礙之人；而第四項規定，則限於遺囑人為聽覺、聲音或語言障礙之人依第一千一百九十四條、第一千一百九十五條規定為代筆遺囑或口授遺囑時，始有適用，併予敘明。 五、又遺囑人依第四項為代筆遺囑或口授遺囑時，因與公證遺囑及密封遺囑有公證人參與之情形不同，故為保障其真實，爰增訂第五項，明定為代筆遺囑或口授遺囑時，應全部錄音或記錄影音，並將其儲存於媒介物。又本項為第一千一百九十五條第二款之特

條文修正	現行條文	說明
		別規定，故遺囑人依本項規定為口授遺囑時，應優先適用。 六、因第一千一百九十一條第一項及第一千一百九十四條之「口述」已修正為「陳述」，爰於第六項明定陳述之方式，以期明確。
第一千一百九十條 自書遺囑者，應自書遺囑全文，記明年、月、日，並簽名；如有增減、塗改，應註明增減、塗改之處所及字數，另行簽名。	第一千一百九十條 自書遺囑者，應自書遺囑全文，記明年、月、日，並親自簽名；如有增減、塗改，應註明增減、塗改之處所及字數，另行簽名。	有關本節之簽名，已於第一千一百八十九條第二項明定須親自簽名，爰刪除「親自」二字，以統一條文用語。
第一千一百九十一條 公證遺囑，應指定二人以上之見證人，在公證人前陳述遺囑意旨，由公證人筆記、宣讀、講解，經遺囑人認可後，記明年、月、日，由公證人、見證人及遺囑人同行簽名。遺囑人不能簽名者，由公證人將其事由記明，使按指印代之。 前項所定公證人之職務，在國外得由駐外領務人員行之。	第一千一百九十一條 公證遺囑，應指定二人以上之見證人，在公證人前口述遺囑意旨，由公證人筆記、宣讀、講解，經遺囑人認可後，記明年、月、日，由公證人、見證人及遺囑人同行簽名。遺囑人不能簽名者，由公證人將其事由記明，使按指印代之。 前項所定公證人之職務，在無公證人之地，得由法院書記官行之，僑民在中華民國領事駐在地為遺囑時，得由領事行之。	一、現行第一項規定遺囑人須口述遺囑意旨，對失語人及聾啞人欠缺規定，爰參酌日本民法第九百六十九條規定，將「口述」修正為「陳述」，以期周延。又陳述之意涵，除口述外，尚包括手語或筆談等立遺囑人及公證人均得以瞭解之語言、文字或經由通譯人員傳譯之方式。 二、第二項修正如下： （一）公證事務，由法院或民間之公證人辦理之：法院之公證人，得由地方法院或其分院法官或具有司法人員人事條例第二十三條第一項所定資格之司法事務官兼充之，公證法第一條及第二十二條第三項分別定有明文。公證制度自九十年四月二十三日起施行法院公證人及民間公證人雙軌並行制度，各地方法院除法院公證人或由法官、司法事務官兼充公證人外，大多數法院管轄區域亦有民間公證人登錄執行公證事務。是當事人於辦理公證遺囑時，即得向法院或民間之公證人請求辦理，已無現行第二項所定「無公證人之地」情形，且「得由法院書記官行之」規定，亦與前揭公證法規定未符，爰刪除相關文字。

條文修正	現行條文	說明
		（二）另參酌公證法第一百五十條第一項之用語，修正第二項文字。
第一千一百九十二條 密封遺囑，應於遺囑上簽名後，將其密封，於封縫處簽名，指定二人以上之見證人，向公證人提出，陳述其為自己之遺囑，並應向公證人陳述由本人或他人書寫之旨及該他人之姓名、住所，由公證人於封面記明該遺囑提出之年、月、日及遺囑人所為之陳述，與遺囑人及見證人同行簽名。遺囑人不能簽名者，應按指印代之。 前條第二項之規定，於前項情形準用之。	第一千一百九十二條 密封遺囑，應於遺囑上簽名後，將其密封，於封縫處簽名，指定二人以上之見證人，向公證人提出，陳述其為自己之遺囑，如非本人自寫，並陳述繕寫人之姓名、住所，由公證人於封面記明該遺囑提出之年、月、日及遺囑人所為之陳述，與遺囑人及見證人同行簽名。 前條第二項之規定，於前項情形準用之。	一、為因應資訊時代、文書電子化之趨勢，第一千一百八十九條第三項增訂「遺囑以書面或筆記為之者，除自書遺囑外，得以電腦或自動化
第一千一百九十四條代筆遺囑，由遺囑人指定三人以上之見證人，由遺囑人陳述遺囑意旨，使見證人中之一人筆記、宣讀、講解，經遺囑人認可後，記明年、月、日及代筆人之姓名，由見證人全體及遺囑人同行簽名。遺囑人不能簽名者，應按指印代之。	第一千一百九十四條代筆遺囑，由遺囑人指定三人以上之見證人，由遺囑人口述遺囑意旨，使見證人中之一人筆記、宣讀、講解，經遺囑人認可後，記明年、月、日及代筆人之姓名，由見證人全體及遺囑人同行簽名。遺囑人不能簽名者，應按指印代之。	配合第一千一百九十一條第一項之修正，爰將「口述」修正為「陳述」。
第一千一百九十五條 遺囑人因生命危急或其他特殊情形，不能依其他方式為遺囑者，得依下列方式之一為口授遺囑： 一、由遺囑人指定二人以上之見證人，並口授遺囑意旨，由見證人中之一人，將該遺囑意旨，據實作成筆記，並記明年、月、日，與其他見證人同	第一千一百九十五條 遺囑人因生命危急或其他特殊情形，不能依其他方式為遺囑者，得依左列方式之一為口授遺囑： 一、由遺囑人指定二人以上之見證人，並口授遺囑意旨，由見證人中之一人，將該遺囑意旨，據實作成筆記，並記	一、依現行法制用語，將序文「左列」修正為「下列」。 二、鑑於現代錄影音設備易於攜帶，且使用頻繁，又其保存證據之方式較優於僅具聲音之錄音，為配合資訊科技社會人民之需求，爰於第二款增訂「記錄影音」方式，並參酌政府資訊公開法第三條有關資訊定義之規定，酌作文字修正；另將同款所定「口述」修正為「口授」，以期用語一致。

條文修正	現行條文	說明
行簽名。 二、由遺囑人指定二人以上之見證人，並口授遺囑意旨、遺囑人姓名及年、月、日，由見證人全體口述遺囑之為真正及見證人姓名，全部錄音或記錄影音，將其儲存於媒介物後當場密封，並記明年、月、日，由見證人全體在封縫處同行簽名。但遺囑人因天災或其他不可避之事變，於當時指定見證人顯有困難，經遺囑人以錄音或影音記錄遺囑內容者，有關見證人之規定，不適用之。	明年、月、日，與其他見證人同行簽名。 二、由遺囑人指定二人以上之見證人，並口述遺囑意旨、遺囑人姓名及年、月、日，由見證人全體口述遺囑之為真正及見證人姓名，全部予以錄音，將錄音帶當場密封，並記明年、月、日，由見證人全體在封縫處同行簽名。	三、在天災或其他不可避之事變之緊急情況時，例如遺囑人因地震遭埋於地底，或遺囑人所搭飛機遭歹徒挾持：如令遺囑人於作成口授遺囑當時指定見證人，顯有困難。為使遺囑人在緊急情況仍有作成遺囑之權利，宜放寬免適用指定見證人之規定，但仍應由遺囑人以手機或錄影機等機器，將其口述遺囑之內容全部錄音或記錄影音，以利事後查證，爰於第二款增訂但書規定。
第一千一百九十六條 口授遺囑，自遺囑人能依其他方式為遺囑之時起，經過三個月而失其效力。依前條第二款但書規定作成之口授遺囑，遺囑人於因天災或其他不可避之事變終止後能依其他方式為遺囑時，該遺囑失其效力。	第一千一百九十六條 口授遺囑，自遺囑人能依其他方式為遺囑之時起，經過三個月而失其效力。	一、現行條文未修正，列為第一項。 二、因修正條文第一千一百九十五條第二款但書所作成之口授遺囑具時間之急迫性，故放寬免適用見證人之規定，乃屬權宜之立法設計。如遺囑人於天災或其他不可避之事變終止後仍生存，已得依其他方式作成遺囑者，則其依第一千一百九十五條第二款但書所作遺囑，實不宜使其繼續生效，爰增訂第二項。反之，如遺囑人因天災或事變死亡或喪失意識而無法作成其他方式之遺囑者，則該緊急口授遺囑仍為有效。至於遺囑人所作之緊急口授遺囑，當時雖未被發現，如遺囑人已因該天災或不可避之事變死亡或喪失意識，不論發現時間是否久遠，其遺囑仍為有效。
第一千一百九十七條 口授遺囑，見證人中之一人或利害關係人未於遺囑人死亡後三個月內陳報法院者，不生效力。	第一千一百九十七條 口授遺囑，應由見證人中之一人或利害關係人，於為遺囑人死亡後三個月內，提經親屬會議認定其真偽，對於	鑑於親屬會議召開不易，本次修正已將有關透過親屬會議之規定予以修正，另因口授遺囑乃有別於一般遺囑以外之例外方式，故須經陳報法院之程序，始生效力，爰予明定，並刪除有關提經親屬會議認定之程序。因本

條文修正	現行條文	說明
	親屬會議之認定如有異議，得聲請法院判定之。	條陳報法院係屬非訟程序，如當事人或利害關係人對於遺囑之真偽有爭執時，應另提訴訟解決，併予敘明。
第一千一百九十九條之一 遺囑人因被詐欺或被脅迫而以遺囑為應繼分之指定、遺產之分割、遺贈或其他處分財產之意思表示，且遺囑人不能撤回者，其繼承人或因該意思表示而受損害之人得向施詐欺、脅迫或遺囑受利益之人以意思表示撤銷之。但遺囑人死亡前，有反對之意思表示者，不在此限。 前項撤銷權，自繼承人或因該意思表示而受損害之人知悉其事實之日起，一年間不行使，或自遺囑人死亡之日起經過五年而消滅。但有撤銷權之人於遺囑人死亡前已知悉者，自遺囑人死亡之日起，一年間不行使而消滅。		一、本條新增。 二、遺囑人所為處分財產之意思表示有受詐欺或脅迫情事，遺囑人固得於生前撤回，惟若遺囑人生前不能撤回，現行規定則未有相關補救機制。為尊重遺囑人真意及保障繼承人或其他因該意思表示而受損害人之權益，爰增訂為第一項本文規定，使繼承人或因受損害之之人得有撤銷該意思表示之機會。又遺囑之撤銷，涉及家產分配問題，尤應注重和諧性，故行使撤銷權之方式以意思表示為之即可，當事人間如有爭執，可另循訴訟途徑解決，以避免無謂之訟爭。另撤銷遺囑之意思表示之相對人，為施詐欺、脅迫或遺囑受利益之人，爰明定撤銷意思表示應向施詐欺、脅迫或遺囑受利益之人為之。 三、至遺囑人死亡前已知有受詐欺或脅迫情事，且對此被詐欺或脅迫而立之遺囑並無意見，此種屬於遺囑人「不願」撤回之情況，並非本條之規範範圍，亦即本條乃係保障遺囑人生前「願意」撤回但「沒有辦法」撤回(例如遺囑人昏迷或變成植物人)或未及撤回之情形，爰為第一項但書規定。又本項乃係處理遺囑人處分財產之意思表示有受詐欺或脅迫情事時，該有瑕疵之意思表示的效力問題。若遺囑人係受繼承人之詐欺或脅迫而為關於繼承之遺囑，依修正條文第一千一百四十五條第一項第四款規定，該繼承人喪失其繼承財產之權利，自屬當然。 四、另參酌第九十三條、第二百四十五條及第一千零二十條之二規定，於第二項明定除斥期間，以維護法律安定。

條文修正	現行條文	說明
第一千二百十一條 遺囑未指定遺囑執行人，亦未委託他人指定者，得由利害關係人聲請法院指定之。	第一千二百十一條 遺囑未指定遺囑執行人，並未委託他人指定者，得由親屬會議選定之；不能由親屬會議選定時，得由利害關係人聲請法院指定之。	鑑於親屬會議召開不易，本次修正已將有關透過親屬會議之規定予以修正，故本條亦一併刪除親屬會議之相關規定。
第一千二百十三條 有封緘之遺囑，非在公證人前，不得開視。 前項遺囑開視時，應由公證人或指揮佐理員、助理人製作紀錄，記明遺囑之封緘有無毀損情形，或其他特別情事，並由在場之人同行簽名。 前二項所定公證人之職務，在國外得由駐外領務人員行之。	第一千二百十三條 有封緘之遺囑，非在親屬會議當場或法院公證處，不得開視。 前項遺囑開視時應製作紀錄，記明遺囑之封緘有無毀損情形，或其他特別情事，並由在場之人同行簽名。	一、鑑於親屬會議召開不易，本次修正已將有關透過親屬會議之規定予以修正，復因我國現行公證人制度已較以往完善，爰刪除現行第一項「親屬會議」等文字，並酌作文字修正。 二、配合第一項之修正及參酌公證法施行細則第五十二條第一項規定，第二項酌作文字修正。 三、另參酌修正條文第一千一百九十一條第二項規定，增訂第三項，明定第一項及第二項所定公證人之職務，在國外得由駐外領務人員行之。
第一千二百十七條之一 第一千一百八十一條之二規定，於遺囑執行人執行職務時，準用之。		一、本條新增。 二、遺囑執行事務之性質與遺產管理人有類似之處，且遺囑執行人亦得請求報酬，爰明定遺囑執行人執行職務之注意義務及違反義務之法律效果，應準用遺產管理人之規定。
第一千二百十八條 遺囑執行人怠於執行職務，或有其他重大事由時，利害關係人得聲請法院改定。	第一千二百十八條 遺囑執行人怠於執行職務，或有其他重大事由時，利害關係人，得請求親屬會議改選他人；其由法院指定者，得聲請法院另行指定。	鑑於親屬會議召開不易，本次修正已將有關透過親屬會議之規定予以修正，另配合第一千二百十一條之修正，將遺囑執行人之改定修正由法院為之。
第一千二百二十二條之一 前遺囑經撤回或視為撤回後，後遺囑再因前四條規定撤回時，前遺囑仍不回復其效力。		一、本條新增。 二、前遺囑被撤回或視為撤回時，前遺囑視為自始不存在，惟如後遺囑再因前四條規定遭撤回或視為撤回時，前遺囑之效力如何，易生爭端，本次修正採前遺囑不復活原則，爰予明定，以杜爭議。

條文修正	現行條文	說明
第一千二百二十三條 繼承人之特留分，依下列各款之規定： 一、配偶之特留分，為其應繼分三分之一。 二、直系血親卑親屬之特留分，為其應繼分三分之一。 三、父母之特留分，為其應繼分三分之一。 四、兄弟姊妹之特留分，為其應繼分四分之一。 五、祖父母之特留分，為其應繼分四分之一。	第一千二百二十三條繼承人之特留分，依左列各款之規定： 一、直系血親卑親屬之特留分，為其應繼分二分之一。 二、父母之特留分，為其應繼分二分之一。 三、配偶之特留分，為其應繼分二分之一。 四、兄弟姊妹之特留分，為其應繼分三分之一。 五、祖父母之特留分，為其應繼分三分之一。	一、依現行法制用語，將序文「左列」修正為「下列」。 二、配合第一千一百三十八條法定繼承人之順序，將現行第三款配偶特留分之規定移列為第一款，現行第一款及第二款款次依序順移為第二款及第三款。 三、現代民法已有朝向個人財產自主之趨勢，故就遺產之分配，本應以被繼承人之意思自由為主；然考量遺產尚有死後扶養、繼承權平等之社會功能，爰維持特留分制度，惟酌予降低特留分為應繼分之比例。
第一千二百二十五條 應得特留分之人，如因被繼承人所為之遺贈或應繼分之指定，致其應得之數不足者，得按其不足之數由遺贈之財產或指定應繼分超過法定應繼分之數額扣減之。受遺贈人或受指定人有數人時，應按其所得遺贈價額、指定應繼分超過法定應繼分部分之數額比例扣減。	第一千二百二十五條 應得特留分之人，如因被繼承人所為之遺贈，致其應得之數不足者，得按其不足之數由遺贈財產扣減之。受遺贈人有數人時，應按其所得遺贈價額比例扣減。	一、關於扣減之標的，除本條明列之遺贈外，實務上肯認尚包括應繼分之指定（最高法院八十一年度台上字第一○四二號及九十一年度台上字第五五六號判決參照），爰將應繼分之指定予以明列，以期明確。 二、至於扣減之順序，因遺贈及應繼分之指定均自被繼承人（即贈與人）死亡時發生效力，故不分先後順序，而以同一順序按超過法定應繼分部分之數額比例扣減，爰予修正。

國家圖書館出版品預行編目資料

繼承：案例式／郭欽銘著.--十五版.--臺北
市：五南圖書出版股份有限公司, 2024.01
面；　公分
ISBN 978-626-366-880-5(平裝)

1.CST: 繼承　2.CST: 判例解釋例

584.5　　　　　　　　　　112021296

1S94

繼承—案例式

作　　　者	郭欽銘(245.5)
發 行 人	楊榮川
總 經 理	楊士清
總 編 輯	楊秀麗
副總編輯	劉靜芬
責任編輯	呂伊真、林佳瑩
封面設計	封怡彤

出 版 者 ── 五南圖書出版股份有限公司

地　　　址：106台北市大安區和平東路二段339號4樓

電　　　話：(02)2705-5066　傳　真：(02)2706-6100

網　　　址：https://www.wunan.com.tw

電子郵件：wunan@wunan.com.tw

劃撥帳號：01068953

戶　　　名：五南圖書出版股份有限公司

法律顧問　林勝安律師

出版日期　2005年 8 月 初 版一刷
　　　　　2021年 3 月十三版一刷（共二刷）
　　　　　2023年 1 月十四版一刷
　　　　　2024年 1 月十五版一刷

定　　　價　新臺幣600元

經典永恆・名著常在

五十週年的獻禮 —— 經典名著文庫

五南,五十年了,半個世紀,人生旅程的一大半,走過來了。
思索著,邁向百年的未來歷程,能為知識界、文化學術界作些什麼?
在速食文化的生態下,有什麼值得讓人雋永品味的?

歷代經典・當今名著,經過時間的洗禮,千錘百鍊,流傳至今,光芒耀人;
不僅使我們能領悟前人的智慧,同時也增深加廣我們思考的深度與視野。
我們決心投入巨資,有計畫的系統梳選,成立「經典名著文庫」,
希望收入古今中外思想性的、充滿睿智與獨見的經典、名著。
這是一項理想性的、永續性的巨大出版工程。
不在意讀者的眾寡,只考慮它的學術價值,力求完整展現先哲思想的軌跡;
為知識界開啟一片智慧之窗,營造一座百花綻放的世界文明公園,
任君遨遊、取菁吸蜜、嘉惠學子!